# DER ÖSTERREICHISCHE BIBLIOTHEKARTAG 1990

BIBLOS-SCHRIFTEN

Herausgegeben von
Dr. Magda Strebl
Generaldirektorin der
Österreichischen Nationalbibliothek

Band 154

# DER ÖSTERREICHISCHE BIBLIOTHEKARTAG 1990

WIEN 1991

BIBLOS-SCHRIFTEN – BAND 154

# DER ÖSTERREICHISCHE BIBLIOTHEKARTAG 1990

## Bregenz, 4.–8. September 1990

### BIBLIOTHEKEN MIT UND OHNE GRENZEN: INFORMATIONSGESELLSCHAFT UND BIBLIOTHEK

## Vorträge und Kommissionssitzungen

Herausgegeben von der Vereinigung
Österreichischer Bibliothekare

Vereinigung Österreichischer Bibliothekare
Wien 1991

Gefördert durch das
Bundesministerium für Wissenschaft und Forschung
und das Amt der Vorarlberger Landesregierung

Redaktion:
**Mag. Helga Weinberger**
(Österreichische Nationalbibliothek)

Zusammenstellung:
**Mag. Marianne Jobst-Rieder**
(Österreichische Nationalbibliothek)

Vereinigung Österreichischer Bibliothekare
Geschäftssitz: Österreichische Nationalbibliothek
A-1015 Wien, Josefsplatz 1

Ausbelichtung, Druck und Bindung: Agens-Werk, 1051 Wien

ISBN 3-01-000007-3

# VORWORT

# VORWORT

1976 fand zum erstenmal ein Bibliothekartag in Bregenz statt, im Bodenseegebiet, das schon immer eine große Tradition im abendländischen Buch- und Bibliothekswesen hatte. Die bedeutenden Zentren romanischer Buchkunst in St. Gallen, Einsiedeln und der Reichenau ebenso wie das Skriptorium im Kloster Mehrerau bei Bregenz spielten im Mittelalter eine wichtige Rolle. Das Tagungsthema lautete 1976: "Bibliotheken und ihre Benützer". Darüberhinaus wurde in mehreren Vorträgen der kulturhistorisch so bedeutenden Landschaft, ihrer Geschichte und ihren Denkmälern eine würdige Reverenz erwiesen. Vielen Teilnehmern ist sicher noch die Führung durch die Stiftsbibliothek von St. Gallen durch Prof. Dr. Johannes Duft in Erinnerung. Eine Exkursion führte damals auch in die neugegründete Universitätsbibliothek Konstanz und konfrontierte die Besucher mit den Pionierleistungen bei der Anwendung elektronischer Datenverarbeitung im bibliothekarischen Geschäftsgang in der BRD.

Inzwischen hat sich in Bregenz viel verändert. Die Landesbibliothek, 1977 aus der Bibliothek des Vorarlberger Landesarchivs hervorgegangen, konnte 1986 das behutsam, kompetent und mit viel Geschmack adaptierte St. Gallus-Stift beziehen. Sie hat inzwischen ihren festen Platz in der Vorarlberger Informationslandschaft, eine wissenschaftliche Bibliothek, die durch den Einsatz von EDV besonders benützerfreundlich und in allen Kreisen der Bevölkerung bestens akzeptiert ist. Nicht zuletzt durch ihre schöne Lage hoch über dem See, bietet sie ein angenehmes Studienambiente, im Sommer sogar einen Lesegarten.

Ein besonders engagiertes und motiviertes Team dieser Landesbibliothek hat die Vorbereitungsaufgaben übernommen, die weit umfangreicher waren als bei den dankenswerterweise durch lange Jahre hindurch auch von der Landesbibliothek betreuten Fortbildungsveranstaltungen der VÖB in Schloß Hofen (Karoline Herbert: Sekretariat; Birgit Humpeler: Aussteller; Karl Rädler: Programm der Hauptvortragenden). Durch die großzügige Unterstützung des Landes Vorarlberg, das dadurch auch unter Beweis gestellt hat, wie wichtig der Stellenwert "seiner" Bibliothek für das kulturelle Klima im Lande ist, konnte den Teilnehmern in Bregenz ein besonders schönes Rahmenprogramm geboten werden: ein Fest im Garten der Landesbibliothek. Von der Stadt Bregenz wurde zu einer Bodenseeschiffahrt eingeladen.

Zwei thematische Aspekte prägten den 21. Österreichischen Bibliothekartag. Einmal die politische Um- und Neuordnung unserer Nachbarländer in Ost- und Südosteuropa: "Bibliotheken mit und ohne Grenzen." Der Eiserne Vorhang war 1990 gefallen. Wir freuten uns, durch die Sondermittel, die das Bundesministerium für Wissenschaft und Forschung zur Verfügung gestellt hatte, die Möglichkeit nützen zu können, die Kontakte mit den Kollegen aus diesen Ländern noch zu intensivieren. Für viele unserer Gäste war es das erstemal, daß sie ihr Land zu einem Kongreßbesuch verlassen konnten. Das Round-Table-Gespräch der Vertreter der befreundeten Bibliothekarvereine zeigte die Aufbruchstimmung, aber auch die Probleme, die die politischen Veränderungen gebracht hatten. Über die nationalen Grenzen hinaus führte auch der Blick auf das gemeinsame Europa der Zukunft, mit dem sich der Festvortrag von Prof. Lehmann befaßte. Die enge Kooperation in vielen bibliothekarischen Arbeitsbereichen zwischen Deutschland und

Österreich kann so auch als ein Schritt zu einer solchen neuen Gemeinsamkeit interpretiert werden.

"Informationsgesellschaft und Bibliothek" war der zweite Themenstrang, mit dem sich internationale Experten, wie Univ. Prof. Dr. Joseph Weizenbaum vom Massachusetts Institute of Technology (Cambridge, USA) und Univ. Prof. Dr. Klaus Haefner (Univ. Bremen) ebenso auseinandersetzten wie bibliothekarische Praktiker aus der Schweiz, der BRD und Österreich. In den Kommissionssitzungen wurden Projekte aus österreichischen Bibliotheken vorgestellt und Problemstellungen, die sich aus der bibliothekarischen Praxis ergeben, erörtert. Es fanden insgesamt an die fünfzig Vorträge statt, dazu gab es Arbeitsgespräche, die vielbeachtete Präsentation einer Methode zur retrospektiven Katalogisierung mit Hilfe von Scanning und eine abschließende Podiumsdiskussion der Hauptvortragenden.

Erstmals war zum Bibliothekartag eine Informationsbroschüre erschienen, in der nicht nur die Teilnehmer und Aussteller verzeichnet waren, sondern auch die Abstracts der Vorträge, sodaß den Teilnehmern schon vorab die wichtigsten Beiträge in Kurzform zugänglich waren. Dieser umfangreiche Tagungsband umfaßt die Vorträge in extenso und zieht die Bilanz eines arbeitsintensiven Bibliothekartags, der als ein Erfolg in die Annalen der Vereinigung Österreichischer Bibliothekare eingehen kann.

Unser Dank gilt allen Vortragenden und den Vorsitzenden der Kommissionen der Vereinigung Österreichischer Bibliothekare, die dazu beigetragen haben, daß das Programm dieses Bibliothekartags dem hohen Anspruch der geschichtlichen Stunde gerecht wurde. Unser Dank gilt auch dem Bundesministerium für Wissenschaft und Forschung, das in Anerkennung der Bedeutung des Bibliothekartags als Fortbildungsveranstaltung für das österreichische Bibliothekswesen diese Tagung wieder finanziell unterstützt hat. Unser Dank gilt aber auch den Sponsoren. Viele gesellige Veranstaltungen des Kongresses hätten ohne ihr Entgegenkommen nicht abgehalten werden können. Auch den Firmen, die durch die Präsentation ihrer Produkte und Dienstleistungen zur Information über neue Tendenzen und Technologien im modernen Bibliothekswesen beitragen, sei für ihre Teilnahme gedankt, nützen doch manche unseren Bibliothekartag schon seit über zehn Jahren regelmäßig zum Kontakt mit der österreichischen Bibliotheksszene. Besonderer Dank gebührt an dieser Stelle auch dem Team der VÖB in der Österreichischen Nationalbibliothek, welches mit großem persönlichem Einsatz die Gesamtorganisation vorbildlich vornahm.

GD Dr. Magda Strebl
(Präsidentin)

Dir. Dr. Eberhard Tiefenthaler
(1. Stellvertreter)

Hofrat Dir. Dr. Ferdinand Baumgartner
(2. Stellverteter)

# DER VERLAUF DES
# 21. ÖSTERREICHISCHEN BIBLIOTHEKARTAGES

# Der Verlauf des 21. Österreichischen Bibliothekartages in Bregenz

### Von Marianne Jobst-Rieder

In einem besonders repräsentativen Rahmen, im Festspiel- und Kongreßhaus am See, konnte vom 4. bis 8. September 1990 der 21. Österreichische Bibliothekartag in Bregenz abgehalten werden. Es war das zweite Mal, daß sich die Vereinigung Österreichischer Bibliothekare zu ihrer Tagung in Bregenz traf.

Der Bibliothekartag 1990 fand in einer Zeit des weltpolitischen Um- und Aufbruchs statt. Die politischen Systeme Osteuropas wandten sich der Demokratie nach westlichem Muster zu, und so war das Thema "Bibliotheken mit und ohne Grenzen: Informationsgesellschaft und Bibliothek" aktuelle und gern aufgenommene Anregung, sich aufgrund der veränderten Strukturen mit den Herausforderungen der Zukunft auseinanderzusetzen.

Das Dreiländereck am Bodensee bietet schon von seiner geographischen Lage her die Möglichkeit zum nachbarlichen Kontakt. Erfreulich, daß dies besonders viele Schweizer Kolleginnen und Kollegen nützten. Traditionellerweise kamen auch wieder viele Freunde (und gleichzeitig auch VÖB-Mitglieder) aus der BRD. Besonders wichtig war es aber für unsere Vereinigung, erstmals möglichst viele Kollegen aus den Ländern Osteuropas zu begrüßen, denen es vor der politischen Wende nicht möglich war, in das westliche Ausland zu reisen. Durch die Unterstützung des Bundesministeriums für Wissenschaft und Forschung konnten wir etwa fünfzig Bibliothekare, Vertreter von meist neu entstandenen Bibliothekarvereinen aus Mittel- und Osteuropa (aus der damals noch existierenden DDR, Tschechoslowakei, Estland, Jugoslawien, Ungarn und Polen) einladen.

Insgesamt spiegelte also die Zusammensetzung der Teilnehmer die politische Öffnung wider. Zugleich verdeutlichte das Verhältnis von 1/3 ausländischen Gästen zu 2/3 österreichischen Bibliothekaren auch die Öffnung der Vereinigung Österreichischer Bibliothekare in Richtung Europa. Die Offenheit des österreichischen Bibliothekswesens über enge nationale Grenzen hinaus demonstrierte auch die Liste der Vortragenden, die aus der BRD bis hin zu den USA anreisten.

Für den erfolgreichen Verlauf dieses Bibliothekartags ist im besonderen Maß dem lokalen Organisationskomitee unter Leitung von Direktor Dr. Eberhard Tiefenthaler zu danken. Ursprünglich war geplant, die Tagung in der 1986 fertiggestellten Landesbibliothek abzuhalten, und zwar im Kirchenraum des St. Gallus Stifts, der zu einem Büchersaal umgebaut wird. Da die Restaurierung und Adaptierung jedoch nicht bis September möglich war, gelang es Dr. Tiefenthaler, das Festspielhaus für unseren Kongreß zu mieten, und so konnte die VÖB die Dienstleistungen eines professionellen Kongreß- und Ausstellungsveranstalters nützen. Birgit Humpeler (VLB), die auch die umfangreiche Korrespondenz geführt hatte, und Ruth Weidermann (Kongreßhaus) betreuten 35 Aussteller aus dem Verlags-, Bibliotheks- und Informationsbereich, die bereits am Montag, den 3. September, mit dem Aufbauen der Stände beginnen konnten.

Der *Dienstag (4. September)* war, wie bei den meisten Tagungen der VÖB, den Sitzungen der Kommissionen vorbehalten. Nach einem Round-Table-Beschluß der Kommissionsvorsitzenden wurde der Bibliothekartag genützt, um gemeinsame Sitzungen von Kommissionen abzuhalten, die fachübergreifende Themenschwerpunkte zu besprechen hatten. Diese Sitzungen boten auch das österreichische Gegengewicht zum im übrigen sehr international besetzten Vortragsprogramm. Die Kommissionssitzungen waren ausserordentlich gut besucht. Es zeigt sich, daß die Praxisnähe und die Möglichkeit der Diskussion in diesen fachspezifischen Sitzungen bei den Kolleginnen und Kollegen sehr großen Anklang findet.

Die Kommission der EDV-Anwender beschäftigte sich mit Problemen und Aufgaben im österreichischen Bibliotheksverbund BIBOS, wobei einer der Männer der ersten Stunde, Heinz Hasibar, obwohl im Veranstaltungsprogramm noch angekündigt, wegen seiner schweren Krankheit, der er kurz drauf erlag, nicht mehr teilnehmen konnte. Der Direktor der UB Bielefeld, Dr. Karl W. Neubauer, skizzierte das PC-Netz-Konzept seiner Bibliothek. Die Kommission für Leihverkehr und Zentralkataloge wurde von Péter Sonnevend von der Ungarischen Nationalbibliothek über Zentralkataloge in Ungarn und die Möglichkeiten internationaler Zusammenarbeit informiert, während in der Ausbildungskommission Helga Zotter-Straka (UB Graz) über die durch das BMWF, Abt.III/1, angestrebte generelle Reform der Grundausbildung für die Verwendungsgruppen A und B berichtete. Über den aktuellen Stand der RAK-Anwendung in Österreich, auch in bezug auf BIBOS, wurde in drei Referaten unter Leitung von abs. theol. Friedrich Straßnig informiert. Die Kommission für Studienbibliotheken für Lehreraus- und -fortbildung an Pädagogischen und Berufspädagogischen Akademien beschäftigte sich in ihrer Arbeitssitzung mit dem Thema "Kooperation zwischen Bundes- und Diözesanbibliotheken", während der Leiter der Kommission für Periodika- und Serienpublikationen und der Kommission für Normung, Mag. Helmuth Bergmann, über neue Normen berichtete. In der selben Sitzung wurde die Österreichische Zeitschriftendatenbank auf CD-ROM von Ladislaus Lang (ÖNB) vorgestellt und Dr. Brigitte Schaffer (Pädak Graz) und Eleonora Haas und Katharina Wernig (beide UB Wien) gingen auf ihre Erfahrungen bei der Periodika-Bearbeitung mit EDV-Systemen ein. Reges Interesse und große Diskussionsbereitschaft - bedingt durch die kürzlich getroffene Entscheidung für die Einführung der RSWK in den wissenschaftlichen Bibliotheken Österreichs - herrschte auch bei der Sitzung der Kommission für Sachkatalogisierung. Werner Stephan (Deutsche Bibliothek, Frankfurt a. M.) stellte die Schlagwortnormdatei, die ja auch im österreichischen Verbund verwendet wird, vor. Die Schlagwort-Zentralredaktion berichtete über die Sacherschließung in BIBOS. Die Online-Benutzergruppe befaßte sich mit den neuesten Tendenzen bei Recherchen in Datenbanken und beim Aufbau von Informationszentren.

Casinos Austria fungierten als Sponsor des Empfangs für die ausländischen Gäste, Aussteller und den Ausschuß der VÖB im Bodenseeraum des Hotel Mercure, das gegenüber dem Festpielhaus am Platz der Wiener Philharmoniker gelegen ist. Über 200 Personen fanden sich an diesem ersten Abend zum kollegialen Gespräch in lockerer Atmosphäre. Sprachenkundige Kollegen bemühten sich um unsere osteuropäischen Gäste. Nach dieser besonders gelungenen Einstimmung auf die weitere Kongreßarbeit boten Casinos

Austria zu späterer Stunde den Gästen sogar die Möglichkeit, ihr Glück beim Spiel im Casino zu versuchen, indem sie Jetons zur Verfügung stellte.

Besonders dicht gedrängt präsentierte sich das Kongreßprogramm am *Mittwoch* Vormittag *(5. September)*. Die erstmals tagende Arbeitsgruppe Frauen (Leitung: Christa Wille, ÖNB) mußte sogar in das "Extra-Stüble" des Hotel Mercure ausweichen, da im Festspielhaus nicht mehr genügend Säle zur Verfügung standen. Die Frauen im Bibliotheksdienst machten erstmals auf ihre Probleme aufmerksam und stellten Projekte für die Zukunft vor. Bei einem eigenen Info-Stand in der Eingangshalle konnten die Besucher in einer Auswahl von Frauenliteratur schmökern. Wegen des regen Interesses nützte man die Gelegenheit, so viele Kolleginnen "vor Ort" zu treffen, gleich zu einem zweiten inoffiziellen Meeting.

Auch der große Bodenseeraum des Hotel Mercure war bis auf den letzten Platz besetzt, als die Kommission für Buch- und Bibliotheksgeschichte und die Kommission für Landkarten- und Vedutenbearbeitung dort ihre gemeinsame Sitzung abhielten. Dem wichtigen Projekt zur Erschließung von Altbeständen an Bibliotheken im deutschen Sprachbereich, dem "Handbuch historischer Buchbestände", initiiert von Prof. Dr. Bernhard Fabian galten die ersten Referate. Prof. Dr. Friedhilde Krause, ehemalige Direktorin der Staatsbibliothek Berlin, informierte über den Stand der Arbeiten in der DDR und Dr. Helmut W. Lang und Mag. Wilma Buchinger (beide ÖNB) über die ersten Schritte, die in Österreich erfolgt sind. Dir.Dr. Franz Georg Kaltwasser meldete sich zum Beitrag über die Bayerische Staatsbibliothek im "Handbuch" zu Wort. Erfolgreiche EDV-Lösungen zur Erfassung von Altbeständen konnten sowohl der Direktor der Kartensammlung der ÖNB, Dr. Franz Wawrik, auf einem Apple-PC zur Katalogisierung von Veduten vorführen, als auch Sieglinde Sepp und Eva Ramminger (beide UB Innsbruck), die an der Erschließung der Altbestände der UB Innsbruck mit BIBOS arbeiten. Dipl. Ing. Manfred Mayer von der UB Graz stellte eine klimageregelte Ausstellungsvitrine vor. Weitere Informationen zum Thema "Altes Buch" bot Dr. Yorck A. Haase in seinem Vortrag über "Schutzverfilmung von Bibliotheksgut" im Rahmen der Kommission für Restaurierung. Erst Ende August hatten sich Walter Gaul, Eduard Ratzer, Dr. Karl F. Stock und Dr. W. Lang entschlossen, eine Methode des Scannings zur Retrokonversion von Katalogen am Bibliothekartag zu präsentieren. Dafür mußte kurzfristig disponiert werden: ein kleiner Vortragsaal stand noch zur Verfügung. Allerdings erwies sich der Konferenzraum 1 im Festspielhaus als viel zu klein, um den Andrang der Interessierten zu bewältigen, und so mußte ein zweiter Termin für eine zusätzliche Vorführung angesetzt werden. Weitere Sitzungen: in der Kommission für Bibliotheksbenützung und Öffentlichkeitsarbeit stellte Florian Brody elektronische Medien, von CD-ROM bis zum "elektronischen Buch" vor, die in Zukunft neben den Print-Medien sicher eine immer größere Rolle in den Bibliotheken spielen werden. Dr. Wolfgang Duchkowitsch wies auf ein kleines Jubiläum hin: 5 Jahre Forschungsabteilung der ÖNB. Intensive Arbeitsgespräche gab es in der gemeinsamen Sitzung der Kommissionen für Erwerbungsfragen (Dr. Rudolf Heilinger, ÖNB) und Rechtsfragen (Dr. Ilse Dosoudil, UB Wien) zu Erwerbung und Nutzung von CD-ROM-Produkten, Ablieferungspflicht von Bibliotheksstücken, Urheberrechtsfragen und neuen Rechtsvorschriften. Die Kommission für Bibliographie und die Kommission für Landesbibliotheken konnten Vortragende aus dem weiteren Umkreis des Bodensees im Hinblick auf regionale Bibliographien gewinnen: Dr. Ludger Syré sprach über das baden-württembergische Modell bei der Regionalbibliographieerstellung, der schweizerische Aspekt wurde von Dr. Willy Treichler eingebracht, während Günther Rau (UB Konstanz) seine Bodensee-Bibliographie mit Hilfe eines PC erstellt hat. Die beiden Kommissions-Vorsitzenden, Dr. Anton L. Schuller und Dr. Eberhard Tiefenthaler berichteten aus österreichischer Sicht über die Probleme von Regionalbibliographien.

Ein Round-Table-Gespräch aller Kommissionvorsitzenden, in dem kurz das Wichtigste der Sitzungen referiert wurde und Arbeitsschwerpunkte für die nächste Funktionsperiode besprochen wurden, bildete den Abschluß dieses arbeitsreichen Vormittags.

Am Nachmittag fand ab 14.30 Uhr im Großen Saal des Festspielhauses, dessen Stirnseite das neue VÖB-Logo schmückte, die *feierliche Eröffnung des Bibliothekartags* statt. Die Präsidentin der VÖB, GD Dr. Magda Strebl, wies auf die Bedeutung der Veranstaltung als umfassende Fortbildungsveranstaltung für Bibliothekare an wissenschaftlichen Bibliotheken hin. Gleichzeitig gelte es aber auch, auf den entscheidenden Stellenwert aufmerksam zu machen, den Bibliotheken im Prozeß von Forschung und Lehre innehaben und die Chancen zu erkennen und zu nützen, die sich für einen freieren Informationsaustausch aus den politischen Veränderungen in Europa ergeben. Mit besonderer Freude konnte sie wieder den Präsidenten der IFLA, Dr. Hans-Peter Geh, bei einem österreichischen Bibliothekartag begrüßen. Dr. Geh selbst betonte, daß auch für die IFLA, der inzwischen 129 Länder rund um den Erdball angehören, die politische Öffnung im Osten einen Schritt zu noch intensiverer Zusammenarbeit gerade im Arbeitsfeld der Informationsvermittlung in Europa sein kann. Trotz der Bedeutung der elektronischen Medien werde jedoch, seiner Überzeugung nach, das Buch seine besondere Stellung als das entscheidende Informationsmedium behalten. Der Bürgermeister von Bregenz, Dipl. Vw. Siegfried Gasser, rief kurz die geschichtliche Bedeutung von Bregenz als Stätte der Begegnung und als integrierender Bestandteil des kulturhistorisch so bedeutenden Bodenseegebiets mit seinen berühmten Klöstern und ihren wertvollen Bibliotheksbeständen hin. Gleichzeitig hob er die wichtige Rolle der Landesbibliothek für die Stadt und Region hervor. Sie sei ein gutes Fundament für eine Universitätsbibliohek, sollte einmal in diesem Raum eine bedarfsgerechte hochschulähnliche Einrichtung gegründet werden. Elisabeth Gehrer, Landesrätin für Kultur des Landes Vorarlberg in Vertretung von Landesstatthalter Sausgruber, schilderte sehr detailliert die Bibliotheksgeschichte Vorarlbergs und den Weg bis zur Einrichtung der Landesbibliothek im St. Gallus Stift, die sich einer großen Akzeptanz in der Bevölkerung erfreut. Die Leiterin der Abteilung III/1 im Bundesministerium für Wissenschaft und Forschung, MR Dr. Edith Fischer, faßte als wichtige Arbeitsbereiche für das österreichische Bibliothekswesen unter anderem die EDV-Organisation, die Berufsausbildung, die Förderung des Aufbaus von Datenbanken, die Erhaltung und Erschließung von Nachlässen, Rechtsfragen, internationale Kooperation zum Beispiel hinsichtlich der Nutzung von Fremddaten für den Bibliotheksverbund zusammen. Im Namen des Bundesministers für Wissenschaft und Forschung wünschte Sektionschef MR Dr. Johannes Marte der Tagung einen fruchtbaren Verlauf. Für ihn als gebürtigem Bregenzer bedeutete es ein besonderes Anliegen, auf die erfolgreiche Arbeit der Vorarlberger Landesbibliothek hinzuweisen, die sich moderner Technologien bedient und dennoch "Ankerplatz der Seele" geblieben ist. Wirtschaft und Technik sollten sich die österreichischen Bibliotheken zu Partnern machen, eine verstärkte Öffentlichkeitsarbeit tue not. Die Bibliotheken sollten "von der Politik energisch weiter Unterstützung" für ihre Anliegen einfordern. "Ihrer Verantwortung sind sich die Bibliothekare bewußt. Sie dürfen sich ihrer Macht noch etwas mehr bewußt werden", bemerkte Dr. Marte in seiner Rede.

Die Festvorträge beschäftigten sich mit dem Tagungsthema aus der Sicht der Bibliotheken in einem immer weiter zusammenwachsenden Europa (Prof. Klaus-Dieter Lehmann, Direktor der Deutschen Bibliothek, Frankfurt a. M.) und aus der Sicht eines international anerkannten Wissenschaftlers, dessen Kritik an den Auswüchsen eines fehlgeleiteten technokratischen Denkens auch in Bezug auf unseren Beruf und unsere Institutionen bedenkenswert ist (Prof. Joseph Weizenbaum, Massachusetts Institute of Technology, Cambridge).

Wie Prof. Lehmann ausführte, soll der Aktionsplan für Bibliotheken in der Europäischen Gemeinschaft in den nächsten vier Jahren Voraussetzungen für eine leistungsfähigere informationstechnische Infrastruktur für Bibliotheken schaffen. Gefragt sind Innovation, Kooperation, Standardisierung und Länderharmonisierung. Die entscheidende Perspektive liege nicht so sehr in den technischen Aspekten, sondern in der Strategie, der Verfahrensweise und den inhaltlichen Prioritäten. Sie liege auch in der Chance, unter den veränderten politischen Bedingungen Europas eine über die Europäische Gemeinschaft hinausgreifende Kooperation mit bibliothekarischem Inhalt und Ertrag zu entwickeln. So sei die Möglichkeit einer Mitarbeit von Nicht-EG-Ländern im Aktionsplan ausdrücklich vorgesehen. Die bestehende enge deutsch-österreichische Kooperation (Prof. Lehmann erwähnte unter anderem die gemeinsame Entwicklung bibliographischer und datentechnischer Strukturen wie RAK, RSWK, MAB sowie die Nutzung der maschinenlesbaren Daten der Deutschen Bibliographie und der Zeitschriftendatenbank in Österreich und die gemeinsame Arbeit am "Handbuch der historischen Buchbestände") sei als Bindeglied für eine solche europäische Dimension in besonderer Weise geeignet.

Die rhetorische Frage: "Wollen wir noch Menschen in der Bibliothek?", die Prof. Weizenbaum als Thema seines Vortrags gewählt hatte, war vor dem Hintergrund seiner Erfahrungen mit den Auswirkungen einer schon viel weiter als in Europa fortgeschrittenen Entwicklung in der Computerindustrie und -wissenschaft zu sehen. Es war Zivilisationskritik, die Weizenbaum übte. Kritisiert wurde eine kranke Gesellschaft, die menschliche Werte dem technischen Fortschritt unterordnet, kurzfristige Profitinteressen wichtiger nimmt, als die Bewahrung unserer Zivilisation. Institutionen können in einer solchen Gesellschaft vielfach ihre Funktionen nicht mehr adäquat wahrnehmen, wie das in den USA im Familien- und Schulbereich der Fall ist. Eine zunehmende Anonymität und Vereinzelung der Individuen ist die Folge, der sekundäre Analphabetismus nimmt zu, und das Schulniveau ist in den USA drastisch gesunken. Es gelte, diesen Entwicklungen gegenzusteuern. Dies könne unter anderem auch von der Institution Bibliothek geleistet werden. Skepsis zeigte Weizenbaum auch der Informationsflut gegenüber. Es gäbe bereits die Vernetzung von Datenbanken und die Möglichkeit, weltweit Daten abzurufen, es sei aber auch zu bedenken, ob die Qualität dieser Daten der Quantität entspreche. Immer häufiger ginge es bei der Masse der Publikationen nicht mehr um den wissenschaftlichen Fortschritt, sondern nur mehr darum, dem Publikationszwang genüge zu tun. Dies beginne schon bei den Studenten. "Vielleicht sollte man sich vornehmen, mit den Bibliotheken Inseln der Vernunft im Meer der Unvernunft herzustellen und zu pflegen", forderte Weizenbaum das Auditorium zum Nachdenken auf.

Nach der Eröffnung lichtete sich rechtzeitig der Himmel, und die Gäste konnten mit Bussen zur Vorarlberger Landesbibliothek gebracht werden. Dort herrschte Open-House: jeder nahm gern die Gelegenheit war, eine der schönsten Landesbibliotheken Österreichs zu besichtigen. Landesrätin Elisabeth Gehrer lud im Namen der Landesregierung zu einem Empfang im Garten der Bibliothek. Um von den Launen des Wetters unabhängig zu sein, war ein großes Festzelt aufgebaut worden, in dem sich die Teilnehmer an dem reichhaltigen Buffet mit Vorarlberger Spezialitäten erfreuten.

Am *Donnerstag, dem 6. September* tagten Präsidium und Ausschuß der VÖB. Im folgenden beschränke ich mich auf einen Überblick über die Hauptvorträge, die vor allem auf die Herausforderung der modernen Technologien auf das Informationswesen und die Bibliotheken eingingen. So sprach Siegfried Detemple von der Bibliothek Preußischer Kulturbesitz, Berlin, von einer "postmodernen Situation", in der sich die Bibliotheken befänden und Hannes Hug (ETH Zürich) stellte für seine Bibliothek bereits den Ist-Zustand dar, wenn er über die "Fortentwicklung der Bibliotheken hin zu Informationsvermittlungsstellen unter dem Aspekt der Verlagerung der Informationsträger" sprach. Daß Bibliotheken immer mehr Neue Medien sammeln und zur Verfügung stellen, betonte der Verleger Klaus G. Saur, stellte aber gleichzeitig fest, daß seiner Ansicht nach, das Buch einen festen Platz in der Informationslandschaft behalten werde. Prof. Robert Funk (Institut für Bibliothekarausbildung, FU Berlin) berichtete über "Expertensysteme und Künstliche Intelligenz", während der auch in der Informationsbroschüre "Wer und Was in Bregenz" abgedruckte Vortrag von Dir. Dr. Eberhard Tiefenthaler über "Geschichtslandschaft und Kulturraum Bodensee" eine kulturhistorische Einführung zur Bodenseeschiffahrt bot.

Um 18.30 Uhr dampfte dann der Raddampfer "Hohentwiel" vollbeladen mit 500 Gästen zu einer dreistündigen Schiffahrt auf dem Bodensee vom Bregenzer Hafen ab. Für das liebevoll restaurierte Schiff war es die 100. Ausfahrt seit der Wiederinbetriebnahme. Im Abendsonnenschein zog das Ufer vorbei, man erfreute sich am Buffet, während man bei der Rückfahrt die Bodenseestädte, vor allem Lindau, in prachtvoller Illumination erleben konnte.

Der Abt des Zisterzienserklosters Mehrerau, zelebrierte am *Freitag, dem 7. September*, in der Stiftskirche des Klosters den traditionellen ökumenischen Gottesdienst. Im großen Saal des Festspielhauses schloß der Reigen der Vorträge mit den Beiträgen von Univ. Prof. Dr. Gernot Wersig und Univ. Prof. Dr. Klaus Haefner. Zum Abschluß fanden sich die meisten Vortragenden noch einmal zu einer Podiumsdiskussion (Leitung: HR Dr. Karl F. Stock) zusammen, in der vor allem die Kontrahenten vieler wissenschaftlicher Auseinandersetzungen, Weizenbaum und Haefner, die Klingen kreuzten und pointiert ihre Positionen - Skepsis versus Zuversicht den modernen Technologien gegenüber - vertraten. Parallel dazu fand das Round-Table-Gespräch der Delegierten der ausländischen

Bibliothekarvereinigungen unter Leitung von Dr. Ferdinand Baumgartner statt, an dem Delegierte von 17 Vereinen teilnahmen. Ihre Wortmeldungen zur Situation des Bibliothekswesens in ihren Ländern geben einen guten Überblick über die Arbeit in unserem Berufsfeld, geographisch weitgespannt - von Estland bis in die USA. Sie sind auch eine Momentaufnahme einer inzwischen historisch gewordenen Situation, existierte doch damals noch die DDR.

Beim Gästeprogramm am Nachmittag mußte man sich wetterbedingt auf einen Stadtrundgang beschränken. In der *Schlußsitzung und Hauptversammlung* legte die Präsidentin der Vereinigung Österreichischer Bibliothekare, Dr. Magda Strebl, den Tätigkeitsbericht über die Funktionsperiode 1988-1990 vor, die Kassierin Agnes Lang erstattete den Kassabericht. Alle Funktionäre wurden entlastet, und in der nachfolgenden Wahl wurde GD Dr. M. Strebl als Präsidentin wiedergewählt, während Dir. Dr. Eberhard Tiefenthaler in der nächsten Funktionsperiode als erster Stellvertreter und HR Dir. Dr. Ferdinand Baumgartner als zweiter Stellvertreter bestätigt wurden. Auch der Vereinsauschuß wurde gewählt.

Die Überreichung der Dr.-Josef-Bick-Ehrenmedaillen erfolgte an: HR Dr. Ferdinand Baumgartner (Große Würdigungsmedaille), Prof. Dr. Friedrich Lang, AR Ladislaus Lang, Reg.R. Verena Muuhs, HR Mag. Dr. Franz Patzer, Dr. Max Pauer, HR Dr. Robert Rehberger, HR Dr. Eduard Ronge (Würdigungsmedaillen) und an: Orev. Johann Brandauer, Mag. Max Notsch, ASekr. Sieglinde Sepp (Förderungsmedaillen).

Am Abend lud der K.G.Saur Verlag in das Festspielhaus zu einer Lesung und anschließend zu einem Empfang. Dr. Tiefenthaler war es gelungen, den berühmten, am deutschen Ufer des Bodensees ansässigen Schriftsteller Martin Walser zu gewinnen, aus eigenen Werken zu lesen. Walser gab uns Gelegenheit, die stilistische Brillianz seiner Prosa auch beim ebenso gekonnten Vortrag seiner Werke zu bewundern - ein Autor, der sich keinen besseren Interpreten wünschen kann. Zur Einstimmung las er aus dem humoristischen "Heimatlob" eine auf Bregenz bezogene Textstelle. In Höchstform war Walser jedoch bei der Wiedergabe seines Monodrams "Nero läßt grüßen oder Selbstporträt des Künstlers als Kaiser". Im Anschluß signierte Walser Bücher, den Bibliothekaren zuliebe auch Taschenbuchausgaben seiner Werke. GD Dr. Magda Strebl zeigte sich in ihrer Rede vom Vortrag Walsers sehr beeindruckt und dankte Herrn Klaus G. Saur im Namen der VÖB dafür, daß auch bei der Bregenzer Tagung dieser inzwischen traditionell gewordene Empfang seines Verlags stattfinden konnte.

Die *Exkursion* auf die Insel Reichenau mit der Besichtigung von St. Georg in Oberzell und des Münsters in Mittelzell war am *Samstag, dem 8. September*, der Ausklang des 21. Österreichischen Bibliothekartags, der die zahlreichen Teilnehmer noch einmal in die reiche, für die europäische Kulturgeschichte so bedeutsame Bodenseelandschaft führte.

# PROGRAMM DES
# 21. ÖSTERREICHISCHEN BIBLIOTHEKARTAGES

# PROGRAMM

## 21. ÖSTERREICHISCHER BIBLIOTHEKARTAG

**4. - 8. September 1990**

BIBLIOTHEKEN MIT UND OHNE
GRENZEN:
INFORMATIONSGESELLSCHAFT UND
BIBLIOTHEK

Ehrenschutz:
Bundesminister Dr. Erhard Busek
Landeshauptmann Dr. Martin Purtscher
Bürgermeister Dipl.-Vw. Siegfried Gasser

TAGUNGSORT:
FESTSPIEL- UND KONGRESSHAUS BREGENZ
PLATZ DER WIENER SYMPHONIKER
A-6900 BREGENZ

**Dienstag, 4. September 1990**

**10.00 - 12.00** **Kommission für EDV-Anwender (Dr. B. Schaffer, Studienbibl. d. PÄDAK Graz)**

Das PC-Netz-Konzept der Universität Bielefeld
*(Dr. K.W. Neubauer, UB Bielefeld)*

Externe BIBOS-Nutzer - Probleme und Möglichkeiten
*(OR Dr. H. Hauffe, UB Innsbruck)*

EDV-Einsatz und bibliothekarische Team-Arbeit
*(Dr. J. Vass, AK Wien)*

Entlehnung BIBOS 3 aus der Sicht der UB Wien
*(N. Haas, UB Wien)*

Datenkonversion der bibliographischen Daten der TU Wien *(Dr. A. Nevyjel, FZ Seibersdorf, HR Dr. J. Wawrosch, Mag. K. Stebegg u. ASekr. B. Haslinger, alle UBTU Wien)*

Katalogkonversion in der BRD und DDR
*(Dr. E. Mertens, Hildesheim)*

**Kommission für Leihverkehr und Zentralkataloge (AR L. Lang, ÖNB Wien)**

Zentralkataloge in Ungarn - Stand, EDV-Einsatz, Möglichkeiten der internationalen Zusammenarbeit
*(P. Sonnevend, NB Budapest)*

**Kommission für Aus- und Fortbildung (HR E. Kluger, UB Salzburg)**

Bericht des Vorsitzenden und Arbeitsgespräch

**14.00 - 18.00** **Kommission für Nominalkatalogisierung (OR F. Straßnig, ÖNB Wien)**

Die RAK und ihre Anwendung in Österreich. Bericht über den aktuellen Stand
*(OR F. Straßnig, ÖNB Wien)*

Erfahrungen bei der formalen Erfassung komplizierter Vorlagen im BIBOS-Verbund
*(AR H. Brandauer, UB Innsbruck)*

Gegen die Zweidrittelgesellschaft in der RAK-Anwendung *(AR H. Zotter-Straka, UB Graz)*

**14.00 - 18.00** **Kommission für Studienbibliotheken für Lehreraus- und -fortbildung an Pädagogischen und Berufspädagogischen Akademien (AR E. Strigl, Studienbibl. PÄDAK Innsbruck)**
Kooperation zwischen den Bundes- u. Diözesanbibl. (Arbeitssitzung)

**Kommission für Periodika und Serienpublikationen / Kommission für Normung**
**(R Mag. H. Bergmann, UB Wien)**
Neue Normen (Mikroverfilmung von Zeitungen, Zitierregeln, Hochschulschriften)
*(R Mag. H. Bergmann, UB Wien)*
ÖZDB auf CD-ROM *(AR L. Lang, ÖNB Wien)*
Periodika-Bearbeitung mit den in Betrieb befindlichen EDV-Systemen
*(N. Haas, UB Wien; Dr. B. Schaffer, Stud.Bibl. d. PÄDAK Graz; K. Wernig, UB Wien)*

**Kommission für Sachkatalogisierung**
**(Dr. P. Kubalek, Bundesstaatliche Päd. Bibl. beim Landesschulrat f. NÖ)**
Redaktionelle Anforderungen an Partner und Nutzer der kooperativ geführten Schlagwortnormdatei (SWD)
*(W. Stephan, DB Frankfurt a. M.)*
Bericht der Schlagwort-Zentralredaktion (des BMWF) über die Sacherschließung in BIBOS

**Online-Benutzergruppe**
**(OR Dr. H. Hauffe, UB Innsbruck)**
**(Öffentlicher Teil: 15.00 - 18.00)**
A-COM - Telekommunikationssoftware mit automatischer Befehlsübersetzung *(Dr. K. Bednar, Wien)*
Phonetische Ähnlichkeitssuche in Datenbanken
*(Dr. A. Wilhelmy, Schwarzach)*
Die Österreichische Dissertationsdatenbank
*(Dr. A. Nevyjel, FZ Seibersdorf)*
Online-Wirtschaftsdatenbanken zwischen Ost u. West
*(R. Gokl, Düsseldorf)*
Die Online-Industrie in den Neunziger Jahren
*(Dr. B. Jenschke, Karlsruhe)*

**19.00** Hotel Mercure: Empfang für ausländische Gäste, Aussteller und den Ausschuß der Vereinigung Österreichischer Bibliothekare (besondere Einladung)

zugleich: zwangloses Treffen der Tagungsteilnehmer im Gösser-Bräu

## Mittwoch, 5. September 1990

**9.00 - 11.30** **Kommission für Bibliographie (OR Dr. A. Schuller, Stmk. Landesbibl. Graz) / Kommission für Landesbibliotheken (Dir.Dr. E. Tiefenthaler, Vorarlb. Landesbibl.)**

Regionalbibliographie und EDV:

Neuere Tendenzen der Regionalbibliographie-Erstellung in der BRD u. das baden-württembergische "Modell"
*(Dr. L. Syré, Badische LB Karlsruhe;)*

Umrisse schweizerischer Regional- und Fachbibliographien *(Dr. W. Treichler, LB Bern)*

Erstellung d. Bodensee-Bibliographie mit Hilfe e. PCs
*(G. Rau, UB Konstanz)*

Regionalbibliographie und Landesbibliothek
*(Dir. Dr. E. Tiefenthaler, VLB Bregenz)*

Regionalbibliographie und EDV in Österreich
*(Dr. A. Schuller, LB Graz)*

**Kommission für Erwerbungsfragen (OR Dr. R. Heilinger, ÖNB Wien) / Kommission für Rechtsfragen (OR Dr. I. Dosoudil, UB Wien)**

Rechtliche Aspekte bei der Erwerbung Neuer Medien (CD-ROM, Disketten) (Arbeitsgespräch)
*(MR Dr. E. Lakatha, BMWF Wien)*

9.00 - 11.30 **Kommission für Buch- und Bibliotheksgeschichte**
**(HR Dr. W. Neuhauser, UB Innsbruck) /**
**Kommission für Landkarten- und Vedutenbearbeitung**
**(OR Dir. Dr. Franz Wawrik, Kartensammlung der ÖNB Wien)**

Handbuch der historischen Buchbestände
*(Prof. Dr. B. Fabian, Univ. Münster; Prof. Dr. F. Krause, Berlin; HR Dr. H. Lang, ÖNB Wien)*

EDV und altes Buch in österreichischen Bibliotheken: Das Katalogisieren von Veduten mittels EDV
*(OR Dr. F. Wawrik, ÖNB Wien)*

UBIalt - Erschließung der Altbestände der UB Innsbruck bis 1800 mit BIBOS
*(S. Sepp u. E. Ramminger, UB Innsbruck)*

Entwicklung einer klimageregelten Ausstellungsvitrine für empfindliche Objekte
*(Ing. M. Mayer, UB Graz)*

**Kommission für Bibliotheksbenützung und Öffentlichkeitsarbeit**
**(R Dr. Martin Wieser, UB Innsbruck)**

5 Jahre Forschungsabteilung der ÖNB
*(Dr. W. Duchkowitsch, ÖNB Wien)*

Elektronische Medien in der Bibliothek
*(F. Brody, ÖNB Wien)*

10.00 - 10.45 **Kommission für Restaurierung**
**(Leitung: HR Dr. H. Lang, ÖNB Wien)**

Schutzverfilmung von Bibliotheksgut
*(Dr. Y. Haase, Hessische Landes- u. Hochschulbibl. Darmstadt)*

10.00 - 11.30 **Kommission für Amts- und Behördenbiblio theken**
**(OR Dr. G. Loibl, Amtsbibl. d. BM f.Ausw. Angelegenheiten)**

Bibliotheksverbund, Verhalten der Bibliotheken bei Ressortteilung (Arbeitsgespräch)

**10.00 - 11.30** **Arbeitsgruppe Frauen (Christa Wille, ÖNB Wien)**
Frau im Bibliotheksdienst

**10.45 - 11.45** **Präsentation:**
Einsatz von Scannern zur retrospektiven Konversion von Katalogen (am Beispiel des Kataloges 1501-1929 der ÖNB)

*(HR Dr. K. F. Stock, UBTU Graz,*
*HR Dr. H. W. Lang, ÖNB,*
*Eduard Ratzer, Walter Gaul, alle Wien)*

**11.45 - 12.30** **Round-Table-Gespräch der Kommissionsvorsitzenden**

**14.30 - 17.00**

**FEIERLICHE ERÖFFNUNG DES BIBLIOTHEKARTAGES**

**Begrüßungsansprachen:**
Dr. Magda Strebl, Präsidentin der VÖB
Dr. Hans-Peter Geh, Präsident der IFLA, Vertreter der ausländischen Gäste
Dipl.-Vw. Siegfried Gasser, Bürgermeister von Bregenz
Elisabeth Gehrer, Landesrätin für Kultur des Landes Vorarlberg
Dr. Edith Fischer, BMWF Abt. III/1
Dr. Johannes Marte, Sektionschef, BMWF

**Festvorträge:**
Die EG und die Zukunft der Bibliotheken in Europa *(GD Prof. Klaus-Dieter Lehmann, Deutsche Bibliothek Frankfurt a. M.)*

Wollen wir noch Menschen in der Bibliothek? *(Univ. Prof. Joseph Weizenbaum, Massachusetts Institute of Technology, USA)*

**17.30** Besichtigung der Vorarlberger Landesbibliothek

**19.00** Gartenfest im Park der Vorarlberger Landesbibliothek (gegeben von der Vorarlberger Landesregierung)

## Donnerstag, 6. September 1990

**8.00** Sitzung des VÖB-Ausschusses

**9.15** Expertensysteme und Künstliche Intelligenz
*(Prof. Robert Funk, Inst. f. Bibliothekarausbildung, FU Berlin)*

**10.30** Die zwei Kulturen im Bibliothekswesen
*(Prof. Dr. Hans-Albrecht Koch, Staats- u. UB Bremen)*

**11.30** Fortentwicklung der Bibliotheken hin zu Informationsvermittlungsstellen unter dem Aspekt der Verlagerung der Informationsträger *(Dir. Hannes Hug, ETH Zürich)*

**14.00** Probleme, Möglichkeiten und Konsequenzen des Einsatzes von Scannern in Bibliotheken
*(Prof. Dr. Walther Umstätter, FHS f. Bibliotheks- u. Dokumentationswesen, Köln)*

**15.00** Moderne Technologien im Verlagswesen und die Zukunft des Buches *(Dr. h.c. Klaus G. Saur, München)*

**16.00** Die Bibliotheken in der postmodernen Situation
*(Siegfried Detemple, M.A., Staatsbibl. Preuß. Kulturbesitz, Berlin)*

**17.00** Geschichtslandschaft und Kulturraum Bodensee
*(Dir. Dr. Eberhard Tiefenthaler, VLB)*

**18.30** Bodenseeschiffahrt mit Buffet
(gegeben von der Landeshauptstadt Bregenz)

## Freitag, 7. September 1990

**8.00** Ökumenischer Gottesdienst

**9.15** Technische Herausforderungen zwingen zu neuen Visionen
*(Univ. Prof. Dr. Gernot Wersig, FB Kommunikations - wissenschaften AB Informationswissenschaft, FU Berlin)*

**10.30** Round-Table-Gespräch der Delegierten der ausländischen Bibliothekarvereinigungen (besondere Einladung)

**10.30** Aufgabe der Bibliotheken in einer zunehmend technisch bestimmten informationellen Umwelt

*(Univ.-Prof. Dr. Klaus Haefner, Angewandte Informatik/FB3, Univ. Bremen)*

**11.30** Podiumsdiskussion der Vortragenden

**14.30 -**
**17.00** Schlußsitzung und Hauptversammlung und Verleihung der Bick-Medaillen

**19.00** Lesung Martin Walser und Empfang des K.G. Saur Verlags

## Samstag, 8. September 1990

**8.30 -**
**16.30** Exkursion auf die Insel Reichenau: Besichtigung von St. Georg in Oberzell und des Münsters in Mittelzell

## Organisatorische Hinweise

Quartierbestellung bitte an das Ortskomitee: Vorarlberger Landesbibliothek, Fluherstraße 4, A-6900 Bregenz
Tel. (05574) 511-4411, FAX (05574) 511-44531

Tagungsbüro: Eingangshalle des Festspielhauses Bregenz
Tel. (05574) 22811 /220 oder 221 (evtl. neue Nummer: 4920/220, 221)
Öffnungszeiten: Mo - Do: 9 - 18 h, Fr: 9 - 14 h

Der Schriftverkehr bezüglich des Bibliothekartages (Programm etc.) ist zu richten an: Vereinigung Österreichischer Bibliothekare
Josefsplatz 1, A-1015 Wien.
Tel. (0222) 53 410/389, FAX (0222) 533 70 49

# TEILNEHMERVERZEICHNIS

TEILNEHMERVERZEICHNIS

# Alphabetisches Namenverzeichnis

## I. Ausländische Teilnehmer

| | | |
|---|---|---|
| Ághová, Dr. Jana | Trnava | Spolok Slovenských Kníhovníkov |
| Androvič, Dipl. Ing. Alois | Bratislava | Spolok Slovenských Kníhovníkov |
| Balík, Dr. Vojtech | Prag | Klementinum |
| Barckow, Klaus | Paderborn | UB Paderborn |
| Bein, Anne | Frankfurt | Swets & Zeitlinger |
| Benkert, Hannelore | Berlin | Verband der Bibliothekare der DDR |
| Bergmann, Robert | Konstanz | |
| Beuth, Marga | Reading | Research Publications Ltd. |
| Bieber, Wolfgang | Stuttgart | Kunst und Wissen |
| Bielik, Dr. Miroslav | Martin | Matica Slovenska |
| Bonneß, Elke | Bielefeld | UB Bielefeld |
| Burde, Dr. Peter | Neubiberg | UB d. Uni. d. Bundeswehr München |
| Burgetová, Dr. Jarmila | Prag | SKIP |
| Cejpek, Doz. Dr. Jiří | Prag | SKIP |
| Celler, Dr. Zsuzsanna | Budapest | Nat. Zentr. f. Unterrichtstechnol. |
| Dán, Krisztina | Budapest | Hauptstädt. Pädagog. Zentr., MKE |
| Daum, Prof. Dr. Josef | Braunschweig | UB der Technischen Universität |
| Demattia, Dr.Roman | Brixen | Stadtbibliothek Brixen |
| Detemple, M.A. Siegfried | Berlin | Staatsbibl. Preußischer Kulturbesitz |
| Dickenmann, Dr. Heinz | Zürich | UB Zürich-Irchel |
| Dietze, Prof. Dr. Joachim | Berlin | Dt. Bibliotheksverband / DDR |
| Dünninger, Dr. Eberhard | München | Bayer. Staatl. Bibliotheken |
| Eisendle, Karl | Bozen | Landesbibl."Dr. Friedr. Teßmann" |
| Fabian, Univ.-Prof. Dr. B. | Münster | Universität, Englisches Seminar |
| Fonyó, Ilona | Budapest | Zentralbibl. d. Techn. Univ. |
| Franc, Dr. Zdeněk | Prag | SKIP |
| Frankenberger, Dr. Rudolf | Augsburg | UB Augsburg |
| Funk, Prof. Robert | Berlin | Inst. f. Bibliothekarausbildg., FU |
| Gábor, Ildikó | Szeged | Zentralbibl. d. Pädagog. Hochsch. |
| Gebhard, Winfried | Stuttgart | FHS f. Bibliothekswesen |
| Geh, Dr. Hans-Peter | Stuttgart | Württemb. Landesbibl., IFLA |
| Geißelmann, Dr. Friedrich | Regensburg | UB Regensburg |
| Glanzner, Dr. Peter | Freiburg/Br. | Pädagog. Hochschule Freiburg |
| Gokl, Reinhold | Düsseldorf | |
| Gramenz, M.A. Friedrich | Jülich | Zentralbibl., Forschungszentrum |
| Grunewald, Franz | Zürich | Staatsarchiv u. Regierungsbibl. |
| Gulácsi-Pápay, Erika | Budapest | Landwirt. Bibl. Károlyi Mihály |
| Gutmann, Dagmar | Stuttgart | |
| Haase, Dr. Yorck | Darmstadt | Hess. Landes- u. Hochschulbibl. |
| Haefner, Univ. Prof. Dr. K. | Bremen | Angew. Informatik / FB3, Univ. |
| Haller, Dr. Klaus | München | Bayerische Staatsbibliothek |
| Hauswirth, Marie E. | Bern | Stadt- u. Universitätsbibl. |

| | | |
|---|---|---|
| Hegedüs, Péter | Budapest | NB Széchényi |
| Heim, Dr. Harro | Bielefeld | |
| Hellfaier, M.A. Detlev | Detmold | Lippische Landesbibliothek |
| Höchsmann, Dieter | Berlin | Method. Zentr. f. Wiss. Bibl. |
| Hoffmann, Bernward | Stuttgart | VdDB |
| Höhne, Heinz | Leipzig | Deutsche Bücherei |
| Hug, Hannes | Zürich | ETH |
| Irmscher, Prof.Dr.Waltraud | Berlin | UB Berlin |
| Iván, Margit | Györ | Bibl. d. Techn. Hochschule |
| Jauslin, Jean-Frédéric | Bern | Schweizerische Landesbibliothek |
| Jelušic, Prof. Srecko | Rijeka | Hrvatsko Bibliotekarsko Društvo |
| Jenschke, Dr. Bernward | Karlsruhe | |
| Jügelt, Prof. Dr.Karl-Heinz | Rostock | UB Rostock |
| Kimlička, Dipl.Ing. Štefan | Bratislava | Spolok Slovenských Knihovníkov |
| Kobé, Tomaš | Ljubljana | Vereinigung Slowen. Bibliothekare |
| Koch, Prof.Dr. Hans-A. | Bremen | Staats- u. Universitätsbibl. Bremen |
| Koops, Dr. Willem | Groningen | UB Groningen |
| Köstler, Dr. Hermann | Zürich | Zentralbibliothek Zürich |
| Kováčová, Sylvia | Bratislava | Spolok Slovenských Knihovníkov |
| Krause, Prof.Dr. Friedhilde | Berlin | |
| Kuhlmeyer, Hans-Jürgen | Göttingen | VdDB |
| Lakatsch, Heiderose | Mühlheim/R. | J.F.Lehmanns |
| Lealand, C. A. | Lausanne | Saztec Europe Ltd. |
| Léces-Mesterházy Nagy,M. | Budapest | Zentralbibliothek der TU |
| Lehmann, Prof. Klaus-D. | Frankfurt/M. | Deutsche Bibliothek |
| Lepik, Aira | Tallinn | Verein Estnischer Bibliothekare |
| Lévay, Irén | Debrecen | Zentralbibl. d. Univ. Kossuth Lajos |
| Liebers, Prof. Dr. Gerhard | Münster | |
| Liechtenst.Landesbibl. | Vaduz | |
| Lierz, Wolfgang | St.Augustin | Ges. f. Mathem. u. Datenv. m.b.H. |
| Luck, Rätus | Bern | Schweizerische Landesbibliothek |
| Ludwig, Dr. Christoph | Rom | Histor. Inst. b. Österr. Kulturinst. |
| Marion, Dr. Colette | Paris | Bibliothèque Nationale |
| Martelanc, Tomo | Ljubljana | Verein. Jugoslaw. Bibliothekare |
| Mathys, Dr. Roland | Zürich | Zentralbibliothek Zürich |
| Mertens, Dr. Eberhard | Hildesheim | |
| Murianni, Dr. Stefania | Rom | Vereinigung Italien. Bibliothekare |
| Nagel, Dr. Dietrich | Berlin | Method. Zentr. f. Wiss. Biblioth. |
| Nagelsmeier, Marlene | Konstanz | |
| Nagy-Cirok, Helga | Kiskunhalas | Stadtbibliothek Kiskunhalas, MKE |
| Neubauer, Dr. Karl W. | Bielefeld | UB Bielefeld |
| Ottovay, László | Budapest | Nationalbibl. Széchényi, MKE |
| Pauer, Dr. Max | Regensburg | |
| Plassmann, Prof. Dr. E. | Köln | VDB, FHS f.Bibl. |
| Pröhle, Éva | Budapest | Bibl. des Ungar. Parlaments, MKE |
| Rau, Günther | Konstanz | UB Konstanz |
| Regli Hemmi, Bernadette | Zürich | Pestalozzianum |
| Richter, Vít | Prag | SKIP |
| Riss-Fang, Dr.Josephine | Boston | Simmons College |
| Rötzsch, Helmut | Leipzig | Deutsche Bücherei |

| | | |
|---|---|---|
| Saur, Dr.h.c. K. G. | München | |
| Schacher, Dr. Alois | Luzern | Zentralbibliothek Luzern |
| Schmid, Dr. Rolf-Dieter | Stuttgart | |
| Schmidt, Ruppert | Offenburg | Dokumente Verlag |
| Schopper, Dr. Werner | Bamberg | UB Bamberg |
| Schumann, Albrecht | Frankfurt/O. | Stadt- und Bezirksbibliothek |
| Sitzmann, Dr. Anton | Bozen | Landesbibl. "Dr. Friedr. Teßmann" |
| Sobottke, Ingeborg | Bochum | UB Bochum |
| Sonnevend, Péter | Budapest | NB Széchényi |
| Stephan, Werner | Frankfurt/M. | Deutsche Bibliothek |
| Strack-Zimmermann, Dr. E. | München | K.G. Saur Verl. |
| Stromeyer, Dr. Rainald | Berlin | |
| Syré, Dr. Ludger | Karlsruhe | Badische Landesbibliothek |
| Tanzer, Thomas J. | Lausanne | Saztec Europe Ltd. |
| Treichler, Dr. Willi | Bern | Schweizerische Landesbibliothek |
| Tussing, Werner | Saarbrücken | VdDB |
| Umstätter, Prof. Dr. W. | Köln | FHS f.Bibliotheks- u. Dokumw. |
| Vervürt, Evelyn | Frankfurt | Deutsche Bibliothek |
| Villiger, Ruth | Zürich | Pestalozzianum |
| Vogler, Dr. Werner | St. Gallen | Stiftsarchiv |
| Vogt, Ingrid | Eggenstein | FIZ Karlsruhe/Bibliograph.Service |
| Volle, Bärbel | Senden | VdDB |
| Walter, Dipl.Ing. Winfried | Immenstaad | Dornier |
| Walter,Dipl.Komm.-Des.S. | Langenargen | |
| Walter, Ingrid | Langenargen | |
| Wegelin, Prof. Dr. Peter | St. Gallen | Kantonsbibliothek Vadiana |
| Weimann, Dr. Karl H. | Hannover | Niedersächsische Landesbibliothek |
| Weizenbaum, Univ.Prof.J. | Cambridge | Massachusetts Inst. of Technology |
| Wersig, Univ.Prof. Dr. G. | Berlin | Fachbibl.Komm.Wiss., FU |
| Wiegand, Dr. Günther Kiel | Kiel | UB |
| Wilhelmy, Dr. A. | Schwarzach | |
| Wolosz, Jan | Warszawa | Biblioteka Narodowa |
| Wüst, Ruth | Bern | Schweizerische Landesbibliothek |

## II. Österreichische Teilnehmer

| | | |
|---|---|---|
| Adler, Dr. Alois | Graz | Steiermärkische Landesbibliothek |
| Albrecht, Dr. K.-H. | Feldkirch | Stadtbibliothek Feldkirch |
| Aldouri-Lauber, Dr. Maria | Wien | UB Wien |
| Aldrian, Christa | Wien | ÖNB |
| Amann, Dr. Hermann | Bregenz | Vorarlberger Landesbibliothek |
| Amtmann, Dr. Günther | Graz | HS f.Musik u.Darst.Kunst, Bibl. |
| Anderiasch, Ulrike | Graz | UB Graz |
| Anglmayer, Irmgard | Wien | UB d. Techn. Univ. Wien |
| Apfelauer, Mag.Dr.Richard | Salzburg | Universitätsdir. Salzburg, Archiv |
| Auer, Dr. Gerhard | Innsbruck | UB Innsbruck |
| Bancsich, Dr. Johannes | Wien | ÖNB |
| Barfuhs,Dipl.Dok.Gabriela | Wien | AUSTRO-DOK |

| | | |
|---|---|---|
| Basch, Norbert | Graz | Steiermärkische Landesbibliothek |
| Bauer, Mag. Bruno | Wien | Fakultätsbibl. f. Medizin d. Univ. |
| Baumberger, Brigitte | Linz | Bibl. d. Arbeiterkammer f. OÖ |
| Baumgartner, Dr.Ferdinand | Wien | UB Wien |
| Bednar, Dr. Kurt | Wien | |
| Beneder, Dr. Emmerich | Innsbruck | UB Innsbruck |
| Berger, Mag. Nadine | Wien | UB d. Wirtschaftsuniversität Wien |
| Bergmann, Mag. Helmuth | Wien | UB Wien |
| Binder, Dr. Christoph | Graz | Steiermärkische Landesbibliothek |
| Blaschnek, Dkfm. Mag. W. | Wien | Österr. Liga für Menschenrechte |
| Bösch, Dr. Reinhard | Bregenz | Vorarlberger Landesbibliothek |
| Bradacs-Stephanides, D. | Graz | UB Graz |
| Brandauer, Esther | Innsbruck | UB Innsbruck |
| Brandauer, Johann | Innsbruck | UB Innsbruck |
| Brandstötter, Dr. Elisabeth | Wien | BMWF Abt. III/1 |
| Breinl, Ingeborg | Innsbruck | UB Innsbruck |
| Brody, Florian | Wien | ÖNB |
| Broinger, Dr. Ingeborg | Wien | UB d. Techn. Univ. Wien |
| Buchmüller, Heinz | Wien | Büchereiverband Österreichs |
| Buchreiter, Marlies | Feldkirch | Stadtbibliothek Feldkirch |
| Bürger, Dr. Peter | Wien | Rechnungshof |
| Büttner, Judith | Wien | BM für Justiz, Amtsbibliothek |
| Cazan, Mag. Constantin | Wien | UB Wien |
| Cernajsek, Dr. Tillfried | Wien | Bibl. d. Geol. Bundesanstalt |
| Cerva, Gerhild | Wien | Bundesanstalt für Pflanzenschutz |
| Cocron, Ingrid | Graz | Steiermärkische Landesbibliothek |
| Danter, Franz | Bregenz | Vorarlberger Landesbibliothek |
| Dosoudil, Dr. Ilse | Wien | UB Wien |
| Drobnitsch, Ursula | Graz | UB d. Technischen Universität Graz |
| Drschka, Otto | Wien | |
| Duchkowitsch, Dr.W. | Wien | ÖNB |
| Erasimus, Mag. Elisabeth | Wien | UB Wien |
| Erlebach, Georg | Innsbruck | UB Innsbruck |
| Eschwe, Dr. Susanne | Wien | HS f. Musik u. Darst. Kunst, Bibl. |
| Fabrizii, Andrea | Wien | UB Wien |
| Feurstein, Mag. Thomas | Bregenz | Vorarlberger Landesbibliothek |
| Fichtinger, Edwin | Wien | UB Wien |
| Fink, Walter | Bregenz | Vorarlberger Landesbibliothek |
| Fischer, Dr. Edith | Wien | BMWF, Abt. III/1 |
| Forstner, Univ.Prof.Dr.K. | Salzburg | UB Salzburg |
| Frank, Mag. Norbert | Eisenstadt | Burgenländische Landesbibliothek |
| Fraunlob, Dr. Sieglinde | Wien | Bibl. d. Akad. d. Bildenden Künste |
| Frisch, Franz | Wien | |
| Gamsjäger, Dr. Helmut | Linz | Büchereien der Stadt Linz |
| Gasser, Dipl.-Vw. Siegfried | Bregenz | |
| Gaul, Walter | Wien | |
| Gehart, Dr. Alois | Wien | Bibl. d. Österr. Stat. Zentralamtes |
| Gerbert, Dr. Dorothea | Linz | Zentralkat. d. Wiss. Bibl. OÖs |
| Gisy, Susanne | Wien | BMWF, Abt. III/1 |
| Glettner, Mag. Rosehild | Innsbruck | UB Innsbruck |

| | | |
|---|---|---|
| Gutmann, Dieter | Bregenz | Vorarlberger Landesbibliothek |
| Graff, Dr. Theodor | Graz | Steiermärkische Landesbibliothek |
| Grote, Helmut | Klagenfurt | UB d. Univ. f. Bildungswiss. |
| Gruber, Mag. Rosemarie | Salzburg | Museum Carolino Augusteum |
| Haas, Eleonora | Wien | UB Wien |
| Haberl, Heidemarie | Wien | UB Wien |
| Hacker, Christine | Wien | UB Wien |
| Haring, Karl | Wien | Bibl. d. Akad. d. Bildenden Künste |
| Hasibar, Karl Heinz | Wien | EDV GmbH |
| Haslinger, Barbara | Wien | UB d. Techn. Universität Wien |
| Hatzmann, Reinhard | Linz | Zentralkat. d. Wiss. Bibl. OÖs |
| Hauffe, Dr. Heinz | Innsbruck | UB Innsbruck |
| Heilinger, Dr. Rudolf | Wien | ÖNB |
| Hein, Maria | Wien | Admin. Bibl. im BKA |
| Heller, Dr. Karin | Innsbruck | UB Innsbruck |
| Hennelotter, Brigitta | Wien | The British Council |
| Herbert, Karoline | Bregenz | Vorarlberger Landesbibliothek |
| Hertl, Sigrid | Graz | Berufspäd. Akademie des Bundes |
| Hierzer, Dr. Alois | Graz | UB Graz |
| Hilgers, Andrea-Christine | Wien | Naturhistorisches Museum |
| Höglinger, Brigitte | Wien | UB Wien |
| Honek, Mag. Dr. Klemens | Wien | UB d. Wirtschaftsuniversität Wien |
| Horatschek, Gertrude | Wien | BMUKS |
| Horsak, Karl | Wien | UB Wien |
| Hostek, Dr. Ute | Wien | UB Wien |
| Höller, Edgar | Bregenz | Vorarlberger Landesbibliothek |
| Huber, Peter | Innsbruck | Med.-Biol. Fachbibl. d. Univ. |
| Hubert, Mag. Eva-Maria | Wien | ÖNB |
| Humpeler, Birgit | Bregenz | Vorarlberger Landesbibliothek |
| Hühnel, Dr. Helga | Wien | ÖNB |
| Japp, Andrea Helene | Wien | Fakultätsbibl. f. Medizin d. Univ. |
| Javorsky, Irene | Wien | ÖNB |
| Jenni, Ulrike | Wien | Bibl. d. Akad. der Bildenden Künste |
| Jobst, Dr. Herwig | Wien | ÖGDI |
| Jobst-Rieder, Mag. M. | Wien | ÖNB, VÖB |
| Jontes, Dr. Lieselotte | Leoben | UB der Montanuniversität Leoben |
| Kamp, Franziska | Wien | Studienbibl. der Erzdiözese Wien |
| Kastenhofer, Josef | Linz | Bibl d. Kathol.-Theol. Hochschule |
| Kerber, Dr. Wolfgang | Wien | Zentralbibl. f. Physik in Wien |
| Kerchler, Dr. Helga | Wien | Inst.f.Ur- u.Frühgesch.,Univ. Wien |
| Kittel, Helga | Wien | Österreichische Bundesbahnen |
| Kluger,Abs.theol.E. | Salzburg | UB Salzburg |
| Knabl, Dolores | Leoben | UB d.Montanuniversität Leoben |
| Kneissler, Leodegar | Linz | |
| Komarek, Eva | Innsbruck | UB Innsbruck |
| Königsberger, Dr. Gerda | Wien | Bibl. d. Akad. d. Bildenden Künste |
| Kontsch, Eleonore | Graz | HS f. Musik u.Darst.Kunst, Bibl. |
| Köpf, Silvia | Wien | UB der Wirtschaftsuniversität Wien |
| König, Gabriele | Bregenz | Vorarlberger Landesbibliothek |
| Körber, Thomas | Wien | BA f.Eich- u.Vermessungsw., Bibl. |

| | | |
|---|---|---|
| Korger, Dr.Matthias | Wien | ÖNB |
| Kortschak, Dr. Ulrike | Graz | UB Graz |
| Kósa, Irmgard | Wien | UB Wien |
| Kósa, József | Wien | |
| Kreinz, Martin | Graz | UB Graz |
| Kremann, Elisabeth | Wien | ÖNB |
| Kriller, Beatrix | Wien | Kunsthistorisches Museum |
| Krozewski, Werner | Feldkirch | Studienbibl.a.d.PÄDAK d.B.in Vlb. |
| Kubalek, Dipl. Ing. Eva | Baden | |
| Kubalek, Mag. Dr. Peter | Wien | Bdst.Päd.Bibl.b.Ldschulr.f.Wien |
| Kubela, Ilga | Wien | BM für Arbeit u. Soziales, Bibl. |
| Küng, Claudia | Bregenz | Stadtbücherei Bregenz |
| Kuppelwieser, Mag. G. | Wien | Bundeskanzleramt, Abteilung IV/9 |
| Kurz, Bernhard | Wien | UB der Wirtschaftsuniversität Wien |
| Lackinger, Mag. Johannes | Linz | Bibl. d. Kath.-Theolog.Hochschule |
| Lakatha, Dr. Emmerich | Wien | BMWF, Abt. III/1 |
| Lambauer, Dr. Hannes | Graz | Steiermärkische Landesbibliothek |
| Lang, Agnes | Wien | ÖNB |
| Lang, Dr. Helmut W. | Wien | ÖNB |
| Lang, Ladislaus | Wien | ÖNB |
| Lang, Prof. Dr. Friedrich H. | Wien | |
| Ledermaier, Edda | Innsbruck | UB Innsbruck |
| Leibnitz, Dr. Thomas | Wien | ÖNB |
| Leitner, Dr. Hans | Wien | UB Wien |
| Lindner, Burkhard | Wien | FRIC Techn. Fachbuchhandlung |
| Loibl, Dr. Gottfried | Wien | BM f. Ausw. Angel., Bibl. |
| Lube, Dr. Manfred | Klagenfurt | UB d. Univ. f. Bildungswiss. |
| Maierbichler, Gerda | Graz | PÄDAK d.Bundes Stmk., Stud.Bibl. |
| Mairinger, Mag.Wolfgang | Wien | Zentralbibliothek des TGM |
| Maisser, Helmut Karl | Wien | UB Wien |
| Maresch, Brigitte | Wien | UB Wien |
| Marik, Karl Wilhelm | Klagenfurt | UB d. Univ. f. Bildungswiss. |
| Mark, Carmen | Bregenz | Vorarlberger Landesbibliothek |
| Marte, Dr. Johannes | Wien | BMWF |
| Martinek, Alfred | Wien | ÖNB |
| Matz, Dr. Alexandra | Wien | UB der Wirtschaftsuniversität Wien |
| Mauthe, Mag. Gabriele | Wien | ÖNB, VÖB |
| Mayer, Dipl. Ing. Manfred | Graz | UB Graz |
| Meisl, Dr. Hans | Innsbruck | UB Innsbruck |
| Metz, Claudia | Wien | UB Wien |
| Meusburger, Dr. Wilhelm | Bregenz | Vorarlberger Landesbibliothek |
| Moderitz, Gerhard | Graz | UB der Techn. Universität Graz |
| Mörwald, Gerlinde | Linz | Bibl. d. Kathol.-Theolog.Hochsch. |
| Müller, Dr. Isolde | Graz | UB Graz |
| Mundschütz, Reinhard | Wien | Fakultätsbibl. f. Medizin a.d. Univ. |
| Musil, Helene | Wien | Zentr.Verwbibl.u.Dokum.f.W.u.T. |
| Nagl, Johann | Wien | UB Wien |
| Nessler, Wolfgang | Wien | Inst. f. Höhere Studien, Bibliothek |
| Neuböck, Dr. Inge | Wien | Sozialwissenschaftl. Studienbibl. |
| Neuhauser, Dr. Walter | Innsbruck | UB Innsbruck |

| | | |
|---|---|---|
| Neumann, Dr. Norbert | Wien | BMUKS |
| Neumayer, Fritz | Wien | UB d. Techn. Universität Wien |
| Nevyjel, Dr. Alexander | Seibersdorf | Österr.Forschungszentrum |
| Nezbeda, Erich | Wien | Zentralbibl. f. Physik in Wien |
| Oberhauser, Dr. Otto C. | Wien | UB d. Techn. Universität Wien |
| Ofer, Helga | Graz | UB Graz |
| Ofer, Karl | Graz | UB Graz |
| Olensky, Dr. Günter | Wien | UB der Veterinärmed. Universität |
| Ortner, Dipl. Ing. Helmut | Wien | ÖNB |
| Ossinger, Mag. Eva | Wien | Fachbibl.f.Klass.Arch.a.d.Univ. |
| Patzer, Mag. Dr. Franz | Wien | |
| Pauger, Ingrid | Graz | UB Graz |
| Pauly, Gerhard | Wien | ÖNB |
| Petter, Xenia | Wien | UB Wien |
| Pfeil, Mag. Georg | Kremsmünster | Stiftsbibliothek |
| Pichler, Claudia | Wien | UB Wien |
| Pichler, Dr. Hiltrud | Klagenfurt | UB d. Univ. f. Bildungswiss. |
| Pichler, Petra | Wien | UB Wien |
| Pietsch, Dr. Traude | Wien | AUSTRO-DOK |
| Piwonka, Dr. Herbert | Graz | Steiermärkische Landesbibliothek |
| Plankl-Silberhorn, Mag.K. | Wien | UB Wien |
| Plattner, Dr. Anna | Wien | ÖNB |
| Ploch, Margarete | Linz | OÖ. Landesmuseum |
| Pock, Mag. Hannelore | Graz | UB Graz |
| Pollhammer, Renate | Salzburg | UB Salzburg |
| Popelka, Marialuise | Graz | Universitätsbibliothek Graz |
| Prechtel, Wolfgang | Feldkirch | Stadtbibliothek Feldkirch |
| Pum, Mag. Gabriele | Wien | ÖNB |
| Raich, Reinhard | Bregenz | Vorarlberger Landesbibliothek |
| Ramminger, Eva | Innsbruck | UB Innsbruck |
| Ratzer, Eduard | Wien | |
| Rauch, Engelbert | Klagenfurt | UB d. Univ. f. Bildungswiss. |
| Razumovsky, Maria | Wien | |
| Rauch, Guntram | Bregenz | Vorarlberger Landesbibliothek |
| Rädler, Karl | Bregenz | Vorarlberger Landesbibliothek |
| Rehberger, o.Prof. DDr.K. | St.Florian | Stiftsbibliothek |
| Reinitzer, Dr. Sigrid | Graz | UB Graz |
| Renner, Dr. Heinz | Wien | BM für Finanzen, Amtsbibliothek |
| Rentenberger, Johann | Wien | Bdst.Päd.Bibl.b.Ldschulr. NÖ |
| Richter, Dr. Gerhard | Wien | ÖMV Österr. Mineralölverwaltung |
| Riedl, Ingrid Maria | Wien | Bibl. d. Geolog.Bundesanstalt |
| Riedlsperger, Mag. Lotte | Salzburg | UB Salzburg |
| Riepl, Dr. Hermann | Wien | Niederösterr Landesbibliothek |
| Ronge, Dr. Eduard | Weidling | |
| Rudelitsch, Ilse | Wien | Fak.Bibl.f.Rechtswiss.a.d.Univ. |
| Ruetz, Maria | Innsbruck | UB Innsbruck |
| Ruhsam, Otto | Linz | UB Linz |
| Sabitzer, Alfred | Klagenfurt | UB d. Univ. f. Bildungswiss. |
| Sagl, Hermann | Wien | |
| Sandner, Dr. Margit | Wien | UB Wien |

| | | |
|---|---|---|
| Sauper, Dr. Bruno | Innsbruck | UB Innsbruck |
| Sausgruber, Dr. Herbert | Bregenz | |
| Schachner, Dietrich | Wien | Heeresgeschichtliches Museum |
| Schaffer, Dr. Brigitte | Graz | PÄDAK d.Bundes Stmk, Stud.Bibl. |
| Scheffknecht, Dr. W. | Bregenz | Vorarlberger Landesbibliothek |
| Scherzer, Dr. Dorothea | Wien | Bibl.d.Österr. Statist.Zentralamtes |
| Schiffel, Helmut | Wien | Österreichische Postsparkasse |
| Schlacher, Dr. Werner | Graz | UB Graz |
| Schmeikal, Dr. Bettina | Wien | OEGI |
| Schmied, Ferdinand | Wien | UB Wien |
| Schmutzer, Beate | Bregenz | Vorarlberger Landesbibliothek |
| Schneider, Elisabeth | Wien | ÖNB |
| Schönauer, Rudolf | Wien | PÄDAK d.Bundes Wien, Stud.bibl. |
| Schönberger, Wilhelmine | Wien | ÖNB |
| Schörg, Irmtraud | Wien | Bibl.d.Österr.Akad.d.Wissensch. |
| Schuller, Dr. Anton L. | Graz | Steiermärkische Landesbibliothek |
| Schwab, Dr. Wolfgang | Graz | UB Graz |
| Schwabl,Dr.Hans-D. | Wien | Bibl.d.Österr.Akad.d.Wisssensch. |
| Schwarzmann, Melitta | Bregenz | Vorarlberger Landesbibliothek |
| Schweitzer, Karin | Bregenz | Vorarlberger Landesbibliothek |
| Seedoch, Dr. Johann | Eisenstadt | Burgenländische Landesbibliothek |
| Sepp, Sieglinde | Innsbruck | UB Innsbruck |
| Sestits, Elisabeth | Wien | UB Wien |
| Sika, Peter | Leoben | |
| Simmler,Dr. O. A. | Wien | Adm. Bibl. im BKA |
| Sommer, Fritz | Wien | |
| Spanner-Burkert, Petra | Graz | UB Graz |
| Speringer, Dr. Johanna | Linz | UB Linz |
| Stadler, Ernestine | Salzburg | UB Salzburg |
| Stebegg, Mag. Karl | Wien | UB d. Techn. Universität Wien |
| Steiner, Dr. Josef | Wien | ÖNB |
| Steinwender, Sigrun | Graz | UB Graz |
| Steitz, Brigitte | Graz | UB Graz |
| Stengel, Dr. Friedrich | Wien | UB Wien |
| Stengel, Elisabeth | Wien | UB der Wirtschaftsuniversität Wien |
| Stern, Priska | Innsbruck | UB Innsbruck |
| Stöhr, Dr. Theodor | Wien | Parlamentsbibliothek |
| Stoll, Dr. Manfred | Wien | EDV-Zentrum der Universität Wien |
| Straberger, Manfred | Salzburg | UB Salzburg |
| Stranzinger, Dr. Oswald | Innsbruck | UB Innsbruck |
| Stranzinger, Margarethe | Innsbruck | |
| Straßnig, abs. theol. F. | Wien | ÖNB |
| Straßnig-Bachner, Dr. M. | Wien | ÖNB |
| Strauß, Maria | Graz | UB Graz |
| Strebl, Dr. Magda | Wien | ÖNB |
| Strigl, Elfriede | Innsbruck | Pädagog. Akademie d. Bundes Tirol |
| Stumfohl, Dr. Rotraud | Klagenfurt | Landesmuseum für Kärnten |
| Swoboda, Michaela | Linz | UB Linz |
| Taschler-Dietrich, Agathe | Wien | UB der Wirtschaftsuniversität |
| Ternyak, Mag. Heidemarie | Wien | Adm. Bibl. im BKA |

| | | |
|---|---|---|
| Thiel, Dr. Johanna | Wien | ÖNB |
| Tiefenthaler, Dr. Eberhard | Bregenz | Vorarlberger Landesbibliothek |
| Tobin, Brigitta | Linz | Berufsförderungsinstitut OÖ |
| Trummler, Irmgard | Graz | UB Graz |
| Unteregger-Vaerst, Dr. A. | Salzburg | UB Salzburg |
| Ustrnul, Dr. Geralt | Wien | ÖNB |
| Vass, Dr. Josef | Wien | Sozialwissenschaftl.Studienbibl. |
| Vogel, Lucia | Wien | Inst. f. Österr. Musikdokument. |
| Vogel, Otto | Wien | |
| Waltensdorfer, Alois | Graz | UB der Techn. Universität Graz |
| Walther, Heidrun | Graz | UB der Techn. Universität Graz |
| Wawrik, Dr. Franz | Wien | ÖNB |
| Wawrosch, Dr. Josef | Wien | UB der Techn. Universität Wien |
| Weber, Bertram | Innsbruck | UB Innsbruck |
| Weber, Mag. Dr. Otmar | Salzburg | Amtsbibl.d.Slzbg. Landesreg. |
| Weginger, Jitka | Wien | UB Wien |
| Wehrmann, Dkfm. Mag.G. | Wien | UB der Wirtschaftsuniversität |
| Weichselbaumer, A. | Linz | Zentralkatalog der Wiss. Bibl. |
| Weidinger, Dr. Ingrid | Wien | Bibl. des Österr. Patentamtes |
| Wernig, Katharina | Wien | UB Wien |
| Wieser, Dr. Martin | Innsbruck | UB Innsbruck |
| Wiesinger, Mag. Eva | Wien | Bibl. d. Generalpostdirektion |
| Wiest, Gottfried | Linz | Bibl. d. Kath.-Theolog. Hochsch. |
| Wille, Christa | Wien | ÖNB |
| Wimmer, Günther | Bregenz | Vorarlberger Landesbibliothek |
| Winkler, Gertrude | Graz | UB der Techn. Universität Graz |
| Winkler, Johann | Wien | UB Wien |
| Winkler, Monika | Wien | ÖNB |
| Wolensky, Dr. Madeleine | Wien | |
| Würtz, Mag. Herwig | Wien | Wiener Stadt- und Landesbibliothek |
| Zacherl, Dr. Elisabeth | Salzburg | Salzburger Landesarchiv |
| Zak, Elisabeth | Wien | UB der Wirtschaftsuniversität Wien |
| Zandl, Regina | Wien | UB Wien |
| Zbuzek, Heinrich | Wien | |
| Zeilinger, Mag. Elisabeth | Wien | ÖNB |
| Zemanek, Andrea | Graz | UB Graz |
| Ziegelwagner, Dr. Johann | Salzburg | Handelskammer Slzbg., Bibliothek |
| Zimmel, Mag. Brigitte | Wien | Zentralbibl. f. Physik in Wien |
| Zimmer, Helmut | Wien | ÖNB |
| Zopp, Helga | Salzburg | UB Salzburg |
| Zotter, Dr. Hans | Graz | UB Graz |
| Zotter-Straka, Helga H. | Graz | UB Graz |

# Namenverzeichnis nach Orten und Dienststellen

## I. Ausländische Teilnehmer

**Augsburg**
**Universitätsbibliothek Augsburg**
Frankenberger, Dr. Rudolf
**Bamberg**
**Universitätsbibliothek Bamberg**
Schopper, Dr. Werner
**Berlin**
Krause, Prof. Dr. Friedhilde
Stromeyer, Dr. Rainald
**Deutscher Bibliotheksverband / DDR, Vorstand**
Dietze, Prof. Dr. Joachim
**Fachbibliothek Kommunikationswissenschaften, FU**
Wersig, Univ. Prof. Dr. Gernot
**Institut für Bibliothekarausbildung, FU**
Funk, Prof. Robert
**Methodisches Zentrum für Wissenschaftliche Bibliotheken**
Höchsmann, Dieter
Nagel, Dr. Dietrich
**Staatsbibliothek Preußischer Kulturbesitz**
Detemple, M.A.Siegfried
**Universitätsbibliothek Berlin**
Irmscher, Prof. Dr. Waltraud
**Verband der Bibliothekare der DDR**
Benkert, Hannelore
**Bern**
**Schweizerische Landesbibliothek**
Jauslin, Jean-Frédéric
Luck, Rätus
Treichler, Dr. Willi
Wüst, Ruth
**Stadt- und Universitätsbibliothek Bern**
Hauswirth, Marie Elisabeth
**Bielefeld**
Heim, Dr. Harro
**Universitätsbibliothek Bielefeld**
Bonneß, Elke
Neubauer, Dr. Karl Wilhelm
**Bochum**
**Universitätsbibliothek Bochum**
Sobottke, Ingeborg
**Boston, Mass.**
**Simmons College**
Riss-Fang, Dr. Josephine
**Bozen**
**Landesbibliothek "Dr. Friedrich Teßmann"**
Eisendle, Karl

Sitzmann, Dr. Anton

**Bratislava**

**Spolok Slovenských Kníhovníkov**

Ághová, Jana
Androvič, Dipl. Ing. Alois
Kimlička, Dipl. Ing. Štefan
Kováčová, Sylvia

**Braunschweig**

**Universitätsbibliothek der TU Braunschweig**

Daum, Prof. Dr. rer. nat. Josef

**Bremen**

**Angewandte Informatik / FB 3, Universität Bremen**

Haefner, Univ. Prof. Dr. Klaus

**Staats- und Universitätsbibliothek Bremen**

Koch, Prof. Dr. Hans-Albrecht

**Brixen**

**Stadtbibliothek Brixen**

Demattia, Dr. Roman

**Budapest**

**Bibliothek des Ungarischen Parlaments, MKE**

Pröhle, Éva

**Hauptstädtisches Pädagogisches Zentrum, MKE**

Dán, Krisztina

**Landwirtschaftliche Bibliothek Károlyi Mihály, MKE**

Gulácsi-Pápay, Erika

**Nationalbibliothek Széchényi**

Hegedüs, Péter
Sonnevend, Péter
Ottovay, László

**Nationales Zentrum für Unterrichtstechnologie**

Celler, Dr. Zsuzsanna

**Zentralbibliothek der Technischen Univ. Budapest, MKE**

Fonyó, Ilona
Léces-Mesterházy Nagy, Márta

**Cambridge, Mass.**

**Massachusetts Institute of Technology**

Weizenbaum, Univ.-Prof. Joseph

**Darmstadt**

**Hessische Landes- und Hochschulbibliothek**

Haase, Dr. Yorck

**Debrecen**

**Zentralbibliothak der Universität Kossuth Lajos, MKE**

Lévay, Irén

**Detmold**

**Lippische Landesbibliothek**

Hellfaier, M.A. Detlev

**Düsseldorf**

Gokl, Reinhold

**Eggenstein-Leopoldshafen**
**FIZ Karlsruhe, Bibliographisches Service**
Vogt, Ingrid
**Frankfurt / Main**
**Deutsche Bibliothek**
Lehmann, Prof. Klaus-Dieter
Stephan, Werner
Vervürt, Evelyn
**Swets & Zeitlinger**
Bein, Anne
**Frankfurt / Oder**
**Stadt- und Bezirksbibliothek**
Schumann, Albrecht
**Freiburg, Br.**
**Bibliothek der Pädagogischen Hochschule Freiburg**
Glanzner, Dr. Peter
**Göttingen**
**VdDB**
Kuhlmeyer, Hans-Jürgen
**Groningen**
**Universitätsbibliothek Groningen**
Koops, Dr. Willem
**Györ**
**Bibliothek der Technischen Hochschule Györ, MKE**
Iván, Margit
**Hannover**
**Niedersächsische Landesbibliothek**
Weimann, Dr. Karl H.
**Hildesheim**
Mertens, Dr. Eberhard
**Immenstaad**
Dornier
Walter, Dipl. Ing. Winfried
**Jülich**
**Forschungszentrum Jülich GmbH, Zentralbibliothek**
Gramenz, M.A. Friedrich
**Karlsruhe**
Jenschke, Dr. Bernward
**Badische Landesbibliothek**
Syré, Dr. Ludger
**Kiel**
**Universitätsbibliothek Kiel**
Wiegand, Dr. Günther
**Kiskunhalas**
**Stadtbibliothek Kiskunhalas,MKE**
Nagy-Cirok, Helga
**Köln**
**Fachhochschule für Bibliotheks- und Dokumentationswesen**
Plassmann, Prof. Dr. Engelbert
Umstätter, Prof. Dr. Walther

**Konstanz**
Bergmann, Robert
Nagelsmeier, Marlene
**Universitätsbibliothek Konstanz**
Rau, Günther
**Langenargen**
Walter, Ingrid
Walter, Dipl. Kommunikation-Designerin Simone
**Lausanne**
**Saztec Europe Ltd.**
Lealand, C. A.
Tanzer, Thomas J.
**Leipzig**
**Deutsche Bücherei**
Höhne, Heinz
Rötzsch, Helmut
**Ljubljana**
**Vereinigung Jugoslawischer Bibliothekare**
Martelanc, Tomo
**Vereinigung Slovenischer Bibliothekare**
Kobe, Tomas
**Luzern**
**Zentralbibliothek Luzern**
Schacher, Dr. Alois
**Martin**
**Matica Slovenska**
Bielik, Dr. Miroslav
**Mühlheim/Ruhr**
J. F. Lehmanns
Lakatsch, Heiderose
**München**
Saur, Dr.h.c. K. G.
**Bayerische Staatsbibliothek**
Haller, Dr. Klaus
**Generaldirektion der Bayerischen Staatlichen Bibliotheken**
Dünninger, Dr. Eberhard
**K.G. Saur Verl.**
Strack-Zimmermann, Dr. Eva
**Münster**
Liebers, Prof. Dr. Gerhard
**Universität Münster, Englisches Seminar**
Fabian, Univ.-Prof. Dr. Bernhard
**Neubiberg**
**Univ. der Bundeswehr München, Universitätsbibliothek**
Burde, Dr. Peter
**Offenburg**
**Dokumente Verlag**
Schmidt, Ruppert

**Paderborn**
**Universitätsbibliothek Paderborn**
Barckow, Klaus
**Paris**
**Bibliothèque Nationale**
Marion, Dr. Colette
**Prag**
**Klementinum**
Balík, Dr. Vojtech
**Svaz Českých Knihov. a Informačních Pracovniků/SKIP**
Burgetová, Dr. Jarmila
Cejpek, Doz. Dr. Jiří
Franc, Dr. Zdeněk
Richter, Vít
**Reading**
**Research Publications Ltd.**
Marga Beuth
**Regensburg**
Pauer, Dr. Max
**Universitätsbibliothek Regensburg**
Geißelmann, Dr. Friedrich
**Rijeka**
**Hrvatsko Bibliotekarsko Društvo**
Jelušic, Prof. Srecko
**Rom**
**Historisches Institut beim Österr. Kulturinstitut in Rom**
Ludwig, Dr. Christoph
**Vereinigung Italienischer Bibliothekare**
Murianni, Dr. Stefania
**Rostock**
**Universitätsbibliothek Rostock**
Jügelt, Prof. Dr. Karl-Heinz
**Saarbrücken**
**VdDB**
Tussing, Werner
**Sankt Augustin**
**Gesellschaft für Mathematik und Datenverarbeitung mbH**
Lierz, Wolfgang
**Schwarzach**
Wilhelmy, Dr. A.
**Senden-Ottmarsbocholt**
**VdDB**
Volle, Bärbel
**St. Gallen**
**Kantonsbibliothek Vadiana**
Wegelin, Prof. Dr. Peter
**Stiftsarchiv**
Vogler, Dr. Werner
**Stuttgart**
Gutmann, Dagmar

Schmid, Dr. Rolf-Dieter
**Fachhochschule für Bibliothekswesen**
Gebhard, Winfried
**Württemberg. Landesbibl. , IFLA**
Geh, Dr. Hans-Peter
**Kunst und Wissen**
Bieber, Wolfgang
**VdDB**
Hoffmann, Bernward
**Szeged**
**Zentralbibliothek der Pädagog. Hochschule Szeged, MKE**
Gábor, Ildikó
**Tallinn**
**Verein Estnischer Bibliothekare**
Lepik, Aira
**Vaduz**
**Liechtensteinische Landesbibliothek**
**Warszawa**
**Biblioteka Narodowa**
Wolosz, Jan
**Zürich**
**ETH Zürich**
Hug, Hannes
**Hauptbibliothek der Universität Zürich-Irchel**
Dickenmann, Dr. Heinz
**Pestalozzianum**
Regli Hemmi, Bernadette
Villiger, Ruth
**Staatsarchiv und Regierungsbibliothek des Kantons Zürich**
Grunewald, Franz
**Zentralbibliothek Zürich**
Köstler, Dr. Hermann
Mathys, Dr Roland

## II. Österreichische Teilnehmer

**Baden**
Kubalek, Dipl. Ing. Eva
**Bregenz**
Gasser, Dipl.-Vw. Siegfried
Sausgruber, Dr. Herbert
**Stadtbücherei Bregenz**
Küng, Claudia
**Vorarlberger Landesbibliothek**
Amann, Dr. Hermann
Bösch, Dr. Reinhard
Danter, Franz
Feurstein, Mag. Thomas

Fink, Walter
Gutmann, Dieter
Herbert, Karoline
Humpeler, Birgit
Höller, Edgar
König, Gabriele
Mark, Carmen
Meusburger, Dr. Wilhelm
Raich, Reinhard
Rauch, Guntram
Rädler, Karl
Scheffknecht, Dr. Wolfgang
Schmutzer, Beate
Schwarzmann, Melitta
Schweizer, Karin
Tiefenthaler, Dr. Eberhard
Wimmer, Günther

**Eisenstadt**

**Burgenländische Landesbibliothek**

Frank, Mag. Norbert
Seedoch, Dr. Johann

**Feldkirch**

**Stadtbibliothek Feldkirch**

Albrecht, Dr. Karl-Heinz
Buchreiter, Marlies
Prechtel, Wolfgang

**Studienbibliothek an der Pädagog. Akad. des Bundes Vlbg.**

Krozewski, Werner

**Graz**

**Berufspädagogische Akademie des Bundes**

Hertl, Sigrid

**Hochschule für Musik und Darstellende Kunst in Graz, Bibl.**

Amtmann, Dr. Günther
Kontsch, Eleonore

**Pädagog. Akademie des Bundes Stmk., Studienbibliothek**

Maierbichler, Gerda
Schaffer, Dr. Brigitte

**Steiermärkische Landesbibliothek**

Adler, Dr. Alois
Basch, Norbert
Binder, Dr. Christoph
Cocron, Ingrid
Graff, Dr. Theodor
Lambauer, Dr. Hannes
Piwonka, Dr. Herbert
Schuller, Dr. Anton L.

**Universitätsbibliothek der Technischen Universität Graz**

Drobnitsch, Ursula
Moderitz, Gerhard
Waltensdorfer, Alois

Walther, Heidrun
Winkler, Gertrude

**Universitätsbibliothek Graz**

Anderiasch, Ulrike
Bradacs-Stephanides, Dagmar
Hierzer, Dr. Alois
Kortschak, Dr. Ulrike
Kreinz, Martin
Mayer, Dipl. Ing. Manfred
Müller, Dr. Isolde
Ofer, Helga
Ofer, Karl
Pauger, Ingrid
Pock, Mag. Hannelore
Popelka, Marialuise
Reinitzer, Dr. Sigrid
Schlacher, Dr. Werner
Schwab, Dr. Wolfgang
Spanner-Burkert, Petra
Steinwender, Sigrun
Steitz, Brigitte
Strauß, Maria
Trummler, Irmgard
Zemanek, Andrea
Zotter, Dr. Hans
Zotter-Straka, Helga Heidelinde

**Innsbruck**

Stranzinger, Margarethe

**Med.-Biol. Fachbibliothek der Universität Innsbruck**

Huber, Peter

**Pädagogische Akademie des Bundes in Tirol**

Strigl, Elfriede

**Universitätsbibliothek Innsbruck**

Auer, Dr.Gerhard
Beneder, Dr. Emmerich
Brandauer, Esther
Brandauer, Johann
Breinl, Ingeborg
Erlebach, Georg
Glettner, Mag. Rosehild
Hauffe, Dr. Heinz
Heller, Dr. Karin
Komarek, Eva
Ledermaier, Edda
Meisl, Dr. Hans
Neuhauser, Dr. Walter
Ramminger, Eva
Ruetz, Maria
Sauper, Dr. Bruno
Sepp, Sieglinde

Stern, Priska
Stranzinger, Dr. Oswald
Weber, Bertram
Wieser, Dr. Martin

**Klagenfurt**

**Landesmuseum für Kärnten**

Stumfohl, Dr. Rotraud

**Universitätsbibliothek d. Univ. f. Bildungswissenschaften**

Grote, Helmut
Lube, Dr. Manfred
Marik, Karl Wilhelm
Pichler, Dr. Hiltrud
Rauch, Engelbert
Sabitzer, Alfred

**Kremsmünster**

**Stiftsbibliothek Kremsmünster**

Pfeil, Mag. Georg

**Leoben**

Sika, Peter

**Universitätsbibliothek der Montanuniversität Leoben**

Jontes, Dr. Lieselotte
Knabl, Dolores

**Linz**

Kneissler, Leodegar

**Berufsförderungsinstitut Oberösterreich**

Tobin, Brigitta

**Bibliothek der Arbeiterkammer für Oberösterreich**

Baumberger, Brigitte

**Bibliothek der Katholisch-Theologischen Hochschule**

Kastenhofer, Josef
Lackinger, Mag. Johannes
Mörwald, Gerlinde
Wiest, Gottfried

**Büchereien der Stadt Linz**

Gamsjäger, Dr. Helmut

**OÖ. Landesmuseum**

Ploch, Margarete

**Universitätsbibliothek Linz**

Ruhsam, Otto
Speringer, Dr. Johanna
Swoboda, Michaela

**Zentralkatalog der Wissenschaftlichen Bibliotheken OÖs**

Gerbert, Dr. Dorothea
Hatzmann, Reinhard
Weichselbaumer, abs. theol. Anton

**Salzburg**

**Amtsbibliothek der Salzburger Landesregierung**

Weber, Mag. Dr. Otmar

**Handelskammer Salzburg, Bibliothek**

Ziegelwagner, Dr. Johann

**Museum Carolino Augusteum**
Gruber, Mag. Rosemarie
**Salzburger Landesarchiv**
Zacherl, Dr. Elisabeth
**Universitätsbibliothek Salzburg**
Forstner, Univ. Prof. Dr. Karl
Kluger, Abs. theol. Emmerich
Pollhammer, Renate
Riedlsperger, Mag. Lotte
Stadler, Ernestine
Straberger, Manfred
Unteregger-Vaerst, Dr. Annelore
Zopp, Helga
**Universitätsdirektion Salzburg, Archiv**
Apfelauer, Mag. Dr. Richard
**Seibersdorf**
**Österreichisches Forschungszentrum Seibersdorf GmbH**
Nevyjel, Dr. Alexander
**St. Florian**
**Stiftsbibliothek St. Florian**
Rehberger, o. Prof. DDr. Karl
**Weidling**
Ronge, Dr. Eduard
**Wien**
Bednar, Dr. Kurt
Drschka, Otto
Frisch, Franz
Gaul, Walter
Kósa, József
Lang, Prof. Dr. Friedrich H.
Patzer, Mag. Dr. Franz
Ratzer, Eduard
Razumovsky, Maria
Sagl, Hermann
Sommer, Fritz
Vogel, Otto
Wolensky, Dr. Madeleine
Zbuzek, Heinrich
**Administrative Bibliothek im Bundeskanzleramt**
Hein, Maria
Simmler, Hon. Prof. Mag. Dr. Otto A.
Ternyak, Mag. Heidemarie
**Amtsbibil. des Bundesminist. f. Ausw. Angelegenheiten**
Loibl, Dr. Gottfried
**AUSTRO-DOK**
Barfuhs, Dipl. Dok. Gabriela
Pietsch, Dr. Traude
**Bibliothek der Generalpostdirektion**
Wiesinger, Mag. Eva
**Bibliothek der Geologischen Bundesanstalt**

Cernajsek, Dr. Tillfried
Riedl, Ingrid Maria
**Bibliothek der Österr. Akademie der Wissenschaften**
Schörg, Irmtraud
Schwabl, Dr. Hans-Dominik
**Bibliothek des Österreichischen Patentamtes**
Weidinger, Dr. Ingrid
**Bibliothek des Österreichischen Statistischen Zentralamtes**
Gehart, Dr. Alois
Scherzer, Dr. Dorothea
**Bibl. u. Kupferstichkab. der Akad. d. Bild. Künste in Wien**
Fraunlob, Dr. Sieglinde
Haring, Karl
Jenni, Ulrike
Königsberger, Dr. Gerda
**British Council**
Hennelotter, Brigitta
**Büchereiverband Österreichs**
Buchmüller, Heinz
**Bundesamt für Eich- und Vermessungswesen, Bibliothek**
Körber, Thomas
**Bundesanstalt für Pflanzenschutz**
Cerva, Gerhild
**Bundeskanzleramt, Abteilung IV/9**
Kuppelwieser, Mag. Gottfried
**Bundesministerium für Finanzen, Amtsbibliothek**
Renner, Dr. Heinz
**Bundesministerium für Justiz, Amtsbibliothek**
Büttner, Judith
**Bundesministerium für Unterricht, Kunst und Sport**
Horatschek, Gertrude
Neumann, Dr. Norbert
**Bundesministerium für Wissenschaft und Forschung**
Marte, Dr. Johannes
**Bundesministerium für Wissenschaft und Forschung, III/1**
Brandstötter, Dr. Elisabeth
Fischer, Dr. Edith
Gisy, Susanne
Lakatha, Dr. Emmerich
**Bundesstaatliche Päd. Bibl. beim Landesschulrat f. NÖ**
Kubalek, Mag. Dr. Peter
Rentenberger, Johann
**EDV GmbH**
Hasibar, Karl Heinz
**EDV-Zentrum der Universität Wien**
Stoll, Dr. Manfred
**Fachbibl. für Klassische Archäologie an der Univ.Wien**
Ossinger, Mag. Eva
**Fakultätsbibliothek für Medizin an der Universität Wien**
Bauer, Mag. Bruno

Japp, Andrea Helene
Mundschütz, Reinhard
**Fakultätsbibliothek f. Rechtswiss. an der Univ. Wien**
Rudelitsch, Ilse
**FRICK - Technische Fachbuchhandlung**
Lindner, Burkhard
**Heeresgeschichtliches Museum**
Schachner, Dietrich
**Hochschulbibl. der Hochsch.f.Musik u. Darst.Kunst in Wien**
Eschwe, Dr. Susanne
**Institut für Höhere Studien, Bibliothek**
Nessler, Wolfgang
**Institut für Österreichische Musikdokumentation**
Vogel, Lucia
**Kunsthistorisches Museum**
Kriller, Beatrix
**Ministerialbibl. des Bundesmin. für Arbeit und Soziales**
Kubela, Ilga
**Naturhistorisches Museum**
Hilgers, Andrea-Christine
**Niederösterreichische Landesbibliothek**
Riepl, Dr. Hermann
**OEGI - Österr. Ges. f. Öffentlichkeitsarb. d. Informationsw.**
Schmeikal, Dr. Bettina
**ÖGDI - Österr. Ges. f. Dokumentation u. Information**
Jobst, Dr. Herwig
**ÖMV - Österreichische Mineralölverwaltung**
Richter, Dr. Gerhard
**Österreichische Bundesbahnen**
Kittel, Helga
**Österreichische Liga für Menschenrechte**
Blaschnek, Dkfm. Mag. Wilfried
**Österreichische Nationalbibliothek**
Aldrian, Christa
Duchkowitsch, Dr. Wolfgang
Heilinger, Dr. Rudolf
Hubert, Mag. Eva-Maria
Jobst-Rieder, Mag. Marianne
Korger, Dr. Matthias
Lang, Agnes
Lang, Ladislaus
Lang, Dr. Helmut W.
Leibnitz, Dr. Thomas
Martinek, Alfred
Mauthe, Mag. Gabriele
Pauly, Gerhard
Plattner, Dr. Anna
Pum, Mag.Gabriele
Schneider, Elisabeth
Schönberger, Wilhelmine

Steiner, Dr. Josef
Straßnig, abs. theol. Friedrich
Straßnig-Bachner, Dr. Margarete
Strebl, Dr. Magda
Thiel, Dr. Johanna
Ustrnul, Dr. Geralt
Wille, Christa
Winkler, Monika
Zimmer, Helmut
**ÖNB - Kartensammlung**
Hühnel, Dr. Helga
Javorsky, Irene
Kremann, Elisabeth
Wawrik, Dr. Franz
Zeilinger, Mag. Elisabeth
**ÖNB - Planungsstelle für Wissensch. Bibliothekswesen**
Bancsich, Dr. Johannes
Brody, Florian
Ortner, Dipl. Ing. Helmut
**Österreichische Postsparkasse**
Schiffel, Helmut
**Pädagog. Akademie des Bundes in Wien, Studienbibliothek**
Schönauer, Rudolf
**Parlamentsbibliothek**
Stöhr, Dr.Theodor
**Rechnungshof**
Bürger, Dr. Peter
**Sozialwissenschaftliche Studienbibliothek**
Neuböck, Dr. Inge
Vass, Dr. Josef
**Studienbibliothek der Erzdiözese Wien**
Kamp, Franziska
**Universität Wien, Institut für Ur- und Frühgeschichte**
Kerchler, Dr. Helga
**Universitätsbibliothek der Technischen Universität Wien**
Anglmayer, Irmgard
Broinger, Dr. Ingeborg
Haslinger, Barbara
Neumayer, Fritz
Oberhauser, Dr. Otto C.
Stebegg, Mag. Karl
Wawrosch, Dr. Josef
**Universitätsbibliothek der Veterinärmedizin. Universität**
Olensky, Dr. Günter
**Universitätsbibliothek der Wirtschaftsuniversität Wien**
Berger, Mag. Nadine
Honek, Mag. Dr. Klemens
Köpf, Silvia
Kurz, Bernhard
Matz, Dr. Alexandra

Stengel, Elisabeth
Taschler-Dietrich, Agathe
Wehrmann, Dkfm. Mag. Gertraud
Zak, Elisabeth

**Universitätsbibliothek Wien**

Aldouri-Lauber, Dr. Maria
Baumgartner, Dr. Ferdinand
Bergmann, Mag. Helmuth
Cazan, Mag. Constantin
Dosoudil, Dr. Ilse
Erasimus, Mag. Elisabeth
Fabrizii, Andrea
Fichtinger, Edwin
Haas, Eleonora
Haberl, Heidemarie
Hacker, Christine
Höglinger, Brigitte
Horsak, Karl
Hostek, Dr. Ute
Kósa, Irmgard
Leitner, Dr. Hans
Maisser, Helmut Karl
Maresch, Brigitte
Metz, Claudia
Nagl, Johann
Petter, Xenia
Pichler, Claudia
Pichler, Petra
Plankl-Silberhorn, Mag. Karin
Sandner, Dr. Margit
Schmied, Ferdinand
Sestits, Elisabeth
Stengel, Dr. Friedrich
Weginger, Jitka
Wernig, Katharina
Winkler, Johann
Zandl, Regina

**Wiener Stadt- und Landesbibliothek**

Würtz, Mag. Herwig

**Zentralbibliothek des TGM**

Mairinger, Mag. abs. iur. Wolfgang

**Zentralbibliothek für Physik in Wien**

Kerber, Dr. Wolfgang
Nezbeda, Erich
Zimmel, Mag. Brigitte

**Zentr.Verwaltungsbibl. u. Dokument. f. Wirtsch. u. Technik**

Musil, Helene

# I. FEIERLICHE ERÖFFNUNG

## Begrüssungsansprache der Präsidentin der Vereinigung Österreichischer Bibliothekare

**GD Dr. Magda Strebl**

Sehr geehrter Herr Sektionschef Dr. Marte, in Vertretung des Herrn Bundesministers für Wissenschaft und Forschung, Frau Landesrat Elisabeth Gehrer, Herr Bürgermeister der Landeshauptstadt Bregenz, Dipl.-Volkswirt Siegfried Gasser, Herr Altlandeshauptmann Dr. Kessler, Herr Präsident der International Federation of Library Associations and Institutions, Dr. Hans-Peter Geh, sehr geehrte Frau Ministerialrätin Dr. Edith Fischer als Leiterin der Abteilung für das wissenschaftliche Bibliotheks-, Dokumentations- und Informationswesen im Bundesministerium für Wissenschaft und Forschung, Herr Präsident der ÖGDI - Österreichische Gesellschaft für Dokumentation und Information Dr. Herwig Jobst, Herr Heinz Buchmüller als Vertreter des Büchereiverbandes Österreichs, Lieber Herr Direktor Dr. Tiefenthaler von der Vorarlberger Landesbibliothek, sehr geehrte Vortragende Professor Lehmann und Professor Weizenbaum und alle anderen Referenten dieses Bibliothekartages, Werte Firmenrepräsentanten, geschätzte Mitglieder der VÖB, liebe Kolleginnen und Kollegen.

Es gereicht mir zur Freude, Sie alle zum 21. Österreichischen Bibliothekartag in Bregenz herzlich begrüßen zu können. Insbesondere begrüße ich unsere ausländischen Gäste - bisher sind es 123 - aus folgenden Ländern: BRD und DDR, England, Frankreich, Italien, Jugoslawien, Liechtenstein, Niederlande, Polen, Schweiz, Tschechoslowakei, UdSSR und Estland, Ungarn - und nicht zuletzt die USA.

Die "Vereinigung Österreichischer Bibliothekare" ist die Berufsvereinigung der an *wissenschaftlichen* Bibliotheken tätigen Bibliothekarinnen und Bibliothekare.

Der in Abständen von zwei Jahren abgehaltene Bibliothekartag ist seine wichtigste Fortbildungsveranstaltung. Die Hauptarbeit zu aktuellen Sachthemen des Bibliothekswesens erfolgt in Kommissionen, die das ganze Jahr hindurch tätig sind und deren Ergebnisse der koordinierten praktischen Arbeit oder der Unterstützung des Bundesministeriums für Wissenschaft und Forschung bei der Findung von Entscheidungen dienen.

Die Bibliothekartage sollen aber auch dazu dienen, erhöhte Aufmerksamkeit auf die Leistungen der im wissenschaftlichen Bibliothekswesen tätigen Bibliothekarinnen und Bibliothekare zu lenken und Ihrer Arbeit, die Sie im *Prozeß von Forschung und Lehre* im universitären und außeruniversitären Bereich leisten, entsprechende Anerkennung zu verschaffen.

In den *wissenschaftlichen Bibliotheken* geht es nicht darum, die Lesefreudigkeit weiterer Bevölkerungskreise zu fördern, dies ist die ganz wichtige, nicht zu unterschätzende Aufgabe der *öffentlichen Büchereien*. Die wissenschaftlichen Bibliotheken haben Informationen und Materialien, Fakten, Daten, Abhandlungen, Lehrbücher usw. bereitzustellen, die für die Fortentwicklung von Forschung und Lehre Voraussetzung sind. Würde der

Bestandsaufbau dieser Bibliotheken und die Erschließung der Bestände nicht planmäßig und ohne Unterbrechung weitergeführt, verbessert, erweitert werden, würde dies ein folgenschweres Hemmnis für die einzelnen Wissenschaftszweige bedeuten.

*Bibliotheken - mit und ohne Grenzen - Informationsgesellschaft und Bibliothek:* dieses Thema unserer Tagung wurde bereits im Sommer des vergangenen Jahres gewählt. Nicht nur, weil der Bibliothekartag

- im Vier-Ländereck Österreich - BRD - Schweiz - Liechtenstein veranstaltet wird - und in diesen Ländern intensive Kontakte in der Entwicklung von Katalogisierungssystemen bestehen, bzw. Bibliotheksdaten als Fremddaten - über die Staatsgrenzen hinweg - genutzt werden,

sondern auch weil

- durch den wirtschaftlichen Zusammenschluß von Staaten die Entwicklung neuer Technologien und deren Einsatz rascher und koordinierter - und daher finanziell effizienter genutzt werden kann, als in *kleinen*, auf sich allein gestellten *(= begrenzten)* Ländern;
- weil Wege zu suchen sind, die bestehende *Barrieren (= Grenzen)* der Information in technischer, rechtlicher, sprachlicher, finanzieller, räumlicher Art überwinden;
- unter der Devise "Alles ist machbar" die Entwicklung der Technik auch im Informationswesen durch "künstliche Intelligenz die Grenzen der menschlichen Intelligenz" vielleicht sprengen kann;
- und schließlich durch die Ereignisse der vergangenen Monate unser Thema noch eine weitere, eine *politische* Dimension erhalten hat.

Wir erwarten viele kompetente Beiträge und Aussagen zu diesen Problemen. Vielleicht lassen sie uns Grenzen besser sehen und vielleicht manche auch überwinden.

## BEGRÜSSUNGSANSPRACHE DES PRÄSIDENTEN DER IFLA UND VERTRETERS DER AUSLÄNDISCHEN GÄSTE

**Dr. Hans-Peter Geh**

Liebe Frau Präsidentin, meine sehr geehrten Damen und Herren, liebe Kolleginnen und Kollegen!

Es ist mir eine ganz besondere Freude, Ihnen die herzlichen Grüße der IFLA, die nunmehr Mitglieder in 129 Ländern rund um den Erdball hat, zu überbringen.

IFLA ist seit ihrer Gründung im Jahre 1927 stets eine weltoffene Organisation gewesen, die keine Grenzen politischer oder kulturpolitischer Art kennt. Vielmehr ist sie jederzeit für eine weltweite Kooperation auf dem Gebiet des Bibliothekswesens und für den freien und ungehinderten Informationsfluß über Ländergrenzen hinweg eingetreten.

Ich habe diese Politik seit meinem Amtsantritt vor fünf Jahren bei vielen Gelegenheiten in zahlreichen Ländern mit verschiedenen politischen Systemen immer wieder unterstrichen und auch in autoritären Staaten Gehör gefunden. In diesem Zusammenhang darf ich nur als jüngstes Beispiel erwähnen, daß meine Eröffnungsansprache bei der IFLA-Generalkonferenz in Paris 1989 unter dem Thema der Ideale der Französischen Revolution: "Freiheit, Gleichheit, Brüderlichkeit" auch in Südafrika und Kuba publiziert worden ist.

Und wie hat sich die Situation - zumindest in Europa - seit unserer Tagung in Paris verändert! Wir haben nun hier das erreicht, was langes Sehnen und Trachten war: ein vom freiheitlichen Geist geprägtes offenes europäisches Haus, in dem die Völker ganz Europas Tür an Tür leben und wo es nun sehr leicht möglich ist, Kontakte über Schwellen hinweg - um im Bilde zu bleiben - herzustellen. Dies ist meiner Ansicht nach besonders wichtig gerade für unser Tätigkeitsfeld, wo es doch darum geht, jedermann, ganz gleich in welchem Land er sich befindet, die von ihm benötigte Literatur und Information zukommen zu lassen.

Um dies zu erreichen, ist es freilich erforderlich, daß die Bibliothekare auch auf internationaler Ebene einen intensiven Erfahrungsaustausch pflegen, neue Methoden der Informationsbeschaffung und -vermittlung kennenlernen, international anwendbare Normen für den grenzüberschreitenden Datentransfer erstellen, Urheberrechtsfragen klären und schließlich auch in immer stärkerem Maße zur Erhaltung des geistigen und kulturellen Erbes in unseren Bibliotheken beitragen.

So freut es mich ganz besonders, daß aufgrund der großzügigen Einladung unserer österreichischen Gastgeber eine große Schar von Kolleginnen und Kollegen aus Mittel- und Osteuropa durch die Öffnung der Grenzen unter uns weilen und über alle oben erwähnten Probleme in einen regen Gedankenaustausch treten können. Und dies hier am Bodensee, einem internationalen Gewässer, an das Österreich, die Schweiz, Baden-Württemberg und - nicht zu vergessen - Bayern grenzen. Unser Tagungsort ist Bregenz, die Landeshauptstadt Vorarlbergs, eine alte, sehr traditionsbewußte Stadt mit dem berühmten Martinsturm, der Pfarrkirche St. Gallus, der Burg Hohenbregenz und vor allem der berühmten "Bücherburg", der imposanten und modernen Landesbibliothek.

Sie haben als Thema dieser Tagung gewählt "Bibliotheken mit und ohne Grenzen: Informationsgesellschaft und Bibliothek". Lassen Sie mich dazu nur zwei kurze Anmerkungen machen:

1. Wir leben in der Tat in einer Informationsgesellschaft, ein Begriff, der von John Nesbitt geprägt worden ist, in der es entscheidend darauf ankommt, Informationen für alle Bereiche unseres Lebens zu erhalten. Und daß dabei die Bibliotheken in aller Welt als Informationszentren par excellence eine besonders wichtige Rolle zu spielen haben, ist gerade heute, mehr denn je zuvor, für uns alle angesichts der neuen Medien, der modernen Technologie und des grenzüberschreitenden Datentransfers - z.B. durch Telekommunikation - eine ganz besondere Herausforderung.

2. Es wird heute, und dies soll nicht unerwähnt bleiben, immer wieder insbesondere seit H. Marshall Mc Luhan der Untergang des Buchzeitalters und damit auch der Bibliotheken prophezeit. "Bibliotheken ohne Mauern" ist z.B. ein Schlagwort von F.W. Lancaster, das besagt, daß man in der Zukunft alle Arten von gespeicherten Informationen vom Arbeitsplatz oder vom Küchentisch aus erlangen kann, ohne in eine Bibliothek gehen zu müssen.

Und doch wird das Buch - davon bin ich fest überzeugt - seine besondere Stellung als *das* entscheidende Informationsmedium behalten, wie es auch in sehr eindrucksvoller Weise der schwedische Minister für Kultur Bengt Göransson bei der diesjährigen IFLA-Tagung in Stockholm vor vierzehn Tagen dargelegt hat.

Denn bei Informationen, die nur noch in elektronisch gespeicherter Form vorliegen, geht - um nur einen Aspekt zu nennen - das bildhafte Denken verloren, so daß man in Anlehnung an Goethes "Faust" formulieren könnte: *"Gewöhnlich glaubt der Mensch, wenn er nur Worte und Zeichen auf dem Bildschirm sieht, es müsse sich dabei auch etwas denken lassen."*

Und, liebe Kolleginnen und Kollegen, welcher Verlust würde entstehen, wenn die köstlichen Geschichten um Bücherliebhaber verschwinden würden! Sicherlich haben Sie schon von jenem Wiener Beamten - es war kein Bibliothekar - gehört, der ständig, zuweilen auch in seiner Dienstzeit, dem guten Buch nachjagte. Und wenn er keinen Erfolg hatte, schrieb er dies in sein Tagebuch, wie etwa jener Eintrag vom Jahre 1849 bezeugt:

*"Auf manchem Büchermarkt*
*ist's oft ein Fluch,*
*daß unter tausend Büchern*
*kaum ein Buch."*

Oder aber die Geschichte, die Charles Nodier (1780-1844) über den vernarrten Liebhaber von Ledereinbänden Theodore schrieb: *"In seinen späteren Lebensjahren sprach und lachte er nicht mehr, und die attraktiven Damen, die ihn in seiner Jugend so begeisterten, interessierten ihn nicht mehr. Nur dann und wann schaute er auf ihre Schuhe und sagte mit einem tiefen Seufzer: 'So viel verschwendetes Leder rund um ihre Füße'."*

Liebe Frau Präsidentin, liebe östereichische Kolleginnen und Kollegen, Sie haben für uns ein sehr reichhaltiges Programm zusammengestellt und dabei auch viel Geschäftigkeit an den Tag legen müssen. Aber bitte beachten Sie bei allem Tun, was Talleyrand in diesem Zusammenhang einmal gesagt hat: *"Allzugroßer Eifer bei Beamten ist schädlich. Er verdirbt den Charakter und schwächt das Urteilsvermögen."*

Nun wie die Situation in der hiesigen Landesbibliothek ist, vermag ich nicht zu beurteilen. Aber angesichts Ihres Weinbergs, liebe Bregenzer Bibliothekare, sind Sie nicht nur in der Lage, Verbindungen zwischen Buch und Leser, sondern auch eine echte Beziehung zwischen Buch und Flasche herzustellen, die der allwaltende Spiritus zu regulieren vermag.

Und darüber hinaus ist Ihre Institution, lieber Herr Kollege Tiefenthaler, in diesen Tagen durch IFLA in ein besonderes Rampenlicht getreten, wobei auch der Aufgabenbereich Ihrer Bibliothek eine regionale Ausdehnung erfahren hat. Denn IFLA hat hier und heute die Bedeutung: Internationales Forum Landesbibliothek Arlberg.

Im Namen aller ausländischen Gäste danke ich sehr herzlich für die freundliche Einladung und die großartige und so wohltuende Gastfreundschaft unserer österreichischen Kolleginnen und Kollegen. Ich wünsche Ihrer Tagung einen guten Verlauf.

## BEGRÜSSUNGSANSPRACHE DES BÜRGERMEISTERS VON BREGENZ

**Dipl.-Vw. Siegfried Gasser**

Sehr geehrte Frau Präsidentin, Frau Landesrat, Herr Sektionschef, geschätzte Damen und Herren!

Einer lag schwerkrank im Bett. (...) "Keine Hilfe", sagte der Kranke, nicht als frage, sondern als antworte er. (...) Der Arzt (...) sagte: "Hilfe kommt aus *Bregenz.*" Und als der Kranke angestrengt die Augen zusammenzog, fügte der Arzt hinzu: "Bregenz in Vorarlberg." - "*Das ist weit*", sagte der Kranke.

Dem Anlaß entsprechend möchte ich mit diesen Worten der Weltliteratur, nämlich aus *Franz Kafkas Tagebuch* 1916, besonders jene Gäste begrüßen, welche eine weite Anreise nach Bregenz hoffentlich gut überstanden haben. Nicht weniger herzlich heiße ich alle Teilnehmer aus der geographischen Nachbarschaft hier im Festspiel- und Kongreßhaus willkommen.

Die *Seebühne* draußen mit dem "Fliegenden Holländer", den in zwei Aufführungsjahren 19.000 Besucher gesehen haben, ist schon wieder kahl und wartet auf den Aufbau der Kulissen für die Oper "Carmen" in der Inszenierung von Jérôme Savary im nächsten Jahr. Die jetzt heranreifende stillere Jahreszeit am Bodenseeufer läßt anderweitig über die Horizonte blicken: bei Kongressen, *wissenschaftlichen Tagungen*, sonstigen kulturellen und gesellschaftlichen Veranstaltungen.

Es besteht noch eine weitere Assoziation zwischen dem eingangs zitierten KAFKA-Text, der Stadt Bregenz und dem Generalthema dieses 21. Österreichischen Bibliothekartages: "Bibliotheken mit und ohne Grenzen": das Motiv der *Grenzsituation und Grenzüberschreitung* in vielschichtiger Weise.

Bregenz, als Grenzstadt an der Dreiländerecke zwischen der Schweiz und der Bundesrepublik Deutschland gelegen, war immer schon eine *Stätte der Begegnung*. Vor mehr als 2000 Jahren stießen die Römer unter dem späteren Kaiser Tiberius auf die keltischen Brigantier. Gegen Ende des 5. Jahrhunderts fiel das römische Brigantium, von dessen frühen Steindenkmälern die *ersten schriftlichen Funde* dieses Kulturraumes stammen, völlig in die Hände der Alemannen und wurde 610 von den irischen Missionaren Kolumban und Gallus als zerstörte Stadt angetroffen.

Die weitere Geschichte des Landes, der Stadt und des gesamten Bodenseeraumes ist besonders in wirtschaftlicher und kultureller Hinsicht wesentlich mit der Lage im Herzen Europas verbunden. Berühmte Klöster mit historisch wertvollen Bibliotheksbeständen wie St. Gallen, Reichenau oder hier in der Nähe das Zisterzienserkloster Mehrerau haben den Bodenseeraum seit Jahrhunderten als zentrale grenzüberschreitende Kulturregion wesentlich mitgeprägt.

Gerade in der heutigen Zeit, wo wieder regionale Interessen und Vorbehalte an Bedeutung gewinnen, ist es wichtig, auf *geistig-wissenschaftlichem Gebiet die Grenzen offenzuhalten* und noch mehr zu öffnen.

Ich freue mich deshalb bei aller Achtung und Dank für die vielen emsigen, zum Teil ehrenamtlichen Mitarbeiter unserer *kleineren Bibliotheken* und Volksbüchereien, daß diese Tagung so *hochrangig und international* besetzt ist.

Einen großartigen organisatorischen Einsatz mit interessantem Rahmenprogramm hat dabei unsere *Vorarlberger Landesbibliothek* gezeigt. Ich möchte in dieser Stunde einmal ganz offiziell von seiten der Stadt *Herrn Direktor Dr. Eberhard Tiefenthaler* und seinem Team herzlichen Dank aussprechen für alle Mühen für die Bibliotheksbenützer dieser Stadt und Region, insbesondere die *studierende Jugend Vorarlbergs*.

In einer zukünftigen Bildungslandschaft Vorarlbergs könnte meines Erachtens die Landesbibliothek ein gutes Fundament für eine Art Universitätsbibliothek im Lande sein, wenn eine bedarfsgerechte hochschulähnliche Einrichtung einmal in unserem Raum gegründet würde.

Ich darf nun den Beratungen dieser Tagung viel Erfolg wünschen, einen angenehmen Aufenthalt in unserer Stadt und "nachsommerlichen" Bodenseelandschaft.

## Begrüssungsansprache der Landesrätin für Kultur des Landes Vorarlberg

**Elisabeth Gehrer**

Die Tradition des Lesens und des Buches kann in Vorarlberg fast zwei Jahrtausende, bis in das römische Brigantium, zurückverfolgt werden. Historische und archäologische Dokumente belegen von der Zeitenwende an literarische Kultur in unserem Lande, auch wenn anfangs von eigentlichen Büchersammlungen, also Bibliotheken, nicht geredet werden kann. Immerhin gab es vor ziemlich genau 900 Jahren nachweislich eine erste Büchersammlung im vom Grafen Ulrich von Bregenz gegründeten Benediktinerkloster Andelsbuch, das bekanntlich um 1095 in die Mehrerau verlegt wurde.

Die bibliothekarische Überlieferung reißt danach nicht mehr ab. Ich darf etwa an die Pflege des handgeschriebenen Buches durch die Grafen von Montfort, an die Kulturleistungen der Johanniterkommende St. Johann in Feldkirch, an die alten Klosterbibliotheken und die Büchersammlungen der Vorarlberger Humanisten erinnern, vor allem an die gräfliche Bibliotheca Embsiana, die herrliche Schätze der deutschen Literatur bewahrte.

Im Zuge der Säkularisierung unter Josef II. und der Franzosenkriege zu Beginn des 19. Jahrhunderts gingen die wertvollsten Bestände des Vorarlberger Bibliotheksschatzes, damit nicht nur materielle, sondern vor allem auch ideelle Substanz, unserem Lande verloren; das Schlagwort von der "Kulturgüterrückführung" ist hier wohl nicht mehr als ein Ausdruck der Hoffnungslosigkeit.

Das in der zweiten Hälfte des 19. Jahrhunderts erwachende Bewußtsein der historischen und kulturellen Eigenständigkeit unseres Landes vor dem Arlberg ließ auch die Idee einer eigenen wissenschaftlichen Landesbibliothek aufkommen, nachdem Vorarlberg im grossen österreichischen Bibliothekskonzept der maria-theresianischen Ära nicht berücksichtigt worden war.

Ein diesbezüglicher Beschluß wurde von der Landesregierung 1904 gefaßt ("Der Gründung einer Landesbibliothek wird zugestimmt."). Es dauerte dann allerdings noch ein Dreiviertel-Jahrhundert bis zur endgültigen Durchführung dieses Beschlusses. Mehrere Anstöße waren dafür maßgebend: Einmal nahm die Zahl der Vorarlberger Hochschulstudenten, die mit wissenschaftlicher Literatur zu versorgen waren, in den 70er Jahren ständig zu und der Druck von Seiten der Studierenden wurde immer größer. Zum zweiten wurde in der blühenden Industrie und in der Wirtschaft des Landes der Wunsch nach einem aktuellen Informationszentrum laut; zum dritten formte sich auch auf politischer Ebene das Bewußtsein, daß in Zeiten wirtschaftlicher Hausse kulturelle Lücken geschlossen werden sollten.

Daher trat man 1975 in Gespräche mit dem BMWF ein. Das sichtbare Zeichen für den Willen des Landes, endlich eine wissenschaftliche Bibliothek zu errichten, war die Durchführung des österreichischen Bibliothekartages 1976 in Bregenz, unter Voraussetzung zungen, die heute sicher nicht mehr tragbar wären. Ein Jahr später kam es dann zur Errichtung der Vorarlberger Landesbibliothek, die auftragsgemäß die Funktionen der fehlenden Universitätsbibliothek zu übernehmen hatte. In den inzwischen vergangenen 13 Jahren konnte diese Landesbibliothek einen von niemandem erwarteten Aufschwung nehmen, sodaß man heute guten Gewissens sagen kann, daß kaum eine andere Landeseinrichtung einen ähnlichen Anklang bei den Landesbürgern findet wie die neue wissenschaftliche Bibliothek.

Dies überrascht eigentlich nicht. Wir wissen, daß rasche, richtige und umfassende Information heutzutage ein integrierender Bestandteil aller Lebensbereiche ist; man braucht sie für Schule, Ausbildung und Weiterbildung, für Updating und Fortkommen im beruflichen Leben; Jugendliche und Erwachsene benötigen sie zur Befriedigung ihrer geistigen Interessen, der mündige Bürger ist zur Ausübung seiner staatsbürgerlichen Verantwortlichkeit in der republikanischen Gesellschaft auf Informationen angewiesen.

Die Vermittlung von aktuellem Wissen, eine optimale Auskunftsbereitschaft in bibliographischen und Sachfragen, die unkomplizierte, schnelle Bereitstellung des in Büchern, Zeitschriften oder in modernen Trägermedien gespeicherten geistigen Potentials sehe ich neben der Bewahrung von altem geschriebenem oder gedrucktem Kulturgut als wesentliche Aufgaben einer wissenschaftlichen Bibliothek an. Mit großer persönlicher Befriedigung darf ich als zuständige Regierungsvertreterin feststellen, daß die Vorarlberger Landesbibliothek auf dem besten Wege ist, die genannten Aufgaben zu meistern.

Eine bedeutende Anerkennung ihrer bisherigen Tätigkeit sehe ich auch darin, daß Bregenz als Tagungsort für den 21. Österreichischen Bibliothekartag vom 4. bis 8. September 1990 bestimmt wurde. Die Vorarlberger Landesregierung ist Ihnen, meine Damen und Herren von der Vereinigung Österreichischer Bibliothekare, und insbesondere Ihnen, Frau Präsidentin, sehr dankbar, daß Sie - ungeachtet der langen Anreisewege - die jüngste wissenschaftliche Universalbibliothek Österreichs im äußersten Westen des Bundesgebietes mit der Organisation und der Durchführung dieses Kongresses betraut haben. Das Generalthema Ihrer Tagung "Bibliotheken mit und ohne Grenzen: Informationsgesellschaft und Bibliothek" scheint mir gerade in Zeiten des Umbruchs, wie wir sie heute miterleben, nämlich des politischen Umbruchs, der die Öffnung unserer Ostgrenzen mit sich brachte, aber auch des informationswissenschaftlichen Wandels von den herkömmlichen Papiermedien zu elektronischen Datenträgern, ja sogar zur künstlichen Intelligenz, nicht nur hochaktuell, sondern von lebenswichtiger Brisanz.

Es ist Ihnen gelungen, bedeutende Informationswissenschaftler und Zukunftsforscher als Referenten zu gewinnen, und ich darf der Hoffnung Ausdruck geben, daß Sie am Ende dieser Tagung bereichert, wissender und vielleicht auch ein bißchen weiser wieder nach Hause fahren und den Tagungsort Bregenz mit seiner Landesbibliothek und das Land Vorarlberg in guter Erinnerung behalten werden. In diesem Sinne wünsche ich namens der Vorarlberger Landesregierung dem 21. Österreichischen Bibliothekartag viel Erfolg!

## BEGRÜẞUNGSANSPRACHE DER LEITERIN DER ABTEILUNG III/1 IM BUNDESMINISTERIUM FÜR WISSENSCHAFT UND FORSCHUNG

**MR Dr. Edith Fischer**

Sehr geehrte Frau Landesrätin, Herr Bürgermeister, Herr Präsident der IFLA, Frau Präsidentin der Vereinigung Österreichischer Bibliothekare, sehr geehrte Gäste und Gastgeber, liebe Kolleginnen und Kollegen!

Als ich mich vor eineinhalb Wochen bei der IFLA-Konferenz in Stockholm von anderen Teilnehmerinnen und Teilnehmern verabschiedete, konnte ich es bei vielen mit den Worten tun: "Auf Wiedersehen in Bregenz", zu meiner besonderen Freude auch beim IFLA-Präsidenten und seiner Gattin. Dies ist charakteristisch für eine erfreuliche Entwicklung des österreichischen Bibliothekswesens, die in den zwanzig Jahren, in denen ich regelmäßig am Österreichischen Bibliothekartag teilnahm, ihren Ausdruck in dem zunehmend internationalen Charakter der Themen, der Vortragenden und der Teilnehmer und Teilnehmerinnen gefunden hat. Dies spiegelt auch die innere Entwicklung des österreichischen Bibliothekswesens wieder. Die Tendenz zur Kooperation über nationale Grenzen hinaus ist dem Bibliothekswesen immanent als notwendige Voraussetzung für den Informationsfluß und hat daher schon seit je bestanden. Der internationale Leihverkehr oder Zentralkatalogunternehmen seien nur als Stichworte genannt. Aber diese Tendenz ist in den letzten Jahren zweifellos sehr verstärkt worden, wobei sicher besonders zwei Faktoren eine Rolle spielten, einerseits die vielgenannte Literaturflut, die Informationslawine, die eine gewisse Aufteilung der Verantwortlichkeit für Informationsspeicherung, Aufbereitung und Zurverfügungstellung notwendiger denn je machte und andererseits die neuen technischen Möglichkeiten, die die Telekommunikation zur Unterstützung dieser Notwendigkeit eröffnete.

Ich möchte hier nicht auf die vielen Probleme eingehen, die sich in diesem Zusammenhang stellen, zumal Herr Sektionschef Dr. Marte, in Vertretung des Herrn Bundesministers für Wissenschaft und Forschung, aktuelle Fragen des wissenschaftlichen Bibliotheks- und Informationswesens im Ressortbereich ansprechen wird.

Ich möchte nur aus der Sicht der zuständigen Fachabteilung darauf hinweisen, daß sich die Probleme natürlich zunächst auf die alte Dreiheit: zu wenig Geld, zu wenig Personal, zu wenig Raum zurückführen lassen, und daß auf die Schaffung dieser Grundressourcen daher zunächst unsere Bemühungen gerichtet sind und sein müssen, und dies reicht weit in die politischen Entscheidungen hinein, wobei immer darauf hinzuweisen ist, daß ein funktionierendes Bibliotheks- und Informationswesen die unabdingbare Grundlage für jegliche Forschung und Lehre, für jegliches Funktionieren der Wissenschaft darstellt. Und dies scheint auch immer mehr in das Bewußtsein der Universitäten und der Entscheidungsträger einzudringen, wie ich den Eindruck habe.

In der konkreten Arbeit aber zerfallen sie in eine Fülle von Detailproblemen, und so sind wir derzeit besonders mit Fragen der EDV-Organisation beschäftigt, die uns unter anderem helfen soll, noch mehr von den uns zukommenden Aufgaben im universitären Bereich zu übernehmen. Mit einer Anpassung der Berufsausbildung an neue Entwicklungen auf der Basis gewonnener Erfahrungen, mit der Erhaltung unserer gefährdeten Bestände und mit dem Umgang mit neuen Medien und Informationsträgern, mit ihrer konsequenten Sammlung, Erschließung und Archivierung. Wir bemühen uns um die weitere Verbesserung einer aktiven Informationsvermittlung. Ich weise auf die Förderung des Aufbaus von Datenbanken hin. Eine davon ist INFODOC, der Nachweis der wissenschaftlichen Bibliotheken und Dokumentationsstellen. Sie wurde in unserer Abteilung selbst aufgebaut. Ich weise aber auch auf die Entwicklung im Bereich der Informationsvermittlungsstellen hin, und last but not least bemühen wir uns um die Erhaltung und Erschließung wichtigen Quellenmaterials. Ich denke hier besonders an Autographen und Nachlässe. Nicht zu vergessen, die Bedeutung der Rechtsfragen, die sich daraus ergeben. Gleichzeitg bemühen wir uns im Interesse all dieser Bestrebungen um die Zusammenarbeit aller mit dem Informationswesen Befaßten, und ich freue mich daher sehr, daß die Österreichische Gesellschaft für Dokumentation und Information und das Volksbüchereiwesen hier auch vertreten sind.

Bei all diesen Problemen und Fragen profitieren wir nicht nur von den internationalen Erfahrungen, wie zum Beispiel bei Fragen des Bibliotheksbaus oder der bibliothekarischen Berufsausbildung oder der Konservierung der Informationsträger, sondern nicht zufällig verstärkt sich gerade jetzt und im Zusammenhang mit dem Aufbau eines automationsunterstützten Bibliothekenverbundes die aktive Zusammenarbeit insbesondere mit dem deutschsprachigen Ausland, sei es hinsichtlich der Nutzung von Fremddaten oder hinsichtlich einer Teilnahme am Sacherschließungsverbund.

All dies geschieht zur besseren Informationsversorgung der Benützer, die zweifellos immer noch und sicher auch in Zukunft zu einem bedeutenden Teil in der Bibliothek bzw. über sie stattfindet. Um sie auf bestmögliche Weise gewährleisten zu können, muß der Bibliothekar bzw. die Bibliothekarin die Entwicklung innerhalb der nationalen Grenzen und darüber hinaus ständig im Auge behalten und die beruflichen Kontakte pflegen. Der österreichische Bibliothekartag nimmt in diesem Zusammenhang eine ganz wichtige Funktion wahr, und ich wünsche ihm und damit uns allen auch heuer viel Erfolg. Danke.

## Begrüßungsansprache des Sektionschefs im Bundesministerium für Wissenschaft und Forschung

### MR Dr. Johannes Marte

Frau Landesrätin Gehrer, Herr Bürgermeister, lieber Freund Sigi Gasser, Herr Präsident Dr. Geh, liebe Gäste aus dem Ausland, vor allem aus den östlichen Nachbarländern, meine Damen und Herren!

Österreich ist ein reiches Land.
Wahrscheinlich eines der an Kulturschätzen reichsten Länder der Welt. Allein die Österreichische Nationalbibliothek, die auch Museum ist, hat so viele Objekte, wie das Land Einwohner.

Österreich ist ein armes Land.
Der Bundesminister für Wissenschaft und Forschung greift zur Geldbörse und legt 7.000,-- S auf den Tisch, um eines der 400.000 vom Verfall bedrohten Bücher unserer Nationalbibliothek zu retten. Und 450 Mio S bräuchten wir, um den Rückstand bei der Literaturanschaffung für die Universitäten aufzuholen.

Österreich ist ein verschwenderisches Land. Der Steuerzahler muß eine halbe Milliarde zuschießen, damit das Musical "Cats" sieben Jahre laufen kann. Andernorts wirft es Gewinne ab. Kein Wunder also, daß dabei mancher besorgte Bibliothekar die Welt nicht mehr versteht. Und Dr. Busek selbst, dessen Grüße ich Ihnen bei dieser Gelegenheit überbringen darf, hat in diesem Zusammenhang von einer "nationalen Schande" gesprochen.

Aber es ist nicht nur die Erhaltung des Bucherbes und seine Vermehrung, die dem Bibliothekar heute zusehends Sorge bereitet. Noch nie hat man die Pflichtenkollision zwischen der Erhaltung wertvoller Buchbestände und ihre Verfügbarmachung für einen immer größeren Personenkreis so bedrohlich erlebt wie heute.

Doch die österreichischen Bibliothekare, und dies gilt auch für die Bibliothekare vieler anderer Länder, haben diese Herausforderung angenommen. Sie und ihr Verband haben erkannt, daß sie ihre Bibliothek neuen Medien und neuen Technologien öffnen müssen, und daß sich selbst die Funktion der Bibliothek wandeln muß, wenn sie ihre Stellung als umfassender Informationsträger behalten will. So haben sich viele Vertreter ihres Standes mit Engagement und Lerneifer, vielleicht war es bei manchen auch der Mut der Verzweiflung, auch der ist nicht minder anerkennenswert, in die Schlacht geworfen, wissend, daß die Bibliothek mit Datenbanken, Kommunikationsnetzwerken, Multi-Media-Speichern und Bildmedien ergänzt werden muß, wenn sie sich ihren hohen Anspruch erhalten will. Und nur so war es in verhältnismäßig kurzer Zeit möglich, einen ADV-unterstützten Verbund der wissenschaftlichen Bibliotheken Östereichs aufzubauen und mit der Explosion unserer Studentenzahlen einigermaßen Schritt zu halten.

Ein eklatantes Beispiel für eine Bibliothek, die sich voll und ganz der modernen Informationstechnologie geöffnet hat und dennoch Ankerplatz der Seele geblieben ist, um mit Richard Neutra, dem österreichischen Architekten zu sprechen, ist die Vorarlberger Landesbibliothek in Bregenz. Als Bregenzer bin ich auch sehr stolz auf sie. Sie hat von 1985-1989 die Zahl der Entlehungen von 7.200 auf 83.000 steigern können, ein Erfolg, der überzeugend dartut, was eine Bibliothek leisten kann, die sich die moderne Technologie zum Partner macht.

Wir müssen uns aber nicht nur die Technik zum Partner machen, wir müssen uns auch die Wirtschaft zum Partner machen in einer Zeit, in der der Staat oft nicht mehr das Notwendige tun kann. Wir müssen die Wirtschaft zum Partner machen aus finanziellen Gründen, aber auch aus gesellschaftspolitischen Gründen, meine ich. Die Österreichische Nationalbibliothek zum Beispiel geht dabei mutig und phantasievoll voran. Ich denke etwa an die damals noch umstrittene Pelzmodenschau im Prunksaal der ÖNB. Erst kürzlich haben die ÖNB und die Albertina in Wien im Rahmen der 1989 erhaltenen Teilrechtsfähigkeit - ein sehr wichtiges Gesetz - mit dem Forschungen im Bereich der Klebestofftechnik und der Buchrestaurierung mit 4,3 Mio S gefördert werden. Auch haben die ersten zwei Monate unserer Buchpatenschaft bereits 400.000,-- S erbracht, wie ich höre.

Aber auch das Bundesministerium für Wissenschaft und Forschung hat aus der Situation der Bibliotheken zwar noch nicht hinreichend, aber immerhin, Konsequenzen gezogen. Es wurden neue Bibliotheken in Wien und Salzburg und vor allem ein neuer Bücherspeicher für die Nationalbibliothek errichtet. Wir haben das Bibliotheksbudget trotz des Sparprogramms der Bundesregierung kräftig angehoben und haben vor allem von 1989 bis 1990 einen kräftigen Sprung getan, nämlich um 76 Mio S auf nunmehr 735 Mio S für die wissenschaftlichen Bibliotheken Österreichs.

Das Erreichte soll alle Bibliothekare und ihren Verband ermutigen, durch eine verstärkte Öffentlichkeitsarbeit, die sehr wichtig ist, die Leistungen der österreichischen Bibliotheken und deren Bedeutung für die Gesamtentwicklung des Landes herauszustreichen. Es sollte sie ermutigen, von der Politik energisch weiter Unterstützung für die noch zu erbringenden Anstrengungen einzufordern. Ihrer Verantwortung sind sich die Bibliothekare wohl bewußt. Sie dürften sich auch ihrer Macht noch etwas mehr bewußt werden.

Diese Tagung, meine Damen und Herren, ist ein wichtiger Meilenstein auf dem Weg, die Grenzen unserer Bibliotheken zu erweitern. Sie ist ein Entgrenzungsversuch in zweifacher Hinsicht. Die durch die moderne Informationsgesellschaft veranlaßte Entgrenzung technologischer Natur korrespondiert mit einer anderen, noch weit bedeutsameren Entgrenzung politischer Natur, deren Zeugen wir waren und sind. Die neuen Verhältnisse ermöglichen eine neue Qualität, oder sagen wir besser, die Rückgewinnung der Normalität der Beziehungen auch zwischen Bibliotheken. Nicht mehr ein ideologie- und machtorientiertes Ritual bestimmt die Beziehungen zu unseren Nachbarn in Mittel- und Osteuropa, sondern sachliche Interessen und der Wille der Beteiligten. Auch wir, vor allem in Ost-Österreich, haben jahrzehntelang unter der Unnatürlichkeit des Eisernen Vorhangs gelitten und genießen nunmehr die neuen Freiheiten, die diese Länder auch für uns erstritten haben. In dem nun beginnenden Ringen dieser Länder um ein neues Selbstbewußtsein, eine neue Selbstachtung, kommt den Bibliothekaren als Hüter des Gedächtnisses der Völker eine ganz entscheiednde Bedeutung zu. Denn nur ein Volk, das über seine Vergangenheit weiß, hat Zukunft.

Ich danke allen, die sich um diesen 21. Österreichischen Bibliothekartag verdient gemacht haben, der Vereinigung Österreichischer Bibliothekare und ihrer Präsidentin, Frau GD Dr. Strebl, und insbesondere auch der Vorarlberger Landesbibliothek in Bregenz und ihrem engagierten Direktor, meinem alten Freund, Eberhard Tiefenthaler.

Ich wünsche der Tagung einen weiteren fruchtbaren Verlauf und ein bißchen Sonne, die gerade im September in Bregenz wunderbar scheinen kann. Danke sehr.

# DIE EG UND DIE ZUKUNFT DER BIBLIOTHEKEN IN EUROPA

## Von Klaus-Dieter Lehmann

Das Buch hat für Europa immer eine zentrale Bedeutung für Kultur und Wissenschaft eingenommen. Die Ausbildung der europäischen Hochsprachen, die Fortschritte der Wissenschaft, die Bildung breiter Volksschichten sind ohne das Medium Buch nicht denkbar. Ein gewichtiger Teil der kulturellen Identität der europäischen Völker ist dadurch befördert worden. Europa und das Buch bilden ein unverwechselbares Begriffspaar.

Da das Buch neben der aktuellen Unterrichtung und Information eine andauernde Wirkung hat als Ausdruck gesellschaftlicher, wissenschaftlicher oder politischer Entwicklungen und Erkenntnisse seiner Zeit, ist die fixierte Gesamtheit in Bibliotheken ein Reservoir, aus dem erst Erkenntnisfähigkeit, Kritikfähigkeit und Verstehensfähigkeit gewonnen werden können und mit dem eine unbefangene Begegnung mit Geschichte in Dokumenten ermöglicht wird. Bibliotheken sind so gesehen nicht nur ein kulturelles Werkzeug, sondern sie sind selbst ein einzigartiges und eigenständiges kulturelles Produkt, gewachsen durch das ordnende Prinzip ihrer eigenen Geschichte, leistungsfähig gehalten durch eine lebendige Verpflichtung in der Gegenwart. Europa und seine Bibliotheken bilden somit ebenfalls ein unverwechselbares Begriffspaar.

Aber während früher das publizierte Wissen noch überschaubar war und Bibliotheken ihre Autarkie pflegen konnten, ist das Publikationsvolumen inzwischen längst über alle Maßen gewachsen. Neue Produktions- und Vertriebsformen, die Spezialisierung der Wissenschaft und der Aktualitätsdruck haben zu einem krisenhaften Anstieg geführt.

In den nächsten 15 Jahren wird genausoviel geforscht und mehr publiziert werden als in den fast zweieinhalbtausend Jahren seit Demokrit und Aristoteles (Frühwald). In den nächsten 10 Jahren wird genausoviel publiziert werden, wie seit der Erfindung des Buchdrucks bis heute.

Die Bedeutung des Buchs bleibt für die nächste Zukunft unbestritten, auch wenn immer wieder die neuen informationstechnischen Entwicklungen als Konkurrenten ins Feld geführt werden. Letztlich entscheidet der Nutzer, der Leser. Und für ihn ist das Buch aus vielen Gründen unersetzlich und attraktiv.

Auch wenn Bibliotheken eine besondere Rolle in der Literaturversorgung zufällt, so können sie sich nicht auf einen Sonderstatus berufen. Die Bibliotheken müssen sich ihre Positionen selbst sichern, um die Voraussetzungen für einen freien und ungehinderten Zugang zu Information und Dokumentation zu schaffen, möglichst umfassend, übersichtlich, ausreichend schnell und zuverlässig. Ein ungebrochener Wachstumsoptimismus ist unrealistisch. Stärker als je zuvor müssen Kooperationsmodelle entwickelt werden, Lasten verteilt und Ressourcen gemeinsam genutzt werden.

Bibliotheken sind hinsichtlich Kooperation nicht unerfahren. So existieren kooperative Absprachen auf verschiedenen Ebenen:

- Vereinbarungen über gemeinsame Regeln und Standards,
- Nutzung von Gesamtkatalogen und Schwerpunktsammlungen,
- Nutzung von gemeinsamen DV-Zentralen und Netzen,
- Nutzung von nationalbibliographischen Dienstleistungen.

Aber Kooperation ist kein Wert an sich. Sie kann aus verschiedenen Gründen sinnvoll sein: aus ökonomischen, technischen oder servicebezogenen Gründen. Entscheidend ist der direkte Nutzen für die Bibliothek und ihre Leser. Kooperation ohne Inhalt und Ertrag enttäuscht und führt zu einer Verschlechterung der Verhältnisse. Obwohl Informationsvermittlung und Literaturversorgung von Natur aus grenzüberschreitend sind, spielt internationales resource sharing noch immer eine eher bescheidene Rolle. Ein besonders prägnantes Beispiel ist die Nutzung nationalbibliographischer Dienste. Sie ist unter globalen Aspekten noch immer gering. Eine beachtliche Anzahl von Nationalbibliotheken bietet maschinenlesbare aktuelle bibliographische Dienste an. Verschiedene technische Strukturen, bibliographische Strukturen und rechtliche Bestimmungen behindern jedoch eine gegenseitige grenzüberschreitende Nutzung. Dadurch entstehen Doppelarbeit und unnötige Kosten. Hier ist ein dringender Bedarf an Optimierung erforderlich, um den Datenaustausch unkompliziert und attraktiv zu machen.

Das ist nur ein Beispiel. Andere Beispiele betreffen Regelungen im Leihverkehr, Aufbau von Datenbanken, Fragen im Bereich der Ausbildung, Harmonisierung von Einfuhr- und Mehrwertsteuer, Festlegungen im Urheber- und Kopierrecht, postalische Regelungen, bis hin zu Zensurbestimmungen.

Eine erfreulich enge Zusammenarbeit besteht zwischen den österreichischen und deutschen Bibliotheken und den österreichischen und deutschen Bibliothekaren. Sie betrifft insbesondere den Sektor des internationalen Leihverkehrs, die gemeinsame Entwicklung und Anwendung bibliographischer und datentechnischer Strukturen (RAK, RSWK, MAB), die Nutzung der maschinenlesbaren Daten der Deutschen Bibliographie in BIBOS (1,5 Mio Datensätze ab 1972) und der der Zeitschriftendatenbank, das Handbuch der historischen Buchbestände, ständiger Erfahrungsaustausch auf weiteren Gebieten wie Restaurierung und Konservierung, Mikroverfilmung, retrospektive Katalogisierung usw.

Damit sind entscheidende Grundlagen für eine Kooperation gegeben, die zukunftsfähig sind und nicht nur bilaterale Aspekte berücksichtigen. Sie stehen in einem weiteren Kontext internationaler Beziehungen, der sicher in den nächsten Jahren an Bedeutung gewinnen wird, nicht zuletzt durch europäische Entwicklungen, die in zweifacher Hinsicht zu einer nicht erwarteten Dynamik geführt haben:

1. Die Europäische Gemeinschaft hat durch die Einheitliche Europäische Akte zur Vollendung des Binnenmarktes 1992 einen pointierten Zeitpunkt geschaffen, der Europa kräftig in Bewegung gebracht hat.

2. Die sowjetische Reformpolitik und die nicht zuletzt dadurch ausgelöste Demokratisierung in den osteuropäischen Staaten und in der DDR haben sehr deutlich gemacht, daß das Europa der Zwölf nicht das ganze Europa ist, daß Prag, Warschau oder Budapest europäische Städte sind. Dazu kommen die Verbindungen zu den skandinavischen Ländern.

Die enge kulturelle Bindung der deutschsprachigen Länder, deren kooperative Linie sich auch in der Zusammenarbeit der Bibliotheken - unabhängig von Wirtschaftsblöcken - zeigt, könnte in geeigneter Form zu einer Brückenfunktion zwischen West- und Osteuropa ausgestaltet werden und so von Anfang an der Einbeziehung eines größeren kulturellen Europas dienen.

Hier werden zwei unterschiedliche europäische Ansätze deutlich: das Europa der Marktstrategie und Ökonomie, aufgeteilt in EG, EFTA und in ein amorphes Osteuropa und das Europa der Kulturen mit gemeinsamen geschichtlichen und kulturellen Wurzeln, großräumiger und vielfältiger. Traditionsbeschwörungen allein werden es nicht kitten können. Wirtschaftliches Denken und pragmatisches politisches Handeln werden in den nächsten Jahren die europäischen Strukturen noch einmal erheblich verändern. Die EG übt hier eine regelrechte Sogwirkung aus. Auch Österreich hat sich eindeutig auf den europäischen Binnenmarkt ausgerichtet und wird von seinem Status als EG-Beitrittskandidat bald zum Vollmitglied avancieren. Man richtet sich bereits jetzt auf die Stufe drei des Delors-Plans aus.

Hierzu kommt der Übergang der planwirtschaftlich organisierten Länder Zentral- und Osteuropas zur Marktwirtschaft. Eigentlich eine Situation, die erwarten läßt, daß die verschiedenen Wirtschaftszonen zusammenwachsen, damit das größere Europa geschaffen und der Definitionskonflikt aufgehoben wird. Aber ist der westliche Internationalismus der Wirtschaft wirklich ausreichend, dieses Band zu knüpfen und Europa zu formen? Liegen unsere Chancen nicht gerade jetzt in einem Dialog der Kulturen, in einem Austausch von Wissen und Information, in einem Auf- und Ausbau kultureller Einrichtungen? Europas Identität wird immer in der Bündelung seiner kulturellen Vielfalt liegen; aber nur dann, wenn sie sich mitteilen kann, zugänglich ist, wechselseitig wirkt und lebendig ist. Dazu bedarf es einer gezielten Förderung - gerade jetzt.

Daß das europäische Bibliothekswesen, über viele Jahrhunderte entstanden, in besonderer Weise geeignet ist, dieser kulturellen und wissenschaftlichen Verständigung zu dienen, zeigen die Erfahrungen sehr deutlich. Daß diese Rolle aber nur erfüllt werden kann, wenn auch geeignete ökonomische Bedingungen und eine offene Kooperation existieren, zeigt wiederum die jüngere Vergangenheit. Neben der kulturpolitischen Bedeutung steht deshalb die wirkungsvolle Ausgestaltung der Dienstleistungsfunktionen für Information, Lehre und Forschung, Aus- und Fortbildung. Der Nachholbedarf gerade für Osteuropa wird große Anstrengungen nötig machen. Wir müssen künftig nicht nur über ein europäisches Nord-Süd-Gefälle, sondern auch über ein West-Ost-Gefälle nachdenken und entsprechende Überlegungen für eine Annäherung formulieren.

Das geht aber nicht nur mit dem guten Willen der Bibliotheken und der Bibliothekare - er wird vorausgesetzt. Es bedarf der finanziellen und politischen Unterstützung durch Regierungen und europäische Organisationen.

Eine besondere Situation ergibt sich in diesem Zusammenhang im vereinten Deutschland. Im Einigungsvertrag, der zum 3. Oktober in Kraft tritt, ist auch die Zusammenführung der Deutschen Bücherei in Leipzig und der Deutschen Bibliothek in Frankfurt zu einer Organisation festgeschrieben. Unter Beibehaltung der Standorte werden ab 1991 die nationalbibliographischen Dienstleistungen arbeitsteilig, unter Vermeidung von Doppelarbeit, erstellt. Daraus gewonnene Ressourcen sollen neuen Dienstleistungen und der europäischen Integration zugute kommen. Damit ist eine klare Perspektive formuliert. Diesen Umstand möchte ich nur wegen der augenblicklichen Aktualität erwähnen, ansonsten sollen übergreifende, europäisch abgestimmte Ziele, Pläne und Projekte betrachtet werden.

Die kontinuierliche Zusammenarbeit mit dem Europarat kann unsere Überlegungen sicher unterstützen. Hier gibt es bereits auf der Bibliotheksseite mit LIBER eine europäische Plattform, außerdem auf der Ebene der Nationalbibliotheken die Conference of European National Librarians (CENL). In beiden ist Österreich sehr aktiv engagiert.

Unbestritten ist jedoch, daß erstmals in den Gremien der Europäischen Gemeinschaft sehr deutlich die Bedeutung der Bibliotheken für unsere Gesellschaft politisch artikuliert, ihr kulturpolitisches und wissenschaftspolitisches, aber auch ihr wirtschaftspolitisches Potential bewertet, Schwächen, Probleme und Kosten festgestellt und die Modernisierung und internationale Zusammenarbeit gefordert wurde.

"Die Funktionsfähigkeit von Bibliotheken ist nicht nur eine kulturelle, sondern auch eine ökonomische Notwendigkeit. Deshalb sollte ein effizienter Nutzen der vorhandenen Ressourcen angestrebt, neue betriebliche Formen gesucht und eine europäische Infrastruktur ausgebaut werden." Dies war eine der wichtigsten Aussagen, die der Rat der für Kulturfragen zuständigen Minister in seiner Entschließung für Bibliotheken 1985 formulierte. Die Kommission wurde gebeten, Maßnahmen zur Unterstützung der Bibliotheken zu ergreifen und ein Arbeitsprogramm auszuarbeiten.

Die Vorbereitung der Gemeinschaftsinitiative erfolgte in zwei Hauptphasen:

- einer Vorbereitungsphase,
- einer umfassenden informellen Konsultation über ein Diskussionspapier mit der Beschreibung eines Aktionsplans.

Die Arbeiten im Rahmen der Vorbereitungsphase begannen Ende 1985 und konzentrierten sich darauf, Fakten in folgenden Bereichen zusammenzutragen:

- Größe und Bedeutung des Bibliothekswesens,
- Ermittlung der Bereiche, in denen Bibliotheken Schwierigkeiten haben, sich an die veränderten Gegebenheiten der Informationsgesellschaft anzupassen;

- Ermittlung der Bereiche, in denen kooperative europäische Maßnahmen zu einer besseren Nutzung der Ressourcen beitragen können.

Ziel dieser Untersuchungen war die Schaffung einer Grundlage für einen Aktionsplan.

Das Ergebnis der Untersuchungen ermöglichte der Kommission die Formulierung einer Reihe strategisch wichtiger Fragen. Im Februar 1987 wurde ein Hearing mit Vertretern des Bibliothekssektors, Vertretern der nationalen Behörden der Mitgliedstaaten und Beobachtern aus internationalen Bibliotheksorganisationen veranstaltet. Auf diesem Hearing war in den Antworten der Teilnehmer ein allgemeiner Konsens festzustellen; gefordert wurden ausdrücklich Maßnahmen auf Gemeinschaftsebene. Ergebnis dieser Veranstaltung war die Erstellung des Entwurfs eines Aktionsplans in Form eines "Diskussionspapiers". Dieser Entwurf wurde als Grundlage für eine informelle Konsultation in insgesamt 180 Organisationen in allen Mitgliedstaaten verteilt.

Auf einer Reihe nationaler Treffen in den einzelnen Mitgliedstaaten zur Erörterung dieses Papiers wurden die Vertreter der Kommission gebeten, ihr Vorgehen zu erläutern und zu begründen und Fragen zu beantworten. An diesen Treffen nahmen über 800 Sachverständige teil. Im März 1989 fand ein Forum mit hochrangigen Vertretern des Bibliothekswesens und der nationalen Behörden sowie Beobachtern von internationalen Organisationen und Verbänden statt. Das Forum bot Gelegenheit, alle eingegangenen Stellungnahmen und die Auswirkungen des Aktionsplans zu erörtern. Die Reaktionen sowohl auf die Zielsetzung als auch auf die Struktur des Aktionsplanentwurfs waren eindeutig positiv, und die Notwendigkeit rascher Maßnahmen der Kommission wurde einstimmig bejaht.

Nach diesen zustimmenden Voten der Fachvertreter und Mitgliedsländer war es notwendig, die neue Initiative der EG in den geeigneten politischen Zusammenhang zu bringen, um sicherzustellen, daß sowohl überzeugende konkrete Resultate als auch eine breite politische Akzeptanz erreicht werden können.

Man darf nicht vergessen, daß die Initiative zur Förderung der Bibliotheken in erster Linie als Infrastrukturverbesserungen mittels Informationstechnik gelten kann. Kultur- und wissenschaftspolitische Aktivitäten liegen in der Verantwortung der Mitgliedsländer. Das klingt zunächst formalistisch und administrativ. Aber dieses Zusammenspiel von Verantwortlichkeiten macht durchaus Sinn, denn neue Informationstechnik, standardisierte Datenverarbeitung und Netzkommunikation führen schließlich zu besseren Dienstleistungen, zu einem einfacheren Zugang nationaler und europäischer Sammlungen und zu mehr Möglichkeiten für eine gezielte Literaturauswahl. Und nicht zuletzt zu einer preisgünstigeren - weil einheitlichen - Bibliothekstechnik. Technikförderung bedeutet in diesem Zusammenhang letztlich Kulturförderung.

Und so ist es nicht verwunderlich, daß der Rat der Europäischen Gemeinschaft am 23. April 1990 offiziell entschied, den *"Aktionsplan für die Bibliotheken in der Europäischen Gemeinschaft"* zu verankern im *"3. Rahmenprogramm für Forschung und technologische Entwicklung"*. Von den dort beschriebenen 15 Programmen bezieht sich eines auf Telematic-Systeme in Gebieten von allgemeinem Interesse. Dieses Programm ist wiederum unterteilt in 6 Anwendungsgebiete, von denen eines die Bibliotheksförderung betrifft. Die von den Experten formulierten Inhalte und Ziele des Aktionsplans sind erhalten geblieben, aber der Plan ist nunmehr in einen breiteren logischen Förderzusammenhang integriert. Damit ist der Aktionsplan politisch und verfahrensmäßig verankert. Auch wenn im Detail noch die finanzielle Zuordnung zwischen Kommission und Parlament ausgehandelt werden muß, kann man von einer Mindestfördersumme von 60 Mio. DM für die nächsten 4 Jahre ausgehen. Es kann bereits mit einem vorläufigen Budget ab 1991 gearbeitet werden.

Der *"Aktionsplan für die Bibliotheken in der Europäischen Gemeinschaft"* ist in seinen Zielen vor den gravierenden politischen Umsetzungen formuliert worden. Gleichwohl ist der Ertrag des Plans nicht auf die EG beschränkt, sondern auf breite internationale Nachnutzung angelegt. Das beginnt mit Vorschriften zur Verwendung internationaler Standards - nicht eigenen EG-Standards, der Erschließung international wichtiger Sammlungen, der Entwicklung neuartiger Dienste und Produkte und endet mit der Aufforderung an Nicht-EG-Länder, sich an Projekten zu beteiligen, wenn auch ohne anteilige EG-Finanzierung. Die Übertragbarkeit der Ergebnisse ist auch deshalb gegeben, weil die europäische Kommission von Anfang an nationale Strukturen aufnimmt und weiterentwickelt, um damit eine hohe Akzeptanz in den Ländern zu erreichen. Zentralistische Strukturen werden vermieden. Die Aufgabenfelder beschränken sich auf bestimmte Schlüsselbereiche, von denen erwartet werden kann, daß sie die Entwicklung stimulieren.

Gemäß der Entschließung sollen im Rahmen des Aktionsplans die folgenden Schlüsselbereiche gefördert werden:
- Angebot und Zugänglichkeit moderner Bibliotheksdienste in der gesamten Gemeinschaft unter Berücksichtigung der vorhandenen regionalen Ungleichheiten in der Ausstattung der Bibliotheken;
- raschere, aber geordnete Einführung neuer Informationstechnologien im Bibliothekswesen nach den Grundsätzen der Wirtschaftlichkeit;
- Standardisierung im Hinblick auf die gemeinsame Nutzung der Ressourcen durch die Bibliotheken;
- Harmonisierung und Abstimmung der die Bibliotheken betreffenden nationalen Politiken.

Mit diesen Maßnahmen will man die Verfügbarkeit von elektronischen Katalogen/ bibliographischen Daten als Ausgangsmaterial, das international ausgetauscht werden kann, verbessern, die Vernetzung rechnergestützter Bibliothekssysteme ermöglichen, die Verbesserung des Zugangs zu den Beständen der europäischen Bibliotheken erreichen und die Verbesserung der Berufsqualifikation von Bibliothekspersonal sicherstellen. Allgemeine Ziele des Aktionsplans sind Innovation, Standardisierung, Harmonisierung und Kooperation.

Der Plan gliedert sich in vier Aktionsbereiche:

1. Erfassung von Primärdaten
2. Internationale Vernetzung

3. Schaffung innovativer Dienste
4. Entwicklung marktfähiger Produkte

Teilnehmen können Bibliotheken, ihre Unterhaltsträger, öffentliche und private Anbieter von Bibliotheksdienstleistungen, Buchhandlungen etc.

Die EG sieht eine anteilige Finanzierung vor, in der Regel 50 %. Erste Finanzentwürfe sehen vor, daß im 1. Jahr (1991) 15 %, im 2. Jahr 40 %, im 3. Jahr 35 % und im letzten Jahr 10 % vergeben werden sollen. Diese Verteilungskurve entspricht Erfahrungen aus vergleichbaren Programmen.

Die Aktionsbereiche werden bzgl. der finanziellen Größenordnung ganz unterschiedliche Strukturen aufweisen. Während die Aktionsbereiche 1 und 2 durch Großprojekte charakterisiert sind, sind für die Aktionsbereiche 3 und 4 eher Projekte mittlerer bis kleiner Größenordnung zu erwarten. Deshalb wird das Einholen von Vorschlägen für die einzelnen Aktionsbereiche unterschiedlich häufig während der Laufzeit sein, für die ersten beiden Aktionsbereiche wahrscheinlich nur einmal, für die anderen eher jährlich oder alle 18 Monate.

Die Projekte müssen mit den Planungen und laufenden Aktivitäten auf nationaler Ebene verträglich sein. Weicht ein Projekt von der nationalen Politik ab oder bestehen keine solchen Vorhaben, so ist auf die Notwendigkeit und seinen Nutzen im nationalen Rahmen nachdrücklich hinzuweisen. Projekte müssen auch mit den entsprechenden Planungen der Gemeinschaft in Einklang stehen, insbesondere mit der von der Kommission der Europäischen Gemeinschaften verfolgten Politik der Normung auf dem Gebiet der Informationstechnik. Die Projekte dürfen sich auch nicht mit anderen einschlägigen Gemeinschaftsprogrammen überschneiden (ESPRIT, DELTA usw.).

Die Kommission hat im Februar 1990 erste Leitlinien und Förderungskriterien für Projekte des Aktionsplans herausgegeben.

*Aktionsbereich I* - Erfassung von Primärdaten

Betrifft in erster Linie die auf Datenträger erfaßten nationalen Bibliographien und Gesamtkataloge sowie die nachträgliche elektronische Erfassung von Katalogen international bedeutender Sammlungen.

*Spezifische Ziele*
- Beschleunigte DV-Umstellung der Kataloge durch Förderung der Herstellung, Verbesserung und Verbreitung von auf neuen Technologien beruhenden bibliographischen Datensystemen,
- Vereinheitlichung der auf Datenträger gespeicherten Kataloge,
- Abbau der Ungleichheiten zwischen den Mitgliedstaaten im Bereich der Bibliotheksautomatisierung,
- Berücksichtigung nationaler Prioritäten,
- Verbesserung des Zugangs zu Beständen von internationaler Bedeutung.

*Maßnahmen*
*Teil 1:*
Erstellung maschinenlesbarer nationaler Bibliographien in Ländern, in denen sie noch nicht in dieser Form bestehen,
Verbesserung und Erweiterung bereits existierender maschinenlesbarer Nationalbibliographien bzw. Gesamtkataloge. Diese Maßnahmen sind von den Vertretern der EG-Mitgliedstaaten vorgeschlagene nationale Projekte mit mindestens einem Hauptprojekt je Mitgliedstaat.
*Teil 2:*
Förderung der nachträglichen elektronischen Erfassung von Katalogen international bedeutender Sammlungen (retrospektive Konversion). Die internationale Bedeutung der Sammlung wird von qualifizierten Sachverständigen festgestellt. Diese Maßnahmen sind vorzugsweise im Rahmen von Kooperationsprojekten durchzuführen.

Projekte im Rahmen dieses Aktionsbereichs müssen zwei wesentlichen Anforderungen genügen: sie müssen nachweislich zur Schaffung neuer oder zur Verbesserung bestehender nationaler Bibliographien in maschinenlesbarer Form oder zur Schaffung oder Verbesserung nationaler Gesamtkataloge beitragen; oder sie müssen durch gezielte DV-Umstellung vorhandener Kataloge den Zugang zu Beständen von internationaler Bedeutung verbessern.

<u>*Aktionsbereich II* - Förderung der internationalen Vernetzung der Bibliothekssysteme</u>

*Spezifische Ziele*
- Förderung von Pilotversuchen zur internationalen Vernetzung von Systemen;
- Förderung der Entwicklung und allgemein der Anwendung der für eine Bibliotheksvernetzung notwendigen internationalen Normen und Standards;
- Testmöglichkeiten und Demonstrationen von OSI-basierten Anwendungen zur Vernetzung von Bibliotheken;
- Stimulierung der technischen Innovation.

*Maßnahmen*
Unterstützung der Projekte, die sich mit der Vernetzung von mindestens zwei Bibliothekssystemen für spezifische bibliotheksbezogene Zwecke bzw. Funktionen befassen und dabei Forschungsnetze, VANs (Mehrwertnetze) oder andere öffentliche Datennetze nutzen und mit anderen Programmen im Bereich der fortgeschrittenen Netzwerke (z.B. COSINE, RACE) zusammenarbeiten.

An diesen Projekten sollen Kooperationsstellen oder andere Organisationen mit ähnlichem Zweck, die mindestens einen Partner in einem anderen EG-Mitgliedstaat haben, arbeiten.

*Aktionsbereich III* - Schaffung innovativer Dienste unter Einsatz neuer Informationstechnologien.

*Spezifische Ziele*
- Förderung kostengünstiger Bibliotheksdienste, um Benutzerbedürfnisse besser zu erfüllen. Die Berufsqualifikation soll im Umgang mit neuen Technologien verbessert werden.
- Stimulierung der Nachfrage nach neuen Diensten, die durch Einsatz der Informationstechnologien möglich sind;
- Schaffung von Möglichkeiten für die Bibliotheken, die Vorteile dieser neuen Dienste und ihre finanzielle Vertretbarkeit zu demonstrieren;
- Beitrag zum Abbau der Ungleichheit zwischen den Mitgliedstaaten beim Angebot an Bibliotheksdiensten und bei der Berufsqualifikation des Bibliothekspersonals.

*Maßnahmen*
Starthilfe für eine Vielzahl von innovativen experimentellen Bibliotheksdiensten auf der Grundlage der neuen Technologien unter Berücksichtigung der unterschiedlichen Entwicklung der Bibliotheken in den einzelnen Mitgliedstaaten.

Diese Projekte werden mit Hilfe von Aufrufen zur Einreichung von Vorschlägen ermittelt; möglich ist jedoch auch eine Vorauswahl auf nationaler Ebene, um eine Prioritätenliste zu erstellen, um das nationale Interesse an den Projekten festzustellen und ihre Abstimmung mit der nationalen Politik zu gewährleisten.

Wesentliche Auswahlkriterien sind der Beitrag des Projekts zu den allgemeinen Zielen des Programms, die Größe der Benutzerschaft der betreffenden Bibliothek und Projektmerkmale wie z. B. Wirkung nach außen, Multiplikatorwirkung, kooperativer Charakter usw. Die zur Implementierung der neuen Dienste erforderlichen Ausbildungsmaßnahmen sind in den Projekten zu berücksichtigen.

*Aktionsbereich IV* - Förderung der Entwicklung und Herstellung marktfähiger Produkte und Dienste für den spezifischen Bedarf der Bibliotheken oder der Entwicklung von Prototypen solcher Produkte und Dienste

*Spezifische Ziele*
- Erhöhung der Akzeptanz der Bibliotheken von Produkten zur Erweiterung des Marktes;
- Schaffung eines Forums für die Bibliotheken zur Formulierung ihrer Anforderungen an solche Produkte und Dienstleistungen.

*Maßnahmen*
Anfangsunterstützung des Angebots einer Reihe von Prototypen von Produkten und Diensten durch Wirtschaftsunternehmen und unternehmerisch orientierte öffentliche Einrichtungen. Ihre Ermittlung erfolgt durch Aufrufe zur Einreichung von Vorschlägen; die Bewertung erfolgt nach ihrem voraussichtlichen Beitrag zur Erreichung der Gesamtziele

des Programms, ihrer wirtschaftlichen Realisierbarkeit und ihrem Stellenwert für das Bibliothekswesen.

Den Aktionsbereich IV kann man als den industriebezogenen Teil ansehen. Europäische Bibliotheksautomatisierung soll unterstützt werden, indem der Privatsektor angeregt wird.

Um die Bibliotheken auf europäische Kooperation einzustimmen und um aktuelle Grunddaten als Entscheidungshilfe zur Verfügung zu haben, hat die Europäische Kommission bereits 1989/90 mit vorbereitenden Studien, Workshops und Projekten begonnen. So liegt vor eine Bestandsaufnahme der Bibliotheken in der Gemeinschaft, ihrer Bestände, Etats und personellen Ausstattung; eine Bestandsaufnahme über den Entwicklungsstand der Automatisierung, ein vorläufiges Netzkonzept. Workshops wurden veranstaltet zu Nationalbibliographien, retrospektiver Katalogisierung, regionalen Ungleichheiten bei den Mitgliedsländern, Anwendung offener Kommunikationsnetze. Aber auch erste Pilotprojekte wurden bereits vergeben: so die standardisierte Anwendung von CD-ROM für europäische Nationalbibliographien, an dem Projekt sind 7 Nationalbibliotheken beteiligt; die Nutzung von OSI-Standards für Funktionen des Leihverkehrs (beteiligt sind PICA, DBMIST und LASER); der Aufbau eines europäischen Registers von Microform-Masters und eine kleinere Projektstudie zur retrospektiven Konversion.

Von zentraler Bedeutung kann ein Projekt werden, mit dem im September die Deutsche Bibliothek seitens der Kommission beauftragt worden ist. Untersucht werden soll die Möglichkeit, ein für die EG einheitliches internationales Austauschformat für bibliographische Daten in den Mitgliedsländern einzuführen. Vorgesehen ist UNIMARC, das bereits in einigen europäischen Nationalbibliotheken Verwendung findet. Entscheidend ist, daß nicht nur die Nationalbibliotheken, sondern auch die größeren Verbundsysteme und Verlags- und Buchhandelsorganisationen einbezogen werden sollen. Die Resultate der Untersuchung sollen im Frühjahr in Florenz vorgestellt werden. Bei überzeugenden Ergebnissen wird anschließend eine Testdatenbank eingerichtet, um Praxiserfahrungen zu sammeln. Dieser Schritt würde nicht nur weltweit zu einer Vereinfachung des Datenaustausches führen, er würde auch erstmals Buchhandels-Daten in Ergänzung der bisherigen Datenlieferanten auf normierter Basis zur Verfügung stellen. Die IFLA-Gremien haben auf der Stockholmer Konferenz 1990 die UNIMARC-Förderung mit Nachdruck unterstützt.

Diese vorbereitenden Aktionen dienen dem gleichen Ziel, möglichst Erfahrungen im Vorfeld zu sammeln und eine zielgerichtete, durch die berufliche Erfahrung abgesicherte Umsetzung in den Mitgliedsländern zu erzielen. Dazu bedarf es einer frühzeitigen Information und Einbeziehung der Entscheidungsträger und Fachleute.

Die Mitgliedsländer hatten sich aus diesem Grund während des Forums 1989 übereinstimmend für die Schaffung eines nationalen Focus ausgesprochen, als Ansprechpartner für die Kommission, als Informationszentrum im Land und als Beratungs- und Koordinierungsstelle für Projekte. Ein nationaler Focus kann keinen gesetzlichen Status für die Kommissionsarbeit haben und Organe, wie sie in den Römischen Verträgen festgelegt sind, ersetzen. Der Focus sollte als hilfreiches Instrument wirken, um die Zusammenarbeit zu fördern und Projektanmeldungen möglichst effizient und inhaltlich gut darzustellen und zu begründen.

Da der nationale Focus zwar eine natürliche Funktion als Ansprechpartner hat, aber kein ausschließliches Mandat, können Antragsteller auch direkt die Kommission kontaktieren. Je überzeugender und je repräsentativer aber der nationale Focus agieren kann, um so wirkungsvoller wird seine Funktion sein. Dadurch wird auch der Einfluß des Mitgliedslandes bei der Kommission gestärkt. Neben seiner Rolle als Ansprechpartner soll der Focus seine Funktion als Informations- und Beratungszentrum erfüllen. Dabei kommt es vor allem darauf an, den Aktionsplan bekannt zu machen, zu erklären und zu fördern, günstige Verbreitungswege für Interessenbekundungen oder von Projektaufrufen der Kommission zu definieren und den Bibliotheken zu helfen bei der Vorbereitungs- und Präsentationsphase von Projekten.

Diese Informationsaufgabe kann mit verschiedenen Aktivitäten erfüllt werden:

- regelmäßige Rubrik in Fachzeitschriften
- kontinuierliche Information über Projektofferte
- Auskunftsdienst zur Benennung von Partnern
- Rundschreiben und spezielle Informationen
- Organisation von Einführungsseminaren
- Suche nach Finanzierungsmöglichkeiten
- Liste von Experten
- Publikation und Versand von Richtlinien
- Bereitstellung von Reisemitteln für Kontakte

Seine Koordinierungsaufgabe schließlich kann der Focus auf zweierlei Art erfüllen:

- vorbereitend durch die Veröffentlichung spezifischer Kriterien und Richtlinien für das Mitgliedsland, mittels eines detaillierten und begründeten Berichtes, der die Stellungnahmen gegenüber der Kommission darstellt;
- begleitend durch Unterstützung der Projektvorschläge, Überprüfung auf ihre Verträglichkeit mit der europäischen und nationalen Planung, Auffinden von Partnern und finanziellen Ressourcen, Schaffung einer breiten Basis zur Anwendung neuer Entwicklungen.

Die Beteiligung an europäischen Projekten ist wegen der rechtlichen, finanziellen und sprachlichen Bedingungen nicht einfach. Deshalb sollten Antragsteller möglichst im formalen Bereich entlastet werden, um sich auf die inhaltlichen Teile ihrer Projekte zu konzentrieren. Eine so verstandene Partnerschaft von nationalem Focus und Projektinteressenten kann gerade dafür sehr nützlich sein und wird auch die Akzeptanz bei den potentiellen Antragstellern finden.

Das alles klingt sehr aufwendig, und manchmal gewinnt man den Eindruck, die Bürokratie schiebe sich allzu sehr in den Vordergrund. Zweifellos ist das kooperative Element des Aktionsplans, das einen großen Teil der planerischen und formalen Vorgaben ausmacht, zunächst eine Belastung. Es müssen geeignete Partner gefunden werden, die Projektideen müssen auch für andere interessant sein, es müssen Bedarf und Akzeptanz bei unterschiedlichen Strukturen beachtet werden, die finanziellen Bedingungen müssen frühzeitig geklärt werden, es gilt Sprachbarrieren zu überwinden, Reisen durchzuführen und den Erfahrungs- und Wissenstransfer in geeigneter Weise zu organisieren.

Der europäische Finanzierungsanteil ist kein geschenktes Geld, er ist, zumindest am Beginn, das Äquivalent für die zusätzliche Belastung der schwierigen internationalen Abstimmungsprozesse. Die Regeln für einen nationalen Focus werden sich von Land zu Land unterscheiden, je nachdem ob eine zentrale oder dezentrale Struktur vorliegt, ob die Planungsverantwortung stärker bei staatlichen Einrichtungen oder berufsständischen Verbänden liegt. In der Bundesrepublik Deutschland ist eine Lösung gefunden worden, die einerseits eine möglichst breite Repräsentanz der beteiligten Einrichtungen sichern soll, andererseits eine wirkungsvolle Umsetzung in der täglichen Arbeit ermöglicht. Die Kultusministerkonferenz und die zuständigen Bundesministerien haben die Arbeitsgruppe für europäische Bibliotheksangelegenheiten (EUBIB), deren Vorsitz bei der Deutschen Bibliothek liegt, mit der Wahrnehmung der Funktionen eines nationalen Focus betraut.

Der Beschlußtext der KMK und der beteiligten Bundesressorts für die offizielle Beauftragung lautet: Die Bund-Länder-Arbeitsgruppe "Europäische Bibliotheksangelegenheiten" hat auf nationaler Ebene in enger Zusammenarbeit mit den Unterhaltsträgern der Bibliotheken

- die Umsetzung des Aktionsplans für die deutschen wissenschaftlichen Bibliotheken zu betreiben und
- für die Laufzeit des Aktionsprogramms die erforderlichen Koordinierungstätigkeiten wahrzunehmen.

Die Gruppe setzt sich zusammen aus Vertretern der Kultusministerkonferenz, des Bundesministeriums des Innern, des Bundesministeriums für Forschung und Technologie, des Bundesministeriums für Wirtschaft, des Auswärtigen Amtes, der Deutschen Forschungsgemeinschaft, der Bundesvereinigung Deutscher Bibliotheksverbände sowie aus durch sie benannten Experten aus dem deutschen Bibliothekswesen. Sie besteht aus 12 Mitgliedern. Die Aufgaben erfüllt sie in enger Zusammenarbeit mit dem Deutschen Bibliotheksinstitut in Berlin, das als ständige Anlaufstelle die konkrete Projektberatung übernimmt. Die Zweiteilung der Aufgaben des nationalen Focus ist am ehesten geeignet, eine zügige Planung und Durchführung zu ermöglichen und gegenüber der Kommission abgestimmt zu reagieren.

Der Aktionsplan wird im Verlauf seiner Projektierung eine Reihe von substantiellen Veränderungen in den Dienstleistungen der Bibliotheken bewirken. Es wäre aber zu wenig, wenn sich die Summe der Einzelprojekte nur als isolierte Maßnahmen beschreiben ließen. Sie sollten sich zumindest in Teilen zu einem Konzept zusammenfügen lassen, damit letztendlich nicht die Informationstechnik, sondern die Bibliotheken und ihre Benutzer die Gewinner sind. Damit wird in keiner Weise eine zentralistische Struktur verfolgt. Das würde nach dem gesamten bisher vertretenen Prinzip auch die technischen Möglichkeiten einer vernetzten dezentralen DV-Entwicklung ungenutzt lassen. Aber es sollten nicht dort Barrieren verteidigt oder neue aufgerichtet werden, wo sie den freien

Fluß der Information oder den Zugang zu Sammlungen erschweren. Eine Mischung aus verbindlichen Festlegungen und gewachsenen Strukturen wird die formalen Bedingungen am ehesten beschreiben.

Selbstverständlich sollte und muß bei dem Entwurf eines solchen Rasters darauf geachtet werden, daß die Zusammenarbeit auf gültigen und verfügbaren Standards basiert und die Erarbeitung fehlender, aber benötigter Standards angeregt wird. DV-technische, netztechnische und bibliographische Festlegungen vermitteln sowohl dem Produzenten als auch dem Anwender die nötige Sicherheit für Investitionen und Planungen und sie verhindern, daß der Bibliotheksbereich zum exotischen IT-Marktsegment verkümmert. Sie ermöglichen auch die Übertragung auf Länder, die derzeit nicht der EG angehören.

Es ist deshalb erforderlich, sich aktiv an der Normungsarbeit zu beteiligen. Das ist ein wichtiger Teil des Dialogs, der von den Bibliothekaren geführt werden muß, der im übrigen auch hilft, Kooperationen über den Bibliothekssektor hinaus mit Verlagen, Buchhandel und Fachinformation zu überlegen. Ansonsten wird im künftigen Europa der Bibliotheken die Leistungsfähigkeit der kooperativen Unternehmungen weiterhin stark von den nationalen Gegebenheiten bestimmt werden. Je klarer und erkennbarer diese Strukturen für die europäischen Partner sind, um so leichter wird die europäische Zusammenarbeit zu organisieren sein, um so deutlicher wird der internationale Beitrag ausfallen. Das setzt eine nationale Verantwortung für einen planvollen und ausreichenden Bestandsaufbau und -ausbau voraus. Diese Verantwortung kann nicht auf die europäische Ebene verlagert werden, ebensowenig wie die betriebliche und personelle Grundausstattung der Bibliotheken.

Wie lassen sich nun die Inhalte und Ziele des EG-Aktionsplans, der formal 12 europäische Staaten umfaßt, mit der Verantwortung für eine gesamteuropäische Konzeption vereinbaren?

Zunächst ist festzustellen, daß der Aktionsplan sich ausschließlich auf Konzepte und Projekte bezieht, die der Anwendung der Informationstechnik dienen. Kultur- und wissenschaftspolitische Aktivitäten sind damit nicht erfaßt. Hier sollten sich Initiativen aus traditionellen Bindungen heraus entwickeln. Die Zusammenarbeit von benachbarten Ländern wird sich besonders anbieten. Falsch wäre es, wenn Nicht-EG-Länder wegen der EG-Aktivitäten eine passive Haltung einnähmen. Es gibt genügend inhaltliche Felder! Nur wenn das informationstechnische Arbeitsprogramm der EG in ein weiter gezogenes europäisches Bibliotheksprogramm einbezogen wird, macht es Sinn. Des weiteren muß darauf hingewiesen werden, daß der Aktionsplan mit seinem begrenzten Budget nur einzelne definierte Ausschnitte von automatisierten Bibliotheksanwendungen fördern kann. Impulse geben, stimulieren und Standards zum Durchbruch zu verhelfen - das sind die Anliegen. Flächendeckende Aktionen lassen sich damit sicher nicht bewerkstelligen. Auch hier bleiben Eigeninitiativen und bilateralen Entwicklungen ein breiter Gestaltungsraum.

Umgekehrt bieten die Studien, Analysen und Umfragen des Aktionsplans genügend Ansätze für nicht unmittelbar beteiligte Länder und ihre Planungen. Diesen *Informati-*

*onsgewinn* sollte man unbedingt nutzen. Die Bewertung, Auswahl und Entwicklung von Normen und Standards, die internationalen Vereinbarungen entsprechen, geben *Entscheidungshilfen* und *Planungssicherheit* auch für Nicht-EG-Länder. Aus der Verbesserung der Infrastruktur der Bibliotheken innerhalb der EG durch Aufbau von Normdateien oder effizienteren Leihverkehrsverfahren können auch die anderen Länder unmittelbar Dienstleistungsnutzen ziehen. Dies gilt auch für neue Produkte und Dienste, die als marktfähige Ergebnisse verfügbar gemacht werden sollen.

Natürlich bietet die unmittelbare Projektbeteiligung noch zusätzlichen Gewinn durch die professionelle Erfahrung. Deshalb sollte die Möglichkeit einer Kooperation von Nicht-EG-Ländern ohne finanzielle Beteiligung der EG durchaus erwogen werden. Sie ist im Aktionsplan ausdrücklich vorgesehen.

Wesentlich ist, daß durch den Aktionsplan erstmals europäische Kooperation in einem wirkungsvollen Umfang für Bibliotheken als politisches Programm praktiziert wird. Bei entsprechendem Erfolg kann damit eine Ausstrahlung gewonnen werden, die mithilft, auf andere Anwendungsgebiete und geographische Regionen zu erweitern. Das sollte unser aller Interesse sein.

Die entscheidende Perspektive liegt nicht in den technischen Aspekten, sondern in der Strategie, der Verfahrensweise und den inhaltlichen Prioritäten. Die bestehende enge deutsch-österreichische Kooperation ist als Bindeglied für eine solche europäische Dimension in besonderer Weise geeignet. Hinzu kommt neben der langen Tradition Österreichs als EFTA-Mitglied und dem zu erwartenden Status als EG-Mitglied die Tatsache, daß sich Österreich seinen traditionellen Nachbarschaftsbeziehungen zu Osteuropa verpflichtet fühlt und Aktivitäten unterstützt, wenn sie die eigene Leistungsbereitschaft dieser Länder stärkt. Dabei kann eine Ausrichtung auf den Aktionsplan der EG nur helfen, der genau diese Strukturpolitik fördert.

# WOLLEN WIR NOCH MENSCHEN IN DER BIBLIOTHEK?

## Von Joseph Weizenbaum

Guten Tag! Sie wissen alle, daß ich Amerikaner bin und an die Begrüßungs-Formalitäten, die hier üblich sind, nicht gewöhnt bin (Applaus). Deswegen sage ich einfach: Ladies and Gentlemen!

Als die Anfrage kam, ob ich nach Bregenz zu einem Vortrag kommen wolle, habe ich sofort zugesagt. Später wurde ich wegen eines Titels gefragt. Der Titel, der mir eingefallen ist - ganz bestimmt aus meinen amerikanischen Erfahrungen heraus - war: "Wollen wir noch Menschen in der Bibliothek?". In den letzten zwei Stunden ist mir im Zusammenhang mit der Bibliothek das Bild eines Menschen, der an einem Tisch sitzt und ein Buch liest oder mit den Bibliothekaren spricht, vielleicht etwas wissen will, dieses Bild ist mir nicht in den Sinn gekommen.

Ob wir tatsächlich auf eine menschenleere Bibliothek hinsteuern oder nicht, kommt darauf an, wie man sich die Aufgaben in einer Bibliothek vorstellt. Sicherlich sind beruflich interessierte Menschen hier im Saal, die diese Aufgabe als die Speicherung und Vermittlung von Daten und Informationen definieren würden. Wenn man sie so versteht, dann ist völlig klar, daß das ganze Bibliothekswesen völlig automatisierbar ist. Faust wurde hier schon erwähnt - und ich meine das durchaus im faustischen Sinn. Ich nehme an, daß Ihnen manche der nachfolgenden Referenten erklären werden, wie weit wir schon auf diesem Wege fortgeschritten sind und wie die Bibliothek dieser "zauberhaften" Zukunft aussehen wird.

Schauen wir uns zunächst einmal die Bibliothek unter einem Mikroskop an, dann sehen wir Informationsflüsse, die von außerhalb in die Bibliothek hineinkommen, die innerhalb der Bibliothek sozusagen "herumjagen" und schließlich ausgewählt werden, um wieder herauszukommen. Wenn ein Computer-Ingenieur das so sehen würde, dann glaube ich, würde er sofort eine Analogie zu einem Computer-System herstellen, mit Hard- und Software und allem, was dazugehört. Somit haben wir eine Analogie: die Bibliothek als Computer-System.

Eine Analogie ist auch eine Art Modell - und wir benützen Modelle in verschiedener Form jeden Tag. Ich gehe sogar so weit, zu behaupten, daß wir überhaupt nichts verstehen, außer in Form von Metaphern, Modellen oder Analogien. Wenn ich Ihnen etwas erklären möchte, dann muß ich erst fragen, was Sie schon wissen. Wie soll ich Ihnen z.B. erklären, wie das funktioniert, daß man ein Segelboot gegen den Wind segeln kann. Es wird leichter sein, wenn Sie bereits verstehen, wie sich die Tragflächen eines Flugzeugs gegen die Schwerkraft oben in der Luft halten können. Oder umgekehrt, Sie sind ein guter Segler, aber Sie verstehen nicht, wie ein Flugzeug da oben bleibt, dann kann ich es umgekehrt erklären, immer mit Hilfe der Analogie.

Meistens vergessen wir ganz und gar, daß wir von Modellen sprechen, zum Beispiel bei der "Künstlichen Intelligenz". Da fängt man an, einen Computer zu programmieren. Dabei fragt man sich: Wie machen das die Menschen? Dann programmiert man den Computer ungefähr danach, und so wird der Computer ein bißchen wie der Mensch. Und dann dreht sich die Analogie um: Jetzt ist der Mensch wie ein Computer. Dieses Umdrehen des Modells können wir auch bei den Bibliotheken sehen. Erst muß ich wissen, was Sie schon wissen: Sie wissen, wie ein Computer funktioniert - und eine Bibliothek funktioniert wie ein Computer. Eingabe ist Information in Form von Büchern, Zeitschriften, Daten, Fakten usw. Diese werden nach verschiedenen Regeln sortiert und gespeichert. Der Output besteht in einer Verbindung der gesuchten Teile der gespeicherten Information.

Ich habe die verschiedenen Regeln erwähnt, nach denen alles sortiert wird, und man kann feststellen, daß diese Regeln den Menschen, im besonderen den Benutzern der Bibliothek fremd bleiben. (In diesem Zusammenhang könnte man - dazu haben wir im Moment keine Zeit - eine listige Frage stellen: Was bedeutet denn eigentlich die Information, wenn man nicht einmal weiß und nicht wissen kann, wie sie ausgewählt wurde.) Wie verwenden wir also ein Modell: Wir stellen es her, dann spielen wir damit (nicht mit der Realität!) und was sich daraus ergibt, das identifizieren wir wieder mit der Realität. Wenn man also die Bibliothek als Computer sieht, dann fällt einem sofort ein, daß man Computer vernetzen kann - also kann man auch Bibliotheken vernetzen. Wenn man das macht, übernimmt man aber die Eigenschaften und Fähigkeiten des Computers und überträgt sie dann auf die Bibliothek.

Wir machen das auch in den Naturwissenschaften so - wir stellen ein Modell her, vielleicht ein mathematisches, spielen dann mit dem mathematischen Modell, etwas stellt sich heraus, man sieht sich das näher an und fragt: Was bedeutet das in der physikalischen Welt? Sehr, sehr vereinfacht, ein Beispiel: Albert Einstein schreibt sich eine Reihe von Gleichungen auf, er spielt mit diesen Gleichungen im mathematischen Sinn und es kommt die Gleichung $e = mc^2$ heraus. Dann überlegt er sich, was das bedeuten könnte; es könnte nämlich bedeuten, daß wir in der Lage sind, Atombomben und Atomkraftwerke herzustellen.

Aber: Jede Analogie ist absurd, wenn man sie buchstäblich versteht. Wenn ich z.B. sage, ich fühle mich jetzt unter großem Druck, so können Sie das verstehen. Ich bin hier ganz allein, ich muß zu all diesen Menschen sprechen. Aber wenn Sie es wörtlich nehmen, würde das bedeuten, daß über meinem Kopf eine Luftsäule ist, die schwerer ist, als die über Ihrem Kopf. Gerade das Umgekehrte stimmt, weil ich hier am Podium höher sitze als Sie.

Was ich damit sagen will, ist: Man sollte auch die Analogie Computer - Bibliothek nicht ganz ernst nehmen. Ich glaube, hier wird vieles zu ernst genommen. Eine Bibliothek ist eben kein Computer-System, und die Aufgabe der Bibliothek, so wie ich sie sehe - und ich bin kein Bibliothekar von Beruf, ich sehe das als Benützer - die Aufgabe ist nicht nur, Information zu speichern und wieder herauszugeben und alles, was damit verbunden ist. Die Aufgabe der Bibliothek geht darüber hinaus.

Jetzt komme ich zu etwas, was Ihnen als ganz anderes Thema erscheinen wird. Aber es hängt alles zusammen, und ich hoffe, ich habe Zeit, diese Zusammenhänge zu zeigen. Wir leben in einer kranken Gesellschaft. Wer das nicht glaubt, sollte sich einmal umsehen in seiner unmittelbaren Umgebung, dann im weiteren Kreis bis hin zur globalen Ebene. Es zeigt sich heute deutlich, daß der Hauptexport des Westens in die Länder der sogenannten Dritten Welt der Waffenexport war und immer noch ist. Für nichts anderes als bloßes Geld haben wir zur weltweiten Verbreitung von Atom-, Chemie- und biologischen Waffen beigetragen. Wir haben sogenannte konventionelle Waffen in Millionenzahl an die ärmsten Länder verkauft. Unser Irrsinn in diesem Bereich ist so groß, daß wir sogar überrascht sind und staunen, wenn die Länder, die wir so überreichlich ausgerüstet haben, miteinander zu kämpfen und zu schießen beginnen. Auch auf der Ebene des Individuums, jedenfalls in den USA, sehen wir unverkennbare Symptome einer immer mehr zunehmenden Anonymität, einer eiskalten Einsamkeit des Menschen. Sicherlich sind Drogensucht, Zunahme von Gewalt und das weitverbreitete Analphabetentum unserer Jugend (in den USA ist ein Drittel der Jugend funktional analphabetisch; das bedeutet, daß sie Schilder lesen, ihre Namen schreiben und ein bißchen Comics lesen können, aber nichts Schwierigeres; sie können kein Formular ausfüllen, um sich z.B. bei MacDonalds zu bewerben). Das sind Folgen dieser Anonymität und des damit eng verbundenen Klimas der Hoffnungslosigkeit. Mir ist bewußt, daß wir hier bei einem Bibliothekartag sind und nicht bei einem Kirchentag. Sie fragen mit Recht, was diese traurige Thematik mit dem Bibliothekswesen zu tun hat. Ich werde versuchen, diese Frage zu beantworten.

Unsere kranke Gesellschaft, ist auch von ihren vielen Institutionen mit geprägt. Wenn nur eine dieser Institutionen ihren Charakter wesentlich ändert, dann ist die Gesellschaft davon kaum spürbar betroffen. Aber wenn fast alle Institutionen einen Wandel erfahren und noch dazu in sehr kurzer Zeit, dann beeinflußt das in großem Ausmaß die menschliche Umwelt. Und das passiert in dieser Hälfte unseres Jahrhunderts. Und wenn dieses "Weltbeben" die falsche Richtung einschlägt und zum Untergang unserer Zivilisation oder gar der Menschheit selbst führt, dann müssen sich die Verantwortlichen der verschiedenen Institutionen, und wir sind hier versammelt, um von der Institution Bibliothek zu sprechen, dieser Gefahren bewußt sein und sich wehren.

Ich möchte deshalb wieder auf die Frage der Aufgabe der Bibliothek zurückkommen. Menschen gehen doch in eine Bibliothek, nicht nur um sich Bücher, Daten und Informationen zu holen. Die Bibliotheken, die ich kenne, haben auch Leseräume. In unsere Bibliothek des Mathematischen Instituts kommen die Leser und bringen ihr eigenes Lese- und Schreibmaterial mit, sie kommen, um dort zu sitzen, sie wollen mit Menschen zusammen sein, die auch lesen. In der Bibliothek gibt es auch Bibliothekare - meistens sind es Frauen - mit denen man auch sprechen kann. Bei ihnen suchen viele Leute nicht nur Information, sondern etwas darüber Hinausgehendes, nennen wir es menschlichen Kontakt, menschliche Begegnung. Ich weiß, daß Bibliothekare keine Psychotherapeuten sind, und ich glaube auch nicht, daß das unter ihre Verantwortung fällt. Wofür sie aber - wie alle anderen Menschen auch - verantwortlich sind, ist eine Atmosphäre der Menschlichkeit - und nur über die Menschlichkeit kann Heil und Hoffnung für die Welt kommen.

Die Orte nämlich, an denen heute menschliche Begegnungen stattfinden können, verschwinden zusehends. Man braucht nur an die vielen Automaten denken, von denen wir umgeben sind, an die Automatisierung der Banken, auch an das Telefon (da sind wir bald so weit, daß Telefonapparate miteinander kommunizieren, ohne daß ein Mensch überhaupt dabei ist). Auch die Begegnungen der Menschen mit der realen Umwelt, mit der Natur, sind automatisiert.

Sogar Werkzeuge werden immer seltener: Ich erinnere mich, daß ich als Junge in der Schule ein Fach hatte, in dem ich lernte, Drehmaschinen zu bedienen. Ich kann das noch immer, es ist in meinem Körper, nicht in meinem Gehirn. Man spürt körperlich, wie die Drehmaschine arbeitet, je nachdem, wie man dreht, kommt ein Feedback von der Maschine. Das hat mit der realen Welt zu tun, es ist keine mathematische Modell-Welt. Solche Erfahrungen werden immer seltener. Die Welt, in der Kinder heute aufwachsen, wird immer abstrakter, sodaß überhaupt keine unmittelbaren Erfahrungen mehr gemacht werden können. Kinder lernen heute ein Wort, das vor dreißig oder vierzig Jahren nicht in ihre Welt gepaßt hätte, das Wort "Echtzeit"- real time. Ich spreche natürlich von der amerikanischen Gesellschaft. Wir hören heute oft, daß Kinder und Jugendliche so viel mehr wissen, als wir Omas und Opas in unserer Jugendzeit. Sie haben Spinnen, die unter Wasser leben, gesehen, sie haben jeden Kontinent dieser Erde, den Mond in unmittelbarer Nähe, Wüsten, Meere, die Ureinwohner Australiens gesehen - und das alles im Fernsehen. Wo machen aber Kinder heute Erfahrungen mit Pflanzen und Tieren, die sie selbst pflegen und am Leben halten müssen? Wie viele Kinder gibt es heute in Amerika, die tagelang, wochenlang überhaupt kein ernstes Gespräch mit irgendjemandem führen?

Ich spreche vom Zusammenbrechen der Institutionen - also auch von der Institution Familie in den USA, auch sie ist heute bedroht. Es ist dort heute fast üblich, daß jedes Kind ein eigenes Zimmer mit einem eigenen Fernseher hat. Das Mittagessen schaut etwa so aus: Das Kind fragt, was es heute gibt. Die Mutter zeigt auf die Tiefkühltruhe und sagt, es soll sich nehmen, was es wolle. Das Kind nimmt für sich allein etwas, gibt es in den Mikrowellenherd und nimmt das Essen in sein Zimmer, wo es alleine vor dem Fernseher ißt. Die Familie spricht nicht mehr miteinander. Wo sollen die Kinder da Liebe erfahren, Liebe lernen? Wir schaffen damit vielleicht eine sexualisierte, aber sicher eine lieblose Welt. In Amerika gehen auch die Schulen kaputt, die, nebenbei erwähnt, ihre Bibliotheken schließen, um mit dem Geld Computer anzuschaffen.

Ich lebe in einer Universität, die gehört zu den Spitzenuniversitäten Amerikas, vielleicht der ganzen Welt. Es ist eine private Universität, und wir können uns unsere Studentinnen und Studenten von der ganzen Welt aussuchen. Ein bißchen mehr als die Hälfte davon sind Amerikaner, und die meisten erzählen mir, daß ihre Eltern und Lehrer nie ihre Schularbeiten durchgesehen oder gelesen haben.

Jetzt sind also auch die Bibliotheken schon miteinander elektronisch verbunden, jeder hat Zugriff auf Daten anderer Bibliotheken, nicht nur zu den Büchern, sondern auch zu riesigen Datenbanken, die über das Gesamtwissen der Menschheit verfügen, wenn nicht schon heute, dann bald. Meine Kollegen haben bereits über computerproduziertes Wissen geschrieben. Bibliotheken der nahen Zukunft werden also nicht nur Wissen speichern und auf Verlangen wiedergeben, sondern sie werden Wissen produzieren. Dafür haben wir heute schon Beispiele.

Es ist hier erwähnt worden, daß in den letzten 15 Jahren viel mehr wissenschaftlich produziert wurde, als in den letzten 2.000 Jahren. Wissen Sie, daß die allermeisten Artikel, die in wissenschaftlichen Journalen erscheinen, von absolut niemandem gelesen werden? Sie werden nicht nur nicht vom Publikum gelesen, sondern sogar der Autor hat sie nicht gelesen. Sie lachen, aber es stimmt, und auf diese Zukunft steuern wir zu. Die Essays, die schriftlichen Aufsätze, die heute von den Studenten eingereicht werden, jedenfalls in den sophisticated universities, die reichlich mit Computern ausgestattet sind, erleiden immer mehr dasselbe Schicksal. Niemand hat sie gelesen, niemand wird sie lesen, sie werden aber mit Sicherheit in die zukünftige computergesteuerte Bibliothek aufgenommen und von Suchverfahren gefunden und wieder ausgespuckt werden. Sie werden weiter der Wissenproduktion dienen. Was wir heute beobachten können - und ich glaube, daß das Massachusetts Institute of Technology da keine Ausnahme darstellt - ist, daß ein großer Teil unserer Studenten (ich spreche immer nur von den amerikanischen) überhaupt keine zwei Absätze eines Aufsatzes schreiben kann, ohne gravierende grammatikalische Fehler zu machen. Oft können sie auch ihre Ideen nicht formulieren, die Argumente eines Aufatzes nicht logisch verbinden. Also, was passiert, wenn wir einen Aufsatz von ihnen einfordern? Der Student macht genau das, was die Benützer der zukünftigen Bibliothek machen werden, d.h. er setzt sich an den Computer, der mit den anderen großen Computern im MIT und mit Modem mit der Hälfte der Welt verbunden ist, und tippt in ein Programm das Thema ein, über das er schreiben soll. Was dann heraus kommt, ist eine Flut von Titeln und Papieren. Da wird dann herausgeschnitten und neu zusammengesetzt, das geht alles sehr leicht, und wir haben heute so schöne Textverarbeitungssysteme, daß auch der reine Quatsch, gedruckt, sehr schön aussieht. Das wird dann eingereicht. Die Professoren haben sehr viel zu tun - sie müssen z.B. Aufträge für das Pentagon erledigen - und der Professor blättert die Arbeit durch, sieht vielleicht ein paar vernünftige Sätze und benotet das Ganze danach. Der Aufsatz kommt dann möglicherweise sogar in die Bibliothek.

Ich behaupte nicht, daß alle Artikel in wissenschaftlichen Zeitschriften so entstanden und von entsprechender Qualität sind, aber man könnte sagen, fast alle. Es kommt häufig vor, besonders in der Biologie und Psychologie, daß ein Artikel in einer Zeitschrift vielleicht 15 Autoren hat. Das hilft der Karriere jedes einzelnen, und es ist ganz klar, daß keiner den Artikel ganz gelesen hat. Da kann man mit Recht sagen, etwas wurde geschrieben, das niemand gelesen hat, und das ist ja auch gar nicht der Zweck. Der Zweck ist eine weitere Arbeit auf der Liste der Publikationen, die wiederum der Karriere dienen soll.

Ich glaube, daß die elektronische Verknüpfung der Bibliotheken dazu führt, ich sage nicht, dazu führen muß, aber dazu führen kann, die Anonymität, von der ich gesprochen habe, noch weiter zu vertiefen, Menschen noch weiter voneinander zu trennen. Es ist vielleicht drastisch formuliert, aber auch die Bibliotheken tragen dafür die Verantwortung. Aber die Bibliothek ist eben nur eine der vielen Institutionen dieser Welt, die in diese Richtung gehen ...

Ich habe kein Rezept, die Welt, oder auch nur die Bibliotheken vor diesem furchtbaren Schicksal zu retten. Aber ich möchte, daß Sie sich selbst fragen, was ist eigentlich die Aufgabe Ihrer Bibliothek? Warum die große Eile, sie zu verändern? Sollte ich nicht vielleicht - könnten Sie sich fragen- als See-Anker wirken? Einen See-Anker braucht man auf einem Boot. Man wirft einen Eimer über Bord, der an einer Leine befestigt ist. Der Eimer bewirkt, daß das Boot in eine Richtung tendiert und auch, daß es langsamer wird. Wir sollten vielleicht alle als See-Anker in unserer eigenen Branche wirken: also, nicht anhalten, nicht rückwärts gehen, aber ein bißchen langsamer bitte. Vielleicht sollte man sich vornehmen, mit den Bibliotheken Inseln der Vernunft im Meer der Unvernunft herzustellen und zu pflegen. Ich appelliere an jeden einzelnen unter Ihnen.

Zum Schluß ist mir gerade heute etwas in der hiesigen Zeitung aufgefallen, was mit der Verantwortung des einzelnen zu tun hat. Ich zitiere aus einem Hirtenbrief der Bischöfe: "Bewahrung und Erhaltung der Schöpfung ist eindeutig ein Auftrag Gottes an die Menschen. Wenn immer Gott seinem auserwählten Volk Verheißungen und Mahnungen zukommen ließ, verband er sie mit dem Hinweis auf das Leben kommender Generationen. Nicht zuletzt mit diesem Blick in die Zukunft fordern die Bischöfe, daß jeder wissenschaftlich-technische Fortschritt darauf zu überprüfen sei, ob er umweltverträglich ist und ob er nicht zu Folgen führt, die eine schwere Gefährdung für die Menschen darstellen können. Die Verantwortung für Schöpfung, Natur und Umwelt, so die Bischöfe weiter, gehört deshalb zu den ganz persönlichen Pflichten des einzelnen Menschen."

Ich glaube, die Bibliothek ist ein Instrument der menschlichen Kultur und gehört zur kulturellen Umwelt des Menschen. Deswegen glaube ich, daß diese Sätze, die ich Ihnen vorgelesen habe, auch uns angehen. Vielen Dank.

# II. VORTRÄGE

## Expertensysteme und Künstliche Intelligenz

**Von Robert Funk**

Lassen Sie mich auf die Darstellung der geschichtlichen Entwicklung dieses Bereiches ebenso wie auf eine umfassende Begriffsdefinition verzichten. Beides ist in der Literatur ausführlich dargestellt. (Vgl. hierzu *McCorduck, Pamela:* Denkmaschinen, die Geschichte der Künstlichen Intelligenz. Haar bei München. Markt und Technik 1987 und *Stede, Manfred:* Einführung in die Künstliche Intelligenz. Hannover, Heise 1987.).

Einer Befragung Glauben schenkend beginnt sich der Markt für Expertensysteme zu verändern. Verschiedene Systeme sind nun in die Erprobungsphase gegangen. Software-Entwicklungsfirmen beschäftigen sich vermehrt mit der Integration der Projekte und/oder suchen Einsatzmöglichkeiten für die Anwendung von Expertensystemen bzw. Künstlicher Intelligenz (KI). Da viel Wissen von Experten vorausgesetzt werden muß und da, wie wir wissen, Bibliothekarinnen und Bibliothekare solches besitzen, sind Bibliotheken als Anwendungsbereich für Expertensysteme bestens geeignet.

Expertensysteme sind ein Teilbereich der KI. Andere Bereiche der KI sind:

- Computerlogik
- Sprachverarbeitung
- Bildverarbeitung
- Problemlösungen
- Planning
- maschinelles Lernen
- Robotik
- Spielprogramme

KI-Forscher haben es mit der Entwicklung von Expertensystemen erreicht, aus der rein theoretischen Forschung in die praxisnahe Anwendung zu gelangen. Der Fortschritt in der Hardware-Produktion hat hierzu nicht unerheblich beigetragen.

Expertensysteme sind Computerprogramme, die Problemlösungen anbieten, die sonst nur von Experten erarbeitet werden können. Experten sind Fachleute, die sich in einem oftmals anspruchsvollen Bereich besonders gut zurecht finden, d.h. über Faktenwissen und Erfahrungen verfügen - dies gilt selbstverständlich auch für Bibliothekarinnen und Bibliothekare. Expertensysteme entlasten bisher in eher routinemäßigen Aufgaben und unterstützen den Experten bei der Lösung von Problemen. Darüberhinaus haben Expertensysteme das Spezialwissen von Experten parat, auch wenn diese sich nicht mehr darum bemühen, d.h. es schon vergessen haben. Die Schnittstelle muß es ermöglichen, daß auch Ungeübte, also nicht Experten, den Zugang zum System haben.

Expertensysteme setzen sich im allgemeinen aus fünf Komponenten zusammen, es sind dies:

- die Wissensbasis,
- die Wissenserwerbskomponente,
- die Problemlösungskomponente,
- die Erklärungskomponente,
- die Dialogkomponente.

Die Wissensbasis bildet den Kenntnisstand des Experten. Sie läßt sich in das gesicherte Faktenwissen einerseits und anderseits in das Regelwissen gliedern. Es ist jederzeit möglich, die Wissensbasis zu verändern, ohne das gesamte Expertensystem zu ändern. Um die Wissensbasis aufzubauen und verändern zu können, ist eine Wissenserwerbskomponente nötig. Hier sind Wissensingenieure und Experten gemeinsam gefordert, das explizierte Wissen in das System einzubringen. Die Erwerbskomponente ist der entscheidende Faktor für die Qualität des Expertensystems.

Die Problemlösungskomponente analysiert die vorliegenden Regeln, um dann geeignete zur Anwendung zu bringen, die die Probleme bestmöglich lösen. Hier ist es auch nötig, Konflikte zu bewältigen, sofern mehrere Regeln Anwendung finden können oder könnten. Je nach Aufgabenstellung wird die Vorwärts- oder Rückwärtsverkettung zur Verbindung von Regeln bei einem Lösungsvorgang angewendet. Bei der Vorwärtsverkettung geht man von den Eingabedaten des Benutzers aus, sucht eine passende Regel für eine Schlußfolgerung und vergleicht das Ergebnis mit weiteren Regeln. Die Rückwärtsverkettung geht vom zu erreichenden Zielzustand aus und sucht die zum Ziel führenden Bedingungen. In der Praxis des Expertensystems wird man eine Mischstrategie verwenden.

Die Erklärungskomponente macht es dem Nutzer möglich die Arbeitsschritte aufzurufen und Erläuterungen zu verlangen. Hierdurch wird das System nicht nur für den Systemnutzer verständlich, sondern die Systementwickler erkennen beim Aufbau auch Ungereimtheiten im System und können diese gleich bereinigen.

Mit der Dialogkomponente wird der Benutzer durch das Programm geführt. Hier findet der Dialog Benutzer und Expertensystem bzw. Mensch und Maschine statt. Dies stellt das eigentliche Problem im Rahmen der KI dar. Die Systeme sind selten in der Lage ihre Repräsentationsformen in geeigneter Weise zu übertragen. Das Zusammenwirken zwischen Erklärungs- und Dialogkomponente ist die Voraussetzung für ein verständliches Expertensystem.

Die Anwendungsmöglichkeiten für Expertensysteme findet man u.a. in

- der Analyse,
- der Automatisierung,
- der Diagnostik,
- dem Entwurf,
- der Planung und
- der Überwachung.

In fast sämtlichen Bereichen kann man sich bibliothekarische Beispiele vorstellen. Einige Bereiche (Automatisierung, Planung, etc.) sind in Bibliotheken so wesentlich, daß man ohne Expertensysteme gar nicht auskommen bzw. auf die wesentlichen Vorteile durch Expertensysteme verzichten dürfte.

In der Beherrschung der Literaturflut einerseits und des Benutzeranstiegs andererseits durch die EDV liegt die Chance für Bibliothek und Bibliothekar, auch die modernsten EDV-Anwendungen zu berücksichtigen, und dies sind nun mal die Methoden der KI. Die Basis ist geschaffen, der EDV-Einsatz in Bibliotheken in den zurückliegenden 20 bis 25 Jahren, der sich ausschließlich mit der Bewältigung der großen Mengen beschäftigt hat, wird zukünftig durch intellektuelle Technologien revolutioniert. Man ist aber diesen neuen Technologien gegenüber noch immer skeptisch und abwartend, und dies zurecht, da es noch viele Systemmängel und -schwächen gibt.

Wie begründen nun Fachleute die Behauptung, Expertensysteme seien für den Einsatz in Bibliotheken von großer Relevanz? Der Grund für die Einführung von Expertensystemen in Bibliotheken ist das hohe Forschungs- und Entwicklungsniveau in der KI-Forschung in bibliotheksähnlichen Arbeitsbereichen. Darüberhinaus muß man akzeptieren, daß der neuen Computergeneration nicht nur hohe Qualitätsverbesserungen sondern auch erweiterte Anwendungsmöglichkeiten vorausgesagt werden, und dies sind nun mal Expertensysteme. In diesem Zusammenhang sprechen sogar *Feigenbaum und McCorduck* schon 1984 von der "intelligenten Bibliothek" in einem Zusammenhang, der den Bibliothekaren in ihrer täglichen Arbeit noch nicht sehr nahe ist. (*Feigenbaum, Edward A., und McCorduck, Pamela:* Die fünfte Computer-Generation. Basel (u.a.), 1984, S.107.)

Als wahrscheinliche Anwendungsfelder von Expertensystemen in Bibliotheken sind heute die

- Formalkatalogisierung,
- Sachkatalogisierung,
- Benutzeranfragen und
- Arbeitsabläufe

zu nennen.

Eine Analyse der bibliothekarischen Tätigkeiten gibt sehr schnell zu erkennen, daß es sich bei den einzelnen Vorgängen meist um immer wiederkehrende Aufgaben handelt, die nach bestimmten festgeschriebenen Regeln vollzogen werden. Dies gilt insbesondere für die Tätigkeit der Formalkatalogisierung, die auf genau vorgeschriebenen Regelwerken basiert.

Expertensysteme sind dafür geschaffen, vorgegebene Regeln anzuwenden und aus der Verknüpfung dieser Regeln zu Ergebnissen zu kommen. Es ist unvorstellbar, daß die schriftlich fixierten bibliothekarischen Regeln nicht geeignet sein könnten, in die Wissensbasis eines bibliothekarischen Expertensystems einfließen zu können. Ein sehr hoher Anteil der Katalogisierung besteht aus Routinearbeiten und Entscheidungen, die durch ein Expertensystem möglich sind, schreibt *H. Schwarz* schon 1986. (*Schwarz,*

*Helga:* Expert systems and the future of cataloguing: a possible approach. In: LIBER-Bulletin. 26, 1986, S.23 ff.)

Es bedarf wohl nicht der Vertiefung, daß es sich bei der Katalogisierung um eine verantwortungsvolle Tätigkeit handelt, die vielerorts Probleme bereitet, z.B. Bearbeitungsengpässe oder Fehlerhäufigkeiten. Es bedarf auch nicht der Vertiefung der Aussage, daß die Entlastung von Routinearbeiten in der Katalogisierung positive Auswirkungen auf die Bibliotheksnutzer haben kann. Darüberhinaus ist durch den Einsatz von Expertensystemen mit einer Vereinheitlichung von Katalogen zu rechnen. Es bedarf auch jetzt nicht der Diskussion über die Auswirkungen durch die Einführung von Expertensystemen auf die Profession. Mit dieser sicherlich kontroversen Diskussion werden wir uns noch auseinandersetzen müssen.

Die grundsätzliche Problematik bei der automatischen Formalkatalogisierung durch Expertensysteme läßt sich wie folgt gliedern:

- die Eingabe des Regelwerkes in das System,
- die Abstimmung des Regelwerkes,
- das Erkennen der bibliographischen Information und
- die Anwendung des Regelwerkes.

Gehen wir von vorliegenden und geeigneten Regelwerken aus, so ist ein wesentliches Problem zur Einführung eines Expertensystems schon nahezu gelöst. Die Eingabe des Regelwerkes zur Formalkatalogisierung in die Wissensbasis für unser Katalogisierungssystem erfolgt in der Repräsentationsform der

Wenn...(Bedingung) - Dann...(Aktion)

Regel, die auch Produktionsregel genannt wird. Hierbei wird Wissen von einer endlichen Menge von Regeln dargestellt, welche für bestimmte Zustände die Bedingungen angeben, die dann entweder vor oder nach einer Aktion gelten sollen.

Die bei uns existierenden Regelwerke zur Katalogisierung sind so abgefaßt, daß ihre Anweisungen, wie zu Katalogisieren ist, in "Wenn...dann...-Beziehungen" vorliegen, die Umsetzung in eine Wissensbasis ist gegeben, obwohl es für den Menschen oft Schwierigkeiten bereitet in "Wenn...dann...-Regeln" zu programmieren. Eine weitere Schwierigkeit besteht in den Teilen der Regelwerke, die Definitionen, Grundbegriffe etc. enthalten, also keine Bedingungsregeln darstellen.

Zur Erkennung der bibliothekarischen Informationen des Titelblattes gibt es schon verschiedene Techniken, die sämtlich noch verbesserungswürdig sind. Die Vereinheitlichung von Titelblättern könnte schon viel Erleichterung bringen, ein Appell an die Produzenten von Schriftgut zur Vereinheitlichung des Titelblattes wird die Probleme aber nicht lösen. Die CIP-Aufnahmen können aber die Funktion der Vereinheitlichung erfüllen.

So gibt es ein System, das es ermöglicht, aus der optisch wahrgenommenen Blockstruktur des Titelblattes den Sachtitel herauszuinterpretieren. Ein anderes, das von OCLC (Online Computer Library Center), liest maschinell mit Hilfe eines Lesestiftes und erstellt somit ein maschinenlesbares Abbild des Originals. Die in der Wissensbasis gespeicherten Regeln ermöglichen dann die Interpretation der bibliographischen Daten. Die gespeicherten Regeln enthalten:

- Aussagen zum Layout (Sachtitel),
- Schlüsselwörter zur Identifizierung semantischer Regeln (Sachtitel),
- Normdateien (Verlag und Verlagsort),
- Eigenschaften von Schrifttypen.

Somit kann nach Aussagen von OCLC bis 80% der bibliographischen Felder identifiziert werden. Ein anderes System analysiert unzählige unterschiedliche Titelblätter und ermittelt über die Gesetzmäßigkeiten statistisch die Titelblattstruktur. Es wird aber in nächster Zeit nicht möglich sein, sämtliche Felder bzw. Elemente eines Titelblattes zu erkennen. Die Titelblätter sind zu unterschiedlich strukturiert, sodaß der Bibliothekar in jedem Fall dem Expertensystem hilfreich zur Seite stehen muß. Vereinheitlichungen können hier aber Abhilfe schaffen.

Die Anwendung des Regelwerkes ist relativ problemlos wie an einigen Beispielen verdeutlicht:

1) *wenn* ein Werk eines Verfassers vorliegt
*dann* erfolgt im allgemeinen die Haupteintragung
2) *wenn* ein gemeinschaftliches Werk von mehr als drei Verfassern vorliegt
*dann* wird es wie ein anonymes Werk behandelt

Auch mehrteilige Bedingungen sind anzuwenden:

3) *wenn* Vornamen in der Vorlage mit dem Familiennamen verbunden sind
*oder wenn* Vornamen in der Vorlage mit dem Familiennamen durch Bindestrich verknüpft sind
*und wenn* die Vornamen in der Vorlage nicht zu einem festen Bestandteil des Familiennamens geworden sind
*dann* werden diese Vornamen als Vornamen angesetzt
4) *wenn* eine Person vor dem 20. Jahrhundert gelebt hat
*und wenn* diese Person unter einem oder mehreren Pseudonymen geschrieben hat
*oder wenn* diese Person unter einem aus den wirklichen Namen und einem Pseudonym zusammengesetzten Namen geschrieben hat
*dann* wird die Person im allgemeinen unter ihrem wirklichen Namen angesetzt.

Diese letztgenannte Regel kann das System allerdings ohne eine weitere Hilfestellung nicht verwenden, vorausgesetzt, in der Wissensbasis besteht eine Vergleichsmöglichkeit mit anderen Mustern. Die Eigenschaft eines Pseudonyms und die Frage, ob die Person vor dem 20. Jahrhundert gelebt hat, ist bisher nicht geklärt. Es muß eine Erklärung durch den Menschen erfolgen oder ein Anschluß an eine Normdatei, die Lebensdaten von

Autoren enthält, gewährleistet sein. Die richtige Interpretation der angegebenen Jahreszahlen ist damit jedoch noch nicht gewährleistet. Die Interpretation, ob eine Person, die vor dem 20. Jahrhundert gelebt hat, unter ihrem wirklichen Namen oder dem Pseudonym angesetzt wird, was an ihrem Bekanntheitsgrad gemessen wird, kann das System nur vornehmen, indem es in einer Datenbank bzw. in einem Katalog die dortige Ansetzung der Person prüft. Die jeweils gefundene Ansetzungsform wird es dann als Muster verstehen und danach handeln. Zu erwähnen ist noch, daß eine Erklärungskomponente in einem System zur automatischen Formalkatalogisierung vorhanden sein sollte. Und durch Abruf des abgelaufenen Vorgangs soll per Nennung der angewandten Regel eine Kontrolle durch den Benutzer ermöglicht werden.

Daß der Einsatz von Expertensystemen im Bereich der Katalogisierung zur Realisierung kommen kann, zeigt das Projekt "AUTOCAT" der Technischen Fachhochschule Darmstadt (*Endres-Niggemeyer, Brigitte:* AUTOCAT. Wissensbasiertes Formalerfassungssystem nach INIS-Regeln am Beispiel von Kernzeitschriften d. Faches Physik. Darmstadt, TH Darmstadt, 1986). Hier werden für den Bereich Physik Aufsätze aus Kernzeitschriften formalkatalogisiert. Die automatische Erkennung bedient sich des Titelblattes, des Inhaltsverzeichnisses und mindestens der ersten und der letzten Seite des Beitrages. Es werden Angaben über

- einzeln auftretende Elemente (Titel, Autoren, Abstracts usw.)
- deren Reihenfolge
- Strukturkennzeichnungen (Abstände, Separatoren, Schrifttypen)
- Normdateien (Ansetzung von Zeitschriftentiteln, Körperschaften, Konferenzen)
- Codelisten (Länderschlüssel)

verwendet. Das Ergebnis führt zur genauen Titelerfassung, die in der Wissensbasis verarbeitet und gespeichert wird. Nachdem die vorliegende Struktur identifiziert wurde, werden die zur Ansetzung benötigten Elemente den einzelnen Feldern zugeordnet. Es wird dann die Formalkatalogisierung nach den Descriptive Cataloguing Rules durchgeführt, einem auf die naturwissenschaftliche Literatur abgestimmten System.

Im Bereich der inhaltlichen Erschließung der Literatur kann derzeit nur davon ausgegangen werden, daß Expertensysteme Hilfestellung geben können. Die inhaltliche Einordung eines Werkes ist häufig sehr kompliziert, oftmals erkennt ein geübter Fachwissenschaftler erst nach umfangreicher Prüfung, welches Gebiet ein Werk beinhaltet. Es läßt sich aber vorstellen, daß die Zuordnung eines Werkes in eine ausgebaute Systematik durch Expertensysteme erleichtert werden kann. Als Beispiel könnte hier die Dezimalklassifikation (DK) genannt werden, die über einen relativ detaillierten Aufbau in Form von Zahlenfolgen verfügt. Die Wissensbasis eines Expertensystems müßte die Struktur der DK genau kennen und Wissen über die inhaltliche Zusammensetzung haben. Dies könnte dann in Form von Fakten, Wenn...dann...-Beziehungen, semantischen Netzen (Methode, die die Zugehörigkeit und Bezeichnungen von Objekten, Ereignissen, Begriffen usw. analysiert) und Frames (Wissensrepräsentationsschema, das ein Objekt mit verschiedenen Eigenschaften assoziiert, z.B. Fakten, Regeln) geschehen.

Als Aufbau wäre denkbar: Das System fragt nach dem Sachtitel, läßt sich den Inhalt in Form von sinntragenden Wörtern umschreiben und überprüft dann die einzelnen Kapitelüberschriften. Abschließend wägt das System ab und entscheidet sich für die Einordnung, indem es die Suche nach der geeigneten Unterabteilung der DK beginnt und die Begriffe der gefundenen DK-Gruppe mit den Begriffen des Werkes vergleicht. Die endgültige Stelle wird dann mit der "Wenn...dann...-Regel" vom Allgemeinen zum Speziellen ermittelt.

Die Auskunft nimmt eine bedeutende Rolle im Rahmen der bibliothekarischen Aufgaben ein. Ein guter Service trägt zur positiven Gesamtbeurteilung einer Bibliothek bei, dies wird aber häufig in wissenschaftlichen Bibliotheken vergessen. Hierbei spielen nicht nur die Kenntnisse des Bibliothekars, sondern auch die Qualität der zur Verfügung stehenden Hilfsmittel eine entscheidende Rolle. Der Bibliothekar kann nicht immer sofort eine richtige Einordnung der vom Benutzer gewünschten Information vornehmen. Er müßte in allen Wissensdisziplinen gleich gut Bescheid wissen. Folglich versucht der Bibliothekar, sich durch Nachfragen an das Wissensgebiet heranzutasten. Wird das Ziel nicht direkt erreicht, so werden die Informationen der ersten Suche in einer zweiten Suche genutzt, um den richtigen Weg zu finden.

Dieses Vorgehen zeigt ein klassisches Element für eine menschliche Problemlösung, bei deren Anwendung durch den Menschen Suchvorgänge und -wege übersprungen und/oder verknüpft werden können. Durch diese Art der Vorgehensweise, unter Zuhilfenahme von Fakten und Heuristiken, wird es möglich, ein Expertensystem zu schaffen, das einfache Auskunftsarbeiten erledigen kann bzw. bei der Auskunftserteilung helfen kann. Die benötigten Fakten können sehr leicht durch den Bibliothekskatalog oder auch durch Fremddatenbanken dem System zur Verfügung gestellt werden, ein direkter Zugriff auf die Bestände ist dann auch problemlos möglich.

Die Einsetzbarkeit von Expertensystemen für das Informations-Retrieval darf auch nicht unerwähnt bleiben. Stellt man Bibliotheken die finanziellen Mittel zur Nutzung von Datenbanken zur Verfügung, wird die Benutzung, unter Berücksichtigung eines intelligenten Systems, auch für den ungeübten Benutzer keine Probleme mehr aufwerfen. Auch hier gibt es schon Unterstützung durch die Entwicklungen verschiedener wissensbasierter Unterstützungssysteme (z.B. BenHuR, KONDOR in der Bundesrepublik). Die Möglichkeit der Weiterentwicklung von intelligenten Retrievalprogrammen für den Zugriff auch auf die verschiedenen bibliothekarischen Kataloge sollte vorangetrieben werden.

Um in der Auskunft ein Expertensystem sinnvoll einzusetzen, muß das System Aufgaben ausführen, wie es ein menschlicher Bibliothekar in der Auskunft täte. Hierzu muß das System über eine breite Wissensbasis verfügen und über die geeigneten Suchstrategien. Das System sollte die gestellte Frage schnell und genau erkennen, es muß aber auch den Wissensstand des Nutzers einordnen können. Diese Bedingungen werden in einem Expertensystem berücksichtigt, das vom Central Information Service an der Universität London entwickelt wurde. (*Vickery, A. und H. M. Brooks:* PLEXUS - The expert system for referral. In: Information Processing & Management 23, 1987, 2, S.99-117.) Das System mit dem Namen PLEXUS ist in öffentlichen Bibliotheken im Test, es enthält vorerst nur Literaturnachweise in Atlanten, Lexika, Zeitschriften, Handbüchern etc. und Angaben über Institutionen, Fachleute und Gesellschaften über Gartenarbeit. Das Expertensystem PLEXUS geht in drei Arbeitsschritten vor:

- Erkennung der Benutzerqualifikation,
- Entwicklung des Benutzerproblems,
- Lösung des Problems.

Das System sammelt als erstes Informationen über den Auskunftsuchenden, um sich ein Bild darüber machen zu können, ob beispielsweise ein Spezialist in dem gesuchten Sachgebiet um Auskunft bittet oder ein Laie, der erste Informationen über ein bestimmtes Thema erhalten will. Eine der Eigenschaften eines Expertensystems muß es sein, die geeignete Information für das vorliegende Bedürfnis des Nutzers zu erhalten. Im Gegensatz zu einer sachlichen Suche in einer Datenbank bei der mittels Eingabe eines oder mehrerer Schlagwörter alles zu einem Thema, egal ob allgemein oder speziell, angezeigt wird, muß die Auskunft durch ein Expertensystem an den Ansprüchen des Benutzers gemessen werden. Wie auch der Bibliothekar muß das System herausfinden, ob der Benutzer sich schon lange mit dem gesuchten Fachbereich beschäftigt, oder gerade ein erstes Interesse zeigt. Außerdem sollte geklärt werden, ob der Benutzer schon einmal das System zur Auskunft benutzt hat, um bei Kenntnis des Systems unnötige Erklärungen zum Aufbau und zur Vorgehensweise des Systems zu vermeiden. Die Kommunikation zwischen System und Benutzer erfolgt über Tastatur und Bildschirm. Informationen über den Benutzer und seinen Wissensstand könnte das System durch Fragen erreichen, zu deren Klärung der Benutzer im Sinne des Multiple-Choice-Verfahrens seine Antwort gibt. Eine andere Möglichkeit wäre, daß der Benutzer selbst Angaben über sich und seinen Kenntnisstand machen würde. Dies führt jedoch leichter zu Unklarheiten und setzt ein sehr gutes Sprachverständnis des Systems voraus.

Voraussetzung für ein System ist ein gewisses Verständnis der natürlichen Sprache und die Möglichkeit der Rückfrage an den Benutzer. Die Auswertung der weiteren Informationen muß das System genauso leisten, wie die Entscheidung, wann das Problem so konkret beschrieben ist, daß eine zielgerichtete Suche beginnen kann.

PLEXUS benutzt zur Entwicklung des Benutzerproblems klassische Elemente der KI. Zusammenhänge zwischen gespeicherten Begriffen und deren Funktionen werden in Form von semantischen Netzen (eine Methode, die die Zugehörigkeit von Objekten, Ereignissen, Begriffen etc. beschreibt) dargestellt.

Die Möglichkeiten des Bibliothekars zur Lösung von Benutzerproblemen sei hier als bekannt vorausgesetzt, ein Expertensystem ist auf eine umfassende elektronische Speicherung von Daten angewiesen, um ausreichende Informationen garantieren zu können. Um in der Suche ähnlich flexibel wie der Bibliothekar zu sein, muß auch der schnelle Wechsel von Datenbank zu Datenbank möglich sein. Das System muß sich an den natürlichsprachlichen Eingaben des Benutzers orientieren und selbst Vorschläge zur weiteren Suche machen.

PLEXUS verfügt über eine Datenbank, in der ein großer Teil der existierenden Literatur allgemeiner Art und speziell zum Thema Gartenarbeit gespeichert ist. Ferner enthält es Informationen über Universitäten, Gesellschaften, Forschungsinstitute, Organisationen usw., die zum Thema Gartenarbeit aus dem "Directory of British association" und dem "Register of research in British universities, polytechnics and colleges" ermittelt worden sind. Hierbei könnte die Vermutung aufkommen, daß PLEXUS nur noch stur die einzugebenden Suchschritte ablaufen läßt wie ein Retrievalprogramm in einer Datenbank. Doch das Verhalten von PLEXUS bleibt weiterhin "intelligent". Es grenzt die Suche ein und bei mangelndem Erfolg wird die Suchanfrage allgemeiner formuliert. Dabei teilt das System jeweils dem Benutzer mit, wie sich die Qualität der Suche verschiebt. PLEXUS verändert die Suchanfragen, indem es einzelne Begriffe mit "oder" statt "und" verknüpft und teilweise Worte der Suchanfrage wegfallen läßt und gibt jeweils Erklärungen zu seinem Verhalten.

PLEXUS ist ein erstaunlich fortschrittliches Expertensystem, das von verschiedenen Bibliothekaren positiv getestet und weiterentwickelt worden ist. Für seinen abgesteckten Rahmen hat das System eine gute Leistung erbracht und mit seiner benutzerfreundlichen Struktur eine grundlegende Bedingung für den Bereich Auskunft erfüllt. Trotz des positiven Gesamteindrucks muß gefragt werden, welchen Wert PLEXUS hat und welche Perspektiven sich für die Zukunft ergeben, da dieses Expertensystem nur einen winzigen Teilbereich abdeckt. Hinzu kommt, daß die Gartenarbeit ein spezielles Sachgebiet mit wenig Berührungspunkten zu anderen Disziplinen ist. Außerdem ist die Literatur zu dem Thema überschaubar.

Um der Themenbreite der aufgestellten Fragen im Auskunftsbereich gerecht zu werden, müßte das System über eine Speicherfähigkeit verfügen, die die heutzutage vorhandenen technischen Möglichkeiten übersteigt. Außerdem ist es zweifelhaft, ob die Entwicklung eines umfassenden Systems wünschenswert ist. Einerseits nimmt ein Expertensystem dem Bibliothekar im Auskunftsbereich einen großen Teil seiner Arbeit ab, andererseits ist fraglich, ob die entstehende "Mensch-Maschine-Kommunikation" im Sinne des Benutzers ist, somit der Einsatz die Einschränkung eines der interessantesten bibliothekarischen Arbeitsfelder rechtfertigen würde. Meiner Meinung nach soll der Einsatz von technischen Entwicklungen in Bibliotheken zwar vorangetrieben werden, um eine bessere Informationsversorgung auch in Zukunft zu garantieren, doch sollte jederzeit gewährleistet sein, daß der Bibliothekar mittels besserer Ausbildung die Kontrolle über die maschinellen Hilfsmittel behält, um nicht der Gefahr der Unkontrollierbarkeit der Leistung zu unterliegen. Der Einsatz eines dem Expertensystem PLEXUS ähnlichen Systems kann nur als Ergänzung gesehen werden und ist immer auch mit dem Bibliothekar abzustimmen.

Es gibt in Bibliotheken andere Bereiche, in denen ebenfalls Wissen und Erfahrungen eine große Rolle spielen. Ein solcher Bereich ist die Organisation von Arbeitsabläufen und sonstige Managementfragen. Nicht nur in großen Bibliotheken, sondern auch in mittleren stehen eine Vielzahl von unterschiedlichen Aufgaben und Aufgabenteilschritten nebeneinander, die einer qualifizierten Koordination bedürfen. Es müssen unterschiedliche Faktoren berücksichtigt werden

- Raumzuordnung,
- Personalzuordnung,
- technische Voraussetzungen,
- Art der Arbeiten,
- Durchschnittsmengen und
- Zusammenhänge der Arbeit.

Daneben müssen unnötige Doppelarbeit und Fehler vermieden werden. Die Verknüpfung sämtlicher Faktoren kann sachgerecht durch ein Expertensystem unterstützt oder geleistet werden. In der Industrie wird dies schon länger verfolgt, sodaß für Bibliotheken auch kaum Probleme bestehen dürften. Ein solches System müßte über eine Wissensbasis verfügen, in der sämtliche Angaben zur Problematik gespeichert sind. Ferner müßte das System über musterartige Arbeitsabläufe verfügen, um Vergleiche ziehen zu können. Eine natürlichsprachliche Schnittstelle wäre wichtig, um fehlende Informationen oder Erklärungen fordern zu können. Das Ergebnis wird, unterstützt durch ein Graphikprogramm, als netzplanartiges Diagramm angezeigt. Eine Erklärungskomponente sollte vorhanden sein, um die gewählte Entscheidung des Programms nachvollziehen und gegebenenfalls Änderungen anbringen zu können. Ein solches Expertensystem ist dann als aktiver Partner zur Entscheidungsfindung im Bibliotheksmanagement einzusetzen.

Abschließend seien einige kritische Anmerkungen und Prognosen gewagt. Leider ist es heute nicht möglich fertige Konzepte vorzulegen. Bibliothekarinnen und Bibliothekare wollen dies auch nicht. Sie entwickeln und erstellen ihre Konzepte meist selbst und setzen diese dann um. Häufig ein sehr langer und mühsamer Weg, auf dem aber die Nachteile schnell erkannt und auch beseitigt werden können.

Der Einstieg in die KI läßt sich als eines der kühnsten menschlichen Unterfangen bezeichnen. Die Entwicklung von Mensch-Maschine-Systemen, die menschliches Verhalten widerspiegeln, wirft Probleme auf, die derzeit nicht überschaubar sind. Die wichtigeren Probleme für die Anwendung der KI liegen meines Erachtens nicht in der speziellen bibliothekarischen Methodik sondern vielmehr in der allgemeinen Anwendung mit ihren moralisch-ethischen Fragen. Die Angst des Menschen, durch den Computer ersetzt zu werden, existiert und wird immer mehr verstärkt. Während im allgemeinen Computer nicht aus falschen Arbeitsschritten lernen und ihr Verhalten auch nicht erklären, tun dies intelligente Systeme sehr wohl und greifen somit das Selbstverständnis des Menschen empfindlich an. Diese Auseinandersetzung ist stark von Emotionen geprägt, die häufig die inhaltliche Beschäftigung mit den Problemen schon im Keim erstickt. Es bleibt aber festzuhalten, daß diesem Bereich ein starkes Interesse beigemessen werden muß, um mögliche Fehlentwicklungen frühzeitig zu erkennen. Eine verantwortungsvolle Behandlung der Ergebnisse und eine kritische Betrachtung der soziologischen und psychologischen Folgen ist zu gewährleisten, um einen Mißbrauch dieser Wissensdisziplin zu verhindern.

Die Frage, ob die speziellen Expertensysteme für die Bibliotheken der Zukunft eine relevante Technologie darstellen, läßt sich dennoch einfach mit ja beantworten, wenn man diese Technologie möchte. Wie dies dann im einzelnen geschehen soll, ist sicherlich nicht leicht zu beantworten.

Meiner Meinung nach könnte schon bald mit der Formalkatalogisierung unter Berücksichtigung von Fremdleistung begonnen werden. Das OCLC-Expertenprojekt erscheint auch im internationalen Rahmen positive Ergebnisse gebracht zu haben, obwohl man noch nichts Perfektes oder annähernd Perfektes vorfindet. Den Argumenten der mangelnden Perfektion bei maschinellen Titelaufnahmen ist schon deshalb keine große Bedeutung beizumessen, da die maschinenlesbaren Kataloge vielfältige Suchmöglichkeiten zulassen, sodaß die eigentliche Ansetzung - als menschliches Wissen - kaum noch eine Rolle spielt. Der Einsatz von Expertensystemen im Bereich der inhaltlichen Erschließung und im Auskunftsbereich ist in einem zweiten Schritt zu forcieren. Die guten Ergebnisse bei der Formalkatalogisierung können hier der Motor sein. Bei der inhaltlichen Erschließung erscheint der Speicherplatz heute noch den Engpaß darzustellen.

Bei der Auskunftserteilung steht das Kommunikationsproblem Benutzer und Maschine, das den zwischenmenschlichen Dialog ersetzt, und die Meinung, wenn schon hier kein Bibliothekar mehr gebraucht wird, wo denn dann noch, hemmend der Einführung von Expertensystemen entgegen. Alle anderen Gründe sind meist vorgeschobene Gründe, die heute schon oder in der Zukunft technische Lösungen finden. Die Anwendung von Expertensystemen in der Entscheidungsfindung im Management kann ebenfalls schon bald erfolgen, indem die Methodik der Industriemanagementlehre entnommen und übertragen wird. Der Grund dafür, daß bisher so wenig über die Möglichkeiten der Einführung von Expertensystemen gesagt wird, liegt darin, daß die vorhandenen Literaturbeiträge darüber keine definitiven Aussagen machen. In den verschiedenen Projekten und Studien, die veröffentlicht wurden, wurden jeweils nur die eigenen Vorstellungen und Möglichkeiten der ausführenden Forscher verwirklicht, so konnte bis heute noch kein allgemein gültiges Forschungsergebnis erlangt werden. Erst wenn dieses Ziel erreicht ist, können bessere Aussagen über die technischen Voraussetzungen zur Entwicklung und Bereitstellung von Expertensystemen in Bibliotheken gemacht werden.

Ob die KI eine Zukunft hat, steht außerhalb jeglicher Diskussion, es ist nur eine Frage der Zeit. Es hängt letztendlich vom Interesse und Engagement der Bibliothekare von heute ab, ob schon morgen praktische Einsatzfelder für den eigenen Bedarf gefunden und die technischen sowie methodischen Voraussetzungen geschaffen werden.

*Auswahlbibliographie zum Thema Künstliche Intelligenz*

Addis, T. R.: The boundaries of knowledge. - In: Informatics 9th meeting : the frontier of informatics. Proc. of a conference jointly sponsored by Aslib... / ed. by Kevin P. Jones, 1987. - S. 99-114

Alberico, Ralph: Expert systems and microcomputers. - In: Small computers in libraries, 7 (1), 1987. - S. 10-13

Alberico, Ralph: Knowledge representation: the realm of the possible. - In: Small computers in libraries, 7 (10), 1987. - S. 4, 6-9. - 5 refs.

Alberico, Ralph: Software for expert systems : languages versus shells. - In: Small computers in libraries, 8 (7), 1988. - S. 4-12

Alberico, Ralph: User-supported artificial intelligence. - In: Small computers in libraries, 8 (2), 1989. - S. 4, 6, 8-9

Aluri, R. ; Riggs, D.E.: Application of expert systems to libraries. - In: Hewitt, J.A. [Hrsg.] : Advances in library automation and networking. - Vol. 2. - Greenwich : JAJ Press, 1988. - S. 1-3. - 52 Lit.

Amba, S.: Expert systems : a literature review. - In: Library science with a slant to documentation, 25 (2), 1988. - S.112-129. - 41 refs., covers the literat. publ. in 85,86,87

Anderson, P. F.: Expert systems, expertise, and the library and information professions. - In: Library and information science research, Norwood, NJ,10(4),1988. - S.367-388.-Lit.

Anderson, P.F.: Expert systems. expertise, and the library and information professions. - In: Library and information science research, 10 (4), 1988. - S. 367-388. - 111 refs.

Bader, K. ; Doster, W. ; Oed, R.: Gestaltung der Mensch-Maschine-Schnittstelle von kommunikationsfähigen Büroterminals : Spracherkennung und Handschrifteneingabe. - In: Internationaler Fachkongreß für integrierte Telekommunikation, Telematik, Kabel u. Satellitenkommunikation. - München : R. Fischer, 1988. - S. 380-386. - 5 Lit.

Bailey, Charles W. ; Fadell, Jeff ; Myers, Judy ; Wilson, Thomas C.: The index expert system: a knowledge-based system to assist users in index selection. - In: Reference services review, 17 (4), 1989. - S. 19-28. - 8 refs.

Barker, F. H.: Does any one of the "user friendly" systems deserve a price?. - In: Online information 88, Proc. of the 12th international online information meeting, London, 6-8 Dec. 1988 (2 vol) Publ. by Learned Information (Europe) Ltd, Oxford, 1988. - S. 121-137. - 1 ref.

Barker, Frances H.: Which database? Choosing an organisational cluster. - In: Online information 89. Proc. of the 13th international online information meeting, London, 12-14 Dec. 1989. - Oxford and Medford (New Jersey), 1989. - S. 403-414. - 8 refs.

Barth, Gerhard: Künstliche Intelligenz : Computer verarbeiten menschliches Wissen. - In: Bild der Wissenschaft, 27 (1), 1990. - S. 106-110

Barthes, Christine ; Glize, Pierre: A case study of planning in information retrieval. - In: Expert systems for information management, 1 (1), 1988. - S. 50-65. - 22 refs.

Barthes, Christine ; Frontin, J. ; Glize, P.: EURISKO: an artificial intelligence tool for automatic online information retrieval. - In: Online information 87, Proc. of the 11th international online information meeting, London, 8-10 Dec. 1987, 1987. - S. 431-442. - 11 refs.

Bechtolsheim, M. v.: Die informationstechnische Integration von Expertensystemen : Stand der Technik, Probleme und Lösungsansätze. - St. Augustin, 1989. - 17 S. - (Arbeitspapiere der GMD ; 397). - 20 Lit.

Berchtold, Stefan: Errare computum est : Heuristische und andere Suchmethoden. - In: C't . Magazin für Computertechnik, 3, 1989. - S. 128,130,132-134,136,138-139

Black, William J. ; Frances C. Johnson: A practical evaluation of two rule-based automatic abstracting techniques. - In: Expert systems for information management, 1 (3), 1988. - S. 159-177. - 30 refs.

Borko, Harald: Getting started in library expert systems research. - In: Information processing & management, 23 (2), 1987. - S. 81-87. - 7 refs.

Borks, Harald: Expert systems and library information science. - In: Information processing & management, 23 (2), 1987. - S. 75-154. - mehrere Artikel verschiedener Autoren

Bourke, Richard: Expert systems and libraries. - In: Library micromation news, (23), 1989. - S. 9-11. - 1 ref.

Brajnik, Giorgio ; Guida, Giovanni ; Tasso, Carlo: User modelling in intelligent information retrieval. - In: Information processing & management, 23 (4), 1987. - S. 305-320. - 28 refs.

Braundet, Marie-France: Outline of a knowledge-base model for an intelligent information retrieval system. - In: Information processing & management, 25 (1), 1989. - S. 89-115. - 32 refs.
Brittain, Michael: Implications for LIS education of recent developments in expert systems. - In: Information processing & management, 23 (2), 1987. - S. 139-152. - 16 refs.
Brooks, H. M.: Expert systems and intelligent information retrieval. - In: Information processing & management, 23 (4), 1987. - S. 367-382. - 102 refs.
Bullinger, Hans-Jörg ; Fähnrich, Klaus-Peter: Einsatzgebiete und potentielle Auswirkungen wissensbasierter Systeme. - In: Bullinger, Hans-Jörg: Expertensysteme... - Ehningen bei Böblingen : expert-Verl., 1988. - S. 1-25
Burkart, Margarete: Neue Thesaurusansätze - frischer Wind in alten Segeln?. - In: NfD, 39 (4), 1988. - S. 207-208
Byles, Torrey: Literate machines the shape of things to come. - In: Wilson library bulletin, 62 (6), 1988. - S. 47-49
Campbell, Malcom: Artificial intelligence and the library. - In: Show-me libraries, 39 (4), 1988. - S. 20-23
Canisius, Peter: Knowledge-based systems - chances and threads: a challenge to information specialists. - In: Internat. forum on information and documentation, 13 (2), 1988. - S. 5-6
Carande, Robert: Reference advisory systems (RAS) : some practical issues. - In: Reference services review, 17 (3), 1989. - S. 87-90. - 3 refs.
Cawkell, A. E.: Artificial intelligence and expert systems in information retrieval. - In: Advanced information report, 10 (8), 1988. - S. 3-5
Chang, Roy T.: Why expert systems are coming so slow to library fields. - In: International symposion on new techniques and applications in libraries, Xi'an, Chinese people's republic, 8-11 Sept 88, 1988. - S. 533-550. - 1 ref.
Chiaremella, Y. ; Defude, B.: A prototype of an intelligent system for information retrieval: IOTA. - In: Information processing & management, 23 (4), 1987. - S. 285-303. - 26 refs.
Churchland, Paul M. ; Churchland, Patricia Smith: Ist eine denkbare Maschine möglich?. - In: Spektrum der Wissenschaft,13 (3), 1990. - S. 47-54
Cohen, Paul R. ; Kjeldsen, Rick: Information retrieval by constrained spreading activation in semantic networks. - In: Information processing & management, 23 (4), 1987. - S. 255-268. - 15 refs.
Collins, H. M.: Expert systems : some possible implications for information science. - In: Curriculum development in information science to meet the needs of the information industries in the 1990s / Ed. by M. Brittain. - [London] : British Library research and development department, 1989. - S. 113-124. - 10 refs.
Computer mit Durchblick : Wissensbasierte Systeme. - In: Chip 12 (7), 1989. - S. 234-244
Cremers, Armin B.: KONDOR - ein wissensbasiertes Unterstützungssystem zur individuellen Optimierung von On-line Suchstrategien. - In: Nachrichten für Dokumentation, 39 (4), 1988. - S. 257-261. - 21 refs.
Croft, W. Bruce [Hrsg.]: Artificial intelligence and information retrieval. - In: Information processing & management, 23 (4), 1987. - S. 249-366. - verschiedene Artikel einzelner Autoren
Davies, Peter: Full-provision databases. - In: Advanced inform. report, 11 (7), 1989. - S. 4-7
Davies, Roy: Outlines of the emerging paradigm in cataloging. - In: Information processing & management, 23 (2), 1987. - S. 89-98. - 24 refs.
Deschatelets, Gilles: The intelligent interface concept in online searching. - In: Canadian journal of information science, 11 (2), 1986. - S. 13-34. - 32 refs.

Distributed expert-based information systems: an interdisciplinary approach. - In: Information processing & management, 23 (5), 1987. - S. 395-409. - 32 refs.
Dubey, Yogendra P.: Artificial intelligence techniques: prospects for their application to information retrieval system design. - In: Journal of library and information science (India), 11 (1), 1986. - S. 1-14. - 20 refs.
Eastman, Caroline M.: An approach to the evaluation of cataloging selection systems. - In: Information processing & management,24 (1), 1988. - S. 23-30. - 27 refs.
Fähnrich, K.-P.: Konzeption und Realisierung von Expertensystemen. - In: Bullinger, Hans-Jörg: Expertensysteme... - Ehningen bei Böblingen : expert-Verl., 1988. - S.147-177
Fischer, R.: PC-Expertensysteme : Künstliche-Intelligenz-Technologie wird für alle verfügbar. - Haar : Markt- u. Technik-Verl., 1989, 182 S. - ISBN 3-89090-611-7, 1 Diskette, Lit.
Florian, Doris: SAFIR (Smart assistant for information retrieval) - an artificial intelligence impact on information retrieval. - In: Online information 87, Proc. of the 11th international online information meeting, London, 8-10 Dec. 1987, 1987. - S. 423-429. - 22 refs.
Ford, Nigel: From information - to knowledge-management : the role of rule induction and neural net machine learning techniques in knowledge generation. - In: Journal of information science,15 (415), 1982. - S. 299-304. - 10 refs.
Fox, Christopher ; William Frakes ; Paul Gandel: Fundational issues in knowledge-based information systems. - In: Canadian journal of information science, 13 (3/4), 1988. - S. 40-102
Fox, Edward A.: An intelligent information system for electronic mail digests. - In: ASIS '87: Proc. of the 50. annual meeting..., 1987. - S. 78-78
Fox, Edward A.: Expert retrieval for users of computer message systems. - In: ASIS '86 : Proc. of the 49. ASIS annual meeting. Vol 23. Chicago, Illinois, Sept. 28 - Oct. 2, 1986 / ed. by Julir M. Hurd and Charles H. Davies. - Midford, New Jersey, Learned Information Inc. for the American Society for Information Science, 1986. - S. 88-95
Fox, Edward A.: Testing the applicability of intelligent methods for information retrieval. - In: Information services & use,7 (4/5), 1987. - S. 119-138
Frankfurt: Internationale Gesellschaft für Wissensorganisation e.V. gegründet. - In: Bibliotheksdienst, 23 (10), 1989. - S. 1077-1078
Freksa, Christian: Cognitive Science - eine Standortbestimmung. - In: Universitas, 45 (3), 1990. - S. 232-240
Gauch, Susan ; Smith, John B.: An expert system for searching in full-text. - In: Information processing & management, 25 (3), 1989. - S. 253-263. - 18 refs.
Gibb, Forbes ; Sharif, Carolyn: CATALYST: an expert assistant for cataloging. - In: Program, 22 (1), 1988. - S. 62-71. - 10 refs.
Görtz, G.: Wissensrepräsentation und die Verarbeitung natürlicher Sprache. - In: Informationstechnik. - München, 31 (2), 1989. - S. 155-166. - 30 Lit.
Gross, Daniel: Applications of AI technology in online databases services. - In: Online review, 12 (5), 1988. - S. 283-289
Hannabuss, Stuart: A folklore view of information. - In: Aslib proceedings, 41 (2), 1989. - S. 57-64. - 15 refs.
Hansen, Inge Berg ; Andersen, T. R. Rottball: IANI - intelligent access to nordic information. - In: Online information meeting 88. Proc. of the 12th international online information meeting, London, 6-8 Dec. 1988 (2 vol.) Publ. by Learned Information (Europe) Ltd, Oxford, 1988. - S. 705-713. - 3 refs.
Harmon, Glynn: Toward expert inquiry systems. - In: Reference librarian (18), 1987. - S. 95-106. - 18 refs.

Harmon, P. ; King, D.: Expertensysteme in der Praxis : Perspektive, Werkzeuge, Erfahrungen. - München : Oldenbourg, 1989, 351 S. - Lit., 3., aktualis. u. erg. Aufl., ISBN 3-486-20894-2

Hawkins, Donald T.: Applications of artificial intelligence (AI) and expert systems for online searching. - In: Online, 12 (1), 1988. - S.31-43. - 23 refs.

Hawkins, Donald T.: Artificial intelligence (AI) and expert systems for information professionals -basic AI terminology. - In: Online, 11 (5), 1987. - S. 91-98. - 23 refs.

Hawkins, Donald T.: Overview of artificial intelligence (AI) and expert systems for information professionals. - In: Online '87, Proceedings of the Conference, Anaheim, Ca., 20-22 Oct. 87. Part 1; Publ. by Online Inc., Weston, CT, 1987. - S.94-96.- 5 refs.

Hjerppe, Roland ; Olander, Birgitta: Cataloging and expert systems : AACR2 as a knowledge base. - In: Journal of the American Society for information science, 40 (1), 1989. - S. 27-44. - 26 refs.

Holthoff, Tim: Expert librarian applications of expert systems to library technical services. - In: Technical services quarterly, 7 (1), 1989. - S. 1-16. - 21 refs.

Jarvis, J. R.: Developing an expert system using a PC-based shell. - In: Information services & use, 9 (1/2), 1989. - S. 67-77. - 9 refs.

Johnson, Don S.: Artificial intelligence - secret weapon in the battle to improve productivity. - In: Administrative management, 48 (7), 1987. - S. 35-39

Jüttner, Gerald ; Güntzer, Ulrich: Künstliche Intelligenz für Information Retrieval. - München: Saur, 1988, 254 S. - ISBN 3-598-10784-6, Buchbesprechung: ABI Technik. - 9 (2) 1989. - S. 176-177

Jüttner, Gerald ; Güntzer, Ulrich: Methoden der künstlichen Intelligenz für Information Retrieval. - München [u.a.] : Saur, 1988, 254 S. - Rezension: Eversberg, Bernhard. - In: Bibliothek. 13 (3), 1989. - S. 411-412, Rezension: Kristen, Herbert. - ABI-Technik, 9 (2), 1989. - S. 176-177

Kantor, Paul B.: Information retrieval issues in the design of expert systems. - In: ASIS '86 : Proc. of the 49. ASIS annual meeting. Vol 23. Chicago, Illinois, Sept. 28 - Oct. 2, 1986 / ed. by Julir M. Hurd and Charles H. Davies. - Midford, New Jersey, Learned Information Inc. for the American Society for Information Science, 1986. - S. 113-117. - 14 refs.

Kinnell, Susan K. ; Chignell, Mark H.: Who's the expert? Conceptual representation of knowledge for end user searching. - In: National online meeting. Proc. 1987, New York, 5-7 May 1987; Ed. by Marthe E. Williams and Thomas H. Hogan, Medford, New Jersey, Learned Information Inc., 1987. - S. 237-243. - 3 refs.

Knorz, G.: Wissensbasierte Arbeitsplatzsysteme zur Automatisierung des Inputs in Literaturdatenbanken. - In: Strohl-Goebel, H. [Hrsg.] ; DGD, Frankfurt : Dt. Dokumentartag 1987. - Weinheim : VCH Verl.-Ges., 1988. - S. 353-360. - 36 Lit.

Kredel, Lutz: Künstliche Intelligenz und Expertensysteme leicht gemacht. - München : Droemer Knaur, 1988. - 160 S.

Kurbel, K.: Entwicklung und Einsatz von Expertensystemen : eine anwendungsorientierte Einführung in wissensbasierte Systeme. - Berlin : Springer, 1989. - 224 S. - Lit.-angaben, ISBN 3-89090-611-7

Kurbel, K. ; Pietsch, W.: Expertensystem-Projekte : Entwicklungsmethodik, Organisation und Management. - In: Informatik-Spektrum, 12 (3), 1989. - S. 133-146. - 55 Lit.

Lampic, M. ; Sillén, R.: Systematische Auswertung des Schrifttums mit Hilfe eines Expertensystems : ein Erfahrungsbericht. - In: Wirtschaftlichkeit von Informationstechniken / Schwuchow, W. [Hrsg.]. DGD, 1989. - S. 188-191. - 7 Lit.

Lehmann, Egbert: Wissenspräsentation. - In: Künstliche Intelligenz : 7. Frühjahrsschule, KIFS-89 ; Günne, 11.-19. März 1989 ; proceedings / hrsg. von Kai von Luck. - Berlin [u.a.] : J. Springer, 1989. - S. 52-77

Lutz, Theo: Denkt der Computer? : Über künstliche Intelligenz. - In: Zeitwende, 60 (4), 1989. - S. 223-239

Malloch, Mike: The micro-syntax of meaning : parallel distributed models for natural language semantics. - In: Informatics 9. meeting : the frontier of informatics. Proc. of a conference jointly sponsored by Aslib... / ed. by Kevin P. Jones, 1987. - S. 53-97

Mantz, Rainer ; Scheer, Manfred ; Uthmann, Thomas: Vergleich von Expertensystemshells für den PC. - Sankt Augustin : GMD, 1988,90 S.

Marcus, Richard S.: Design questions in the development of expert systems for retrieval assistance. - In: ASIS '86 : Proc. of the 49. ASIS annual meeting. Vol 23. Chicago, Illinois, Sept. 28 - Oct. 2, 1986 / ed. by Julir M. Hurd and Charles H. Davies. - Midford, New Jersey, Learned Information Inc. for the American Society for Information Science, 1986. - S. 185-189. - 17 refs.

Martinez, Clara ; Lucey, John ; Lindner, Elliott: An expert system for machine-aided indexing. - In: Journal of chemical information and computer sciences, 27 (4), 1987. - S. 158-162. - 15 refs.

Marzano, Gilberto: Rappresentatione della conoscenza e processi cognitivi in L-IDIA [Representation of knowledge and cognitive processes in L-IDIA]. - In: L'Indicizzazione, 3 (2), 1988. - S. 30-45. - 17 refs.

Maybury, Mark T.: GENNY : a knowledge-based text generation system. - In: Information processing & management. 25 (2), 1989. - S. 137-150. - 22 Refs.

Mc Gregor, Douglas R. ; M. Henning ; R. Black: Architectures for advanced information retrieval : FACT/EXP an integrated intelligent information system. - In: Informatics 9. meeting : the frontier of informatics. Proc. of a conference jointly sponsored by Aslib... / ed. by Kevin P. Jones, 1987. - S. 131-149

Meador, Roy ; Wittig, Glenn R.: Expert systems for automatic cataloging based on AACR : a survey of research. - In: Information technology and libraries, 7 (2), 1988. - S. 166-171. - 21 refs.

Meadow,Charles T. ; Cerney, Barbara A. ; Borgman, Christine L. ; Case, Donald O.: Online access to knowledge : system design. - In: Journal of the American Society for information science, 40 (2), 1989. - S. 86-98. - 20 refs.

Mercure, Gérard: Les systèmes experts sur micro-ordinateurs. - In: Documentation et bibliothèques, 33 (2), 1987. - S. 51-60. - 14 refs.

Micco, H. Mary ; Smith, Irma: Designing an expert system for the reference function subject access to information. - In: ASIS '86 : Proc. of the 49. ASIS annual meeting. Vol 23. Chicago, Illinois, Sept. 28 - Oct. 2, 1986 / ed. by Julir M. Hurd and Charles H. Davies. - Midford, New Jersey, Learned Information Inc. for the American Society for Information Science, 1986. - S. 204-210

Micco, Mary ; Smith, Irma: Designing an integrated system of databases: a workstation for information seekers. - In: Library software review, 6 (5), 1987. - S. 259-262

Micco, Mary ; Smith, Irma: Expert systems in libraries: do they have a place?. - In: Library software review, 6 (1), 1987. - S. 25-28

Mildner, Horst: Wissenschaftliche Kommunikationsprozesse und die Entwicklung moderner Formen der Wissensbereitstellung und wissensbasierter Systeme. - In: Informatik, 24 (4), 1987. - S.146-149. - 7 refs.

Milevski, Sandra N.: Artificial intelligence for the layman. - In: Bulletin of the American Society for information science,12 (4), 1986. - S. 12-14

Mills, William J.: AI: just how scattered is the literature? An online investigation. - In: SIGART Newsletter, (99), 1987. - S. 24-26

Mooney, S. P. ; Lu, Ming-Te: Assessing expert system applications : a case study. - In: International journal of information management, 9 (4), 1989. - S. 267-273. - 15 refs.

Morris, Anne: Expert systems and their implications for information science. - In: Curriculum development in information science to meet the needs of the information industries in the 1990s. Ed. by M. Brittain, [London], British Library research and development department, 1989. - S. 125-152

Morris, Anne ; O'Neill: Information professionals - roles in the design and development of expert systems?. - In: Information processing & management, 24 (2), 1988. - S. 173-181. - 18 refs.

Morris, Anne ; Tseng, Gwyneth M. ; Walton, Kathryn P.: MOSS : a prototype expert system for modifying online search strategies. - In: Online information 89. Proc. of the 13. international online information meeting, London, 12-14 Dec. 1989. - Oxford and Medford (New Jersey), 1989. - S. 33-47. - 17 refs.

Morris, Anne ; Tseng, Gwyneth ; Newham, G.: The selection of online databases and hosts - an expert system approach. - In: Online information 88, Proc. of the 12th international online information meeting, London, 6-8 Dec. 1988 ( 2 vol) Publ. by Learned Information (Europe) Ltd, Oxford, 1988. - S. 139-148. - 11 refs.

Müller-Zantop, S.: Expertensysteme auf dem PC. - In: PC Welt, München, 7, 1989. - S. 29-34

O'Neill, M. ; Morris, A.: Database and expert systems - the way forward. - In: Online information 88, Proc. of the 12th international online information meeting, London, 6-8 Dec. 1988 (2 vol) Publ. by Learned Information (Europe) Ltd, Oxford, 1988. - S. 279-290. - 28 refs.

O'Neill, Maragret ; Morris, Anne: The contribution of library and information science to expert system development. - In: Electronic library, 7 (5), 1989. - S. 295-300. - 10 refs.

O'Neill, Margaret: Expert systems and library and information science. - In: Aslib information, 16 (9), 1988. - S. 224,226

O'Neill, Margaret: Expert systems. - In: Aslib proceedings, 41 (4), 1989. - S. 163-168. - 3 refs.

O'Neill, Margaret ; Morris, Anne: The role of information scientists in the development of expert systems : interim report. - 1989. - 96 S. - (British Library research paper ; 57). - ISBN 0-7123-3190-5

Odenwald, Michael: Künstliche Intelligenz. - 01. Teil. KI-Systeme : Die Macht von morgen. - In: Natur, 11 (9), 1989. - S. 28-34

Panyr, Jiri: Thesaurus und wissensbasierte Systeme - Thesauri und Wissensbasen. - In: Nachrichten für Dokumentation, 39 (4), 1988. - S. 209-215. - 43 refs.

Pollitt, Steven: CANSEARCH: an expert system approach to document retrieval. - In: Information processing & management, 23 (2), 1987. - S. 119-138. - 22 refs.

Poulter, Alan: Expert systems in libraries 2. - In: Audiovisual librarian, 15 (3), 1989. - S. 161-163

Puppe, Frank: Einführung in Expertensysteme. - Berlin [u.a.] : J. Springer, 1988. - X, 205 S.

Puppe, Frank: Wissenspräsentation und Problemlösungsstrategien in Expertensystemen. - In: Künstliche Intelligenz : 7. Frühjahrsschule, KIFS-89 ; Günne, 11.-19. März 1989; proceedings / hrsg. von Kai von Luck. - Berlin [u.a.] : J. Springer, 1989. - S. 167-187

Quirchmayr, Gerald: Representing legal knowledge in information systems. - In: Expert systems for information management, 8 (3), 1988. - S. 43-49. - 21 refs.

Rada. Roy: Knowledge-sparse and knowledge-rich learning in information retrieval. - In: Information processing & management, 23 (3), 1987. - S. 195-210. - 78 refs.

Rapp, Reinhard ; Wettler, Manfred: Simulation der Suchwortgenerierung im Informationsretrieval durch Propagierung in einem konnektionistischen Wortnetz. - In: NfD, 41(1), 1990. - S. 27-32

Rathke, Hubertus R.: Software-Generierung für Expertensysteme : Konventionelles Verfahren führt nicht zum Ziel. - In: Elektronik 38 (21), 1989. - S. 128-130

Rau, Lisa F.: Knowledge organization and access in a conceptual information system. - In: Information processing & management, 23 (4), 1987. - S. 269-283. - 28 refs.

Reiter, Monika: Improving online information retrieval with an intelligent front-end system. - In: Online information 89. Proc. of the 13. international online information meeting, London, 12-14 Dec. 1989. - Oxford and Medford (New Jersey), 1989. - S. 597-604. - 2 refs.

Richardson, John: Toward an expert system for reference service : a research agenda for the 1990s. - In: College & Research libraries, 50 (2), 1989. - S. 231-248. - 63 refs.

Riggs, Donald E.: Expert systems in libraries. - In: International symposion on new techniques and applications in libraries, Xi'an, Chinese people's republic, 8-11 Sept 88, 1988. - S. 27-34. - 6 ref.

Riggs, Donald E.: Productivity increases in public services : are expert systems the answer?. - In: Journal of library administration, 9 (4), 1988. - S. 89-99. - 5 refs.

Rolle, G.: Expertensysteme für Personalcomputer. - In: Expert system shells : Grundlagen, Arbeitsweise, Marktübersicht. - Würzburg : Vogel, 1988, 107 S. - zahlr. Lit, ISBN 3-8023-0194-3, = Chip Wissen

Rüdiger, Peter: Expertensysteme - Vorraussetzungen, Methoden und Anwendungen. - In: Informatik. 35 (3), 1988. - S. 109-111. - 7 refs.

Salton, Gerard: On the use of knowledge-based processing in automatic text retrieval. - In: ASIS '86 : Proc. of the 49. ASIS annual meeting. Vol 23. Chicago, Illinois, Sept. 28 - Oct. 2, 1986 / ed. by Julir M. Hurd and Charles H. Davies. - Midford, New Jersey, Learned Information Inc. for the American Society for Information Science, 1986. - S. 277-287. - 38 refs.

Sarnow, Karl: Kartenhäuser : 1st Card - Architekt für Expertensysteme. - In: C't : Magazin für Computertechnik, 3, 1990 - S. 146,148,150,152

Savory, S. E.: Grundlagen von Expertensytemen : ein Lehrbuch der Nixdorf Computer AG. - München : Oldenbourg, 1988, 307 Lit. - 75 Lit, ISBN 3-486-20757-1

Schüler, Wolfgang: Methoden zur Wissensdarstellung in Wissensbasen von Expertensystemen. - In: Informatik, 35 (4), 1988. - S. 136-138. - 5 refs.

Sharif, Carolyn A.Y.: Developing an expert system for classification of books using micro-based expert system shells. - 1988. - 126 S. - (British Library research report ; 32). - ISBN 0-7123-3144-1

Siekmann, J. H.: Künstliche Intelligenz : von den Anfängen in die Zukunft. - In: Handbuch der modernen Datenverarbeitung. - Wiesbaden, 1989. - S. 110-135. - 42 Lit.

Simmons Robert F.: A text knowledge base from the AI handbook. - In: Information processing & management, 23 (4), 1987. - S. 321-339. - 8 refs.

Smith, Linda C.: Artificial intelligence : relationship to research in library and information science. - In: Journal of education for library and information science, 30 (1), 19. - S. 55-56. - 5 refs.

Sormunen, Eero: A knowledge base for the search profile analysis and user guidance. - In: Online information 89. Proc. of the 13. international online information meeting, London, 12-14 Dec. 1989. - Oxford and Medford (New Jersey), 1989. - S. 435-446. - 8 refs.

Sormunen, Eero: An analysis of online searching knowledge for intermediary systems. - Espoo, Technical research centre of Finland, 1989. - 100 S. - ISBN 951-38-3502-2

Sowell, Steven L.: Expanding horizons in collection development with expert systems : development and testing of a demonstration prototype. - In: Special libraries, 80 (1), 1989. - S. 45-50. - 18 refs.

Spies, Marcus: Faustregeln in Expertensystemen : Wolkiges Wissen. - In: Bild der Wissenschaft, 26 (10), 1989. - S. 60-62, 66, 71, 74-75

Staud, Josef L.: Das Expertensystem für Faktenretrieval ES-Fakt. - In: Nachrichten für Dokumentation, 38 (5), 1987. - S. 271-281. - 26 refs.

Sudha, S.: Artificial intelligence in information retrieval system. - In: Library science with a slant to documentation, 23 (4), 1986. - S. 214-222. - 7 refs.

Tabesh, Elahe: Artificial intelligence techniques for merging qualitative and quantitative geological databases. - In: Geoscience Information Society . Vol. 19. Proc. of the 23. meeting of the Geoscience Information Society, Denver, Colorado, 31. Oct. - 3. Nov. 1988. Ed. by Joanne Lerud, Geoscience Information Society, 1989. - S. 169-175. - 2 refs.

Teodorescu, Ioana: Artificial intelligence and information retrieval. - In: Canadian library journal, 44 (1), 1987. - S. 29-32. - 13 refs.

Thompson, Don: AI-tailormade for librarians. - In: Canadian library journal, 45 (2), 1988. - S. 73-75. - 4 refs.

Thuy, N.H.G. ; Schnupp, P.: Wissensverarbeitung und Exepertensystem. - München : Oldenbourg, 1989. - 304 S. - zahlr. Lit. = Handbuch der Informatik 6.1. - ISBN 3-486-20699-0

Todeschini, Claudio ; Michael Farrell: An expert system for quality control in bibliographic databases. - In: Journal of the American Society for Information Science, 40 (1), 1989. - S. 1-11. - 14 refs.

Tomasselli, Günther: Erfahrungen beim Einsatz eines PROLOG-Programms auf Microrechnern: zur Erfassung und Prüfung bibliographische Daten ; PROLOG als Mittel zu Beschreibung "bibliographischen Wissens". - In: Zentralblatt für Bibliothekswesen, 103 (2), 1989. - S. 65-69. - 3 refs.

Trautmann, Günther ; Sara von Flittner: An expert system for microcomputers to aid selection of online databases. - In: Reference librarian, (23), 1989. - S. 207-238. - 25 refs.

Turner, Mike: Expert systems and decision support. - In: Expert systems for information management, 1 (1), 1988. - S. 3-21. - 3 refs.

Vedder, Richard G. ; Fortin, Maurice G. ; Lemmermann, Scott A. ; Johnson, Ralph N.: Five PC-based expert systems for business reference : an evaluation. - In: Information technology and libraries, 8 ( 1), 1989. - S. 42-54

Vickery, A. ; Brooks, H. M. ; Robinson, B. A. ; Vickery. B. C.: Expert systems for referral. Final report of the first phase of the project. January 1986. - London University Central Information Service, 1986. - 134 S.

Vickery, A. ; Brooks, H. M. ; Robinson, B. A. ; Stephens, J. ; Vickery, B.C.: Expert systems for referral. - British Library, 1988. - 233 S. - (Library and information research report; 66). - ISBN 0-7123-3146-8

Vickery, A. ; Brooks, H. M.: PLEXUS - the expert system for referral. - In: Information processing & management, 23 (2), 1987. - S. 99-117. - 8 refs.

Vickery, A.: The experience of building expert search systems. - In: Online information 88, Proc. of the 12th international online information meeting, London, 6-8 Dec. 1988 (2 vol) Publ. by Learned Information (Europe) Ltd, Oxford, 1988. - S. 301-313. - 3 refs.

Vickery, Alina ; Brooks, Helen: Expert systems and their applications in LIS. - In: Online review, 11 (3), 1987. - S. 149-165

Vickery, Brian ; Vickery, Alina: Intelligence and information systems. - In: Journal of information science, 16 (1), 1990. - S. 65-70. - 1 ref.
Vincent, Philippe: La lecture automatique des pages imprimées. - In: Documentaliste, 25 (4-5), 1988. - S. 179-188
Vrenios, Alexander ; Krulee, Gilbert K.: An expert system model of a reference librarian. - In: Library software review, 8 (1), 1989. - S. 13-15
Wasen, Jürgen: Die "intelligenten" Assistenten stehen bereit. - In: Computer persönlich 8 (19), 1989. - S. 34-36, 38-42
Waters, Samuel T: ANSWERMAN : expert systems for librariens. - In: Online '88. Proc. of the Online Inc., 1988. - S. 148-152
Watters, C. R. ; Shepherd, M. A.: A logic basis for information retrieval. - In: Information processing & management, 23 (5), 1987. - S. 433-445. - 18 refs.
Watters, C. R.: Expert bibliographic retrieval?. - In: Canadian journal of information science, 11 (3/4), 1986. - S. 80-87. - 10 refs.
Watters, C. R.: Logic framework for information retrieval. - In: Journal of the American Society for information science, 40 (5), 1989. - S. 311-324. - 29 refs.
Weyer, Stephen: Questing for the "Dao" : DowQuest and intelligent text retrieval. - In: Online 13 (5), 1989. - S. 39-48. - 7 refs.
Wilkinson, Julia: Artificial intelligence: an automated information service for industry. - In: Library review, 36 (1), 1987. - S. 44-47
Wode, U.: Integration von Datenbankzugriffen in die Expertensystem-Shell TWAICE. - In: Künstliche Intelligenz, 3 (4), 1989. - S. 47-52. - Lit.
Woo, Janice: Expert systems not yet clones of librarians. - In: American libraries, 19 (11), 1988. - S. 934
Wurr, P.R. [Red.]: Expertensysteme. - In: Computer Magazin und Software Magazin, 18 (6/7), 1989. - S. 43-53
Xing, Chen ; Wei, Guo ; De-an, Wang: Design of the library cataloging expert system. - In: International symposion on new techniques and applications in libraries, Xi'an, Chinese people's republic, 8-11 Sept 1988. - 1988. - S. 197-203
Xing, Cheng ; Guo Wei ; Wang Dean: Design of the library cataloging expert system. - In: International symposium on new techniques and applications in libraries, Xi'an, Chinese people's republic, 8-11 Sept 1988. - 1988. - S. 197-203
Xiong, Minghua: Artificial intelligence and scientific and technical information services. - In: The use of new information technologies in developing countries. Proc. of the Internat. Federat. for Informat. and Document., Commission for Asia and Oceania (FID/CAO), 10. congress and general assembly, Bejing, Chinese People's Republic, 24-26 Oct. 1988 / ed. by Barry Burton and Nancy Wong. - Hong Kong : FID/CAO. - 1988. - E71-E77. - 5 refs.
Zarri, Gian Piero: Knowledge aquisition for large knowledge bases using natural language analysis techniques. - In: Expert systems for information management, 1 (2), 1988. - S. 85-109. - 38 refs.
Zelewski, Stephan: Intelligente Informationsbanksysteme - benutzerfreundliche Instrumente für die Informationsvermittlung. - In: Nachrichten für Dokumentation. 38 (3), 1987. - S. 137-143. - 15 refs.
Zeluvski, St.: Künstliche Intelligenz - ihr Beitrag zur Gestaltung des "Büros der Zukunft". - In: NfD, 41 (4), 1990. - S. 215-222. - Lit.

# DIE ZWEI KULTUREN IM BIBLIOTHEKSWESEN

**Von Hans-Albrecht Koch**

*1.*

Als der Physiker und Romancier Charles P. Snow in seiner berühmten *Rede Lecture* vor gut 30 Jahren von den "two cultures" sprach, wollte er die Verachtung der westlichen Intellektuellen für die szientifisch-technische Intelligenz brandmarken, weil nur die szientifisch-technische, nicht aber die literarische Intelligenz geeignet sei, das Gefälle zwischen Arm und Reich auf der Welt abzubauen. In der anschließenden jahrelangen Diskussion überlagerte jedoch bald das theoretische Interesse an der Dichotomie der beiden Intelligenzausprägungen oder Kulturen der westlichen Welt den praktischen Ansatz von Snow. (1) Mit seinem Buch "Die drei Kulturen" hat Wolf Lepenies der Frage höchst geistreich eine ganz neue Wendung gegeben, indem er den Platz der modernen Soziologie genau im Zwischenfeld zwischen den beiden Kulturen bestimmt. (2)

Von all dem soll hier nicht weiter die Rede sein. Es müßte doch eigentlich, so könnte man meinen, im wissenschaftlichen Bibliothekswesen Reflexe der kulturellen Dichotomie geben, wenn anders sich in den Bibliotheken etwas vom Wesen der Wissenschaften selbst spiegelt. Zwar sind wissenschaftliche Universalbibliotheken sicher eine der wenigen Institutionen, deren Arbeit gerade auf die Überwindung einer solchen Dichotomie angelegt ist. Man denke etwa an die alle Fakultäten abdeckenden Studienfächer ihrer wissenschaftlichen Mitarbeiter. Wenn man seit einiger Zeit mit wachsendem Erfolg die Datenverarbeitung auch zur Erschließung von Handschriften und alten Drucken einsetzt, so ist dies ein weiterer Beleg, daß weit Auseinanderliegendes in den Bibliotheken zu bisher kaum vorstellbaren neuen und erfolgreichen Kombinationen zusammengeführt werden kann. Ein anderes Beispiel ist die Verknüpfung von naturwissenschaftlichen Methoden mit historischen Gegenständen in der Konservierung.

Sieht man näher hin, so entdeckt man aber doch allenthalben in unseren bibliothekarischen Dingen im Kleinen wie im Großen bald eher lustige, bald eher fatale Belege für das Auseinanderdriften von literarischer und szientifischer Intelligenz.

Zuerst ein Beispiel aus dem Kleinen: Als ich vor kurzem in der Kaegbein-Festschrift über Fremdsprachenkenntnisse in Lehrplänen der bibliothekarischen Ausbildung schrieb, brachte ich einige ironische Bemerkungen zum Standard des germanisierten (= barbarisierten) Lateins bei, das sich als Scheidemünze in unsere Fachliteratur eingeschlichen hat. Da begegnet etwa in Aufsätzen zur Katalogisierung "Der Corpus der Titelaufnahme", oder wir werden in Leistungsbeschreibungen von EDV-Systemen über die Möglichkeit unterrichtet, "Ausleihstati" zu verwalten. Mit viel Mühe habe ich die "Ausleihstati" über die Korrekturphasen gebracht und für gut zum Druck befunden; man kann sich meine Verwunderung vorstellen, als ich dann im Buch statt ihrer von "Ausleih*statistiken*" las, die in letzter Minute offensichtlich einer jener Geister verschlimmbessert hat, die stets das Gute wollen und das Böse schaffen. Verstanden hat er offensichtlich den ganzen Ansatz nicht. (3)

Bei dem, was ich als fatal bezeichnete, handelt es sich darum, daß das konzeptionelle Denken sich auf zwei ganz verschiedenen Ebenen abspielt, die miteinander nicht verbunden sind. Da werden Probleme erkannt, benannt, isoliert, und dann werden Lösungen in einem zu engen, häufig nur technischen Rahmen entwickelt, ohne daß man sie in einem größeren Horizont reflektiert. Das Ergebnis sind Lösungsvorschläge voller Widersprüche, eilige und schnellebige Planungen, die wie Moden kurz aufleuchten und wieder vergessen werden, ohne daß sie außerhalb der Bibliotheken überzeugen können. Von solchen Phänomenen, in denen es an einer Verbindung der so wertvollen szientifisch-technischen und der übergreifenden reflektorischen, auch historisch-reflektorischen Intelligenz fehlt, soll im folgenden die Rede sein. Ich wähle dazu Beispiele aus folgenden Bereichen:

1. der Diskussion über Konservierung und Traditionsbildung,
2. der Diskussion über Gebrauchsbibliothek und Bestandsschutz,
3. der Diskussion über Bestandsaufbau und Platzbedarf.

## *2. Konservierung und Traditionsbildung*

### *2.1. Vom Nutzen und Nachteil der Historie*

"Das Unhistorische ist einer umhüllenden Atmosphäre ähnlich, in der sich Leben allein erzeugt, um mit der Vernichtung dieser Atmosphäre wieder zu verschwinden. Es ist wahr; erst dadurch, daß der Mensch denkend, überdenkend, vergleichend, trennend, zusammenschließend jenes unhistorische Element einschränkt, erst dadurch, daß innerhalb jener umschließenden Dunstwolke ein heller blitzender Lichtschein entsteht - also erst durch die Kraft, das Vergangene zum Leben zu gebrauchen und aus dem Geschehenen wieder Geschichte zu machen, wird der Mensch zum Menschen; aber in einem Übermaße von Historie hört der Mensch wieder auf, und ohne jene Hülle des Unhistorischen würde er nie angefangen haben und anzufangen wagen." So schrieb Nietzsche in der zweiten seiner "Unzeitgemäßen Betrachtungen", dem 1873 entstandenen, gegen den Historismus des 19. Jahrhunderts anrennenden Essay "Vom Nutzen und Nachteil der Historie".

Es ist wahr: Umfassende Restaurierung alter Stadtbilder, gigantische kunsthistorische Ausstellungen, zahllose Museumsgründungen, massenhafter Bildungstourismus und Fluten historischer Bücher - an all diesem läßt sich ermessen, welcher Grad an allgemeinem Interesse die Beschäftigung mit Historischem - lange als Reservat von Sonderlingen eher nur geduldet - in unserer Zeit gewonnen hat. Diese Feststellung trifft jedoch nur eine Facette des Befundes. Die Funktionen der genannten Manifestationen des öffentlichen Interesses an Historie für Hobby, Freizeit und Unterhaltung können nur noch im Kontext einer ausgewachsenen Kulturindustrie verstanden werden. In ihm mag wissenschaftliches Erkenntnisstreben noch ein primäres Motiv der Produzenten sein. Die Ergebnisse solchen Erkenntnisstrebens müssen jedoch - wollen sie nicht in einer unbeachteten Nische verborgen bleiben, sondern auf's Leben wirken - auf publikumswirksame Präsentationen, auf verkäufliche Kataloge oder Bücher usw. zielen, an deren Zustandekommen ganze Branchen außerhalb der historischen Wissenschaft beteiligt sind.

Archive und Bibliotheken sind in diesem System die großen Speicher von Texten, überwiegend noch in der Form beschriebenen bzw. bedruckten Papiers. Eine arg- und harmlose Deutung sieht in ihnen eher die Requisitenkammern, in denen man aktuell nicht mehr benötigte Dekorationen abstellt und aus deren Fundus man allenfalls für Neuinszenierungen die eine oder andere wieder hervorholen kann. Diese Deutung verkennt allerdings die Funktion der Bibliotheken als Repositorien geistiger Chemikalien, aus denen der eine vielleicht sedierende Pharmaka, der andere hochexplosiven Sprengstoff hervorholt. Zum Beleg für die zuletzt genannte Variante müssen hier folgende Hinweise genügen: Auf den intensiven interpretatorischen Umgang mit Texten - der Heiligen Schrift und des Augustinus - und seine Verbreitung im Druck geht die umfassend-revolutionäre Wirkung von Luthers Theologie zurück; in der Bibliothek des British Museum hat Karl Marx sein Hauptwerk geschrieben, das die ideologischen Kämpfe unseres Jahrhunderts heraufgeführt hat.

Auch als Gedächtnis der Menschheit bezeichnet man die Bibliotheken gern. Die Arbeit ihrer professionellen Sachwalter hat sich angesichts der Mengen gedruckten Materials - allein eine einzige Universitätsbibliothek erwirbt heute im Durchschnitt etwa 50.000 Bücher pro Jahr - längst von den Inhalten auf technische Verfahren der Informationsbewältigung und -vermittlung verschoben. Die Anwendung der Datenverarbeitung erlaubt, mit gezielten Suchstrategien aus der Überfülle gezielt die für spezielle wissenschaftliche, technische, wirtschaftliche u.a. Themen einschlägigen Materialien herauszufiltern. Im Zusammenhang mit den bildungspolitischen Herausforderungen war die Arbeit der Bibliotheken in den letzten Jahrzehnten wesentlich darauf gerichtet, ihre Bücherbestände den Benutzern möglichst umfassend zugänglich zu machen. Sie sind "benutzerfreundlich" geworden. Dies gilt gerade auch für die wissenschaftlichen Bibliotheken, also die Staats- und Landesbibliotheken, vor allem aber die Universitätsbibliotheken, in denen sich die aus den USA übernommene Freihandaufstellung weitgehend durchgesetzt hat. Dies war eine Zeitlang das große Thema der bibliothekarischen Diskussionen.

### *2.2. Papierzerfall*

Neuerdings drängt sich ein ganz anderes Problem in den Vordergrund, nämlich der Zerfall des Papiers selbst, des eigentlichen Gedächtnisträgers also. Die Library of Congress, größte Bibliothek der Welt mit zur Zeit mehr als 14 Mio Bänden, hat herausgefunden, daß 25% ihres Bestandes so beschädigt sind, daß eine weitere Benutzung nicht möglich ist, ja daß auf Dauer sogar 97 % ihres Bestandes gefährdet sein werden. Untersuchungen in zahlreichen anderen Ländern, so auch in der Bundesrepublik Deutschland, haben ergeben, daß hier ebenfalls erhebliche Teile der Bestände vom Untergang bedroht sind.

Worum geht es? Ausnahmsweise einmal nicht um Auswirkungen des sauren Regens, sondern um eine dem Papier seit der Umstellung auf industrielle Massenfertigung inhärente Gefährdung, um ein stilles Feuer, wie man den Prozeß wegen der mit ihm verbundenen Oxidation auch genannt hat.

bis ins 19. Jahrhundert wurde Papier mit großem Aufwand handgeschöpft, und zwar überwiegend aus Hadern, also aus textilen Abfallmaterialien wie Hanf oder Flachs. Eine Vermehrung der knappen Faserrohstoffe wurde seit Ende des 18. Jahrhunderts durch die Bleichung mit Chlor ermöglicht; die Erfindung der Harz-Alaun-Leimung vereinfachte die Herstellung durch Fortfall der nachträglichen Leimung. Aber erst mit der Verwendung von Holzschliff und der Zellstoffproduktion im 19. Jahrhundert konnte die Knappheit der Faserrohstoffe überwunden werden.

Die Lebensdauer des Papiers ist aufgrund der chemischen Prozesse, die in der industriellen Fertigung angewandt werden, erheblich reduziert. Das zur Leimung verwendete Aluminiumsulfat (Alaun) wird durch Einwirkung von Feuchte zersetzt, so daß sich Schwefelsäure bildet. Aus dem Raumklima und der Umwelt hinzutretende Oxide bilden mit Wasser zusätzliche Säure im Papier, so daß der pH-Wert unter 5 sinken kann. Vereinfacht formuliert: das Papier verliert seine Festigkeit durch die Zerstörung der langkettigen Zellulosemoleküle, so daß es bröselig wird.

Die schlechte Alterungsbeständigkeit des industriell gefertigten Papiers ist zwar seit langem bekannt. Klagen von Archivaren und Bibliothekaren blieben jedoch unbeachtet, weil die Papiere für aktuelle Zwecke hergestellt werden, von denen sich die dauerhafte Aufbewahrung in Archiven und Bibliotheken als extremer Sonderfall unterscheidet. Für den privaten Buchkäufer ist völlig uninteressant, ob ein Buch nach 70 Jahren zerfällt.

### *2.3 Massenentsäuerungsverfahren*

In Archiven und Bibliotheken werden schon seit längerem zwei Wege der Konservierung vom Verfall bedrohter Materialien angewandt. Es handelt sich zum einen um die *Restaurierung der Originale* mit mechanischen und chemischen Methoden oder zum anderen um die *Übertragung des Inhalts auf neue Medien.* Solche neuen Trägermedien reichen vom Nachdruck über den Mikrorollfilm oder Mikroplanfilm (Fiche) bis zu neuen elektro-optischen Speichermedien, wie z.B. der Bildplatte oder der CD-ROM, die sich inzwischen auch als ein vorzügliches Instrument der Speicherung von großen Textmengen erwiesen hat. *Die Restaurierung von Originalen erfordert großen Aufwand, der nicht für Massenware, sondern nur für herausragende Einzelstücke möglich ist.* Im übrigen weiß jeder, daß wir in der Einzelrestaurierung vor solchen Mengen stehen, daß sie nicht einmal bewältigt werden könnten, wenn wir die Personalkapazität in diesem Bereich erheblich aufstocken könnten.

Die Verfahren, die das Original auf ein anderes Medium konvertieren, sind vergleichsweise billig und effektiv, weisen aber den Nachteil auf, daß die Benutzung nicht durch natürliches Lesen, sondern nur durch Einsatz von Geräten (Mikrofilmlesegerät, Bildplattenspieler, CD-ROM-Wiedergabegerät und Personal Computer) möglich ist. Zeitungsbestände z.B. werden in den großen Bibliotheken heute trotzdem - schon aus Platzgründen - meist nur noch in der Form von Mikrofilmen aufbewahrt.

Um *Massengut* wie die nach Millionen zählenden Bücher in unseren Bibliotheken, die seit der Mitte des 19. Jahrhunderts gedruckt worden sind, im Original zu erhalten, werden seit einiger Zeit Verfahren zur Massenentsäuerung erforscht. Unter ihnen haben zwei besondere Aufmerksamkeit erregt, die allerdings auch beide für einen Routinebetrieb noch längst nicht reif sind. (4)

Da ist zunächst das *Diäthylzink-Verfahren* zu nennen. Die Library of Congress experimentiert seit 1973 mit ihm, eine Zeitlang war die NASA an seiner Weiterentwicklung beteiligt, bis die Pilotanlage in die Luft flog, dann übernahm es die amerikanische Stauffer Chemical Company, die 1987 der niederländische Chemiekonzern AKZO aufgekauft hat. In dem Verfahren wird bei Unterdruck in der Gasphase die Säure durch in das Papier diffundierendes Diäthylzink neutralisiert, wobei das Salz Zinksulfat gebildet wird. Ferner reagiert ein Teil des Diäthylzink mit Wasser zu basischem Zinkoxid. Das Zinkoxid soll als basischer Puffer weiteren Säureschaden abwehren.

Als Vorteil dieses Verfahrens gilt, daß leichtlösliche Stoffe, wie z.B. Tinten, Druckfarben usw., nicht mit Flüssigkeiten in Berührung kommen und nicht zerstört werden können. Ungeklärt ist dagegen - von der Verwendung hochexplosiver Chemikalien ganz abgesehen - z.B., ob das eingebrachte Zinkoxid den weiteren Abbau der Papierfasern beschleunigt und ob das nach der Behandlung im Papier verbleibende Salz mit Wasser erneut Säure bildet, so daß sich der Puffer schnell wieder abbaut.

Nachgerade alarmierend klingen, solange sie nicht widerlegt werden können, Nachrichten von Laboruntersuchungen an der Tokyo University of Agriculture and Technology, daß das Diäthylzink-Verfahren, wenn es auf bereits gealterte Papiere angewandt wird, deren weitere Alterungsbeständigkeit sogar herabsetzen könne. Die Investitionskosten für die geplante erste amerikanische Großanlage, in der jährlich etwa 1 Mio Bände behandelt werden sollen, werden mit 11 Mio $ beziffert.

Ende der siebziger Jahre wurde in Chicago das *Wei T'o-Verfahren* entwickelt, das nach dem chinesischen Gott der Bücher benannt ist. Dabei wird die Säure im Papier durch basisches Methyl-Magnesiumcarbonat unter Bildung von Magnesiumsulfat neutralisiert. Magnesiumcarbonat sowie Magnesiumhydroxid verbleiben als Puffer gegen die Säure im Papier. Das zu behandelnde Material muß sorgfältig ausgesucht werden. Druck- und Stempelfarben können während der Behandlung auslaufen. Einbandmaterialien können beschädigt werden, besonders kunststofflaminierte, so daß z. B. der gesamte Taschenbuchzugang von dem Verfahren ausgeschlossen werden muß. Gelegentlich scheint nach der Behandlung der Text durch die Seiten durch, oder der Buchblock bleibt gewellt. Ungeklärt ist auch, in welchem Ausmaß ein Staubbelag, der auf den behandelten Büchern verbleibt und von dem man *vermutet (!)*, daß er aus überschüssigen Magnesiumverbindungen besteht, bei der späteren massenhaften Lagerung Probleme heraufführen wird. *Womöglich sind mit der Methode Gefahren verbunden, die denen der Asbest-Verseuchung von Gebäuden entsprechen.* Ein anderer Nachteil liegt in der Verwendung von Fluorkohlenwasserstoffen. Die Konservierung gefährdeter Bücher ginge bei diesem Verfahren also zu Lasten der Konservierung der Ozonschicht. An Weiterentwicklungen, die eine vollständige Rückgewinnung der Fluorkohlenwasserstoffe erlauben sollen, wird allerdings gearbeitet. (5) Bei den Kosten dürfte das Wei T'o-Verfahren zu akzeptablen Werten führen.

Beide Verfahren sind nicht geeignet, bereits eingetretene Schäden zu beheben. Sie führen nur zu einer vermuteten Verlängerung der Restlebensdauer der Bücher, je nach Ergebnis um etwa den Faktor 2,5 bis 3,5. Das bedeutet aber, daß sie für einen großen Teil der heute schon offenkundigen Schäden zu spät kommen. Unklar ist ferner, wie oft die Entsäuerungsprozedur an den Büchern höchstens wiederholt werden kann. Soweit zum rein Technischen. Das Fazit muß einstweilen lauten: Eine brauchbare Lösung ist noch nicht vorhanden, wohl auch noch nicht in Sicht.

Im Zusammenhang mit der Diskussion über den Papierzerfall sei wenigstens auch noch auf die Situation in der Schweiz hingewiesen, wo die Bundesarchivverwaltung nur mit knapper Not hat erreichen können, daß *ihr* nicht das verfallfreudige Recyclingpapier der Verwaltung als Archivgut überstellt wird.

Es gibt auch im traditionellen Bereich der Konservierung Entwicklungen, die skeptisch stimmen. Zwei Beispiele: Seit vielen Jahren sind wir gewohnt, von Schimmel befallene Bücher im Kaltgassterilisator mit Oxiran (Äthylenoxid) zu behandeln. Seit kurzem gilt, zumindest EG-weit, daß neue derartige Anlagen nicht mehr installiert werden dürfen, da Oxiran unter die cancerogenen Stoffe gerechnet werden muß. Restauratorisch ist nunmehr nur noch das mechanische Ausbürsten des Schimmels indiziert. Das zweite Beispiel: Neueste Meldungen informieren darüber, daß die im British Museum verwahrte chinesische Schriftrolle "Diamond Sutra" aus der Höhle der tausend Buddhas bei Dunhuang erneut restauriert werden muß, da die bei der letzten Restaurierung eingesetzte Methode die Rolle erheblich beschädigt hat. (6)

Den wohl aussichtsreichsten Weg beschreitet angesichts der tatsächlichen Situation die amerikanische Commission on Preservation and Access, die den Methoden der Konversion auf andere Trägermaterialien trotz der damit verbundenen Leseerschwernis den Vorzug gibt. (Ungelöst ist freilich noch das Problem einer dauerhaften Farbverfilmung.) Nur dieser Weg berücksichtigt gleichzeitig präservatorische Aspekte und solche der Zugänglichkeit des Materials. Ein mikroverfilmtes Original kann der Benutzung weitgehend entzogen werden, wird also nicht mehr weiter geschädigt. Der Film aber kann beliebig reproduziert und bereitgestellt werden. Und nur er wird bei fortschreitender Scanning-Technologie auch geeignet sein, als Grundlage für eine automatische Erfassung zum Zwecke der automatischen Indexierung zu dienen.

### *2.4. Traditionsbildung*

Seit einiger Zeit wird ein Teil der neuen Bücherproduktion auf säurefreiem Papier gedruckt. Die Tendenz dürfte zunehmen, so daß sich das Problem der Säureschäden für Neuerscheinungen eines Tages vielleicht nicht mehr stellen wird.

Erledigt ist damit aber nicht die Frage, wie bei der gigantischen Masse des bereits geschädigten oder bedrohten Materials denn bestimmt werden kann, welche Bücher wie oft und wo auf Dauer aufbewahrt werden sollen. Was ist mit all den Eintagsfliegen - seien es wissenschaftliche Veröffentlichungen von kurzer Lebensdauer, seien es die vielen nur kurzfristig aktuellen Dokumente von Verbänden, Vereinen, Firmen usw., sei es die Unmenge der Trivialliteratur? Sie machen den Löwenanteil der weit über 100.000 jährlichen Ablieferungen allein in den deutschen Pflichtexemplarbibliotheken aus. Freilich muß auch von ihnen ein exemplarischer Querschnitt zur Dokumentation des Zeitgeistes aufbewahrt, aber sie müssen doch nicht alle dem Zerfall entrissen werden.

Die Taschenbücher z. B. sind ein ganz auf Gebrauch und Verbrauch angelegtes Produkt unserer Wegwerfgesellschaft. Von ihnen sollten sich auch künftige Jahrhunderte ein Bild machen können. Aber müssen all die nur abgeleiteten Ausgaben für alle Zeiten konserviert werden? Platon im Taschenbuch beweist doch nur, daß Texte solange leben, wie sie immer wieder neu und in neuer Form herausgebracht werden, d.h. solange sie auf neue Träger konvertiert werden. Und muß, weil schlechterdings alles zwischen Himmel und Erde einmal Gegenstand der Forschung werden kann, also auch die Trivialliteratur, diese komplett statt beispielhaft erhalten werden?

Was ist eigentlich so erschreckend daran, daß in unserer Zeit der Massenhaftigkeit Dinge, die zum kurzfristigen Gebrauch angefertigt worden sind, die mit ihrer Zwecksetzung verbundene Eigenschaft der Vergänglichkeit offenbaren? Im Gegensatz zum Kunstwerk war der Text schon lange der mechanischen Reproduzierbarkeit offen. Nur durch sie ist in der Schriftkultur Tradition gebildet worden. Jede Neuveröffentlichung entscheidet daher auch darüber mit, wie viele und welche Überreste der Vergangenheit eine Gegenwart sich aneignen oder auch nur zumuten lassen will. Gebrauch und Zerfall gehören zusammen. Was und wieviel von sich selbst eine Gegenwart als erhaltenswert deklariert, gibt auch darüber Aufschluß, ob sie sich weitgehend selbst genügt oder auch offene Perspektiven für eine von ihr verschiedene Zukunft noch aushält. Auch konservatorische Maßnahmen beenden nicht den Zerfallsprozeß, sie verzögern ihn allenfalls, wie etwa die Medizin nicht vor dem Tode bewahrt, sondern bestenfalls den Zeitpunkt seines Eintritts hinausschiebt. Es ist eine Folge der vollständigen Säkularisierung unseres Denkens, daß wir die Unausweichlichkeit des endgültigen Zerfalls individueller Stücke der Überlieferung als schier unerträglich nicht wahrhaben wollen.

Im Bemühen um Konservierung muß sich viel stärker als bislang die Entwicklung technischer Verfahren mit der Reflexion darüber verbinden, was denn eigentlich warum und wozu, also unter Bemühung kausaler und finaler Überlegungen, und nach welchen vielleicht auch nur pragmatischen Selektionskriterien (z. B. Conspectus-Bewertung, chronologische Segmentierung des Nationalarchivs deutscher Literatur) erhalten werden soll. Dies erfordert eine ganz neue, nicht nur technische Einstellung der Bibliothekare zu den ihnen anvertrauten Materialien. Etwa 80 % alles bedruckten Papiers entstammen unserer eigenen Produktion - wenn wir sie wahllos erhalten wollen, bilden wir nicht Tradition, sondern konservieren unsere Gegenwart. Es ist, als wollten wir der Erhaltung von Betonklötzen zeitgenössischer Bauten denselben denkmalpflegerischen Aufwand angedeihen lassen wie einer barocken Basilika. Im Archivwesen gehört seit langem die gezielte

Kassation zum wichtigsten methodischen Instrument, um exemplarische Anteile aus dem unübersehbaren Wust der gesamten Überlieferung erhalten zu können. Wenn die Bibliotheken dieser Anforderung nicht gerecht werden, drohen sie an sich selbst zu ersticken und laufen Gefahr, daß ihr Ruf nach der Konservierung nur als eine von vielen beliebigen Moden wahrgenommen wird.

Für unreflektierte Beliebigkeit in unserem Zusammenhang sei wenigstens ein Beispiel angeführt: Da wird die Verwendung des säurefreien Papiers für Zeitschriften, also Träger aktueller Information, gerade zu dem Zeitpunkt vereinbart, da abzusehen ist, daß die dauerhafte Speicherung von Zeitschrifteninhalten in der miniaturisierten elektronischen Form erfolgen wird und daß nur das jeweils neueste Heft zum Browsing noch in der Papierform interessant sein dürfte.

Bibliotheken können durch ihre Entscheidungen über Konservierung zwar nicht statt anderer Instanzen einen Kanon der Überlieferung formen. Sie müssen ein Reservoir schaffen, auf das unter neuen Aspekten jeweils neu zurückgegriffen werden kann. Aber sie können im Zeitalter massenhafter Produktion nicht dazu verpflichtet werden, die ihnen einmal zugeschriebene Funktion des geistigen Schatzhauses mit derjenigen einer kulturellen Abraumhalde zu vertauschen. Wir wissen aus der Psychologie, daß unser Gedächtnis nur funktioniert, wenn es sich von Ballast entlasten kann. Nach akzeptablen Lösungen zu suchen, kann auch nicht ihnen allein überlassen werden, sondern bedarf der Diskussion in weitgespanntem Rahmen aller, denen daran gelegen ist, Historie nicht mechanistisch um ihrer selbst willen, sondern im Interesse des lebendigen Geistes zu betreiben. "Des vielen Büchermachens ist kein Ende", hat schon der Prediger Salomo geklagt. Er konnte nicht ahnen, daß 1990 weltweit jährlich mehrere hunderttausend Bücher "gemacht" werden. Müssen wir heute das "stille Feuer" in den Büchern vielleicht als eine List des Weltgeistes ansehen, durch die ein hypertroph gewordenes System wie das unserer Literaturproduktion zum Einsturz gebracht wird?

### *3. Gebrauchsbibliothek und Bestandsschutz*

Pläne zu konservatorisch verantwortlichem Umgang mit den Bibliotheksbeständen werden gerade zu dem Zeitpunkt vorgelegt, da der Wissenschaftsrat in seinen Magazinempfehlungen eine zusätzliche Ausweitung der Freihandbestände vorsieht. (7) In solchen Freihandzonen ist aber ganz selbstverständlich kein ideales Buchklima, sondern ein Humanklima einzurichten, das durch die Höhe der Temperatur und die Feuchtigkeitsschwankungen den Zerfall der Bücher begünstigt.

Die fortschreitende Tendenz, auch wertvollste Altbestände in überregionalen Datenbanken nachzuweisen, erhöht natürlich die Nachfrage nach derartigen Materialien im Leihverkehr. Das ist prinzipiell zu begrüßen. Doch verträgt sich die Erleichterung des Nachweises mit den gleichzeitigen konservatorischen Bemühungen nur unter der einen Voraussetzung, daß für die Benutzung der so nachgewiesenen Altbestände ausschließlich Surrogate in Gestalt von Mikroformen zur Verfügung gestellt werden. Das genau ist die oben schon erwähnte Politik der Commission on Preservation and Access. Es hat bei uns jedoch den Anschein, als sei nach der vor einigen Jahren durch die VW-Stiftung erfolgten Ausstattung einzelner Bibliotheken mit Mikrofiche-Kameras diese Thematik wieder verebbt. Dabei weiß jeder Kenner, wieviel wertvoller Altbestand gerade in den vielen nicht mit einer solchen Mikrofiche-Kamera ausgestatteten Bibliotheken steht. Auch dem Nachweis der Mikroformen beginnt man bei uns gerade erst, die nötige Aufmerksamkeit zu widmen - etwa mit den von LIBER angestoßenen Plänen für ein europäisches Mikroformen-Register. Ein Lichtblick sind in diesem Zusammenhang auch die großen Mikroformen-Corpora kommerzieller Verleger, soweit sie mit guten Katalogisaten verbunden sind.

### *4. Bestandsaufbau und Platzbedarf*

Es führt kein Weg daran vorbei, daß neben Personal und EDV-Ausstattung eine genügende räumliche Ausstattung und ein hinreichend großer Buchbestand zu den unabdingbaren Voraussetzungen eines leistungsfähigen Bibliothekswesens gehören.

Große Pläne der Massenentsäuerung und Vereinbarungen zur Verwendung säurefreien Papiers werden gerade in dem Moment forciert, da der Wissenschaftsrat den Universitätsbibliotheken, die in Deutschland infolge historisch gewachsener Gegebenheiten den Löwenanteil der wichtigen und wertvollen Literatur bewahren und die bislang immer gehalten waren, einmal angeschaffte Bestände auf Dauer zu archivieren, wegen des steigenden Stellraumbedarfes auferlegt, inaktuell gewordene Bestände aus ihren Magazinen auszusondern und an ein paar sogenannte Archivbibliotheken neuen Zuschnitts abzugeben (die für diese Aufgabe freilich gar nicht gerüstet sind) oder zu makulieren. Die Bibliotheken müssen diesem Konzept zufolge nachträglich richten, was auf der Produktionsseite nicht gelungen ist, nämlich die Überfülle - etwa der gedruckten Dissertationen - einzudämmen. (8) Mit Blick auf die Dissertationen kann man nur sagen "felix Austria", wo man den Druckzwang nicht eingeführt hat. Es steht außer Zweifel, daß die wirklich herausragenden Dissertationen ihren Weg zu den Buchverlagen oder den Zeitschriftenherausgebern schon finden werden. Unverständlich ist nur, daß gerade die Magazinempfehlungen die Abschaffung des Druckzwanges gar nicht in Erwägung gezogen haben. Das gern angeführte Argument, wenn eine Dissertation schon nicht herausrage, so biete sie doch wenigstens eine brauchbare bibliographische Grundlage für weiterführende Arbeiten, verliert an Gewicht, wenn sich bei der - an "Leitfehlern" orientierten - Prüfung der in Dissertationen enthaltenen Bibliographien herausstellt, daß viele - trotz ausdrücklicher Versicherung des Gegenteils - einen hohen Anteil nicht autopsierter Titel einfach aus früheren Veröffentlichungen weiterschleppen. Es ist - so das Fazit - nicht recht einzusehen, wieso man sich um die Konservierung von Beständen den Kopf zerbrechen soll, die doch dazu bestimmt sind, eines Tages über den Jordan zu gehen.

Nicht eindeutig wirkt in diesem Zusammenhang auch der jüngst veröffentlichte Aufruf eines Wissenschaftlers, der an den Magazinempfehlungen führend beteiligt war, für die wissenschaftlichen Bibliotheken ein Stabilisierungsprogramm einzurichten - angesichts der Tatsache, daß "die wissenschaftlichen Bibliotheken der Bundesrepublik (...) personell und finanziell an die Grenzen ihrer Leistungsfähigkeit gestoßen" sind, "die erhebliche

Schäden für die Literaturversorgung der Wissenschaft in Deutschland erwarten lassen, wenn nicht endlich die Erwerbungsetats stabilisiert, die Personalausstattung verbessert und die vom Wissenschaftsrat seit langem empfohlenen technischen Innovationen energisch in Angriff genommen werden". (9) Wenn nämlich "Bestandslücken, abgebrochene Zeitschriftenabonnements, fehlende ausländische Literatur und andere Bestandsdefizite meist nicht auf die Verlagerung von Forschungsinteressen, sondern lediglich auf die mangelnde Alimentation" hinweisen, dann muß doch konsequenterweise auch die Idee der Wachstumsbeschränkung durch Einfrieren der Ausbauaktivität wieder verabschiedet werden. Dazu findet sich aber in dem Aufruf kein Wort. Es spricht manches dafür, daß die Raumnot *das* Problem der wissenschaftlichen Bibliotheken in Deutschland, nicht nur in den neu zu unserem System dazustoßenden ostdeutschen, geworden ist.

## *5. Ausblick*

Die vorstehenden Betrachtungen zeigen, wie im Bibliothekswesen einander zuwiderlaufende Entscheidungen in kürzester Frist sich ablösen, ohne daß man die konzeptionellen Widersprüche überhaupt noch als anstößig empfindet. Die Maxime "Was schert mich mein Geschwätz von gestern" will zum Thema Bibliotheken, wenn sie das kollektive Gedächtnis der Menschheit sein sollen, jedoch nicht gut passen.

## *Anmerkungen*

(1) Vgl. Die zwei Kulturen. Literarische und naturwissenschaftliche Intelligenz. C. P. Snows These in der Diskussion. Hrsg. von Helmut Kreuzer. Stuttgart 1969. Neuausg. München 1987.

(2) Wolf Lepenies: Die drei Kulturen. Soziologie zwischen Literatur und Wissenschaft. München 1985.

(3) H.-A. Koch: Fremdsprachenkenntnisse in Lehrplänen der bibliothekarischen Ausbildung. In: Buch und Bibliothekswissenschaft im Informationszeitalter. Internationale Festschrift für Paul Kaegbein zum 65. Geburtstag. Hrsg. von Engelbert Plassmann ... München, New York usw. 1990, S. 76.

(4) Vgl. Peter Schwerdt, Rolf Eggerdorfer u. Jürgen Wittekind: Massenkonservierung für Archive und Bibliotheken. Frankfurt a. M. 1989.

(5) Peter Schwerdt: Rettung für "saure" Bücher. Deutsche Versuchsanlage für Papierkonservierung fertiggestellt. Zu: Dialog mit Bibliotheken 3. 1991, H.1, S. 24-29.

(6) New Scientist 1989, No. 1729, S. 22.

(7) Wissenschaftsrat. Empfehlungen zum Magazinbedarf wissenschaftlicher Bibliotheken. Köln 1986.

(8) Vgl. Anm. 6. - Die Literaturflut erinnert schon an das Märchen vom süßen Brei der Brüder Grimm. Vgl. auch H.-A. Koch: Die Literaturflut ist hausgemacht. In: DUZ. Deutsche Universitätszeitung 42. 1986, Nr. 20, S. 13 f.

(9) Wolfgang Frühwald: Stabilisierungsprogramm für die wissenschaftlichen Bibliotheken. In: Börsenblatt für den deutschen Buchhandel. Frankfurter Ausg. Nr. 64 vom 10.8.1990, S. 2368 f.; gleichlautend auch in: Mitteilungen des Hochschulverbandes 1990, S. 201-203.

# Bibliotheken als Informationsvermittlungszentren

**Von Hannes Hug**

Nach dem Vortrag von Herrn Professor Weizenbaum muß ich Sie fast vor meinem Referat warnen: Es könnte eben als jene düstere Vision der Zukunft mißverstanden werden, in der die Menschen in einer Bibliothek durch Maschinen ersetzt werden.

Ich verstehe die Ängste und Sorgen von Herrn Professor Weizenbaum. Auch ich möchte mich gegen Entwicklungen wehren, die zur Vereinsamung des Bibliotheksbenützers beitragen. Andererseits muß ich als Leiter eines sehr speziellen Servicebetriebes jenem Ingenieur der Firma Sulzer, Winterthur, dienen, der mir letzthin lachend erklärte, er benutze die ETH-Bibliothek mit Freude und Gewinn und sei besonders dankbar, daß er sie so gut wie nie betreten müsse! Er leidet nicht an Vereinsamung. Er ist vielmehr in intensive berufliche Kontakte eingeflochten und wird von einer Informationsflut regelrecht überrollt, eben von jenem, von Herrn Prof. Weizenbaum erwähnten "Quatsch", der täglich produziert wird, und den auch er nicht lesen will. Ich muß diesem Ingenieur Mittel zur Selektion in der Informationsflut bieten und ihm Wege weisen, nicht darin zu ertrinken: Damit wären wir beim Kern unseres Themas, der Entwicklung der Bibliotheken zu Informationsvermittlungszentren.

Ich werde dieses Thema natürlich hauptsächlich aus der Perspektive der ETH-Bibliothek behandeln. Sie spielt bei dieser Entwicklung durchaus eine Vorreiterrolle, was vor allem auf die Randbedingungen zurückzuführen ist, unter denen sie arbeitet. Es sind zunächst negative Umstände zu nennen, welche diese Entwicklung fördern, wie eine extreme Raum- und Personalknappheit, jedoch muß man auch sehr positive Randbedingungen sehen, wie großzügige finanzielle Verhältnisse und keine "Rotstiftbeamten", welche - ausgestattet mit der "Waffe der preußischen Kameralistik" - Entwicklungen allzuleicht blockieren können.

Im folgenden werde ich zunächst etwas zum Wandel in drei Bereichen sagen, nämlich dem Wandel der Benutzeranforderungen, der Informationsträger und Informationsmittel, sowie der Benutzungsformen. Daran anschließend möchte ich einige Entwicklungslinien für ein Informationsvermittlungszentrum skizzieren.

### *Wandel der Benutzeranforderungen*

Es gibt wohl drei Ursachen des Wandels der Benutzeranforderungen. Die erste ist externer Natur und betrifft den uns alle beeinflussenden technischen Wandel. Überall auf den Schreibtischen unserer Kundschaft tauchen Arbeitsplatz-Computer oder Terminals auf, und eine gewisse Bequemlichkeit in der Nutzung von Informationen mit Hilfe dieses Gerätes macht sich breit.

Ein zweiter Grund für den Wandel der Benutzeranforderungen ist sicherlich im gewandelten Angebot der Bibliotheken selbst zu sehen. Es wäre naiv zu glauben, wir Bibliothekare hätten seinerzeit den optimalen Katalog in Zettelform oder danach den optimalen Onlinekatalog erfunden. Unsere Benützer sind sehr anpassungsfähig und akzeptieren einen Entwicklungsprozeß, den wir selbst gestalten. Ein Zurück jedoch, etwa zu früheren unbequemen Katalogformen, ist aus Sicht der Benützerschaft undenkbar. Ihre Anforderungen haben sich gewandelt.

Schließlich gibt es so etwas, wie einen "interbibliothekarischen Konkurrenzdruck". Ein Beispiel hierfür ist der Online-Katalog, der auch in der Schweiz mehr und mehr Schule macht, und es ist auch heute schon für manche Bibliotheken ein deutlicher Zwang zu spüren, über kurz oder lang online Direktbestellungen zuzulassen, und Dokumente an die Benützer zu versenden, weil dieser Service von der ETH-Bibliothek seit längerem angeboten wird. An nicht wenigen Hochschulorten wird beobachtet, daß die Benützer lieber die bequeme "Versandbestellung" in der ETH-Bibliothek vom PC aus machen, als den Weg zur eigenen, örtlichen UB zu gehen.

Eine nicht veröffentlichte Umfrage des Vereins Schweizerischer Maschinenindustrieller unter 637 Firmen erbrachte recht interessante Ergebnisse hinsichtlich eines sich wandelnden Benutzerbedürfnisses: Bei den *Informationsleistungen* interessiert vor allem das Angebot von Recherchierinfrastruktur. Dagegen ist die Hilfestellung bzw. Beratung oder die Übernahme von Recherchieraufträgen weit weniger interessant.

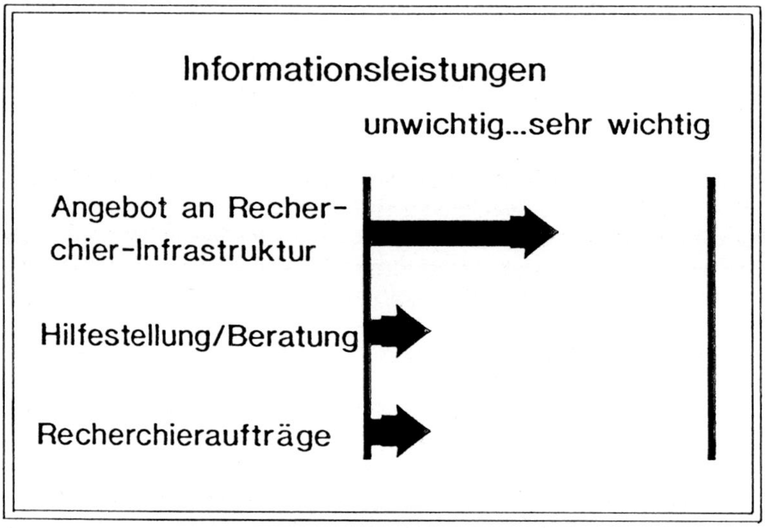

Was die *Informationsauslieferung* betrifft, so scheint der direkte Zugang zur Endinformation im Sinne eines Bibliotheksbesuches als gar nicht mehr so wichtig erachtet zu werden. Als wichtig erachtet wird anscheinend die Lieferung aus eigenen Beständen, welche - wohl wegen des Zeitaspektes - der Lieferung aus externen Beständen gegenüber bevorzugt wird.

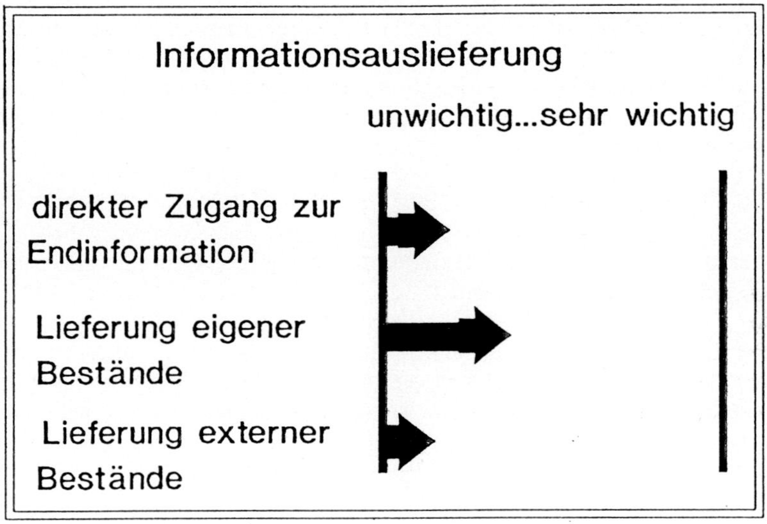


Die offenen Antworten, welche auf den erarbeiteten Fragebögen zu finden waren, berührten vor allem:

- den gewünschten Ausbau von Online-Recherchen, der Online-Übermittlung von Materialien sowie der Fax-Lieferungen von Dokumenten,
- die Recherche und Lieferung von entlegenem Material (Patente, Marken- und Schutzmuster, Firmenbroschüren, Materialien in entlegenen Sprachen, Übersetzungen bzw. Zusammenfassungen japanischer und chinesischer Dokumente).

Andererseits wurde gefordert, daß keine neuen Datenbanken kreiert werden, da die Übersicht sowieso schon schwer falle.

In einem ebenfalls noch nicht veröffentlichten Bericht der Eidgenössischen Kommission für Wissenschaftliche Information, die sich aus etwa 25 Vertretern aus Wissenschaft, Wirtschaft, Verbänden und Bibliothekswesen zusammensetzt, spricht man von einer für "... den einzelnen kaum mehr überschaubaren Informationsflut ..." und von einer Verdoppelung der Weltinformation in wenigen Jahren. Zwar könne der Benützer über seinen

Arbeitsplatzrechner auf diese Masse von Information zugreifen, aber gerade um dies sinnvoll zu tun, bedürfe es:

- der logischen Integration vieler Datensammlungen verschiedener Struktur
- der Verbesserung der Recherchieralgorithmen ... sowie
- Benutzerschnittstellen, welche im Normalfall das Recherchieren durch den eigentlichen Endbenutzer ermöglichen ... (EKWI, S. 8)

Der Benützer mit Spezialbedürfnissen bedürfe "Benutzerberatungs- und Auskunftsstellen...", die fachgebietsabhängig sind, aber standortunabhängig sein können, da sie via Telekommunikation kontaktiert werden. Der Benutzer brauche *Endinformation* und um dahin zu gelangen, einen standardisierten Zugang zur Information, egal, wo diese physisch gelagert ist (EKWI, S. 8).

Ähnlich, jedoch etwas zurückhaltender, prognostiziert die Arbeitsgruppe Wissensbanken, die 1987 vom Ministerium für Wissenschaft und Kunst Baden-Württemberg eingesetzt wurde, in ihrem Bericht "Die mittelfristige Informationsversorgung für das Land Baden-Württemberg", wenn sie prognostiziert:

"Der Online-Zugang zu einer Vielzahl von Informations-Datenbanken ist unmittelbar vom Arbeitsplatz aus möglich, ein Teil der Informationen steht am Arbeitsplatz direkt zur Verfügung, viele andere elektronisch verfügbare Informationen und Dokumente können abgerufen und am Arbeitsplatz gespeichert werden. Das Nachweis-, Bestell- und Liefersystem für das nicht direkt abrufbare und nicht maschinenlesbare gedruckte Schrifttum läuft weitgehend automatisch ab, die Übermittlung erfolgt dabei teilweise computeruntersützt, in der Regel über dezentrale Stellen. Die Bibliotheken haben ihre alten Funktionen erweitert und bieten beratende und vermittelnde Dienstleistungen auch im Bereich der elektronisch gespeicherten Information an." (AG Wissensbanken, S. 35)

*Wandel der Informationsträger und Informationsmittel*

In vielen Bibliotheken, welche sich nicht darauf beschränken, nur gedruckte Informationen auszuwählen, schwillt die Zahl der sogenannten "non-books" stetig an. So wird wohl in der ETH-Bibliothek die Zahl der nonbooks in den nächsten Jahren jene der gedruckten Informationsträger überschreiten. Die Gründe hierfür liegen auf der Hand: Einerseits wächst die Menge der Publikationen in nicht gedruckter Form, und es ist nicht einzusehen, warum Informationen nur dann sammelnswert sein sollen, wenn sie in Büchern oder Zeitschriften erscheinen. Zweitens zwingt uns unser Auftrag zur Erhaltung und Archivierung der Information zu einer umfassenden Verfilmungsaktion, da gerade bei massenweiser Gefährdung modernerer Schriftgutes die Massenentsäuerung kein Weg zur Aufrechterhaltung ihrer Benutzbarkeit ist. Schließlich sprechen Raumgründe für eine weitere Ausdehnung des Anteils der non-books.

Haben wir uns langsam an die Aufnahme von Sekundärliteratur auf elektronische *Informationsträger* gewöhnt, erscheinen nun mehr und mehr Primärinformationen auf beliebigen Massenspeichern. Der Grund hierfür liegt wohl hauptsächlich darin, daß viele der elektronischen Medien den gedruckten Medien in mancherlei Hinsicht überlegen sind (Böhler I, S. 2). Dies betrifft vor allem die kommenden "Multimedia", deren neueste und zukunftsträchtigste Entwicklungen etwa folgendermaßen zu beschreiben sind:

Die mittlerweile altbekannte CD-ROM wird allmählich durch die *CD-R* (recordable) ersetzt und ergänzt. Hinzu tritt die *CD-I* (interactive), welche als multimediale compact disc erlaubt, Videosequenzen mit Audio-Grafik- sowie Textkomponenten zu kombinieren. Sie wird abgespielt auf einem "intelligenten" CD-ROM-Player, der über einen eigenen Motorola 68070-Processor oder einen externen PC gesteuert wird. Schließlich sind hier erwähnenswert die Software *Hypercard* in Kombination mit *MOD* (alle Spielformen von magnetoptischen Discs), welche ebenfalls die Kombination von Audio, Grafik und Textsequenzen erlaubt. In der ETH-Bibliothek sind wir derzeit dabei, auf dieser Basis Bild, Ton und Textsequenzen zur Benutzerschulung zu erstellen.

Die Konsequenzen dieser Entwicklungen bestehen in der Einrichtung von Speziallesesälen, in sich stark veränderten Benutzungsformen und einem enormen Betreuungsaufwand, in der Notwendigkeit eines Geräteparks, ja sogar "Gerätemuseums", denn die verschiedenen Medien sollen ja auch für die Nachwelt abspielbar bleiben. Schließlich werden Sondergeschäftsgänge bei der Dokumentenbearbeitung erforderlich (Böhler II) und es entstehen Archivierungsprobleme besonderer Art. So bereiten wir die Digitalisierung von Tonaufnahmen vor, eine Technik, die bei wiederholter Anwendung eine beliebig langlebige Aufnahmequalität verspricht.

Wir planen die Zusammenlegung der Mediothek sowie der Reportssammlung innerhalb der ETH-Bibliothek zu einer Nonbook-Abteilung, sodaß längerfristig gemeinsame Geräte in gemeinsamen Lesesälen für die Hör-, Sicht- und Lesbarmachung der neuen Medien genutzt werden können.

Daneben erleben wir eine wachsende Flut elektronischer *Informationsmittel*, meist auf CD-ROM-Basis. Wir setzen seit geraumer Zeit Nachschlagewerke und Fachbibliographien in CD-ROM-Form im Informationsbereich sowohl als internes wie benutzerbezogenes Informationsmittel ein. In der Reportssammlung bieten uns die CD-ROMs von NTIS einen kompletten Katalog über nahezu 1,6 Mio Reports, den wir nicht selbst erstellen müssen. In Vorbereitung ist der Einsatz von CD-ROMs für weitere rein interne Zwecke, wie für die Katalogisierung und die Erwerbung.

In den letztgenannten Bereichen werden wir aus arbeitstechnischen Gründen versuchen, alle betroffenen Arbeitsplätze über ein Netzwerk auf einen CD-ROM-Server zugreifen zu lassen. Hierzu sollen die bisherigen Katalogterminals durch PC-Workstations ersetzt werden, die sowohl Terminal- wie PC-Funktionen (zu Nachschlagezwecken) erfüllen sollen.

Die Einbindung solcher CD-ROM-Netzwerke in LANs und die Zugänglichmachung für den Benützer wird wohl ein wichtiger weiterer Schritt sein, wenn auch hier noch eine Menge rechtlicher Probleme im Weg stehen.

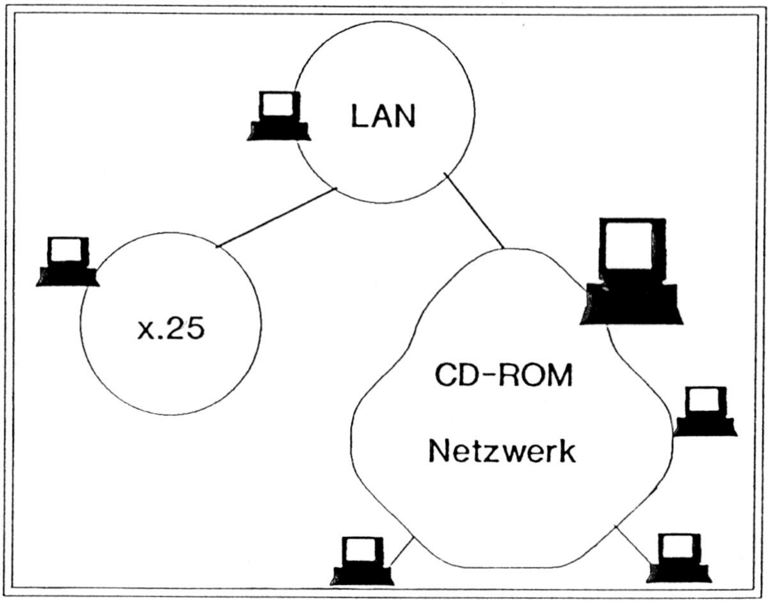


Bei den Online-Recherchen in *kommerziellen Datenbanken* stellen wir eine zunehmende Popularisierung fest. An der ETH-Bibliothek wurden Kurzrecherchen zu stark verbilligten Tarifen eingeführt, welche vom Auskunftspersonal zusammen mit den Benützern ohne bibliographische Vorrecherchen durchgeführt werden. Diese Recherchen bewegen sich in der Zeitdauer um die 10 Minuten und können durchaus auch durch geübte Benützer durchgeführt werden.

Welche ruckhaften Veränderungen im Informationsangebot einer Bibliothek elektronische Medien hervorrufen können, und wie wenig technische, jedoch organisatorische und personelle Grenzen dem gegenüberstehen, zeigte eine kürzliche Diskussion in der ETH-Bibliothek, bei der es darum ging, die neuen CD-ROMs des europäischen Patentamtes anzubieten. Technisch, und auch räumlich wären wir ohne weiteres dazu in der Lage, einen Service wieder aufleben zu lassen, der vor Jahren aufgrund mangelnder personeller Ressourcen abgegeben wurde. Wir müßten jedoch mit der Wiedereinführung der Patentdokumentation nicht nur mit mehr, sondern vor allem auch mit sehr betreuungsintensiven Spezialbenützern rechnen und mußten uns deshalb gegen diesen neuen Service entscheiden.

Zum *Online-Katalog* mehr zu berichten, wäre sicher müßig. Soviel sei jedoch nach fünfjähriger Erfahrung mit dem ETHICS-Onlinekatalog gesagt: Er hat gedruckte Kataloge völlig ersetzt und ist diesen funktionell weit überlegen. Er wird mit Sicherheit

Drehscheibe des Informationsangebotes innerhalb und außerhalb der Bibliothek schlechthin und damit zur wichtigsten Grundlage eines Informationsversorgungszentrums.

Mit einer gewissen Wahrscheinlichkeit lassen sich folgende funktionelle Erweiterungen vorhersagen: Er kann seine Funktion als *Informationsmittel* ausdehnen, in dem vor allem seine sachliche Erschließungsfunktion auch zu externen Informationsmitteln führen kann. Er kann jedoch auch seine Funktion als Informationsträger erweitern, indem er Texte aufnimmt. Vorstellbar wäre beispielsweise die Aufnahme von Zeitschriftenartikeln, etwa nach dem Muster des ADONIS-Projektes (Neue Medien, S. 59-78). Vorstellbar und sinnvoll wäre jedoch auch, in den Katalog Volltexte aufzunehmen, welche die Dokumente besser beschreiben, wie z.B. Abstracts, Inhaltsverzeichnisse, Indices, Klappentexte und ähnliches.

Besonders im *Bibliotheksausleiheverbund* wird der Online-Katalog einen qualitativen Sprung in der Bibliotheksbenützung ermöglichen. Erst durch ihn werden arbeitsteilige Kooperationsformen, wie z.B. Schwerpunktprogramme sinnvoll ergänzt durch die direkte Bestellung von Dokumenten oder einen direkten Abruf der Informationen über Wege der Telekommunikation.

### *Wandel der Benutzungsformen*

Wie schon früher erwähnt, stellen wir in der ETH-Bibliothek einen zunehmenden Trend zur "Fernbenutzung" der Bibliothek fest. Die ETH-Bibliothek wickelt etwa die Hälfte ihrer Ausleihe per Post ab, und sie erreicht damit absolut gerechnet ein höheres Ausleihvolumen per Post als alle anderen schweizerischen wissenschaftlichen Bibliotheken zusammen. Alle wichtigen Funktionen im Zusammenhang mit der Ausleihe können extern durchgeführt werden. So kann man einen Benutzerantrag stellen, Adress- oder Passwortänderungen vornehmen und neuerdings ist auch am PC im Büro beobachtbar, wann ein Dokument zur Ausleihe verbucht und damit bereitgestellt wird. Selbst für ETH-interne Benützer, welche ihr Büro im Haus der ETH-Bibliothek haben, ist es nun üblich, vom Büro aus zu bestellen und erst die Bibliothek zu betreten, wenn das oder die entsprechenden Dokumente verbucht und zur Abholung bereitgelegt wurden.

Wahrscheinlich wird sich dieser Trend zur externen Benutzung der Bibliothek weiter fortpflanzen, in dem Maße, wie die Ausleihe im Verbund realisiert wird. Es ist vorgesehen, daß künftig Online-Bestellungen nicht nur in jeder ausleihenden Teilnehmerbibliothek des Verbundes, sondern auch von jeder beliebigen Teilnehmerbibliothek aus vorgenommen werden können. Innerhalb des Verbundes sollen die Dokumente in jeder beliebigen Bibliothek zurückgegeben werden können.

### *Informationsvermittlungszentren*

Damit sind wir beim Kern des Themas angelangt, der Funktion eines Informationsvermittlungszentrums. Ich verstehe darunter die ganzheitliche und weitgehend automatisierte

Versorgung mit Informationen, egal ob diese Informationen im Zentrum vorgehalten oder von externen Zentren besorgt werden muß.

Die Bibliothek tritt verstärkt in eine Vermittlerrolle in einem speziellen Bereich von Fachinformationen. Hinzutreten muß jedoch auch eine besondere Qualität der am Zentrum gehaltenen Informationen, ohne jede Rücksicht auf die Art des Informationsträgers. Es darf nicht passieren, daß das Informationsvermittlungszentrum etwa Informationsträger ausscheidet, nur weil sie sehr viel Bearbeitungsaufwand mit sich bringen.

Eine interessante Entwicklung in Richtung Informationsvermittlungszentrum auf einem sehr eng begrenzten Fachgebiet, bei der allerdings der rein vermittelnde Aspekt in den Vordergrund tritt, ist das "Projekt Chemie-Arbeitsplatz" der Firma Ciba-Geigy in Basel (Poppinger). Mit diesem Projekt wird versucht, den Chemiker während des gesamten Entwicklungs- und Produktionsprozesses mit adäquater Information am Arbeitsplatz zu versorgen. Dabei sollen sich die einzelnen Applikationen "... unter einer gemeinsamen, so weit möglich uniformen Benutzeroberfläche, präsentieren und ihre Daten in einer für den Benutzer transparenten Art und Weise austauschen - so weit dies eben technisch möglich ist." (Poppinger, S. 40)

Genau hier kann die künftige Funktion des OPAC einsetzen: Die Sacherschliessungsfunktion des OPAC kann nicht nur die eigenen Bestände, sondern auch fremde, externe Dateien für den Benützer aufschließen. Somit ergibt sich ein geschlossener Kreis von der OPAC-Recherche zur Recherche in externen Datenbanken wiederum zur OPAC-Recherche und schließlich zur Bestellung im Rahmen des OPAC.

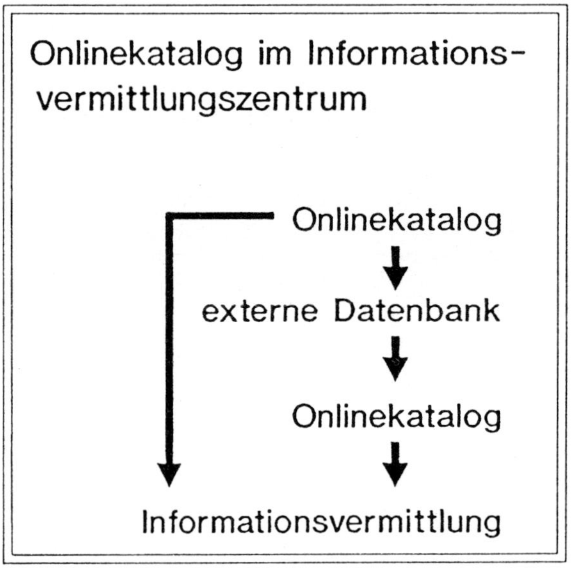

Es sind damit folgende ungefähre Entwicklungslinien eines Informationsvermittlungszentrums (IZ) denkbar:

1. Ein IZ wird sich auf einen fachlich orientierten Bibliotheksausleihverbund abstützen, folglich muß diese Art Verbund optimal ausgebaut werden.
2. Der OPAC wird eine Erweiterung im Hinblick auf die Aufnahme von Volltexten erfahren. Diese Volltexte können vom Benützer direkt gegen Erstattung einer Gebühr abgerufen werden.
3. OPAC-Systeme und externe Datenbanken wie eventuell auch bibliotheksinterne CD-ROM-Netzwerke werden sich vernetzen. Dies ist eine ganz wesentliche Voraussetzung zur Sicherstellung der Vermittlungstätigkeit eines IZ.
4. Es werden sich "FrontEnd-Systeme" entwickeln. Das sind Software-Systeme zur Homologisierung der Benutzung unterschiedlicher Datenbanken. Diese FrontEnd-Systeme werden zu einer Angleichung der Benutzeroberflächen, einer Angleichung der Suchlogik sowie zur Weitergabe von Suchinhalt und Bestellung führen.
5. Es werden sich Expertensysteme zur kontextbezogenen Benutzerführung etablieren. D.h., daß die Abfragesysteme sich anpassen werden an die Geschicklichkeit und Routine des Benützers, und daß andererseits inhaltliche Hilfestellungen in jedem Punkt einer Recherche zur Verbesserung der Recherchestrategie möglich werden.

*Verwendete Literatur*


| | |
|---|---|
| AG Wissensbanken | Die mittelfristige Informationsversorgung für das Land Baden-Württemberg, Bericht einer Arbeitsgruppe des Ministeriums für Wissenschaft und Kunst 1987 (unveröffentlicht) |
| Böhler | Karl Böhler: Non-Books: Zukunft der Bibliothek oder Quantité négligeable? Vortrag an der 88. Generalversammlung der Vereinigung Schweizerischer Bibliothekare in Lugano, 5.10.1989 (unveröffentlicht) |
| EKWI | Eidg. Kommission für Wissenschaftliche Information (EKWI) Commission Fédérale pour l'Information Scientifique (CIS): Versorgung der Schweiz mit wissenschaftlicher Information in Gegenwart und Zukunft, Zürich, 14.12.1988 (unveröffentlicht) |
| Hug | Hannes Hug: Der moderne Bibliotheksbenutzer, in: ARBIDO-R 5 (1990) 1, S. 45-47 |
| Neue Medien | Neue Medien in der TIB und ihre Auswirkungen auf die überregionale Literaturversorgung, Abschlußbericht eines BMFT-Projekts, Hannover 1990, 3-87990-058-2 |
| Poppinger | D. Poppinger: Der EDV-Arbeitsplatz des Chemikers, in: ARBIDO-R 5 (1990) 2, S. 37-44 |

# PROBLEME, MÖGLICHKEITEN UND KONSEQUENZEN DES EINSATZES VON SCANNERN IN BIBLIOTHEKEN

**Von Walther Umstätter**

*Einleitung*

Nachdem Computer in den 50er und 60er Jahren vorzugsweise als Rechner eingesetzt wurden, und sie in den 70er und 80er Jahren zunehmende Bedeutung in der Verarbeitung von Texten erlangten, zeichnet sich heute ein unübersehbarer Trend in Richtung Bildverarbeitung ab. Diese Entwicklung ist nur möglich, weil neben den immer preiswerter und schneller arbeitenden Rechnern auch die Massenspeicher und die digitalen Bildaufnahmegeräte in großen Stückzahlen zur Verfügung stehen.

Wurde im Weinberg-Report 1963 der Umfang an Information in der Library of Congress noch mit rund zehn Billionen Bit veranschlagt, so wissen wir heute, daß damit lediglich das geschriebene Wort berücksichtigt wurde. Zeichnungen, Tabellen, Skizzen, Pläne, Karten, Fotos, Filmwerke oder auch das Layout einer Seite waren für die Dokumentierung im Computer fast völlig ausgeschlossen.

Diese Entwicklung führt uns zum einen zu den sog. Volltextdatenbanken, die von Tag zu Tag in zunehmender Zahl entstehen - mit und ohne digitalisierter Grafik - und die eine klare Unterscheidung zwischen der Dokumentation des Objektes, z.B. dem Buch, und der Dokumentation des rein Inhaltlichen zunehmend erzwingen. Zum anderen erfordert dies eine neue Einschätzung des Informationsgehaltes des Bildlichen. Ob über Video oder Scanner, die digitalisierte Information kann komprimiert, transformiert, weiterverarbeitet und durch Kommunikationsnetze transportiert werden.

Lagen die Kosten für einen Scanner mit Zeichenerkennung vor zehn Jahren noch bei etwa 200.000,-- DM *(Rice, J. 1981)*, so sind sie heute bei einfachen aber durchaus einsetzbaren Geräten etwa um das Hundertfache niedriger. Es soll hier gezeigt werden, wo solche Billiggeräte (im positiven Sinne des Wortes) in Bibliotheken, Dokumentationsstellen und Archiven schon einsetzbar sind.

*Material und Methode*

Die Fachhochschule für Bibliotheks- und Dokumentationswesen Köln erprobt seit etwa zwei Jahren (z.T. auch im Rahmen der studentischen DV-Übungen) die Möglichkeiten des Einsatzes von Scannern und der dazugehörigen Texterkennunssoftware. Wir benutzen dafür den Atari Mega ST4, den Hawk Flachbettscanner mit 200, 300 oder 400 dpi (dots per inch) Auflösung und als Software AUGUR, für insgesamt nicht viel mehr als 10.000,-- DM. Der Atari bot sich seinerzeit an, da bislang die Barriere von 640 KB RAM-Speicher bei IBM-kompatiblen Geräten für die Verarbeitung von Grafik annähernd indiskutabel war. Systeme wie Optopus arbeiten daher mit einer Zusatzkarte, die einen 32-Bit-Prozessor und 2 MB RAM anbieten. Eine solche Konfiguration erfordert neben dem IBM-kompatiblen Rechner und dem Concurrent DOS Betriebssystem für die zusätzliche Hard- und Software mindestens 13.000,-- DM.

Man kann grundsätzlich zwei Arten der Texterkennung unterscheiden:

A: Die sog. *Thinning Methode,* oder auch das *Feature Recognition*, bei der aus einem Buchstaben vom Rechner das Rückgrat herausgeschält wird, um dann aus den wesentlichen Merkmalen des Zeichens seine Bedeutung zu ermitteln.

B: Die *Template Methode*, oder auch *Pattern Recognition*, bei der der Rechner zu jedem Buchstaben in seiner Schablonenbank das Bitmuster sucht, das am bestem paßt.

Die hier benutzte Methode, in der das System einen Grundstamm von Zeichen rasch erlernt, der dann gegebenenfalls ergänzt wird, ist die weitaus billigere. Ihr Einsatz ist begrenzt. Dabei kommt es beim raschen Arbeiten darauf an, daß der Rechner ebensolange für die Erkennung seiner Zeichen braucht wie der Operator, der die noch unbekannten Buchstaben simultan nachliefert.

*Ergebnisse*

AUGUR basiert auf dem zweiten Prinzip. Bei einem Sachregister von etwa 5 Buchseiten scannt man also in 10 Sekunden bei 300 dpi eine Seite ein. Bei kleiner Schrift empfiehlt es sich jedoch 400 dpi zu wählen. Danach fragt das System nach der Bedeutung der Buchstaben, die man per Tastatur beantwortet. Bei einheitlichem Druckbild müssen also 26 Groß- und 26 Kleinbuchstaben, sowie die Ziffern 0-9 und Sonderzeichen eingetippt werden. Da meist auch ein zweiter Schrifttyp, wie Fettdruck oder Kursivschrift hinzu kommt, arbeitet man im Durchschnitt mit etwa 120 Zeichen, die das System in etwa 3 Minuten erlernt. Für die nachfolgenden Seiten benötigt man durchschnittlich 1-2 Minuten. Wir können also von rund 10 Minuten für 5 Seiten Sachregister mit 10.000 Zeichen ausgehen.

Eine Schreibkraft mit 150 Anschlägen pro Minute benötigte dafür eine Stunde hochkonzentrierter Arbeit. Nun gibt es allerdings eine Reihe von typischen Fehlern bei solchen Systemen. Es wird oft u und v vertauscht und manches Leerzeichen zusätzlich eingefügt. Auch Proportionalschrift und Ligaturen können manche Probleme aufwerfen. Einige dieser Fehler kann man mit Hilfe einer Textverarbeitung und eines sog. "spell checker's" beseitigen.

Bemerkenswert ist auch, daß die häufig angegebene Fehlerrate von weniger als 1% natürlich textabhängig ist. Wenn ein System zwar alle Zeichen richtig liest, aber grundsätzlich nicht zwischen 0 und O unterscheiden kann, weil die Schrift dies kaum zuläßt, ist die Fehlerrate eine reine Frage dessen, wie oft eines dieser beiden Zeichen auftritt. Wesentlich störender ist aber, daß man beim Schreiben sich leicht vertippt und damit z.B. im gesamten Sachregister statt des Buchstabens g ein f finden kann. Mit solchen Aufräumungsarbeiten der Wortkorrektur verstreichen problemlos weitere 30 Minuten.

Bei massiver Rationalisierung, indem man längere Texte zusammen bearbeitet und sich sog. Makros für typische Fehler schreibt, kann einiges an Zeit gewonnen werden. Mit etwa 20 Minuten muß aber gerechnet werden. Moderne Texterkennungssysteme verwenden allerdings solche Wortvergleichsdatenbanken gleich zur Disambiguierung der zu erkennenden Buchstaben, wobei aber ein Terminus Technicus oder Autorennamen erhebliche Probleme erzeugen.

Die bibliographischen Angaben zum Buch gibt man am einfachsten per Tastatur dazu und versieht sie mit Feldbezeichnungen, wie

AU Autor
TI Titel
PU Herausgeber
YE Jahr.

Neben der Feldbezeichnung

IN Index

empfiehlt sich natürlich, auch das Feld

SI Signatur

zur Auffindung der Dokumentarischen Bezugseinheiten (DBEs) gleich mitanzugeben. Diese Daten lassen sich als ASCII-Text problemlos auf andere Rechner überspielen und in eine Datenbank wie AskSam einlesen. Die Aufbereitung für die Datenbank erfordert weitere 5 Minuten.

Damit können wir für ein durchschnittliches Buch eine halbe bis dreiviertel Stunde als Zeitbedarf rechnen bzw. 10 - 15 Bücher pro Tag. Im Vergleich dazu brauchte man für ein Buch im Volltext mindestens einen Arbeitstag. Bei entsprechender Rationalisierung der Arbeitsabläufe könnte man mit einer angelernten Arbeitskraft vermutlich auf 2.000 - 3.000 so erschlossene Bücher kommen. Bedenkt man, daß die Library of Congress für die Erschließung mit PRECIS 20 Min. pro Buch ansetzte *(Maaßen, B. 1985)* und daß ein Sachreferent ebenfalls etwa 20 Minuten für die Schlagwortvergabe eines Buches benötigt, so dürften die Kosten hierfür kaum niedriger liegen.

Es muß an dieser Stelle ganz deutlich gesagt werden, daß man dies z. Z. nur mit etwa 10% der anfallenden Bücher einer wissenschaftlichen Bibliothek durchführen kann. Da ein Teil der Bücher keine Sachregister hat, einige Sachregister durch ihre Schrifttypen ungeeignet sind und da es sich auch bei manchen Büchern nicht lohnt.

So ist es z.Z. nicht besonders sinnvoll, Nachschlagewerke, in denen bestimmte Begriffe von vornherein zu erwarten sind, mit diesem Aufwand zu erschließen. Hier sei auch an die "Electronic Encyclopedia" auf CD-ROM erinnert, die mit ihren 10 Millionen suchbaren Worten eine wahre Fundgrube ist.

Das Einlesen von Sachregistern ist kein Ersatz für das weit überlegene Volltextretrieval. Es ist aber eine Zwischenstufe für all die Bibliotheken, die völlig unzureichend erschlossene Bestände haben und die nicht warten können, bis auch diese Wissensquellen elektronisch zugänglich sind. Daß z.B. die Bibel in mehreren Versionen auf CD-ROM zugänglich ist, daß in "CD-Literature 2nd edition" französische Autoren, in "Great American Authors" Jack London, Marc Twain u.a. amerikanische Autoren enthalten sind, daß das "Oxford Textbook of Medicine: Electronic Edition" verfügbar ist, in "Perseus 1.0" griechische Texte von der Harvard University angeboten werden, in "Revolutions" Texte und Bilder zur französichen Revolution, in "Shakespeare on Disc" seine gesamten Werke und in "Sherlock Holmes on Disc" Conan Doyles Werke angeboten werden, bedeutet, daß man hier nichts zu scannen braucht. Neuerdings werden von der Firma Incom in Bonn auch Kants gesammelte Schriften auf CD-ROM angeboten und Musils gesammelte Werke sollen in Vorbereitung sein. Dies zeigt, daß es nun Schlag auf Schlag geht. Die Zauberflöte, von Warner New Media, unter dem Namen "The Magic Flute" für den Apple Macintosh herausgebracht, erhielt vor kurzem von der "Optical Publishing Association" den Preis für den innovativsten CD-ROM-Titel.

In "OCLC Micro" wurde der NeXt Computer bereits im Februar 1989 als "one of the most remarkable tools for libraries" bezeichnet. Sein optischer Plattenspeicher mit 256 MB kostet nur $ 50,-- und sein Motorola 68030 Prozessor arbeitet mit 5 MIPS (Millionen Instruktionen pro Sekunde). Seine Datenbanksoftware heißt bezeichnenderweise "Digital Librarian" und fördert in 1,5 Sekunden beliebige Zitate aus dem ebenfalls mitgelieferten "Shakespeare" oder dem "Oxford Book of Quotation" *(Valauskas, E.J. 1989)*. Hier kann man also schon jetzt sehen, was auch die IBM-kompatiblen in absehbarer Zeit leisten werden.

Das Einlesen von Texten in PCs gewinnt heute nicht so sehr durch die explosionsartige Verbreitung von Scannern und Telefaxgeräten an Bedeutung, als vielmehr durch die gleichzeitig nutzbare optische Speichertechnik, die immer leistungsfähigeren 32-Bit-Rechner und die entsprechende Datenbanksoftware. Selbst wenn die Texterkennung keine solchen Fortschritte machen würde, wäre es sinnvoll, ganze Autoren- und Sachregister über die manuelle Eingabe durch Retrieval verfügbar zu machen. Der rasante Zuwachs von im Volltext verfügbaren Schriften und bald auch grafischen Dokumenten ist unaufhaltbar.

Interessanterweise sind Buchtitel, Inhaltsangaben, Literaturzitate oder CIP-Eintragungen meist weniger lohnend, als gerade Sachregister - entweder durch die heterogenen Schriftarten (neudeutsch Fonts), oder durch den geringen Informationsgehalt gegenüber dem Arbeitsaufwand. Von besonderem Interesse dürfte aber in absehbarer Zeit auch das elektronische Exzerpieren aus Büchern und Zeitschriften sein. Wenn man an die tragbaren Laptops Handscanner anschließt, mit denen man sozusagen als reisender Informationssammler durch die Bibliotheken wandert, lassen sich Texte, statt wie bisher manuell, digital erfassen und in eigene Datenbanken oder Aufsätze zitierend einfügen. Nach kurzer Einübungszeit sind solche Handscanner nach meiner Erfahrung schon heute durchaus verwendbar. Hinzu kommt, daß nach Ankündigung von Apple ein "Low-Cost-Mac und mehrere Laptops" für 1991 angekündigt sind.

Wir müssen also davon ausgehen, daß auch unsere Studenten in zunehmendem Maße mit eigenen Rechnern in den Übungen und in der Bibliothek erscheinen werden. Dies deckt sich im übrigen mit denVorstellungen bei Microsoft. *Bill Gates* von Microsoft stellte im März dieses Jahres auf der CD-ROM Konferenz in San Francisco fest: "Wir brauchen in der Zukunft einen Multimedia PC". Der 80286er mit 2 MB RAM, VGA-Karte, 30 MB Festplatte, MIDI-Schnittstelle, Maus und CD-ROM Laufwerk soll noch unter $ 2.000,-- liegen. In den USA kostet ein durchschnittliches Laufwerk für CD-ROM nur noch $ 350 -- $ 450,-- (650,-- DM). Solche Hypermedia-Systeme, in denen Bild, Ton und Text beliebig gemischt eingesetzt werden können, sind insbesondere zum selbständigen Lernen geeignet. Sie werden nach Ansicht einiger Beobachter dieser Szene in absehbarer Zeit auf fast jedem Schreibtisch stehen. Für 1992 sagte *Gates* Maschinen mit 4-6 MB RAM, 40 MB Festplatte, Erasable Disc, DVI und dem Betriebssystem OS/2 voraus. Die 5 Millionen PCs in den USA sollen für weniger als $ 1.000.-- aufgerüstet werden können.

Unsere Versuche, Katalogkarten einzulesen, haben mehr Probleme gebracht als man zunächst erwartet. Die oft schwer trennbaren Zeilen, Unterstreichungen, uneinheitlichen Schriftbilder oder auch diakritischen Zeichen bereiten manchmal unerwartete Schwierigkeiten. Dazu kommt auch, daß man bei einem Katalog zumindest für bestimmte Bereiche eine Vollständigkeit erwartet und damit keine Möglichkeit der Auswahl hat. Dies ist der Grund, warum man wiederholt hört, daß die optische Zeichenerkennung bisher noch nicht den gewünschten Durchbruch brachte. Auch die retrospektive Konversion von MARC Records im großen Maßstab mit dem leistungsfähigen, aber teuren KDEM 4000 System von Kurzweil, das immerhin eine geschätzte Kostenersparnis von 75-90% erbringt *(Hein, M. 1986)*, verringert die Chance einer sinnvollen eigenen Konversion erheblich, zumal wir schon seit drei Jahren Katalogisate der Library of Congress von der CD-ROM "Bibliofile" per Knopfdruck übernehmen können. Die Kurzweil Data Entry Machine, die sich auch ICR (Intelligent Character Recognition) nennt, liest 30-100 Zeichen pro Sekunde mit einer Fehlerrate von 1/20.000 für einen Preis von $ 35.000,-- *(Boss, R.W. 1987)*. Sie wird mit einem MAX Minicomputer eingesetzt und erfordert also mindestens das Zehnfache dessen an Geld, wovon wir hier sprechen. Der erste Prototyp entstand 1975. Sechs Jahre später waren 150 Lesemaschinen in Betrieb *(Rice, J. 1981)*. Heute können wir in Europa von schätzungsweise 30 000 OCR-Systemen, unter Namen wie Alex, Augur, AutoRead (3.500,-- DM), Catchword, CGK Allfont 2 715, Eye Star Plus, LaPalette, Lector, Mac-OCR, Megaread, OCR-Junior, OCR Plus, OCR-Professional, Omnipage, Optopus, ReadRright (1.100,-- DM), Readstar, Recognita (4.400,-- DM), Scout, Sherlook u.a. ausgehen.

Kommerzielle Versuche, Informationen in Datenbanken einzulesen, sowie Katalogkarten im großen Maßstab zu konvertieren, werden international natürlich an mehreren Stellen durchgeführt. So rechnet man bei dem britischen OPTIRAM-System dessen Fehlerrate bei 2/10.000 Buchstaben liegt, mit $ 1,55 - $ 3,-- pro MARC Record *(Harrison, M. 1985)*. Seit dem 1.4.1990 ist das IFLA-Programm UBCIM (Universal Bibliographic Control and International MARC) von der British Library auf die Deutsche Bibliothek übergegangen. UNIMARC soll als europäischer Standard festgestellt werden *(Marckwardt, W. 1990)*. Inzwischen macht man sich allerdings in den USA über METAMARC Gedanken. Die Schwierigkeit von OCLC bei einer Modernisierung des längst überfälligen Formates, sind "lediglich" die Umsetzung der zwanzig Millionen existierenden MARC-Records. Man muß sich im klaren darüber sein, daß die Formate, wie MAB und MARC, teilweise Aufgaben für die Magnetbänder übernommen haben, die heute von den Betriebssystemen der jeweiligen Rechner weitaus komfortabler zu leisten sind.

Das Einscannen von Archivmaterial geschieht heute teilweise ebenso unkorreliert an verschiedenen Stellen der Erde, wie das Einscannen von Katalogkarten. So werden z.B. beim Daily Mirror in London, täglich 7600 Belege auf eine optische Platte gebracht, um das z.T. ohnehin zerfallende Material zur Platzeinsparung vernichten zu können und um die enthaltene Information natürlich über eine Datenbank und eine Jukebox auch besser verfügbar zu machen *(Steinberger, H. 1990)*. In den USA versucht man u.a. mit RLIN und OCLC all diejenigen Dokumente zu erfassen, die bereits zur Archivierung verfilmt werden bzw. worden sind. In zunehmendem Maße wird aber auch gescannt werden.

Die amerikanische CPA (Commission on Preservation and Access) hat zur Abstimmung solcher Archivierungsaufgaben vom 13.-16.5.1990 in Zürich ein "Meeting on International Database of Bibliographic Records for Preserved Items" veranstaltet. Ein entsprechendes EG-Projekt, mit dem Namen EROMM (European Register on Microform Masters) existiert ebenfalls. Nur in der Bundesrepublik muß bemerkenswerterweise noch vorher die Problematik RAK-WB/RAK-AV entschieden werden *(Richter, M. 1990)*.

Obwohl natürlich nur für Silberhalogenid-Mikrofilme Langzeiterfahrungen vorliegen und diese Speicher noch immer weitaus billiger sind als z.B. optische Platten, sollte man die Vorteile des Retrievals nicht unterschätzen. Eine sich anbietende Alternative ist die seit langem angekündigte und auf der letzten CeBIT von der Firma Microtek als Prototyp vorgestellte Möglichkeit, Texte und Grafik vom Mikrofiche oder DIA einzuscannen. Auch Agfa entwickelt mit dem LS-16 B Reader-scanner eine Digitalisierungsmöglichkeit, um sein CAR-System modernen Gegebenheiten anzupassen. Dabei sollte man allerdings auch die rechtliche Seite von verfilmten bzw. digitalisierten Dokumenten nicht außerachtlassen. Folgerichtig beobachten wir heute an zahlreichen Stellen das bildartige Einscannen, mit dem gleichzeitig die Voraussetzung zu einer späteren Texterkennung geschaffen wird.

Bei der zusätzlichen inhaltlichen Erschließung eigener Bestände, z.B. in einem Spezialgebiet, kommt es auf eine Lückenlosigkeit natürlich wesentlich weniger an, als bei einer Katalogerstellung. Hier besteht lediglich die Frage, ob wir die schätzungsweise 10% der Bestände einer Bibliothek um den Faktor 100 - 1.000 besser erschließen als bisher, oder ob wir auch darauf verzichten. Fünfzehn Jahre Erfahrungen im Online-Retrieval haben mir deutlich gezeigt, daß es nicht sehr hilfreich ist, wenn wir weltweit Literatur nachgewiesen finden, an die wir nicht rasch genug herankommen. Dissertationen und Diplomarbeiten, bei denen wichtige Literatur unberücksichtigt bleiben muß, nur weil sie in der Kürze der Zeit nicht erhältlich ist, sind beschämenderweise heute die Regel.

Wir haben die gescannten Sachregister in die Datenbanken STAR (von Cuadra auf AlphaMikro), in AskSam (MS-DOS) und in Hypercard (Apple Mac IIcx) eingespielt. Beispiel: Eingescanntes Sachregister mit bibliographischem Zusatz in AskSam.

AU Buckland, Michael K.<br>
TI Library Services in Theory and Context<br>
PU Pergamon Press<br>
YE 1988<br>
IN<br>
AACR2 see Anglo-American<br>
Cataloging Rules<br>
Aboutness 11, 78, 101-03, 108-09<br>
see also Pertinence<br>
Acceptability 191<br>
Access 118-21, 137, 186-91, 203, 211<br>
see also Cognitive access,<br>
Conceptual access, indicative access,<br>
intellectual access, Linguistic access,<br>
Physical access<br>
Adaptability 12, 28, 134, 241<br>
Allegory 117<br>
Allocation of resources 30, 35 , 41,<br>
143-69, 173-75, 182-84, 231, 237-38.<br>
Anglo-American Cataloging Rules 7 , 211<br>
Archives 22, 112, 225-26, 229-30<br>
Attributes 92-94<br>
Austrian libraries 10, 157<br>
Automata 84<br>
Automation see Computing

Alle drei Systeme bieten das Highlighting, sodaß die jeweils gesuchten Begriffe direkt am Bildschirm hervorgehoben werden. Auch Kontextoperatoren stehen jeweils mehr oder minder komfortabel zur Verfügung. Durch die Importfunktionen läßt es sich erreichen, daß die Felder AU, TI, PU, YE, IN, und SI einzeln gesucht bzw. mit Bool'scher Logik verknüpft werden können. Bei Systematischer Aufstellung bietet sich beispielsweise die Verknüpfung einer bestimmten Signatur mit einer Reihe von Indexbegriffen an. Bei uns wäre ein solches Beispiel: Suche "SI A11 und (ALA oder American Library Association)".

Damit erhöht sich die Wahrscheinlichkeit, aus dem Gesamtspektrum der ALA-Aktivitäten, die im Bereich der Dokumentation interessanten (Notationsteil A11) herauszufiltern. Durch das Abspeichern bestimmter Suchformulierungen können auf diesem Wege auch sog. Recurrings oder SDI's angelegt werden, die auf alle Bücher aufmerksam machen, die z.B. eine Aussage über Transputer* enthalten. - auch wenn der Buchtitel in diesem Falle "Online Information 89" heißt. Damit ergeben sich für den Bibliotheksbenutzer Möglichkeiten, die man nicht unterschätzen sollte.

Je umfangreicher eine solche Datenbank wird, desto besser müssen natürlich die Freitextrecherchemöglichkeiten sein. So ist die Festlegung, zwei Begriffe sollen in der selben Zeile oder im selben Satz stehen, nützlich. Damit kann beispielsweise durch die UND-Verknüpfung von "ff" oder "-" in Verbindung mit den Suchbegriffen dafür gesorgt werden, daß vorwiegend Begriffe Berücksichtigung finden, die auf mehreren Seiten zusammenhängend abgehandelt werden. Beispielsweise: OCLC 122 ff
OPAC 96 - 110

Das Recherchieren nach Information ist keine Frage des Findens oder Nichtfindens. Es ist eine Frage der Wahrscheinlichkeit, mit der man möglichst viel Information aus dem großen bibliothekarischen Angebot an Nachrichten, aus aller Redundanz und dem starken Rauschen, herausfiltert. Sachregister sind konventionelle Filter dieser Art. Wenn wir sie in einem "Super Index" zu einer elektronischen Datenbank zusammenfassen, erhalten wir damit ein mächtiges neues bibliothekarisches Arbeitsinstrument.

*Diskussion*

Wir können zwei sehr einfache Relationen postulieren:

A. Je schwerer ein Dokument zugänglich ist, desto besser muß es erschlossen sein, da die Gewißheit, es wirklich zu brauchen proportional mit der Entfernung wachsen muß, die gegebenenfalls zu überwinden ist.
B. Je leichter ein Dokument für den Endnutzer zugänglich ist, desto besser muß es erschlossen sein, da gerade die eigenen Resourcen aus wirtschaftlichen Gründen am stärksten ausgebeutet werden müssen.

Der hierbei scheinbar auftretende Widerspruch liegt lediglich in der Art der sog. indikativen bzw. informativen Erschließung. Im Fall A. muß meine Erschließung bis hin zum Volltext gehen, daß nur dies die Gewißheit bringt, ob ein Dokument benötigt wird oder nicht.

Im Fall B. kann bereits der Autor oder der Titel eines Buches völlig ausreichen, um dem Interessenten zu signalisieren, daß er in das Werk hineinschauen muß. Bei umfangreichen Teilen der Bestände einer Bibliothek kann man aber sicher sein, daß ihre Inhalte potentiellen Lesern völlig unbekannt sind. Hier ist ein Online-Retrieval in einer Art gescanntem "Super Index" von fundamentaler Bedeutung.

Schon die hier vorgenommenen Versuche zu Testzwecken haben meinen Studenten und mir deutlich gemacht, wieviele Begriffe in den gescannten Sachregistern auftauchten, die man keinesfalls vom Titel her erwarten konnte. Da die meisten Bibliotheken, bis hin zu den Nationalbibliotheken, nur geringe Bruchteile dessen zur Verfügung stellen können, was auf den einzelnen Fachgebieten insgesamt erschienen ist, reduziert sich die Gefahr eines Überangebotes an Information in einem solchen "Super Index" erheblich. Dazu kommt, daß die Möglichkeit, in relativ kurzer Zeit überprüfen zu können, ob ein Indexbegriff auf einer bestimmten Seite in Verbindung mit dem entsprechenden Buchtitel relevant ist oder nicht, recht klare Vorgaben für den Endnutzer erbringt. Gerade die Nähe zur "Dokumentarischen Bezugseinheit" ist die Stärke eines solchen Systems.

Von juristischer Seite dürften auch die Bedenken der Verlage und Buchhändler hier gering sein. Da es nicht darum geht, das Buch durch eine Volltextdatenbank zu ersetzen, sondern gerade umgekehrt, den Wert eigener Bücher durch bessere indikative Erschließung zu erhöhen. Wir müssen heute damit rechnen, daß eine Reihe von Fernleihen nur deswegen stattfinden, weil vergleichbare oder ersetzbare Informationen der eigenen Bibliothek nicht bekannt sind. Man denke nur an die immer wieder auftretenden Reprints, an die Reader, an die langen Passagen, in denen ein Autor von einem anderen abschreibt, abzeichnet oder ihn kritisiert. Es geht dabei auch um die Verminderung von Redundanz und Noise in den Bibliotheken und um das Mehr an Information, daß man dafür erwerben könnte.

### *Ausblick*

Die Wahrscheinlichkeit, daß die Verlage zu einer Reihe von Büchern Sachregister auf Diskette oder über Datenfernübertragung mit zur Verfügung stellen, wächst. So wirbt beispielsweise die Buchhandlung Werner Flach in Frankfurt schon heute damit, daß sie die bibliographischen Daten zu ihren Büchern auf Diskette mitliefert. Die vom IDD Verlag Werner Flach KG produzierte Datenbank "BookBase" enthält ca. 35.000 Buchtitel aus 3.000 Verlagen mit Kapitelüberschriften oder Inhaltsangaben *(Cremer, H. 1989)*. So könnten auch Verlage direkt aus ihren Maschinen heraus ASCII-Dateien oder Inhaltsverzeichnisse ihrer Bücher mitliefern. Den Preis von rund 20,-- DM für eine halbe Stunde Arbeitslohn einer ungelernten Kraft und für die Geräteamortisierung zu unterbieten, wäre sicherlich nicht besonders schwierig. Auch im Hinblick darauf, daß diese Kosten für Speichermedien in naher Zukunft weiter rasch fallen werden.

Transputer, Parallel Prozessierung und Neuronale Netze bilden die Basis, um in den nächsten Jahren Systeme zu bauen, die Schrift-, Sprach- und andere Muster schnell und sicher erkennen. Dabei geht es nicht nur um eine rasche Texterkennung, sondern auch um eine automatische Analyse der Inhalte, die mit den Transputern von INMOS (seit 1985 verfügbar) und dem Betriebssystem OCCAM arbeiten *(Cringean, J.K. et al 1988)*. Schon diese Entwicklung erfordert, daß die Bibliothekare nicht den Versuch machen sollten, neben einem Ferrari einher zu laufen und zu behaupten, sie erreichten ihr Ziel rascher, weil sie die bessere Geländegängigkeit besäßen. Dann sollten wir auch lieber in das intellektuelle Gelände gehen, in dem wir unsere Überlegenheit unter Beweis stellen können.

Wenn aber nach der von den Japanern ausgerufenen 5. Computergeneration, die 6. (Neurocomputer) *(Bischoff, R. 1989)* erscheint, dürfte sich die Informationslandschaft erheblich verändert haben. Die Bedeutung des Konnektionismus und der Neuronalen Netze werden seit Beginn der 80er Jahre, insbesondere von der Parallel-Distributed-Processing-Research-Group unter Leitung von *D. E. Rumelhart und J. C. McClelland*, näher untersucht. Zur Zeit testet AT&T einen Chip mit 512 Neuronen und die japanische Firma NHK Science Technology Laboratories bauen ein Netzwerk speziell zur Schrifterkennung *(Allman, W. F. 1990)*. Mitsubishi stellte sogar kürzlich den ersten optischen Neurocomputer (einen Neurochip mit 32 Neuronen) vor, der 26 handgeschriebene Buchstaben erkennen kann. Dabei spielt beispielsweise das holographische neuronale Netzwerkmodell von *Hopfield* eine Rolle, das vermuten läßt, daß unser Gehirn visuelle Informationen nicht eng begrenzt lokalisiert, sondern, daß durch die Vernetzung bestimmte Formen, wie Linien, Ecken, etc. identifizierbar sind *(Rehman, S.U. 1988)*.

Ein Blick in die amerikanischen ISA (Information Science Abstracts) macht unter dem Kapitel "5.9 Pattern Recognition, Character Recognition" deutlich, wieviel intensiver man sich dort diesem Thema widmet, als beispielsweise in den englischen LISA (Library and Information Science Abstracts). Da finden wir in ISA allein über das Thema "Handwriting recognition by computer" von 1976-1989 eine 139-seitige Bibliographie des NTIS (National Technical Information Service), Springfield mit 344 Zitaten. Oder über "Optical character recognition" von August 1987 - September 1989 eine Bibliographie mit 69 Zitaten. Auch für chinesische Schriftzeichen existiert das US Patent No. 4580026 "Chinese multifont recognition system based on accumuable stroke features". Diese Anwendung eröffnet die Möglichkeit einer automatischen Übersetzung und damit auch einer maschinellen Weiterverarbeitung.

Bereits in den Jahren 1983-1986 hat die Library of Congress in ihrem "Optical Disk Pilot Program" mit 50 Mitarbeitern versucht, auf acht 12-inch Bildplatten jeweils 10 - 20.000 Seiten digital zu erfassen. Bei analoger Erfassung waren bis zu 54.000 Seiten pro Platte speicherbar. Ähnlich wie bei dem heute bekannten ADONIS-Projekt ging es damals um die Erfassung von sog. Images. Durch eine mehr oder minder komplizierte Kompression der Information kommt es dabei zu unterschiedlichen Speicherstandards und zu erheblichen Speicherplatzreduktionen. Gerade durch die Texterkennung erreicht man eine solche Kompression, die zusätzlich den Vorteil hat, daß man beim ASCII-Code einen zwar simplen aber international verbreiteten Standard hat.

Einige Bibliotheken und Dokumentationsstellen sind bereits dazu übergegangen das OCR (Optical Character Recognition) einzusetzen. So erfaßt die Fenwick Library der Georg Mason University, Virginia in einem Projekt Dissertationen im Volltext per Scanner *(Grotophorst, C.W. 1989)*. Auch juristische Datenbanken oder beispielsweise die "Water Pollution Abstracts" sind hierfür seit längerem ein Beispiel *(Jennings et al 1982)*.

Ein vom British Library Research & Development Department unterstütztes 2-Jahres Projekt bei CIMTECH Ltd. (Centre for Information Media and Technology), einer

Firma des Hatfield Polytechnic, beschäftigt sich mit dem Einsatz der WORM (Write Once Read Many) in Bibliotheken. Dabei kommen als DIP- (Document Image Processing) Ausrüstung einmal ein Tandon 386/20, mit 40 MB Winchester, mit einem Panasonic LF-5200 WORM Laufwerk (2.500,-- £) ein Microtek MSF 300A Scanner und eine OCR Software zum Einsatz. Zum anderen wird das Kodak KIMS 4000 System für 28.500,-- £ benutzt *(Shiel, A. 1990).*

Das Einscannen von Sachregistern geeigneter Bücher oder Zeitschriftenbände ist für Bibliotheken eine Forderung der Zeit und damit ein Übergangsstadium, das sich mancherorts aufdrängt. Daß dabei der Markt an Scannern von 18.000 (1988) auf 230.000 (1993) und der von OCR-Systemen von 10.000 (1988) auf 150 000 (1993) wächst, wie die Studie "Scanning and Optical Recognition Equipment Market in Europe" für $ 3.300,-- von Frost & Sullivan, behauptet, paßt gut in dieses Bild. Ein Wachstum von über 70% jährlich bei OCR-Systemen ist beachtlich. Das hatten wir in ähnlicher Weise bisher nur bei Telefax. In der Bundesrepublik Deutschland stehen heute rund eine halbe Million Fax-Geräte, ohne daß dies international gesehen besonders viel wäre. Weltweit sind es bereits 7 Mio. Fax-Geräte bzw. potentielle Scanner. Vorausgegangen war eine 100%ige Wachstumsrate in den letzten Jahren der BRD. Eine ebenso hohe Wachstumsrate war nach der Londoner "Task Force Pro Libra Ltd." auch bei CD-ROM-Titeln auf dem weltweiten Markt zu verzeichnen. Anfang 1990 standen 816 Titel (nach OPIA '90 - Optical Publishing Industry Assessment 1990 - Ed. sogar 1 300 Titel) zur Verfügung. Für die eigene Produktion von CD-ROMs bietet Reference Technology für $ 12.000,-- aufwärts ein ReferenceSet an, mit dem Daten über eine OCR-Karte eingelesen, konvertiert, indexiert und so für das Mastering vorbereitet werden. Die Firmen 3M und Discovery garantieren die Produktion der CD-ROMs von pre-master-tapes in nur 12 Stunden. Dabei akzeptieren sie auch den Eingang der Daten über Satellit.

Ende 1988 waren 340.000 CD-ROM-Player weltweit im Einsatz. Das entsprach einem Zuwachs von 100% zum Jahr davor. Davon waren 20% in Europa, mit je 7 000 in der BRD, Frankreich und Großbritannien, 35.000 Stück standen in Italien.

Nach *Ching-chih Chen und David S. Raitt* ("How Optical Products have been Used in the US and Western Europe") liegt die CD-ROM-Nutzung in den amerikanischen Bibliotheken mehr als das Dreifache höher als in Europa. Folgt man Frost & Sullivan, soll übrigens bis zum Jahre 1993 der Anteil der optischen Speichermedien am gesamten Speichermarkt bereits 18% betragen. Zumindest Mitsubishi beginnt z.Z. mit der Massenproduktion von wiederbeschreibbaren optischen Platten in einer Auflage von 1,2 Mio. Einheiten. Die Laufwerke sollen bei etwa 8.000,-- DM liegen, die Platten mit 600 MB bei 300,- DM (50 Pfennig pro MB). Noch preiswerter sind nach Angaben von SCAN-OPTICS (1990) das DAT (Digital Audio Tape) mit 2 GB für rund 20,-- DM. Bei dem mehrfach angekündigten ICI's Digital Paper, das nach Ian *Galbraith (1990)* dem Rollfilm gegenüber einen Preisvorteil von mehr als 3:1 haben soll, muß allerdings mit einer Lese- und Schreibausrüstung von fast 500 000,- DM gerechnet werden.

*Schluß*

Der Informations- bzw. Wissensspeicher, das Buch, wird zwar sicher nur teilweise, aber, wie sich deutlich zeigt, rasch fortschreitend durch elektronische Speichermedien ersetzt. Dies ist für ein ökonomisches Information Resource Management notwendig. Es ist für die Wissenschaft unverzichtbar und damit für die Lösung unserer wachsenden Weltprobleme unausweichlich. Mit dieser Entwicklung eröffnen sich Möglichkeiten in Text- und Grafikverarbeitung, die für die stetig wachsende Zahl derer, die im Wissenschafts- und Informationsbereich tätig sind, aus Konkurrenzgründen bald unverzichtbar werden. Die Bibliothekare dürfen diese Zeichen der Zeit nicht falsch einschätzen.

*Literatur*


Allman, W.F.: Menschliches Denken. Droemer, Knaur; München (1990)

Bischoff, R.: Zur Geschichte von Rechentechnik und Datenverarbeitung. HMD 150 S.136-145 (1989)

Boss, R.W.: Information technologies and space planning for libraries and information centers. Hall, Boston (1987)

Cremer, H.: Wissenschaft auf einen Blick. Börsenblatt 53 4.7.(1989)

Cringean, J.K.; Manson, G.A.; Willett, P. and Wilson, G.A.: Efficiency of text scanning in bibliographic databases using microprocessor-based, multiprocessor networks. J. Inf. Sci. 14 S.335-345 (1988)

Galbraith, I.: Optical and microfilm media vie for custom. Inf. World Rev. S.14-16 April (1990)

Grotophorst, C.W.: Keyless entry: building a text database using OCR technology. Library Hi Tech 7 (1) S.7-15 (1989)

Harrison, M.: Retrospective conversion of card catalogues into full MARC format using sophisticated computer-controlled visual imaging techniques. Program 19 (3) S.213-230 (1985)

Hein, M.: Optical scanning for retrospective conversion of information. The Electronic Library 4 (6) S.328-331 (1986)

Jennings, Newman and Wilkinson: Data capture by optical scanning of published material for database enhancement. Program 16 S.17-27 (1982)

Maaßen, B.: Das PRECIS-Projekt der Deutschen Bibliothek. In: Neue Regelwerke zum Schlagwortkatalog. S. 113-138 Kölner Arbeiten zum Bibliotheks- und Dokumentationswesen, Heft 6, Greven Ver. Köln (1985)

Marckwardt, W.: IFLA UBCIM an der Deutschen Bibliothek. ZfBB 37 (4) S. 384-385 (1990)

Rehman, S.U.: Applications of holography to pattern recognition and optical memories. NTIS PB89-174668/HCW (1988)

Rice, J.: OCR for Libraries. Only a Few Years Away. Library Journal S.1603-1605 (1981)

Richter, M.: Aufbau einer internationalen Datenbank für Master Mikroformen geplant. ZfBB 37 (4) S. 385-387 (1990)

SCAN-OPTICS: Digital Audio Tape (DAT) in use. Inf. World Rev. S.17 April (1990)

Shiel, A.: Live systems shown without sales talk. Inf. World Rev. S.20, 21 April (1990)

Steinberger, H.: Opto-elektronische Systeme: die neuen Erfolgsfaktoren für Pressearchive. Nachr. f. Dok. 41 (3) S.159-163 (1990)

Valauskas, E.J.: NEXT and the Library Workstation. OCLC Micro 5 (1) S.12-14 (1989)

Weinberg, Alvin M.: "Report of The President's Science Advisory Commitee USA" mit dem Titel: Science, Government, and Information" erschienen am 10.1.(1963)

# Moderne Technologien im Verlagswesen und die Zukunft des Buches

Von Klaus G. Saur

Ich freue mich sehr, daß ich hier zu Ihnen sprechen darf. Das ist gewissermaßen ein Höhepunkt einer kleinen Reise. Ich war in den letzten Tagen erst in Stockholm, dann in Moskau, Tokio und Los Angeles - und hier in Bregenz kann nun der Höhepunkt stattfinden. Ich bedanke mich sehr für die Einladung.

Es ist keineswegs einfach, vor Ihnen über neue Technologien zu sprechen. Sie alle sind täglich mit ihnen konfrontiert. Ich will versuchen, stärker den verlegerischen Aspekt und die sich abzeichnenden Veränderungen deutlich zu machen.

Es ist immer wieder faszinierend, sich Marshall MacLuhans 1965 geäußerte Prophezeiung in Erinnerung zu rufen, wonach 1980 endgültig das Ende des Buchzeitalters gekommen sein würde. Gemessen an dieser Prognose fühlen sich eigentlich alle Buchhändler, Verleger, auch alle Bibliothekare immer noch sehr wohl im Umgang mit Büchern und mit der gedruckten und auf Papier vervielfältigten Information. Diese Prognose war, wie so viele andere, völlig falsch. Es hat sich im Lauf der letzten dreißig Jahre nur deutlich herausgestellt, daß Information nicht ausschließlich auf Papierwegen vor sich geht, sondern daß es eine ganze Reihe von Ergänzungen gibt, daß aber das Buch nach wie vor, als Lehrbuch oder Unterhaltungsinstrument, einfach unschlagbar bleibt, weil das Buch gegenüber allen anderen Informationsmedien den entscheidenden Vorteil hat, daß man es im Zug, im Bett, im Flugzeug lesen kann und ohne technische Hilfsmittel konsumieren kann. Die Technik ist weiter gegangen. Es gibt fast nur mehr Informationsmedien, die ausschließlich mit technischen Hilfsmitteln benutzt werden können.

Seit Urzeiten wird über die Flut der Information gestöhnt, und es war deshalb folgerichtig, daß sich die Bibliotheks- und Informationswelt mit dieser Problematik auseinandergesetzt und nach Alternativen gesucht hat, um sie zu bewätigen.

1927 wurde in Olten (Schweiz) der Mikrofilm erfunden. Wenn Sie die Protokolle der deutschen Bibliothekartage der dreißiger Jahre nachlesen, werden Sie feststellen, daß immer ein Referat über den Fortschritt in der Mikrofilmtechnik gehalten wurde. Dieses war immer das kürzeste, mit der geringsten Besucherzahl. Aber der Berufsstand hat damit bewiesen, wie fortschrittlich und neuen Techniken gegenüber aufgeschlossen er war. Während des 2. Weltkrieges kam es zu einer Weiterentwicklung des Mikrofilms, und zwar spionagebedingt, weil sich herausstellte, daß Materialien auf Mikrofilm günstiger transportiert werden können. Es wurden bedeutende Mittel dafür eingesetzt, wobei es so weit ging, daß Goebbels seine Tagebücher für die politische Nachwelt auf Mikrofilm übertragen ließ. 1938 wurde in Ann Arbor die Firma University Microfilms gegründet, die als erste dieses Instrument ganz breit für die Verfilmung amerikanischer Dissertationen einsetzte. Dieses System wurde von der Firma weiterentwickelt. In der Nachkriegszeit kam dann der Mikrofiche, der sich als wesentlich handlicher erwies und daher mehr akzeptiert und eingesetzt wurde.

Bis heute ist es so geblieben, daß sowohl Mikrofilm als auch Mikrofiche ein absolut ungeliebtes Informationsmedium - nicht nur in den Bibliotheken - sind, denn sie sind schwierig zu handhaben, und es gibt mit ihnen eine ganze Reihe von Problemen, die bis heute nicht überzeugend gelöst sind.

Für die Zukunft des Buches spielt für mich die Erhaltung der vorhandenen Bücher eine entscheidende Rolle. Die Diskussion über Preservation and Conservation of Library Materials hat eine Bedeutung bekommen, die zum ersten Mal bei der großen Konferenz der Nationalbibliotheken in Wien in der Fachwelt deutlich wurde und die sich jetzt überall herauskristallisiert hat und anerkannt worden ist. Für die Erhaltung der Bibliotheksmaterialien bekommt der Mikrofiche eine ganz neue Bedeutung, denn in vielen Fällen ist es nur dadurch möglich, die Originale zu schonen und zu erhalten, indem man sie verfilmt.

Sie alle kennen unsere Ankündigungen über die "Bibliothek der deutschen Literatur", bei der wir über 44.000 Bände Erstausgaben deutscher Literatur auf Mikrofiche bringen. Hier sind zwei Aspekte wichtig: erstens bieten wir Bestände komplett an, die in vielen Bibliotheken nicht vorhanden sind, zweitens und wesentlich wichtiger ist, daß die Originalbestände der Bibliotheken dadurch geschont werden. Wir bekamen von den Bibliotheken, bei denen wir angefragt haben, ob wir dieses Material verfilmen dürfen, in allen Fällen eine positive Antwort: Es bedeutete nämlich, daß das Original zum letzten Mal herausgegeben wurde, da man ja in Zukunft auf den Mikrofiche zurückgreifen konnte.

Und hier wird deutlich, wie positiv die Zusammenarbeit zwischen der Bibliothekswelt und der kommerziellen Verlagswelt sein kann. Der Verlag Saur bekommt für die Realisierung der Mikrofiche-Ausgabe der "Bibliothek der deutschen Literatur" einen Zuschuß von 1,2 Mill. DM und ermöglicht dadurch, daß diese Ausgabe für DM 27.000.-- auf den Markt kommt, d.h. pro Buch 0,67 DM, also etwa die Duplizierkosten. Wenn die 100 großen Bibliotheken im deutschsprachigen Raum ihre Erstausgaben selbst verfilmt hätten, hätte das dezentral mehr als 100 Mill. DM gekostet. Ich gehe also davon aus, daß die Mikroformen in Zukunft vor allem ihre Rolle bei der Erhaltung und Konservierung von Materialien spielen werden.

1985 kam die erste Ankündigung einer CD-ROM. Ich habe damals noch angenommen, daß sich diese Technik nur langsam durchsetzen werde, wie viele andere Systeme. Denn wir konstatieren heute ja nur die Systeme, die sich durchgesetzt haben. Aber seit mehr als 14 Jahren kündigt zum Beispiel Philips immer wieder an, daß die Bildplatte kurz vor der Einführung in das Bibliothekswesen stehe - und sie steht heute immer noch kurz davor, aber nicht drin. Jedoch hat sich die CD-ROM-Technologie ungewöhnlich schnell durchgesetzt und ist heute das Instrument, das für die aktuelle Information inzwischen die größte Bedeutung erlangt hat.

Der Verlag Bowker in New York begann 1986 das amerikanische "Books in Print" auf CD-ROM herauszubringen. Heute verfügen in der westlichen Welt zumindest die großen National- und Universitätsbibliotheken über diese Technologie. Sie alle wissen, daß sie verhältnismäßig einfach ist. Es genügt ein PC und sonstige Hilfsinstrumente. Die Preise sind seit 1986 enorm heruntergegangen. 1986 rechnete man bei der Erstausstattung zwischen 12 - 15.000,-- DM für einen CD-Arbeitsplatz, heute ist das für DM 3 - 4.000,-- realisierbar.

Bowker war der Pionier mit den beiden Primärinformationsprodukten "Books in Print" und "Ulrichs Periodicals Directory". Die beiden sind auch heute noch die erfolgreichsten CD-ROM-Produkte, die es international auf dem Markt gibt. Bowkers "Books in Print" hat inzwischen eine Verbreitung von 3.000 Abonnements erreicht, davon sind etwa 2.000 im Bibliotheksbereich, 1.000 im Buchhandel. Dabei muß man bei diesen Zahlen bedenken, daß es beispielsweise in der BRD nur 75 große wissenschaftliche Bibliotheken mit entsprechenden Etats gibt. Davon haben bis jetzt 73 eine CD-ROM-Station. Inzwischen setzen bereits Stadtbüchereien und Spezialbibliotheken dieses System ein. Die erste Bibliothek in der BRD, von der ich weiß, die CD-ROM eingesetzt hat, ist die Fachbibliothek der Henkel-Werke in Düsseldorf. (Wortmeldung Umstätter: Die Fachhochschule in Köln war früher).

Inzwischen ist das Programmangebot sehr erweitert. Die Verzeichnisse lieferbarer Bücher sind von vielen Ländern erhältlich. In den letzten Tagen habe ich die japanische Version zum ersten Mal gesehen. Der nächste Schritt sind die Nationalbibliographien. Die deutsche, englische und französische gibt es in CD-Version, bei weiteren ist man zumindest auf dem Weg, sie in dieser Form zugänglich zu machen. Außerdem hat die CD-ROM einen breiten Bereich bei Adreßbüchern, bei der Wirtschaftsinformation, Bibelausgaben, eine Shakespeare-Datenbank (mit allen Wörtern, die Shakespeare jemals benutzt hat) wird vorbereitet. Es gibt im Augenblick etwa 400 lieferbare CD-ROM-Produkte. Die genaue Zahl ist nicht feststellbar, weil in diesem Bereich sehr viel geredet wird. Die Verlage kündigen ununterbrochen an - wie in den schlimmsten Reprint-Zeiten- und man kann sehr schwer unterscheiden, was ist nur angekündigt, was ist nur als Prototyp da, was ist ausgereift, was erscheint wirklich so umfangreich und regelmäßig, wie es jeweils im Prospekt steht.

Inzwischen gibt es nicht nur in den USA, sondern auch in Europa ein breites Angebot in immer mehr Bereichen und man beginnt, sich damit zu beschäftigen, inwieweit man retrospektives Material auf CD-ROM bringen kann. Meine Idealvorstellung wäre z. B., daß man beim VD17 (dessen vollständige gedruckte Version vergleichsweise in ferner Zukunft liegt) einen Versuch unternimmt, die vorhandenen Datenbestände, soweit sie bereits elektronisch gespeichert sind, in ein System zu bringen und ein Verzeichnis der Drucke des 17. Jh. auf CD-ROM herauszubringen. Eine überschlägige Rechnung hat ergeben, daß bis jetzt knapp 50 % der im 17. Jh. erschienenen Titel in irgendeiner der großen Datenbanken vorhanden sind, d.h. entweder im deutschen Verbundkatalog, oder im bayerischen Verbundkatalog, oder im Katalog der Bayerischen Staatsbibliothek oder in den Beständen einer Spezialbibliothek.

Wir sind im Augenblick im Begriff, ein Projekt zu realisieren, das aber vermutlich noch in Buchform herauskommen wird, wo aber die Technik deutlich wird. Es hat in den USA noch nie eine Bibliographie der Druckschriften vor 1876 gegeben. Davor gibt es nur Einzelkataloge und Verzeichnisse, die sehr bruchstückhaft sind. Auf der anderen Seite kann man davon ausgehen, daß die Datenbestände, die bei OCLC, bei ARLIN und bei der American Antiquarian Society gespeichert sind, wohl mindestens 98 % des vor 1900 erschienenen Schrifttums beinhalten. Wenn man diese drei Datenbanken zusammenführt und versucht, editorische Unebenheiten wie unterschiedliche Namensansetzungen oder Titelansetzungen auszugleichen, kann auf technischem Weg kumuliert eine Gesamtbibliographie erscheinen. Das Ergebnis wird etwa 98 % der Bestände enthalten und es wird keine total einheitlichen Titelaufnahmen geben, Doppelaufnahmen sind möglich. Im Prinzip möchte ich zum Ausdruck bringen: die CD-ROM-Technik ermöglicht es uns, neue Kumulationen zu erstellen, an die bisher niemand gedacht hat. Wenn ich zum Beispiel beim VD17 bleibe, so hat man durchaus den Eindruck, daß man etwas auf CD-ROM veröffentlichen kann, daß noch nicht den Absolutheitscharakter eines Buches hat. Bei gedruckten Versionen eines Gesamtverzeichnisses habe ich den Ehrgeiz der möglichst großen Vollständigkeit, bei CD-ROM kann ich später eine neue Version mit immer größerer Vollständigkeit herausbringen. Das ist auch technisch sinnvoll, denn wenn einmal der Grunddatenbestand gespeichert ist, wird die zweite Ausgabe von der technischen Herstellung her erheblich billiger sein. Es entstehen günstigere Auflagenkonstellationen, als es bei der Papierform möglich ist.

CD-ROM ist nicht das einzige neue Informationsmedium, sondern die Online-Entwicklung ist in den letzten Jahren ebenso fortgeschritten, nur - die Online-Entwicklung ist aus meiner Sicht an den Verlegern vorbei gegangen. CD-ROM ist ein körperlich faßbares Produkt wie Mikrofiches und kann im Prinzip so vertrieben und beworben werden wie ein Buch. Erschwerend bei der CD-ROM ist: es ist nicht getan mit der Lieferung an den Kunden, ein weiteres Service und weitere Information sind dringend notwendig. Wir haben deshalb im Verlag eine Hot-Line eingerichtet, die auch abends um 8 Uhr den Buchhändlern noch sagen kann, wie er das System wieder benützen kann und seine Bestellungen ausführen kann.

Bei der Online-Information sind von vornherein die Kernprobleme der ungewöhnlich hohen Kosten und Investitionsvolumina im Vordergrund gestanden. Kaum ein Privatvertrag war in der Lage, diese riesigen Verlustbeträge, die mit der Entwicklung von Host-Systemen verbunden sind, zu tragen. DIALOG ist ja als ein Nebenprodukt der Weltraumforschung entstanden, Lockheed konnte kostenmäßig ganz anders kalkulieren. Oder DATA-STAR ist vom Schweizerischen Rundfunksystem gegündet worden. Wenn jemand von Ihnen die Kalkulationen und Horrorabrechnungen von STN; DIMDI, JURIS etc. kennt, die von der deutschen Regierung mitfinanziert werden, wo man bei einem System stolz war, daß der Deckungsgrad der Kosten von 11 % auf 12% erhöht wurde, so kann man sich vorstellen, mit welchen Dauerverlusten hier operiert wird, um ein entsprechendes Online-Informationsangebot auf die Beine zu stellen. Hätte man die Dienstleistungen teurer gemacht, wären sie noch weniger akzeptiert worden. Auf der anderen Seite habe ich den Eindruck, daß die BRD-Informationssysteme keine echten Zukunftschancen haben, weil sie sich auf dem freien Markt vermutlich nicht behaupten werden können, sondern es wird sich die ausländische Konkurrenz, die ganz anders organisiert ist, durchsetzen.

Bei DIALOG (die Firma hat ca. 300 Mill. DM Umsatz) ist seit drei Jahren auch betriebswirtschaftlich und liquiditätsmäßig ein nachweisbarer Gewinn vorhanden. Ein anderes Beispiel: meine Schwesterfirma Butterworth betreibt in London seit 15 Jahren ein kleines juristisches Informationssystem. 14 Jahre gab es Verluste, in diesem Jahr zum ersten Mal einen bescheidenen Gewinn. Würde man die Verzinsung der Verluste rechnen, wäre es betriebswirtschaftlich unmöglich, überhaupt in eine Gewinnzone zu kommen. Es war jedoch für diesen juristischen Verlag eine bewußte Entscheidung, ein solches System auf seinem Fachgebiet aufzubauen und nicht an andere Industriekonzerne abzugeben.

Die Akzeptanz hat aber nicht so zugenommen, daß durch die Erhöhung der Benutzerzahlen die Kosten irgendwann einmal gesenkt werden können. Für die Bibliothekare stellt sich meiner Meinung nach immer das Problem, daß hier nicht nur die Verleger nicht mitspielen, sondern daß auch die Endbenutzer über den ihnen zur Verfügung stehenden PC natürlich eine DIMDI- oder STN- oder Patent-Information sich direkt abrufen. Nur das Problem ist, wenn insgesamt diese Informationswege zunehmen, dann wird die Bibliothek in die Gefahr kommen, an einem aktiven Informationsstrang nicht mehr mitzuziehen, dann wird die Bibliotheksinformation eben eine Zweitinformation, wo man auf die gedruckten Quellen zurückgreift oder auf die auf CD-ROM gespeicherten Informationen oder auf die uralten schönen, fast nostalgisch zu betrachtenden Mikrofiches.

Die Zukunft liegt meiner Überzeugung nach auf allen diesen Ebenen, d.h. ich gehe davon aus, daß wir auch eine absolute Zukunft des Buches erleben werden, und zwar das Buch als Lehrbuch, das Buch als Unterhaltung, als Bilderbuch - in dieser Form ist es nach wie vor unschlagbar und ist didaktisch eben so ideal benutzbar, daß das Buch meiner Meinung nach eine enorme Zukunft weiterhin haben wird und allen Untergangsrufen zum Trotze hat sich die Zahl der Neuerscheinungen ja immer noch mehr erhöht. Wir haben im vergangenen Jahr in der BRD 62.000 neue Titel verlegt. Diese Zahl muß man sich erst einmal vorstellen; ich habe vorhin gesagt, es gibt jetzt etwa 400 lieferbare CD-ROM-Produkte, es sind im letzten Jahr an Titeln etwa 300 neue Mikrofiche-Produkte erschienen und es sind etwa 20 oder 30 Datenbanken über Online angeboten worden. Auch wenn Sie die Produkte ansehen, bei denen parallel erscheint: "Books in Print" in Buchform, "Books in Print" auf CD-ROM, "Books in Print" auf Mikrofiche, Bowker hat diese drei Produkte noch parallel auf dem Markt und bietet außerdem noch "Books in Print" auf Online an. Die Zahlen sind: 36.000 Exemplare in Papierform, 3.000 in Buchform, 800 in Mikrofiche-Form und etwa 0,8 % der Umsätze werden aus der Online-Information bezogen, weil bei Online kann man nicht von Zahlen ausgehen, sondern kann nur den Umsatz-Anteil ausrechnen. D.h. der Trend geht natürlich runter: in den letzten drei Jahren kamen die 3.000 CD-ROM neu und diese 3.000 CD-ROM haben übrigens dazu geführt, daß jetzt etwa 1.200 Exemplare weniger in Buchform verkauft werden und - erstaunlicherweise - ist die Mikrofiche-Auflage nur um 100 zurückgegangen. Ich hätte vielmehr erwartet, daß die CD-ROM die Mikrofiche-Ausgaben konkurrenzieren würde, das ist aber empirisch bewiesen nicht der Fall. Beim deutschen "Verzeichnis lieferbarer Bücher verkaufen wir 8.800 Exemplare in Buchform und wir haben in dieser Woche 880 CD-ROM erreicht, wir haben also dort jetzt genau 10 % erreicht, das wird weitergehen. Wir bekommen im Augenblick im Schnitt pro Woche 8-10 Bestellungen auf die CD-ROM-Version und es war auch interessant zu beobachten: für die ersten 500 Bestellungen hatten wir vielleicht 60-70 Buch-Abbesteller, d.h. es wurde gesagt, ich brauche jetzt die Buch-Version nicht mehr, weil ich die CD-ROM-Version nehme. Inzwischen ist das Verhältnis 3:1, d.h. drei neue CD-ROM-Besteller reduzieren eine Buch-Bestellung und dieses Verhältnis kann noch ungünstiger kommen, umso mehr wir in den peripheren Vertriebsbereich gehen, d.h. wenn ich das VLB an eine amerikanische Bibliothek verkaufe, die das im Schnitt nur dreimal die Woche benutzt - die bestellt natürlich sofort die Papier-Version ab, wenn sie die CD-ROM-Version kauft. Alles in allem gehe ich davon aus, daß die Papier-Versionen sich für solche Produkte halten und daß das Papier für die vorhin beschriebenen Typen ganz entscheidend seinen Markt behalten wird.

Die CD-ROM wird sich weiterentwickeln, wobei es durchaus möglich ist, oder sogar sehr wahrscheinlich, daß die CD-ROM keineswegs das letzte Medium der Informationstechnik sein wird, sondern es gibt inzwischen bereits die CDI, die Compact Disc Interactive mit Text, Bild und Ton zusammen kombiniert, d.h. zum Teil Spielereien, d.h. zum Teil aber auch durchaus zusätzliche Informationswerte. Ich billige der CDI dann eine Chance im Bibliothekswesen zu, wenn sie im Prinzip mit der gleichen Hardware abgespielt werden kann. Denn das Kernproblem bei der Bildplatte oder auch bei vielen anderen neuen Informationsideen war, daß ja der Bibliothek zugemutet werden muß, daß für jede neue Generation an Informationstechnik eine neue Generation von Hardware-Geräten aufgestellt werden muß, daß aber deshalb die alte Generation nicht verschrottet werden kann. Das ist so, wie jeder Bibliothekar immer noch die Preußischen Instruktionen lernen muß, und nicht nur die RAK, weil er ja auch die Bibliographien, die bisher erschienen sind und die nach PI angelegt sind, noch weiter benutzen muß. Genauso kann eine Bibliothek ein Mikrofiche- oder ein Mikrofilm-Produkt, das sie vor zehn Jahren gekauft hat, nicht wegschmeißen, selbst wenn es die gleiche Information heute auf CD-ROM gäbe, aber in vielen Fällen wird es sie nie auf CD-ROM geben, weil CD-ROM ja nur dann möglich ist, wenn die Vorlagen elektronisch gespeichert sind. D.h. es besteht natürlich eine Aversion von Bibliotheken allen neuen Technologien gegenüber, weil es bedeutet neue Geräte, neue Systeme, neue Kostenprobleme, neue Unterhaltsprobleme, neue Raumprobleme, d.h. wir werden hier parallel auf den verschiedenen Sektoren weiterarbeiten und ich gehe davon aus, daß sich die CD-ROM im Laufe der nächsten Jahre am stärksten weiterentwickeln wird, d.h. sie wird noch wesentlich mehr Bereiche der Bibliographie, der biographischen Information, der "Who's who"-Information, der Adresseninformation und der Wirtschaftsinformation mit berücksichtigen und in das Angebot aufnehmen. Die CD-ROM ist natürlich auch leichter kalkulierbar als jede Online-Information - man weiß, was ein Abonnement kostet; wenn man bei der Online-Information nicht ganz exakt abfragt, bekommt man plötzlich eine umfassende Information und wundert sich, daß die Rechnung dann einige hundert Mark ausmacht. Für uns Verleger ist immer interessant: sobald ein Papierprodukt auf einer Online-Datenbank im Host-System angeboten wird steigen die Absätze für die Papierausgaben. Das scheint ein unglaublicher Widerspruch zu sein und am krassesten war dies beim sogenannten

"Handbuch der Großunternehmen", das eines der ersten absoluten Paradeprojekte im Online-Bereich war, und Faktum war, daß die meisten Benutzer, die etwas über Wirtschaftsunternehmen erfahren wollten, dann bei der Online-Bank abgerufen haben, durch diese Information das erste Mal über die Existenz dieses Handbuches erfahren haben und gemerkt haben, daß es DM 280,-- kostet, während drei Auskünfte ganz schnell über DM 300,-- gekommen sind und daß die Auskünfte in der Datenbank häufig auch nicht aktueller waren. Daß heißt, die Informationsmedien werden sich wahrscheinlich parallel weiterentwickeln.

Am schwierigsten scheint es mir, eine Prognose für die Weiterentwicklung der Zeitschriften zu geben. Zeitschriften konnten bis vor ein bis zwei Jahren eigentlich immer wunderbar weiterexistieren, denn, wenn der Verlag höhere Kosten oder niedrigere Abonnements hatte, die natürlich auch durch Photokopieren bedingt waren, wurden die Preise erhöht, und eine klassische Bibliothek hat gesagt, eine Zeitschrift, die man 100 oder 50 Jahre bezogen hat, kann man nicht abbestellen. Inzwischen hat dieses Spiel eine Grenze überschritten und eine Fortsetzung dieses Systems ist unmöglich geworden. Die Zeitschriftenpreise belasten heute jeden Bibliotheksetat in einem derartigen Maße, daß kaum noch eine Bibliothek in der Lage ist, die permanenten Kostensteigerungen voll aufzufangen, um nicht zu Kürzungen bei den Zeitschriftenbestellungen zu kommen. Und das Erschreckende ist: diese Kostensteigerungen gehen weiter durch die Abbestellungen in den letzten Jahren - durchaus zum Teil bedingt durch das Photokopieren, zum Teil aber auch dadurch, daß Zeitschriften abonniert und kaum je benutzt worden sind. Jetzt ist eine neue Welle von Abbestellungen durch die Situation in Osteuropa entstanden.

Die Sowjetunion hat in diesem Jahr alle Zeitschriftenabonnements aus dem westlichen Ausland abbestellt und alle Buchbestellungen storniert. Die Buchverlage, ob aus der BRD, USA, auch aus der DDR haben in diesem Jahr kein einziges Buch in die UdSSR liefern können, in vielen Fällen sind die bestellten Bücher aus dem letzten Jahr noch nicht bezahlt worden, und dies gilt jetzt für ganz Osteuropa. Europa war für uns nie ein sehr großer Markt, aber ein vergleichsweise stabiler Markt. Bei wissenschaftlichen Zeitschriften, deren Verkaufsauflagen häufig bei 300 - 400 Exemplaren liegen, ist natürlich eine Abbestellquote von 50 oder 60 Exemplaren aus Osteuropa in vielen Fällen existenzbedrohend, wenn nicht tödlich. Ich sehe mich im Augenblick überhaupt nicht in der Lage, eine Prognose abzugeben, wie das wissenschaftliche Zeitschriftenwesen in den nächsten Jahren sich weiterentwickeln wird und welche wissenschaftlichen Spezialzeitschriften eine Chance haben, weiter zu existieren. Es hat eine Reihe von Versuchen gegeben, sehr bekannt ist das ADONIS-System, das sämtliche Aufsätze aus einer Reihe von Zeitschriften speichert und die jeweiligen Aufsätze auf Abruf dann übermittelt. Dieses System ist unglaublich teuer und überhaupt erst ermöglicht worden mit Zuschüssen des Bundesministeriums für Forschung und Technologie in Bonn und der Europäischen Gemeinschaft in Brüssel. Diese Zuschüsse sind allerdings immer nur temporär geplant, es ist vorgesehen, daß eine Anlauffinanzierung hier stattfindet. nach 3-5 Jahren müssen diese Zuschüsse eingestellt werden, denn es kann nicht angehen, daß eine Zeitschriftinformation auf Dauer durch den Steuerzahler finanziert wird.

Das Entscheidende dabei ist: eine Zeitschrift wird häufig bezogen, weil sie schon immer bezogen wurde (leider muß ich das als Verleger zugeben) und wird manchmal in der Bibliothek gar nicht so recht benötigt. Wenn der einzelne Aufsatz einzeln angefordert wird, in dem Augenblick, wenn ein Benützer kommt, dann wird erst bewiesen, daß es diesen Bedarf gibt. Und auf einmal fallen aus dem Spektrum der benutzten und benötigten Zeitschriften eine Menge heraus. dazu kommt, daß in dieser elektronischen Information eine wesentliche Einnahme, die aus den Anzeigen resultiert, nicht mehr möglich ist. Das heißt, so golden die Zeiten für die Zeitschriftenverleger in den letzten Jahren immer wieder gewesen sind, so schwierig wird die Situation in Zukunft sein, und ich halte es für sehr schwierig, im Augenblick eine verläßliche und realistische Prognose über die Zeitschrifteninformation als solche abzugeben.

## Die Bibliotheken in der postmodernen Situation

### Von Siegfried Detemple

So umstritten es auch ist, ob die Charakterisierung unserer Epoche durch den Ausdruck »Postmoderne« wirklich zutreffend ist, so wenig Zweifel gibt es an den gesellschaftlichen und kulturellen Veränderungen, die unter ihm zusammengefaßt werden. Spätestens seit den fünfziger Jahren des Jahrhunderts vollzieht sich – mit unterschiedlichem zeitlichem und regionalem Gefälle – an den höchstentwickelten Gesellschaften ein Wandel. Seine charakteristischen Merkmale sind zwar für die Beteiligten offenbar erst undeutlich erkennbar, seine Ergebnisse könnten aber am Ende mit so tiefgreifenden und niemals erwünschten Folgen belastet sein, daß Wachsamkeit schon jetzt geboten scheint.

Die grundlegenden Arbeiten des amerikanischen Soziologen Daniel Bell über den Wandel der Industriegesellschaft zur post–industriellen Gesellschaft und des französischen Philosophen Jean–François Lyotard über die Veränderungen des Wissens in der postmodernen Situation verstehen sich daher als Hypothesen, die bei weiteren Folgeabschätzungen als Richtschnur dienen könnten.*

Wenn die Hauptthesen Bells und Lyotards zutreffen – und es wird sich zeigen, daß es angesichts des Gewichts der Veränderungen vernünftig ist, so zu handeln, als ob sie zuträfen – wenn es also zutrifft, daß die Charakteristika des Wandels der Übergang von der industriellen zur Informationsgesellschaft und die Zersplitterung des Wissens in heterogene, miteinander nicht mehr zu vereinbarende Wissenssysteme sind, dann sind die Bibliotheken als Wissensspeicher und wesentliche Informationsvermittler unmittelbar ins Zentrum dieses Wandels hineingezogen – auch wenn das erst allmählich und zunächst in Form des Unbehagens an unserer immer mehr abnehmenden Leistungsfähigkeit in unser Bewußtsein tritt.

Einst selbst im 17ten Jahrhundert als Instrumente der sich emanzipierenden Vernunft des Subjekts der Moderne entwickelt und ab Mitte des 19ten Jahrhunderts zur Sicherung der geistigen und kulturellen Ressourcen des Industriezeitalters und seiner sich wandelnden Sozialstruktur ausgebaut, werden die Bibliotheken vom Abschied von der Epoche der neuzeitlichen Moderne nicht unberührt bleiben können. Die im zurückliegenden Jahrzehnt sich immer weiter öffnende Schere zwischen dem Unverständnis der Parlamente und Regierungen für unseren wirklichen Finanz- und Stellenbedarf und der Literatur- und durch die Neuen Medien noch verstärkten Informationsflut muß als erstes ernstzunehmendes Symptom dafür aufgefaßt werden, daß dieser Abschied schon begonnen hat. Weiteren Anzeichen von entsprechenden Veränderungen innerhalb unseres beruflichen Selbstverständnisses und Wertesystems werden wir im folgenden nachzuspüren haben.

Ich möchte zunächst in einem ersten Teil die Hypothesen von Bell und Lyotard ausführlicher entfalten und dabei prüfen und kritisch bewerten, in welcher Weise sie durch Entwicklungen der letzten vierzig Jahre in unseren Bibliotheken, im Verhalten unserer Benutzer und in der Kultur- und Wissenschaftspolitik bestätigt werden. Vorschläge, was in unserem Métier geschehen müßte, um mögliche unliebsame Folgen dieser Entwicklungen abzuwenden, sollen dann den abschließenden zweiten Teil meiner Überlegungen ausmachen.

Was Jean–François Lyotard als Hauptkennzeichen des Wissens in der Epoche der Ablösung von der Moderne angegeben hat, ist in der Diskussion seiner Studie, die in den letzten fünf Jahren auch im deutschsprachigen Raum mit ebenso viel Heftigkeit wie Unkenntnis seiner wirklichen Auffassungen geführt worden ist, häufig mißverstanden worden. Lyotard ist daran nicht ganz unschuldig, denn er hat seine Beobachtungen teilweise mit einer dunklen Begrifflichkeit verkleidet. Umso wichtiger ist es, seinen nicht leicht verdaulichen Behauptungen genau nachzugehen.

Als »postmoderne Situation« bezeichnet Lyotard »den Zustand der Kultur nach den Transformationen, welchen die Regeln der Spiele der Wissenschaft, der Literatur und der Künste seit dem Ende des 19ten Jahrhunderts unterworfen sind«. Ähnlich wie schon der englische Universalhistoriker und Geschichtsphilosoph Arnold Toynbee in den vierziger und amerikanische Literatursoziologen wie Ibrahim Habib in den sechziger Jahren, verlegt er also den Beginn einer neuen Kulturepoche mit Recht an den Ausgang des letzten Jahrhunderts. Die neuen Erzähl– und Romantheorien – denken wir nur an Henry James in Amerika und Arno Holz in Deutschland – sind dort vorbeitet worden; die Geschichte der neueren Malerei beginnt mit Corots Verlagerung des Abbildes der Außenwelt in den inneren Sinn; und über die Bedeutung von Liszts Spätwerk und den Tristanakkord als Auslöser für die Entwicklung einer neuen Musik herrscht heute weitgehend Einigkeit. Selbst in den Naturwissenschaften gilt, daß Mathematik, theoretische Physik und Chemie in ihrer heutigen Gestalt undenkbar sind ohne die revolutionären Formulierungen eines Julius Robert Mayer, Boltzmann, Helmholtz und Planck.

Vergegenwärtigen wir uns nun weiter das atemberaubende Tempo, in dem in unserem Jahrhundert eine Kunst– und Literaturrichtung auf die andere folgte, so sehr, daß wir heute eher geneigt sind, von einander ablösenden Moden zu sprechen, dann ist Lyotards Hauptkennzeichung der Situation unseres Wissens nicht mehr schockierend, sondern eher einleuchtend. Hauptkennzeichen der postmodernen Situation ist für Lyotard der Zusammenbruch der »grands récits«, wie er das nennt, der »großen Erzählungen«. Gemeint sind jene allgemeinsten Theorien, die seit den Tagen eines Descartes, Leibniz, Locke, Hume und Kant die Fundamente der aufgeklärten Wissenschaft, Kultur und Politik gebildet haben: daß nämlich ein dialektisches Verhältnis besteht zwischen Natur und menschlichem Geist, daß dieser in Auslegung der Welt sinnstiftend wirkt und daß das vernünftige und arbeitende Subjekt die Welt zum Guten aller umgestaltet. »Modern«, sagt Lyotard, war noch jene Wissenschaft, die sich unter Rekurs auf diese jetzt als Erzählungen entwerteten philosophischen Theorien legitimierte, oder umgekehrt formuliert: »Bei extremer Vereinfachung hält man die Skepsis gegenüber den Metaerzählungen « – d. h. solchen Begründungsversuchen von Wissenschaft – »für postmodern«.

Anstelle des Konsenses über solche Grundlagen, der z. B. in der realistischen und naturalistischen Kunsttheorie oder der nun versinkenden politischen Theorie des Marxismus/Leninismus noch vorhanden war, zerstreuen sich die großen Erzählungen in Wolken von »Sprachspielen«. Dieser mit Bedacht von Lyotard eingeführte Ausdruck aus Ludwig Wittgensteins Spätphilosophie verweist für ein am Modell der Aufklärung aufgezogenes Bewußtsein auf die volle Misere der Situation, denn für Wittgenstein begründete jedes Sprachspiel eine eigene Lebensform. Der Spieler spielt sein Leben so, wie die Regeln seines Sprachspiels es ihm vorschreiben. Das läßt sich am Verhalten von Nazis und Stalinisten ebenso zeigen, wie an dem von Randgruppen oder von religiösen Menschen. Der Religiöse lebt das Leben, das ihm die Tradition des Sprachspiels seiner heiligen Bücher und mündlichen Lehren zu leben aufgibt.

Für den Menschen der postmodernen Epoche ist Konsens über ein von seiner Lebensform abweichendes Sprachspiel weder möglich noch notwendig: Eine Legitimation durch Konsens »tut der Heterogenität der Sprachspiele Gewalt an. Und Erfindung ensteht immer in der Meinungsverschiedenheit. Das postmoderne Wissen verfeinert unsere Sensibilität für die Unterschiede und verstärkt unsere Fähigkeit, das Inkommensurable zu ertragen. Es selbst findet seinen Grund nicht in der Übereinstimmung der Experten, sondern in der Paralogie der Erfinder.«

Was wir hier als den fundamentalen Hintergrund unserer alltäglichen kleinen Tragödien als aufs Auswählen von Büchern verpflichteter oder ihre Inhalte in ein vorgegebenes Sprachspiel von Katalogregeln zwängender Bibliothekar erahnen, ist für Lyotard offensichtlich in der Entwicklung der seit den fünziger Jahren neu entstehenden Pilotwissenschaften, die allesamt »die Sprache zum Gegenstand haben: die linguistischen Theorien, die Kommunikationswissenschaften und die Kybernetik, die modernen Algebren und die Informatik, die Computerwissenschaften und Computersprachen, die Probleme der Sprachübersetzung und die Suche nach der Vereinbarkeit zwischen Sprache und Automaten, die Probleme der Speicherung und die Datenbanken, die Telematik und die Perfektionierung intelligenter Terminals.«

Beeinflußt ist nicht nur die Forschung, z. B. durch die mittlerweile weitverbreitete Anwendung von Computermodellen, sondern auch – und das ist es nun, was uns besonders angeht – die Übermittlung der Erkenntnisse und deren politische und ökonomische Dimension. Die hinter der Bücherflut, die im letzten Jahrhundert nach Erfindung der Schnellpresse sogleich eingesetzt hatte, stehenden Mechanismen hat bereits Arthur Schopenhauer in seinen trefflichen Bemerkungen über Schriftstellerei, Bücher und Lesen im zweiten Band seiner »Parerga und Paralipomena« aufgedeckt. Ich will hier darauf nicht näher eingehen. Sie sind von mir 1986 in einem kleinen Aufsatz in den Mitteilungen der Staatsbibliothek Preußischer Kulturbesitz gewürdigt worden. Wichtiger ist mir heute, unter welche Zwänge uns der Einzug der neuen Medien in die Bibliotheken bringen wird.

Denn auch hier steht der ökonomische Zwang, Neues für einen möglichst breiten Markt zu produzieren weit vor den Überlegungen, dem anwendenden Bibliothekar in vertretbar kurzer Zeit wirklich Zweckmäßiges zu bieten. Jeder, der mit entsprechenden Firmen in Verhandlungen oder Projekten steht, weiß, was ich hier andeute. Die Strategie der Firmen ist doch nicht, optimale Informationsvermittlung herzustellen, sondern durch eine Politik kleiner Verbesserungsschritte sich jede neue Version eines Systems oder Geräts teuer bezahlen zu lassen, bis hin zu dem von Lyotard festgestellten Punkt, »durch die Normierung, Miniaturisierung und Kommerzialisierung der Geräte schon heute die Verfahren des Erwerbs, der Klassifizierung, der Verfügbarmachung und Ausbeutung der Erkenntnisse« zu verändern.

»Das alte Prinzip, wonach Wissenserwerb unauflösbar mit der Bildung des Geistes und selbst der Person verbunden ist, verfällt immer mehr. Die Beziehung der Lieferanten und Benutzer der Erkenntnis zu dieser strebt und wird danach streben, sich in der Form darzustellen, die das Verhältnis der Produzenten und Konsumenten von Waren zu diesen auszeichnet: die Wertform. Das Wissen ist und wird für den Verkauf geschaffen werden, und es wird für seine Verwertung in einer neuen Produktion konsumiert. ... Es hört auf, sein eigener Zweck zu sein, es verliert seinen Gebrauchswert.«

Wer einmal durch Installierung eines Systems an eine Firma gebunden ist, ist ihren Marketing– und Hinhaltetechniken so lange ausgeliefert, wie er seinen Geldgeber nicht überzeugen kann, daß nur der Ankauf eines völlig neuen Systems seine Schwierigkeiten beseitigt, mit dem der Kreislauf dann womöglich von neuem beginnt. Wer einmal Papierausgaben abgeschafft und sich auf CD–ROM eingelassen hat, muß alle Strategien des Herstellers mitmachen, weil er nicht wieder zurück kann, ohne bei seinen Benutzern und Auskunftsbibliothekaren einen Sturm der Entrüstung auszulösen. Das ist zwar mißlich, kann aber bei politischer Einsicht in diese Notwendigkeiten immerhin rein finanziell gelöst werden.

Die schwieriger abzulösende Hypothek dieses Wandels der Wissensvermittlung ergibt sich infolge einer viel tiefer gehenden Konsequenz, auf die Lyotard mit vielen anderen Kritikern des Computerzeitalters aufmerksam gemacht hat: »In dieser allgemeinen Transformation bleibt die Natur des Wissens nicht unbehelligt. Es kann die neuen Kanäle nur dann passieren und einsatzfähig gemacht werden, wenn die Erkenntnis in Informationsquanten übersetzt werden kann. Man kann daher die Prognose stellen, daß all das, was vom überkommenen Wissen nicht in dieser Weise übersetzbar ist, vernachlässigt werden wird, und daß die Orientierung dieser neuen Untersuchungen sich der Bedingung der Übersetzbarkeit etwaiger Ergebnisse in die Maschinensprache unterordnen wird. Die Produzenten des Wissens sowie seine Benutzer müssen von nun an über die Mittel verfügen, das in diese Sprachen zu übersetzten, was die einen zu erfinden und die anderen zu lernen trachten.«

Der von der Enge des logischen Ja oder Nein bedingte Übersetzungszwang des vielfältigen semantischen Beziehungsgeflechts der Informationen in Wissenschaft, Technik und Alltagsrecht trennt das vorhandene und mitteilbare Wissen auf in durch Maschinenverarbeitung Anwendbares, daß dann auf diesem Wege konserviert und übermittelt wird, und die Fülle des so nicht mehr Mitteilbaren, das nicht konserviert bleibt, im maschinellen Konservierungsprozess verdrängt wird und so möglicherweise verlorengeht, bildet sich nicht eine neue Überlieferungstradition aus. Die Vermittlung durch die audio-visuellen Medien leitet von diesem Wandel ihre große Zukunft ab.

Die Speicherung des Wissens in Datenbanken geht von dem Modell der Kumulation des Genies aus und ergibt sich der trügerischen Gewißheit, damit sei alles getan. Aber – wie Lyotard es ausdrückt – : Das wissenschaftliche Wissen ist jedoch »nicht das ganze Wissen, es war immer im Überschuß, immer ein Wettstreit und Konflikt mit einer anderen Art des Wissens, die wir vereinfacht narrativ nennen.«

Daniel Bell hat die Folgen des Wandels in 4 Punkten zusammengefaßt: 1. »Ein Mehr an Information bedeutet nicht ohne weiteres vollständige Information; wenn irgendwie, dann macht es die Information mehr und mehr unvollständig.« – 2. »Die Information wird technischer.« – 3. »Es gibt ein gesteigertes Bedürfnis nach Vermittlung. Es erhebt sich die Frage der Auswahl aus der immensen Informationsflut.« – 4. »Mit dem exponentiellen Wachstum des Wissens und der Vielfalt der Felder und Interessen nimmt das Wissen, das ein einzelnes Individuum von der Vielzahl der Ereignisse bewahren kann, unvermeidlich ab. Mehr und mehr wissen wir weniger und weniger.«

Ich meine, an diesem Punkt läßt sich leicht zeigen, wie weit wir in unserem Beruf bereits in diesen Wandel verstrickt sind: Ein Konstituens der im 18. und 19. Jahrhundert entwickelten modernen Bibliothek war ihr Anspruch auf Universalität der Wissensvermittlung, und solange Fürsten, Könige und Regierungen auf den Gedeih der Wissenschaften in ihrem Lande bedacht waren, haben sie ihre Bibliotheken entsprechend gefördert. Die Bestandsgeschichte mancher großer Bibliotheken beweist das. Von dem Augenblick an aber, da - bedingt durch die beiden Weltkriege und die weltwirtschaftliche Krisis - das Hauptziel der staatlichen Förderung auf wirtschaftliches Wachstum zur Verbesserung des Lebensstandards der Bevölkerung und auf militärischen Ausbau zum Zwecke des Angriffs oder der Friedenssicherung ausgerichtet war, hat die Mittelbeschränkung bei den Bibliotheken diesem Universalitätsanspruch zur Farce gemacht. Wir haben uns darauf beschränkt, das an Literatur zu beschaffen, was finanzierbar war und wovon wir meinten, daß unsere Benutzer es haben wollen. Die Blütezeit der Benutzerforschung in den 50er und 60er Jahren ist mir dafür immer ein verdächtiges Signal gewesen. Ein Blick auf die Bestandsstatistiken der letzten 50 Jahre beweist es. Konnte die Preußische Staatsbibliothek zwischen den Kriegen noch etwa 50 % der wissenschaftlich relevanten Weltbuchproduktion erwerben, so sind es heute in der Staatsbibliothek Preußischer Kulturbesitz gerade noch 22%, und das bei einem jährlichen Zugang von immerhin 110 000 Bänden. Und uns bei der Auswahl der zu beschaffenden Literatur nach den Benutzerwünschen zu richten - dem also die Entscheidung zu überlassen, der nach Bells Analyse ohnehin immer weniger weiß - kann ich angesichts des traditionellen Ethos unseres Berufsstandes, sich über den Stand der Wissenschaft selbst ein umfassendes Bild zu machen und den Benutzern dann eine wirklich repräsentative Auswahl des Bedeutsamen anzubieten, nur als zynisch betrachten. Die wissenschaftlichen Bibliotheken – auch viele Nationalbibliotheken – haben es also weitgehend aufgegeben, aus der gedruckt insgesamt verfügbaren Information Sammlungen aufzubauen, die das Prädikat "repräsentativ" wirklich verdienen. Was schlimmer ist: Sie sammeln zu 80 % das gleiche, sodaß es nicht einmal möglich ist, Literatur, die durch den allgemein tradierten Auswahlfilter der Bibliotheken hindurchgefallen ist, durch Besorgung im Leihverkehr herbeizuschaffen. So wirken also die Bibliotheken, indem sie sich dem Zwang zu enger und nicht aufeinander abgestimmter Auswahl beugen, ständig am Informationsverlust der Gesellschaft mit.

Lyotards Kernthese über die Transformation unseres Wissens infolge der Literaturvermittlung durch Datenbanken, führt uns in ein noch viel entscheidenderes Dilemma: Haben wir geglaubt, durch die Einführung der EDV wenigstens bei der Literaturinformationsvermittlung den Stein der Weisen gefunden zu haben, macht seine These darauf aufmerksam, daß wir uns damit einer für die Struktur des zukünftigen Wissens sehr problematischen Methode überantwortet haben. Sieht man von den Inkompatibilitäten der Maschinensprachen ab, so erzeugen wir an der Oberfläche unserer EDV-Kataloge und bibliographischen Datenbanken eine Fülle von nicht miteinander zu vereinbarenden Sprachspielen. Das gilt für die Formalkatalogisierung, wo es nach Jahr und Tag immer noch nicht möglich ist, Einigung über ein international normiertes Austauschformat für bibliographische Daten herbeizuführen, geschweige denn es auch überall anzuwenden, und das gilt in noch beträchtlicherem Maße für den noch entscheidenderen Punkt der Inhaltserschließung: Die klassischen Systematischen Kataloge oder Klassifikationssysteme sind nicht ineinander übersetzbar und kaum computierbar. Es gibt eine Vielfalt von Schlagwortsystemen, die für die Benutzer nicht oder nur mühsam erlernbar sind. Und für mit Deskriptoren arbeitende Systeme haben Erfahrung und Forschung gezeigt, daß die Relevanzquote der aufgefundenen Literatur umgekehrt proportional zur Menge der nachgewiesenen Titel sinkt. Auch hier also: Immer mehr Information bringt letztlich immer weniger.

Ich gebe Ihnen ein Beispiel aus eigener Erfahrung: So enthielt der Jahrgang 1988 von Chemical Abstracts im Register unter dem Wirkstoff des Aspririn, der Acetylsalizilsäure, mehr als 600 Literaturnachweise ohne weitere Untergliederung. Davon erwiesen sich bezüglich der Frage der Absorptionsfähigkeit der Substanz im sauren oder basischen Milieu nach tagelanger Auswertungsarbeit weniger als zehn relevant.

Um zu verstehen, welche Bedeutung für die Transformation des Wissens die Einführung eines computergestützten Indexierungssystems hat, müssen wir uns einmal die notwendigen Übersetzungsschritte bis zur Eintragung in die Datenbank im einzelnen vor Augen führen. Als abstraktes Modell nehmen wir ein auf intellektuellem Indexieren basierendes System, weil dieses in der Literatur heute noch als die vertretbarsten und leistungsfähigsten angesehen wird.

Zunächst faßt also der Indexierer den Inhalt eines Dokumentes für sich selbst in Begriffe zusammen. Sie werden im allgemeinen aus der von ihm - z.T. mit verständlicherweise überaltertem Wissensstand - erlernten Fachsprache stammen (= 1. Übersetzung). Dann prüft er die Normschlagwortliste seines Systems auf verwendbare Ausdrücke (= 2. Übersetzung) und legt möglicherweise durch Unterschlagwörter, die von ihm frei gewählt wurden, weitere Aspekte des Inhalts fest (= 3. Übersetzung). Jeder dieser Schritte verändert den Informationsgehalt des Dokuments. Die Regeln der Übersetzung sind in den seltensten Fällen explizit formuliert, die Abbildung des Dokumenteninhalts auf die Schlagwortkette, die schließlich im Index erscheint, somit nicht normiert. Die Folge ist: Verschiedene Indexierer kommen bei gleichem Dokument, wenn sie unabhängig voneinander arbeiten, zu unterschiedlichen Indexeintragungen. Der Konsensbildung unter den Beteiligten muß viel Zeit eingeräumt werden. – Von seiten des Benutzers ist die Lage mißlich: Er beherrscht die verschiedenen Indexierungssysteme zunächst nicht, denn Voraussetzung wäre mindestens die Kenntnis der Normschlagwortliste, muß aber im allgemeinen bei umfassender Literatursuche verschiedenste Systeme zugleich zu Rate ziehen. Die verschiedenen Systeme nötigen ihm auf, verschiedene Sprachspiele erst zu erlernen und sie noch dazu in sein eigenes zu übersetzen.

Im Zeitalter einer einheitlichen Gelehrtensprache wie des Lateinischen – oder bei Konsens über ein einheitliches Klassifikationssystem Baconscher Prägung - wie die Klassifikation der LOC oder die Dezimalklassifikation – wären solche Übersetzungsprobleme lösbar gewesen. Anders in der postmodernen Situation, für die Lyotard feststellen muß: »Niemand spricht alle diese Sprachen, sie haben keine universelle Metasprache, ... man ist im Positivismus dieser oder jener vereinzelten Erkenntnis verstrickt.«

Das gilt leider noch viel mehr als für die vielen Klassifikationen und Indexierungssysteme für die Wissenschaftssprachen selber, und das erschwert das Geschäft des inhaltserschließenden Bibliothekars um eine weitere Dimension: Unsere eigene Arbeit ist technischer geworden und sie beschäftigt sich mit einem Stoff, der auch technischer geworden ist. Die in den einzelnen Wissenschaften betriebenen Sprachspiele sind vielfältiger geworden, und es sind eine Fülle neu konstruierter Sprachen hinzugekommen. Dennoch müssen sie auf ein nur beschränkt wandlungsfähiges Sprachspiel – ein viele Jahre in der Bibliothek verwendetes Klassifikations- und Indexierungssystem – abgebildet werden. Wir Bibliothekare und Datenbankkonstrukteure erzeugen mit diesen Systemen ein eigenes anderes Wissen, und bauen so für die Benutzer eine Erkenntnishürde, – und dies alles ohne Konsens über ein verbindliches System und angesichts von Benutzern, die ebenfalls ohne Konsens und einheitliches Wissen Informationen über das Literaturangebot suchen. Dennoch sieht Lyotard die zukünftige Entwicklung vorprogrammiert: »Die Enzyklopädie von morgen, das sind die Datenbanken. Sie übersteigen die Kapazität jeglichen Benutzers. Sie sind die ‚Natur' für den postmodernen Menschen.«

Betrachtet man die Veränderungen in Struktur und Vermittlung des Wissens soziologisch, muß man mit Bell feststellen: Führende Klasse in unserer Gesellschaft ist »eine professionelle Klasse, die mehr auf Wissen als auf Eigentum gegründet« ist. Und Lyotard ergänzt: An die Stelle der argumentativen Überzeugungen von unerschütterlichen Wahrheiten ist die Kontrolle der Wissenschaft durch die Macht dieser Klasse getreten, und der Vorzug wird jenen Aussagen gegeben, die performativ sind, d.h. die am meisten geeignet sind, etwas zu bewirken und zu verändern: »Die Verteilung der Forschungsgelder durch die Regierungen und die Unternehmen gehorcht dieser Logik der Machtergreifung. Die Gebiete der Forschung, die ihren, wenn auch indirekten, Anteil zur Optimierung der Leistungen des Systems nicht verteidigen können, sind vom Geldfluß ausgeschlossen und der Vergreisung geweiht. Die Behörden berufen sich ausdrücklich auf das Kriterium der Performativität, um zu rechtfertigen, daß diesem oder jenem Forschungszentrum oder -schwerpunkt eine Förderung versagt wird.«

Das ist der Motor, der in Deutschland die traditionellen Geisteswissenschaften bereits auf ein Randgebiet in den Universitäten abgedrängt hat. Diese Entwicklung ist es, die langfristige, personal- und kenntnisaufwendige bibliothekarische Unternehmungen wie den Gesamtkatalog der Wiegendrucke oder den Katalog der orientalischen Handschriften in ein Dämmerdasein verbannt hat. Und die Entwicklung wird sich fortsetzen, da sich Ausbildung und Studium dem Kriterium der Performativität anpassen, denn – so stellt Lyotard fest: »Die höhere Ausbildung wird fortfahren müssen, dem sozialen System die Kompetenzen zu liefern, die seinen eigenen Anforderungen entsprechen, seinen inneren Zusammenhang aufrecht zu erhalten... Die Vermittlung des Wissens scheint nicht mehr dazu bestimmt, eine Elite zu bilden, die fähig ist, die Nation in ihre Emanzipation zu führen, sondern sie versorgt das System mit Spielern, die in der Lage sind, ihre Rolle auf dem pragmatischen Posten, deren ihre Institutionen bedürfen, erwartungsgemäß wahrzunehmen.«

Art, Verhalten und Anforderungen unserer Bibliotheksbenutzer verändern sich unter diesen Bedingungen schleichend. Mehr noch als jetzt werden sie von der Bibliothek schnellere Zugriffsmöglichkeiten nur auf das von ihnen aufs engste für relevant Gehaltene erwarten. Breite der Thematik und des Angebots werden weniger gefragt sein, und was nicht vorhanden oder in schnellster Zeit zu besorgen ist, wird als weniger relevant angesehen werden. Sie werden unbesehen Datenbanken bevorzugen, die schneller zu diesem Ziel führen, und sich noch mehr als bisher schon das langweilige Durcharbeiten klassisch und ausschweifend gearbeiteter Bibliographien ersparen.

Auf der anderen Seite werden wir, wenn sich der Verdrängungsprozeß der Universitätsfächer auf die prognostizierte Weise fortsetzt, weniger und weniger qualifizierte Bewerber aus den klassischen geisteswissenschaftlichen Fächern für die Ausbildung in unserem Beruf zur Verfügung haben, und das gerade jetzt, da in den kommenden Jahren besonders viele Kolleginnen und Kollegen, die diese Fächer vertreten haben, in den Ruhestand treten. Und wir werden noch mühsamer als bisher Interessenten für die Ausbildung suchen müssen, die aus den Fachgebieten kommen, die in den Universitäten heute den Vorzug besonderer Förderung genießen.

Und was die finanzielle Förderung unserer Bibliotheken selbst angeht, werden wir ungebrochen Mittel bekommen für die weitere Automatisierung und Vernetzung, so lange jedenfalls, wie der Glaube an die Effizienz elektronischer Informationssysteme bei den Unterhaltsträgern ungebrochen ist. Und wir werden kämpfen müssen, um die Teile unserer Sammlung weiter ausbauen zu können, die dem von Lyotard so genannten »narrativen« Teil des Wissens zuzuordnen sind, unsere Sammlungen an schöner Literatur, der schönen Bücher, der musealen Teile unserer Sammlungen und der Literatur aus den klassischen Geistes- und Kulturwissenschaften.

Manch einer von Ihnen wird bis zu dieser Stelle gelegentlich den Eindruck gewonnen haben, hier werde wieder einmal von einem der Ewiggestrigen billig gegen Fortschritt und gegen elektronische Informationsvermittlung polemisiert. Leider ist die Situation nicht so einfach, eher tragischer. Ich nehme Bells und Lyotards Feststellungen und Prognosen gerade deswegen so ernst, weil mir die Entwicklungen teilweise notwendig und unabänderlich erscheinen und weil wir mit den neuen Informationsvermittlungsmethoden wirklich die unabdingbaren Hilfen in die Hand bekommen haben, die uns überhaupt erst die Chance geben, eine ordnende Spur in die Informationsflut zu legen. Ich gehöre allerdings auch zu den Leuten, die die Nachteile, die sich durch unkontrollierte, nur von vermeintlichen ökonomischen Zwängen gesteuerte Ausweitung dieses Sektors ergeben, nicht gedankenlos oder zynisch hinzunehmen bereit sind. Ich meine eher mit Jürgen Habermas, daß in dieser postmodernen Veränderung unseres Wissens und seiner Verwertung, daß in diesem Wandel noch genug vom nicht abgeschlossenen Projekt der Moderne sichtbar ist, und es gerade unserem Beruf mit seiner Tradition und zentralen Rolle im Prozeß der Wissensvermittlung zukommt, Mittel und Wege zu entwickeln, die verhindern, daß die Ideen der Aufklärung durch vertieftes Wissen und Bildung des Bewußtseins wie das Kind mit dem Bade ausgeschüttet werden.

Abschließend noch einige Andeutungen, was geschehen müßte, wenn wir dieser Aufgabe gerecht werden wollen: Was den Ausbau unserer Sammlungen, also die Beschaffung der Informationen angeht, habe ich davon gesprochen, daß der Anteil, den wir von der wissenschaftlich relevanten Buchproduktion kaufen, ständig gesunken ist, und wir zudem überwiegend nach den gleichen Sammelkriterien auswählen. Abhilfe könnte hier geschaffen werden durch den Aufbau weiterer und spezialisierter Fachbibliotheken, deren Bestandsnachweise elektronisch zugänglich sein müssen. In Deutschland könnte der alte Sondersammelgebietsplan der DFG dafür eine bewährte Handreichung sein. Wie Sie wissen, stehen wir in Berlin durch die geänderten politischen Verhältnisse vor der in der Bibliotheksgeschichte völlig neuen Situation, zwei Bibliotheken von derzeit jeweils 4 Millionen Bänden zu vereinigen und in zwei 20 Gehminuten voneinander entfernten Häusern zu verwalten. Es ist derzeit nicht auszuschließen, daß die Aufgaben in den beiden Häusern so verteilt werden, daß im Haus Unter den Linden eine Geistes- und Kulturwissenschaftliche Sammlung und an der Potsdamer Straße eine Naturwissenschaftlich-Technische entsteht, die in Absprache mit der TIB Hannover vor allem die Versorgung mit monographischen Veröffentlichungen aus diesem Bereich verbessern könnte. Das wäre, meine ich, ein Modell in die richtige Richtung. Beim Ausbau eines solchen Fachbibliothekssystems könnte auch die Sammlung des »narrativen« Wissens – etwa durch Errichtung einer Zentralbibliothek für fiktionale Literatur – eine verbesserte Chance erhalten.

Um die dann immer noch erforderliche Auswahl der Literatur intellektuell sachlich bewerkstelligen zu können, brauchen wir mehr noch spezialisiertere Lektoren und Fachreferenten, denen die Mußezeit zur Verfügung gestellt werden muß, sich dauernd in ihrem Gebiet fortbilden zu können, denn je schneller der Wechsel der Moden vowärtsschreitet, desto dringlicher ist »permanente Ausbildung« geboten.

Soll die Fülle der Literatur überhaupt den Benutzern vorgeführt werden, bedarf es eines Instruments, daß sie auf den Umfang des Angebots werbend aufmerksam macht. Denkbar wäre die Entwicklung einer mehr oder weniger neuen Art von tertiärer Literatur, laufende Forschungsberichte und Monographien, die lediglich den Forschungsstand wiedergeben und seine Tendenzen analysieren. Die universitäre Forschung ist mit dieser Aufgabe offenbar überlastet. Hier eröffnet sich unserem wissenschaftlichen Personal ein neues und weites Arbeitsfeld, das in der Ausbildung zu verankern wäre. Die Fähigkeit - wie Lyotard es ausdrückt - »das Inkommensurable zu ertragen«, müßte ein besonderes Ziel dieser Ausbildung sein.

Was die Problematik der Vielsprachigkeit auf dem Gebiet der elektronischen Informationsvermittlung angeht, so sind eine ganze Reihe von Maßnahmen hilfreich: Der Verlust einer einheitlichen Metasprache der Wissenschaft könnte auf zwei Wegen kompensiert werden: durch nationale und internationale Normierung oder »translingual switching«-Systeme.

Lassen wir uns auf dem Gebiet der internationalen Normierung nicht entmutigen. Die Durchsetzung und Verbreitung der Internationalen Standardisierten Beschreibung für Monographien und laufende Veröffentlichungen ist ein Modell für die Erzeugung einer konsensfähigen Metasprache für die bibliographische Beschreibung, ist als solches erfolgreich und erleichtert die Kommunikation und den Datenaustausch. Die Verbreitung des internationalen Maschinenaustauschformats ist der nächste notwendige Schritt. Auch für die Verbreitung einer Internationalen Normklassifikation stehen die Zeichen heute, nach der Auflösung des Blocks der sozialistischen Staaten, sicher günstiger.

Bei der Indexierung mittels Schlagworten bieten die »translingual switching«-Systeme eine hoffnungsvolle Alternative zum heute notwendigen Erlernen der nebeneinander bestehenden Systeme. Ziel ist hierbei, daß ein Datenbankbenutzer, gleich in welcher Sprache er die Datenbank befragt, einen Titelnachweis erhält. Das Projekt der Europäischen Gemeinschaft, mit Hilfe des Indexierungssystems PRECIS die Informationsdatenbank EURONET mit einer solchen Übersetzungskomponente auszustatten, ist Anfang der 70er Jahre ja nicht an der technischen Unmöglichkeit gescheitert, sondern nur daran, daß sich nicht genügend zahlende Teilnehmer gefunden haben.

Damit kommen wir wieder zurück zum Problem der Verfügung über die Datenbankinformation, das ja eine wesentliche ökonomische Komponente hat. Lyotard schreibt dazu: »Die Informatisierung kann das ‚erträumte' Kontroll- und Regulierungsinstrument des Systems des Marktes werden, bis zum Wissen selbst erweitert werden und ausschließlich dem Prinzip der Performativität gehorchen. Sie bringt dann unvermeidlich den Terror mit sich. Sie kann auch den über die Metapräskription diskutierenden Gruppen dienen, indem sie ihnen die Informationen gibt, die ihnen meistens fehlen, um in Kenntnis der Sachlage zu entscheiden. Die Linie, die man verfolgen muß, um sie im letzten Sinn umzulenken, ist im Prinzip sehr einfach: Die Öffentlichkeit müßte freien Zugang zu den Speicher- und Datenbanken erhalten.«

Bedenken wir nun, daß die Öffentlichkeit sich nach seiner Ansicht heute »in einen Markt kultureller Güter verwandelt hat«, so bleibt uns nur der Schluß: Wie die Bibliotheken einst den Schatz des gedruckten Wissens öffentlich zugänglich gemacht haben, müssen sie es in Zukunft auch mit den Datenbanken tun, und wie erst das Pflichtablieferungsrecht diesen Zugang rechtlich gesichert hat, müssen wir auf einer vergleichbaren Gesetzgebung für den Zugang zu und die Verwertung von Datenbankinhalten bestehen. Die Initiative dazu wird sicher nicht von den Betreibern ausgehen.

Das Vorhandensein von Datenbankanschlüssen in unseren Bibliotheken bürdet uns dann die Last auf, sie den Benutzern auch wirklich zugänglich zu machen. Die Struktur von deren Wissen und Bewußtsein befindet sich aber, meint Lyotard, schon in der Situation, daß sie selbst die Sehnsucht nach den verlorenen großen Erzählungen verloren haben: »Daraus folgt jedoch keineswegs, daß sie der Barbarei ausgeliefert wären. Was sie daran hindert, ist ihr Wissen, daß die Legitimierung von nirgendwo anders herkommen kann als von ihrer sprachlichen Praxis und ihrer kommunikationellen Interaktion.« Den im Informationsbereich tätigen Bibliothekaren erwächst nun die Aufgabe, hier vermittelnd und erläuternd tätig zu werden. Sie müssen in Aus- und Weiterbildung zur Führung solcher Informationsgespräche vorbereitet werden. Das Einüben eines Retrievalsystems ist dazu nicht hinreichend, es sind intensive Kenntnisse der Datenbankstruktur notwendig, und die dadurch erforderliche Spezialisierung bedingt in diesem Bereich künftig einen weit höheren Personaleinsatz.

Arthur Cordell hat am Ende seiner kanadischen Studie "The uneasy eighties" über die 80er Jahre festgestellt, was sicherlich auch in den 90er Jahren noch gelten wird: »Die schwierigen 80er Jahre sind eine Zeit des Übergangs und der Ungewißheit. Ein Großteil der Schwierigkeit beruht auf dem Umstand, daß obwohl viele Menschen wissen, daß ein Übergang stattfindet, sie Schwierigkeiten haben, zu wissen, was er überhaupt bedeutet. Sie sind unfähig, die Veränderungsrate zu messen und zu entscheiden, ob sie besser davonkommen oder schlechter...Wir in den westlichen Industriegesellschaften erfahren die Veränderung selbst in den Grundlagen unserer Gesellschaft, aber wir haben keine adäquate Theorie der Veränderungen entwickelt und keine Werkzeuge, ihr Ausmaß oder Potential zu messen.«

So bleibt uns in unserem Beruf nur, in hypothetischer Situation auf das Beste in unserer Berufstradition zu vertrauen: Bleiben wir aufklärend!

* Daniel Bells Analyse ist bereits 1973 in New York im Verlag Basic Books erschienen und trägt den Titel: »The coming of post-industrial society: A venture in social forecasting«. Jean–François Lyotard hat seine für die kanadische Regierung ausgearbeitete Studie 1979 in der Édition de Minuit in Paris unter dem Titel »La condition postmoderne« veröffentlicht. Das Buch liegt seit 1986 auch in einer vollständig überarbeiteten deutschen Übersetzung unter dem Titel »Das postmoderne Wissen« als Band 7 der Edition Passagen vor. – Zur weiteren Beschäftigung mit dem Thema sind empfehlenswert: Walter Reese–Schäfer: Lyotard zur Einführung, erschienen in der Edition SOAK im Juniusverlag, Hamburg, 1988, und eine vom kanadischen Science Council veröffentlichte Hintergrundstudie von Arthur J. Cordell: The uneasy eighties – the transition to an information society, Ottawa 1985. – Die beste kritische Zusammenfassung des bisherigen Diskussionsverlaufs hat Wolfgang Welsch 1987 in seinem in Weinheim erschienenen umfangreichen Buch »Unsere postmoderne Moderne« gegeben.

# Kulturraum und Geschichtslandschaft Bodensee

Von Eberhard Tiefenthaler

Ist die Kultur-, Kunst- und Geschichtslandschaft des Bodenseeraumes ein Compendium Europae oder ein Land belangloser Durchgänge? Ist diese Landschaft das kulturelle Herz des Abendlandes, dessen "Pulsschläge" schon vor mehr als einem Jahrtausend "bis ins neblige Land der Britannier zu verspüren" waren (Mönch Ermanrich von der Reichenau, 9. Jh.), ist der Bodensee das zentraleuropäische Mittelmeer, von dem es heißt, es sei "ein verbindendes und vermittelndes, ein aufspeicherndes und ausstrahlendes Kulturbecken" (Johannes Duft), oder ist er nur "des lieben Gottes Meisterstück", wie die Landschaft am Untersee liebevoll genannt wird, das Urlaubsparadies von heute, das aus touristischen Überlegungen eine gesamtheitliche kulturgeschichtliche Interpretation sucht?

Lassen Sie mich mit der Feststellung beginnen, daß der Begriff "Bodenseeraum" erst im 20. Jahrhundert geprägt wurde. Es ist aber ein "geographisch wie historisch geglückter, ein willkommener Begriff. Man verwendet ihn heute, um eine alte Gemeinsamkeit zu dokumentieren. Denn erst seit den Tagen der nationalen Staaten ist der Bodensee Grenzland; vorher und um viele Jahrhunderte mehr bedeutete er alemannische Mitte, Kernland des Reiches, mächtiger Fürstenbesitz, ein Dorado der Politik..." (Walter Lingenhöle).

Natur und Kultur jenes Gebietes, das wir heute als Bodenseeraum bezeichnen, haben sich im Laufe von Jahrtausenden zu einem kleinen Europa vereinigt. Der Bodensee ist eine uralte Kulturstraße. Schon in der Eiszeit, der Stein- und Bronzezeit im engeren oder weiteren Uferbereich besiedelt, diente er bereits in vorrömischer Periode als leicht gangbarer und kurzer Verbindungsweg; 15 v. Chr. war er sogar Schlachtfeld bei der entscheidenden Auseinandersetzung zwischen Römern und Vindelikern. Von Livius und Horaz, von Plinius, Strabo, Ptolemäus und Ammianus Marcellinus stammen die ältesten schriftlichen Zeugnisse über den See. Sein heutiger Name wird von der Pfalz Bodman (um 700 Bodungo, 837 Potamun) abgeleitet und erscheint erstmals als Bodemse im "Willehalm" Wolframs von Eschenbach um 1220. Die Römer bezeichneten das Gewässer nach der für sie wichtigsten Ufersiedlung Brigantium (Bregenz), die neben einer kompletten städtischen Infrastruktur (Forum, Tempelbezirk, Handels- und Handwerkerstadt, Bäder, Villen) auch über eine ausgebaute Hafenanlage verfügte, als "Lacus Brigantinus". Damals gehörte die ganze Bodenseelandschaft zur Provinz Raetia Prima mit der Hauptstadt Chur, die mittelmeerische Kultur (vgl. das Vergilzitat auf dem Wandverputz in den römischen Thermen von Bregenz) und frühes Christentum an den See (Bregenz und Arbon) vermittelte, lange bevor das Konstanzer Bistum um 600 entstand.

Nachdem seit dem 3./4. Jahrhundert die Alemannen von Norden hervorgestoßen waren und die römische Herrschaft über die Bodenseeregion nach und nach zerfallen war, diente der See weiterhin als bedeutende Kulturstraße. Über ihn wurden im frühen Mittelalter - von irdischen, materiellen Gütern abgesehen - geistige, ewige Werte transportiert. Bis dahin war das Christentum vom Süden durch die Römer und Romanen und vom Westen durch die Franken an den See gekommen. Dazu kam zu Beginn des 7. Jahrhunderts die von Kolumban und in besonders wirksamer Weise von Gallus getragene irische Mission. Die Irenmönche und ihre Begleiter kamen 610 nach Arbon und von dort in Booten nach Bregenz, wo sie, höchstwahrscheinlich an der Stelle der heutigen Vorarlberger Landesbibliothek, die erste klösterliche Ansiedlung im süddeutschen Raum gründeten. Hier erwartete sie eine aus Restromanen und alemannischen Neusiedlern zusammengesetzte Bevölkerung. Deren religiöse Indifferenz und der den irischen Missionaren eigene Drang zur "Peregrinatio" ließ die Mönche nach dreijährigem Aufenthalt in Bregenz weiter nach Süden wandern. Nur Gallus, der vielleicht gar kein Ire war, blieb am Bodensee. Am Ort seiner letzten Einsiedelei entstand ein Jahrhundert später die nachmals berühmte Abtei St. Gallen. 724 gründete der hl. Pirmin mit Hilfe von Karl Martell und des Schwabenherzogs Lantfried das Inselkloster Reichenau, das von Anfang an benediktinisch war, während St. Gallen bis 744 nach der strengen Ordnung des hl. Kolumban lebte.

Beide Bodenseeklöster übten im Mittelalter einen ungeheuren kulturellen Einfluß auf die

*Abb. 1: Darstellung des Bodensees, aus: Gabriel Bucelin, Lacus Potamicus. Frankfurt a. M. 1667*

abendländische Welt aus; es mag imposantere Landschaften als den Bodenseeraum geben, kulturell bedeutendere kaum. Selbst die glanzvollen Zentren Paris oder Wien haben zusammengenommen für Europa kulturell weniger bedeutet als die Reichenau zur Zeit Karls des Großen oder St. Gallen in seiner ersten Blütezeit. Hier liegt die Wiege abendländischer Kultur!

Diesen ersten Abteien gesellten sich später andere hinzu: Petershausen, Weingarten, Kreuzlingen, Münsterlingen, Mehrerau, Salem, Weißenau, in weiterem Umkreis Einsiedeln, Kempten, Zwiefalten, Stein am Rhein, Isny und andere. Ihre Bedeutung wuchs im Herbst des Mittelalters zusammen mit der Erstarkung der Reichsstädte am See derart, daß sich die damalige christliche Welt ausgerechnet in der Bodenseestadt Konstanz von 1414 bis 1418 zum allgemeinen Konzil zusammenfand, das das abendländische Schisma beendete und eine Kirchenreform einleitete, aber durch die Verurteilung von Johannes Hus die Hussitenkriege auslöste.

Das 16. Jahrhundert brachte die Reformation an den See. Bezeichnenderweise war dies eine stadtbürgerliche Bewegung, die (in Lindau und Konstanz) eine Vermittlung zwischen den schweizerischen Zwinglianern und den norddeutschen Lutheranern zustande bringen wollte. Diese allerdings gescheiterte "protestantische Konkordia" (Otto Feger) war die letzte wirklich bedeutende Einwirkung des Bodenseeraumes auf die europäische Geistes- und Kulturgeschichte. Denn seit dem Einsetzen der Hochseeschiffahrt, nach den überseeischen Entdeckungen, geht die wirtschaftliche Bedeutung des Verkehrs über die Alpenpässe zurück. Zudem hatte die politische Entwicklung die mehr als tausendjährige Einheit des Bodenseeraumes gesprengt.

Im Bereich der Kunst allerdings ist von dieser Aufsplitterung, ja von einem Niedergang, nicht viel zu verspüren. Die künstlerischen Schönheiten der Seeregion, bleibende Werte europäischen Geistesausdrucks, offenbaren sich jedem, der selbst dafür offen ist: "Der See als Charakteristikum der Landschaft trennt und bindet in einem. Seine Weite zielt in die Ferne der Welt; das Ufer aber, das ihn umgürtet, schließt sich zum Gefäß, in dem sich die Gaben der Kunst von weither gesammelt, in eigenen Tiefen beruhigt und ihre Fremdheit verströmt haben. Die Metamorphose der Dinge mündet in die Seele von Volk und Landschaft, dem Liedhaften und dem Lyrischen zugetan, dem Innigen eher als dem Strengen, aber auch dem Verträumten und bedächtig nach innen Verschlossenen mehr als der raschen Hingabe ..." (Albert Knoepfli).

Zeugnisse früher künstlerischer Tätigkeit im Bodenseeraum sind vor allem in Museen zu bewundern, in Bregenz beispielsweise oder in Kempten. Die musealen Exponate aus frühgeschichtlicher und römischer Zeit, seien sie auch noch so beeindruckend (wie etwa das keltisch-römische Relief der Pferdegöttin Epona oder die vergoldete Hand einer Statue der Fortuna oder Concordia im Vorarlberger Landesmuseum), geben noch keinen Aufschluß über eine landschaftsgebundene Bodensee-Kunst. Kann man überhaupt von einer solchen sprechen? Von Süden her über die Alpenpässe vorstoßende Einflüsse lassen sich in den Grundrissen der ältesten Vorarlberger Kirchenbauten (etwa Nenzing) ebenso wie in Graubünden nachweisen. Karolingische Architektur und Romanik waren im ganzen Bodenseeraum verbreitet. Vom 9. bis 11. Jahrhundert entstanden die drei romanischen Basiliken der Reichenau und das Münster in Schaffhausen. Die Fresken in der St. Georgskirche in Reichenau-Oberzell sind die ältesten Deutschlands. Sie schmücken die einzige in originalem Zustand erhaltene Kirche aus ottonischer Zeit. Die Konstanzer Bischöfe bauten ihre Residenz bewußt als "himmlisches Jerusalem" (Helmut Maurer) aus, in einer Epoche, als "Reichsidee und Christentum eine Einheit bildeten" (Herbert Berner). Romanisch ist in erster Linie auch die Kathedrale von Chur, die am Fuß der Alpen gelegene Vermittlerkirche zwischen Süden und Norden, deren Bischöfe - aus der Familie der Viktoriden - langezeit zweisprachig (deutsch und rätoromanisch) sein mußten. Ihr romanisches Gepräge bis heute erhalten haben nicht wenige kleine Landkirchen unserer Region, dort wo die Armut der Bevölkerung eine stilistische Erneuerung (häufig: Verschlechterung) nicht zuließ. Ein typisches Beispiel der romanischen Münsterbaukunst nach dem Hirsauer Schema bietet die Unterkirche des Klosters Mehrerau in Bregenz.

Die Kunst der Bodensee-Gotik zeigt sich in einprägsamer Weise im Stadtbild von Überlingen und in seinem Münster, in der Stephanskirche zu Konstanz und im Dom zu

Feldkirch oder im Kloster Marienberg zu Rorschach; die Renaissance findet ihren typischen Ausdruck im gräflichen Palast zu Hohenems, der, von Martino Longo erbaut, das einzige unverfälscht erhaltene Beispiel italienischer Renaissance-Baukunst nördlich der Alpen darstellt. Dieser Palast ging dank der Auffindung der vollständigen Nibelungenliedhandschriften C (1755) und A (1779) in der gräflichen Bibliotheca Emsiana durch J. H. Obereit bzw. J.J. Bodmer in die deutsche Literaturgeschichtsschreibung ein.

Der Höhepunkt der Bodensee-Kunst fällt unbestreitbar in die Zeit des Barock. Dabei wirkte sich aus, daß der Bodensee damals von neuem an einer Kulturstraße lag, an jener zwischen Wien und Paris. Es braucht dabei nicht betont zu werden, daß der Barock nicht nur ein Kunststil war, sondern ebenso wie Romanik und Gotik eine Geisteshaltung. Gerade deswegen wurde der Bodenseeraum durch den Barock zu einer "einzigartigen Kunstlandschaft" (Otto Feger).

Die Bodensee-Architektur des 17. und 18. Jahrhunderts, die weit ins Elsaß, in den Breisgau und den Schwarzwald, nach Mainfranken, nach Bayern und in die Zentralschweiz ausstrahlte, wurde von der sogenannten Auer Zunft getragen. 94 Prozent der männlichen Bevölkerung des kleinen Bregenzerwälder Dörfchens Au war im Bau beschäftigt; Baumeister wie die Beer, die Moosbrugger, die Thumb, haben Unsterblichkeit erlangt, indem sie die Prachtbauten von St. Gallen, Einsiedeln, Birnau, Weingarten, St. Peter u. v. a. schufen. Die Vorarlberger Meister haben das Schema der Wandpfeilerhalle entwickelt und zum "Vorarlberger Münsterschema" vervollkommnet. Die Verschmelzung von Längs- und Zentralbau schuf in den großen Klosterkirchen und den zugehörigen Stiftsanlagen wahre "Städte Gottes", die bis heute das Bild der Bodenseelandschaft prägen.

Schönheit, Natur und kulturelles Erbe der Bodenseegegend üben ihre Anziehungskraft auch auf die Kunst unserer Zeit aus. Dichter und Künstler, wie Hermann Hesse, Martin Walser, André Ficus, Rudolf Wacker, um nur wenige zu nennen, legen davon beredtes Zeugnis ab.

Die Geschichte des Bodenseeraumes ist unter zwei Aspekten zu sehen, einmal unter jenem der gemeinsamen Entwicklung bis zur Entstehung der Territorialstaaten, zum zweiten unter jenem der gemeinsamen Leitlinien in der Zeit verschiedener staatlicher Hoheitsverwaltungen. Auch hinsichtlich der historischen Phänomene verweisen wir darauf: der Bodensee ist im Zentrum Europas gelegen, am Einfallstor zu einer Reihe von Alpenübergängen und am Schnittpunkt der natürlichen Verkehrsstraßen quer durch den Kontinent. Eine solche Lage wirkt sich günstig aus für die wirtschaftliche Entwicklung und für den Austausch kultureller Einflüsse, ungünstig, weil "nach allen Seiten hin offene Zentrallandschaft" (Otto Feger), für das Entstehen einer politischen Großmacht.

Über ein Jahrtausend lang bildete das Land am See eine historische (politische) Ganzheit. Dies ist zum erstenmal unter der Römerherrschaft zu erkennen, deren Gesamtergebnis die Einbeziehung unserer Landschaft in die mediterrane Welt war. Die Römer haben der ganzen Landschaft römisches Staatsbewußtsein, die lateinische Staatssprache und schließlich auch die Staatsreligion gebracht. Alle Reichsbewohner hatten in spätrömischer Zeit das Bürgerrecht und waren in einer Art klassenloser, die Idee des Weltbürgertums reproduzierenden Gesellschaft sich gleichgestellt.

Unter Merowingern und Karolingern, unter Ottonen, Saliern und Staufern blieb das Land bis zu den Habsburgern "unter dem alles überwölbenden Himmel des Heiligen Römischen Reiches deutscher Nation" (Herbert Berner) ungeteilt als politische Einheit erhalten. Erst im Spätmittelalter kommen zentrifugale, föderative Kräfte zum Zug und entstehen eigenstaatliche Territorien der nach Souveränität strebenden Zähringer, Nellenburger, Welfen, Toggenburger, Montforter und anderer bedeutender Familien, wodurch die Zersetzung der einheitlichen Hoheitsgewalt eingeleitet wird. Es ist aber kennzeichnend, daß die Herrschaftsbereiche dieser Adelsfamilien, obwohl im wesentlichen arrondiert, sich in vielen Fällen in kleinsten Einheiten über den ganzen Bodenseeraum verteilten. Die Montforter etwa, das bedeutendste Adelsgeschlecht Vorarlbergs, waren 1182 durch Erbschaft in den Besitz der Grafschaft Bregenz gekommen. Das ehemals große Einflußgebiet der Bregenzer Ulriche (Udalrichinger) wurde durch eine unglückselige Familienpolitik zerstückelt. Es entstanden die Grafschaften Montfort/ Feldkirch, Montfort/Bregenz, Montfort/Tettnang und Werdenberg, deren Besitz - in heutiger geographischer Diktion - in Österreich, in Bayern, Baden/Württemberg, in der Schweiz und in Liechtenstein lag. Seit dem 13. Jahrhundert machten sich die Habsburger derartige Entwicklungen zunutze und begannen mit dem Aufbau ihrer Landesherrschaft in der deutschen Schweiz, ein Jahrhundert später auch in Vorarlberg (1366 Herrschaft Neuburg), das für sie geopolitisch wichtig war als Brücke zu Vorderösterreich und zu den schweizerischen Stammlanden. Die endgültige Vereinigung aller Vorarlberger Landesteile unter der Krone Habsburgs war erst 1804 abgeschlossen.

Seit dem 14. Jahrhundert gewinnt die schweizerische Eidgenossenschaft an politischer Bedeutung (Sempacher Krieg 1386). Der Schwabenkrieg von 1499 bestätigte, was schon längst eingeleitet war: das Auseinanderbrechen der alten staatlichen Einheit des Bodenseeraumes.

Jahrhundertelang bot der deutsche Südwesten dann ein zersplittertes Bild. Um 1800 grenzten allein auf der deutschen Seite 18 Kleinstaaten an den Bodensee. Erst durch die radikale napoleonische Flurbereinigung entstanden neue Verhältnisse. Der Wiener Kongreß bestätigte schließlich als Bodensee-Anrainerstaaten Baden, Bayern, Württemberg (auf deutscher Seite), Österreich (d.h. das heutige Land Vorarlberg) und die Schweiz mit den Kantonen St.Gallen, Thurgau und Schaffhausen. In der Zweithälfte des 19. Jahrhunderts wurde der Bodensee für den Fremdenverkehr entdeckt. Gekrönte Häupter hatten sich hier Sommerresidenzen (etwa Mainau, Friedrichshafen, Arenenberg, Langenargen) eingerichtet, was die Attraktivität der gesamten Seelandschaft auch für das industrielle Bürgertum und die Geldplutokratie hob. Voraussetzung für die touristische Erschließung des Bodenseeraumes waren die damals modernen Verkehrsmittel: Seit 1824 gab es die erste Dampfschiffverbindung über den See (Friedrichshafen - Rorschach), 1847 erreichte die erste Eisenbahn von Ulm her das Schwäbische Meer, in den 70er Jahren wurden die Bodensee-Gürtelbahn und die Vorarlbergbahn eröffnet. Seither ist der Tourismus einer der wichtigsten Wirtschaftsfaktoren des Bodenseeraumes geblieben.

Ungefähr zur selben Zeit setzte nach der literarischen Entdeckung der Alpen- und Seelandschaft als "arkadische Idylle" (Peter Faessler) auch das Interesse der Naturwissenschaften am Bodensee ein. Damit begann "auf einer anderen Ebene eine gegenläufige

Bewegung gegen den Verlust der politischen Einheit" (Herbert Berner). Mehrere wissenschaftliche Institutionen befassen sich jetzt mit Seenforschung und Seenbewirtschaftung.

Die Hoheitsverhältnisse über den Bodensee selbst, einst "des Reiches freie Straße", sind bis heute nicht ganz geklärt. Fest steht, daß die Schweiz 69 km (26%) Uferanteil besitzt, Deutschland 168 km (64%) und Österreich 26 km (10%). Trotz solcher staatsrechtlicher Festlegungen spricht man heute von einem "Kondominium Bodensee" (Herbert Berner) und meint damit den Obersee, der den weitaus größten Teil des Bodensees ausmacht. Dieser war immer "res publica", Gemeingut, an dem jeder Uferstaat das gleiche Recht hat. Dieses seit jeher geltende Prinzip formte Martin Walser 1978 in die lyrischen Worte: "Der See ist das Allgemeine. Wasser kann man so wenig besitzen wie Luft".

Trotz aller politischen Veränderungen durch die Zeiten hindurch hat sich die alemannische Wesensart um den See erhalten. Im Volkscharakter, der seinerseits wiederum bestimmend auf die Volkskultur (hinsichtlich Mundart, Brauchtum, Hausbau usw.) einwirkt, ist die Ganzheit des Bodenseeraumes auch heute noch erkennbar. Die Landschaft vermag sogar jene "geistig zu integrieren" (Herbert Berner), die aus anderen Gegenden hierhergekommen sind. Hermann Hesse hat diesbezüglich nicht nur für seine Person gesprochen, wenn er sagt: "Dennoch bin ich Alemanne, und bin es stärker und bewußter als die meisten von denen, die es der 'Rasse' nach wirklich und zweifellos sind".

Auf die Geistesgeschichte des Bodenseeraumes wurde im vorigen wohl noch zu wenig - gemessen an ihrer enormen Bedeutung für die abendländische Kultur - eingegangen. Wir greifen nochmals auf die beiden großen Bodensee-Abteien, speziell auf ihre Bibliotheken, zurück. Von den beiden Klöstern und von der zwischen ihnen liegenden Bischofsstadt aus ging im Mittelalter ein reicher Strom christlicher Wissenschaft und Gesittung ins ganze Abendland. Die Buchmalerei der Reichenau, die die europäischen Schreibstuben revolutionierte, gehört zum Besten, was die Weltkunst hervorgebracht hat. Im "goldenen Zeitalter der Reichenau hat keine andere Abtei, kein Ort in Deutschland eine ähnliche Bedeutung erlangt" (Alexander Wien). Die Mönche der Pirmin-Gründung haben antikes Erbe erhalten und vermittelt. Durch ihr Wissen und Können beeinflußten sie als Erzkanzler, als Erzieher von Fürstensöhnen, als Diplomaten und Gelehrte die ganze Politik des Reiches. Durch den Reichenauer Mönchsschüler Walahfried Strabo wird in einer Dichtung ("Die Vision des Wetti") von etwa 1000 Versen "das Thema der Göttlichen Komödie, die Wanderung der Seele durch die Bereiche des Jenseits" (Otto Feger), in die Weltliteratur eingeführt. Die literarische Spitzenleistung Dantes wurde 500 Jahre vor ihm am Bodensee vorbereitet. Nachdem Walahfried Strabo nach zehnjährigem Aufenthalt am Kaiserhof in Aachen 838 Abt des Inselklosters geworden war, konnte er voll berechtigten Stolzes an Papst Gregor IV. berichten: "Dieser Ort unseres Wirkens, die Reichenau, nimmt den ersten Rang auf dieser Erde ein ... Die Fülle ihrer geistigen Weisheit lehrt die benachbarten Länder. Die Insel, vom Rheinstrom wie vom Meer umspült, prangt vom Schmuck ihrer neuen Bauten." Zwei Jahrhunderte später sollte die Reichenau noch einmal ein großes Genie hervorbringen: Hermann den Lahmen (1013-1054). Als Mathematiker, Astronom, als Komponist und Geschichtsschreiber hat er Großartiges geleistet. Sein "Salve Regina" wird noch heute gesungen, und seine Weltchronik bemühte sich damals schon um größte historische Objektivität. Neben diesen Reichenauern steht Notker der Stammler (Balbulus), der Mönch des Gallus-Klosters.

Heutzutage wird er mit dem Beinamen "der Dichter" von anderen Mönchen gleichen Namens unterschieden. Seine Hymnen sind das Bewegendste, was im Mittelalter an christlicher Lyrik geschrieben wurde. Er war jedoch nicht nur Dichter, sondern auch Musiker, dazu noch Arzt und Maler und ein tüchtiger, leider schon nach vierjähriger Regierungszeit (971-975) zu früh gestorbener Abt seines Klosters.

Walahfried und Notker, beide waren glänzende Höhepunkte der adeligen Klosterkultur im Bodenseeraum in der Karolingerzeit. Adelig deswegen, weil beide Klöster stolz darauf waren, daß dort nur "Edelfreie" Zugang fanden. Diese scharf aristokratische Ordnung ist überhaupt ein deutliches Kennzeichen unserer Landschaftsgeschichte jener Zeit: die Mönche, die auf der Reichenau und in St.Gallen gemalt und geschrieben haben, aber auch die Konstanzer Bischöfe, gehörten der gleichen sozialen Schicht an wie die weltlichen Herrscher. Die Kultur des Bodenseeraumes war durch Jahrhunderte eine Kultur der adeligen Oberschicht.

Der Grundstock der Reichenauer Klosterbibliothek war bereits vom hl. Pirmin gelegt worden, der Schriften aus Westfranken mitgebracht hatte. Danach kamen unter den Äbten Petrus (782-786) und Waldo (786-806) Bücher aus Rom und Pavia hinzu. In dieser Epoche leitete der berühmteste Bibliothekar der Reichenau, Reginbert, durch Jahrzehnte sowohl Schreibstube wie Klosterbibliothek. Mindestens 42 Manuskripte von seiner eigenen Hand sind auf uns gekommen. Als Abt Heito, der Erbauer des Reichenauer Münsters, des stattlichsten Doms Süddeutschlands, 822 resignierte, war die Reichenauer Bibliothek mit weit über 400 Bänden die umfangreichste von ganz Europa. Leider ist sie heute in alle Winde verstreut. Diese bedauerliche Entwicklung hatte schon während des Konstanzer Konzils, als die italienischen Prälaten manches Gefällige ausgeliehen und nicht mehr zurückgestellt hatten, begonnen. Ihren Abschluß fand sie mit der Säkularisierung des Klosters 1803.

Dieses beklagenswerte Schicksal blieb der St. Galler Stiftsbibliothek im wesentlichen erspart. Zu ihren ältesten und wertvollsten Handschriften-Beständen (2000 Bände, die größtenteils ältesten sankt-gallischen Ursprungs sind) gehören die irischen Handschriften, die als Gastgeschenk von Pilgern aus Irland, die das Grab des hl. Gallus besuchten, der Bibliothek übereignet wurden. Die weltberühmte Stiftsbibliothek übertrifft durch den Reichtum ihrer karolingischen Überlieferung heute die gleichzeitigen Schreibstätten an Bodensee und Rhein. An ihrem Handschriftenfundus "läßt sich noch heute ablesen, wie die Abtei, vorab im karolingischen 9. Jahrhundert, nicht nur "Erzieherin Alemanniens" war, sondern darüber hinaus an der abendländischen Kultursynthese aus den Elementen Antike, Deutschtum und Christentum mitgebaut hat" (Johannes Duft). Die St. Galler Stiftsbibliothek bewahrt unter ihren kostbaren Schätzen auch das älteste deutsche Buch auf, den "Abrogans", ein lateinisch-althochdeutsches Vokabular, geschrieben um 790, das erstmalig das "Vater unser" in deutscher Sprache enthält; zu den einzigartigen bibliotheksgeschichtlichen Dokumenten St. Gallens gehört in erster Linie der berühmte karolingische Klosterplan, der um 820 auf der Reichenau gezeichnet und dem baufreudigen St. Galler Abt Gozbert (816-837) gewidmet wurde. Es ist dies der Idealplan eines karolingischen Klosters, das neben dem geistlichen und geistigen Auftrag auch eine weltliche Aufgabe zu erfüllen hatte: die Einbettung des Reichsgedankens in den göttlichen Heilsplan. Die St.Galler Stiftsbibliothek darf heute - wegen ihrer einmaligen

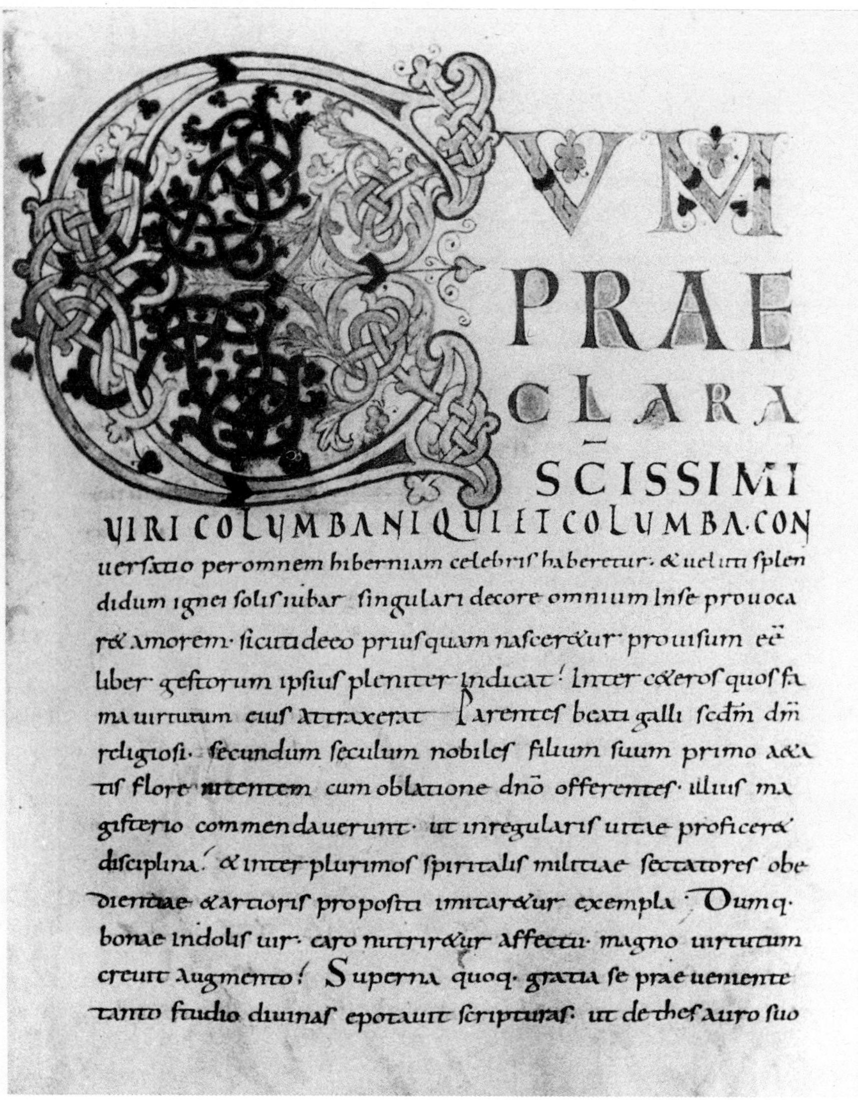

CUM PRAECLARA SCISSIMI
VIRI COLUMBANI QUI ET COLUMBA CON
uersatio per omnem hiberniam celebris haberetur. & uelut splen
didum ignei solis iubar singulari decore omnium in se prouoca
ret amorem. sicut a deo priusquam nasceretur prouisum ee
liber gestorum ipsius pleniter indicat. Inter ceteros quos fa
ma uirtutum eius attraxerat Parentes beati galli sedm dm
religiosi. secundum seculum nobiles filium suum primo aeta
tis flore nitentem cum oblatione dno offerentes. illius ma
gisterio commendauerunt. ut in regularis uitae proficeret
disciplina. & inter plurimos spiritalis militiae sectatores obe
dientiae & artioris propositi imitaretur exempla. Dumq.
bonae indolis uir. caro nutriretur affectu. magno uirtutum
creuit augmento. Superna quoq. gratia se praeueniente
tanto studio diuinas epotauit scripturas. ut de thesauro suo

*Abb. 2: Prachthandschrift aus dem 9. Jahrhundert der Vita sancti Galli von Walahfrid Strabo, Stiftsbibliothek St. Gallen, Codex 562*

*Abb. 3: Darstellung des Evangelisten Matthäus in einem Evangeliar irischer Provenienz, entstanden um 750, Stiftsbibliothek St. Gallen, Codex 51*

Bestände wie auch wegen des großartigen spätbarocken Bibliothekssaals, der unter dem aus Feldkirch stammenden Fürstabt Cölestin Gugger von Staudach (1740-1767) durch den Bezauer Baumeister Peter Thumb errichtet wurde - als eines der größten Wunder der Christenheit bezeichnet werden.

Im Vergleich mit diesen beiden Klosterbibliotheken nehmen sich die heutigen Büchersammlungen im Bodenseeraum eher unbedeutend aus, auch wenn das beim zweiten Hinsehen gar nicht so ist. Die Leopold-Sopien-Bibliothek in Überlingen beispielsweise ist die Hüterin alter reichsstädtischer sowie ehemals klösterlicher Bücherbestände und der wertvollen Sammlung F.S. Wochelers, darunter dreier Pergament-Codices aus der Mehrerau; die alte reichsstädtische Bibliothek in Lindau (gegr. 1538) bewahrt neben einer fast vollständigen Sammlung von Reformationsdrucken wertvolle Inkunabeln und naturwissenschaftliche Handschriften auf. Die Bodenseebibliothek in Friedrichshafen, Besitz des internationalen "Vereins für Geschichte des Bodensees und seiner Umgebung", zählt fast die komplette ältere wissenschaftliche Literatur über das Bodenseegebiet zu ihren Beständen, die junge Universitätsbibliothek Konstanz dient als Informationsträger hinsichtlich der neueren und neuesten wissenschaftlichen Literatur. Auf kostbare alte Bestände (etwa eine vollständige illuminierte Handschrift der Weltchronik des Rudolf von Ems) kann vor allem auch die Stadtbibliothek Vadiana in St.Gallen verweisen. Diese Sammlung ist im Grundbestand eine Schenkung des St.Galler Bürgermeisters, Humanisten und Reformators Joachim von Watt (Vadian, 1484-1551) an seine Heimatstadt. Vadian, der in Wien studiert hatte, war übrigens einer der ersten Gelehrten, die die Bodenseelandschaft eingehend wissenschaftlich beschrieben haben. Es ist hier kein Platz, auf die Tätigkeit der anderen Humanisten und Reformatoren, die für die Geistesgeschichte des Bodenseeraums von Bedeutung waren, einzugehen; wir erinnern nur an Namen wie Blarer, Hummelberg, Bernhardi usw. Deren Privatbibliotheken sind z.T. in immerhin noch bedeutenden Resten in unseren Bibliotheken (etwa Stadtbibliothek Feldkirch) erhalten geblieben.

Die jüngste Gründung im wissenschaftlichen Bibliothekswesen des Bodenseeraumes ist die Vorarlberger Landesbibliothek in Bregenz. Gegründet 1904 und errichtet 1977, bietet sie heute etwa 280.000 Bände in weitestgehender Freihandaufstellung an (ausgenommen natürlich die Sammlung von Handschriften, Inkunabeln und alten Vorarlberger Drucken, auch alte Bibliotheksbestände, wie Teile der Emsiana oder der Mehrerauer Stiftsbibliothek).

Als Landes- und als Studienbibliothek hat sie zwei unterschiedliche Funktionen zu erfüllen. Zum einen bewahrt sie alle geschriebenen oder gedruckten Dokumente, die das Land Vorarlberg, seine Regionen und Talschaften, seine Persönlichkeiten und seine historische Entwicklung betreffen, zum anderen vermittelt sie das Wissen unserer Zeit an Studierende und Forscher. Wie es in der anläßlich der Bibliothekseröffnung 1986 erschienenen Festschrift heißt, ist sie "kein toter Turm der Weisheit, keine leblose Aneinanderreihung von Büchern, sie ist im Gegenteil eine nach modernsten Grundsätzen arbeitende Bibliothek ... hell und einladend gestaltet, offen für jeden, der ihre kostenlosen Dienste beanspruchen will ... Sie versteht sich nicht nur als Ort der Informationsgewinnung, des Studiums und der Forschung, sondern ebensosehr als Treffpunkt für

*Abb. 4: Ansicht des St. Gallusstifts von ca. 1915, heute Vorarlberger Landesbibliothek, Ansicht von NW*

kulturell und wissenschaftlich Interessierte, als ein Haus des Gedankenaustauschs" (Eberhard Tiefenthaler). Die Vorarlberger Landesbibliothek arbeitet organisatorisch und funktionell nach modernsten Gesichtspunkten, ihre Benutzung nimmt Jahr für Jahr in schwindelerregendem Ausmaß zu. Dies bestätigt, daß die Errichtung einer wissenschaftlichen Bibliothek im westlichsten Bundesland Österreichs, die die fehlende Universitätsbilbiothek zu ersetzen hat, nicht nur wünschenswert, sondern geradezu notwendig war.

Eine ins Einzelne gehende Darstellung der Arbeitsweise und der Aufgaben dieser modernsten wissenschaftlichen Bibliothek Österreichs bietet der soeben erschienene Band 5 der Reihe "Bibliotheksstudien": Aufbau, Organisation und Funktion eines neuen Informationszentrums am Beispiel der Vorarlberger Landesbibliothek in Bregenz, herausgegeben von Eberhard Tiefenthaler, München 1990, 193 S.

Mit der Errichtung der Vorarlberger Landesbibliothek wurde eine seit langem spürbare Lücke am Ostufer des Bodensees geschlossen und ein Bindeglied zwischen Innerösterreich und den süddeutschen und schweizerischen Bibliotheken geschaffen. Die Unterbringung der Vorarlberger Landesbibliothek im umgebauten St.Gallusstift in Bregenz, die von vielen Fachleuten als vorbildlich bezeichnet wird, läßt uns auch an den "genius loci" denken. Hier nämlich errichtete im Jahre 610 der hl. Kolumban sein erstes Kloster in Süddeutschland. Bis in diese Zeit können wir auch die Tradition des Lesens an dieser

*Abb. 5: Die Vorarlberger Landesbibliothek im ehemaligen St. Gallusstift in Bregenz, Ansicht von SO*

Stelle zurückverfolgen. In der Lebensbeschreibung des Heiligen, verfaßt von Jonas von Susa 25 Jahre nach Kolumbans Tod, heißt es nämlich: "Er saß in der Einsamkeit um Bregenz auf dem verfaulten Stamm einer Eiche und las in einem Buch".

Die Kolumbansvita läßt mich glücklicherweise auch einen geeigneten Schlußgedanken meiner sehr gerafften Darstellung des Kulturraums und der Geschichtslandschaft Bodensee finden. Der Biograph (oder eher Hagiograph) Kolumbans legt nämlich dem Gründerabt bei seinem Abschied von Bregenz ein Wort in den Mund, das trotz aller in den inzwischen verflossenen fast eineinhalb Jahrtausenden eingetretenen Veränderungen auch heute noch gelten sollte: "der Bodensee - eine goldene Schale".

## Technische Herausforderungen zwingen zu neuen Visionen

### Von Gernot Wersig

*1. Das Selbstverständliche denken*

Was ist eine Bibliothek? Wahrscheinlich ist dies eine Frage, von der die meisten hier Anwesenden oder überhaupt die meisten Menschen der Auffassung sind, daß es ganz überflüssig ist, sie zu stellen. Natürlich weiß man, was eine Bibliothek ist, und die Tatsache, daß gerade ich diese Frage stelle, wird hinreichend viele in Vorurteilen mir gegenüber bestärken. Aber auf jede Frage gibt es nur dann eine einigermaßen zutreffende Antwort, wenn vieles als selbstverständlich gilt - so wie es eben auf die Frage "Wie spät ist es" nur dann nur eine Antwort gibt, wenn als selbstverständlich gilt, daß Frager und Befragter sich in einem für beide gleichermaßen geltenden Raum-Zeit-Gefüge befinden.

Also wiederhole ich meine Frage hartnäckig und gebe die wahrscheinlich von allen einigermaßen akzeptierte Standardantwort meines Konversationslexikons: "jede an einen bestimmten Zweck gebundene Sammlung von Büchern". Um deren Detail-Korrektheit will ich hier nicht streiten, sondern nur den Bezugsrahmen "Buch" herausgreifen und diesen hinterfragen. Was ist ein Buch? - hier weiß natürlich jeder, daß die Antwort schwieriger ist. Wieder mein Lexikon: "mehrere zu einem Ganzen zusammengeheftete bedruckte, beschriebene oder auch leere Blätter, die in einen Bucheinband eingebunden sind". Selbst wenn man von der Zweifelhaftigkeit von Zirkeldefinitionen absieht, bleibt dieser Ansatz unbefriedigend: Bibliotheken sammeln und stellen weit mehr zur Verfügung, als damit abgedeckt wäre.

Sie tun dies nicht etwa in Unkenntnis der Definition, sondern weil sie insgeheim wissen, daß diese Definition nur dann einigermaßen Sinn macht, wenn man etwas Selbstverständliches mitdenkt, das allerdings - und hier setzt dann meine informationswissenschaftliche Penetranz ein - heute nicht mehr selbstverständlich ist, von dem aber viele so tun, als sei es selbstverständlich. Lassen Sie mich daher beginnen, eine Antwort auf die Ausgangsfrage zu formulieren, die ein neues Licht auf die Selbstverständlichkeiten fallen läßt.

Die entwickelte menschliche Kultur beruht darauf, daß die Gehalte, die Menschen über sich und ihre Welt wissen und zu erzählen haben, mehr oder weniger dauerhaft fixiert werden. In den neueren Denkweisen ist es nicht unfein, dies mit dem Begriff des Wissens zusammenzufassen. Wissen wird hier in einem sehr allgemeinen Sinn verwendet: Es ist nicht nur das technisch-wissenschaftliche Wissen, sondern auch das, was unseren Alltag steuert, es sind nicht nur die Erkenntnisse über unsere Welt, sondern auch die Geschichten, Mythen, Bilder, Träume, die unserem Leben und unserer Kultur ihren Gehalt geben. Es sind auch und gerade die Fiktionen, die hier eine Rolle spielen. Kultur ist die Kommunikation der Menschen über ihr Wissen in einer Form, in der dieses Wissen sich derart niederschlägt, daß es über die Zeiten tradiert werden kann. Mit dem sog. Gutenberg-Komplex ist dieser Prozeß der Kondensation von Wissen in ein für mehrere Jahrhunderte geltendes und sich stetig entfaltendes Paradigma gebracht worden: Schrift und in zunehmendem Umfang auch Bild werden in einer Weise technisiert, daß nicht nur die Fixierung und Tradierung des Wissens möglich wird, sondern auch daß die Technik und ihre Ökonomie einen sich stetig verbreiternden Zugang zur Produktion und Rezeption dieser Wissensträger ermöglichen. Druckwerke (für die häufig Bücher als sinnfälliges Exempel gewertet werden) sind über Jahrhunderte die Träger des Wissens der Menschen gewesen, Träger, die von ihrer technischen Philosophie her Multiplikate sind, also für potentiell alle Kulturteilhaber da sind. "Bücher" sind dann die Austauschinstrumente des kollektiven Wissens, "Bibliotheken" die Sammlungen des kollektiven Wissens.

Beharren Bibliotheken auf zu engen Interpretationen der Definitionen, schließen sie sich daher tendenziell von technischen Kulturwandlungen aus und hier wäre eine erste Sorge angezeigt: Schon immer sind Bücher (Druckwerke) nur *eine* Aggregatform des kollektiven Wissens gewesen, daneben standen die Unikate und die Objekte als deren andere Aggregatformen, die mit einigermaßen guten Gründen in der gesellschaftlichen Wissensverwaltung voneinander getrennt werden konnten: Einerseits schlugen sich ihre Beiträge zum kollektiven Wissen weitgehend selber in Büchern nieder, andererseits erforderte die Materialität dieser Aggregate unterschiedliche Behandlungen nach dem jeweiligen Stand der Technik und der Ordnung der Wissensdiskurse.

## *2. Die Metastasierung der Aggregatformen*

Unterdessen wächst die Menge der anderen Aggregatformen des kollektiven Wissens: Erst waren es die Fotografien und Filme, dann die Schallplatten. Erstere wurden zunächst aufgrund eines gewissen Unikat-Charakters den anderen Instanzen überlassen, indirekt über ihre Aufnahme in das Buch eingelassen und erst in der Form der Mikroverfilmung von Druckwerken zögernd integriert, letztere wurden relativ unproblematisch aufgenommen, aber vom Buchbestand peinlich separiert - ein Kompromiß.

Die weitere Zunahme von Aggregatformen des kollektiven Wissens ist heute beinahe mit stündlichen Fortschritten zu beschreiben: Video, analoge und digitale Audiokassette, die optischen Speicherplatten mit ihren verschiedenen Familien (CD, WORM, Erasable), Disketten, Datenbanken, magnetische und optische Archivspeicher, Chipkarten, digitales Papier, wissensbasierte Systeme, Multimedia-Dokumente, Hyper-Dokumente (um nur auf den trägerorientierten Ausschnitt einzugehen, ergänzend muß hier auf neue Formen der Wissenskommunikation verwiesen werden wie Electronic Mail, Telekonferenzen, Telefax, Desk Top Publishing, deren Kondensationsformen sehr vielfältig sein können).

Bei diesen Aggregatformen sind im hier behandelten Zusammenhang zwei Merkmale besonders wichtig:

- Auf der Basis der Digitalisierung werden zunehmend alle Aggregatformen ineinander überführbar, d.h. diese Technologien bieten sowohl das Potential der "Buch"-Kopie als auch der Buch-Substitution. Damit wird das Buch zumindest ergänzt in seiner dominanten Stellung der Aggregierung des kollektiven Wissens, seine Rolle wird dubioser gegenüber den andere Aggregatformen, die auf ganz erhebliche Vorteile in bezug auf ihre Potentiale der Wissenspräsentation und -repräsentation verweisen können.

- Die Integration von Wissen und Wissenstechnologie nimmt zu. Die dominante Aggregatform Druckschrift brauchte eine bestimmte Produktions-, aber keine Rezeptionstechnologie. Bei den Aggregatformen Schallplatte, Audio-Kassette und Video-Kassette konnte man davon ausgehen, daß die Träger über sich selber einigermaßen aussagekräftig sind, daß ihre industrielle Produktionsweise (und im wesentlichen nur die liefert Multiplikate) sie eingrenzbar in ihrer inhaltlichen Gestaltung macht und daß die Rezeptionstechnologien beim Benutzer dieses Wissens - auch wieder aufgrund von Marktzusammenhängen - vorhanden sind. Dies war etwa beim Mikrofilm nicht der Fall und daher hat er den Bibliotheken auch besondere Schwierigkeiten bereitet, bedeutete er doch das Eindringen einer Rezeptionstechnologie in die heiligen Bibliothekshallen. Mit den neueren technischen Entwicklungen verschärft sich das Problem in mehrfacher Hinsicht: Das Wissen liegt z.B. auf einer Großtechnologie, bei der Produktion und Rezeption technisch nahezu identisch sind, oder die Rezeptionstechnologie erfordert das Zusammenwirken von Hard- und Software, in Zukunft auch das Zusammenwirken verschiedener Hard- und Softwarekonfigurationen, bei denen die Hard- und Softwarestandards, die die Wissensrezeption erst ermöglichen, rasch wechseln (Generationenfolge).

### *3. Gedächtnis des kollektiven Wissens und wissenstechnisches Museum*

Vereinfacht gesagt: Das Wissen stellt von seiner materiellen Aggregatform her in Zukunft erheblich mehr Probleme als nur unterschiedliche Einband- und Papierformate. Wer das kollektive Wissen über längere Zeiträume verfügbar machen will, muß sich - eine Horrorvision für manchen Bibliothekar - auf dessen verschiedene Aggregatformen einstellen: Zugriff auf Kommunikationsnetze und Großspeicher, unterschiedliche CD-Spieler, Bildplattenspieler, WORM-Speicher, Computer mit unterschiedlichen Laufwerken, Betriebssystemen und Software-Paketen, Downloading von Wissensbasen - um nur einige Bespiele zu nennen. Wer sagt, "Aber wir haben doch schon dieses und jenes", indiziert damit zwar, daß an einigen Stellen diese Wandlungen ansatzweise schon erkannt sind, aber eben nur ansatzweise. Ein CD-ROM-Spieler macht noch keinen technischen Frühling - es geht nicht nur um eine breite technische Palette auf ihrem jeweils neuesten Entwicklungs- und Gültigkeitsstand, sondern es geht tendenziell darum, das Wissen in den *jeweils* gültigen technischen Rezeptionszusammenhängen vorzuhalten: Das bedeutet nicht nur das Vorhalten der neuesten Version sondern auch das der zurückliegenden, überholten, ausgemusterten Versionen, zumindest um Wissensquellen, die auf einem überholten Standard basieren auf einen aktuellen umspielen zu können. Dies ist z.B. der Punkt, an dem die an sich dringend notwendige technische Fortschreibung der Ablieferungspflicht von Dissertationen bisher scheitert.

Damit habe ich den ersten Argumentationsstrang angedeutet, der zum bibliothekarischen Scheideweg führt: Entweder man bleibt in der Sammlungsphilosophie beim erweiterten

Buch, bleibt gewissermaßen Bücherbewahranstalt, dann gibt man mittelfristig den Anspruch, das Gedächtnis des kollektiven Wissens zu sein, auf. Dieses wäre sicherlich ein bequemer Weg - natürlich wird es weiter Bücher geben, die man aufheben kann, d.h. die klassische Bibliothek wird nicht verschwinden. Aber ihr kultureller Stellenwert wird abnehmen. Vielleicht kann man auch damit leben, aber im Rahmen meines Vortrags werde ich den Argumentationsstrang einbringen, der darauf hinweist, daß wir damit nicht leben *sollten*, ob mit oder ohne Zustimmung der Bibliothekare. Man kann die technische Herausforderung aber auch aufnehmen: Die Bibliothek als eine Sammelstätte der verschiedenen mutltiplizierten Aggregationsformen des kollektiven Wissens. Dann wird eine solche Bibliothek zwangsläufig auch so etwas wie ein wissenstechnologisches Museum mit Service-Charakter werden müssen.

Für manche oder sogar viele wird diese Vision einer Bibliothek, in der die unterschiedlichsten Technologien und Träger herumstehen, eine grauenvolle sein. Wahrscheinlich wird man sich im Laufe der Zeit an die eine oder andere Technologie gewöhnen und vielleicht in das Sammelspektrum aufnehmen. Der zweite Argumentationsstrang, den ich jetzt aufnehme, soll uns zu dem Gedanken führen, daß dieses gewissermaßen defensive Hinnehmen der technischen Entwicklung eine ganz und gar unzureichende Strategie sein wird.

### *4. Der asketische Arbeitsplatz*

Eine Bibliothek ist nicht nur eine Sammlung von Büchern, sondern sie ist ja auch an einen Zweck gebunden und dieser ist in der Regel vor allem, diese Bücher nicht nur zu sammeln, sondern sie auch verfügbar zu machen (ich klammere hier einmal aus, daß es wohl immer noch Bibliothekare gibt, die diesen Gesichtspunkt mit einigem Mißtrauen betrachten). Wenn wir bei dem bleiben, was ich bisher gesagt habe, dann läßt sich das transformieren in: das kollektive Wissen verfügbar zu machen. Verfügbar machen hat aber nur dann Sinn, wenn man mit diesem Wissen auch als Benutzer dieses Wissens arbeiten kann.

Da keine Rezeptionstechnologie beim traditionellen Buch notwendig war, konnte man dieses Problem weitgehend an den Benutzer delegieren. Dieser trägt das Buch mit nach Hause und liest es, exzerpiert, neuerdings kopiert er sich auch einiges. Nur für die Fälle, in denen man die Bücher ungern weggibt (aus einer Reihe von Gründen) oder in denen sich das Wegtragen nicht lohnen würde oder zu aufwendig wäre, ermöglicht man Benutzern das Arbeiten mit den Büchern in der Bibliothek. Da Lesen allgemein als ein asketischer Prozeß aufgefaßt zu werden scheint, konnte man diese Arbeitsplätze auch dieser Askese anpassen.

Der asketische Bibliotheksarbeitsplatz - für den es natürlich auch eine Reihe guter Gründe geben mag - läßt alles das, was den gewohnten Heim-Arbeitsplatz ausmacht, vermissen: Kekse, den eigenen Tee, eine angepaßte Beleuchtung und Belüftung, Radiomusik etc. Dies ist zu verkraften, wenn der Benutzer immer noch die Alternative hat, mit der Wissensquelle an diesen heimatlichen Arbeitsplatz zu wechseln. Dem stehen in Zukunft allerdings mehr Hindernisse als bisher entgegen:

- Die Wissensträger sind z.T. nicht transportabel.
- Die Wissensträger sollten nicht in die freie Verfügbarkeit von Benutzern geraten, z.B. weil sie zu empfindlich sind (Disketten) oder weil urheberrechtliche Vorbehalte existieren.
- Die Wissensträger sind nicht mehr monothematisch, sondern polythematisch und multifunktional (fehlen also sehr viel stärker bei lokaler Nicht-Verfügbarkeit).
- Die Wissensträger erfordern zu ihrer Rezeption bestimmte Technologien, die nicht bei allen Benutzern vorausgesetzt werden können.

Der Weg zum Ort, an dem sie zur Verfügung stehen, und deren Benutzung an diesem Ort (einschließlich der gleichzeitigen Nutzung entfernter telekommunikativ zugänglicher Wissensquellen) wird wieder notwendiger und ist auch durch zunehmende Möglichkeiten der Benutzer, selbst auf Wissensbestände telekommunikativ zuzugreifen, häufig nicht ersetzbar. Bis Wissensquellen in beliebiger Aggregationsform für praktisch jeden mit geringem Aufwand telekommunikativ zugreifbar werden, kann noch viel Zeit vergehen (wenn ein solcher Zustand überhaupt erreichbar und erstrebenswert ist).

Den Bibliotheken können hier wesentliche Funktionen zuwachsen, wenn sie sich als den Ort betrachten, an dem das kollektive Wissen so nutzbar wird.

### *5. Die Dispersion des Wissens*

Aufgrund der vielen, z.T. zueinander alternativen Technologien, mit denen heute Wissen festgehalten, vorgehalten, vermittelt werden kann, die dann noch über ihre rasche Generationenfolge sich faktisch für den Benutzer in zusätzliche technische Wissenspfade aufspalten, wird das kollektive Wissen immer disperser, d.h. es wird immer weniger vorhersehbar, wo etwas zu finden sein mag, in welchen Aggregationsformen sich Zusammenhänge befinden, ob über die verschiedenen Aggregationsformen hinweg überhaupt Zusammenhänge bestehen, wie ein lokalisiertes Wissenselement zu beurteilen und zu bewerten ist. Zunächst nimmt diese Dispersheit sicherlich die Form an, daß in zunehmender Weise die Wissensnutzung das Springen von einer Technikkonfiguration zur anderen erfordert. Selbst wenn es gelingen wird, dieses Springen an der Oberfläche mit Mitteln der modernen Technik zu vereinfachen (der integrierte Wissenschafts-Arbeitsplatz), wird dahinter ein erheblicher technischer, organisatorischer und auch juristischer Aufwand für Einrichtung, Pflege und Updating bestehen bleiben. Service-Einrichtungen, die das ganze Spektrum der technischen Wissensnutzung verfügbar machen, werden notwendig, wie wir das im telekommunikativen Bereich bereits sehen an der Entstehung von Umbrella-Diensten, Mailboxen und Umsteigemöglichkeiten innerhalb eines Angebots (Gateways).

Der Einstieg in ein Hypercard-System, von dem man in eine interaktive Bildplatte geht, aus der man in ein Referenz-Retrieval-System steigt, das einen mit gespeicherten Volltexten versorgt, die einem inhaltsanalytischen Auswertungsprogramm unterzogen werden, mit dem man dann an eine Wissensbasis geht - dies ist heute vielleicht noch eine Vision, die vielleicht in zehn Jahren bereits ein normaler Anspruch eines Wissensnutzers ist.

### *6. Die räumliche Schwere der Bibliothek*

An dieser Stelle könnten wir noch fragen, warum ausgerechnet Bibliotheken dies leisten sollen, irgendjemand anders könnte es doch auch tun. Dies ist sicherlich richtig, wenn man über die veränderte Situation des Wissens nicht weiter nachdenkt. Natürlich ist der Trend der zunehmenden Dispersion des Wissens über unterschiedliche Trägerformen schon immer existent gewesen: Bibliographien, Dokumentation, Referenz-Datenbasen waren schon im Gutenberg-Paradigma relativ verzweifelte Versuche, diese Dispersion erträglich zu machen. Man möge sich daran erinnern, daß eines der wesentlichsten Ziele der Dokumentation war, die Materialien, die Bibliotheken nicht erfaßten, mit auszuwerten und inhaltlich zusammenzuführen (ein Ziel, das sich im Laufe der Zeit an vielen Stellen verloren hat). Die Auseinandersetzungen zwischen Bibliothek und Dokumentation beruhten zum guten Teil darauf, daß Bibliotheken diese virtuelle, von der physischen Sammlung abgehobene Zusammenführung des Wissens (auf sehr oberflächlicher Ebene) nicht mitmachen wollten, ihr mißtrauten, wahrscheinlich weil sie Institutionen einer bestimmten Lokalität sind, die mit der Virtualisierung des Raumes und der damit verbundenen tendenziellen Abwertung der physischen Sammlung nicht viel anfangen können. Diese den Bibliotheken eigene räumliche Schwere könnten sie nun - bei Enträumlichung der Wissensträger - über die vor Ort vorgehaltenen Technologien zurückgewinnen.

Dies ist allerdings ein Argument, das eher den Bibliothekaren gilt, das ihnen einen technischen Wandel als Ansatz für eine Strategie der Rückgewinnung verlorengehender Bedeutsamkeit in der Wissenswelt schmackhaft machen könnte. Ich will hier aber jenseits davon den Organisatoren der kollektiven Wissensordnung zeigen, warum es aus unser *aller* Sicht wichtig und notwendig ist, daß Bibliotheken dies übernehmen.

### *7. Wider die Isolierung des Buches*

Auch wenn ein zunehmender Anteil des kollektiven Wissens nicht oder nur teilweise oder erheblich verspätet in das klassische Gutenberg-Paradigma einmündet (über dessen eigene Veränderung gleich noch etwas zu sagen ist), ist das Druckwerk und mithin der klassische Typus von Wissensquelle weiterhin einer der wichtigsten Wissensträger und das auf längere Zeit. Aber er ist nur einer neben anderen und diese anderen haben ihm einige Komfortdimensionen voraus: Interaktivität, Multidimensionalität, Multimedialität, technische Überführbarkeit ineinander, intelligente Suchunterstützung, intelligente Auswertungsanschlüsse und einiges mehr. Die Rezeption des Druckwerks bedarf zwar keiner speziellen Technologie, kann aber dafür auch die technischen Hilfen nicht bieten. Unter diesen Rezeptionsbedingungen werden Generationen heranwachsen, die nicht mehr im

Gedruckt-Geschriebenen die selbstverständliche Wissensbasis sehen, sondern anderen Umgangsformen mit Wissen einen naiven Vorzug geben. Manche Leute versuchen, dies als moralisches Problem zu deklarieren, das ist natürlich Unsinn - wir sind dem Buch moralisch nicht verpflichtet. Aber Druckwerke sind ein gewaltiges Wissenspotential, das sich angesammelt hat, und dessen wir uns für bestimmte Zwecke auch weiter bedienen werden. Es wäre daher Dummheit, diesen Typus Wissensquelle, nur weil er etwas spröde und technisch überholt ist, nicht voll zu nutzen.

Das bedeutet aber die Entwicklung neuer Nutzungsmuster, in denen das Druckwerk seine Rolle findet, in die das Buch als eine Wissensquelle *gleichberechtigt* eingebunden ist. Die zukünftigen Nutzergenerationen müssen rechtzeitig lernen, auf der Gesamtheit aller Wissensquellen zu arbeiten, also unter Einschluß des Druckwerks. Natürlich kann man das auch lernen, wenn Bibliotheken blieben, was sie sind, Bewahranstalten für Bücher, in denen man eben nur Bücher nutzt und dann geht man mit dem Leseergebnis oder dem ausgeliehenen Buch zum Technikzentrum A, fügt etwas hinzu, geht zum Technikzentrum B, fügt etwas hinzu und so fort. Aber wie viel faszinierender ist die Vorstellung, an einem Ort die klassischen *und* die neuen Wissensquellen gemeinsam verfügbar zu haben und integrierte Nutzungsmuster zu entdecken und zu entwickeln. Wenn Bibliotheken tatsächlich das Druckwerk am Herzen liegt, dann müßten sie mit aller Macht darauf hinarbeiten, daß es in einer technischen Umgebung sein Potential angemessen entfalten kann. Im Augenblick ist ihre Argumentation häufig eher eine, die dem Buch langfristig schadet, indem sie es separiert. Bibliotheken als Buchmuseen und Buchschutzparks sind dann bald die Folge und das hat das Buch als Wissensquelle nicht verdient.

### *8. Die Grauzone der Wissens-Kommunikation*

Damit würde man eventuell auch einer anderen Problematik entgegenkommen können. Natürlich produzieren Leute gerne Bücher: Es hebt das Selbstbewußtsein, man findet sich eventuell in Bibliothekskatalogen, man kann auch ein paar Pfennige mit ihnen verdienen. Als Mittel der Wissenskommunikation ist es allerdings nur noch bedingt tauglich, ebenso der Aufsatz. Wir alle wissen, daß inzwischen die graue Literatur, die bibliothekarisch über ihre Produkte praktisch nicht zu kontrollieren ist, enorm an Bedeutung gewonnen hat. In welchem Umfang hier bereits die noch weniger zu kontrollierenden Produkte aus den Bereichen Desk Top Publishing, File Transfer, Diskettenaustausch, Electronic Mail, Corporate Electronic Publishing, Telekonferenzen eine qualitativ erheblich verschärfte Situation schaffen, läßt sich noch kaum abschätzen, unbestritten kann aber gelten, daß vor die Wissensprozesse, die sich in realen Produkten eines Marktes niederschlagen, eine sich ständig vergrößerende Grauzone schiebt, die mit dem rigiden Ziel der bibliographischen Kontrolle nicht zu greifen ist, in der sich aber die eigentlichen Austauschprozesse abspielen. Die Vollständigkeit, die sich mit Kontrollmitteln über die Produkte erzielen läßt, wird immer irrelevanter für das Wissen als Element des Zeitgesprächs der Gesellschaft.

Natürlich ist dies ein Problem, das vordergründig die Archive noch mehr trifft: Vieles an den neuen Kommunikationsformen entzieht sich der Archivierung. Zwar kann fast alles aufgezeichnet werden, aber wird es das auch? soll es? wo? wie? Ein weiteres Problem, das dabei zu beachten ist, ist die Flüchtigkeit der neuen Medien: Dateien, die gelöscht werden, Dateikennungen, die keiner mehr entziffern kann, unbekannte Änderungsstände von Dateien. Authentizität von Wissensprodukten wird technisch in Frage gestellt durch Mehrfachverwendungen, Datierungs- und Autorisierungsprobleme, interaktive Dokumente, Dokumente zum Selbermachen oder Weiterbearbeiten.

### *9. Die neue Ähnlichkeit der klassischen Wissenszentren*

Die Philosophie des Einsammelns, was andernorts produziert wurde, wird in bestimmtem Umfang in Zukunft zwar noch funktionieren, aber die wahrscheinlich wichtigeren Wissensströme werden an diesen Einrichtungen vorbeifließen. Wissen kann in Zukunft vielen materiellen Metamorphosen unterliegen, zu unterschiedlichsten Konglomeraten zusammenfließen, in vielfältigen Variationen erscheinen, sich hier und dort blicken lassen. Es wird technisierter und virtueller werden.

Was bedeutet das für die klassischen Wissensinstitutionen, über die wir hier reden; zunächst von der Sammelseite?

- Sie müssen diesen Techniken gewachsen sein (und zwar allen, auch den schon überholten);
- sie müssen selektiver vorgehen und von daher einen Selektionsgesichtspunkt finden;
- sie müssen sich in das Geschehen hineinbewegen, also in Realzeiten denken lernen und vor Ort das Flüchtige abfischen;
- sie müssen sich auf den viel stärkeren Dezentralitätscharakter von Wissen einstellen: nicht sie sind es, die das Wissen sammeln, das was sie sammeln, ist nur ein Bruchteil.

Natürlich sind diese Einrichtungen auch heute schon keine Orte der Gewißheit mehr, daß man, wenn man sich ihnen anvertraut, auch das findet, was man braucht. Von daher müssen sie noch viel stärker als heute zu Orten der Hilfe werden, indem sie in das sich anbahnende Wissenschaos eine oder mehrere Netzwerkstrukturen hineinbringen - das was sie selber anbieten, wird in den meisten Fällen für ihre Klienten weniger wichtig werden als das, was sie vermitteln können.

Ich habe hier die Parallele zu den Archiven eingebracht, um darauf hinzuweisen, daß die wissenstechnischen Fortschritte tendenziell die Unterschiede zwischen den klassischen Wissenszentren gegenstandslos machen. Die klassischen Wissenszentren - wie Archive, Bibliotheken, Museen, Sammlungen, Dokumentationen - könnten sich entwickeln in Richtung von lokalen Knoten in internationalen Wissensnetzen, die zwar Speicherfunktionen haben, aber auch diese Speicherung von Materialien nicht passiv, d.h. erst bei Eintritt ins Marktgeschehen, auffassen, sondern aktiv, indem sie sich in die vielfältigen Wissensaustauschprozesse einbinden und bereits am Ort des Entstehens die spätere kulturelle Tradierung vorbereiten. Dafür sind Konzepte zu entwickeln, aber dies ist heute nicht mein Thema. Dies bedeutet natürlich - und auch dies ist mir heute nicht so wichtig - , daß Bibliotheken dieser Art ihre Arbeitsweise voll auf neue Technologien umstellen.

Die Katalogisierung könnten wir eigentlich schon bald verteilt vornehmen und automatisieren (über Scanner, Datenübernahme aus dem Verlagswesen, wissensbasierte Systeme), damit wäre der Bibliothekar frei, sich aktiver in das Wissenschaftsgeschehen einzuklinken, seine Kommunikationspartner würden neben den anderen "Bibliotheken" auch und vor allem die wissensproduzierenden und -kommunizierenden Instanzen, aus denen sich ja auch wieder ein Teil seiner Klientel ableitet.

*10. Der kommunikative und individuelle Arbeitsplatz*

Für die Benutzerseite heißt das dann: Der Arbeitsplatz in dieser Bibliothek ist nicht nur einer, der die Kommunikation mit den verschiedenen Wissensaggregationen in dieser und in anderen Bibliotheken oder Wissenszentren ermöglicht, sondern auch einer, mit dem sich der Benutzer in die Grauzone einschalten kann, in der die einigermaßen aktuellen Wissensaustauschprozesse ablaufen: bei wissenschaftlichen Instituten, Verbänden, Akademien, Vermittlungszentren und was sich da alles elektronisch miteinander austauscht. Die Bibliotheken könnten Versuche unternehmen, dieses vernetzte Durcheinander zu ordnen, Orientierungspfade zu schlagen. In diesem Prozeß der kommunikativen Orientierung könnte der Bibliothekar der Helfer und Pfadfinder werden.

Bisher ist die Vision schrittweise entwickelt worden, in der Bibliothek einen multifunktionalen Arbeitsplatz zu bieten, von dem sowohl auf die lokal als auch an anderen Stellen vorgehaltenen Wissensquellen welcher Art auch immer zugegriffen werden kann, der es ermöglicht, sich in die vor der marktgängigen Publikation von Wissensprodukten ablaufenden Wissensaustauschprozesse einzuschalten. Hier muß dann letztlich noch ein weiterer Schritt gegangen werden: Der Bibliotheksbenutzer in dieser Wissenswelt ist selber nicht mehr als untechnischer zu verstehen. Natürlich ist er es gewöhnt, in seiner privaten oder dienstlichen Wissenssphäre mit einer eigenen Wissenstechnologie umzugehen. Auch dies ist im Prinzip nicht neu: Viele Benutzer, die heute in einer Bibliothek arbeiten, bringen ihre Karteikästen mit, ihren eigenen Kugelschreiber, Papier. Der Benutzer, über den wir jetzt reden, hat seine eigenen Vorarbeiten und seine eigenen (z.T. standardisierten) Verarbeitungsprogramme und er wird - wenn er dann integriert mit dem Wissen dieser Welt arbeiten will - sein eigenes Wissen einbringen wollen bzw. die Ergebnisse seiner Arbeit nahtlos in seine eigene Wissensumgebung einbringen wollen. Er wird also mit seinen Disketten kommen und entsprechende Standardprogramme vorfinden wollen, er wird aus den Unterlagen, an denen er arbeitet, Kopien machen wollen (z.B. aus einem Buch über einen Scanner direkt auf seine Diskette), er wird seine eigenen Auswertungsprogramme laden wollen oder bestimmte Auswertungsprogramme nutzen wollen, er wird größere Konvolute später auf seinem PC herunterladen wollen - die Variationsmöglichkeiten, die man sich vorstellen kann, sind viele. Der Arbeitsplatz wird dann auch ein Arbeitsplatz werden müssen, der sich den Arbeitsweisen der Benutzer anpasst, ihnen auch noch individuelle Spielräume läßt. Ich lasse jetzt einmal dahingestellt, daß für eine derartige Vision noch viele Fragen technischer, organisatorischer, rechtlicher Art zu lösen sind - was kann sich ein Bereich eigentlich mehr wünschen, als daß anspruchsvolle intellektuelle Aufgaben auf ihn zukommen.

Ein solcher Arbeitsplatz kann nicht mehr die asketische Bücherkoje der klassischen Bibliothek sein. Erstens sind die Geräte nicht geräuschlos, zweitens funktionieren sie nicht immer, drittens können nicht alle Komponenten an allen Arbeitsplätzen vorgehalten werden, viertens können nicht alle Wissensquellen in beliebiger Anzahl und Aggregation vorgehalten werden usw. Diese Arbeitsplätze werden notwendigerweise lebendige Arbeitsplätze sein, deren Charakteristikum u.a. darin besteht, daß Leute an ihnen sehr konzentriert arbeiten und den Platz nicht beliebig kurzfristig räumen können wie einen Stuhl - sie werden dort also essen und trinken (vielleicht sogar rauchen) wollen. Benutzer und Bibliothekare werden sich miteinander unterhalten müssen, einander helfen müssen, sich absprechen müssen, Ressourcen teilen müssen. Bei entsprechender Einrichtung und Unterstützung durch die Bibliothekare kann diese Bibliothek der Zukunft vielleicht sogar eine ganz muntere und quirlige Angelegenheit werden, in der man nicht nur auf Wissensquellen, sondern auch auf andere Menschen trifft. Man könnte wieder einmal zwei Fliegen mit einer Klappe schlagen: Der Vereinsamungstendenz, die den neuen Technologien immer nachgesagt wird, ein Schnippchen schlagen und den Gang zur Bibliothek zum Vergnügen werden lassen.

Ich habe hier zeigen können, daß Technisierung des Wissensumgangs nicht notwendigerweise auch stärkere Formalisierung bedeuten muß, im Gegenteil: Nur wenn wir den technischen Wissensumgang dem Individuum allein überlassen, könnte diese Befürchtung eventuell zu Recht bestehen, wenn wir dagegen in der Technisierung ein Mittel sehen, dem Buch und dem Menschen zu seinem Recht zu verhelfen, könnten wir die Bibliothek ent-asketisieren und zu einem Wissensforum neuer Art werden lassen.

### *11. Bibliotheksmarketing und neue Wissensprodukte*

Dies mag vielleicht für einen Vormittag genug Provokation sein, aber einen weiteren Aspekt, der möglicherweise notwendig damit verbunden ist, kann ich nicht außen vor lassen. Natürlich wird man fragen, wie das zu finanzieren ist - ich lasse einmal die Frage der Rationalisierung beiseite, da ich davon ausgehe, daß der unvermeidlichen Rationalisierung im klassisch-bibliothekarischen Bereich eine Ausweitung an neuen Service-Funktionen entgegenstehen muß. Mein Hinweis berührt eine andere heilige Kuh, aber man muß darüber reden: Warum sollten Bibliotheken dieser neuen Art nicht sehr viel stärker marktorientiert sein als heute?

Darunter würde man zunächst einmal verstehen können, daß das Prinzip, daß fast alle Dienstleistungen von Bibliotheken umsonst abzugeben sind, überprüft wird (im Bereich des Kopierdienstes und in verschiedenen anderen Randbereichen läßt sich das ohnehin schon nicht mehr aufrechterhalten). Man muß da einmal unvoreingenommen herangehen: Je mehr eine Bibliothek bietet, desto mehr gerät sie auch in den Bereich, in dem sie mit anderen Freizeit- und Wisseneinrichtungen konkurriert und bei denen ist auch nicht alles umsonst. Bibliotheksmarketing wird in gewisser Weise unvermeidlich, je mehr Bibliotheken bieten können. Viele der Arbeitsmöglichkeiten für Benutzer sind natürlich Service-Leistungen, denen auch Freizeit-Charakter zukommt. Diese kann man auf bestimmte Zielgruppen zuschneiden und bei diesen vermarkten.

Allerdings darf man nicht ausschließlich darauf setzen, wie man dies im Bereich der Fachinformation recht laienhaft einmal begonnen und damit gezeigt hat, wo man nicht hingehen kann: Für die klassischen Nachweisdienste sind die Märkte zu gering und durch zu viel Konkurrenz zu schwankend. Diese können sich nur einbinden in Dienste, die auch tragfähige Märkte anpeilen. Was für eine innovative dokumentarische Idee waren die Chronik-Bände, die sicherlich viel Gebrauch gemacht haben von Bibliotheken und Archiven. Die Massenmärkte sind offen für diese Dienste und die klassischen Institutionen haben vielleicht noch die Wahl, ihre eigene klassische Identität zu bewahren, damit die Märkte anderen überlassen und zum Spielball der öffentlichen Haushaltsturbulenzen zu werden, die sie immer deutlicher dann in museale Nischen abdrängen werden, oder offensiver den Markt annehmen, auch wenn dies Abstriche am eigenen Anspruch und vielleicht sogar Sicherheitsverluste durch größere Distanz zur öffentlichen Hand bedeutete (z.B. durch Einführung von Privatisierungselementen).

Mit den neuen Technologien wird eine Fülle von neuen Formen der Wissensvermittlung sichtbar, auf die ich hier bereits hingewiesen habe, indem ich sie als Wissensträger, die über Bibliotheken zugänglich werden müßten, eingebracht habe. Aber warum soll man deren Erstellung und Vermarktung anderen überlassen und darauf warten, daß irgend jemand einen Gewinn damit gemacht hat, um sie dann in das Sammelgut zu übernehmen? Hier wird sich für phantasiebegabte Leute, die die richtigen Koalitionen eingehen, in den nächsten zwanzig Jahren ein Dorado auftun an neuen Diensten und Produkten, die zum großen Teil auf die Dinge zugreifen, die die klassischen Wissenszentren parat halten (oder Instanzen ähnlicher Natur).

Die großen Konzerne, Medien, Agenturen werden sich dieser Ausbeutung des vorhandenen Wissens widmen. Man kann ihnen zuvor- und entgegenkommen. Dies erforderte

- Bildung von Kooperationsgenossenschaften auch über die Grenzen des eigenen Institutionentyps hinaus (um sich nicht gegeneinander ausspielen zu lassen);
- Verbreiterung der Basis bis hin zur Bildung von Wissensnetzwerken(gerade auch kleinere bis private Bibliotheken und Archive werden zunehmend technisiert und können in Verbundsysteme einbezogen werden, wie dies an einzelnen Stellen Museen schon begonnen haben);
- Entwicklung eigenen Umsetzungs-Know-Hows, d.h. das Weiterdenken dessen, was ich hier über Rezeptionstechnologien angemerkt habe in Richtung der Nutzung der entsprechenden Produktionstechnologien;
- Entwicklung von Produktionskooperativen mit entsprechenden anderen Einrichtungen (z.B. Verlagen, Medien, Stiftungen).

Man möge mir die folgende Parallele verzeihen: Für einen großen Teil Europas hat man im letzten Jahr begriffen, daß paternalistische Versorgungsstrukturen einer sozialen Marktwirtschaft unterlegen sind. Vielleicht gibt uns im Einzugsgebiet der etablierten sozialen Marktwirtschaft das den Mut zu weiterer Konsequenz, indem wir unsere informationellen Versorgungsstrukturen auch einmal daraufhin überprüfen, ob ihnen die technischen Entwicklungen nicht auch mehr Raum für Marktorientierungen bieten.

*12. Informations-, Kommunikations- und Kulturzentren*

Die Vielfalt der Wissenstechnologien wird viele, die mit Wissen umzugehen haben, verwirren und überfordern. Unsere klassische Wissensordnung unterstützt die Dispersheit des Wissens und bürdet dem Wissensnutzer zusätzliche Probleme auf - hier nur Akten, da nur Druckschriften, da nur Filme, dort nur Bilder, dort Datenbasen oder nur Expertensysteme. Was Menschen in Zukunft wirklich lernen müssen, bieten ihnen die klassischen Institutionen nur ganz selten: Wie sie dieses Wissen in seinen unterschiedlichen Aggregatzuständen miteinander verbinden, durch die verschiedenen Erscheinungsformen das Wissen als integrative Menge zu fassen und zu begreifen. Wie auch immer daher Bibliotheken, Archive und Dokumentationseinrichtungen ihre Funktionen weiterentwickeln (und dies gilt für die anderen Wissensinstitutionen wie Museen, Verlage, Medien ebenso), sie sollten versuchen, diese Einheit des Wissens deutlich zu machen, indem sie ihre mediale Spezifikation aufgeben und zu anderweitig spezialisierten multimedialen Wissensbegegnungsräumen werden. Dabei kann und sollte es nicht ausbleiben, daß sie sich in die Bereiche aktiv hineinbegeben, in denen Wissen produziert und vermarktet wird.

"Die Entwicklung dieser Institutionen hin zu lokalen Kommunikations-, Informations- und Kulturzentren wäre eine wichtige kulturerhaltende Funktion im Informatisierungsprozeß." Dieses Schlußzitat könnte Ihnen vertraut sein, es stammt aus der Informations-Konzeption des österreichischen Bundesministeriums für Wissenschaft und Forschung von 1985.

# Aufgabe der Bibliothek in einer zunehmend technisch bestimmten informationellen Umwelt

**Von Klaus Haefner**

## *1. Reale und informationelle Umwelt*

Der moderne Mensch lebt in drei Umwelten: (a) der realen Welt, die er unmittelbar mit seinen Sinnesorganen wahrnimmt und "betasten" kann, (b) der informationellen Umwelt, die eine Repräsentation des Wissens über die reale Umwelt darstellt und (c) einer in den Medien repräsentierten informationellen Umwelt, die uns täglich in den unterschiedlichsten Bildern Einblicke in die informationelle Umwelt eröffnet. Wir leben im Vertrauen auf die Wahrheit der Repräsentationen, denen wir begegnen, ohne daß wir im Detail die Richtigkeit der Abbildung realer Welt in die informationelle Umwelt und ihrer Repräsentanz in den unterschiedlichsten medialen Formen überprüfen können.

Komplexität und Kompliziertheit der informationellen Umwelt werden schnell deutlich, wenn man sich klarmacht, welche breite Gruppe von "Informationsproduzenten" am Wirken sind: Neben die Wissenschaften, die früher im Zentrum der Produktion von Wissen standen, tritt heute mehr und mehr das wirtschaftliche und politische Leben, welches einen ständigen Strom von Information in die informationelle Umwelt abgibt. Verbände und Lobbies sind weitere Quellen von ständig neuen Nachrichten. In unserer pluralen Gesellschaft, in der Zensur verboten ist, entstehen mannigfaltige Verwerfungen, Überlappungen und "Verschmutzungen" der informationellen Umwelt. Diese werden besonders dadurch verschärft, daß die Verlage, die Rundfunkanstalten, die Medienproduzenten und zunehmend auch die informationstechnische Industrie immer "schmalere Bilder" der informationellen Umwelt weitergeben.

Gleichzeitig stehen wir vor einer Explosion der insgesamt verfügbaren Information. Schätzungen zeigen, daß heute das in Printmedien gespeicherte publizierte Wissen im Bereich von $10^{17}$ Zeichen (das sind ca. 10 Mia. Bände) liegt. Alle drei bis fünf Jahre verdoppelt sich dieser Bestand! Natürlich gibt es darunter viel redundante und plurale Information. Für die Wahrnehmung der informationellen Umwelt ist es jedoch wichtig, zur Kenntnis zu nehmen, daß das menschliche Gehirn insbesondere wegen seiner begrenzten Aufnahmekanäle nur einen winzigen Anteil dieser "Wissensexplosion" übernehmen und verarbeiten kann.

Daraus resultiert eine drastische Individualisierung der Weltbilder. Jeder Mensch lebt mit einer mehr oder minder zufälligen Abbildung der informationellen Umwelt in Form einer individuellen Repräsentation. Es gibt kaum noch "globale Konzepte", die es erlauben, mit einer gemeinsamen Sprache und einem gemeinsamen Hintergrundswissen über größere Flächen der informationellen Umwelt zu sprechen.

Dies hat mannigfaltige Konsequenzen, z.B.: zunehmende Zergliederung der Wissenschaften; Unfähigkeit der Schule, noch ein "Überblickswissen" zu vermitteln; Probleme des "mündigen" Bürgers, sich in wirtschaftlichen und politischen Fragen kompetent zu verhalten; Unfähigkeit im Umgang mit religiösen und philosophischen Fragestellungen; etc. Die Welt weiß vieles, der einzelne nur sehr wenig.

Besonders gravierend ist die zunehmende Technifizierung der informationellen Umwelt. Während bis in die Frühgeschichte des Homo sapiens die Repräsentanz der informationellen Umwelt im wesentlichen in den Köpfen der Menschen organisiert und gespeichert wurde, begann mit Zeichnungen auf Stein und in Ton und schließlich mit der Erfindung der Schrift, die Organisation von Wissen auf technischen Systemen. Das Buch, der Buchdruck, Tonträger und Radio und schließlich Bildträger und Fernsehen, moderne Datenbanken und die heute entstehenden Expertensysteme sind typische Beispiele für eine Technifizierung der informationellen Umwelt.

Wir gehen insgesamt immer stärker von einer im Menschen repräsentierten informationellen Umwelt zu einer, die wir technisch abgebildet in Form materieller Strukturen vorfinden. Während bis vor ca. 50 Jahren das Wissen der Welt noch explizit in Form von Skripten und Büchern jedermann *im Prinzip* verfügbar war, so ist erkennbar, daß die (flüchtigen) elektronischen Medien und insbesondere die moderne Informationstechnik die Information zunehmend "versteckt", d.h. es bedarf eines bestimmten Zugangssystems und eines Zugangswissens, um überhaupt noch der informationellen Umwelt zu begegnen.

Die Verknüpfung von Informationsspeicherung und Informationsverarbeitung in informationstechnischen Systemen hat darüber hinaus dazu geführt, daß wir in jüngster Zeit immer mehr informationelle Umwelt nicht mehr im Menschen sondern in technischen Systemen *verarbeiten*. War bis vor ca. 50 Jahren das Bildungswesen die einzige Einrichtung, die - bei entsprechenden Investitionen - Humankapital für das Gesellschafts- und Beschäftigungssystem verfügbar machte, so ist es heute möglich, unmittelbar in die informationstechnische Industrie zu investieren, die dann Automaten aller Art (vom einfachen Buchhaltungssystem bis zum militärischen Frühwarnsystem) liefert.

D.h. die informationelle Umwelt muß nicht mehr notwendigerweise in menschlichen Gehirnen repräsentiert sein, um für kognitive Prozesse genutzt zu werden; es reicht aus, sie in Automaten abzulegen! Dieser Prozeß hat zu einem Verlust des Monopols des Bildungswesens geführt. In den westlichen Industrienationen ist mittlerweile das Volumen an Investitionen im Bildungsbereich nur noch in derselben Größenordnung wie die Summe der Investitionen im Bereich der informationstechnischen Produkte; allerdings mit dem mißlichen Ergebnis, daß die Bildungsausgaben pro Kopf der Bevölkerung eher abnehmen, während die Investitionen in informationstechnische Systeme ca. 10% pro Jahr zunehmen!

Wichtig ist auch, zur Kenntnis zu nehmen, daß die Wahrnehmung der Repräsentation informationeller Strukturen über den Preis bestimmt wird: Die "oberflächlichen" Informationsvermittler (wie z.B. Radio und Fernsehen) sind außerordentlich billig (größenordnungsmäßig im Bereich von 0,10 DM pro Stunde), während die anspruchsvollen Medien (wie z.B. Buch, Theater, Datenbank) eher im Bereich von 1 DM pro Stunde liegen. Hieraus ergibt sich eine Dominanz der flüchtigen Eindrücke und das Fehlen von nachschlagefähigen Informationen.

All dies hat dazu geführt, daß die informationelle Umwelt zunehmend undurchschaubar wird und wir ziemlich orientierungslos in ihr herumirren. Insbesondere das flüchtige und zeitgebundene mediale Angebot erzeugt außerordentlich individuelle und zufällige Bilder der informationellen Umwelt. Datenbanken (siehe insbesondere das Bildschirmtextsystem) sind "undurchsichtig". Die Bibliotheken geben weniger und weniger Orientierung, da eine systematische Erschließung der Inhalte weder probiert noch praktiziert wird. Zeitungen und Zeitschriften sind ein immer willkürlicherer Querschnitt durch das Wissen - im wesentlichen nach der Höhe der zu verkaufenden Auflagen bestimmt.

## *2. Die Potenzen der Informationstechnik*

Moderne informationsspeichernde, informationsverarbeitende und informationsübertragende Techniken (Informationstechnik, IT) gibt es erst seit einigen Jahrzehnten. In dieser Zeit haben sie erheblichen Einfluß auf Organisation und Verarbeitung der Information genommen. Alle Trends zeigen, daß sich die Technifizierung unserer informationellen Umwelt und die Automatisierung kognitiver Prozesse weiter fortsetzen werden. Wir nehmen zunehmend Abschied von einer von Menschen kontrollierten und organisierten informationellen Umwelt und wechseln hinüber in ein soziotechnisches System, in dem die Technik immer mehr kognitive Strukturen aufsaugt.

Um sich die vor uns liegenden Entwicklungen deutlich zu vergegenwärtigen, muß man die Potenzen der Informationstechnik betrachten. Diese lassen sich in fünf Hauptsätzen zusammenfassen, die im folgenden knapp dargestellt werden sollen:

*Erster Hauptsatz der Informationstechnik:* Jeder praktizierte wohlbeschreibbare Prozeß der Verarbeitung von Information läßt sich technisch sicher abwickeln.

Dies heißt, daß wir nicht mehr auf das Gehirn angewiesen sind, wenn immer es gilt, wohlbekannte Routinen auszuführen. Wir sind in der Lage über eine formale Beschreibung (Algorithmus) und geeignete Programmierung Programme zu entwickeln, die eine sichere Problemlösung garantieren. Die notwendigen Daten für diese Programme können in Form von Datenstrukturen im Rechner implementiert werden.

Während die ersten Implementationen des 1. Hauptsatzes noch relativ primitiv aussahen (siehe z.B. Taschenrechner), so ist heute erkennbar, daß mit dem 1. Hauptsatz z.B. die "vollautomatische Fabrik" realisiert werden kann. Wenn man im Detail weiß, wie man ein Produkt produzieren will, so kann die Gesamtheit der notwendigen kognitiven Prozesse auf komplexe informationsverarbeitende Systeme übertragen werden.

*Zweiter Hauptsatz der Informationstechnik:* Jeder praktizierte Prozeß, der nur gewissen Prinzipien gehorcht, läßt sich technisch realisieren, das Ergebnis ist dann allerdings nur "akzeptabel".

Der 2. Hauptsatz der Informationstechnik erweitert die Möglichkeiten der Computerisierung deutlich. Es ist heute in der Tat möglich, auch Prozesse, die man nicht im Detail vorausschauend berechnen kann, mit heuristischen Verfahren auf dem Rechner abzubilden. Man erhält dann Systeme, die zwar nicht hundertprozentig sicher arbeiten, aber ganz vernünftige Ergebnisse erzielen (siehe z.B. den Schachcomputer, der eben nicht algorithmisch arbeitet).

Das Prinzip des 2. Hauptsatzes wird häufig auch mit dem Schlagwort "Artificial Intelligence" belegt. Im Zentrum vieler Bemühungen stehen dabei Expertensysteme als der Versuch, das Wissen einer gewissen Domäne im Rechner derart zu organisieren, daß schlußfolgernde Systeme Fragen beantworten können. Solche Systeme existieren heute für eine breite Palette von kognitiven Domänen (von der Medizin bis zum Militär) und werden auch in der Praxis an der einen oder anderen Stelle bereits genutzt. Wichtig ist, zur Kenntnis zu nehmen, daß es sich bei Expertensystemen nicht mehr um den Versuch handelt, die informationelle Umwelt nur zu speichern, sondern vielmehr sie so zu organisieren, daß sie *operativ* zur Bewältigung von Problemen genutzt werden kann. Wir erleben also mit den Expertensystemen eine neue Schicht der Organisation von Wissen.

*Dritter Hauptsatz der Informationstechnik:* Es werden nur Prozesse technisch realisiert, die ökonomisch (oder militärisch) sinnvoll sind.

Während der 1. und 2. Hauptsatz der Informationstechnik alle Arten von "kognitiven Maschinen" erlauben, begegnen wir in der Praxis nur einem *kleinen* Ausschnitt, nämlich denjenigen, die sich auf den Märkten der Welt rechnen. Allerdings ist es der informationstechnischen Industrie in den letzten Jahrzehnten gelungen, ihren Umsatz auf ca. 400 Mia. $ weltweit zu steigern und dabei ca. 10% vom Umsatz in Forschung und Entwicklung zu investieren. Daraus ergibt sich ein steter Fluß neuer informationstechnischer Systeme (siehe z.B. den gerade in der Einführung befindlichen "Sprechschreiber" oder das um die Jahrtausendwende zu erwartende vollautomatische Auto-Mobil). Die Technifizierung der informationellen Umwelt wird intensiv weitergehen, insbesondere die Reorganisation von Wissensstrukturen in einer Form, die sich im Rechner unmittelbar verarbeiten läßt, schreitet schnell voran.

*Vierter Hauptsatz der Informationstechnik:* Jedes informationstechnische System kann bei konstanter Leistung verkleinert werden (begrenzte Ausnahme: Mensch-Computer-Grenzfläche). - Auf der Basis existierender technischer Innovationen und unter Berücksichtigung der hinter uns liegenden Geschichte der modernen Informationstechnik können wir davon ausgehen, daß auch in Zukunft Rechnerleistungen auf immer geringerem Raum untergebracht werden.

Dies hat gravierende Konsequenzen für den Umgang des Menschen mit Information: Jeder kann sich eine Repräsentation der informationellen Umwelt in Form eines *persönlichen Denkzeuges* aneignen. Dieses wird in Zukunft aus einem flachen Bildschirm mit virtueller Tastatur (also berührungsempfindlicher Oberfläche), Sprachein- und Sprachausgabe und großen optischen Massenspeichern bestehen. Durch die hohe Leistungsfähigkeit von außerordentlich verdichteten Prozessoren wird es möglich sind, einen Großrechner in der Hand zu halten. Die moderne Telekommunikation wird es erlauben, über breitbandige Netze oder auch drahtlos auf den weltweiten Bestand des Wissens zuzugreifen. Mit den in der Entwicklung befindlichen dreidimensionalen optischen Massenspeichern wird es möglich sein, eine Universitätsbibliothek in der Tasche zu transportieren.

*Fünfter Hauptsatz der Informationstechnik:* Alle zentralen Elemente der Informationstechnik werden bei konstanter Leistung ca. 10% pro Jahr billiger.

Die Gründe hierfür liegen auf der Hand: Immer stärkere Mikro-Miniaturisierung, immer größere Stückzahlen (auch für Software) und die Nutzung gewisser Grundelemente (z.B. Prozessoren) für immer mehr Anwendungen weltweit.

Daraus ergeben sich tiefgreifende Konsequenzen für die Nutzung der informationellen Umwelt: Wir brauchen nicht mehr unmittelbar das Buch in die Hand zu nehmen, sondern können jederzeit durch Zwischenschaltung eines billigen elektronischen "Interface" gezielt mit Information umgehen und *unmittelbar* informationsverarbeitende Prozesse zu außerordentlich günstigen Kosten abwickeln.

Der zunehmende Übergang von menschlichen kognitiven Prozessen zu technischer Informationsverarbeitung ist kein Zufall, er befriedigt vielmehr eine breite Palette von menschlichen Interessen, z.B.: *die Faulheit* des Menschen bewirkt Automatisierung, Computerisierung und Roboterisierung. Die zunehmende Arbeitszeitverkürzung bei steigendem Lebensstandard ist völlig unvorstellbar ohne eine intensive flexible Automatisierung. Die *Neugier* führt dazu, daß neben den alten die neuen und "superneuen" Medien auf breite Akzeptanz stoßen. Daß heute in den Industrienationen zwei bis drei Stunden pro Tag ferngesehen wird, ist ein typisches Beispiel der technisch befriedigten Neugierde des Menschen.

Zwei weitere Interessen spielen eine wichtige Rolle bei der Technifizierung der informationellen Umwelt: *Macht* kann besser ausgeübt werden, wenn Netze und Netzwerkkontrollen sowie Datenbankensysteme im Besitz des Menschen sind (die militärischen Systeme sind hier ein besonders dramatisches Beispiel). Das Interesse des Menschen an *Gestaltung* der Welt führt zu einer immer intensiveren Nutzung von Computer-Aided-Design-Systemen aller Art - dies beginnt in der Konstruktion und endet in der Entwicklung von Systemen zur Generierung von Literatur.

Die zunehmende Computerisierung in allen Bereichen unserer menschlichen Existenz führt zu völlig neuen Strukturen. Während die früheren Phasen der menschlichen Geschichte im wesentlichen durch soziale Strukturen geprägt waren, hat die Industrialisierung die Wechselwirkung zwischen sozialen und elektromechanischen Systemen hervorgebracht ("industrielle Revolution"). Mit der Nutzung der Informationstechnik entstehen immer mehr außerordentlich komplexe *soziotechnische* Systeme. In diesen werden mit Computern und telekommunikativen Netzwerken soziale Strukturen in der Gesellschaft "verfestigt". Der Mensch wird in eine technisch bestimmte informationelle Umwelt "eingegliedert".

Kontrolle und Überwachung von soziotechnischen Systemen stellen sich als außerordentlich schwierig heraus, man sieht dies z.B. an den existierenden Strukturen im Bereich der Finanzwirtschaft, der Touristik, der Stromversorgung, der Verkopplung von Lieferbeziehungen in Just-In-Time-Systemen. Bilder der informationellen Umwelt werden immer stärker aus den klassischen Medien - insbesondere den Bibliotheken - hinübergezogen in soziotechnische Systeme, in denen sie nicht mehr ausschließlich als reine Repräsentanz der informationellen Umwelt sondern in Form von operativen Systemen eine neue Schicht unserer materiellen Umwelt bilden.

### *3. Die informierte Gesellschaft - eine konstruktive Utopie*

Der derzeitige Weg in den "Informationsdschungel" wird von der breiten Öffentlichkeit - aber auch von der Kultur- und Bildungspolitik - mehr oder minder unreflektiert hingenommen. In dieser Situation erscheint es dringend notwendig, über die Zukunft der Repräsentation von Wissen nachzudenken. Im folgenden soll das Konzept einer *informierten Gesellschaft* - auch als Rahmen für die zukünftigen Aufgaben der Bibliotheken - kurz dargestellt werden.

Die Grundidee ist relativ einfach: Es gilt, die informationelle Umwelt, unter Nutzung der Informationstechnik, so "transparent" und "begehbar" zu gestalten, daß jedermann mit seinem Denkzeug jederzeit zum Wissen der Welt zugreifen kann. *Psychische Mobilität mit Informationstechnik* sollte ein Leitbild unserer zukünftigen Entwicklung sein. (Im Bereich der *physischen* Mobilität haben wir durch die Verkehrstechnik eine Begehbarkeit der materiellen Umwelt erreicht, warum soll dies nicht auch im Bereich der informationellen Umwelt möglich sein?)

Betrachtet man den heutigen Zustand der Verfügbarkeit der informationellen Umwelt, so muß man ein unaufgeräumtes Chaos konstatieren: Private Informationsanbieter wie Verlage, Medienkonzerne, Datenbankenanbieter und die informationstechnische Industrie bieten auf einem "freien Markt" alle ihre Produkte in völlig unüberschaubarer Form an. Die öffentlich-rechtlichen Rundfunkanstalten sowie die neuen privaten Sender überfluten die Menschheit mit flüchtiger Information, mittlerweile fast rund um die Uhr.

Bildungswesen und Weiterbildung bieten eine mehr oder minder selektive Repräsentanz der informationellen Umwelt. Die Bibliotheken kaufen kleine Teilmengen der Printmedien und halten sie mehr oder minder organisiert für die Öffentlichkeit verfügbar, die das Angebot kaum wahrnimmt; etc.

Wir leben in einer Welt des Informationsüberflusses, ohne den Versuch einer Organisation der Information, ohne einen Ansatz, das Wissen der Welt transparent darzustellen, ohne den Versuch, die informationelle Umwelt für jedermann begehbar zu machen.

Die konstruktive Utopie einer informierten Gesellschaft stellt demgegenüber das Ziel in den Mittelpunkt, jedermann die informationelle Umwelt frei zugänglich zu machen. Daraus resultieren zwei wichtige Konsequenzen: Zum einen muß es gelingen, mit Hilfe moderner Speichermedien (in Print-Form oder in optischer Repräsentanz) das Weltwissen transparent zu organisieren. Hierzu bedarf es insbesondere eines angemessenen Zugangssystems, welches sich nach dem heutigen Stand des Wissens nur als semantisches Netzwerk aufspannen läßt. Diese Repräsentanz der informationellen Umwelt muß über telekommunikative Strukturen unmittelbar "begehbar" sein. Der Nutzer der informationellen Umwelt muß aufgrund seiner eigenen kognitiven Fähigkeiten und der in seinem Denkzeug verfügbaren Routinen in der Lage sein, die informationelle Umwelt zu nutzen und sich - mit einigem Aufwand - in allen Bereichen zu emanzipieren.

Diese Vision erscheint erst in weiter Zukunft realisierbar und wird in ihrer Umsetzbarkeit häufig bezweifelt - wegen der begrenzten Leistungsfähigkeit des menschlichen Gehirns. Aber diese Zweifel sind üblich am Beginn einer neuen Entwicklungsphase der Menschheit. Wir haben das beim Übergang von einem religiös bestimmten Weltbild zum Weltbild der Naturwissenschaften erlebt. Dieselbe Furcht bestand am Anfang der Industrialisierung oder bei der Einführung des Automobils. Furcht kann nur überwunden werden, wenn konkrete Handlungsanweisungen gegeben werden und ein politischer Wille besteht die Zukunft zu gestalten. Eine informierte Gesellschaft erscheint - gerade angesichts der Multifunktionalität moderner Informationstechnik - heute möglicher als je zuvor, wenn wir sie nur wollen!

Einige Beispiele mögen dies illustrieren:

(1) Grundsätzlich wäre es möglich, im Bildschirmtextsystem "öffentlich-rechtliche Datenbanken" darzustellen, die es jedermann erlauben, von zu Hause aus zu jeder Zeit zu wichtigen Informationen zuzugreifen. Dies geschieht z.Zt. jedoch nicht. Insbesondere haben die Bibliotheken bisher keinerlei Versuche unternommen, ihren Informationsbestand über Bildschirmtext an den Mann/die Frau zu bringen.

(2) Die Print-Medien, die distributiven und die interaktiven Medien erlauben es grundsätzlich, politische Information dem Bürger im Detail verfügbar zu machen. Der Bürger hat auch - siehe Fernsehverhalten - ausreichend Zeit, sich mit diesen Dingen auseinanderzusetzen. Er könnte als "mündiger Bürger" am politischen Prozeß unmittelbar teilnehmen. Eine direktere Demokratie wäre möglich. Aber bisher gibt es in der Politik keinerlei Bemühungen, die politischen Fragen dem Bürger wirklich transparent zu ma-

chen und ihm die Alternativen zur Abstimmung vorzulegen. (Die Schweiz ist hier neben USA ein seltener Ausnahmefall.)

(3) Auch das Bildungswesen hätte die Möglichkeit, die Erschließung der informationellen Umwelt intensiv voranzutreiben. Aber es beharrt bei der Mensch-Mensch-Kommunikation, die für den Lehrer natürlich sehr viel einfacher ist, als das komplizierte Dreiecksverhältnis Mensch-Computer-Schüler. So lernen Schüler und Studenten im Bildungswesen nur die schmalen Bezirke der informationellen Umwelt, die gerade in den Köpfen ihrer Lehrer repräsentiert sind. Insbesondere lernen sie - mangels einer breiten informationstechnischen Grundbildung - nicht die Verfahren und Strukturen, die notwendig sind, sich in der informationellen Umwelt mediendidaktisch geschickt zu verhalten.

(4) Viele Probleme des Umweltschutzes könnten wesentlich engagierter angegangen werden, wenn die Daten über die Umwelt regelmäßig an die Bürger "zurückgeworfen" würden. Umweltinformationssysteme als öffentliche Systeme in den Printmedien, in den distributiven Medien und als Datenbanken in den interaktiven Medien organisiert, würden jedermann klarmachen, wo wir umweltpolitisch stehen und wo die Reise mittelfristig hingeht, wenn wir nicht entschieden handeln.

Die Utopie einer informierten Gesellschaft könnte umgesetzt werden, wenn entsprechende Rahmenbedingungen vorgegeben würden. Angesichts dessen, daß wir in Zentraleuropa das Bildungswesen und das Bibliothekswesen verstaatlicht haben, muß es Aufgabe des Staates sein, sich um die Gestaltung der informationellen Umwelt und deren Repräsentanz zu kümmern. - Wichtige Fragen, die hier zu beantworten sind, lauten: Wie soll die informationelle Umwelt gestaltet werden? Wer trägt letztlich die Verantwortung? Wie soll die Informationstechnik dabei genutzt werden? Wie ist Transparenz und Begehbarkeit zu sichern? Wie kann Desinformation vermieden werden (ggfs. durch Einschränkung des Zensurverbots?).

Antworten auf diese Fragen könnte eine neue Kulturpolitik geben: Es gilt, die informationelle Umwelt und deren Repräsentanz als Einheit zu begreifen und bewußt zu gestalten. Wichtig ist hierbei, daß das Bildungswesen eine Gesamtverantwortung tragen muß sowohl für die Organisation von Wissen in menschlichen Gehirnen als auch für die in technischen Medien. Die heutige Spaltung von hier Bildungswesen als Mensch-Mensch-Kommunikation und dort privaten Unternehmen zur Organisation des Wissens ist aufzugeben. Das Bildungswesen muß unmittelbar die informationelle Umwelt in allen Facetten mitgestalten, um sicher zu sein, daß der Mensch sie nutzen kann.

Hierzu gehört natürlich insbesondere die Nutzung technischer Systeme zur Organisation des Wissens. In geeigneten Projekten sind Strukturen zu entwickeln, die die Schnittstelle zwischen einem "naiven" Benutzer und der informationellen Umwelt organisieren. Das, was zur Zeit unter dem Schlagwort "Hypertext" von einigen Freaks vorangetrieben wird, müßte professionell vom Bildungswesen entfaltet werden. Hier bietet sich die Möglichkeit, sich in einem größeren Bereich der informationellen Umwelt durch Studium von Literatur, betrachten von Bildern und Filmen, anhören von Nachrichten etc. zu orientieren.

Letztlich gilt es, den Aufbau und Betrieb von *verteilten Datenbanken in Gehirnen und Informationstechnik bzw. traditionellen Printmedien* zu organisieren. Angesichts der begrenzten Leistungsfähigkeit des menschlichen Gehirns muß es zu einer vernünftigen Komplementarität von Wissensorganisation kommen: Das Gehirn muß schwerpunktsmäßig Infrastrukturwissen und Überblickswissen aufnehmen, um sich in der komplexen informationellen Umwelt zu orientieren, in Print- und technischen Medien muß ein Speicher vorliegen, der es erlaubt, schnell Detailinformationen aufzunehmen und geeignet zu verarbeiten.

Zur Realisierung der Utopie einer informierten Gesellschaft bedarf es eines staatlichen Rahmens. Wir müssen uns um den Schutz.und die Weiterentwicklung der informationellen Umwelt engagiert bemühen. Das Beispiel Umweltschutz im Bereich der materiellen Umwelt zeigt, welche katastrophalen Folgen entstehen, wenn wir alles dem Spiel der freien Kräfte überlassen. Im Umweltrecht haben wir mittlerweile das Verursacherprinzip eingeführt.

Dieses gilt es auch zum Schutz der informationellen Umwelt zu realisieren. Es kann nicht angehen, daß jedermann beliebigen informationellen Müll in eine desorganisierte Umwelt entläßt. Es kann nicht angehen, daß wir auf der einen Seite z.B. Straßenbau und Stadtplanung haben, aber auf der anderen Seite den zentralen Teil unseres menschlichen Selbstverständnisses - nämlich die Einsicht in die Welt - ungeordnet, ungeplant und unorganisiert liegen lassen.

*4. Aufgabe der Bibliotheken*

Akzeptiert man die konstruktive Vision einer informierten Gesellschaft - und dies sollte aus Sicht der Bibliotheken fast eine Trivialität sein - so ergeben sich vielerlei Konsequenzen für die Organisation des Wissens, die die Bibliotheken unmittelbar betreffen:

*(1) Wandel der informationellen Umwelt zur Kenntnis nehmen!* Die Bibliothek ist in einer Zeit entstanden, in der es *nur* die Printmedien als Repräsentanz des Wissens gab. Diese Zeit ist endgültig vorbei! Die Informationstechnik hat zu einer heterogenen Repräsentation durch viele Medien geführt. Elektronifizierung, Flüchtigkeit und Massenhaftigkeit sind typische Charakteristika dieser neuen Welt. Sie muß zunächst vor allem von den Bibliotheken zur Kenntnis genommen werden. Es reicht nicht aus, sich auf seinen tradierten Strukturen auszuruhen, es kommt vielmehr darauf an, einen aktiven Beitrag zur Organisation des Wissens in einer komplexen informationellen Umwelt zu liefern. Dies heißt zunächst und vor allem, sich überhaupt über den Wandel der informationellen Umwelt klarzuwerden und die Position der Bibliothek in dieser Welt neu zu bestimmen.

(2) *Ein "transparentes", "begehbares" Bild der informationellen Umwelt für jedermann verfügbar machen!* Die Bibliothek darf kein Ort bleiben, an dem Bücher gesammelt werden; sie muß vielmehr sich verstehen als eine Einrichtung, die Wissen systematisch *erschließt* und *verfügbar macht*. D.h. es ist viel Arbeit in die Repräsentation der informationellen Umwelt zu stecken. Dabei muß die Bibliothek natürlich offen sein für die neuen und "superneuen" Medien. Es geht nicht an, nur eine mehr oder minder zufällige Teilrepräsentation der informationellen Umwelt darzubieten, die eben zufällig auf Printmedien organisiert ist.

(3) *Praktische Maßnahmen in der Organisation der Bibliotheken.* Das Bibliothekswesen muß sich *als wichtiger Teil* der Organisation informationeller Strukturen verstehen. Daraus ergibt sich, daß es mit dem Bildungswesen eng zu kooperieren hat. Das Bildungswesen ist ja primär verantwortlich gewesen für die Organisation von Wissen in menschlichen Gehirnen. Dieser Organisation müssen die Bibliotheken zuarbeiten. Es ist unvorstellbar, daß die informationelle Umwelt sich ordnen läßt, wenn Bildungswesen und Bibliothekswesen unabhängig nebeneinander herwursteln.

Aber auch die Kooperation mit der informationstechnischen Industrie ist unabdingbar. Sie ist es, die - auch angesichts ihrer wirtschaftlichen Macht - immer mehr informationelle Strukturen prägt. Die Bibliotheken dürfen sich nicht zurücklehnen und einfach zuschauen, was da geschieht, sie müssen versuchen, diesen Prozeß mitzugestalten. - Auch mit den distributiven Medien müssen die Bibliotheken kooperieren. Z. Zt. herrscht hier eine völlige Zweiteilung, mit dem Ergebnis, daß die Masse dessen, was an flüchtiger Information über die Menschen dahingeht, in den Bibliotheken nicht nachvollzogen werden kann. Die Bibliotheken müssen die Aufgabe wahrnehmen, auch als "Nachschlagewerke" für die über die distributiven Medien vermittelten Informationen zu dienen.

All dies erscheint nur möglich, wenn es zu einer engen nationalen aber auch zu einer intensiven internationalen Kooperation der Bibliotheken kommt. Die Schaffung geeigneter Zugangssysteme (inklusive vernetzter Klassifikationssysteme und auf dem Rechner abgebildeter Schnittstellen) kann bestenfalls von einem nationalen Bibliothekswesen geleistet werden, sicher nicht von einzelnen Bibliotheken. Angesichts der Gleichartigkeit der Probleme sollten die Bibliotheken in Europa eng zusammenarbeiten. (Interessant ist, daß z. Zt. das einzige Projekt zur Neuerfassung der begrifflichen Strukturen der Welt in Japan läuft; dort wird der Versuch gemacht, ca. 100.000 Begriffe aus unserer informationellen Umwelt zu definieren und ihre Verknüpfungen darzustellen.)

(4) *Die offene Mediothek bereitstellen!* In der Bibliothek von morgen sollte der Benutzer - unterstützt von seinem Denkzeug - eine "allgemeine Datenbank als Tor zur informationellen Umwelt" vorfinden. Diese sollte zum einen technisch realisiert sein, zum anderen aber durch die Anwesenheit von Pädagogen und Bibliothekaren gestützt werden. Über diese allgemeine Schnittstelle sollte der Zugang zu Printmedien, Computerprogrammen, Daten- und Informationssystemen, Video- und Audiomaterial jederzeit möglich sein. Hierbei ist von den Möglichkeiten moderner optischer Mas-

senspeicher genauso Gebrauch zu machen wie von denen der breitbandigen Telekommunikation. (Es wird sicher nicht möglich sein, an jedem Ort alle Informationen einer großen Mediothek vorzuhalten, aber durch entsprechende organisatorische und technische Verknüpfungen kann jede zukünftige Mediothek ein breites Bild der informationellen Umwelt darstellen.)

Die Finanzierbarkeit solcher Mediotheken hängt nicht unwesentlich davon ab, daß die Bibliothekare ihr Selbstverständnis weiterentwickeln. In einer pluralen demokratischen Gesellschaft müssen Interessen wahrgenommen werden. Wenn sich die Bibliothekare als Lobbyisten für die Begehbarkeit einer informationellen Umwelt verstehen und sich dabei mit den Nutzern und den Produzenten der informationellen Umwelt zusammenschließen, so stellen sie ein starkes Bündnis dar. Diesem kann es gelingen, - auch im Ringen um die knappen öffentlichen Ressourcen - einen angemessenen Anteil zu erlangen. Aber auch unkonventionelle Wege können zum Erfolg führen, Mediotheken können in Kooperation mit öffentlich-rechtlichen Anstalten, mit der informationstechnischen Industrie, mit großen Verlagen, mit Stiftungen, etc. organisiert werden. - Bisher fehlen allerdings geeignete Visionen und Planungen der tradierten Bibliotheken.

## *5. Zusammenfassung*

Wir müssen heute festhalten, daß die Repräsentanz der informationellen Umwelt nicht mehr ausschließlich in Form von Printmedien vorliegt. Vielmehr ist zur Kenntnis zu nehmen, daß distributive und interaktive Medien eine wesentliche Rolle spielen. Durch die Potenzen der Informationstechnik wird sich dieser Wandel immer stärker durchsetzen. D.h. wir werden eine zunehmende Mediatisierung aller Bereiche der informationellen Umwelt bekommen.

Den Bibliotheken sollte in dieser Situation die Vision einer informierten Gesellschaft als Leitziel dienen. Sie sollten sich verstehen als ein transparentes Zugangssystems zur informationellen Umwelt; als eine gut organisierte Mediothek, in der es jedermann möglich ist, sich in der informationellen Umwelt zurechtzufinden.

Darüber hinaus muß es aber auch Aufgabe der Bibliotheken sein, sich als kritischer Begleiter der Entwicklung der informationellen Umwelt zu verstehen. *Es geht nicht an*, einfach nur zu sammeln, was auf den Markt kommt, vielmehr ist in der jetzigen Situation eine "ordnende Hand" gefordert, für die es bisher in unserer Gesellschaft keine Institution gibt. Hier ist in den Bibliotheken ein Neuansatz zu versuchen. Dieser muß insbesondere dazu führen, daß die Bibliotheken intensiv mit dem Bildungswesen und der informationstechnischen Industrie sowie den Rundfunkanstalten kooperiert. Zumindest aber in ständigem Kontakt sind.

Man sollte sich mittelfristig die Bibliotheken als Gralshüter der informationellen Umwelt vorstellen. Dies wäre eine gesellschaftlich außerordentlich wichtige und zentrale

Aufgabe. Ob und inwieweit das tradierte Bibliothekswesen in der Lage ist, diese Aufgabe zu übernehmen, wird die Zukunft zeigen.

Ein Festhalten an der alten Funktion als "Buchsammler" wird sicher weder zum Bestand noch zur Weiterentwicklung des Bibliothekswesens führen. Unter diesen Umständen würden die Bibliotheken ihr Gesicht verlieren und ihr Informationsbestand schlicht auf optische Massenspeicher der Größenordnung $10^{14}$ Zeichen pro $cm^3$ übertragen werden, der dann von jedermann preiswert gekauft werden kann.

Die Bibliotheken stehen also durch die moderne Informationstechnik vor einer gravierenden Herausforderung. Im Verhältnis zur mächtigen informationstechnischen Industrie sind die Bibliotheken nur ein David gegenüber einem Goliath. Aber der David kann stark sein, wenn er listig, umsichtig und zukunftsorientiert vorgeht.

## *6. Literatur*


*Brand, S.:* Media Lab - Computer, Kommunikation und neue Medien. Reinbek 1990

*Communications of the ACM:* Special Issue: Hypertext. July 1988 (Sonderheft)

*Daniel, E. and C. Notowitz:* Media and Microcomputer in the Library. Phoenix, AZ 1984

*Doelker, C.:* Kulturtechnik Fernsehen - Analyse eines Mediums. Stuttgart 1989

*Ernestus, H. u. H.-D. Weger (Hrsg.):* Öffentliche Bibliotheken heute und morgen - Neue Ansätze für Zielsetzungen und Management. Gütersloh 1985

*Estabrook, L.:* Libraries in Post-Industrial Society. Phoenix, AZ 1977

*Gaines, B. a. J. Boose:* Knowledge Acquisition for Knowledge-Based Systems. London 1988

*Haefner, K. et al.:* Denkzeuge - Was leistet der Computer? - Was muß der Mensch selber tun? Basel 1987

*Kurzweil, R.:* The Age of Intelligent Machines. MIT Press, Boston 1990

*Steinbuch, K.:* Maßlos informiert - Die Enteignung unseres Denkens. München 1978

# III. ROUND TABLES UND DISKUSSIONEN

## DAS HERZ EUROPAS ...

## ROUND TABLE GESPRÄCH DER DELEGIERTEN DER AUSLÄNDISCHEN BIBLIOTHEKSVEREINE

*Teilnehmer (in der Reihenfolge Ihrer Wortmeldungen):*

GD Dr. Magda Strebl (Präsidentin der VÖB)
Ulrike Lang (Verein der Diplom-Bibliothekare an wiss. Bibliotheken, BRD)
Prof. Dr. Engelbert Plassmann (Verein Deutscher Bibliothekare, BRD)
Hannelore Benkert (Verband der Bibliothekare der DDR)
Prof. Dr. Joachim Dietze (Bibliotheksverband der DDR)
Jan Wołosz (Verein Polnischer Bibliothekare)
Prof. Dr. Josephine Riss-Fang (Simmons College, Boston Mass. USA)
Aira Lepik (Verein Estnischer Bibliothekare)
Dr. Colette Marion (Bibliothèque Nationale, Paris)
Dr. Stefania Murianni (Verein Italienischer Bibliothekare)
Dipl. Ing. Štefan Kimlička (Verein Slowakischer Bibliothekare)
Dr. Jarmila Burgetová (Verband der tschechischen Bibliothekare und Dokumentalisten)
Dr. Tomo Martelanc (Vereinigung Jugoslawischer Bibliothekare)
Dr. Tomaž Kobé (Verband Slowenischer Bibliothekare)
Eva Pröhle (Verein Ungarischer Bibliothekare)
Dr. Alois Schacher (Vereinigung Schweizerischer Bibliothekare)
Dubravka Kunštek, Dipl. oec. (Verein Kroatischer Bibliothekare)
Dr. Willy Treichler (Vereinigung Schweizerischer Bibliothekare)

*Magda Strebl:*

Ich möchte alle Teilnehmer an diesem Round-Table herzlich begrüßen. Ein solches Round-Table-Gespräch zu veranstalten, war 1988 beim Bibliothekartag in Linz die Idee des damaligen Präsidenten der VÖB, HR Baumgartner, der die Moderation auch hier in Bregenz übernehmen wird.

*Ferdinand Baumgartner:*

Guten Morgen, liebe Kolleginnen und Kollegen. Darf ich kurz erläutern, warum wir ein solches Round-Table-Gespräch eingeführt haben. Der Österreichische Bibliothekartag hat seit Jahrzehnten Gäste aus dem Ausland gehabt, immer mehr Delegierte kamen mit den Vereinsvorständen zu unserem Kongreß. Beim heurigen Bibliothekartag sind bereits ein Drittel aller Teilnehmer aus dem Ausland. Diese Einladungen beruhen auf Gegenseitigkeit. Auch wir besuchen ausländische Veranstaltungen, um voneinander zu lernen, fachlich, oder was die Organisation der Vereine betrifft. Die Ergebnisse unseres ersten Round-Table-Gesprächs sind in unserem Vereinsorgan publiziert worden (Mitteilungen der Vereinigung Österreichischer Bibliothekare, H 3/4 (1988) S. 53-61). Sie sehen aus den Länderschildern, wie viele Länder inzwischen bei unserer Konferenz vertreten sind:

Polen, USA, Frankreich, ČSFR (2 Vereine), Ungarn, Jugoslawien (3 Vereine), Italien, Schweiz, Estland-UdSSR, DDR (2 Vereine), BRD (2 Vereine). Auch diesmal haben wir keine fixe Tagesordnung. Jeder Vertreter eines Vereins soll, wie er will, ganz kurz seinen Verein vorstellen und über die neuesten Entwicklungen im Bibliothekswesen seines Landes berichten. Vor zwei Jahren konnte keiner von uns ahnen, wie rasch sich in Europa die Dinge politisch entwickeln werden. In fachlicher Hinsicht kam es bereits zur Zusammenarbeit - die VÖB hat mit Ungarn, der Slowakei und der DDR Kooperationsvereinbarungen getroffen. Vielleicht stellen sich die vier Vertreter aus den beiden deutschen Staaten zuerst vor.

*Ulrike Lang (Verein d. Diplom-Bibliothekare an wiss. Bibliotheken, BRD):*

In der BRD gibt es bekanntlich mehrere Vereine für Bibliothekare. Für den gehobenen Dienst ist das der Verein der Diplombibliothekare an deutschen Bibliotheken. Es gibt aber auch Vereine für Bibliothekare an öffentlichen Bibliotheken und den Assistentenverband. Wir hoffen, daß die politischen Entwicklungen auch zu einer intensiven Zusammenarbeit aller Verbände führen wird.

*Engelbert Plassmann (Vorsitzender des Vereins Deutscher Bibliothekare, BRD):*

Unser Verein, der VDB, hat seit Jahrzehnten eine so gute Zusammenarbeit mit Österreich, daß es kaum vieler Worte bedarf. Allerdings stellen sich für das deutsche Bibliothekswesen gerade jetzt, nachdem die Vereinigung Deutschlands Gott sei Dank in greifbare Nähe gerückt ist, sehr große Aufgaben. Im Ausland existiert ein sehr positives Bild der deutschen Bibliotheken: es existiert ein flächendeckendes Netz von öffentlichen Bibliotheken, die nationalbibliographischen Dienste werden sehr gut erfüllt, es gibt 55 sehr gut ausgestattete Universitätsbibliotheken, hunderte öffentlich zugängliche Spezialbibliotheken, Landesbibliotheken mit bedeutender Tradition, eine Reihe guter Fachzeitschriften, eine gut akzeptierte Ausbildung, Verbände, Veranstaltungen usw. In Deutschland sehen wir das skeptischer, auch unsere Bibliotheken haben ihre Grenzen. Die Mängel sind unübersehbar, und die Aufgaben sind diejenigen, die auch in vielen anderen westlichen Ländern anstehen: Katalogsituation, OPAC, bauliche Situation, vor allem an den älteren Universitätsbibliotheken, Verlängerung der Öffnungszeiten, Beschleunigung des Leihverkehrs, bei den Fachreferenten Qualität statt Quantität, Bereinigung des Ausbildungswesens, das unübersichtlich und keineswegs europareif ist.
Es gilt, das Bibliothekswesen der DDR gemeinsam mit den Kollegen, die den Aufbruch wagen, von Grund auf zu erneuern. Aus Devisenmangel und aus politischen Gründen war der Bestandsaufbau in diesen Bibliotheken bis jetzt sehr lückenhaft, und es wird Jahre dauern, bis diese Lücken geschlossen sind. Die Bibliothekare werden lernen müssen, aus einem großen, überwältigenden Angebot auszuwählen, statt nur zugeteilte Bücher zu verwalten. Darüberhinaus ist die Substanz der Gebäude in einem beklagenswerten Zustand. Die Kenntnis von westlichem Know-how ist den Kollegen durch Reisebeschränkungen verwehrt worden. Bisher waren das Bibliotheken mit Grenzen, es werden aber jetzt Bibliotheken ohne Grenzen. Ich spüre bei vielen Kollegen den außerordentlichen Impetus, der große Schwierigkeiten überwinden wird. Der Personalverband, der gegründet wurde, ist ein gutes Zeichen.

*Hannelore Benkert (Vorsitzende des Verbandes der Bibliothekare der DDR):*

Die Möglichkeit, vor Ihnen sprechen zu dürfen, als eine von denen, die nie die Möglichkeit hatte, solche internationalen Begegnungen zu erleben, das ist ein Erlebnis, das ich erst zu verarbeiten habe. Sie werden das sicher verstehen.

Wie war es vor dem November 1989 bei uns? Ich will das kurz schildern, um daraus die vordringliche Aufgabe unseres Verbandes abzuleiten. Bibliotheksarbeit wurde von den Herrschenden als eine ihren eigenen politischen Auffassungen dienende, ideologievermittelnde Arbeit betrachtet. Einseitige weltanschauliche Erziehungserfolge waren nur Teilerfolge. Dies zeigten die Novemberereignisse. Sie machten den Widerspruch zwischen dem politischen Wollen und dem, was in den Bibliotheken tatsächlich gelaufen ist, deutlich. Die Bibliotheken haben dazu beigetragen, daß heute gesagt wird: die Betriebe und Fabriken der DDR sind technologisch veraltet, aber die Bürger haben einen guten Wissenstand. Und das trotz des katastrophalen Zustands der Bibliotheksgebäude, mangelnder technischer Ausstattung der Bibliotheken, ganz geringer Präsenz westlicher Fachliteratur innerhalb der Bestände. Ich habe zum Beispiel als Leiterin einer Fachbibliothek nicht eine Mark Valuta für die Bucherwerbung in die Hand bekommen. So können Sie sich vorstellen, wie die Bestände von der inhaltlichen Seite aussehen. Trotz aller dieser Mißstände haben die Mitarbeiter mit großem Geschick und fachlichem Einsatz viel für die Benützer tun können.

Was ist in der gegenwärtigen Situation zu tun? Wir denken, Bibliotheksarbeit muß in ihrer sozialen Komponente im weitesten Sinn für Lernen, Forschung und geistiges Wohlbefinden sorgen. Den Mitarbeitern zu helfen, dieser Aufgabe gerecht zu werden, hat sich der Personalverband zur Aufgabe gestellt. Der Personalverband, der am 26.5.1990 in Berlin gegründet wurde, setzt sich für eine enge Zusammenarbeit mit den Verbänden der BRD ein. Diese Kooperation ist mit Unterstützung der beiden Vereinsvorstände Plassmann und Kuhlmeyer bereits im Gang. Welche Aufgaben warten jetzt auf unseren Verband? Er muß mithelfen, den Stellenwert der Bibliotheken in der Öffentlichkeit zu erhöhen. Das erscheint mir sehr wichtig. Es gilt, Einfluß zu nehmen auf den Aufbau der Bibliotheken, die beruflichen und berufsrechtlichen Interessen der Bibliothekare zu vertreten. Wichtig sind auch die Förderung der Aus- und Fortbildung und die berufliche Kommunikation. Weitere Schwerpunkte: Bildung der Landesgruppen, Zusammenarbeit mit anderen Verbänden.

Wir haben zwar nicht so viel praktische Erfahrung, aber ich kann Ihnen versichern, wir haben es seit dem September 1989 gelernt, "aufrecht zu gehen". Wir werden vom Know-how der westlichen Kollegen lernen, aber wir haben keinen Grund, uns klein zu machen. Wenn wir auf dem Weg der Vereinigung sind, werden wir mit all unserem Engagement diesen gemeinsam beschrittenen Weg weitergehen und zwar gemeinsam mit den Kollegen aus der BRD.

*Joachim Dietze (Vorsitzender des Deutschen Bibliotheksverbands/DDR):*

Ich möchte kurz zu drei Punkten sprechen:

1. die Lage der Bibliotheken der DDR vor der friedlichen Revolution in unserem Land,
2. die Lage heute,
3. Entwicklungstendenzen unseres Verbandes.

Kollege Plassmann hat sehr eindringlich und plastisch die Lage der Bibliotheken in unserem Land geschildert. Hier muß und sollte eine differenzierte Betrachtung angeschlossen werden, obwohl ich meine Redezeit nicht überschreiten will. Aber zwei Dinge müssen ausgesprochen werden, weil sie für mein Gefühl das Selbstwertgefühl der wissenschaftlichen Bibliothekare betreffen und auch mein eigenes.
Wir haben bis heute nicht verlernt, Herr Kollege Plassmann, die Selektion der Weltliteratur zu betreiben. Wir wären schlechte Fachreferenten, wenn wir das verlernt hätten. Gerade die schwierige ökonomische Situation der Vergangenheit hat uns gezwungen, in einer Weise an die Dinge heranzugehen, in der Sachverstand und bibliothekarisches Urteil in Vereinigung zur Selektion beigetragen haben. Ich selbst habe über 35 Jahre bis heute als Fachreferent gearbeitet, und ich kann Ihnen versichern, daß ich das kann, und meine Kollegen können es auch.
Auch die Kenntnis der Methoden auf dem Gebiet der Informationstechnologie und der Automation im Bibliothekswesen haben wir erworben. Es wäre schlimm, wenn wir das nicht hätten, denn dann hätte ich den Verhandlungen am österreichischen Bibliothekartag nicht folgen können. Aber Sie haben recht, die Pragmatik war nicht gegeben, das heißt, die Kenntnisse, die wir durch die Literatur hatten, in die Praxis umzusetzen, und Sie haben recht, leider ist es uns verschlossen gewesen, diese Dinge an Ort und Stelle zu studieren.
Eine zweite Betrachtung zur heutigen Situation im Bibliothekswesen. Es ist sehr schwer für mich, kurz und bündig Aussagen zu treffen. Es sind zwei Bewegungen, die das Geschehen im Bibliothekswesen der "Noch-DDR" beeinflussen.

1. Umstellung auf das föderalistische Prinzip
   Das bringt eine Menge von Bewegung in unser Bibliothekswesen. Die Öffentlichen Bibliotheken, die im Bezirksmaßstab gearbeitet haben, die wissenschaftlichen Allgemeinbibliotheken der Bezirke werden durch die Länderbildung in eine neue Rolle gedrängt.
2. Die Landesbibliotheken waren in der DDR nur noch rudimentär da, von der Aufgabenstellung und vom Plan her waren es nur noch zwei: die Sächsische Landesbibliothek und die Landes- und Universitätsbibliothek Halle.

In der Zwischenzeit ergeben sich neue Punkte auf der Strecke, aber es wird zum Beispiel in Brandenburg große Schwierigkeiten geben, eine vorhandene Bibliothek so umzustrukturieren, daß sie solche Regionalfunktionen wahrnehmen kann.
Weiters zum föderalistischen Prinzip: die Universitäts- und Hochschulbibliotheken werden aus einer zentralistischen Verwaltung ab Jänner 1991 in die Länderhochheit entlassen, das bringt manche Umstellungen und Probleme. Auch hier müssen wir erst einmal lernen, mit den Gegebenheiten umzugehen.
Das zweite Prinzip ist das Prinzip des Durchschlagens der mangelhaften Ökonomie und Leistungsfähigkeit der DDR, das dazu führt, daß Auflösungserscheinungen im Bibliothekswesen immer deutlicher werden. Auflösungserscheinungen, die dazu zwingen, an Bestandssicherung zu denken und an Soziales. Etwa bei den Gewerkschaftsbibliotheken, die in den Betrieben eingerichtet wurden und vom Gewerkschaftsbund getragen wurden. Der ist aufgelöst. Die Fachgewerkschaften und Industriegewerkschaften sind nicht bereit, diese Bibliotheken zu tragen. Die Bibliothekare stehen auf der Straße, wenn solche Bibliotheken aufgelöst werden oder die Bestände an wissenschaftliche Bibliotheken weitergegeben werden. Und ein Beispiel im Bereich der wissenschaftlichen Bibliotheken:

Durch den Einigungsvertrag ist festgelegt, daß die Akademie der Wissenschaften zu einer Vereinigung der Gelehrten wird, und das bedeutet, daß die Forschungsarbeit der Akademie und ihre Institutsbildung sich vollkommen verändern. Die Institute werden nicht mehr der Akademie unterstehen. Die zentrale Bibliothek der Akademie wird wahrscheinlich erhalten bleiben, aber die Bibliotheken der Institute sind gefährdet. Die naturwissenschaftlichen Institute werden es leichter haben, weil vieles an die Max-Planck-Gesellschaft angebunden werden kann, aber im geistes- und sozialwissenschaftlichen Bereich hat heute noch keiner ein Konzept, ob die Leute weiter beschäftigt werden. Bis zum Dezember dieses Jahres gelten die Arbeitsverträge, für später müssen erst Vereinbarungen getroffen werden.
Nun zum Verband: Der Deutsche Bibliotheksverband/DDR, so heißt er noch, ist auf dem Wege der Vereinigung mit dem entsprechenden Verband der BRD. Im Juli dieses Jahres gab es eine entscheidende Mitgliederversammlung. Auf der wurden der neue Vorstand und der Vorsitzende gewählt, seither habe ich diese Funktion. Ich betrachte sie als eine Übergangsfunktion. Ich sage deutlich, daß wir keinen Anschluß, sondern eine Vereinigung vornehmen, das bedeutet, daß wir die Strukturen des BRD-Verbandes bereits weitgehend übernommen haben (bei den Sektionen bringen wir lediglich die Sektion der Betriebsbibliotheken mit ein) und die Organisation in die Obhut des Deutschen Bibliotheksinstituts in West-Berlin legen. Wir bilden jetzt auch die Landesverbände der fünf zukünftigen Länder heraus. Im Dezember wird eine letzte Mitgliederversammlung unseres derzeitigen Verbandes durchgeführt mit dem Ziel, die neue Satzung, die nicht sehr unterschiedlich von der der BRD sein wird, zu besprechen und das sehr heiße Thema der Mitgliedsbeiträge zu beraten und drittens unsere Kandidaten für den gemeinsamen Verband zu benennen. Offen ist noch der Termin, zu dem sich die Verbände vereinen.

*Ferdinand Baumgartner:*

Ich bitte um Verständnis, daß die Präsentation des deutschen Bibliothekswesens so lange gedauert hat. Aber es sind vier Verbände, und für uns als Vereinsfunktionäre ist es von Interesse, zu sehen, wie eine Veränderung des Staates sich auf den Verband auswirkt. Wie ist die Situation jetzt in Polen?

*Jan Wołosz (Verein Polnischer Bibliothekare):*

Ladies and Gentlemen, dear colleagues. The so-called real socialism in Poland favoured the quantitative growth of libraries. To a great extent this resulted from the assumption supported by communist authorities that libraries might be treated as centres of ideological and political propaganda. Having a population of 38 million in the country we possess over 36.000 libraries, including 236 scientific libraries, 19.868 school libraries, 3.879 special libraries and 10.248 public libraries. In statistical terms one public library serves 3.686 inhabitants. In addition to the public library network there are approximately 23.000 library stations run by voluntary librarians. One ought to add that each school has a library, and the majority of production enterprises and big institutions possesses libraries of their own.
The system of education for librarianship is well developed in Poland. There are 15 faculties of library and information science at Polish universities and higher education in-

stitutions. Future librarians are also trained in 12 library colleges and 15 branches of the Centre of Librarians Training situated all over the country.

The Polish Librarians Association (PLA) was founded in 1917 and today it has 13.500 members. It associates one third of the entire library staff in Poland. In the country with a centralised administration system applied to all dimensions of social life and also considering the sharp interdepartemental divisions, the Association played a particularly useful role in integrating the Polish library community, by protecting their professional interests, developing interlibrary cooperation, and initiating various projects serving library development.

An important part of the Association's activities is devoted to publishing professional periodicals and books. The PLA publishes a scientific quarterly "Przeglad Biblioteczny" (Library Review) and two monthly publications "Librarian" (Bibliotekarz) and "Librarians Handbook" (Poradnik Bibliotekarza), and over up to twenty professional book titles annually. Publishing activity is also pursued by big scientific libraries.

In Polish librarianship the role of the research and methodological centre is played by the National Library, which has collections numbering 6.000.000 units and employs 900 people. Among others the National Library fulfils the function of the national bibliographic centre, a publishing house, and a research institute specializing in the organisation of libraries, readership, bibliography, information science and the history of the book and libraries.

Though the quantitive status of Polish librarianship is more ore less satisfactory, the quality has been a matter of concern for many years. As a result of an economic crisis and the library policy implemented (some librarians maintain that there was no such policy at all) the inflow of foreign literature to library collections has been severely cut and the introduction of new technologies largely neglected. Automation in Polish Libaries is only in its early stages, and the equipment for document copying and miniaturization is available in insufficient quantities.

The poor condition of Polish telecommunications hampers the possibility of using foreign automated information systems. We face the necessitiy of streamlining the system of preservation and conservation of library collections, interlibrary lending and the development of library cooperation. In other words we must modernize our libraries because the level of their services is largely outdated.

The total breakdown of the communist system in Poland was not synonymous with the immediate improvement of Polish librarianship. This requires time and significant material means. In the first place we count on the recovery of Polish economy. But also we count on aid coming from abroad. We expect an easier access to information and library materials based abroad, especially by means of interlibrary exchange and the system of interlibrary lending. We are very interested in the exchange of professional experience, consultancy, advisory help concerning new technology applications, new organizational approaches, new methods of library management. We would like to expand cooperation with foreign libraries profitable for both sides.

There is a great deal of understanding for our difficult situation displayed by our partners and the willingness to provide us with some help, which we recognize with deep satisfaction. In my opinion this will to help has its origins not only in a purely altruistic attitude, but also in the belief that the modernization of the Polish librarianship will be profitable to our helping partners. It will allow us to provide a wider and more effective access to our collections and services to the benefit of all the interested organizations in Europe and around the world.

*Josephine Riss-Fang (Simmons College, Boston):*

Ich bin nicht als Vertreterin des mächtigen Verbandes der ALA hier. Die American Library Association ist einer der größten Bibliothekarvereine der Welt, und es gibt zu diesem Thema leicht zugängliche Fachliteratur. Es ist überhaupt beachtlich, wie hoch der Organisationsgrad bei den amerikanischen Bibliothekaren ist, die meisten sind Mitglieder in mehreren Verbänden. Es gibt nämlich in den USA nicht weniger als 73 verschiedene Bibliotheks- und Bibliothekarvereinigungen, darunter solche, die nach regionalen Schwerpunkten (jeder Bundesstaat hat einen eigenen Verband) und solche, die nach den verschiedenen Spezialgebieten (z. B. Medizin, Recht, Spezialsammlungen) organisiert sind.
Die eher kleine Organisation, die ich hier vorstellen will, ist 1917 als Reaktion auf die damalige Situation der Frau entstanden. Der amerikanische Buchhändlerverband (American Bookseller's Association) hatte damals nämlich ein Verbot erlassen, weibliche Mitglieder aufzunehmen. Da aber schon zu diesem Zeitpunkt viele Frauen berufstätig waren - und zwar in vielen Bereichen, die mit Buch und Bibliotheken zu tun hatten, beschlossen sie, ihre eigene Organisation zu gründen, die "Women's National Book Association" (WNBA).
Sie war von Anfang an als eine "umbrella organisation", eine fachübergreifende Vereinigung, für alle Berufe gedacht, die mit dem Buch in Verbindung sind. Sie vereint also Autorinnen, Buchhändlerinnen, Verlegerinnen, Bibliothekarinnen - es sind Berufstätige aus allen Buch-Branchen dabei. Der Verein kann also auf eine lange Tradition zurückblicken, in der versucht wurde, die Interessen der Frauen in diesem Bereich zu artikulieren, durchzusetzen und auch die Zusammenarbeit und Solidarität der Frauen untereinander zu stärken. Der Verband gibt eine Zeitschrift heraus "The Book Women", die ein Forum der fachlichen Diskussion bietet. In letzter Zeit dominierte als Thema die Lesefähigkeit, die "Literacy", da ja in den USA in der Erziehung mit großen Problemen gekämpft wird - das Analphabetentum nimmt immer mehr zu. Da viele Frauen in Öffentlichen Büchereien arbeiten und sehr engagiert darum kämpfen, daß vor allem Kinder und Jugendliche ihre Lesefähigkeit erreichen bzw. erhalten, wurde dazu viel publiziert.
Ironische Pointe in der Vereinsgeschichte: laut neuen gesetzlichen Regelungen muß die WNBA, die aufgrund eines Aufnahmeverbots für Frauen in einen Berufsverein entstanden ist, seit kurzem auch Männer aufnehmen, da keine Diskriminierung nach dem Geschlecht erfolgen darf. Und so gibt es inzwischen auch männliche Mitglieder der "Women's National Book Association".
Dann möchte ich noch kurz von einem Projekt sprechen, das eine Kollegin und ich seit 1970 betrieben haben und das jetzt wieder in einer neuen Auflage erscheint, eine Studie über die Bibliotheksverbände. Die 4. Auflage ist als IFLA-Publication jetzt bei Saur herausgekommen. Hier wird das Wachsen und die Entwicklung der Verbände dokumentiert: z.B. gab es 1973 33 internationale Bibliotheksverbände, heute sind es 76. Auch die nationalen Vereine sind mehr geworden. 1973 waren es 285, heute 511. Es haben sich viele neue Verbände in den Industrieländern wie in den USA (z.B. für Spezialsammlungen etc.), aber auch in den Entwicklungsländern gebildet. Womit beschäftigen sich

diese Verbände? Dazu bieten wir Statistiken. Die Aufgaben sind vor allem Informationsaustausch, Networking, Förderung des Status des Bibliothekars in der Gesellschaft, Anerkennung, Weiterbildung, Benützerschulung. Wir hoffen, daß die Verbände aus diesem Handbuch nützliche Informationen ziehen können, zum Beispiel sind auch die Zeitschriften und wichtigen Publikationen der einzelnen Verbände verzeichnet.

*Ferdinand Baumgartner:*

Es spricht jetzt die Vertreterin von Estland. Diese Republik hat als erste in der UdSSR einen eigenen Verband gegründet, der uns schon von der damaligen Delegierten, Anne Rande, 1988 in Linz vorgestellt wurde.

*Aira Lepik (Verein Estnischer Bibliothekare):*

Ich bin Vorsitzende der Kommission für wissenschaftliche Information. Ich möchte zuerst einen kurzen Überblick über das Bibliothekswesen in Estland geben. Über unseren Verein hat die Präsidentin, Evi Rannap, in den "Mitteilungen der Vereinigung Österreichischer Bibliothekare 43 (1990) 2/3, S. 128 ff. bereits informiert.
Schon mehr als 5 Jahrtausende bewohnen die Esten das Ufer der Ostsee. Die gegenwärtige Einwohnerzahl in Estland beläuft sich auf 1,5 Mio. Seiner Fläche nach nähert sich Estland dem Dänischen Königreich - die Fläche von Estland beträgt 45.215 $km^2$. Das erste estnischsprachige Buch stammt aus dem Jahr 1525, im Jahre 1575 erschien das erste ABC-Buch. Ab den dreißiger Jahren des 17. Jahrhunderts entstanden die ersten Druckereien in Estland, 1631 in Tartu und 1633 in Tallinn. Die erste estnische Bibelübersetzung stammt aus dem Jahre 1739. Über die ersten Bibliotheken gibt es Nachweise seit dem 13. Jahrhundert. Doch Bibliotheken mit estnischsprachiger Literatur in ihrem Bestand entstanden erst in den ersten Jahrzehnten des 19. Jahrhunderts.
Heute existieren verschiedene Bibliothekstypen, die das Schrifttum sammeln, bewahren und vermitteln.
Die wichtigste wissenschaftliche Bibliothek ist die Nationalbibliothek Estlands, die als Staatsbibliothek 1918 gegründet worden ist. Ihr Bestand umfaßt etwa 4 Mio. Druckschriften. Ihr aktuellstes Problem ist zur Zeit die Betreuung des Parlaments und die Vorbereitungen zum Umzug in das neue Bibliotheksgebäude.
Der Bestand der Bibliothek der Akademie der Wissenschaften Estlands umfaßt 3,2 Mio. Druckschriften, darunter eine Baltica-Sammlung, die einzigartig auf der Welt ist. Den älteren Teil dieser Sammlung bilden die Bestände der ältesten Bibliothek Estlands, der Bibliothek der Tallinner Domschule (gegründet im 14. Jh.), die Bibliothek der Olai-Kirche (1552 gegründet) und die Allgemeine Öffentliche Bibliothek Estlands.
Die älteste Universitätsbibliothek ist die von Tartu (Gründungsjahr 1802), deren Lesern 4,3 Mio. Druckschriften zur Verfügung stehen. In Estland gibt es 6 Hochschulen.
Es existiert ein Netz von 646 Öffentlichen Bibliotheken (Stand 1.1.1990) mit 11,1 Mio. Druckschriften und ungefähr 426.000 Benutzern. Diese Bibliotheken bieten eine ausreichende Versorgung mit Literatur, doch wurde in den letzten Jahren ein Rückgang von Lesern und beim Leihverkehr bemerkbar. Gegenwärtig besteht das Hauptproblem der Öffentlichen Bibliotheken im Übergang vom zentralisierten System zum lokalen Ver-

waltungsapparat, was eine Umgestaltung in der Leitung und Finanzierung mit sich bringt.

Die estnischen Bibliotheken werden in nächster Zeit folgende Probleme zu bewältigen haben:

- die unzureichende Finanzierung kann nicht die nötige Erwerbung gewährleisten, d.h. die Bestandsvermehrung steht mit der Finanzierung im Widerspruch, infolgedessen bilden sich begrenzte und einseitige Bestände.
- meistens entspricht die materiell-technische Basis längst nicht den heutigen Forderungen, die ganze gesellschaftliche Zurückgebliebenheit kommt auch in den Bibliotheken zum Ausdruck.

Gegenwärtig sind folgende Gebiete für estnische Bibliotheken aktuell:

- in der Gesellschaft die Bibliothek als Kulturinstitution zum Bewußtsein zu bringen, wobei es keine Begrenzungen und keinen ideologischen Druck bei der Erwerbung, Bewahrung und Erreichbarkeit von Literatur geben soll;
- Vermittlung der estnischsprachigen Exil-Literatur.

Diese Bibliothekspolitik setzen etwa 2.500 Bibliothekare in unserem Land in die Tat um, und von ihrer Sachkundigkeit hängt vor allem die Gegenwart und Zukunft des Bibliothekswesens von Estland ab.

Die Berufsausbildung der Bibliothekare begann schon in den zwanziger Jahren dieses Jahrhunderts. Seit 1965 gibt es eine Hochschulausbildung am E. Vilde-Pädagogischen Institut in Tallinn. Das Studium dauert 5 Jahre. Von 1954-1965 konnte man an der Universität Tartu Bibliothekswissenschaft studieren. Heute ist es möglich, in drei Jahren die berufliche Ausbildung auch am Kulturcollège in Viljandi zu erwerben.

Die Bibliothekare haben ihren eigenen Berufsverein, den Verein Estnischer Bibliothekare, der im Jahre 1923 gegründet wurde. Das Jahr 1940 brachte das gewaltsame Ende der Vereinstätigkeit. Erst 1988 wurde der VEB aufs neue gegründet. Der Verein hat heute 600 Mitglieder. Er sieht seinen Zweck in der Entwicklung des Bibliothekswesens, in der Förderung der Berufsausbildung der Bibliothekare. Zu seinen hauptsächlichen Tätigkeiten gehören die Arbeit in Sektionen, Kommissionen und Arbeitsgemeinschaften. Auf Initiative des VEB beschäftigt man sich zur Zeit mit folgenden Gebieten des Bibliothekswesens:

- Entwicklungskonzeption der estnischen Bibliotheken
- Ausarbeitung des Bibliotheksnetzes der Öffentlichen Bibliotheken Estlands
- Umgestaltung der bibliothekarischen Ausbildung.

Auch die Bibliotheken suchen in Estland nach neuen Wegen. Wir leben in einer Zeit der Veränderungen, die sich auch auf die Bibliotheken auswirken. Vor allem sind die Bibliotheken sehr wichtig zur Pflege der estnischen Sprache und Kultur und damit zur Bewahrung unserer nationalen Identität.

*Ferdinand Baumgartner:*

Vom kleinen Estland zum großen Frankreich.

*Colette Marion (Bibliothèque Nationale, Paris):*

Ich vertrete hier bei unserem Gespräch die französischen Bibliotheken, speziell die Bibliothèque Nationale de Paris, an der ich als Chef du service de la Bibliographie de la

France beschäftigt bin. Ich möchte bei dieser Gelegenheit von zwei Problemen sprechen, die zur Zeit das französische Bibliothekswesen beschäftigen.Da ist zunächst einmal der Bereich der internationalen Zusammenarbeit. Und so darf ich mich an dieser Stelle bei der Vereinigung Österreichischer Bibliothekare herzlich bedanken, daß sie in so großzügiger Weise ausländische Delegierte eingeladen hat.
Eines der Hauptanliegen, das uns Bibliothekare verbindet, ist die Verbesserung der Arbeitsbedingungen der Bibliothekare und der Leser. Denn wir alle wollen, daß die Leser zufrieden sind. Dazu beitragen könnte zum Beispiel ein nationaler Verbundkatalog. Wir wollen es in Frankreich so machen, daß jede Bibliothek einmal das an der Bibliothèque Nationale angefertigte Katalogisat übernimmt, das würde eine große Arbeitsersparnis bedeuten. Und wir wollen in gleicher Weise mit den ausländischen Bibliotheken zusammenarbeiten, d.h. einen Austausch der Katalogisate in Gang bringen, sodaß jedes Werk nur einmal bearbeitet werden muß. Soweit unser erster Problembereich.
Das zweite Problem ist eher ein innerfranzösisches. Sie haben sicher alle schon von dem Großprojekt der "Bibliothèque de France" gehört, das massive strukturelle und organisatorische Auswirkungen auf die anderen Bibliotheken unseres Landes haben wird. Es müssen sehr große Mengen von Büchern, nämlich 12 Millionen Bände, übersiedelt werden, und dieses Großprojekt wird von der architektonischen Konzeption her sehr teuer werden. Zudem ist eine Retrokonversion der Kataloge der Bibliothèque Nationale geplant. Auch die Berufsausbildung ist im Zusammenhang mit dem Projekt "Bibliothèque de France" neu zu überdenken. Mit allen diesen Fragen beschäftigt sich natürlich auch unser Verein, die "Association des Bibliothécaires Français.

*Stefania Murianni (Vereinigung Italienischer Bibliothekare):*

Die italienischen Bibliothekare arbeiten seit einigen Jahren an der Schaffung eines automatisierten Bibliotheksnetzes, des "Servizio Bibliotecario Nazionale" (SBN). Zum ersten Mal arbeiten staatliche, kommunale und Universitätsbibliotheken zusammen. Das Netz besteht aus einer zentralen und vielen lokalen Datenbanken mit einem sternförmigen Netzplan. Die Hauptziele sind die kooperative Katalogisierung und der interbibliothekarische Leihverkehr. Die zentrale Datenbank enthält den Kollektivkatalog des SBN. Sie erlaubt die Lokalisierung der gemeldeten Titel und den Transfer der Leihgesuche. Die Bibliotheken benutzen die italienischen Regeln für die Formalkatalogisierung, ISBD und das SBN-Format, das ungefähr dem UNIMARC-Format entspricht. Sie verwenden dieselbe Software, aber verschiedene Hardware, wie IBM, Unisys, Bull etc. Es sind 50 lokale Zentren im SBN vertreten.
Sobald die Verbundsoftware fertig ist, werden sie ihre lokalen Dateien in die zentrale Datenbank laden. Ebenso ist die Retro-Konversion der folgenden Kataloge in die Wege geleitet: Bibliografia Nazionale Italiana, des Katalogs der seit 1958 in italienischen Bibliotheken vorhandenen ausländischen Publikationen und Kataloge verschiedener Spezialsammlungen. Die technisch-wissenschaftliche Koordination des SBN wird von meiner Institution geleitet, nämlich dem Istituto Centrale per il Catalogo Unico delle Biblioteche Italiane e per le Informazioni Bibliographiche" in Rom.
Das Institut hat in diesen Jahren auch eine intensive didaktische Tätigkeit entwickelt, um die Bibliothekare in die neue Technologie einzuführen. Die Ausbildung der Bibliothekare ist in unserem Land noch immer in einer schwierigen Situation. Auch im Hin-

blick auf 1992 bemüht sich unsere Vereinigung, die Associazione Italiana Biblioteche, um die Schaffung institutionalisierter Kurse auf dem Akademiker- wie auf dem Diplomniveau. Gegenwärtig gibt es folgende Ausbildungen: Scuola di specializzazione per Bibliotecari, das ist ein zweijähriger Akademikerkurs. Es gibt aber auch eine vierjährige Universitätsausbildung für Kulturadministration an der Universität von Udine. Dieses Ausbildungsangebot reicht aber nicht aus, denn für das Niveau der Diplombibliothekare gibt es noch keine Kurse. Sie sehen, daß es in unserem Land noch viele Ausbildungsprobleme gibt.

*Ferdinand Baumgartner:*

Nun ist die Tschechoslowakei mit ihren zwei Verbänden am Wort: zuerst der slowakische Verband, Ing. Štefan Kimlička.

*Štefan Kimlička (Präsident des Vereins Slowakischer Bibliothekare):*

Auch ich möchte auf zwei Artikel in der Vereinszeitschrift der VÖB hinweisen, in dem bereits unser Verein und das Bibliothekswesen unseres Landes vorgestellt wurde (Mitteilungen der Vereinigung Österreichischer Bibliothekare 42 (1989) 3, S. 126 ff. und 43 (1990) 2/3, S. 126 ff.). Wir haben auch jedem Teilnehmer am Round-Table eine zehnseitige Informationsbroschüre zur Verfügung gestellt, die Broschüre wurde auch beim Informationsschalter in der Eingangshalle des Kongreßhauses aufgelegt. Hier nur so viel: Das Thema des 21. Österreichischen Bibliothekartags ist für uns symbolisch: "Bibliotheken mit und ohne Grenzen: Informationsgesellschaft und Bibliothek". Wir haben die politischen Grenzen entfernt, doch entstanden neue Schranken - die ökonomischen. Die Informationsgesellschaft wird dank der offenen Grenzen wohl auch bei uns schrittweise entstehen, obwohl unsere Bibliotheken noch nicht ganz darauf vorbereitet sind. In erster Linie müssen wir das Denken der Bibliothekare ändern, besonders das der Bibliothekare in den Führungspositionen. Des weiteren müssen wir versuchen, die neuen Technologien zu beherrschen und uns den neuen Wirtschaftsbedingungen anzupassen. Im Bereich der Berufsausbildung stehen große Aufgaben vor uns.
Diese Probleme möchte unser reorganisierter Verein lösen helfen. Als Aufgaben sieht der Verein Slowakischer Bibliothekare vor allem: die Rückeroberung des gesellschaftlichen Ansehens für Bibliothekare und Bibliotheken, die Vertretung von Anliegen des Vereins und des gesamten Bibliothekswesens, die Beteiligung an Gesetzentwürfen und Konzepten betreffend die Bibliotheken, die Ausbildung von Bibliotheksspezialisten und die Betreuung der Weiterentwicklung des Bibliothekswesens und des Bibliotheksinformationssystems in der Slowakei. Neben drei Fachsektionen (Bibliothek, Bibliographie und Informatik), welche in der Organisationsstruktur verankert sind, haben wir in unserem Verein mehrere Fachkommissionen gegründet, von denen zwei für die Lösung der genannten Probleme entscheidende Bedeutung haben können. Die Rechtskommission soll einen Entwurf des neuen Bibliotheksgesetzes ausarbeiten, das neue Möglichkeiten für die Bibliotheken garantieren soll, und das unter Berücksichtigung der wichtigen Prinzipien der Autonomie und Dezentralisierung auf der einen Seite, Integration und Kooperation auf der anderen Seite. In einer engen Zusammenarbeit mit dieser Rechtskommission entwirft eine Expertengruppe ein Projekt des Kooperationsverbundes der slowakischen Bibliotheken. Eine wichtige Aufgabe unseres Vereins ist auch die ständige

Verteidigung der Bibliotheken gegen verschiedensten Druck, welcher in der heutigen komplizierten wirtschaftlichen und politischen Situation oft entsteht.
Unsere besondere Aufmerksamkeit gilt den Projekten der Integration, Kooperation, Methodik und Automatisierung hauptsächlich in wissenschaftlichen Bibliotheken. Ein Beispiel dafür ist IKIS (Integrales Bibliotheksinformationssystem), ein Projekt, an dem seit 1986 gearbeitet wird. Außer den leitenden Bibliotheken, wie der Slowakischen Nationalbibliothek und der Slowakischen Technischen Bibliothek, wirken im Projekt IKIS viele weitere Institutionen mit. Der Vorstand des Vereines der Slowakischen Bibliothekare begrüßte die Einladung von Frau Generaldirektor Dr. Magda Strebl, der Präsidentin der Vereinigung Österreichischer Bibliothekare zum 21. österreichischen Bibliothekartag und nahm sie mit größtem Dank entgegen. Wir möchten Ihnen bei dieser Gelegenheit noch einmal herzlich unseren Dank aussprechen.

*Ferdinand Baumgartner:*

Jetzt darf ich die Vertreterin des neu gegründeten tschechischen Berufsverbandes Dr. Burgetová um ihr Statement bitten.

*Jarmila Burgetová (Präsidentin des Verbands der tschechischen Bibliothekare und Dokumentalisten):*

Liebe Kolleginnen und Kollegen! Gestatten Sie mir zuerst, mich vorzustellen: mein Name ist Jarmila Burgetová. Am 7. April dieses Jahres haben mich die Delegierten beim konstituierenden Kongreß unseres Verbandes als Präsidentin gewählt. Ich werde mich bemühen, hier für Sie das Wichtigste aus einem Artikel über unseren Verband in den "Mitteilungen der Vereinigung Österreichischer Bibliothekare" (43 (1990) 2/3, S.122 ff.) zusammenzufassen. Der Artikel ist übrigens von mir und nicht, wie irrtümlich angegeben, von Zdeněk Franc.
Der Verband der tschechischen Bibliothekare und Dokumentalisten wurde im Jahre 1970 vom Innenministerium aufgelöst. Damals war ich Generalsekretärin des Verbandes, und so habe ich diese Zeit hautnah miterlebt. Es gab für uns in Prag keine Möglichkeit, unseren Verband zu retten. Ganz anders war damals die Situation in der Slowakei. Glücklicherweise ist das alles vorbei. Wir haben sehr schnell nach dem 17. November 1989 unseren Verband wiederhergestellt und haben zur Zeit ca. 3.000 Mitglieder aus allen Regionen der Tschechischen Republik.In der konstituierenden Sitzung wurden außer dem Präsidenten auch der Ausschuß mit 30 Mitgliedern und 10 Ersatzmitgliedern und die Revisionskommission mit 9 Mitgliedern gewählt. Auf der ersten Tagung des Ausschusses wurde dann noch das Präsidium mit 10 Mitgliedern gewählt, welche sich alle zwei Wochen treffen. Generalsekretär ist Vít Richter von der Nationalbibliothek, wo sich auch das Sekretariat des Verbandes befindet.
Beim konstituierenden Kongreß wurde auch das Statut und das Programm des Verbandes genehmigt. Ich muß offen sagen: wir beginnen die Arbeit des Verbandes in einer sehr komplizierten Situation, in einer Periode des Übergangs unseres Staates in die Marktwirtschaft. Dies beeinflußt natürlich auch wesentlich die Lage der Bibliotheken und des Informationswesens. So sehen wir es zur Zeit als unsere wichtigste Aufgabe an, für günstige Bedingungen für die Arbeit unserer Mitglieder zu sorgen und bemühen uns

gleichzeitig um eine Niveauanhebung bei der bibliothekarischen Arbeit und bei der Informationsarbeit.
In diesem Zusammenhang sind wir der Vereinigung Österreichischer Bibliothekare sehr dankbar, daß sie uns die Möglichkeit gegeben hat, am 21. Österreichischen Bibliothekartag teilzunehmen, die Kontakte mit den österreichischen Kollegen und den zahlreichen anderen ausländischen Teilnehmern aufzunehmen und auszubauen und viele neue Erfahrungen vor allem auf dem Gebiet der Informationstechnologien hier kennenzulernen. Noch einmal: herzlichen Dank!

*Ferdinand Baumgartner:*

Wir kommen von der Tschechoslowakei nach Jugoslawien. Ich darf kurz darauf hinweisen, daß die Struktur der Verbände und Vereinigungen in den hier vertretenen Ländern unterschiedlich ist. So gibt es in Jugoslawien einen Verband für den gesamten Staat und für jede Teilrepublik einen eigenen. Wir haben hier in Bregenz Vertreter aus Slowenien und Kroatien und als Vertreter des gesamtjugoslawischen Verbandes Herrn Tomo Martelanc.

*Tomo Martelanc (Präsident des Vereins Jugoslawischer Bibliothekare):*

Darf ich mich vorstellen: Ich bin Direktor der National- und Universitätsbibliothek von Ljubljana. In den letzten zwei Jahren war ich Präsident der Vereinigung Jugoslawischer Bibliothekare. Mit ihrer Erlaubnis werde ich mein Referat in englischer Sprache halten.
Yugoslavia is not a single country, but a federation of republics and provinces, and each of them is quite keen of its independence. There have been, recently, many loud claims, particulary in Slovenia and Croatia, for a confederation instead of a federation. At the federal level there is no ministry of culture; all matters regarding culture and education are left to the republics and autonomous provinces. A Library Information System (LIS) is one of the rare things which demands a closer cooperation among various constituent parts of Yugoslavia. Each state of the federation promulgates its own laws and regulations for its library system. In each of them there is a Library Act which defines the duties, activities and scope of each type of library and of the whole system of librarianship.
In each state (and province) there is a national library which is responsible for the development of the library information system on its own territory. Apart from the normal library functions and that of the guardian of the national printed inheritance, the objectives of the national library include the following (quoted by the example of the National and University Library of Slovenia):
1. to associate the Slovene libraries in a unified library information system and cooperate with the related systems in the other republics, autonomous provinces and abroad,
2. to develop librarianship in Slovenia, coordinate and organize research work in the field of librarianship,
3. to organize the education of the librarians in Slovenia,
4. to compile union catalogues of the library materials in Slovenia,
5. to coordinate the acquisition policies in the Slovene LIS,
6. to collect statistical data on the Slovene libraries,
7. to perform the secretarial work for the Slovene Library Council.

Since there is no Yugoslav national library, an association of the eight national libraries of the federal states and provinces has been established. This is a non-governmental body, which is enabling a joint work and close cooperation among the national libraries. Thus, for instance, a valuable project to establish a national computerized catalogue in collaboration with the Yugoslav Bibliographical Institute (which is also a member of the Association) has been inaugurated. The central host for this project is the computer center at the University of Maribor. It is also the central knot of another cooperative undertaking, that is the Science and Technological Information System of Yugoslavia. Taken together, the national libraries hold: over 5 mill. volumes of books and monographs, about 131.000 serial titles of which nearly 69.000 are current, about 37.000 standard specifications, nearly 21.000 doctoral dissertations, 40.000 titles on microfiche and 5.600 on microfilm, 19.000 audio records, plus, of course, manuscripts, maps, musical items and other material of research interest. There is the legal deposit, and accordingly, each of the national libraries, through an exchange between them, receives a copy of every publication in Yugoslavia. In some cases, e.g. Slovenia, the library receives two copies of every publication printed on its own territory.

Apart from the national libraries, there are four other types of libraries in Yugoslavia: the university libraries (17 altogether, whereby 5 are located at the national libraries), school libraries (by the latest statistical survey over 8.000 of them with a combined total of 33 million books), public libraries (over 460 public libraries with roughly 2.400 branches and 370 mobile libraries), and special libraries. Information and documentation work did not really start until the 1970s. Particular features of the Yugoslav information scene are the so called INDOC centres, and they are endeavouring to meet the growing demand for quick, efficient and well targetted information by combining library, documentation, archival and communication activities. There is also a referral centre with every national library, whose task it is to direct those seeking data and information to appropriate sources.

Due to the severe economic difficulties, the LIS in Yugoslavia has been late in applying modern computer and telecommunication technologies, though nowadays most of the national libraries and quite a number of the university and public libraries avail themselves of computers and terminals. All national libraries and some of the university libraries are connected through the national project called YUBIB with the University of Maribor. In some of them the use of CD-ROM has been also introduced. In the Yugoslav union catalogue the standard of UNIMARC has been adopted.

The Yugoslav Bibliographic Institute is the national ISBN agency and ISDS centre and assigns the numbers to the new Yugoslav publications. The common cataloguing is a relatively new practice on the overall Yugoslav level, yet there has been for a long time a common practice of classifying by UDC. The interlibrary loans go usually to the nearby libraries, the interstate lending is not a frequent feature, most of the loans are actually done through international lending, particularly with Boston Spa. Research in librarianship is modestly developed and limited to the biggest national libraries (Zagreb, Ljubljana, Belgrade). In Ljubljana there exists a library research centre which is officially registered as a research institution and information science is formally recognized as a scientific discipline in Croatia. According to the last statistical survey there were 7.400 employees in the library and information services of whom 4.800 were professionals. Every librarian must take a professional examination after he or she has worked in a library for about a year. Schools of librarianship exist in Ljubljana, Zagreb, Belgrade, and in Sarajevo. In Zagreb there is also the possibility for postgraduate studies in librarianship. Docorates can be obtained by research, usually after the Master's degree, and they take 3 to 5 years to complete. Every republic or autonomous province has its own professional organization of librarians, at the federal level there is the Library Association of Yugoslavia.

*Ferdinand Baumgartner:*

Vielen Dank, auch dafür, daß Sie die Papiere für die Tagungsunterlagen zur Verfügung gestellt haben, ebenso wie die Kollegen aus der Slowakei, aus Estland und der tschechische Verband. Unser Thema heißt: Bibliotheken mit und ohne Grenzen. Aus dem bisherigen haben wir schon gesehen, daß wir über unser Gespäch auch schreiben könnten: bibliothekarische Kooperation mit immer weniger Grenzen.

*Tomaž Kobé (Präsident des Verbands Slowenischer Bibliothekare):*

Ich bin hier als Vorsitzender des slowenischen Verbandes. Wegen der fortgeschrittenen Zeit möchte ich mich auf ein Statement zu einer neu entstandenen Kooperation mehrerer Staaten aus einer Region, nämlich der Alpen-Adria-Arbeitsgemeinschaft beschränken. *(Ein ausführlicher Überblicksartikel über das slowenische Bibliothekswesen von Thomaž Kobé erscheint in Heft 2 (1991) der "Mitteilungen der Vereinigung Österreichischer Bibliothekare" , Anm. d. Red.)*
Besonders intensiv sind die Beziehungen einiger unserer Bibliotheken im Rahmen der Arbeitsgemeinschaft der Länder und Regionen der Ostalpengebiete - bekannt als ARGE Alpen-Adria - geworden. Es wurde eine Arbeitsgruppe gegründet, in der bisher Direktoren oder Delegierte aus acht wissenschaftlichen (überwiegend Universitäts-) Bibliotheken dieses Gebietes teilgenommen haben. Die Aktivitäten dieser Arbeitsgruppe stehen unter dem Protektorat der Alpen-Adria Rektorenkonferenz. Auf mehreren Sitzungen, die in Graz, Maribor, Padua und Ljubljana stattgefunden haben, besprach man gemeinsame Interessensgebiete, wie z.B. den online-Datenaustausch zwischen Bibliotheken, bessere Zugänglichkeit der Altbestände, Organisation der Workshops und Seminare, Herausgabe einer gemeinsamen Publikation zum besseren gegenseitigen Kennenlernen usw. Als Resultat der Besprechungen ist 1988 der Führer über die Universitätsbibliotheken der Alpen-Adria Arbeitsgemeinschaft erschienen, in dem die Angaben über Tätigkeiten und Dienstleistungen von 62 Bibliotheken gesammelt sind. In Vorbereitung ist eine Neuauflage des Führers, auch in Form von Disketten. Ein angestrebtes Ziel ist noch die gemeinsame Zeitschriftendatenbank, vorerst müssen aber noch die nötigen technischen Gegebenheiten und Erfordernisse durchgeführt werden.
Auch die Vertreter einiger öffentlicher Bibliotheken des Alpen-Adria-Raumes haben in den letzten zwei Jahren ihre gegenseitigen Kontakte auf eine neue Basis gestellt. Bibliothekare Italiens, Österreichs, Ungarns, Sloweniens und Kroatiens haben schon drei Tagungen organisiert (in Schio, Villach und Lipovljani), wo sie über die Lage des öffentlichen Bibliothekswesens diskutierten. Die letzte Tagung in Lipovljani, die vom 31.8. bis 1.9.1990 in Lipovljani (Kroatien) stattfand, hatte die Problematik der Bibliotheken für Minderheiten zum Thema.

Nennenswert und wichtig für slowenische Minderheiten in Österreich und Italien sind auch die langjährigen Kontakte unserer Nationalbibliothek mit slowenischen Studienbibliotheken in Klagenfurt und in Triest. Die Nationalbibliothek aus Ljubljana beliefert nämlich beide erwähnten Bibliotheken mit Pflichtexemplaren der Slovenica, d.h. aller in Slowenien publizierten Bücher und Zeitschriften, was für die slowenische Minderheit einen bedeutenden Beitrag zum Weitererhalt und zur Pflege ihrer Muttersprache bedeutet.

*Eva Pröhle (Verein ungarischer Bibliothekare):*

In den letzten Jahrzehnten hat das ungarische Bibliothekswesen einen europäischen Ruf erreicht. Obwohl nicht alle Dienststellen perfekt sind, brauchen wir uns eigentlich im großen und ganzen nicht zu schämen. Die Hauptcharakteristik unseres Bibliothekssystems ist bis jetzt die Zentralisierung.
Wie alle wissen, haben die Änderungen im politischen System ganz Osteuropas auch in unserem Land die Gesellschaft und das Bibliothekswesen und sogar die Tätigkeit einzelner Bibliotheken stark beeinflußt. Diese Änderungen haben positive und negative Konsequenzen gehabt. Unter den positiven würde ich die politische Offenheit, die Atmosphäre der Freiheit und die Demokratisierung nennen. Zu bemerken ist das in erster Linie in der Erwerbungspolitik und auch in der Zugänglichkeit von Bibliotheksbeständen. Es gibt jetzt keine Zugangsbeschränkungen mehr. Ein anderes Gebiet, auf dem die Änderungen sehr nützlich und aufschlußreich sein können, sind die internationalen Beziehungen. Für uns Ungarn ist die Annäherung an Europa äußerst wichtig. Erstens können wir dadurch zu Informationen kommen, die zur Lösung unserer Probleme beitragen und zweitens hoffen wir, daß wir dadurch auch einige unserer Wirtschaftprobleme bewältigen können.
Ab Oktober wird das Verwaltungssystem in Ungarn wechseln. Bis jetzt haben wir die sogenannten Räte gehabt, jetzt kommen frei gewählte Stadtverwaltungen. Dieses neue System wird natürlich auch die Bibliotheken stark beeinflussen. In welcher Weise? Die Bibliothekare müssen erlernen, wie sie am besten die Interessen ihrer Bibliothek vertreten, wenn sie mit den Stadtverwaltungen ihr Budget aushandeln. Auch die Kritik der Gesellschaft wird direkter. Die kritische Wirtschaftslage Ungarns ist bekannt. Wir befinden uns in einer angespannten Situation, in der die Kultur nicht Priorität hat, sondern eher in den Hintergrund gedrängt wird. Ein anderes Problem: Wer wird für die Belange der Bibliotheken rechtlich zuständig sein? Bis jetzt war es das Ministerium und man weiß noch nicht, wer jetzt diese Aufgabe übernehmen wird, vielleicht unser Verein oder der Rat der Bibliotheksdirektoren. Es gibt aber auch eine wirtschaftliche Vereinigung der Bibliotheken, die dafür in Frage kommt. Aber alle diese Schwierigkeiten können auch positive Einflüsse haben. In welcher Weise? Die Bibliothekare werden gezwungen, die geistigen und finanziellen Reserven besser zu nützen, parallele Tätigkeiten zu vermeiden. Wir können nur hoffen, daß Ungarn diese schwere Zeit des Übergangs gut bewältigt.
Noch einige Worte zu unserem Verein: 1935 gegründet, hat er heute 4000 persönliche Mitglieder und zusätzlich 50 institutionelle. Die Struktur wird wechseln. Im Mai haben wir neue Statuten angenommen, eine Neuwahl wird Ende 1991 stattfinden. Wir wissen noch nicht genau, wie diese neuen Tendenzen in der Tätigkeit unseres Vereins verwirklicht werden. Am Ende möchte ich noch im Namen unserer Präsidentin, Dr. Ibolya

Billédi und im Namen unserer Delegation Dank sagen für die Einladung und die gute Zusammenarbeit mit der VÖB.

*Ferdinand Baumgartner:*

Was ist mit der Schweiz, Herr Dr, Schacher?

*Dr. Alois Schacher (Vizepräsident der Vereinigung Schweizerischer Bibliothekare):*

Vor allem möchte ich nicht Ihre Geduld strapazieren. Ich will mich auf zwei Punkte konzentrieren, einerseits ist unsere Vereinigung (VSB) eine Vereinigung von Kollektiv- und Einzelmitgliedern, also von Bibliotheken und Bibliothekaren. Von den Bibliotheken her haben selbstverständlich die Hochschulbibliotheken das größte Gewicht. Ihre Haupttätigkeit geschieht aber nicht im Verein, sondern innerhalb der Hochschulkonferenz. Damit spürt man schon die Schwierigkeit der Kooperation. In der Vereinigung sind aber auch die öffentlichen Bibliotheken organisiert, die wieder nicht ganz in das System hineinpassen, weil sie auch die nebenberuflich tätigen Bibliothekare der Gemeinde- und Schulbibliotheken in sich einschließen, und diese können der Mutterorganisation gar nicht angehören, weil sie nicht vollberufliche Bibliothekare sind. Auch das Mehrsprachenproblem spielt in der Schweiz eine Rolle. Sie können sich vorstellen, daß es nicht nur ein Sprach- sondern auch ein Mentalitätsproblem ist. Daher sind unsere Katalogisierungsregeln auch nicht RAK, weil wir mehreren Sprachräumen, germanischen und romanischen, dienen müssen.
Die Ausbildung geschieht durch die VSB, wir haben keine Bibliotheksschule. Sie erfolgt nicht nur theoretisch, sondern auch praktisch an den Bibliotheken mit einem Tag in der Woche mit theoretischen Kursen, die in Zürich, Bern und Lausanne durchgeführt werden. Die Haupttätigkeit unseres Vereins ist die Ausbildung. Auch Fortbildung wird betrieben. Die Einzelmitglieder kommen in unserem Verein zu kurz. Die 1200 Bibliothekare haben nicht das Gewicht, um sich gegen die 200 Bibliotheken durchzusetzen. Da muß eine Strukturreform in den nächsten Jahren geschaffen werden, in der Personal- und Kollektivvertreter gleichwertig in einer Delegiertenversammlung nebeneinanderstehen.
Zur EDV-Situation: Die Spannweite geht von Null in den meisten Gemeinde-, Stadt- und Regionalbibliotheken bis zu der Spitze, von der Sie auch hier in Bregenz hören konnten, wenn Sie beim Vortrag von Herrn Hug von der ETH Zürich dabei waren. Die Universitätsbibliotheken sind automatisiert, es gibt allerdings keinen einheitlichen Verbund. Es existiert ein Verbund der technisch-naturwissenschaftlichen Seite von der ETH, hervorragend strukturiert, unglaublich benützerfreundlich, ein Paradestück des Schweizer Bibliothekswesens. Das ist mit Bundesgeldern aufgestellt worden. Auf der anderen Seite steht ein Verbund, der von Lausanne ausging und der viel mehr geisteswissenschaftlich und gesellschaftswissenschaftlich ausgerichtet ist, da viele Universitätsbibliotheken angeschlossen sind. Er umfaßt die ganze Westschweiz mit ihren wissenschaftlichen Bibliotheken und Basel, St. Gallen und Bern. Nicht in diesem Verbund, der SIBIL heißt, ist die Zentralbibliothek Zürich, die Uni Zürich und die Wirtschaftshochschule St. Gallen. Die zwei Verbünde arbeiten jetzt daran, die Schnittstellen herzurichten.
Ein letztes Wort: Die Landesbibliothek ist nicht automatisiert. Sie hat seit einem halben Jahr einen neuen Direktor, der Informatiker ist, einen hervorragenden Mann, der diese Automatisierung der Landesbibliothek und der Nationalbibliographie sehr gut über die

Runden bringen wird. Das war ein kurzer Überblick über die derzeitige Situation in der Schweiz.

*Ferdinand Baumgartner:*

Ich danke herzlich. Insbesondere danke ich allen Teilnehmern, als es uns doch im Wesentlichen gelungen ist, in dieser knapp bemessenen Zeit so tiefe Einblicke zu geben und zu bekommen. Wir sollten uns doch noch etwas Zeit nehmen, um Informationen von Ihnen zu hören oder Fragen gestellt zu bekommen. Zur Abrundung: ein kurzer Bericht über Kroatien.

*Dubravka Kunštek (Verein Kroatischer Bibliothekare):*

Ich möchte etwas Konkretes über den Kroatischen Bibliothekarverein berichten. Der Verein wurde 1948 zum zweiten Mal gegründet. Er hat Sektionen (für verschiedene Bibliothekstypen: zum Beispiel wissenschaftliche, Hochschul-, öffentliche, medizinische), Kommissionen (für verschiedene Tätigkeiten des Bibliothekswesens z. B. Bibliographie, Katalogisierung etc.). Manchmal ist ein Bibliothekar gleichzeitig Mitglied in mehreren Sektionen und Kommissionen. Arbeitsgruppen gibt es für Bibliotheksinformationssysteme, Heimatsammlungen, Terminologie, wissenschaftliche Arbeit.
Die Vereinigung ist nach dem Regionalprinzip gegliedert. Alle größeren Regionen haben ihre eigene Bibliotheksgesellschaft, die jeweils wieder im kroatischen Verein organisiert ist, dieser wiederum im gesamtjugoslawischen. Es gibt also 12 regionale Gesellschaften. Die Zahl der Mitglieder ist 1400, davon sind fast die Hälfte in Zagreb. Welches sind die wichtigsten Aktivitäten unseres Vereins? In Jugoslawien und in Kroatien hat man in den sechziger Jahren ein Gesetz betreffend das Bibliothekswesen verabschiedet. Dabei hat sich der Verein sehr stark engagiert. 1973 wurde dazu eine Novelle ausgearbeitet, jetzt wird wieder eine Novellierung diskutiert. Auch zur Ausarbeitung von gesetzlichen Bestimmungen für Bibliotheken hat der Verein beigetragen. z.B: für öffentliche Bibliotheken und Schulbibliotheken 1973, für Universitätsbibliotheken und Spezialbibliotheken 1975.
Außerdem hat sich der Verein intensiv mit der Ausbildung befaßt. Es gibt eine Ausbildung auf Mittelschulniveau, die mit dem Abitur abschließt, einen zweijährigen Kurs auf der Philosophischen Fakultät in Zagreb und ein Postdiplom-Studium. Mit dem Magisterium kann man dieses Studium der Bibliothekswissenschaft abschließen. Der Verein hat auch einen Verlag, seit seiner Gründung sind 50 Titel herausgebracht worden. Natürlich ist der Verein Mitglied der IFLA. Was uns in Kroatien im Augenblick am meisten bewegt, ist der Bau der neuen National- und Universitätsbibliothek. Die alte ist 1911 gebaut worden für 500.000 Bände, jetzt ist der Bestand auf fast 2,5 Mill. Bände angewachsen, und dieser Neubau ist daher eine dringende Notwendigkeit.

*Ferdinand Baumgartner:*

Ich danke auch der Referentin aus Kroatien und glaube, wir sind alle sehr glücklich: erstens, daß es möglich war, uns so intensiv zu informieren, und zweitens meine ich, daß wir uns vornehmen sollten - Frau Generaldirektor Strebl als Präsidentin der VÖB ist auch dafür - daß wir das nächste Mal in zwei Jahren wieder so einen Round-Table veranstalten. Der nächste Bibliothekartag wird in Eisenstadt sein, wir gehen also mit unserer Konferenz vom äußersten Westen in den äußersten Osten Österreichs. Wir sind alle schon sehr neugierig, ob sich in diesen zwei Jahren auch so große und für unseren Berufsstand so tief einschneidende Änderungen ergeben werden. Nützen Sie jetzt noch die verbleibende Zeit in Bregenz, um das alles noch bilateral zu besprechen, was Ihnen am Herzen liegt. Diese Veranstaltung hat ja auch den Sinn, daß sich die ausländischen Delegierten untereinander besser kennenlernen.

*Willy Treichler (Generalsekretär der Vereinigung Schweizerischer Bibliothekare):*

Sehr geehrte Frau Präsidentin, liebe Kolleginnen und Kollegen! Im Namen aller vielen Dank für die Gastfreundschaft und liebenswürdige Betreuung.
Ich drücke sicher auch ein Anliegen von verschiedenen Kollegen aus, wenn ich hier einen Vorschlag unterbreite: Wir haben uns heuer hier in Bregenz als Verbände näher kennengelernt, und vielleicht wäre es eine brauchbare Idee, wenn wir uns anläßlich des nächsten österreichischen Bibliothekartags auch einmal in diesem Forum etwas unterhalten könnten, wie die Verbände im einzelnen geführt werden, möglicherweise wie das Verbands-Management besser gestaltet werden kann, sodaß wir voneinander in der praktischen Verbandsführung lernen können. Vielleicht könnte damit eine effizientere Verwaltungszusammenarbeit zum Nutzen aller unserer Mitglieder in die Wege geleitet werden.

*Ferdinand Baumgartner:*

Frau Kollegin Jobst hat diesen Vorschlag notiert, das ist sicher eine gute Idee und ein interessanter Themenvorschlag für das nächste Mal.

*Alois Schacher:*

Darf ich zum Schluß der VÖB den Dank aussprechen, daß Sie uns alle hier versammelt und eingeladen hat zu diesem Erfahrungsaustausch, und ich möchte diesen Dank mit einer kurzen Erinnerung schließen. Wir waren einmal in der Hofburg in der Schatzkammer. Ein Westschweizer Historiker hat uns begrüßt und hat gesagt: "Ich habe hier französische Gäste, und ich zeige ihnen hier an diesem Ort, wo das Herz Europas liegt." Ich glaube, das ist eine Aufgabe, die die Vereinigung Österreichischer Bibliothekare in den künftigen Jahren wirklich mit bester Qualifikation weiterführen wird. Und in diesem Sinn möchte ich danken, daß Sie das Herz Europas sind.

*Ferdinand Baumgartner:*

Auch ich danke Dir für Deine Worte. Du hast gespürt, um was wir uns in aller Bescheidenheit bemühen wollen. Ihnen meine Damen und Herren wünsche ich noch viele interessante Gespräche.

## Podiumsdiskussion der Vortragenden

*Leitung*: Karl F. Stock (Graz)
*Teilnehmer*: Siegfried Detemple (Berlin), Klaus Haefner (Bremen), Walther Umstätter (Köln), Joseph Weizenbaum (M.I.T., Boston), Gernot Wersig (Berlin)

*Da sich die Podiumsdiskussion an das Referat von Prof. Haefner anschloß und vor allem Prof. Weizenbaum sich darauf bezog, vorab das Abstract.*

KLAUS HAEFNER:
AUFGABE DER BIBLIOTHEK IN EINER ZUNEHMEND TECHNISCH BESTIMMTEN INFORMATIONELLEN UMWELT

Die *Technifizierung unserer informationellen Umwelt* wird im Detail dargestellt. Es wird darauf verwiesen, daß die Organisation des Wissens, die ursprünglich ausschließlich in menschlichen Köpfen stattfand und später durch das Buch ergänzt wurde, sich nun zunehmend in technischen Informationssystemen abspielt. Wir sind auf dem Wege von sozialen zu sozio-technischen Systemen, in denen Computer die Funktionen gesellschaftlicher Gehirne und die Telekommunikationseinrichtungen die Funktionen von gesellschaftlichen Nervensträngen übernehmen. Auf diesen in der Industrie längst vollzogenen Wandel haben die Bibliotheken bisher nicht reagiert. Um die Aufgabe der Bibliotheken in Zukunft bestimmen zu können, werden die erkennbaren *Potenzen der Informationstechnik* in fünf Hauptsätzen dargestellt. Diese lassen erkennen, daß eine breite Mannigfaltigkeit von Informationsverarbeitungsprozessen in Zukunft technisch abgewickelt wird. Dazu gehört natürlich auch die Speicherung und der Transport von Information unter ökonomischen Randbedingungen. Besonders wichtig ist die Einsicht, daß die Dichte zukünftiger Speichertechnologien es erlauben wird, gigantische Informationsmengen auf kleinstem Raum zu konzentrieren. "Intelligente" Zugangssysteme werden es jedermann erlauben - im Prinzip - eine Universitätsbibliothek in der Tasche mitzutragen und sich in dieser "relativ frei zu bewegen". In dieser Situation muß die Bibliothek den Weg finden, *von der Buchausleihe zum Informationsvermittler*. Es wird in Zukunft darauf ankommen, neben dem natürlich weiterhin existierenden Buch auch den schnellen Zugang zum Wissen aller Art in den Bibliotheken verfügbar zu machen. Damit sollten die Bibliotheken zu Informationsmaklern werden, d.h. der Benutzer sollte nicht mehr allein über den komplizierten Zugang Katalog, Buch, Lesen, sondern über einen direkten Weg Wissen vermittelt bekommen. Für den großen Bereich der Unterhaltungsliteratur sind die Bibliotheken zu Mediotheken zu erweitern, in denen natürlich auch die neuen Medien (inkl. der interaktiven) nicht fehlen dürfen. Akzeptiert man diese generelle Entwicklung, so ergeben sich eine Reihe *notwendiger Maßnahmen*. Diese werden ansatzweise erörtert und Vorschläge zur Innovation im Bibliothekswesen unterbreitet.

*Haefner:*
Schlußsatz des Referats:
Ich kämpfe für diese Utopie einer humanen computerisierten Gesellschaft.

*Weizenbaum:*

Ein amerikanischer Philosoph hat einmal gesagt: "Nicht das schädigt uns, was wir nicht wissen, sondern das, was wir zwar wissen, was aber nicht wahr ist." In der Gesellschaft, von der Sie, Prof. Haefner, gesprochen haben, sehe ich eine universale Gleichschaltung, die Sie vielleicht Mediatisierung nennen. Eine Gleichschaltung zu was? Was bedeutet das Wort "Medium" überhaupt? Sie sprechen von Informationsumwelt. Da ist die reale Welt und da ist ein Filter - die Medien - und die liefern uns dann die informationelle Umwelt. Medium ist etwas Dazwischenstehendes. Diese gleichgeschaltete Welt, von der Sie sprechen, ist, so glaube ich, eine Welt, in der es den Menschen einfach nicht mehr erlaubt ist, die Welt selbst und direkt zu erfahren - es steht immer etwas dazwischen. Wir gehen weg von der Realität zu dieser informationellen Umwelt. Wir sind auf dem Weg zu einer Homogenisierung, zu einer Gleichschaltung. Es ist nicht der Fall, daß einzelne Menschen Modelle der realen Welt haben, die alle ganz verschieden sind. Ich habe in meinem Vortrag von der zunehmenden Abstrahierung der Welt gesprochen. Es erfolgt eine "Quantisierung", d.h. die Welt kommt zu uns, wenn wir das erlauben. Die Amerikaner, z.B., sehen durchschnittlich 5 Stunden pro Tag fern. Kleine Würfel von Information werden uns zugeführt. Sie sind wie "Sound Bites", wir hören im Fernsehen nicht den Präsidenten, sondern nur einen kleinen Teil seiner Rede, unsere Welt wird sozusagen "zerfetzt". (*Gemeint ist, daß es im Fernsehen üblich ist, Bild und Ton so zu mischen, daß im Hintergrund eine Rede zu hören ist, darüber aber der Kommentar gesprochen wird.* Anm. d. Red.) Heute ist es technisch möglich, diese Sachen so zusammenzusetzen, daß eine künstliche Realität gestaltet wird - und ich glaube, das ist die informationelle Umwelt, von der Sie sprechen, die vielleicht mit der wirklichen Welt sehr wenig zu tun hat. Ich denke z. B. nur an die Fähigkeit, technisch Bilder zu manipulieren. Man kann z.B. die Skyline von New York bildlich gravierend verändern, ohne daß dem Betrachter bei diesem neu erstellten Bild auffällt, daß es manipuliert wurde. Man kann künstliche Realitäten herstellen, und das wird jeden Tag gemacht. Ein amerikanischer Fernsehsender hat folgendes gezeigt: Faktum war: Israel hat nach dem Sinai-Krieg Land an Ägypten zurückgegeben. In jeder Version, in der des englischen Fernsehsenders BBC, im israelischen, ägyptischen und amerikanischen Fernsehen wurde das anders dargestellt, so verschieden wie auf anderen Planeten. Also die Idee, daß die Medien die Welt objektiv darstellen, daß es möglich ist, ein menschliches Leben zu führen in der "informationellen Umwelt", daß wir da leben sollen, statt in der realen Welt, finde ich erschreckend.

*Stock:*
Wir sind jetzt von der Diskussion des Beitrages von Prof. Haefner direkt in die Podiumsdiskussion übergegangen. Ich bitte noch Herrn Detemple und Prof. Umstätter, auf das Podium zu kommen und in der Diskussion fortzufahren.

*Haefner:*

Ich glaube, man sollte noch ein paar Worte zum Begriff "informationelle Umwelt" verlieren. Der Begriff ist bisher nicht sehr populär, aber ich glaube, er trifft die Sache.

Ich sehe drei Schichten der Repräsentation von Information. Die erste ist die Erfahrungsschicht auf der Oberfläche der realen Welt. Aus dieser gewinne ich durch Erkenntnisprozesse Modelle, Beschreibungen. Diese Beschreibungen nenne ich informationelle Umwelt. Sie waren früher im wesentlichen in den Köpfen von Menschen organisiert, oder wurden auch über Bücher vermittelt und weitergegeben. Heute sind wir dabei, diese Repräsentationen der informationellen Umwelt zu technifizieren. Das ist das, was ich unter Mediatisierung verstehe. Das Problem scheint zu sein, daß durch die Mediatisierung nicht nur Dispersion und Fragmentierung oder Quantisierung entstehen, sondern daß durch die Technifizierung der informationellen Umwelt ein Teil dieser Umwelt unmittelbar für die Verarbeitung in informationsverarbeitenden Systemen verfügbar ist. Das heißt, wir spalten die Welt in zwei Komponenten, in eine, in der das menschliche Gehirn noch eine Bedeutung hat und in einen anderen Weltteil, der sich sozusagen immer mehr autonom aus dieser informationellen Umwelt bedient. Das ist das tiefliegende Problem. Dabei ist es mehr oder weniger irrelevant, ob das Fernsehen ein reales Bild gibt oder eine Datenbank; das tiefliegende Problem ist, daß wir uns gar nicht mehr gesamtgesellschaftlich zuständig fühlen. Der Geist der Aufklärung ist untergegangen in der Computerisierungswelle. Dadurch ist Aufklärung nur noch bis zu einem bestimmten Grenzwert ein von einer breiten Bevölkerung wahrgenommenes und ins Bildungswesen umgesetztes Ziel. Das scheint das eigentliche Problem zu sein, das in die Struktur soziotechnischer Systeme führt und ihre Organisation.

*Stock:*

Ich möchte nur darauf hinweisen, daß am Anfang gesagt wurde, daß der Eröffnungsvortrag von Prof. Weizenbaum und der Schlußvortrag von Prof. Haefner völlig konträr seien. In Wirklichkeit habe ich hier jetzt einen Bogen gefunden, daß sich die beiden Herren keineswegs in allem widersprechen, sondern sich in weiten Strecken sogar gegenseitig bestätigt und verstärkt haben.

*Wersig:*

Irgend jemand muß Herrn Weizenbaum einmal widersprechen, da muß man ein paar Fehleinschätzungen einfach korrigieren. Wenn gesagt wird, es gibt eine Homogenisierung der Gesellschaft durch die Medien, dann stimmt das überhaupt nicht. Wir haben nicht ein Medium, sondern sehr viele, sehr unterschiedliche Medien, die durchaus nicht alle der gleichen Meinung sind und hinter denen ganz unterschiedliche Meinungen stehen. Es wird so getan, als ob alle homogener wären als früher, als die Leute noch in die Kirche gingen und von dort ihre Weltsicht vermittelt bekamen. Mir ist eher einsichtig und empirisch nachvollziehbar, daß, je mehr Medien wir haben, desto mehr Potential für Unterschiedlichkeit besteht. Das zweite ist, wenn die Quantisierung so beklagt wird, die wir in den Medien haben, ist das zwar richtig. Aber die Quantisierung ist einfach ein Bestandteil unserer Welt. Man könnte sagen: Kehren wir zurück in die Enge des dörflichen Lebens, in der die Welt einheitlich war. Man hatte seine Schweine, und alle belauerten sich gegenseitig. So ist es nicht mehr, und wir sollten das nicht den falschen Feinden vorwerfen. Viele Prozesse haben dazu beigetragen, und die Medien bilden das in gewisser Weise nur ab. Wenn wir sagen, die Medien sind manipulierbar, dann muß man fairerweise sagen, wenn man bei Bibliothekaren ist, dieses gilt auch für Bücher. Man

kann mit nichts so schön, so einfach und so billig lügen wie mit Büchern. Menschen benützen nicht nur Medien, um zu lügen, Menschen benutzen auch die Realität, um zu lügen. Ob das nun bei Potemkin beginnt oder das Rumänien-Bild betrifft, das man lange den Touristen versucht hat vorzugaukeln. Daß Menschen lügen, kann man nicht den Medien vorwerfen. Man muß jedoch die Menschen dazu bringen, daß sie die Lüge in den Medien besser identifizieren, genau so wie wir in den Schulen versuchen, alle möglichen wissenschaftlichen Lügen aufzudecken.
Das führt dazu, daß in solchen Diskussionen immer so getan wird, als sei die Realität unser absoluter Bezugspunkt, mit dem wir uns immer auseinanderzusetzen hätten. Es muß nicht jeder einzelne alles an seinem eigenen Leib erfahren. Es ist verzichtbar, daß wir alle Cholera kriegen, nur um zu wissen, wie Cholera ist. Es gibt Elemente von Realität, bei denen der Selbstschutz gebietet, daß wir nicht alle alle Erfahrungen machen, sondern daß wir einen Großteil an Erfahrungen, welche die Welt bietet, "mediatisiert", "sekundarisiert" zur Kenntnis nehmen können. Die eigentliche Frage ist nicht so sehr, daß wir das tun, sondern wo ist es möglicherweise für uns alle nicht richtig und nicht gut. Aber das wird dann eine sehr differenzierte Geschichte.

*Weizenbaum*:

(Zu Wersig: Bei dem, was Sie jetzt gesagt haben, erkenne ich mich überhaupt nicht. Sie haben eine Position bestritten, die nicht meine ist.)
Zurück zu Haefner. Sie haben in gewissem Sinn ein Programm entworfen, wie ein Computerprogramm, in dem Sie sehr vorsichtig sagen, wie alle Parameter eingestellt sein müssen, daß das Ding funktioniert. Wir haben jedoch an vielen Systemen gesehen, zum Beispiel an Waffensystemen, die so programmiert sind, daß sie selbst alles voraussehen, daß auch sie in eine Lage kommen, die nicht voraussehbar ist. Das ist bei der Computerisierung öfters der Fall.
Was sind die grundsätzlichen Parameter, die Sie in Ihr Programm gesetzt haben? Einer davon ist: Der Mensch ist faul, er will weniger arbeiten. Arbeitszeitverkürzung kann nur durch Automatisierung erreicht werden. Der Mensch mußte aber in primitiven Gesellschaften nur wenige Stunden am Tag arbeiten, um sich zu ernähren. Ich will damit nicht sagen, man soll zur primitiven Gesellschaft zurück. Nicht nur Automatisierung ist möglich, auch Verzicht ist möglich. Wenn wir von der heutigen Weltproduktion sprechen, ist ein großer Teil davon Waffen, ein noch größerer ist die "Quatsch-Produktion", die wir absolut nicht brauchen. Ich will jetzt nicht darüber streiten, was wir brauchen oder nicht, ich möchte nur zeigen, daß es in Ihrem System Parameter gibt, die Sie ganz willkürlich gesetzt haben. Sie behaupten, daß nur durch Automatisierung Arbeitszeitverkürzung möglich ist. Ist das ein Gesetz, von Gott gegeben, oder wo kommt das her? Ihr ganzes Programm ist durchdrungen von solchen Annahmen, die vielleicht nicht stimmen. Wie ich schon zu Beginn sagte: "Es ist nicht alles, was wir wissen, was uns weh tut, es ist das, was wir wissen, das nicht stimmt".
Zum Problem Quantisierung durch die Medien: Stellen Sie sich bitte vor, ich komme gar nicht aus den USA, ich komme von einem ganz anderen Planeten. Ich schildere nur die Sachverhalte auf diesem Planeten, es kann hier bei Ihnen ganz anders sein. Die Vielfältigkeit der Medien in den USA ist jedoch eine Illusion. Wir haben drei große Fernsehstationen: NBC, ABC und CBS. Wenn man von einem Sender zum anderen schaltet,

ist zum Beispiel, was die politischen Kommentare betrifft, alles dasselbe. Es ist alles homogenisiert. Wir haben keine Oppositionspresse in den USA. Sie sagen, die Menschen denken doch nicht alle gleich. Als Präsident Bush Truppen nach Saudi Arabien schickte ohne irgendeine Ermächtigung, erschien in den ersten zehn Tagen danach kein einziger kritischer Kommentar, weder in den Zeitungen, noch im Fernsehen. Da ist kein wesentlicher Unterschied zwischen den Medien. Aber: das ist Mars, das ist ein anderer Planet, vielleicht ist es hier ganz anders. Jedoch, diese Gleichschaltung ist in den USA sehr, sehr weit fortgeschritten, und so wie ich es beobachte, wird es nicht sehr lange dauern, bis diese amerikanischen Zustände in Europa kopiert werden.

*Haefner*:

Ich möchte den Streit mit Herrn Weizenbaum weiter austragen, den wir ja schon lange miteinander haben, nämlich in der Frage: wie geht man mit Problemen um. Ihre Tendenz ist, zu sagen: wir haben ein Problem und nun warten wir einmal. Irgendwann einmal laufen wir auf dem Eisberg auf, und dann werden wir schon zu einer Lösung kommen. Dieser Strategie habe ich mich nie angeschlossen, sondern in diesem Sinn bin ich immer ein homo politicus gewesen, daß ich gesagt habe, wir müssen zeigen, wie man den Eisberg umschiffen kann. Alle Techniken des Menschen sind daran orientiert, Katastrophen zu vermeiden. Insofern versuche ich in meinen Programmen, auch in dem von der "informierten Gesellschaft", das ich hier vorgestellt habe, das Bild einer zukünftigen Welt zu zeichnen, von der ich glaube, daß sie nicht unmöglich ist, weil es Kräfte in der Gesellschaft gibt, die das stützen. Wie analysiert man diese gesellschaftlichen Kräfte?
Da komme ich aus sozialwissenschaftlichen Bezügen zu gewissen Grundeinsichten unter Berücksichtigung politischer Realitäten. Ich erkenne zur Zeit in Europa und in den anderen Industrienationen keinerlei Strömung gegen die Automatisierung. Es gibt keine Berufsgruppe, die dagegen wäre und sagte, wir wollen wieder die 48-Stunden-Woche. Vor allem im Bibliothekswesen habe ich das nicht gesehen, deswegen sind auch die Bibliotheken immerfort zu. Alle politischen und gewerkschaftlichen Äußerungen, die ich gehört habe, lauten: Der Mensch ist durch Arbeit unterjocht, er hat sich von der Arbeit zu befreien, und wenn ich das bei unserem Lebensstandard zu Ende denke, dann ist Automatisierung die einzige Lösung. Es hat sich auch noch niemand bereit erklärt zu sagen: wir senken jetzt laufend unser Bruttosozialprodukt. Wenn Sie mir einen zeigen können, der das ernsthaft politisch vertritt...
*Weizenbaum:* (Zwischenruf) Ich, ich!

*Haefner*:
Aber mit absolut null Wirkung!

*Weizenbaum*:
Erst sagen Sie, Sie wollen einen gezeigt haben, dann zeigt sich einer, dann sagen Sie - aber...

*Haefner*:
Sie wissen, daß das rhetorisch war, ich meine natürlich einen, der in dieser Gesellschaft irgendeine Chance hat, seine Position öffentlich zu vermitteln ...

*Weizenbaum*:
Ich habe die Chance, in diesem Moment.

*Haefner*:
... und daß der einzelne auch andere überzeugt, daß es mehrere werden, dann müßte man die Gruppe doch irgendwann einmal treffen. Ich habe die Weizenbaum-Gruppe bisher nicht getroffen. Ich treffe immer bloß die Nicht-Weizenbäumer.

*Weizenbaum*:
Das ist Ihr Problem, daß Sie die Nicht-Weizenbäumer treffen!

*Haefner*:

Selbst die Grünen in der BRD haben nach einigem Ringen um die neuen Techniken letzlich auch gesagt, Arbeitszeitverkürzung ist etwas Vernünftiges, vorausgesetzt wir machen das ökologisch sinnvoll.
Neugierde habe ich als zweite wichtige Kraft gesagt. Ich glaube, die Menschheit ist neugierig, und deshalb läßt sie sich von allen Arten des informationellen Angebots gerne beeindrucken. Es gibt keine wirkungsvolle Opposition, die Fernseher werden nicht ausgeschaltet. Die Tendenzen, von denen ich spreche, werden von 99,9% der Bevölkerung getragen, und mit denen muß ich unter demokratischen Bedingungen rechnen. Wir haben Mehrheitsdemokratien. Es kann bessere Demokratie-Organisationsformen geben, eine schöne Oligarchie fände ich zum Beispiel prima. Solange die Mehrheitsdemokratien jedoch bestehen, können Sie mit Ihren Ideen einfach nichts ausrichten. Ende der Meldung.

*Stock*:

Es meldet sich Herr Detemple zu Wort. Wir wollen ja hier eine Gesprächsrunde mit möglichst vielen Teilnehmern, obwohl das Gespräch zwischen den Herren Weizenbaum und Haefner sehr interessant ist. Ich möchte nur darauf aufmerksam machen, daß hier etwas stattfindet, daß sich viele Tagungsteilnehmer entgehen lassen. Sie werden irgendwann einmal feststellen: schade, daß ich das nicht gehört habe. Denn sowohl Weizenbaum als auch Haefner sind herausragende und hervorragende Persönlichkeiten auf ihrem Gebiet. Ich würde sehr empfehlen, wenn Sie sich die Bücher dieser beiden Herren sehr intensiv zu Gemüte führen. Ich habe mich mit beiden beschäftigt und merke jetzt, wie ich noch zusätzlichen Nachholbedarf habe.

*Detemple*:

Ich muß jetzt mit einer gewissen Themenverlagerung aufwarten. Wir haben bis jetzt über sehr allgemeine Probleme der Informationsgesellschaft gesprochen. Wie es ausschaut, bin ich der einzig übriggebliebene Bibliothekar hier am Podium. Ich will daher die Aufmerksamkeit auf die Folgen lenken, die die Informationsgesellschaft für die wissenschaftlichen Bibliotheken hat. Ich habe das gestern in meinem Vortrag ausführlicher getan.

Ein Charakteristikum der Informationsgesellschaft, das sich unmittelbar auf die Bibliotheken auswirkt, ist der enorme Zuwachs an Information, nicht nur in geschriebener, sondern auch in elektronisch vermittelter Form. Die Bibliotheken haben das nicht wahrgenommen. Sie besorgen von dieser Information immer weniger. Was wir brauchen, ist eine Inititiative der Bibliothekare weltweit, sich das von ihren Unterhaltsträgern nicht gefallen zu lassen, sodaß ein großer Teil der Information beschafft und der Öffentlichkeit zur Verfügung gestellt werden kann. Ein zentraler verknüpfender Terminus dabei ist der der Öffentlichkeit und das Problem der Verfügung über die Information (besonders über elektronisch vermittelte Information). Das ist auch laut Prof. Haefner ganz klar, wer über die Information verfügt, das ist der Hersteller. Er kann dafür verlangen, was immer er will. Das führt dann dazu, daß der informierter ist, der über mehr Mittel verfügt. Ich habe deshalb gestern gefordert, daß wir eine Inititative in allen Ländern brauchen, daß Bibliotheken ähnlich wie beim Pflichtexemplarrecht für Bücher, eine Gesetzgebung brauchen, die den freien Zugang zu Datenbanken eröffnet und die Träger oder die Vermittler, die diese Machtmonopole der Hersteller von Information aufbrechen, sollten die Bibliotheken sein. Das ist ein zusätzliches, neues Aufgabenfeld in der Bibliothek.

*Umstätter*:

Das eigentliche Problem ist, daß wir Entscheidungen fällen, ohne etwas zu wissen. Es ist typisch für Wissenschaftler, daß sie Positionen vertreten, von denen sie wissen, daß sie es nicht genau wissen. Das sokratische Wissen: wir wissen, daß wir nichts wissen, ist noch immer relevant für den Wissenschaftler.
Gerade im Bibliotheksbereich sollte man darauf hinweisen, daß Bücher verbilden. Man warnte im 18. und 19. Jh. vor der Lesewut, Damen sollten nicht lesen, das verbildet den Geist. Das ist nicht so unsinnig, wie es uns heute scheint. Es ist ähnlich wie bei Fernsehen und Video, daß uns eine Welt vorgegaukelt wird, die es gar nicht gibt. Auch bei Kindern warnte man vor der Lektüre; man argumentierte, Kinder hätten nicht die Zeit zu reifen, selbst Erfahrungen zu machen. Ähnliches behauptet Neill Postman von der Auswirkung des Fernsehens auf Kinder. Das Problem wird jetzt dringend durch Hypermedia, wo Welten erzeugt werden, die es gar nicht gibt, wie Weizenbaum das angedeutet hat. Ich halte das für fundamental gefährlich.
Wir müssen auch dafür sorgen, daß wir weniger Informationstoleranz aufbringen und darauf achten, daß die Information, die in die Bibliotheken kommt, besser überwacht wird. Es gibt Untersuchungen über Wissenschaftsmanipulation in den USA, aber auch in der BRD. Wir müssen verhindern, daß wir betrogen werden. Da haben Bibliotheken eine wichtige Aufgabe.

*Weizenbaum*:

Zum Thema "Öffentlichkeit und freier Zugang zur Information" möchte ich wieder den Planeten Mars erwähnen, von dem ich komme, d.h. die USA. Da werden heute massenhaft Daten, die früher umsonst zugänglich waren, verkauft. Ein Beispiel: die Volkszählungsdaten waren bis vor zehn Jahren jedem zugänglich. Jetzt muß man sie kaufen und teuer bezahlen.
Zurück zu Haefner. Sie haben gesagt, Sie haben keine Strömungen gesehen, die gegen weitere Automatisierung wären. Das kann sein. Aber jede Wende fängt doch mit einem

einzigen Menschen an. Jemand muß den Mut haben, in Isolation und ganz allein, seine Ideen, auch wenn sie fremd anmuten, auszusprechen. Sie haben gesagt, der Mensch ist faul. Man kann es faul nennen, nur gängige Meinungen auszusprechen, aber ich nenne das feige.

*Haefner:*

Über eins sind wir uns am Podium einig: wir brauchen eine begehbare, transparente informationelle Umwelt. Die Schwierigkeiten, die wir zur Zeit haben, sind der erkenntnistheoretische Teil, die Frage: Wer organisiert die informationelle Umwelt? Da sehe ich eine unverantwortbare Zurücknahme des Staates als einigermaßen neutralen Körpers und die völlige Kommerzialisierung dieser informationellen Umwelt.
Zweitens sehe ich, daß immer weniger Diskurs stattfindet. Ich habe meine Ideen ja immer als Diskussionsbeitrag und nicht als diktatorischen Versuch zur Überrumpelung der Gesellschaft eingebracht. Es ist ein Beitrag, der die vorhandenen Strömungen aufnimmt. Ich verstehe, wenn Sie, Herr Weizenbaum, sagen: das mache ich nicht mit, mein Diskurs-Beitrag ist ein alternativer. Wichtig ist, daß wir diese Offenheit in der zukünftigen Gesellschaft erhalten, und die Bibliotheken haben eine wichtige Aufgabe durch die Bereitstellung des Reichtums und breiten Spektrums an Meinungen. Die Bibliothek hat Hüter der informationellen Umwelt zu sein im Sinne einer breiten Öffentlichkeit.
Die Schwierigkeit ist, woher das Geld nehmen, um das möglich zu machen. Da bin ich der Meinung, daß das Programm "Informierte Gesellschaft" etwas ist, wo ich mittelfristig die Hoffnung habe, daß ein paar Politiker zuhören. Wenn man nur gegen diese Entwicklungen ist, dann sehe ich nicht, wie die Bibliotheken das Geld bekommen sollen, das sie brauchen, um als Hüter der "informationellen Umwelt" zu existieren.

*Stock:*

Darf ich nochmals an das Thema der Tagung erinnern: Bibliotheken mit und ohne Grenzen. Herr Detemple hat gesagt, er sei der einzige Bibliothekar hier am Podium. Ich habe geantwortet, Umstätter und Wersig seien auch Bibliothekare. Er meinte, nein. Da hat, meines Erachtens nach, ein Bibliothekar Grenzen gesehen, die ich nicht so streng ziehen würde. Umstätter ist Professor an einer Fachhochschule für Bibliothekswesen, da muß doch ein grenzüberschreitender Verkehr stattfinden. Prof. Wersig befaßt sich mehr mit Dokumentation und Information als mit Bibliotheken. Das ist auch eine Grenze, die ich zum Beispiel als Bibliograph gar nicht so gerne haben möchte.
Zu den Grenzüberschreitungen zwischen Haefner und Weizenbaum: Herr Prof. Haefner, es ist nicht so, daß sich im Bibliothekswesen niemand gegen die EDV stellt. Wir sind auch deswegen so wenig automatisiert, weil sich sehr viele dagegen gestellt haben. Das hat seine guten Gründe, es kommt aber auch daher, daß die Leute zuwenig informiert sind. Die EDV bringt auch einen Bruch der Traditionen und der Zusammenhänge zwischen alten und neuen Daten. Wenn man in der "Computer-Woche" liest: "Auf Knopfdruck das ganze Wissen der Welt", so ist das nicht wahr. Nur 3% des Wissens der Welt sind maschinlesbar verfügbar, 95% sind es nicht. An unserer Bibliothek schaut der Leser in den Computer, findet 19 Titel zu einem Thema und sagt, mehr brauche ich nicht. Bei bestimmten naturwissenschaftlichen Themen mag das so sein, weil nur das Neueste relevant ist. Aber bei anderen Themen, z.B. Architekturgeschichte, gaukelt ihm das Sy-

stem eine Vollständigkeit vor, die gar nicht existiert. Wir haben hier Brüche zu überwinden, die auch Grenzen bedeuten. Ich möchte um ein Schlußwort bitten. Vielleicht kann entweder Weizenbaum oder Haefner selbst einen synthetischen Ausblick zwischen ihren beiden Gegensätzen finden. Das wäre schön, weil dann auch Sie Grenzen überwunden haben.
(Applaus im Publikum)

*Weizenbaum*:
Bei Podiumsdiskussionen wird oft am Ende gesagt: fundamental sind sie sich einig. Wir sind das überhaupt nicht, und das muß einfach gesagt werden. Punkt.
Eine ganz wichtige Bemerkung habe ich noch zu Ihrem Statement, Herr Stock. Sie haben erwähnt: 3% des Wissens. Jeder, der das hört, und nicht erschrickt, ist schon verloren. Das Wissen der Welt kann nicht gemessen werden, auch nicht Ihres oder meines. Unsere Sprache ist schon in einem solchen Ausmaß korrumpiert, das wir kaum noch vernünftig über diese Dinge reden können. Noch einmal Punkt.

*Haefner*:
Da gibt es unterschiedliche Ideen. Aber eines, Herr Weizenbaum, werden Sie mir zugeben: ich bin nicht derjenige, der sagt, mein Prinzip ist das alleinseligmachende, sondern ich habe immer gefordert, gerade in der Diskussion über die "informationelle Umwelt", daß wir versuchen, sie plural, offen und transparent zu halten. Insofern ist meine Konzeption einer informierten Gesellschaft die ideale Ausgangsbasis für Positionen Ihrer Art.

*Weizenbaum*:
Das konzediere ich mit Freude. Sie haben einen Vorschlag, es gibt andere. Wir bewegen uns an diesem Tisch auf dem freien Markt der Ideen. Da sind Ihre Ideen genau so zu bewerten wie alle anderen.

*Haefner*:
Wir sind also noch nicht alle gleichgeschaltet.

*Stock*:
Es ist zu bemerken, daß Weizenbaum als Computer-Pionier eher von einem Saulus zu einem Paulus geworden ist. Das ist die Zunahme an Altersweisheit. Uns muß man konzedieren, daß wir erst auf dem Weg dorthin sind. Ich danke in diesem Sinne und wünsche für den Rest der Tagung einen guten Verlauf.

# IV. BERICHTE ÜBER KOMMISSIONSSITZUNGEN

# KOMMISSION FÜR EDV-ANWENDER

## KOMMISSION FÜR EDV-ANWENDER
## Tätigkeitsbericht für die Funktionsperiode 1988-1990

### Von Brigitte Schaffer

Am 21.10.1988 wurde die erste Sitzung dieser Funktionsperiode in Graz abgehalten. Hauptpunkt war das Verbundsystem BIBOS in bezug auf Datenübernahme, PC-Version und Errichtung eines nationalen Bibliothekenverbundes.

Am 26.1.1989 erfolgte die gemeinsame Sitzung der EDV-Anwender mit der Kommission für Sacherschließung, die sich mit Erfahrungsberichten aus unterschiedlichen Anwendungen der Sacherschließung mit EDV befaßte. In dieser Kommission wurde eine Arbeitsgruppe zusammengesetzt, die sich um die Auflistung notwendiger Erfordernisse der EDV bei Sacherschließung bemühen soll. Die aus der mehrmals tagenden Arbeitsgruppe schriftlich fixierten Punkte wurden dem VÖB-Ausschuß als Resolution übergeben, damit sie auf diesem Weg Eingang in die Gremien der Rechtsträger findet. Bei den angeführten Punkten handelt es sich vor allem um grundsätzliche Notwendigkeiten, die bei Erstellung eines Moduls Sacherschließung bedacht werden müssen, um später Möglichkeiten des Systemausbaus bieten zu können. Diese Punkte wurden aus der Erfahrung des BIBOS 1-Verbundes und der Formalerschließung von BIBOS 2 erstellt, da auch hier z.B. der Wunsch nach EDV-Nutzung von einspielbaren Daten nicht möglich ist, wenn das System nicht von vorneherein eine Schnittstelle dafür vorsieht.

Am 19.1.1990 wurde eine Sitzung der Kommission gemeinsam mit der Kommission für Bibliotheksbenützung und Öffentlichkeitsarbeit abgehalten. Diese Sitzung gliederte sich in mehrere Bereiche. Erfahrungen mit BIBOS im BIBOS-Verbund bzw. BIBOS-UB-Verbund, die Marktforschungsstudie der UB-Innsbruck, GRIBS an der UB-Graz, und Öffentlichkeitsarbeit an der LB Vorarlberg.

Die letzte Sitzung der Kommission erfolgte am Bibliothekartag in Bregenz mit den Schwerpunkten BIBOS, PC-Netz in Bielefeld, Teamarbeit bei EDV-Einsatz und Datenkonversion in Österreich und Deutschland.

## PROTOKOLL DER KOMMISSIONSSITZUNG
## am 3. September 1990 in Bregenz

*Hauffe: Externe BIBOS-Nutzer - Probleme und Möglichkeiten*
Zugang von Geräten, die außerhalb der Bibliothek sind. BIBOS war zunächst nicht für die Führung eines Online-Kataloges gedacht, sondern zur Unterstützung für die Katalogisierung. Erst vor 5 Jahren wurde ein Terminal für den Benutzer eingesetzt, daher ist die Benutzerfreundlichkeit nicht optimal. Die UB-Innsbruck hat 20 Geräte für Benutzer, ex-

tern sind 10 Institute, teilweise über das Netz der Bibliotheksdirektion, teilweise über INNET (X-25 Schnittstelle) an den Bibliotheksrechner angeschlossen, dabei einige Eigenheiten, z.B. remote-echo; auch PCs sind mögliche externe Benutzer, allerdings braucht man ein dickes Manual, um die Logon-Prozedur durchführen zu können. Wichtig ist auch ein "Timer", d.h., daß Benutzer, die sich nach Beendigung ihrer Recherche nicht abmelden, automatisch nach einer bestimmten Zeit abgemeldet werden. Die Uni Innsbruck kommt demnächst in den Genuß der INNET-E-Leitung, d.h. hunderte Benutzer können an BIBOS angeschlossen werden, daher ist dringend notwendig: Vereinfachung des Logon-Prozesses und man muß vom Prinzip der fixen Zuordnung von Gerät-Leitung-Benutzer abgehen.

*Neubauer: Das PC-Netz-Konzept der Universität Bielefeld*
Ähnliche Probleme bei der Darstellung des Zeichensatzes auf PC wie bei BIBOS, nur eben auf dem Siemens-Rechner; in Bielefeld konnte das Problem gelöst werden. Beim Einsatz von PC-(MS-DOS)-Netzen im Bibliothekswesen kann man auch UNIX- und MS-DOS-Netze verbinden. Grundanforderungen: Die Informationslandschaft fordert eine Kombination möglichst vieler verschiedener Techniken. Dies ist mit PC-Netzen leichter zu erreichen. Großrechner haben komplexe eigene Welten.

- Portable Software
- Einsatz von Software verschiedener Hersteller
- Einsatz von Standard-Hardware
- Vernetzung von Universitäten und anderen Netzen

Daraus folgt: autonome Teilsystme sind praktischer handhabbar. Traditionelle Bibliothekssysteme sind Großrechnersysteme oder eine Verteilung verschiedener Bereiche auf mehrere Rechner. PC-Netz-Systeme mit mehreren Netzen (z.B. Verbundrechner oder öffentliche Netze). Die Entwicklung auf dem PC-Sektor geht rasch voran, vor allem im Bereich des Speicherplatzes und dessen Kosten. Bielefeld will zunächst PC-Netze auf dem lokalen Bereich einsetzen. Auch die Zugriffszeiten sind auf dem PC bereits so gut wie bei Großrechnern. Die Integration der CD-ROM in Großrechner ist sehr schwierig, nicht so bei PC-Netzen. Derzeit gibt es lokale DB, aber für die Fernleihe auf Grund der Rechnerkapazitäten sind diese nicht verwendbar.

- Geplant ist ein Zeitschriftenzugangsverbuchungssystem (Versuch mit Swets ist unbefriedigend verlaufen)
- Universität Bochum hat ein Ausleihsystem entwickelt, das auch in Bielefeld eingesetzt wird
- der OPAC hat eine gemeinsame Oberfläche mit der Ausleihe
- CD-ROM-Katalog (im Netz geht man allerdings auf magnetische Speicherplatten über, das CD-Netz wird weiterhin beibehalten, aber für Fremddaten).

Mit Hilfe einer "Bridge" kann man steuern, wer vom öffentlichen Netz ins Dienstnetz kann (Daten werden für externe Benutzer nur in Form einer Kopie dargestellt, somit wird ein direkter Zugang verhindert). Über Datex-P geht man ins öffentliche Netz, z.B. Buchhändler, aber auch Zugang zum Verbund. Rechnungen werden online geführt und über Mailbox verschickt; sie werden nur mehr für das Finanzamt ausgedruckt. Zukunftsvorstellung eines wissenschaftlichen Arbeitsplatzes mit PC mit Drucker, Scanner, auch private Informationen sollen übermittelt werden können - multifunktionaler Bibliotheksarbeitsplatz. Der Benutzer sitzt wie die Spinne im Netz und kann vom PC aus in regionalen und überregionalen DB recherchieren, sowie Bestellungen aufgeben. Dieser multifunktionale Arbeitsplatz erfordert auch weitere Software: Dafür soll ein UNIX-System eingesetzt werden, das ermöglicht, daß man bei einer Suche in mehreren verschiedenen DB nicht verschiedene Abfragesprachen verwenden muß, sondern nur eine.

*Vass: EDV-Einsatz und bibliothekarische Team-Arbeit*
EDV-Einsatz verändert das berufliche Bild des Bibliothekars und gleichzeitig damit muß eine Anpassung des Arbeitsplatzes an die veränderte Situation erfolgen. Er spricht von seiner Anwendung des Team-Konzepts in einer etwas freieren Auslegung. In der AK steht jedem Team jede Information zu und alle relevanten Aufgabenprobleme werden gemeinsam besprochen. Mit der EDV verändert sich der Arbeitsablauf - alle Mitarbeiter wurden in diesen Prozeß miteingebunden. Teamfähigkeit muß auch erst von den Mitarbeitern gelernt werden - z.B. Aufgeben von hierarchischen Vorstellungen. In der AK kommt es auch immer wieder zur Bildung von Sub-Teams für die Erarbeitung bestimmter Lösungen, die dann vom gesamten Team besprochen werden. Der Einbau von möglichst vielen Teamelementen ist von Vorteil. Auch die Fortbildung nimmt einen immer höheren Grad an Wichtigkeit ein.

*Haas: Entlehnung BIBOS 3 aus der Sicht der Universitätsbibliothek Wien*
BIBOS 2 ist nicht das, was in der Ausschreibung verlangt wurde. Das Entlehnmodul wurde neu programmiert - dazu gab es eine Arbeitsgruppe, die ein Pflichtenheft erarbeitete. Die Sitzungen dehnten sich über zwei Jahre aus. Der Probebetrieb wird zeigen, ob nichts vergessen wurde. Die Übernahme der Gribs-Daten steht noch aus, ebenso die Hörerevidenz. Eine intensive Schulung wird für den Erfolg der Entlehnung ausschlaggebend sein.

*Nevyjel, Wawrosch, Stebegg, Haslinger: Datenkonversion der bibliographischen Daten der Technischen Universitätsbibliothek Wien*
Stebegg gibt zunächst einen historischen Ablauf des EDV-Einsatzes an der UBTU Wien - vom Inventarisierungsprogramm Stocks bis zum Einsatz von BIBOS. Er beschreibt die verschiedenen Datenmengen, die in verschiedenen Speichermedien und Systemen darauf warten, in BIBOS übernommen zu werden. Dafür wurde ein Forschungsauftrag an Nevyjel erteilt, ein Datenkonvertierungsprogramm zu entwickeln, ebenso wie eine Schnittstelle zum Laden der Geschäftsdaten. Nevyjel gibt eine Darstellung des technischen Ablaufes bis zum Konvertierungsprogramm: Synthese - Analyse - Programmierung - Magnetbanderstellung in einem Input-Format für BIBOS. Nevyjel zeigt Beispiele für die Umsetzung. Der Zeichensatz mußte von Bull auf BIBOS umgesetzt werden. Diese nun auf Magnetband gespeicherten Daten werden in Kürze im Echtsystem konvertiert.

*Mertens: Katalogkonversion in der BRD und DDR*
Seine Firma verfilmte als ersten Katalog den der ÖNB. Die Entwicklung geht in Richtung CD-ROM. Mikroverfilmte Daten ermöglichen die Konvertierung dieser Daten auf elektronische Speichermedien. Dies kann auch außer Haus erfolgen, z.B. die Kataloge der vereinigten Staatsbibliotheken in Berlin. Die Kataloge im Osten wurden bereits

mikroverfilmt, da deren Bestände im Westen waren. Für die Konvertierung werden Mikroformen auf Papier rückkopiert. Die Kataloge des Westens werden ebenfalls mikroverfilmt und dann auf Papier rückkopiert. Man rechnet für die Datenerfassung des alten, handgeschriebenen Kataloges ca. 5-7 Jahre. Weitere Projekte sind: Der Katalog in Halle, sowie das Projekt Tübingen 1501-1950. Davon sind derzeit 70.000 Daten konvertiert. Derzeit betreiben 7 Bibliotheken der BRD Katalogkonvertierungen.

## EXTERNER ZUGANG ZU BIBOS

### Von Heinz Hauffe

I

Die Installierung des automationsunterstützten integrierten Bibliothekssystems BIBOS an den wissenschaftlichen Bibliotheken Österreichs hat nicht nur zu enormen bibliotheksinternen Umschichtungen organisatorischer und technischer Art geführt, sondern wird auch durch die Möglichkeit des externen Zugangs der Bibliotheksbenutzer zum Online-Katalog (d.h. von benutzereigenen Geräten aus über Stand- oder Wählleitungen bzw. über Datex-P) zu einer Revolution in der Bibliotheksbenutzung führen. An der Universitätsbibliothek Innsbruck liegen hiezu erste Erfahrungen vor.

Bereits seit 1988 können einige Dutzend Institute der Universität Innsbruck, die über das vorhandene asynchrone Datenübertragungsnetz INNET/X.25 Zugang zum EDV-Zentrum der Universität haben, mit Hilfe des Softwarepakets *Kermit* auf den Online-Katalog der Universitätsbibliothek zugreifen; etwa zehn Institute machen hievon Gebrauch. Seit dem Frühjahr 1991 ist BIBOS von einigen hundert Instituten aus über Ethernet und TCP/IP (INNET/E) online zugänglich. Hiezu ist die Installierung des Softwarepakets *PC/TCP* erforderlich. Beide am benutzereigenen PC zu installierenden Softwarepakete sind als Public-Domain-Software bzw. im Rahmen von Sammellizenzen kostenlos verfügbar und können auf die BIBOS-spezifische Funktionstastenbelegung und den erweiterten Zeichensatz parametrisiert werden. Auch auswärtige Bibliotheken, öffentliche Büchereien und Privatpersonen haben bereits ihr Interesse am Zugang zum Online-Katalog über PC, Modem und Telefon geäußert.

II

Als im Jahre 1980 an der Sozialwissenschaftlichen Studienbibliothek der Kammer für Arbeiter und Angestellte für Wien der Entschluß gefaßt wurde, das automationsunterstützte Bibliotheksverbundsystem BIBOS ins Leben zu rufen war an externe Bibliotheksbenutzer, die über Stand- oder Wählleitungen oder über ein Datenübertragungsnetz im Katalog suchen wollen, noch nicht zu denken. Wie viele andere Systeme auch war

BIBOS ursprünglich als *In-House*-System konzipiert, also als fixe Konfiguration von Zentralrechner und daran über Steuereinheiten sternförmig angeschlossenen Terminals. Innerhalb einer solchen Konfiguration ist jedem (mit einer Nummer zu identifizierendem) Gerät eine fixe Leitung zugeordnet, eine Philosophie, die auch in der BIBOS-Version 2.0, die sich seit 1988 an sechs wissenschaftlichen Bibliotheken Österreichs im Einsatz befindet, vorzufinden ist. Jedes Peripheriegerät ist in BIBOS sowie in den Betriebssystemen VTAM (Virtual Telecommunication Access Method) und CICS (Customer Information Control System) in je einer Tabelle mit Namen sowie (außer in VTAM) mit Typ verzeichnet; da die Namen in den einzelnen Programmen differieren, enthalten die Tabellen zusätzlich die entsprechenden Konkordanzen. Ein Kontingent sogenannter "*Auto-Install*"-Nummern, die ad hoc für nicht registrierte Geräte vergeben werden, steht frei zur Verfügung, wobei auch der Gerätetyp automatisch erkannt wird.

Genau betrachtet ist also selbst der Online-Publikumskatalog - heute ein wichtiger Modul von BIBOS - eigentlich ein Nebenprodukt eines Systems, das ursprünglich nur für die bibliotheksinterne Verwendung gedacht war. Vor zehn Jahren waren noch starke Präferenzen für die Beibehaltung des traditionellen Zettelkatalogs und dessen Beschickung mit systemgenerierten Zetteln zu bemerken, nicht zuletzt aus dem damals einleuchtenden Grunde, daß die Ausstattung einer Bibliothek mit Dutzenden Benutzer-Terminals technisch und finanziell nicht vorstellbar war. Aus diesen Gründen ist es nicht unverständlich, daß die Benutzerfreundlichkeit des OPACs etwas vernachlässigt wurde und daher verbesserungsbedürftig erscheint. Dies läßt sich vielleicht in der Bibliothek selbst verschmerzen, da es hier ja die Möglichkeit einer Beratung gibt; externen Benutzern dagegen muß ein selbsterklärender OPAC angeboten werden, wenn man vermeiden will, daß die Frustration beim Umgang mit äußerlichen Komponenten des Systems negativ auf die generelle Akzeptanz des im Kern an sich guten Produkts abfärbt.

Zur Benutzerfreundlichkeit gehört unter anderem auch die *An- und Abmeldung* an und von BIBOS. Für in der Bibliothek selbst aufgestellte Geräte stellen diese Prozeduren - auch wenn langwierig - kein Problem dar: Die Leitung wird täglich in der Früh vor dem Publikumsandrang hergestellt, bleibt den ganzen Tag bestehen und wird am Abend abgeschaltet. Anders die Situation bei externen Benutzern: Sie wollen nur einmal kurz in fünf oder zehn Minuten nachschauen, ob die Bibliothek ein bestimmtes Buch hat, freuen sich zwar vielleicht, daß sie hiezu die Bibliothek nicht mehr selbst physisch aufsuchen müssen (was früher vielleicht eine Stunde gedauert hätte), ärgern sich dann aber, daß die An- und Abmeldeprozeduren je etwa zwei bis drei Minuten dauern. Wird die Komplexität des *Logon* vielleicht noch mit Geduld und Verständnis zur Kenntnis genommen, so nicht mehr jene des *Logoff*. Es ist bewundernswert, welche Phantasie manche Benutzer entwickeln, um das System zu überlisten: Statt mühselig den Cursor in die vorletzte Zeile zu bewegen, um dort "Ende" hineinzuschreiben, drücken sie eine verbotene Taste, worauf eine Fehlermeldung folgt und der Cursor von selbst in die Kommandozeile springt. Benutzer, die sich hier eilig mit dem brutalen Ausstieg in Form eines Warmstarts ihres PCs behelfen, finden es besonders ärgerlich, wenn sie sich danach dennoch manchmal in irgendeinem Niemandsland des Systems wiederfinden, aus dem es trotz Ausprobierens aller Funktionstasten - fast zur Strafe - kein sofortiges Entrinnen gibt. Eine andere rigorose Maßnahme des Systems als Antwort auf ein derartiges

Fehlverhalten ist die Sperre des Paßworts, was an eine beleidigte Diva erinnert, die sich gegenüber einem aufdringlichen Verehrer mit Rosenstrauß vor ihrem x-fach abgesperrtem Boudoir verleugnen läßt.

## III

Wieviele Hürden vor dem ersehnten Eintritt in dieses "Boudoir" zu nehmen sind, sei hier explizit wiedergegeben (in spitze Klammern gesetzte Bezeichnungen entsprechen den genannten Tasten bzw. individuellen Eingaben):

**(a) Zugangsprozedur via INNET/X.25:**

| | |
|---|---|
| Benutzer: | C(onnect) <Enter> <Enter> |
| System: | SERVICE: |
| Benutzer: | IB <Enter> |
| System: | COM |
| | CDCNET ... |
| Benutzer: | <Enter> |
| System: | BIBOS Innsbruck |
| | IBM 9377-90 |
| | ASCII Subsystem |
| | Terminalauswahl |
| | Bitte Terminaltyp eingeben |

(mit PC und Kermit:)

| | |
|---|---|
| Benutzer: | VT102BIB <Enter> |
| weiter bei (c) | |

(mit Terminal:)

| | |
|---|---|
| Benutzer: | <Enter> |
| System: | Liste gültiger Terminaltypen |
| Benutzer: | <Terminaltyp> <Enter> |
| weiter bei (c) | |

**(b) Zugangsprozedur via INNET/E:**

| | |
|---|---|
| System: | BIBOS-Logo |
| Benutzer: | <Enter> |
| weiter bei (c) | |

**(c) Aufruf des Online-Katalogs:**

| | | |
|---|---|---|
| System: | BIBOSIBK (L) | (Lokales BIBOS (OPAC)) |
| | ... | |
| | EXIT (X) | (Verbindung beenden) |
| Benutzer: | L <Enter> | |

| | |
|---|---|
| System: | BIBOS-Logo<br>Name:<br>Bibliothek:<br>Passwort: |
| Benutzer: | <Name> (kein <Enter>!) |
| System: | Cursor springt in nächste Zeile (Bibliothek:) |
| Benutzer: | UBI <Tabulatortaste> (kein <Enter>!) |
| System: | Cursor springt in nächste Zeile (Passwort:) |
| Benutzer: | <Passwort> <Enter> |
| System: | Auswahlmenü |
| Benutzer: | PUBL <Enter><br>(alle anderen Optionen gesperrt!) |
| System: | BIBOS-Suchmaske: |

```
BIBOS <Datum,Uhrzeit>          Suche genutzte Titel          Bibliothek UBI

 Autor(en)/Herausgeber


 Titel



 Reihen-/Zeitschr.titel


 Verlag/Ort
 ISBN/ISSN              Kennummer
 Erscheinungsjahr     bis      Datenträger        Erscheinungsform
 Sachgruppe
 Sacherschließung

 Notation u. Klassifik.
 Standort          /
 Signatur

<Zeile für BIBOS-Meldungen>
<Kommandofeld>           DFG=Suche;PF4=Neue Suche;PF5=Letzte Suche
<Zeile für Systemmeldungen>
```

Die Suche im Katalog erfolgt dann durch Ausfüllen der Maske, wobei der Cursor, wenn er nicht schon im gewünschten Feld steht, mit den Tabulator- oder Pfeiltasten dorthin bewegt werden muß. Dabei kann es vorkommen, daß der Cursor in den nicht beschreibbaren Teil der Suchmaske gelangt und alle weiteren Eingaben ignoriert werden. Wenn man nicht weiß, daß die Tabulatortaste den Cursor wieder in den beschreibbaren Teil zurückbringt, ist man rettungslos verloren.

Wünschenswert wäre ein einheitlicher Name und ein einheitliches Paßwort mit Mehrfachzugriffsberechtigung für alle externen Benutzer, die womöglich einfach als Defaultwert bei Betätigung der Enter-Taste einzusteuern wären. Da jedoch die oben erwähnten restriktiven Reaktionen des Systems auf Fehlbedienungen leider nicht selten sind, ja sogar die Regel darzustellen scheinen, hat sich die Universitätsbibliothek Innsbruck entschlossen, Name und Paßwort jeweils institutsweise zu vergeben, sodaß bei Störungen nur das betreffende Institut, nicht aber die Gesamtheit der externen Benutzer betroffen ist. Mittels eines Anrufs beim Masteruser kann die Sperre des Paßworts wieder aufgehoben werden.

Unter Kermit besteht zwar prinzipiell die Möglichkeit der Definition von Makros, die mehrere Kommandos zusammenzufassen gestatten und die damit eine vereinfachte Zugriffsprozedur ermöglichen würden. Leider ist eine Verwendung solcher Makros nicht praktikabel, da das System den Benutzer nach Ausstieg und Wiederanwahl nicht immer konstant aufsetzt, sondern - sozusagen in einem vorauseilenden, aber irrtümlichen Entgegenkommen - dort, wo er das System zuletzt verlassen hat.

Bei Zugang über das X.25-Netz zeigen sich außerdem einige netzbedingte Eigentümlichkeiten: Wegen des sogenannten "*Remote Echo*" gibt es eine Totzeit zwischen der Betätigung einer Taste und der Reaktion auf dem Bildschirm, was sich weniger beim Eintippen eines Suchbegriffs, dagegen insbesondere beim Bewegen des Cursors über mehrere Zeilen ins gewünschte Feld sehr hinderlich auswirkt. Ungeduldige Benutzer, die via Direktleitung gewohnt sind, etwa die "Pfeil-nach-unten-Taste" zehnmal schnell hintereinander zu drücken, kämpfen via X.25 mit einem trägen Cursor, der nie auf Anhieb in die gewünschte Zeile zu dirigieren ist.

Hinzu kommt die Gefahr des "*Timeout*", einer an sich sinnvollen, auf jedem PAD individuell einzustellenden Einrichtung, die untätige Benutzer nach einer gewissen Zeit hinauswirft. Einem externen Benutzer, dessen Recherche in BIBOS etwa durch ein Telefonat gestört wird, kann es passieren, daß er beim Versuch der Wiederaufnahme der Recherche das Abhandengekommensein der Leitung und womöglich - noch schlimmer - die Sperre seines Paßworts zur Kenntnis nehmen muß. Nun kann zwar am PAD ein längeres Timeout eingestellt werden, wodurch aber die Gefahr steigt, daß andere Benutzer desselben PADs auch bei längerer Inaktivität die Leitung blockieren.

## IV

Wie einfach der Aufruf eines Online-Katalogs sein kann, zeigt das folgende Protokoll des Zugriffs auf den OPAC der Cambridge University Library, der im britischen JANET (Joint Academic Network) via Datex-P zugänglich ist. Inklusive Aufruf der Telekommunikationssoftware (hier: Dialoglink), in der die Adressen abgespeichert und per

Knopfdruck abgerufen werden können, dauert diese Prozedur etwa 10 (zehn!) Sekunden (Benutzereingaben unterstrichen, in eckigen Klammern Kommentar):

023421920010069 [Datex-P-Nummer von JANET]

COM
Please enter your authorisation and address required in form:
(user,password).address
> .00000801006079 [Adresse der Cambridge University Library]
[username und password wurden als Defaultwert vom System eingesteuert]
Call connected to remote address

Cambridge University Library catalogue (UK.AC.CAM.UL)

If your terminal is DEC VT100 compatible, type Y and press RETURN, or just press RETURN if not: <Return>

[Hier wird offensichtlich der Terminaltyp vom System automatisch erkannt!]

CATS14 -- version of 12FEB91
Table of file names read. Entries = 11
Files available are CAT DEP SER BIR AXS MAX MUS LIB IPF NAF GBC

*************************************************************************************
** CAMBRIDGE UNIVERSITY ON-LINE CATALOGUE SYSTEM **
** **
** Please report any problems you may experience to either: **
** Sam Motherwell (Automation) [WDSM@UK.AC.CAM.ULA] **
** or: Hugh Taylor (Cataloguing) [HT@UK.AC.CAM.ULA] **
*************************************************************************************

| FILE | RECORDS |
|---|---|
| University Library post-1977 imprints | ca. 620,000 |
| University Library pre-1978 borrowable books | ca. 570,000 |
| Union Catalogue of Departmental & College Libraries | 468,224 |
| Cambridge Union List of Serials | ca. 103,000 |

Press RETURN to continue : <Return>

CAMBRIDGE UNIVERSITY LIBRARY ON-LINE CATALOGUE SYSTEM:

1. University Library Main Building - catalogue of post-1977 imprints
2. University Library Main Building - title index of pre-1978 borrowable books
3. Union Catalogue of Departmental & College Libraries

4. Cambridge Union List of Serials
5. Cambridge Libraries Directory (including abbreviations)
Type END to finish searching.
Type option (1,2,...) and press RETURN : end
X29CATS1 logged out at 11-FEB-1991 13:40:54.48

CLR PAD

INNET DATENNETZ DER UNI INNSBRUCK SUBZ PAD 2 PORT:17

Die Suche in allen über JANET zugänglichen britischen OPACs geht im *Line Mode* vor sich, d.h. die Bildschirminhalte werden nicht gelöscht, sondern können bei Verwendung einer Telekommunikationssoftware mit Buffer durch Zurück- und Vorwärtsblättern jederzeit wieder aufgesucht werden. Der Cursor steht ohne Ausnahme jedesmal im Eingabefeld, braucht also nie bewegt werden. Für keinen dieser von vielen verschiedenen Systembetreibern stammenden Online-Kataloge wird eine systemspezifische Software benötigt.

V

Die oben erwähnten bzw. noch mehr die künftig zu erwartenden Schwierigkeiten beim externen Zugriff werden die BIBOS-Systembetreiber zu beträchtlichen Änderungen zwingen, nämlich kurz- bis mittelfristig

(1) zu einer Vereinfachung des Verbindungsaufbaus,
(2) zur Abkehr vom Prinzip der fixen Zuordnung Gerät-Leitung,
(3) zu einer qualitativen Verbesserung der Suchmöglichkeiten mit selbsterklärender Benutzerführung, sowie längerfristig
(4) zu einer emulationsunabhängigen OPAC-Version.

Ein ausführliches Konzept für die Neugestaltung des BIBOS-OPACs wurde von einer im Herbst 1987 vom Bundesministerium für Wissenschaft und Forschung eingesetzten OPAC-Arbeitsgruppe erarbeitet und liegt seit 1988 vor.

*Anmerkungen*

(1) Vgl. *Neuböck, Inge/ Vass, Josef* [Hrsg.]: 10 Jahre BIBOS. Festschrift. Wien: Pichler 1990.
(2) Protokoll der 12. Sitzung der BIBOS-Anwender, Wien, 11.1.1990.
(3) *Hauffe, Heinz* (unter Mitwirkung von *G. Auer, E. Bertha, O. Oberhauser, G. Olensky, S. Reinitzer, B. Schubert, K. F. Stock, R. Würzl*): Ein OPAC-Konzept für die wissenschaftlichen Bibliotheken Österreichs. In: ABI-Technik 8 (1988), Nr. 3, S. 209-222.

## BIBLIOTHEKARISCHE TEAMARBEIT UND EDV-EINSATZ

### Von Josef Vass

Wahrscheinlich funktioniert eine Gesellschaft dann am besten, wenn ihre inneren Widersprüche auf ein möglichst geringes Maß beschränkt sind. Vermutlich muß die Arbeitsorganisation ganz allgemein mit den übrigen gesellschaftlichen Bedingungen übereinstimmen und, wo das nicht der Fall ist, mit denselben möglichst harmonisiert werden. Dementsprechend muß auch die Organisationstheorie vor dem Hintergrund der technologisch-industriellen Entwicklung, dem gesellschaftlichen Bedingungsrahmen und dem "zeitgemäßen Menschenbild" gesehen werden. Man kann und darf von den Staatsbürgern nicht erwarten, daß sie im politischen oder privaten Verhalten Demokratiereife an den Tag legen und gleichzeitig akzeptieren, daß sie sich in ihrer Arbeitswelt autoritären, hierarchischen Strukturen vergangener Epochen gegenübergestellt bzw. unterstellt finden. Es ist daher u.a. die Aufgabe von leitenden Mitarbeiter/innen sich über diese Zusammenhänge Kenntnis zu verschaffen und für adäquate Arbeitsorganisation zu sorgen. In diesem Zusammenhang ist der EDV-Einsatz in Bibliotheken ein besonders gravierender Fall, bei dem die Vernachlässigung der Arbeitsorganisationsfrage die Gefahr heraufbeschwört, eine lange Verzögerung oder gar ein Scheitern eines beabsichtigten EDV-Einsatzes mindestens mitzuverschulden.

Ein kursorischer Blick auf die Geschichte der Organisationstheorie zeigt uns, daß technischer Fortschritt, Arbeitsmittel und Arbeitsformen im Zusammenwirken mit dem menschlichen Leben einander wechselseitig bedingen. Es ist daher einzusehen, daß die Bibliotheksautomation, die Fortschritte der Informationstheorie, das Anwachsen der Literatur, ein veränderter Informationsanspruch der Benützer etc. das berufliche Bewußtsein der Bibliothekare/innen verändert, und daß diese Veränderung ihrerseits eine Anpassung der Bibliotheksstrukturen - und mit diesen eine Anpassung der Arbeitsorganisation an die neuen Gegebenheiten erfordert.

Obgleich sich in der Organisationswissenschaft wie in jeder anderen Wissenschaft widersprüchliche Auffassungen finden (lassen), können in ihr bestimmte, allen Theorien gemeinsame Tendenzen ausgemacht werden. Diese Tendenzen sind in erster Linie vom Wandel des Menschenbildes beeinflußt. So hat etwa um 1910 eine "zweckorientierte" Vorstellung von Organisationsstrukturen geherrscht (Taylor, Fayrol, Max Weber), nach der dem arbeitenden Menschen und seinen Bedürfnissen eine untergeordnete Rolle als mechanistischer Arbeitsträger zugemessen wurde. In den 30er Jahren wurde diese Auffassung von der Human-Relation-Ideologie abgelöst. Ihre wichtigsten Vertreter, Maslow und Herzberg, gingen vom Menschen und seinen Bedürfnissen als Mittelpunkt einer Organisation aus. Motivation, Gruppendynamik und Organisationspsychologie beherrschten die einschlägige Forschung.

In weiterer Folge wurde die starke Betonung der sozialen Komponente wieder zurückgedrängt und hat einer ausgeglichenen Auffassung von Humanität, komplexem Umweltverständnis etc. Platz gemacht. Der Mensch wird als Entscheidungsträger mit Drang zu

Eigenverantwortung und als Mitwirkender an Entscheidungsprozessen in seiner Arbeitsumgebung gesehen. Grob gesprochen entspricht dem die Arbeitsorganisationsform des *Teams* am besten, des Teams in Gegenüberstellung zu hierarchischen, monokratischen Organisationsformen, wie sie uns allen bekannt sind. Es gibt zahlreiche *Definitionen des Teams*. Nach Jakob (Jakob, Helmut: Unternehmensorganisation ... Stuttgart 1980): "*Im weiteren Sinn umfaßt das Teamkonzept jede Form organisierter Gruppenarbeit, wobei als konstitutive Merkmale der Gruppe gemeinsame Gruppenziele, Gefühl der Gruppenzusammengehörigkeit, Gruppennormen und eine bestimmte Rollen- und Kommunikationsstruktur anzusehen sind.*" Von dieser sehr allgemeinen Definition können wir im folgenden ausgehen, weil sie einen Spielraum zuläßt, den die Definition des "reinen Teams" für die Bibliotheksorganisation nicht erlauben würde (Gleichrangigkeit, Führungslosigkeit [disziplinarisch]).

Dagegen treffen zwei Merkmale des "reinen Teams", z.B. in der Sozialwissenschaftlichen Studienbibliothek der Arbeiterkammer Wien, zu.

- Jedem Teammitglied steht die gesamte Information offen, die Entscheidungsvorbereitung steht in der Verantwortung jedes einzelnen.
- Alle aufgabenrelevanten und problemorientierten Fragen werden *gemeinsam diskutiert.*

Nach Jakob gibt es die Teamstruktur

- anstelle der Hierarchie
- außerhalb der Hierarchie und
- innerhalb der Hierarchie

Für Bibliotheken als Teile von Verwaltungseinrichtungen trifft, soferne die Teamorganisation für sie gewählt wird, der Status "Teamstruktur innerhalb der Hierarchie" zu.

Als ab 1980 die Sozialwissenschaftliche Studienbibliothek reformiert wurde, ist es im Zuge des EDV-Einsatzes nahegelegen, auch die Arbeitsorganisation umzugestalten. In der Phase der Konzipierung des EDV-Einsatzes und der dafür erforderlichen Systemanalyse wurden die Mitarbeiter/innen aller Arbeitsbereiche ebenso eng miteingebunden, wie bei den ersten Versuchen, mit einem Bildschirm zu arbeiten.

Damit kamen für uns damals überraschend stark motivierende Kommunikationsprozesse in Gang, die davor nicht üblich waren, und es erfolgte, am Anfang allen Beteiligten kaum bewußt, eine Annäherung an Kategorien, die Teile der Definition des Teams bilden. Als dann das System ausgebaut wurde, nahm auch die Kompetenz der Mitarbeiter/innen in den verschiedenen Bereichen ständig zu, der durch eine entsprechende Arbeitsorganisation und durch verändertes Führungsverhalten der Bibliotheksleitung Rechnung zu tragen war. Dabei war für den Bibliotheksleiter das bereitwillige "Selber-wieder-mitlernen" und auch Mitleiden sicher überzeugender, als es noch so schöne Worte gewesen wären. Für die neuen Gegebenheiten erschien die Teamorganisation als logisch und angemessen. Der Übergang vom gewohnten hierarchischen zu einem kooperativen Modell war und ist teilweise noch immer nicht ganz problemlos und niemals rasch zu bewältigen. Es erfordert von allen Beteiligten einen teilweise unangenehmen Lernprozeß. Dabei sind an die Leiterpersönlichkeit beträchtliche Anforderungen gestellt. Wichtig zu beachten ist dabei:

- den Übergang vom hierarchischen zum emanzipatorischen Kommunikationsmodell zu bewältigen
- der jeweiligen Situation angepaßt, noch hierarchische oder schon teammäßige Problemlösungen zu finden
- den Begriff Autorität im Teammodell neu zu definieren und handzuhaben
- ausgehend von Symptomen, Probleme innerhalb des Teams aufzuspüren und freizulegen
- Widersprüche aufzulösen, die sich der Situation einer teammäßig arbeitenden Bibliothek in einer hierarchisch strukturierten Verwaltungsorganisationsumgebung herleiten
- bzw. unauflösliche Widersprüche in dieser Lage - sie überwiegen - zu akzeptieren und in der rechten Weise handzuhaben.

Die Teamorganisation ist eine anspruchsvolle Organisationsform, besonders auch was die Anforderungen an die Persönlichkeit eines Teammitglieds betrifft. Sie erfordert eine spezielle *Teamfähigkeit*, die von hierarchiegewohnten Mitarbeiter/innen gelernt werden muß. Die Preisgabe von Rangebenen zugunsten einer Gleichordnung im Hinblick auf die gemeinsame Aufgabe verlangt starke Selbstdisziplin. Die gemeinsame Entscheidungsfindung muß von konstruktiver Kritikfähigkeit, Konfliktfähigkeit, Artikulationsfähigkeit, Kreativität, hoher fachlicher Qualifikation und von der Bereitschaft, mehrheitlich erarbeitete Entscheidungen - auch gegen eigene Überzeugungen - mitzutragen, begleitet und getragen sein. Die Entscheidungsfindung auf dieser Basis erfordert *häufige Besprechungen* und Diskussionen, die sehr zeitaufwendig sein können. In der Sozialwissenschaftlichen Studienbibliothek werden deshalb mit Zustimmung des gesamten Teams für Detailprobleme *Subteams* gebildet; deren Arbeitsergebnisse werden in Besprechungen dem gesamten Team vorgestellt und entschieden.

Dennoch - unter den derzeit gegebenen Bedingungen ist eine weitgehende Teamform noch schwer verwirklichbar. Zu inhomogen von allen Voraussetzungen her sind MitarbeiterInnen, Aufgabenstellungen und Organisationsstrukturen der Bibliotheksumgebung (was sich z.B. auch in der Besoldung ausdrückt). Es ist unerläßlich, für die einzelnen Teile der Bibliotheksarbeit besondere Verantwortlichkeiten zu konstituieren.

Was aber, besonders im Zusammenhang mit dem EDV-Einsatz in Bibliotheken, gesagt werden kann, ist, daß der Einbau von möglichst vielen Teamelementen sehr vorteilhaft ist. Großes Gewicht kommt den Aus- und Fortbildungsmaßnahmen zu, deren Ziel es sein sollte, das Fachwissen zu heben, die Fähigkeit im sozialen Umgang miteinander und damit auch die Umsetzungsmöglichkeit der Arbeitsinhalte zu verbessern, die Persönlichkeit weiterzuentwickeln, das persönliche Wohlbefinden zu heben und damit die Integration von Arbeitsinhalten und Bedürfnissen der Mitarbeiter/innen zum Nutzen der Bibliothek, ihren Benützern und Mitarbeiter/innen zu erreichen.

All dies verlangt von allen Beteiligten ein hohes Maß an Lernbereitschaft - und deshalb sei an den Schluß unserer Betrachtung ein Wort von Brecht gestellt, das zu beherzigen angesichts der Umbruchsituation, in der sich unser Beruf befindet, uns allen wohl ansteht:

Lernt lernen - und verlernt es nie.

*Wichtigste verwendete Literatur:*


Riedel, Susanne: Lust und Frust neuer Arbeitsformen. Hannover 1990 (Laurentius: SH; 1989/90)

Die neue Bibliothek: Festschrift für Harro Heim... München 1984


## ENTLEHNUNG BIBOS 3 AUS DER SICHT DER UB WIEN

### Von Nora Haas

Das Thema meines Kurzreferates deutet bereits auf eine subjektive Abhandlung hin und es möge niemand, der sich vielleicht persönlich angesprochen fühlt, darüber böse sein. Gesunde Kritik und ehrliche Worte unter geschätzten Kollegen sollten nicht negativ aufgefaßt werden, sondern zu Lösungsvorschlägen und mehr Verständnis führen.

BIBOS 3, das österreichische Bibliothekssystem der Zukunft, war für uns alle von Anfang an, und das muß auch einmal offen und ehrlich gesagt werden, leider nicht das, was uns von der Ausschreibung her versprochen wurde. Sowohl das Geschäftsgangmodul als auch das Katalogisierungsmodul mußte mühevoll auf unsere Bedürfnisse zugeschnitten, besser gesagt erst erarbeitet werden. Wir erkannten, daß es sich bei BIBOS keineswegs um ein Standardprodukt handelt, das man sofort einsetzen kann. Wir standen nun vor der Tatsache, daß das Entlehnmodul neu programmiert werden mußte, um allen Anforderungen gerecht werden zu können. Es wurde eine Arbeitsgruppe ins Leben gerufen, die ein Pflichtenheft als Grundlage für das von der EDV-Ges.m.b.H. zu erarbeitende Programm erstellen sollte. Diese Arbeitsgruppe trat in den letzten 2 Jahren in regelmäßigen Abständen zu intensiven Sitzungen zusammen. Wir alle waren uns des Arbeitspensums bewußt und bestrebt, den uns vorgelegten Zeitplan einzuhalten. Engagierte Mitarbeit mußte vom Team aufgebracht werden, um den größten gemeinsamen Nenner für konkret benötigte Funktionen zu finden, um so allen angeschlossenen Bibliotheken die Teilnahme am Verbund zu ermöglichen. Die EDV-Ges.m.b.H. hat dankenswerterweise für jede Sitzung ein Arbeitspapier vorbereitet. Diese Arbeitspapiere als Zusammenfassungen der Ergebnisse unserer Sitzungen wurden solange überarbeitet, bis wir der Meinung waren, daß keine Verbesserungen mehr notwendig waren, oder bis uns von der EDV-Ges.m.b.H. Grenzen gesetzt wurden, die nicht immer ganz zu verstehen waren, zumal es sich um "Budgetrahmens-Grenzen" gehandelt haben soll. Der "Fachjargon", wenn man so sagen will, dieser Arbeitsunterlagen hat uns anfänglich beinahe etwas überfordert. Wir alle sind zuversichtlich, daß wir mit all unseren Bemühungen nichts vergessen haben und uns keine Mißverständnisse verborgen geblieben sind.

Ob BIBOS 3 für die Entlehnung unseren Erwartungen Stand halten können wird, wird erst der Probebetrieb beweisen. Erst die Praxis wird zeigen, ob all das auch funktionieren wird, was in der Theorie praktikabel schien. Auf dem Papier sieht es recht gut aus, jedoch ein noch so einfühlsames Umsetzen in die zukünftige Praxis kann Trugschlüssen unterliegen. Zweckpessimismus ist immer noch angebracht und so sehen wir gespannt und voller Erwartungen dem Probebetrieb entgegen.

Es wäre eine Tragödie für die UB Wien, sollte es Probleme bei der Übernahme der GRIBS-Daten geben, angefangen von den ca. 21.000 Leserstammdaten, den zigtausenden Spiegelaufnahmen bis hin zu den Sonderstandorten. Bei ca. 2.500 Bestellzetteln pro Tag wäre z.B. ein ungeordneter Bestellzettelausdruck unvorstellbar, ebenso ist die EDV-Übernahme der Hörerevidenz aus der Studienabteilung der Universität noch unsicher.

Systemabstürze und zu lange Antwortzeiten, wie sie derzeit beim Geschäftsgang und der Katalogisierung zu beobachten sind, werden - sollte dies dann auch bei der Entlehnung der Fall sein - nicht gerade den Eindruck eines funktionsfähigen Systems erwecken. Zu diesen vom System möglicherweise zu erwartenden Belastungen des Entlehnpersonals, eines durchwegs nicht bibliothekarisch ausgebildeten Personals, das sich gerade mit Ach und Weh mit GRIBS angefreundet hat, kommen dann noch die Umstellungsschwierigkeiten auf das neue System. Meines Erachtens darf man auf keinen Fall die menschlichen Aspekte vergessen.

Eine ausführliche und intensive Schulung gerade dieses Personals wird ausschlaggebend sein, ob die Entlehnverbuchung ein Erfolg wird oder keiner. Denn nur ein geschultes Personal ist ein gutes Personal. Dieses soll sich in jeder Situation zu helfen wissen, möglicherweise anfängliche Pannen auch überbrücken können und so für die Qualität eines Systems bürgen können. Schließlich sind die Entlehnbereiche einer Bibliothek ihr Aushängeschild und stehen für die Qualität des Benützungsbereiches der ganzen Bibliothek.

So galt mein Bestreben während all dieser Sitzungen den Entlehn-Bedürfnissen der größten österreichischen Bibliothek, und ich stieß dabei hin und wieder auf das Unverständnis der mitarbeitenden Kollegen aus kleineren Bibliotheken, denn was für eine kleinere Bibliothek möglicherweise zu vernachlässigen ist, kann für eine Großbibliothek schwerwiegende Folgen haben. In den meisten Fällen konnte durch Hartnäckigkeit und Betonung der Wichtigkeit für die UB Wien eine Lösung gefunden werden.

Als großes Problem für die UB Wien wird sich noch das Problem der Beschaffung von Arbeitseinheiten, d.i. die Gesamteinheit von Terminal, Drucker und Lesestift herausstellen. Um den Betrieb in der Entlehnabteilung und Lehrbuchsammlung gewährleisten zu können, müßten die derzeit sieben in Verwendung befindlichen CIT, FT10 und HP's durch neue Geräte ersetzt werden. Reservegeräte für alle insgesamt vorhandenen, wie dies die EDV-Ges.m.b.H. als Selbstverständlichkeit voraussetzt, sind hier noch nicht erwähnt. Weitere Bereiche anzuschließen, z.B. Fernleihe und Sonderleseraum, ist wegen der Auslastung der Leitung derzeit nicht möglich.

Abschließend sei noch allen, die am Zustandekommen des neuen Entlehnmoduls mitgewirkt haben, herzlichst gedankt. Unser spezieller Dank gilt der Planungsstelle, allen voran Herrn Dr. Bancsich, der als Vermittler zwischen den verschiedenen Interessengruppen einen wichtigen Teil dazu beigetragen hat. Wir alle, die einmal mit BIBOS 3 arbeiten werden, wünschen uns nur ein: BIBOS 3 möge in seiner Verwendungsfähigkeit nicht schlechter sein als z.B. GRIBS, an dem wir alle mit der Zeit seine Klarheit und Schlichtheit zu schätzen gelernt haben.

Ich glaube, es ist an der Zeit, daß wir uns alle, die wir mit diesem System arbeiten werden müssen, eine gehörige Portion Optimismus zulegen, so nach dem Motto, ein Optimist bewältigt die ihm gestellten Probleme rascher und besser. In hoc sensu: Ich bin optimistisch, daß die Umschulung aller Mitarbeiter von GRIBS auf BIBOS 3 funktionieren wird. Jeder Bibliothekar ist lernfähig. Oder?

## Datenkonversion der bibliographischen Daten der Universitätsbibliothek der Technischen Universität Wien

**Von Alexander Nevyjel, Josef Wawrosch, Karl Stebegg und Barbara Haslinger**

Seit nunmehr 12 Jahren werden an der Universitätsbibliothek der Technischen Universität Wien die Neuzugänge der Hauptbibliothek mit EDV erfaßt. In dieser langen EDV-Geschichte ist BIBOS bereits das dritte EDV-System, das an der ho. Bibliothek eingesetzt wird. Eine große Anzahl von Datensätzen wurde schon in den ersten zwei Systemen produziert, maschinlesbar gespeichert und für eine weitere Wiederverwendung archiviert. Die ersten Voraussetzungen für einen EDV-Einsatz wurden schon im Jahre 1977 geschaffen. Damals bot der Bibliotheksdirektor der TU Graz die Programme des do. Inventarisierungssystems dem Bibliotheksdirektor der TU Wien an. Letzterer nahm das Angebot gerne an.

Am 16. Oktober 1978 wurde begonnen, den Großteil der Neuzugänge offline am EDV-Terminal zu erfassen, auf Magnetbandkassetten abzuspeichern und am Rechenzentrum der TU weiterzuverarbeiten. An diesem Tag wurde das händisch geführte Inventar abgebrochen. Es wird seither als EDV-Ausdruck weitergeführt. Das erste System stand insgesamt sechs Jahre und zweieinhalb Monate im Einsatz. In dieser Zeit wurden über 26.000 Datensätze erfaßt und auf Magnetbändern gespeichert. Sie warten nun auf ihre Wiederverwendung im BIBOS. Im Rahmen des Bibliotheksnetzplanes wurde Ende 1982 auch für die TU-Bibliothek ein eigener Rechner der Firma Bull angekauft. Die Planungsstelle für wissenschaftliches Bibliothekswesen entwickelte die Programme für das sogenannte Geschäftsgangssystem. Damit wurde die Offline-Inventarisierung durch ein Online-System ersetzt. Es wurde am 7. Jänner 1985 in Betrieb genommen. Man konnte damit die Inventarisierung, den Katalogkartendruck, die Erstellung der Zugangsstatistik und den Ausdruck verschiedener Neuerwerbungslisten durchführen. In diesem System wurden über 31.000 Bände (bzw. über 37.000 Datensätze) erfaßt. Obwohl derzeit für alle Neuzugänge bereits BIBOS verwendet wird, muß das alte System auf dem Bull-Rechner noch immer für Auskunftszwecke herangezogen werden.

Das wohl einschneidenste Ereignis der jüngeren Bibliotheksgeschichte war die Übersiedlung der Hauptbibliothek in das neue Gebäude im Jahre 1987. Die alte Magazinaufstellung der Bücher wurde in eine neue Freihandbibliothek umgewandelt. Mitte Juni 1985 wurde die Systematik der TU-München für die Freihandaufstellung im Neubau ausgewählt und modifiziert. Ab 2. Oktober 1985 wurden die neuen systematischen Notationen bei den Neuzugängen vergeben und im Online-System am Bull-Rechner erfaßt. Gleichzeitig wurde mit der Umarbeitung der alten Magazinsbestände für die Freihandaufstellung begonnen. Für jedes Buch wurde ein eigenes EDV-Erfassungsformular angelegt. Da die Umarbeitung noch nicht abgeschlossen ist, werden noch weiterhin Erfassungsbelege angefertigt. Inzwischen wurden bereits ca. 24.000 Formulare ausgefüllt. Diese warten, in 80 Ordnern abgelegt, auf ihre EDV-Erfassung. Von den bisher angeführten Datenbeständen sind die am Bull-Rechner erfaßten Datensätze von größter Bedeutung, da sie die neuesten Zugänge betreffen. Daher wurde besonderes Augenmerk darauf gelegt, diese Daten automatisch in das System BIBOS zu übernehmen. Zur Durchführung dieser Datenkonversion wurde vom Bundesministerium für Wissenschaft und Forschung ein Forschungsauftrag an das Österreichische Forschungszentrum Seibersdorf (ÖFZS) vergeben.

Ab Mitte November 1989 wurden in rasch aufeinanderfolgenden Projektbesprechungen zwischen UBTU Wien, EDV-Ges.m.b.H, NB-Planungsstelle und dem ÖFZS die von der NB-Planungsstelle zur Verfügung gestellten Daten analysiert und der Umsetzungsalgorithmus in die BIBOS-Struktur ausgearbeitet. Basierend auf den Ergebnissen der einzelnen Projektbesprechungen wurde schrittweise ein Programm am Rechenzentrum des ÖFZS entwickelt, das die Datentransformation vornimmt. Um auch die Geschäftsgangsdaten (Signatur, Notation, Systematik, etc.) übernehmen zu können, mußte das Datenimportprogramm von BIBOS erweitert und eine Datenstruktur (analog MAB) vorgegeben werden.

Die von der NB-Planungsstelle zur Verfügung gestellten Daten sind nicht in einem der vorgeschlagenen Austauschformate übergeben worden, sondern als 1:1-Bandabzug der Plattendateien der BULL-Anlage, drei Dateien davon ergänzt um eine binäre Recordnummer. D.h. die zu einer Buchnummer gehörenden Daten waren nicht in einem oder mehreren, aufeinanderfolgenden Sätzen (wie es den einschlägigen Normen für Datenaustausch entspricht) vorhanden, sondern über eine Vielzahl von Einzeldateien verstreut. Es mußte daher zunächst ein Programm entwickelt werden, das die Logik des BULL-Systems nachvollzieht und alle zu einer Buchnummer bzw. NC gehörenden Daten aus den verschiedenen Dateien zusammensucht.

Aus dem so gefundenen Datenmaterial je Buchnummer wurden durch Eliminieren der Zeilentrennungen, Eliminieren des Sperrdruckes und Umsetzung der Umlaute zusammenhängende Textketten erzeugt, die den BULL-Feldern ISBN/ISSN, Titel, Ordnungswort, Systematik und Standortbezeichnung entsprechen. Aus diesen Feldern sowie aus den Sätzen der Spiegel-Datei wurden nach den in den Projektbesprechungen festgelegten Regeln die Textteile Autor, Titel, Kurztitel, Kollation, Band, Dissertationshinweise, ISBN/ISSN, Systematik und Ordnungswort extrahiert und gemäß der von BIBOS vorgegebenen Logik abhängig vom Dokumenttyp den BIBOS-Kategorien zugeordnet. Die Inhalte der festen Felder (bibliotheks- und exemplarspezifische Daten) werden teils mit Standardwerten, teils mit logikabhängigen Konstanten, teils mit Daten aus dem BULL-System belegt. Für die Felder Entlehnstatus, Standortnummer, Sonderstandort, Hauptsignaturgruppe, ISBN, Land, Sprache und Erscheinungsform wurden von TU-Bibliothek und NB-Planungsstelle vorgegebene Konkordanzlisten und/oder Entscheidungstabellen einprogrammiert.

Die von der NB-Planungsstelle zur Verfügung gestellten Daten wurden zunächst vom Band auf die Platten des ÖFZS-Rechenzentrums als sequentielle Dateien geladen. Diese Dateien wurden mittels FDL-Utilities in ISAM-Dateien umgewandelt, sodaß ein direkter Zugriff möglich ist. Das Transformationsprogramm erzeugt daraus für jede aufgerufene Buchnummer eine Prüfliste. Die Daten werden in dem von der EDV-Ges.m.b.H. vorgegebenen Format zu je einem Satz zusammengefügt, von ASCII in EBCDIC konvertiert und auf jenes Band geschrieben, das in BIBOS geladen werden soll. Die Prüflisten wurden der TU-Bibliothek und der EDV-Ges.m.b.H. zur Kontrolle vorgelegt.

Nach Abschluß umfangreicher und gestaffelter Tests der konvertierten Daten wurden diese erfolgreich im Sommer 1990 im Test-BIBOS am Rechenzentrum der Universität Wien geladen und stehen für ein Laden im Echtsystem BIBOS bereit.

## Katalogkonvertierung im Bibliothekswesen der Bundesrepublik und der DDR - Innovationsschwerpunkte im Bereich Olms Neue Medien

**Von Eberhard Mertens**

Wenn ich zu diesem Thema heute zu Ihnen spreche, so gehen wir davon aus, daß in vier Wochen die Differenzierung zwischen BRD und DDR erfreulicherweise aufgehoben sein wird. Die Bedeutung der Projekte wird dadurch nicht eingeschränkt, sondern noch dringlicher und aktueller. Die abgerissenen Verbindungen auch im Bibliothekswesen - nunmehr auf die neuen Medien aufbauend - wiederherzustellen, gibt dem deutschen Bibliothekswesen natürlich eine besondere Chance.

Wenn ich als Verleger zu Ihnen spreche, so darf ich das sicher auch aus der grundsätzlich guten Erfahrung der Vergangenheit heraus und betonen, daß es zwischen dem Bibliothekswesen und den Wissenschaftsverlagen immer eine gute Interaktion gab und daß die

Innovationen und die Schübe zur Modernisierung sowohl von den Verlagen wie auch von den Bibliotheken kamen und gegenseitig aufgenommen werden konnten. Gerade hier in Österreich vor Ihnen zu sprechen, bedeutet, auch ein wenig an den Anfang dieser Entwicklung in bezug auf das Bibliotheksinformationssystem zurückzuschauen, eine Rückschau, die mir kurz erlaubt sein mag.

Wie Sie wissen, haben wir in den 70er Jahren in guter Zusammenarbeit mit der Firma Mikroform Austria und der Mikrographieabteilung der Österreichischen Nationalbibliothek die ersten Überlegungen zur Verfilmung des Kataloges der ÖNB angestellt. Bis dahin gab es diesen Stil der Katalogverfilmung in Europa noch nicht. Wir mußten hier absolutes Neuland betreten. Hier hat sich die Dreier-Kooperation zwischen Bibliothek, Servicebetrieb und Verlag hervorragend ausgewirkt. Der mikroverfilmte ÖNB-Katalog ist einer der am meisten verbreiteten Mikroformkataloge auf dieser Erde. Diesem Musterbeispiel des ÖNB-Kataloges folgten viele Kataloge. Ich möchte sie hier gar nicht alle aufzählen. Heute kann ich Ihnen z.B. mitteilen, daß wir soeben den Katalog der Universitätsbibliothek Breslau beendet haben, ebenfalls eine Mikroedition mit hochinteressanten Katalogisaten, die hier vor allen Dingen auch die deutschsprachige Literaturtradition, die auch noch von den polnischen Kollegen hervorragend gepflegt wird, dokumentiert. Übrigens möchte ich in diesem Zusammenhang betonen und festhalten: die Mikroverfilmung eines Kataloges ist auch heute noch die schnellste und preiswerteste Form einer Konvertierung in ein anderes Medium; als Beispiel, das hier sozusagen vor der Haustür liegt, kann ich den Katalog der Zentralbibliothek Zürich nennen. Dieser Katalog mit 2,2 Mio Katalogisaten wurde in knapp zwei Monaten verfilmt.

Aber nach den Mikrofiche-Katalogen geht nun die Revolutionierung im Katalogwesen der Bibliotheken weiter. Seit wenigen Jahren werden hier auch Kataloge als Offline-Datenbanken, z.B. auf CD-ROM, angeboten. Gerade für unser Haus ist die Verbindung zwischen Mikrofiche und der CD-ROM, aber auch umgekehrt, eine besonders interessante und sicher auch für die Zukunft im Bibliotheksinformationssystem eine wichtige Verbindungsvariante. So ist es natürlich auch nur konsequent, wenn wir uns vermehrt ebenfalls verstärkt auf diese neue Entwicklungslinie einstellen in der Tradition schon unserer vorhin erwähnten Produktionslinie der großen europäischen Bibliothekskataloge. Gerade die mikroverfilmten Kataloge bieten nämlich eine Chance für eine spätere Konvertierung. Die Mikroeditionen sind sozusagen das Basismaterial für die Eingabe von maschinenlesbaren Daten. Die Mikroverfilmung ermöglicht es, daß die Konvertierung auf elektronische Datenbank-Katalogisate der Altbestände nicht unbedingt an Ort und Stelle der Bibliothek durchgeführt werden muß. Nämlich durch die Duplizierung des Mikrofiche-Kataloges ist es möglich, dieses auch in speziellen Einrichtungen vorzunehmen. Hier kann sozusagen dann außer Haus konvertiert werden. Ich möchte dieses am Beispiel des Großprojektes der Konvertierung der Altkataloge der in Zukunft wohl vereinigten Staatsbibliotheken in Berlin demonstrieren. Wir haben bei diesen vereinigten Staatsbibliotheken drei wichtige Altkataloge vor uns:

1. *AK I der Staatsbibliothek, Unter den Linden,* der von der Gründung der Bibliothek bis 1908 die Bestände dokumentiert.

2. *AK II der Deutschen Staatsbibliothek, Unter den Linden,* Sammeltätigkeit 1909-1974; 1974 wurde dann die elektronische Katalogisierung eingeführt.
3. *AK in der Staatsbibliothek Preußischer Kulturbesitz;* es handelt sich um die Bestände, die diese Bibliothek inzwischen nach rückwärts ergänzend angeschafft und katalogisiert hat. Der Gesamtumfang beträgt ca. 8 Mio Katalogisate.

Die Vorbereitungen dieses Mammutunternehmens, das auf mindestens 7 Jahre angesetzt ist, laufen nun folgendermaßen: Die Basis ist in allen drei Konvertierungssträngen eine Mikroverfilmung. Für Strang 1 und 2 bieten wir den Mikrofiche-Katalog, den wir in den Jahren 1984, 1985 und 1986 verfilmt haben mit etwa 5 Mio Katalogisaten. Auch dieser wird rückkopiert, um die Rückkopien als Basis für die Eingabe in maschinenlesbare Daten über Bildschirm zu ermöglichen. Hierbei wird folgendermaßen vorgegangen:

Der AK I, der auch in Mikrofiche vorliegt, wird rückkopiert und dann in der Staatsbibliothek Unter den Linden online konvertiert. Er geht also sofort auf die vereinigte Datenbank der beiden Staatsbibliotheken. Der AK II wird ebenfalls rückkopiert, d.h. es wird von der Mikrofiche-Ausgabe rückkopiert und wird dann offline bei der Firma Saztec in Großbritannien konvertiert, d.h. ebenfalls in elektronisch maschinenlesbare Daten eingegeben. Zur Vorbereitung der Konvertierung des Kataloges der Staatsbibliothek Preußischer Kulturbesitz wird dieser ebenfalls nunmehr noch mikroverfilmt, allerdings auf 35 mm Rollfilm, um von diesem dann auch Rückkopien zu ziehen, die ebenfalls wie Konvertierungsstrang 2 im Konvertierungsstrang 3 von der Firma Saztec in elektronische Daten umgewandelt werden. Wenn die Offline-Konvertierung abgeschlossen ist, werden dann die Daten in das Berliner Bibliotheks-Satzrechenzentrum eingespielt, um mit den schon dort online vorhandenen Daten von AK I abgeglichen zu werden. Die Abgleichung erfolgt dann in Richtung auf schon vorhandenes Katalogisat oder die Verbesserung des vorhandenen Katalogisates. Hier entsteht dann ein Altdatenpool, der im deutschsprachigen Raum seinesgleichen sucht.

Diese elektronische Verbindung, nicht nur der Berliner Bibliotheken untereinander, sondern dann darüber hinaus mit dem gesamten deutschen Bibliothekswesen, ist angesichts der Wende in Deutschland unbedingt notwendig. Ich darf aber nicht ohne Stolz bemerken, daß ich lange vor der Wende derartige Pläne hatte und diese Pläne sogar schon in einem Vertrag mit der Staatsbibliothek Unter den Linden realisiert werden sollten.

Auch die unmittelbare Nutzung nun am Bibliotheksstandort Berlin, wenn eine Bibliothek mit zwei Häusern arbeitet, ist primär sehr wichtig. Darüber hinaus ist aber auch vorgesehen, diese Datenbank dann später auf CD-ROM zu publizieren, wie das inzwischen in der British Library schon erfolgt ist.

Parallel zu diesem großen Berliner Vorhaben habe ich nun, da es sich aus verschiedenen bibliothekspolitischen Aspekten anbietet, auch die Konvertierung des alten Hallenser Kataloges, also des sogenannten Hartwigschen Kataloges der Universitäts- und Landesbibliothek Sachsen-Anhalt in Halle, vorgeschlagen. Dieser Plan traf sowohl bei der Direktion in Halle wie aber auch bei den interessierten und möglichen Förderern im Lande Niedersachsen auf sehr viel Interesse. Halle gehört mit in das große Projekt *Aufklärung* zusammen mit der Herzog-August-Bibliothek, Wolfenbüttel; Halle paßt aber auch vom Bestand und von der Geschichte des Aufbaues her hervorragend zur Universitäts- und Staatsbibliothek Göttingen, wo ja auch eine elektronische Konvertierung läuft. Hier ist also schon für die nächste Zukunft ein elektronischer Datenaustausch zwischen beiden Universitätsbibliotheken angesagt.

Der Hallenser Katalog ist insbesondere, was die systematische Recherche dann später angeht, wie wir sie von Bielefeld her auch kennen, besonders geeignet, da die Signaturen in eine Gesamtsystematik und auch in eine Teilgebietssystematik einführen, so daß hier eine quasi systemstellenabhängige Recherche möglich ist.

Wenn dann auch die Datenfernübertragung zwischen Halle und Göttingen bzw. Wolfenbüttel sichergesellt ist, das hängt noch von den Übertragungsnetzen ab, so haben wir hier einen Modellfall eines Informationsnetzes, auf dem altkonvertierte Altdaten transportiert und ausgetauscht werden können. Angesichts des erwähnten Informationsrückstandes wäre es außerordentlich wichtig, daß hier Bund und Länder diese Projekte fördern, damit auch im zusammenwachsenden Bibliotheks-Deutschland ein hoher Standard des Informations- und Bibliotheksaustausches erreicht wird.

*Konvertierungsprojekt Universitätsbibliothek Tübingen*

Die Konvertierung bezieht sich hier auf den Zeitraum 1501 - 1950. Es sollen im Gesamtprojekt ca. 300.000 Titeleintragungen konvertiert werden. Als besonderer Hinweis: Etwa 11.000 davon sind Orientalia mit außerordentlich hohem Seltenheitsgrad. Bis jetzt sind etwa 70.000 Titel konvertiert worden. Bis zum Jahresende sollen es etwa 100.000 sein, sodaß das Gesamtprojekt 1993/94 abgeschlossen werden kann. Gegenwärtige Konvertierungsschwerpunkte sind die Buchstaben A, B und N, S. A, B ist vorgezogen worden auch im Rahmen der Kooperation mit der Württembergischen Landesbibliothek wegen ihrer außerordentlich großen Bibelsammlung. Innerhalb der 7 Bibliotheken, die in der Bundesrepublik im Augenblick derartige Konvertierungsprojekte betreiben, sieht man sich in Tübingen in der vorderen Gruppe oder sogar bei den Schnellsten.

Neben vielen Besonderheiten dieser Konvertierung, die wesentlich ausführlicher gestaltet wird im einzelnen Katalogisat als andere Parallelprojekte, wird man auch eine Eintragung über die Sprache des betreffenden Werkes haben, so daß dann auch hier z.B. alle lateinischen Titel in der Recherche herausgezogen werden können.

Um die Benutzbarkeit und die Recherchiermöglichkeiten allgemein zu testen, planen wir, eine Pilot CD-ROM von dem bisher konvertierten Bestand an Katalogisaten herauszubringen. Hiermit gäbe es dann auch einen direkten Vergleich am Bildschirm mit den anderen Projekten und der Möglichkeit, auch im Einzeltitel die Ergebnisse dann abzugleichen. Das sind Möglichkeiten, die natürlich diejenigen Bibliotheken, die bisher bereits schon Zugang zum Südwestverbund hatten, schon nutzen konnten.

Wenn ein Verlag über CD-ROM-Publikationen nachdenkt, so muß er natürlich auch sich sehr intensiv die Frage der Abnehmerschaft überlegen. Der derzeitige Stand an CD-

ROM-Installationen im europäischen Bibliothekswesen ist noch außerordentlich unbefriedigend. Ich habe nun einem sehr fundierten Vortrag anläßlich der IFLA in Stockholm entnehmen dürfen, daß wir in Großbritannien 17.000 Installationen haben, in Frankreich 12.000 und in Deutschland 18.000. Das bezieht sich aber auf alle CD-ROM-Drives in diesen Bereichen, die nicht nur bibliothekarisch, sondern vor allen Dingen auch naturwissenschaftlich und mathematisch genutzt werden. Eine Prognose, die in Stockholm auf der IFLA gegeben wurde, soll aber nun besagen, daß wir von den weltweiten 240.000 Drives im Jahr 1990 auf eine Zahl von 1,5 Mio Drives im Jahr 1992 kommen werden. Das sind Aussichten, die es eben auch für einen Verleger wichtig machen, in diesem dritten Medienbereich, also neben Papier und Mikrofiche, innovativ tätig zu sein. Wir betrachten also CD-ROM als neue verlegerische Herausforderung.

# KOMMISSION FÜR LEIHVERKEHR UND ZENTRALKATALOGE

## Kommission für Leihverkehr und Zentralkataloge
## Tätigkeitsbericht für die Funktionsperiode 1988-1990

### Von Ladislaus Lang

In der Funktionsperiode wurden keine besonderen Anliegen an die Kommission herangetragen, so wurde für den 21. Bibliothekartag, dem Motto der Veranstaltung entsprechend, wiederum eine fortbildende und umfassend informierende Sitzungen abgehalten.

Am 4. September 1990 wurde im Rahmen eines Fachvortrages über die Dienstleistungen, Funktionen und den EDV-Einsatz bei den Zentralkatalogen der Széchényi Nationalbibliothek in Budapest berichtet.

In den letzten Jahren lag das Hauptgewicht der Informationstätigkeit in der Beschreibung der Aufgaben und Dienstleistungen von in- und ausländischen Zentralkatalogen. Nun sollen auch die Probleme des Leihverkehrs verstärkt behandelt werden, zumal in diesem Bereich die Beurteilung internationaler Normungsbestrebungen heransteht.
Die Kommission hat zur Zeit unverändert 46 Mitglieder.

## Protokoll der Kommissionssitzung
## am 4. September 1990 in Bregenz

*Tagesordnung:*

1 Genehmigung der Tagesordnung
2 Protokoll der Sitzung vom 7. September 1988
3 Schriftverkehr
4 Fachvortrag "Zentralkataloge in Ungarn - Stand, EDV-Einsatz, Möglichkeiten der internationalen Zusammenarbeit" von *Péter Sonnevend*, Széchényi Nationalbibliothek, Budapest
5 Weitere aktuelle Berichte
6 Neue Zeitschriftenkataloge, Mikrofichekataloge
7 Allfälliges

Der Vorsitzende begrüßt die Anwesenden und eröffnet die öffentliche Sitzung der Kommission für Leihverkehr und Zentralkataloge anläßlich des 21. Österreichischen Bibliothekartages in Bregenz.

*Zu TOP 1 und TOP 2:* Die Tagesordnung der Sitzung wird genehmigt; das Protokoll der Sitzung vom 7. September 1988 angenommen.

Zu TOP 3: Schriftverkehr:

3.1 Korrespondenz mit dem Fachvortragenden Herrn P. Sonnevend

3.2 Berichte an das Präsidium der VÖB

*Zu TOP 4:* Péter SONNEVEND berichtete im Rahmen eines Fachvortrages über die ungarischen Zentralkataloge (Zur ausführlicheren Information sei auf den Tagungsband "Der Österreichische Bibliothekartag 1990" verwiesen, der den vollen Wortlaut des Vortrages enthalten wird.)

*Zu TOP 5:* Dr. Dorothea GERBERT und Reinhold HATZMANN berichteten über die aktuelle Situation des Zentralkataloges der wissenschaftlichen Bibliotheken Oberösterreichs

*Zu TOP 6:* L. LANG berichtete über neue Auswertungen aus dem Datenbestand der ÖZDB: PZWUW, Periodika-Zentralkatalog der Wirtschaftsuniversität Wien (Gedruckte Ausgabe sowie maschinenlesbare Fassung im CD-ROM-Format für die Abfrage an PCs); Ergänzungsband zum Periodika-Zentralkatalog der UB Wien (PZUW) mit Stand 1.7.1990; Zeitschriftenkatalog der Bibliothek St. Gabriel, 2. Aufl.; Verzeichnis der Pauschalverweisungen der Titel- und der Körperschaftsnamensdatei der ÖZDB, 2. Aufl., als Beitrag zur Unterstützung der Katalogisierung in BIBOS. Im Herbst 1990 werden erscheinen: Zeitschriftenkatalog der UB Innsbruck (COM-MF-Ausgabe); Österreichischer Zeitschriftenkatalog Chemie (COM-MF-Ausgabe und gedruckte Ausgabe); Zeitschriftenkatalog Steiermark (COM-MF-Ausgabe und gedruckte Ausgabe).

*Zu TOP 7:* Auf eine Frage nach der Integration der ÖZDB-Daten in die BIBOS-Katalogisierung wurde auf die zur Zeit laufende Vorbereitung des Ladens einer Testdatenmenge in BIBOS und die ausführliche Berichterstattung im Rahmen der BIBOS-Anwendersitzungen verwiesen. Nachdem keine weiteren Wortmeldungen erfolgten, wurde die öffentliche Sitzung um 12.00 Uhr geschlossen.

## ZENTRALKATALOGE AN DER SZÉCHÉNYI NATIONALBIBLIOTHEK IN UNGARN

**Von Péter Sonnevend**

*Rückblick: Von den Anfängen bis in die 1980er Jahre*

In der Folge des Pariser (bzw. Trianoner) Friedensvertrages von 1920 verlor Ungarn etwa eine Million Bücher in den Bibliotheken der abgetrennten Gebiete. Die dadurch entstandenen Engpässe in der Literaturversorgung mußten durch alsbald eingeleitete Notverordnungen gelindert werden.

Bereits im Jahre 1921 wurde unter dem Vorsitz des Grafen *Pál Teleki*, des späteren Außenministers und Ministerpräsidenten, eine Kommission zur Verteilung der ausländischen Bücher und Periodika eingesetzt. Es folgte 1923 die Errichtung eines zentralen staatlichen Instituts für die Entwicklung des Schriftentausches und für die bibliographische Verzeichnung der aus dem Ausland eingeführten Bücher und Zeitschriften, dessen Tätigkeit mit den Aufgaben der Nationalbibliothek eng verknüpft wurde (1). Der Leiter des Institutes konnte anläßlich eines Studienaufenthaltes in Berlin die Tätigkeit des deutschen Gesamtkataloges kennenlernen (2). Anfangs verzeichnete man am Institut nur den Zuwachs einiger Bibliotheken der Landeshauptstadt, in der Folge wurde aber der Kreis der mitarbeitenden Bibliotheken stufenweise vergrößert. Seit 1952 gehört diese zentrale Dienstleistung unmittelbar zum Aufgabenbereich der Széchényi Nationalbibliothek.

Der Zweite Weltkrieg und die nachfolgende brutale Umwandlung der Gesellschaftsstruktur fügten unseren Bibliotheksbeständen so große Verluste zu, daß der Zentralkatalog auch mit dem Nachweis der vor 1952 erschienenen ungarischen Werke betraut werden mußte. Nach der Revolution des Jahres 1956 wurde der Wunsch laut, die Tätigkeit des Zentralkataloges neu zu definieren, zu diesem Zweck fand eine reale Analyse der ausländischen Erfahrungen im Bereich der Zentralkataloge und der gedruckten Verzeichnisse (3-4) statt. Im Jahre 1960 erfolgte die rechtliche Regelung der Anmeldepflicht abonnierter ausländischer Zeitschriften (5).

In der Folge gab die Nationalbibliothek folgende Verzeichnisse heraus:

- *Zentralkatalog der ausländischen Bücher*
  erschien monatlich in zwei parallelen Reihen für Gesellschafts- bzw. Naturwissenschaften;
- *Zentralkatalog der ausländischen Zeitschriften in ungarischen Bibliotheken*
  erscheint alle zwei bis drei Jahre in kumulierender Form (6-7).

In der Mitte der 70er Jahre hat sich die Dienstleistung des Zentralkataloges der ausländischen Bücher geändert: Man hat die oben genannte Publikation eingestellt, da die monatlichen Hefte ohne Indices und Kumulation keine brauchbare Recherchemöglichkeit boten, statt dessen erscheint seit 1976 der gedruckte Zentralkatalog ausländischer Bücher, auf gesellschaftswissenschaftliche Bezugs- und Nachschlagewerke beschränkt, und weist jährlich etwa 1.500 - 2.000 Titel nach, die durch einen sehr guten Index erschlossen sind. Daneben beliefert der Zentralkatalog auch noch etwa 20 - 25 zentrale Spezialbibliotheken mit Kopien von Katalogzetteln der neu gemeldeten Titel, die nach individuellen Profilen dieser Bibliotheken zusammengestellt werden. Es erfolgten Meldungen von ungefähr 200 Bibliotheken auf etwa 200.000 Katalogzetteln, die sich auf rund 30.000 verschiedene Werke beziehen. Seit 1986 wendet der Zentralkatalog die internationale Vorschrift ISBD/M an.

Der Zentralkatalog der ausländischen Zeitschriften hat – neben den alle zwei bis drei Jahre laufend erscheinenden Bänden – auch mit der Zusammenstellung einer retrospektiven Kumulation begonnen. Diese soll in acht Bänden (zwei sind bereits erschienen), jene Zeitschriften nachweisen, die vom 17. Jh. an bis 1970 erschienen und an ungarischen Bibliotheken vorhanden sind.

Nach langjähriger Vorbereitung sowie nach dem Erscheinen der Verordnung über den Leihverkehr im Jahre 1981 (8) wurde eine Verordnung des Kultusministers im Jahre 1985 über die Anmeldepflicht von Bibliotheksmaterial (9) erlassen.

*Die Automatisierung des Zentralkatalogs für ausländische Zeitschriften - das NPA-System.*)*

Die Széchényi Nationalbibliothek führte die Umstellung der laufenden Nationalbibliographie der Bücher auf automatische Datenverarbeitung in den 70er Jahren durch. Seit 1978 erscheinen die laufenden Hefte und die jährlichen Kumulationen unter Einsatz dieser Technologie. Heuer noch wird die Széchényi Nationalbibliothek die bestehende Datenbank (mit etwa 220 MBytes Dateninhalt) auf eine neue Version mit online-Dialogführung umstellen. Zu Beginn der 80er Jahre hat sich die Nationalbibliothek zur Automatisierung des Zentralkataloges der ausländischen Zeitschriften entschlossen. Die Projektdurchführung wurde im Verlaufe der Zeit aber immer schwieriger, denn das Kultusministerium konnte wegen der schwierigen wirtschaftlichen Situation des Landes die Nationalbibliothek hiebei immer weniger unterstützen.

Die EDV-Realisierung kostete bisher etwa 20 Millionen Forint, daß wir dabei dennoch gute Ergebnisse erzielen konnten, wurde auch durch die zusätzliche Teilnahme unserer Bibliothek an mehreren wissenschaftlichen Projekten ermöglicht. Begonnen wurde 1982 mit einer breit angelegten wissenschaftlichen Konsultation; im Anschluß daran konnte 1983 eine ausführliche Projektdokumentation fertiggestellt werden. Die Programmierungsarbeiten dauerten von 1983 bis 1987. Die Nationalbibliothek wollte zu dem Zweck eigentlich ein fertiges Softwareprodukt ankaufen (etwa das Programmsystem der Westberliner ZDB), dies kam aus finanziellen Gründen aber nicht zustande. Alles mußte durch ungarische Fachleute neu ausgearbeitet werden, wodurch unsere Realisierung viel Zeit in Anspruch nahm. Da unsere Bibliothek zudem heuer einen größeren Rechner in Betrieb nehmen wird, erfolgte in der Zwischenzeit die Datenverarbeitung bei einem externen Unternehmen, im EDV-Zentrum des Zentralen Statistischen Amtes, auf einem IBM 4361 Rechner.

Parallel dazu führte ein Team des Zentralen Statistischen Amtes, mit dem Namen *Infologic*, die Ausarbeitung des benötigten Programmsystems durch. Die Nationalbibliothek selbst ist in der Folge für die Datenerfassung und für die Organisation der Durchführung der Zusammenarbeit mit den teilnehmenden Bibliotheken verantwortlich(10). Für die Dateneingabe stand zunächst weder Personal noch Gerät im erforderlichen Ausmaß zur Verfügung. Erst ab 1987 konnten wir drei IBM PC's einsetzen; so dauerte die auf zwei Jahre projektierte Datenaufbereitung dann etwa vier Jahre.

Das NPA-System enthält derzeit die Daten der ausländischen Zeitschriften ab 1981. Derzeit steht die Erfassung der Zuwachsmeldungen der Jahre 1987 - 1988 vor dem Abschluß. Die Erhebung der Zuwachsmeldungen der Einzelbibliotheken erfolgt unter Zuhilfenahme von EDV-Listen, die aufgrund der früheren Meldungen der Bibliothek hergestellt werden. In diese Listen tragen die Bibliotheken den jeweiligen Jahreszuwachs ein, die an die Nationalbibliothek zurückgesendet werden und als Unterlage für die Dateneingabe dienen. Den 600 mitarbeitenden Bibliotheken haben wir bisher 50.000 solche Listen zur Verfügung gestellt.

Der bibliographische Teil des NPA-Systems wird aus folgenden Quellen aufgebaut:

- *konventionelles Datenmaterial der ISDS-Datenbank* in Paris: diese Daten erhalten wir vom Pariser ISDS-Zentrum kostenlos auf Mikrofiche und auf Magnetband als Gegenleistung für die Meldung der ungarischen Titel auf Magnetband,
- *online-Dialogzugriff auf die Pariser ISDS-Datenbank:* wird seit 1987 benutzt, 60 - 70% der bibliographischen Beschreibungen können auf diese Art übernommen werden,
- *Nutzung der Mikroficheausgaben von Nationalbibliographien sowie von Zentralkatalogen* mehrerer Länder (etwa ZDB, ÖZDB, BLAISE, CONSER, CCN, NUCOS ...)
- *online-Recherchezugriff auf den französischen Zentralkatalog CCN:* erfolgte anfangs monatelang kostenlos, zuletzt gegen geringes Entgelt.

Die Inanspruchnahme all dieser Möglichkeiten hat unsere technischen und Personalprobleme teilweise aufgewogen, denn nur so konnten wir die Zuwachsmeldungen der Jahre 1981 - 1986 bis Mitte 1988 aufarbeiten und zum Jahresende 1988 die erfaßte Datenmenge auf Magnetband, unter Beachtung des Standards ISO 2709, dem Forschungsinstitut für Computertechnik der Ungarischen Akademie der Wissenschaften für die weitere Verarbeitung mit CDS/ISIS-Programmen übergeben. Für die Zurverfügungstellung der Katalogdaten im Rahmen des Informationsprogramms unserer Regierung erhielten wir 2,1 Millionen Forint als Leistungsentgelt.

Am Forschungsinstitut steht die online-Datenbank mit folgenden Teilen zur Verfügung:

- *die Zeitschriftendaten:* ungefähr 22.000 bibliographische Beschreibungen mit etwa 500.000 Fundorten aus den Jahren 1981 - 1986,
- *der OSZTaurusz:* eine Recherchesprache in der Art eines Thesaurus mit rund 3.000 Deskriptoren,
- *die Angaben der etwa 1000 meldepflichtigen Bibliotheken:* die wichtigsten Daten und Dienstleistungen.

Diese online-Datenbank wird seit Anfang 1989 mit großem Erfolg in Anspruch genommen. Wir hoffen, im Herbst dieses Jahres die soeben erfaßten Daten der Periode 1987 - 1989 erfolgreich in die Datenbank laden zu können (11).

Voriges Jahr erschien als EDV-Ausdruck der Zentralkatalog ausländischer Zeitschriften mit dem Zuwachs der Jahre 1985 - 1986 (etwa 15.500 Titel mit Fundorten). Die Titelbeschreibungen der fortlaufenden Sammelwerke sind so ausführlich wie jene der Meldungen der Nationalbibliographie. Weitere gedruckte Bände werden wir wegen der hohen

Herstellungskosten künftig kaum herausgeben können, wahrscheinlich werden wir die Daten der Jahre 1981 - 1988 als Mikrofiche-Ausgabe veröffentlichen.

*Die Perspektiven der Bibliotheksautomatisierung in der Széchényi Nationalbibliothek*

Im Jahre 1989 haben die Széchényi Nationalbibliothek, die Zentralbibliothek der Ungarischen Akademie der Wissenschaften und das Forschungsinstitut für Computertechnik der Ungarischen Akademie der Wissenschaften mit Unterstützung der ungarischen Regierung und mit einem Kredit der Weltbank die Möglichkeit erhalten, ein abgestimmtes Projekt für die Automatisierung (Vernetzung) zu verwirklichen.

Eine internationale Ausschreibung für die Hardware-Lieferung hat der IBM-Konzern gewonnen, so wurden von der Széchényi Nationalbibliothek ein IBM-Rechner ES 9377 Modell 80 mit einer Kapazität von 1,6 GBytes und an Datenendgeräten rund 30 Terminals bzw. PCs erworben. Unter Berücksichtigung der Pläne der Széchényi Nationalbibliothek für die integrierte Automatisierung bzw. als Voraussetzung für den Einsatz des IBM-Rechners wurde das Programmsystem DOBIS/LIBIS ausgewählt. Dieser Entschluß wurde auch im Hinblick darauf gefaßt, daß unsere Fachleute die Möglichkeit haben, das System DOBIS/LIBIS weiterentwickeln zu dürfen (z.B. für Zwecke der Nationalbibliographie oder für den Zentralkatalog). Der Rechner wurde bereits installiert, an der erforderlichen Adaptierung der Software wird gearbeitet.

In den kommenden eineinhalb Jahren möchten wir folgende Aufgaben verwirklichen:

- Einführung der DOBIS/LIBIS-Module für Katalogisierung und Systematisierung, OPAC, Erwerbung, Fernleihe, Zeitschriftenverwaltung;
- Konvertierung der bisher auf fremden Rechnern gespeicherten Datenmengen (Nationalbibliographie der Bücher, NPA-System) auf eigene Hard- und Softwareumgebung.

Ungarn ist nun das dreißigste Land, das das DOBIS/LIBIS-System anwendet, und Budapest die dritte Hauptstadt nach Ottawa und Pretoria, in der dieses System von der Nationalbibliothek benützt wird.

Wir stehen zur Zeit noch am Anfang dieser Arbeiten, über weitere Ergebnisse bzw. Erfahrungen werden wir sicher in einem Jahr berichten können.

*Anmerkungen*

(1) PASTEINER, Iván: Jelentés az Országos Könyvforgalmi és Bibliográfiai Központ I. (1923.) évi müködéséröl. In: Magyar könyvszemle. U.F. 31(1924.), S. 120-131.

(2) PASTEINER, Iván: Az Országos Könyvforgalmi és Bibliográfiai Központ igazgatójának jelentése németországi kiküldetéséröl. In: Magyar könyvszemle. U.F. 30(1923), 3/4, S. 255 - 266.

(3) NÉMETH, Mária Sz.: A központi folyóirat címjegyzék kérdései. - Budapest: OKT, 1959. 44 S. (Az Országos Könyvtárügyi Tanács kiadványai. 12.)
(4) NÉMETH, Mária Sz.: A központi katalógus jelenlegi feladatai külföldön és Magyarországon. - Budapest: OKT, 1961. 126 S. (Az Országos Könyvtárügyi Tanács kiadványai. 14.)
(5) 183/1960./XII.15./ MM sz utasítás.
(6) Erschien zuerst 1962: Kurrens külföldi folyóiratok a magyar könyvtárakban. Lelöhelyjegyzék 1962. - Budapest: OSZK, 1962. IV, 366, LXXI S. Weitere Ausgaben: 1964; 1966; 1969; 1971; 1973; 1974/75; 1976/77; 1978/79; 1980/82 u.d.T.: Új indulású és megváltozott címü kiadványok lelöhelyadatai
(7) Kurrens külföldi idöszaki kiadványok a magyar könyvtárakban : lelöhelyjegyzék. 1985/86: a Nemzeti Periodika Adatbázisban tárolt kiadványok jegyzéke / készült Berke Barabásné és Tószegi Zsuzsanna irányításával. - 4 Ex.
(8) Könyvtárközi kölcsönzési útmutató / [szerk. Fügedi Péterné]. - Budapest: OSZK, 1982. - 72 S.
(9) Útmutató a könyvtári anyagok bejelentéséröl / [szerk. Sonnevend Péter, Kondor Imréné]. - Budapest: OSZK, 1985. - 73 S.
(10) BERKE, Barnabásné, Zsuzsanna Tószegi: A Nemzeti Periodika Adatbázis eredményei – tervek a továbbfejlesztésre. In: Könyvtári figyelö. 35(1989), 2, S. 135 - 150.
(11) TÓSZEGI, Zsuzsanna: A Nemzeti Periodika Adatbázis online szolgáltatása. In: Könyvtáros. 39(1989), 10, S. 578 - 581.

*) NPA = Nemzeti Periodika Adatbázis: Nationale Datenbank für fortlaufende Sammelwerke [Zeitschriften und Serien].

# KOMMISSION FÜR AUS- UND FORTBILDUNG

## KOMMISSION FÜR AUSBILDUNG UND FORTBILDUNG
## Tätigkeitsbericht für die Funktionsperiode 1988-1990

### Von Emmerich Kluger

Im Berichtszeitraum tagte die Kommission fünfmal, und zwar am 16. November 1988, 11. April 1989, 14. Juni 1989 und 18. Juni 1990 in Wien und am 4. September 1990 in Bregenz anläßlich des 21. Österreichischen Bibliothekartages. Die Teilnahmefrequenz war durchschnittlich 13 Kommissionsmitglieder, davon regelmäßig 4, deren Dienstort außerhalb Wiens liegt (UBG, UBI, UBL, UBS).

Die Arbeit war dem Problem der Grundausbildung für die Angehörigen der Verwendungsgruppe D gewidmet. Für dieses Arbeitsprogramm war die Entscheidung schon am letzten Sitzungstermin in der vorangegangenen Funktionsperiode (Bibliothekartag in Linz) gefallen, und zwar unter Teilnahme auch vieler nicht dieser Kommission angehörender VÖB-Mitglieder. Im Verlaufe der oben angeführten Sitzungen wurden folgende Themen behandelt:

I. Tätigkeiten der D-Bediensteten
II. Ausbildungsgegenstände
III. Ausbildungsmodus und -dauer
IV. Prüfungsgegenstände, -form und -ablauf
V. Ausbildungsstellen und Sitz(e) der Prüfungskommission(en)

Im einzelnen wurde zu Punkt I. bis V. behandelt bzw. beschlossen:

Ad I. Die von den Kommissionsmitgliedern aufgezählten Tätigkeiten des an ihren Bibliotheken eingesetzten D-Personals ergibt schon im Protokoll der 1. Sitzung dieser Periode eine Liste von 2 Seiten und zeigt eine sehr breite Fächerung der Aufgaben: Die für diese Verwendungsgruppe typischen Einsatzgebiete wie Magazindienst, Einbandstelle, Buchausgabe und -rücknahme im Lesesaal-, Leihstellen- und Lehrbuchsammlungsbereiche, Kopierdienst, Aufsichts- und Kontrolldienste, Mitarbeit in Material- und Inventarverwaltung, sowie Expedit werden zunehmend ausgedehnt in die Bereiche Buchbearbeitung und Zeitschriftenverwaltung, aber auch in nicht seltenen Fällen von Mischverwendung auf Gebiete wie allgemeine Verwaltung, Kassenwesen u. ähnl.; nicht zu vergessen technische Dienste, Gerätepflege, Transportwesen. Außerdem kommt es im Zusammenhang mit vielen Tätigkeiten vor allem auf die Weckung entsprechenden Problembewußtseins an, zumal wo es sich um "Meldepflichten" handelt betreffend Wahrnehmung von Funktionsstörungen oder Schäden div. Arten.

Ad II. Folgende Ausbildungsgegenstände sind vorzusehen:

a) Rechtskunde
b) Betriebslehre einschließlich Benüterzorienterung
c) Katalogwesen
d) Informationsmittel

In allen Gegenständen ist besonders darauf zu achten, daß der Unterschied zwischen den Verwendungsgruppen D und C deutlich wurde. In diesem Sinne kann es sich bei "b) - d)" nur um Grundzüge des Bibliothekswesens handeln; im Falle "a)" ist das Bibliotheksrecht auf die Benützungsfälle im Einsatzbereich der D-Kandidaten relevanten Normen zu beschränken und zwar unter Bezugnahme auf die Alltagspraxis dieser Gruppe; für "c)" kommt in Frage: Katalogbenützung allgemein, Katalogarten, Hinweis auf unterschiedliche Regeln ohne aktive Katalogisierung; für "d)" die Kenntnis von Möglichkeiten der Informationsvermittlung, Nachschlagewerke allgemeinen Charakters.

Ad III. Die Ausbildung soll sich stärker als bei Lehrgängen für andere Verwendungsgruppen an der Praxis orientieren. Die Kandidaten sollen die Abteilungen der Ausbildungsstellen in praktischer Tätigkeit kennenlernen, einen Überblick über das österreichische Bibliothekswesen mit konkretem Bezug zur eigenen Dienststelle gewinnen und durch Führungen in anderen Bibliotheken und Informationseinrichtungen Vergleichsmöglichkeiten erhalten. Soweit für die Aufgaben dieser Bedienstetengruppe EDV in Frage kommt, ist sie miteinzubeziehen - nicht als eigener Gegenstand, sondern in jedem Gegenstande spezifisch und in praxi. Bei notwendiger Wahrung der Unterschiede zur C-Ausbildung ist die organisatorische Verknüpfung der beiden Grundausbildungsveranstaltungen anzustreben. Die Ausbildung soll insgesamt vier Wochen nicht überschreiten, d.s. 160 Unterrichtseinheiten, wovon

4 Unterrichtseinheiten auf Einführung
20 Unterrichtseinheiten auf Rechtskunde
24 Unterrichtseinheiten auf Betriebslehre
24 Unterrichtseinheiten auf Benützerorientierung
24 Unterrichtseinheiten auf Katalogwesen
24 Unterrichtseinheiten auf Informationsmittel

entfallen.

Ad IV. Die Prüfung erstreckt sich zwar auf alle unter "II." gen. Ausbildungsgegenstände, doch ist klar, daß "benützerorientiertes Verhalten" nicht abgeprüft werden kann. Die Prüfung ist als praktische und als mündliche vorzusehen, nicht auch als schriftliche (im herkömmlichen Sinne). Die praktische Prüfung kann umfassen: Einstellen und Ausheben, z.B. an einem Freihandbestande mit systematischer Aufstellung bzw. bei Numerus currens mit römischen Zahlen als Tomierungselement; Vorordnen von Katalogkarten, Entlehnscheinen nach Signaturen und/oder Lesernamen; Zeitschriftenvorkontrolle für Buchbinder (Vollständigkeit); Einlegen in einfach aufgebaute deutschsprachige Loseblattausgaben; Ausfüllen von Formularen/Entlehn- bzw. Bestellscheinen u.ä.m.; Ordnen von Zeitschriften und Zeitungen. Insgesamt sollte die praktische Prüfung drei Beispiele aus verschiedenen Tätigkeitsbereichen umfassen.

Ad V. Ausbildungsstellen sollen dieselben sein wie für die Grundausbildung für die Verwendungsgruppe C, nämlich: ÖNB, UBG, UBI, UBL und UBS. Der Sitz der Prüfungskommission(en) soll nicht mehr das Bundeskanzleramt bzw. die Ämter der Landesregierungen sein, vielmehr sind die Prüfungskommissionen an den gen. Ausbildungsstellen zu errichten. Für die Zusammensetzung der Prüfungskommissionen ist die Formulierung der Verordnung für die Verwendungsgruppe C heranzuziehen, wobei auf die Identität von Vortragenden und Prüfern zu achten wäre.

## PROTOKOLL DER KOMMISSIONSSITZUNG am 4. September 1990 in Bregenz

*Tagesordnung:*

1. Protokoll der Sitzung vom 18. Juni 1990
2. Tätigkeitsbericht des Vorsitzenden HR Kluger
3. Bericht über die Grundausbildung für die Verw. Gr. A und B (Veränderungen, Reformbestrebungen)
4. Grundausbildung für die Verw. Gr. D
5. Allfälliges

HR Kluger begrüßt die Mitglieder der Kommission und die zahlreich erschienenen Gäste; entschuldigt haben sich Dr. Dosoudil, Dr. Dollmanits, OR Straßnig und MR Neumann.

1. Zum Protokoll der letzten Sitzung wird folgende Korrektur mitgeteilt: unter TOP 2, 2. Zeile muß es richtig heißen: D-Ausbildung anstelle von C-Ausbildung.

2. HR Kluger wird seinen Bericht auch in schriftlicher Form vorlegen und sich auf wesentliche Punkte konzentrieren: die Kommission hat in der Funktionsperiode 1988 - 1990 5 Sitzungen abgehalten, die vor allem die Erarbeitung einer Verordnung für die Grundausbildung der Verw. Gr. D zum Inhalt hatten. Die Tätigkeit ist so weit gediehen, daß nunmehr ein von HR Kluger vorbereiteter Entwurf für den Verordnungstext vorliegt, der je nach Zeit noch in dieser Sitzung zur Diskussion gestellt werden könne. Zu betonen sei ein Aspekt, der - wohl weil zu selbstverständlich - weder in den Diskussionen noch in den Sitzungsprotokollen hervorgehoben wurde - nämlich der Begriff "deutschsprachig" im Bereich der Grundausbildung für die Verw. Gruppe D.

3. Zotter-Straka berichtet über wesentliche, in den nächsten Kursen zu berücksichtigende Veränderungen sowie über die durch das BMWF/Abt. 31 angestrebte generelle Reform der Grundausbildung für die Verw. Gr. A und B (Sitzung vom 27. Juni 1990):

- Einführung des Faches Benützerorientiertes Verhalten im 1. Teil des Lehrganges (24 Stunden)
- im Fach Inhaltliche Erschließung sind - gegebenenfalls neben der Sacherschließung der Ausbildungsbibliothek - die RSWK (Regeln für den Schlagwortkatalog) zu berücksichtigen

- praxisorientierte ADV-Ausbildung im 1. Teil des Lehrganges: neben 20 Stunden Einführung ist ADV als durchgehendes Prinzip möglichst in allen Fächern zu berücksichtigen
- Evaluierung im 1. Teil des Lehrganges: Rückmeldungen über Darbietung, Übungsmöglichkeiten, Zeit, Tempo etc. - auch während des Kurses sollten forciert werden; Unterlagen sind in Vorbereitung

Aus den Änderungen, die bereits für die nächsten Ausbildungslehrgänge Gültigkeit haben sollen, ergibt sich folgende neue Stundenverteilung:

| *Fach* | *Stundenanzahl neu* | *(bisher)* |
|---|---|---|
| Betriebslehre | A = B 30 | (38) |
| Benutzung und Öffentlichkeitsarbeit | 0 | (24 bzw. 16) |
| Inhaltliche Erschließung | A 88 | (80) B wie bisher |
| Benützerorientiertes Verhalten | 24 | |
| ADV | A = B 20 | (8) |
| Formale Erfassung | A = B 188 | (200) |

Für die praktische Verwendung und den 2. Teil des Lehrganges liegen verschiedene Vorarbeiten der Ausbildungsabteilung vor:

- Bericht über eine Umfrage unter den Bibliotheksdirektoren/innen und Vergleich von Stundenbildern der Vortragenden, wonach sich kaum Überschneidungen ergeben haben.
- Für die Hausarbeit sollte im Rahmen der praktischen Verwendung nach bisherigem Gebrauch Zeit zur Verfügung gestellt werden: für A drei Wochen, für B 2 Wochen.
- Für die aktive Gestaltung der praktischen Verwendung hat die Ausbildungsabteilung einen Leitfaden vorbereitet, der nach abschließender Diskussion den Ausbildungsbibliotheken zur Verfügung stehen wird.

Die Verordnung für die Grundausbildung der Verw. Gr. A und B - Bibliotheks-, Dokumentations- und Informationsdienst steht nunmehr 10 Jahre in praktischer Durchführung. Der Wandel des Berufsbildes und des Anforderungsprofils und andere Auffassungen von zeitgemäßer Ausbildung haben die zuständige Abteilung im Bundesministerium für Wissenschaft und Forschung zur Überzeugung gebracht, daß eine generelle Reform der Grundausbildung erforderlich ist. Daher werden eine Arbeitsgruppe bestehend aus Ausbildungsleitung, Leitern/Leiterinnen des 1. Teils des Lehrganges und Teilnehmer/innen am Ausbildungslehrgang sowie bei Bedarf Fachberatungsgruppen gebildet, die die Ausbildung hinsichtlich Inhalt und Umfang (inkl. Kürzungen), Methodik und Form der Prüfung durchleuchten sollen. Eine stärkere didaktische Begleitung der Ausbildung wird für wichtig erachtet.

In der Diskussion werden folgende Einwände bzw. Vorschläge geäußert:

- eine andere Bezeichnung anstelle von "Ausbildungskandidaten/innen" möge gefunden werden;

- Ausbildner/innen im Bereich der praktischen Verwendung sollten ebenfalls eine Bezahlung erhalten;
- der öffentliche Zugang zur Ausbildung sollte stärker hervorgehoben werden, z.B. durch Streichen der Wendung "nach Maßgabe freier Plätze ...";
- Bedürfnisse von Spezialbibliotheken berücksichtigen und praktische Verwendung nicht kürzen (z.B. Kunsthochschulen);
- die Personalvertretungen sollten in die Beratungen einbezogen werden.

4. bzw. 5. In Anbetracht der fortgeschrittenen Zeit wird die Behandlung des TOP 4 auf die nächste Sitzung verschoben. Da keine weiteren Wortmeldungen vorliegen, schließt die Sitzung gegen 12 Uhr 15.

# KOMMISSION FÜR NOMINALKATALOGISIERUNG

## KOMMISSION FÜR NOMINALKATALOGISIERUNG
## Tätigkeitsbericht für die Funktionsperiode 1988-1990

### Von Friedrich Straßnig

Die Kommission für Nominalkatalogisierung hat in der Funktionsperiode 1988 - 1990 drei Sitzungen abgehalten. Die beiden ersten in Wien, am 27.1.1989 und am 29.5.1990, die dritte beim Bibliothekartag in Bregenz am 4.9.1990.

Wesentliche Punkte und Ergebnisse dieser Sitzungen:

1. Die Kommission stimmt darüber überein, daß weitere *Regelwerksteile* (z.B. RAK-AV oder RAK-Musik) sowie die *"RAK-Mitteilungen"* der Kommission des DBI für Alphabetische Katalogisierung auch in Österreich verbindlich sein sollen.

2. Die *"RAK-Informationen"* (Beilage der "Mitteilungen der Vereinigung Österreichischer Bibliothekare") sollen in vermehrtem Ausmaße als Medium für die Vermittlung des aktuellen Standes der RAK-Anwendung in Österreich dienen. In der letzten Nummer der "RAK-Informationen" (Nr. 8, August 1990) gelangten wichtige Regelungen der "RAK-Mitteilung Nr. 8" sowie der "Nachrichten Nr. 3 und 4 der Zentralen Redaktion des Österreichischen Bibliothekenverbundes" zum Abdruck. In Zukunft werden diese Abdrucke fortgesetzt.

3. Als Ergebnis einer längeren Diskussion über eine Art Pflichtenkollision, nämlich einerseits die RAK-WB mit allen Regelungen für die verkürzte Wiedergabe von bibliographischen Sachverhalten zur Kenntnis zu nehmen und andererseits einer gewissen *Informationspflicht* Genüge zu tun, vertrat die Kommission mehrheitlich die Auffassung, daß man im Sinne einer einheitlichen RAK-Anwendung in Österreich von den Prinzipien der RAK-WB im allgemeinen nicht abweichen sollte.

4. Von besonderem Interesse für zahlreiche in der Kommission durch Mitglieder vertretene Bibliotheken war eine Klärung der Anwendungsbereiche der *ÖNORM 2653* einerseits und der *RAK-AV bzw. RAK-Musik* andererseits. Die Kommission gelangte mehrheitlich zur Auffassung, daß im Sinne der aktuellen und der künftigen Zusammenarbeit bei der formalen Erfassung - vor allem im Verbund - und der Einheitlichkeit des Online-Verbundkataloges, die RAK-AV bzw. die RAK-Musik verbindlich zur Anwendung gelangen sollten. Das bedeutet, daß die ÖNORM 2653 nicht der reguläre Standard für die formale Erfassung von AV-Medien und verwandten Materialien im Verbund sein kann. Für Mediatheken, Kunstsammlungen u. dgl., die am Verbund teilnehmen wollen, aber nicht ohne die ÖNORM 2653 auskommen können, konnte aber inzwischen in Abstimmung mit der "Zentralen Redaktion" eine Kompromißlösung gefunden werden.

5. Für die *BIBOS*-anwendenden Bibliotheken konnten unter Mitwirkung der "Zentralen Redaktion" wesentliche *Verbesserungen bei der Umsetzung komplexerer bibliogra-*

*phischer Sachverhalte* (z.B. Wechsel von Bandaufführung und Stücktitelaufnahme innerhalb ein- und desselben Gesamtwerkes, Überschreitung der vierten BIBOS-Hierarchie-Ebene, Darstellung von Abteilungen innerhalb von mehrbändig begrenzten Werken u. dgl.) sowie bei der *Online-Darstellung von* mathematischen, naturwissenschaftlichen und chemischen *Formeln* erzielt werden.

6. Zum Zwecke einer österreichweiten einheitlichen RAK-Aus- und Fortbildung wurde eine *100 Beispiele umfassende Beispielsammlung* mit Vorlagen, Lösungen und Kommentaren erarbeitet. Eine weitere Beispielsammlung mit ungefähr 50 bis 60 schwierigeren Beispielen (Schriftenreihen mit Unterreihen; Körperschaften mit besonderer Betonung der Gebietskörperschaften und Kongresse) ist im Entstehen begriffen. Beide Sammlungen sind als Loseblatt-Ausgaben konzipiert und können auch für das Selbststudium verwendet werden.

7. Mitglieder der Kommission veranstalteten an der *Verwaltungsakademie* des Bundes im Schloß Laudon (Mauerbach) drei *RAK-Seminare*, und zwar zu folgenden Zeiten: 24.-28.4.1989 (für Fortgeschrittene), 18.-22.9.1989 (für Anfänger; mit EDV-Einsatz) und 1.-5.10.1990 (für Fortgeschrittene; mit EDV-Einsatz). Die Seminare können voraussichtlich fortgesetzt werden.

## GEGEN DIE ZWEIDRITTELGESELLSCHAFT IN DER RAK-ANWENDUNG

**Von Helga Zotter-Straka**

Seit ich - mehr aus einer assoziativen Stimmung heraus - für den Titel meines Kurzbeitrages im Rahmen dieser Kommissionssitzung einen Begriff aus den Sozialwissenschaften entlehnte, wurde mehrfach über Zusammenhänge und Hintergründe gerätselt. Was heißt *Zweidrittelgesellschaft* und was hat das mit der RAK-Anwendung zu tun?

Der Begriff Zweidrittelgesellschaft wurde geprägt für Tendenzen bzw. Prozesse der Spaltung und Ausgrenzung, die in modernen Industriegesellschaften Hand in Hand mit Rationalisierungsmaßnahmen und der damit verbundenen Massenarbeitslosigkeit auftreten. Die Zweidrittelgesellschaft bezeichnet dabei "jenen Zustand der Gesellschaft, in dem eine Mehrheit der Bevölkerung (zwei Drittel) eine Minderheit (ein Drittel) durch formaldemokratische Entscheide ausgrenzt ..." (1). Mit anderen Worten: jene zwei Drittel der Gesellschaft, die einen Arbeitsplatz haben, bestimmen auch über die Absicherung ihrer eigenen Position durch Lohnpolitik, Steuergesetze, soziale Maßnahmen bzw. deren Abschaffung. Vorbereitet und begleitet wird diese formaldemokratische Ausgrenzung durch psychologisch wirksame Formen der Isolation: durch Kritik, Herabsetzung, Verdächtigung ("Sozialschmarotzer"), Verächtlichmachung oder Verfemung.

Diese Phänomene der Ausgrenzung sind keineswegs neu, denn bestimmte Gruppen (Haftentlassene, Obdachlose, Gastarbeiter) befinden sich traditionell am Rand der Gesellschaft. Neu ist die Dynamik des Prozesses und die Größe jener Gruppen, die ihm anheimfallen: Langzeitarbeitslose, ältere Menschen, Behinderte, Frauen ...

Je länger ich über die Übertragung von Begriffen, die derart dramatische gesamtgesellschaftliche Vorgänge beschreiben, auf die vergleichsweise entspannte gesellschaftliche Kleingruppe der BibliothekarInnen nachdenke, umso vermessener erscheint sie mir. Dennoch lassen sich auch unter uns Tendenzen der Anfeindung, der Spaltung und Entsolidarisierung feststellen, die für unsere Berufsgruppe um nichts weniger gefährlich sein mögen.

Werfen wir einen Blick auf die letzten fünf bis zehn Jahre Entwicklung im österreichischen Bibliothekswesen:

Mit dem Einzug neuer Technologien in die Bibliotheken und ihre Verwaltungsabläufe haben sich einschneidende Veränderungen ergeben. Für die Zukunft des nationalen wissenschaftlichen Bibliothekswesens waren Beschlüsse zu fassen, die den vor vielen Jahren ausgebildeten BibliothekarInnen alles abverlangten: Sich-Einlassen auf die völlig neuen und anderen Bedingungen der EDV, Lernwillen und -vermögen und Flexibilität in jede nur vorstellbare Richtung. Naturgemäß sind solche Entscheidungen das Mehrheitsergebnis aus dem gerade vorliegenden Informationsstand der an ihr beteiligten Personen und wie viele meinen allein deshalb angreifbar. Ich meine jedoch, daß es gut begründete und "richtige" Entscheidungen waren und will das - soweit dies in Kürze möglich ist - begründen.

Zunächst faßte ein Gremium von BibliotheksdirektorInnen den einstimmigen Beschluß, daß bei Einführung der EDV die RAK-WB (Regeln für die alphabetische Katalogisierung - Wissenschaftliche Bibliotheken) zur Anwendung gelangen sollten - wie ich meine, zu diesem Zeitpunkt und bis heute die einzig mögliche Wahl. In der damaligen Diskussion haben zwei Meinungen eine Rolle gespielt, an die ich kurz erinnern will. Zum einen wurde geäußert, daß die Verarbeitung über EDV die Notwendigkeit eines Regelwerkes aufhebe. Wollte man jedoch einen Ausdruck, und sei es in Form von Microfiches, seien Regelungen für die Ordnung erforderlich. Spätestens seit dem Bericht von Claus Gattermann über Erfahrungen mit OPACs (Online public access catalogues) in den USA ist klar, daß ohne Regelwerk gar nichts geht, nur Chaos entsteht. Erspart man sich die Regeln für die Eingabe, braucht man eben ein mindestens ebenso fein ausgefeiltes OPAC-Regelwerk, das seinerseits wieder auf die Form der Dateneingabe zurückwirkt.

Die andere Ansicht war, man sollte sich doch angesichts größerer Fremddatenmengen für die Anwendung der AACR 2 (Anglo-American Cataloging Rules; 2. ed.) entscheiden. Damals wie heute kann man sich fragen, in welcher Sprache die Mehrheit unserer Bibliotheksbestände abgefaßt ist oder mit welchem Sprachraum Österreich vor allem Datentausch pflegen würde. Was die Regelwerke selbst betrifft, hat Rudolf Lais in einem auf dem 76. Deutschen Bibliothekartag 1986 in Oldenburg gehaltenen Referat einige wichtige Feststellungen im Hinblick auf einheitliche Katalogisierung getroffen.

Die Unterschiede zwischen den beiden Regelwerken erschöpfen sich nämlich keineswegs darin, daß sich die RAK stärker an die Pariser Empfehlungen (International Conference on Cataloguing Principles, Paris 1961) anlehnen als die AACR oder daß voneinander abweichende Ansetzungsprinzipien zur Anwendung gelangen, sie liegen vielmehr "in der methodologischen Taktik, die die beiden Regelwerke zur Lösung der vielfältigen katalogisierungsphänomenologischen Probleme einsetzen. Die RAK versuchten dabei der Fülle der Erscheinungen durch die Entwicklung relativ weniger fundamentaler Grundsätze Herr zu werden, in deren theoretischem Gehäuse die Fülle der praktischen Fälle unterkommen sollte. Dies geschieht mit Hilfe einer formal-analytischen, möglichst eindeutigen Methode, die zu einheitlichen Katalogisaten führen soll. Stets war es das Bestreben der RAK-Regelmacher, die Regeln strukturell so zu gestalten, daß sie als Grundlage einer Verbundkatalogisierung dienen konnten, wie das besonders in den RAK-WB zum Ausdruck kommt." (2)

Im Zusammenhang mit der Nutzung von Fremddaten sei nur noch am Rande vermerkt, daß entsprechend einer Untersuchung von LoC-Katalogdaten in den Jahren 1972-1975 rund 70 % ohne Änderungen in RAK-Kataloge überführt werden konnten - ein Wert, der sich durch Revisionen der AACR inzwischen noch verbessert haben dürfte.

Um die zweite wichtige Entscheidung, nämlich jene für ein einheitliches nationales EDV-Verbundsystem mögen uns andere Länder vielleicht beneiden. Die mit dem eingeschlagenen Weg verbundenen Vorteile treten deutlich genug zutage, vergegenwärtigt man sich die derzeit in der Bundesrepublik Deutschland im Zusammenhang mit der bevorstehenden Katalogkonversion geäußerte Kritik an der auch in der Bibliotheksplanung wirksamen Kulturhoheit der Länder:

"Systemfremde, kulturpolitisch-ideologisierte Strukturen, überkommene Leitvorstellungen aus der Manufaktur-Periode der wissenschaftlichen Bibliotheken und ihre Übertragung in das EDV-Zeitalter, wie z.B. das Prinzip der provinz-orientierten Bereitstellung von Gesamtkatalogen, beherrschen die Konzeption der 'Empfehlungen zum Aufbau regionaler Verbundsysteme und regionaler Bibliothekszentren' von 1980 bis heute." (3) Man mag über Zentralismus geteilter Meinung sein, das Schicksal der "Auflösung des inneren Funktionszusammenhanges aller Bibliotheken in dezentralisierte autonome, sich weithin selbstisolierende Einheiten" (4) ist uns jedenfalls erspart geblieben.

Wie uns allen bekannt ist, wurde in der Folge der erwähnten Entscheidungen ein Konzept erstellt, eine Ausschreibung durchgeführt und das Bibliotheksverwaltungssystem BIBOS ausgewählt. Man konnte erwarten, daß eine auf so breiter Entscheidungsebene eingeleitete Entwicklung jede Unterstützung durch alle Beteiligten erfahren würde. Dies ist jedoch nur zum Teil der Fall, denn besonders im Bereich der Katalogisierung, der Basis des Bibliotheksverwaltungssystems BIBOS, lassen sich jene eingangs festgestellten Tendenzen der Entsolidarisierung und Spaltung ausmachen.

Anstelle einer sachlichen Auseinandersetzung mit dem Ziel, das Regelwerk zu verbessern - vgl. dazu z.B. die Stellungnahme von Margarete Payer in: Bibliotheksdienst; Jg. 23

(1989) - wird vorgerechnet, wieviele Jahre andere Regelwerke überstanden haben - der RAK gibt man ein paar Jährchen. Da wird beklagt, daß das Regelwerk zu schwierig und vor allem viel zu umfangreich sei ("schon sieben Bände!" - einige davon allerdings in PI-Zeiten vergeblich ersehnte Hilfsmittel). Da wird festgestellt, daß bestimmte Fälle nur von bestimmten Bibliotheken, die über Katalogisierungsprofis verfügen, erledigt werden könnten. Da zerfallen Bibliotheken in Gruppen von Befürwortern und Gegnern der EDV-Einführung, wobei der Katalogisierung auch gleich einmal die Schuld an allem zugewiesen wird. Da kehren KollegInnen vom zentralen Ausbildungslehrgang an ihre Bibliothek zurück und berichten über die durch Vortragende im Kurs erzeugte Verunsicherung im Zusammenhang mit RAK-Anwendung und BIBOS. Da befinden sich schließlich die "Katalogisierer" immer wieder in der Rolle, die RAK-WB verteidigen zu müssen, sogar gegenüber jenen, die deren Einführung mitbeschlossen haben und zuweilen werden sie als "Spinner" verächtlich gemacht und - ausgegrenzt.

All dies steht im totalen Gegensatz zu der unter BIBOS- und RAK-AnwenderInnen sich ausbreitenden positiven Einstellung, um nicht zu sagen Euphorie. Wir wissen auch, daß die demotivierenden Aussagen *nicht* aus dem Kreis jener kommen, die den einstimmigen Beschluß der BibliotheksdirektorInnen durchführen und das bedeutet: sich das sicher nicht einfache Regelwerk anzueignen, sich an laufende Änderungen anzupassen - kurz RAK-WB im Verbund anzuwenden. RAK-Anwendung - und das können Betroffene sicher bestätigen - bedeutet, daß nach einer Phase der nahezu leidenschaftlichen (und leider zeitweise wiederkehrenden) Ablehnung sich ein gewisser Genuß einstellt, Bewunderung der logischen Struktur des Regelwerks und Freude an der intellektuellen Herausforderung, zuweilen auch der Triumph, dieser Herausforderung gewachsen zu sein.

In diesem - schließlich positiven - Prozeß möchten wir "Katalogisierer" nicht dauernd gestört und behindert werden. Wir möchten nicht, daß zwei Drittel der Bibliotheken oder zwei Drittel der katalogisierenden KollegInnen zu Profis und das restliche Drittel aus irgendwelchen Gründen für unfähig erklärt werden. Wir haben nichts davon, daß die RAK-WB madig gemacht werden, ohne daß gleichzeitig erklärt wird, welches Regelwerk sonst zur Anwendung gelangen soll. Was wir uns wünschen, ist Motivation und Unterstützung und, solange RAK-Online nicht "steht", kann es nur heißen: RAK-WB, was sonst?

*Anmerkungen:*

(1) Zweidrittelgesellschaft : spalten, splittern - oder solidarisieren? / Ehrenfried Natter ... (Hrsg.). - Wien [u.a.] : Europaverl., 1988. - S. 12

(2) Lais, Rudolf: Unterschiedliche katalogisierungstheoretische Ansätze in RAK und AACR 2 und ihre Auswirkungen. - In: Bibliotheksdienst ; Jg. 20 (1986). - S. 649

(3) Stoltzenburg, Joachim: Katalogkonversion und Infrastrukturpolitik - zwei Seiten einer Medaille. - In: Bibliotheksdienst ; Jg. 24 (1990). - S. 756

(4) ebda. - S. 755

# KOMMISSION FÜR STUDIENBIBLIOTHEKEN FÜR LEHRERAUS- UND -FORTBILDUNG AN PÄDAGOGISCHEN UND BERUFSPÄDAGOGISCHEN AKADEMIEN

## KOMMISSION FÜR STUDIENBIBLIOTHEKEN FÜR LEHRERAUS- UND -FORTBILDUNG AN PÄDAGOGISCHEN UND BERUFSPÄDAGOGISCHEN AKADEMIEN
### Tätigkeitsbericht für die Funktionsperiode 1988-1990

**Von Elfriede Strigl**

Die Kommission befaßte sich mit akademieinternen Problemen, wie:
- Ausweitung des Sammelgebietes auf AV-Medien und EDV-Software,
- Erschwerniszulage für die Bildschirmarbeit,
- Budgetfragen an den einzelnen Akademien,
- Personalangelegenheiten - vorzugsweise Personalstand.

Zu den einzelnen Punkten:
Die Ausweitung des Sammelgebietes auf AV-Medien und EDV-Software ist bisher nicht eindeutig geregelt; das BMUKS wird um Klärung bzw. Stellungnahme gebeten. Auch die Frage der Zuerkennung einer Erschwerniszulage für Bildschirmarbeit wird an das BMUKS weitergeleitet. Eine längere Diskussion über Personal- und Budgetfragen ergab bei den einzelnen Bibliotheken unterschiedliche Ergebnisse. Es wurde kurz über das Medienseminar vom 3.-4.9.1990 an der PÄDAK Feldkirch berichtet und besonders auf einige Neuerungen bei der Katalogisierung von AV-Medien hingewiesen. Ein neuer Videofilm soll ab dem Sommersemester 1991 zur Benutzerschulung an den Pädagogischen Akademien eingesetzt werden; das Drehbuch hiefür ist in Fertigstellung. Anwesende ausländische Gäste aus Ungarn und Estland bekundeten großes Interesse an Tauschpartnern aus unserer Gruppe.

Die Kommission hielt aus Rücksicht auf die finanzielle Situation der VÖB nur Sitzungen im Rahmen der Bibliothekartage ab. Die Mitglieder der Kommission trafen sich im Rahmen der Sitzungen der Leiter der Studienbibliotheken im Auftrag des Bundesministeriums für Unterricht, Kunst und Sport. Es wird jedoch darauf hingewiesen, daß in der nächsten Funktionsperiode mindestens eine zusätzliche Sitzung notwendig werden wird.

Das Programm für die kommende Funktionsperiode sieht folgendermaßen aus:

1. Neufassung der Bibliotheksordnungen
2. Klärung verschiedener EDV-Probleme
   a) Signaturenvergabe und in diesem Zusammenhang
   b) Entlehnung/speziell bei den AV-Medien
   c) Datenpflege, Vermeidung bzw. Zusammenführung von doppelten Datensätzen
   d) Katalogisierung von Musiknoten
3. Im Rahmen des Faches "Studiertechnik" (= Einführung in die Bibliotheksbenutzung, die von den Studenten der Pädagogischen Akademien verpflichtend im Ausmaß von 4 Wochenstunden zu besuchen ist) Vorführung bzw. Besprechung des neuen Videofilmes "Bücher, Bücher, mehr als Bücher...". Vorgesehen ist die Erstellung bzw. Überarbeitung einer Tonbildschau.

# KOMMISSION FÜR PERIODIKA UND SERIENPUBLIKATIONEN

# KOMMISSION FÜR NORMUNG

## KOMMISSION FÜR PERIODIKA UND SERIENPUBLIKATIONEN
## Tätigkeitsbericht für die Funktionsperiode 1988-1990

**Von Helmuth Bergmann**

In der Funktionsperiode 1988 - 1990 wurden zwei Sitzungen abgehalten:

4. Sitzung am 15.6.1989 in der Universitätsbibliothek Wien,
5. Sitzung am 4.9.1990 im Festspielhaus Bregenz.

In der 4. Sitzung am 15.6.1989 wurde über die ÖNORM A 2660 betreffend die Mikroverfilmung von Zeitungen auf 35 mm-Film berichtet. In der anschließenden Diskussion wurde u.a. ein Zentrales Mikroformen-Verzeichnis als Desideratum für Österreich angeregt, die Erhebung sollte mittels Fragebogen durchgeführt werden. Weiters wurde die Problematik der unterschiedlichen Bearbeitung von Periodika und Serienpublikationen im Geschäftsgang durch die verschiedenen EDV-Systeme GRIBS bzw. BIBOS diskutiert. AR L. Lang (ÖZDB) soll gebeten werden, Verknüpfungsmöglichkeiten zwischen ÖZDB und BIBOS zu prüfen und der Kommission zu berichten.

Die schriftliche Fassung des Vortrages "Die Bibliothek des Instituts für Zeitungsforschung in Dortmund - Aufgaben und Herausforderungen im Lichte der deutschen und europäischen Einigung" wurde wegen dienstlicher Verhinderung des Gastvortragenden Dr. Hans Bohrmann (Dortmund) den Teilnehmern an der 5. Sitzung am 4.9.1990 in Bregenz in Kopie zur Kenntnis gebracht. Anschließend berichtete der Vorsitzende über neue Normen für das Bibliotheks- und Dokumentationswesen - die Sitzung war eine gemeinsame Veranstaltung mit der Kommission für Normung - : Mikroverfilmung von Zeitungen, Zitierregeln, Gestaltung von Hochschulschriften, Länder- und Sprachenkürzel.

AR L. Lang berichtete in einem Vortrag über die neue Ausgabeform der ÖZDB auf CD-ROM. Die Periodikabearbeitung mit den an wissenschaftlichen Bibliotheken in Österreich befindlichen EDV-Systemen (BIBOS, GRIBS, ÖZDB) wurde in Kurzvorträgen von Fr. Haas (UBW), Fr. Dr. Schaffer (PAST) und Fr. Wernig (UBW) erläutert und anschließend diskutiert. Dabei wurde die Verfassung einer Resolution gefordert, die auf die Problematik der Anwendung der verschiedenen EDV-Systeme bei der Periodikabearbeitung hinweisen und eine Beschleunigung der Zusammenführung bzw. Koordinierung der EDV-Systeme anregen soll. Eine kleine Arbeitsgruppe zur Ausarbeitung der Resolution soll diese bis zur nächsten Sitzung erarbeiten und anschließend dem Ausschuß zur Weiterleitung vorlegen.

## KOMMISSION FÜR NORMUNG
## Tätigkeitsbericht für die Funktionsperiode 1988-1990

### Von Helmuth Bergmann

In der Funktionsperiode 1988 - 1990 wurden zwei Sitzungen abgehalten:

7. Sitzung am 22.6.1989 in der Universitätsbibliothek Wien,
8. Sitzung am 4.9.1990 im Festspielhaus Bregenz.

In der Sitzung am 22.6.1989 wurde über die Tätigkeit des Fachnormenausschusses "Bibliothekswesen und Dokumentation" am Österreichischen Normungsinstitut und die Herausgabe neuer Normen (Zitierregeln, Mikroverfilmung von Zeitungen auf 35 mm Film, Länderkennungen) berichtet. Normungsanregungen für den FNA durch die Kommissionsmitglieder erfolgten wegen der geringen Teilnehmerzahl keine, sie sollten im Zuge der nächsten Sitzung am Bibliothekartag in Bregenz nachgeholt werden.

Die 8. Sitzung am 4.9.1990 in Bregenz war eine gemeinsame Sitzung mit der VÖB-Kommission für Periodika und Serienpublikationen. Der Bericht über diese Sitzung ist im Bericht der Kommission für Periodika und Serienpublikationen enthalten.

## PROTOKOLL DER GEMEINSAMEN KOMMISSIONSSITZUNG am 4. September 1990 in Bregenz

1. Da der Vortragende Dr. Hans Bohrmann, Leiter des Institutes für Zeitungsforschung in Dortmund, aus dienstlichen Gründen absagen mußte, wurde der Vortrag in Kopie an die Teilnehmer verteilt. Der Vortrag einer Kurzfassung durch den Vorsitzenden mußte wegen der Zeitknappheit und der Themenvielfalt entfallen.

2. Der Vorsitzende berichtete über die Tätigkeit des Fachnormenausschusses für Bibliotheks- und Dokumentationswesen am Österreichischen Normungsinstitut, insbesondere über die neuen (teilweise noch in Bearbeitung befindlichen) neuen Normen über "Mikroverfilmung von Zeitungen", "Zitierregeln", "Gestaltung von Hochschulschriften" und "Katalogisierung audio-visueller Medien". Da besonders zum Thema "Gestaltung von Hochschulschriften" auf Grund des modifizierten Stellungnahmeverfahrens zahlreiche Einwände zu Diskussion standen, wurde allgemein der Wunsch geäußert, daß sich die Arbeitsgruppe im Normungsinstitut nur mit den für die bibliothekarische Bearbeitung von Hochschulschriften relevanten Merkmalen beschäftigen solle, um zumindest zu allgemeinen Richtlinien für die Gestaltung der Hochschulschriften zu kommen; in die inhaltliche Gestaltung von Hochschulschriften solle durch eine Normung nicht eingegriffen werden. AR L. Lang (ÖZDB) berichtete als Mitglied der entsprechenden Arbeits-

gruppe im Fachnormenausschuß über die Normen zu Sprachen-, Länder- und Währungskennungen.

3. AR Ladislaus Lang präsentierte die Verwendungsmöglichkeiten der CD-ROM-Version der Österreichischen Zeitschriftendatenbank. Obwohl der Vortrag nur mit Hilfe von Overhead-Transparenten stattfinden konnte (in Ermangelung entsprechender Geräte nicht am Bildschirm) fand er im Publikum großes Interesse.

4. Die Periodikabearbeitung mit den an wissenschaftlichen Bibliotheken in Österreich in Verwendung stehenden EDV-Systemen (BIBOS, GRIBS, ÖZDB) wurde in Kurzvorträgen von Fr. Nora Haas, Fr. Dr. Brigitte Schaffer und Fr. Katharina Wernig erläutert und anschließend diskutiert. In der Diskussion wurde die Verfassung einer Resolution gefordert, die auf die Problematik bei der Anwendung der verschiedenen EDV-Systeme in der Periodikabearbeitung hinweisen und eine Beschleunigung der Zusammenführung bzw. Koordinierung der Systeme anregen soll. Da innerhalb des Bibliothekartages die Zeit und die Mittel zur Verfassung eines Textes nicht zur Verfügung standen, wurde eine Arbeitsgruppe beauftragt, bis zur nächsten Ausschußsitzung eine Resolution auszuarbeiten.

## Die Bibliothek des Instituts für Zeitungsforschung in Dortmund - Aufgaben und Herausforderungen im Lichte der deutschen und europäischen Einigung

**Von Hans Bohrmann**

In den vergangenen vier Jahrhunderten ist das Problem des Informationsaustausches innerhalb der sich zahlenmäßig vergrößernden, innerlich differenzierenden und geographisch ausdehnenden Gesellschaften durch den Aufbau einer immer größeren Teilen der Gesellschaft zugänglichen Publizistik gelöst worden. Dieser Prozeß begann mit der Indienstnahme der Drucktechnik nach der Erfindung des Druckens mit beweglichen Lettern und hält gegenwärtig noch an mit der Fortentwicklung der elektronischen Kommunikation, wie Kabel- und Satellitenfernsehen, Bildschirm- und Videotext u.a. Bemerkenswert an der jüngeren Entwicklung ist, daß die Schnittstelle zwischen privater und öffentlicher Kommunikation, die sich mit dem Übergang von handschriftlich vervielfältigten Büchern und geschriebenen Zeitungen Anfang des 17. Jahrhunderts zu öffnen begann, nun mit der neuesten Datentechnik sich zu schließen beginnt.

Bibliotheken haben sich immer als Speicher gesellschaftlichen Wissens verstanden. Sie haben sich in den Prozeß der immer stärker ausgeweiteten öffentlichen Kommunikation eingeklinkt und ihren Bestand entsprechend dem verfügbaren Angebot immer stärker aufgegliedert. Neben die Bücher traten Zeitschriften und Zeitungen, Noten und in jüngerer Zeit auch Schallplatten und Videobänder. Computerprogramme und Disketten sind bereits Sammlungsgegenstände für Spezialbibliotheken.

Wissenschaftliche Aufmerksamkeit hat der Prozeß der sich entfaltenden öffentlichen Kommunikation nur zögernd erfahren. Daß seine Dynamik dabei erkannt worden ist, läßt sich wohl kaum behaupten. Erst die Kommunikationswissenschaft seit den späten 60er Jahren hat versucht, durch theoretische Entwürfe gesellschaftliche Kommunikation zu verstehen und ihre private wie öffentliche Seite, die vermittelte und die unvermittelte Kommunikation, in ihrem Zusammenhang zu verstehen. Bei diesen Entwürfen steht naturgemäß die modernste Entwicklung, nämlich der Fernsehbildschirm mit seinen zahlreichen Nutzungen im Mittelpunkt des Interesses.

Dennoch ist davon auszugehen, daß auch gegenwärtig die Printmedien quantitativ wie qualitativ im Prozeß der öffentlichen Kommunikation unserer Gesellschaft einen vorderen, wenn nicht den ersten Rang einnehmen. Untersuchungen haben herausgestellt, daß die öffentliche Meinungs- und Willensbildung, d.h. der Auf- oder Abbau von Überzeugungen, durch die Zeitung weit eher erfolgt als durch das Fernsehen. Auch erreichen die Printmedien mit ihren Produkten sicher ein Publikum, das die Fernsehöffentlichkeit quantitativ erreicht, wenn nicht übertrifft; dazu hat die Printpublizistik den Vorteil, daß die einzelnen Ausgaben mehrfach konsultiert und über die Zeit hin auch von mehr Personen genutzt werden, als es bei der elektronischen Publizistik der Fall sein kann.

Es gibt also gute Gründe, sich gegenwärtig mit der Kommunikation über Printmedien auseinanderzusetzen. Freilich bedarf ein solches Studium stets einer sorgfältig erhobenen Materialbasis, die nicht ein einzelner Forscher, sondern immer nur eine Institution laufend aktualisiert bereitstellen kann.

Das Institut für Zeitungsforschung der Stadt Dortmund, über dessen Entwicklung und Aufgabenstellung ich berichte, hat sich dieser Problematik seit seiner Gründung 1926 gestellt. Die Gründung verdankt sich ausschließlich Entwicklungen des 20. Jahrhunderts, auf die noch einzugehen ist; das Institut für Zeitungsforschung steht nicht für eine Wiederaufnahme zeitungskundlicher Bemühungen, die im 17. und 18. Jahrhundert die Presse weit überwiegend moralisierend verdammten, und nur in Gestalt weniger führender aufgeschlossener Kräfte auch bereit waren, ihren Beitrag zur Modernisierung der Gesellschaft anzuerkennen. Im 19. Jahrhundert interessierten sich eine Reihe von Wissenschaften für die Presse, wobei soziologische und ökonomische Anknüpfungspunkte im Mittelpunkt standen. Dabei spielte sicher eine Rolle, daß, bis in das letzte Drittel des 19. Jahrhunderts hinein, der Bildungsstand der Journalisten hoch und ein Wechsel zwischen journalistischer und universitärer Karriere nicht selten war. Zur Ausbildung eines eigenen Fachstudiums mit kontinuierlichem Lehr- und Forschungsangebot kam es allerdings nicht. Die Wissenschaft setzte sich mit den Produktionsbedingungen und den Inhalten der Presse, kaum jedoch mit der Rezeption auseinander. Deshalb kam es zu widersprüchlichen Einschätzungen ihrer Wirksamkeit. Die Presse wurde einerseits unterschätzt, weil man ihr nicht zutraute, ernsthafte Wirksamkeit zu entfalten; andererseits kam es auch immer wieder zu erheblichen Überschätzungen, weil man glaubte, daß der Einfluß auf die Bevölkerung, die nicht durch bildungsmäßige Voraussetzungen und Interessen immun sei, zumindest dem gesellschaftlichen Status quo gefährlich werden könne. Diese Position wurde vor dem Ersten Weltkrieg von nationaler Seite vorgetragen. *Alfred Hugenberg* sammelte unter diesem Motto bei der Schwerindustrie das Geld, mit dem er im Ersten Weltkrieg den Scherl-Konzern aufkaufte, vor allem um zu verhindern, daß er an den liberalen jüdischen Ullstein-Verlag hätte fallen können. Alle Institute für Zeitungswissenschaft, die an deutschen Universitäten im und nach dem Ersten Weltkrieg entstanden, verdanken ihre Begründung dieser Wirksamkeitsvermutung, wobei das Moment der verbesserten Journalistenausbildung in der Regel im Vordergrund stand. Das war bei der von *Karl Bücher* veranlaßten Gründung des Instituts für Zeitungskunde an der Universität *Leipzig* auch der Fall. Karl Bücher hatte seine negativen Erfahrungen mit der Tagespublizistik im Deutschland des Ersten Weltkrieges gemacht. Er glaubte auch, daß Deutschlands Weltkriegsgegner die Waffe der Propaganda wirksamer eingesetzt hätten, war aber nicht bereit, den Erfolg solcher Bemühungen unter dem Stichwort Übermacht der Lüge abzubuchen, sondern fragte nach den fachlichen Voraussetzungen deutscher Journalisten. Deren Leistungen in sachgemäßer Berichterstattung nahm er schon während des Krieges mehrfach kritisch im Vergleich zu Presseäußerungen neutraler Staaten unter die Lupe. Seine Diagnose war für die staatliche deutsche Pressepolitik und die ideell an ihr orientierten Journalisten wenig schmeichelhaft. Teile dieser Weltkriegsvorträge durften erst nach dem Kriege vollständig veröffentlicht werden, da die Zensur eingegriffen hatte und Bücher die Broschüren mit weißen Stellen veröffentlichte. Der Leipziger Ansatz hieß Qualifizierung von Journalisten für ihren Beruf durch akademische Bildung. Zeitungskunde war der Kern, von dem solche Bildung ausgehen sollte, die aber gerade auch andere akademische Fächer umfassen mußte, um ihr Ziel zu erreichen. Zeitungskunde war in Leipzig unter Bücher kein Hauptfach. Auch an der Universität *Münster* hatten Historiker, Staatswissenschaftler und Juristen die Idee einer qualifizierten Journalistenaus- und -weiterbildung. Sie veranstalteten schon während des Ersten Weltkrieges entsprechende Kurse. Die Institutionalisierung erfolgte dann aber allein durch die Historiker. *Aloys Meister* im stellvertretenden Generalkommando während des Weltkrieges für die Beobachtung und Zensur der Presse mit verantwortlich, habilitierte den Literaturwissenschaftler *Karl d'Ester* und suchte ihm, allerdings erfolglos, eine Dozentur in der Philosophischen Fakultät in Münster zu verschaffen. Meister und d'Ester waren beide national bewegt und hatten als Katholiken ihren Frieden mit dem preußisch-deutschen Staat gemacht. Ihre Vorstellung von Presse war stärker obrigkeitsstaatlich geprägt als bei Karl Bücher, dessen Erfahrungen in der Wirtschaftsredaktion der Frankfurter Zeitung wohl noch prägend waren. Auch die 1924 erfolgte Gründung des Instituts für Zeitungswissenschaft in *München*, zu dessen Leiter Karl d'Ester ernannt wurde, verdankt sich der Initiative eher nationaler als liberaler Journalisten und Verleger in Bayern, die die rechtsgerichtete bayerische Staatsregierung mit Erfolg drängten, an der Münchner Hochschule ein Institut zu schaffen.

Auch die Gründung an der *Berliner* Universität war von eher konservativen Intentionen geleitet. *Martin Mohr*, Initiator des Deutschen Instituts für Zeitungskunde als Ausbildungs- und Forschungseinrichtung an der Universität, war rechtsliberal geprägt und auch sein Verständnis von Presse war weniger auf die Diskussion unterschiedlicher gesellschaftlicher Standpunkte als auf die Durchsetzung eines staatlichen Interesses gerichtet. Martin Mohr hatte Erfahrungen mit der Pressepolitik auf dem östlichen Kriegsschauplatz des Ersten Weltkrieges gewonnen, als er Pressesprecher bei der Militärregierung im besetzten Warschau war. Von den großen zeitungskundlichen Instituten der Weimarer Zeit ist allein *Heidelberg*, bedingt durch das liberale Klima der ganzen Hochschule, pluralistisch geprägt gewesen und hat in seiner Leitung mit *Hans von Eckhardt* einen liberalen Soziologen und Politikwissenschaftler der Alfred-Weber-Schule gehabt, der durch einen Vertreter des Journalistenverbandes und des Zeitungsverleger-Verbandes unterstützt wurde.

Ich will hier nicht die gesamte Entwicklungsgeschichte der Weimarer Zeitungswissenschaft darstellen, sondern nur charakteristische Momente herausheben, die für die Dortmunder Gründung von Bedeutung waren. In *Dortmund* bestand keine Hochschule. Es war vielmehr eine Forderung der Stadt, die schon in der Vorweltkriegszeit gegenüber dem preußischen Staat erhoben wurde, eine Technische Hochschule einzurichten. Dortmund war durch Kohle und Stahl im letzten Drittel des 19. Jahrhunderts zu neuer Bedeutung gelangt. Die Stadt hatte die finanziellen Möglichkeiten, auch wieder kulturelle Einrichtungen zu schaffen, die in der städtischen Schwächeperiode nach dem 30jährigen Krieg allesamt verlorengegangen waren. Es wurde ein Stadttheater gegründet, ein Philharmonisches Orchester eingerichtet und 1907/8 auch eine öffentliche Bibliothek. Die Bibliothek folgte dem damals heiß diskutierten Modell der Einheitsbibliothek, die der US-amerikanischen Entwicklung abgelesen worden war, und die in Deutschland traditionell auseinanderfallenden Typen der öffentlichen und wissenschaftlichen Bibliothek bewußt kombinieren wollte. Es ging also bei der Einheitsbibliothek nicht nur darum, denjenigen Bürgern, die kein Geld zum Bücherkaufen hatten und denen auch teilweise die Motivation zum Lesen fehlte, durch das Angebot sogenannter schöner Literatur die Zeit zu vertreiben, sondern das Buch wurde zugleich als konstituierende Voraussetzung für die moderne Weltorientierung gesehen, von der Ausbildung über den Beruf bis in die Freizeit hinein. Alles das, was die Bevölkerung für die zeitgemäße Orientierung brauchte, sollte in der Einheitsbibliothek angeboten werden. Dabei entstand kein Gegensatz zum Buchhandel, denn einerseits galt als Erfahrung, daß diejenigen Bände, die ein Leser unbedingt selbst brauchte, doch von ihm käuflich erworben wurden, andererseits war die Fülle der fachlichen und fiktionalen Literatur bereits seinerzeit so unüberschaubar groß geworden, daß alles zu besitzen unmöglich war. Ein Gegensatz bestand vielmehr gegenüber den kommerziellen Leihbüchereien mit ihrem kleinen und qualitativ oft zweifelhaften Angebot. Dortmund wurde vor dem Ersten Weltkrieg nach dem preußischen Dreiklassen-Wahlrecht nicht sozialdemokratisch, sondern liberal regiert. Es wählte sich mit *Dr. Erich Schulz* einen fortschrittlichen Bibliotheksmann, der bei der städtischen Bibliothek in Wuppertal gelernt hatte und bei den Krupp'schen Bücherhallen in Essen Erfahrungen mit der lesenden Arbeiterschaft gewonnen hatte. Schulz neigte politisch dem Nationalliberalismus, später wohl der DNVP zu. Die Aufgabe, eine Großstadtbibliothek nach dem Einheitskonzept neu zu entwickeln, hat ihn von Anbeginn voll in Anspruch genommen und erfüllt. Die Dortmunder Bibliothek wurde sein Lebenswerk, dessen vorläufige Zerstörung im Bombenkrieg 1943 er gnädigerweise nicht mehr erlebt hat. Schulz suchte nach ersten Aufbaujahren seine Bibliothek gegenüber anderen Großstadtbibliotheken zu profilieren und, wenn möglich, auch im Konzert der wissenschaftlichen Bibliotheken ein wenig hervorzuheben. Das war nicht ganz einfach für eine Einrichtung, die so spät gegründet und deren finanzielle Möglichkeiten auch nicht unbegrenzt waren. Da kam

Schulz seine Bekanntschaft mit Karl d'Ester zugute. D'Ester, 1907 mit einer Arbeit über die Geschichte des Zeitungswesens in Westfalen bis zu den Freiheitskriegen in Münster promoviert, war Oberlehrer am städtischen Realgymnasium in Hörde bei Dortmund (seit 1928 Stadtteil Dortmunds). D'Ester hatte sein Interesse an der Tagespresse nicht aufgegeben, sondern publizierte regelmäßig und suchte auch den Kontakt mit der Münsteraner Hochschule zu halten. Er gab Schulz wohl den entscheidenden Rat, Zeitungen zu sammeln.

Die Dortmunder Zeitungssammlung bezog sich zunächst auf den regionalen Einzugsbereich Westfalen und stellte die Basis für das 1926 ins Leben gerufene Institut für Zeitungsforschung dar. Bei der Gründung gelang es Schulz, das städtische Interesse, Dortmund als Platz für Wissenschaft und Forschung attraktiv zu machen, mit dem Interesse des Niederrheinischen-Westfälischen Zeitungsverlegervereins zusammen zu bringen, der sich öffentlichkeitswirksam für wissenschaftliche Zwecke engagieren wollte. Der Zeitungsverlegerverein schloß zur Finanzierung des Instituts einen Kooperationsvertrag mit der Stadt Dortmund. Die Stadt verpflichtete sich, eine für Studienzwecke geeignete Zeitungssammlung aufzubauen und sie durch eine Fachbibliothek und eine Zeitungsausschnittsammlung zu flankieren. Die Dortmunder Sammlung sollte besonders auch den Münsteraner Studenten der Zeitungswissenschaft als Studienbibliothek zur Verfügung stehen. In der Perspektive war auch an die Abhaltung von Kursen im Rahmen der Journalistenausbildung gedacht. Durch Ausstellungen und Publikationen sollte die Einrichtung öffentlichkeitswirksam werden. Die im 1. Weltkrieg und dem darauf folgenden Jahrzehnt gegründeten zeitungswissenschaftlichen Institute in Deutschland standen alle vor derselben Lage. Zeitungen als wesentliche Quellenbasis ihres Studiums waren in den Bibliotheken lange Zeit vernachlässigt worden. Die Bestände waren unvollständig, teilweise bereits durch Umwelteinflüsse oder falsche Lagerung unbenutzbar geworden. Sie waren überwiegend nicht oder nicht ausreichend katalogisiert. Deshalb gewann der Aufbau einer Zeitungssammlung erste Priorität. Die Institute waren natürlich nicht in der Lage, je für sich die Versäumnisse von Jahrzehnten aufzuholen. Deshalb kam es zu lockeren Absprachen, die Sammelschwerpunkte in den jeweiligen regionalen Einzugsgebieten festschrieben. Daß wissenschaftliche Fachbibliotheken überall gebraucht wurden, war unstrittig. Ausreichendes Personal für diese Aufgaben stand aber in kaum einem Institut zur Verfügung, so daß der Erfolg nur durch regelmäßigen Einsatz des wissenschaftlichen Personals und der Studenten in langfristiger Perspektive gedacht werden konnte.

Die nationalsozialistische Machtübernahme 1933 gab den Bestrebungen der Zeitungswissenschaft kurzfristig durch die Gründung zusätzlicher Institute einen gewissen Auftrieb. Die Indienstnahme des Faches für die politischen Zwecke der Nationalsozialisten trug allerdings schon den Keim des Untergangs in sich, der durch den 2. Weltkrieg dann eintrat. Durch die Zerstörung der Hochschulgebäude wurden erhebliche Teile der von mir genannten Sammlungen in München, Leipzig, Berlin und Münster zerstört. Überlieferte Reste der Berliner Sammlung wurden nach dem Krieg zerstreut, da das Fach an der dortigen Universität nicht wieder aufgenommen wurde. Die Heidelberger Sammlung kam ohne größere Verluste über den Krieg. Da das Fach dort Ende der 50er Jahre nicht fortgeführt wurde, ist der Bestand teilweise verkauft, teilweise in einer Institutsbibliothek verborgen, überliefert. In Dortmund war die Fachbibliothek fast vollständig zerstört, die Hälfte der Zeitungssammlung war ebenfalls verloren, die Zeitungsausschnittsammlung komplett verbrannt. Es mußte ein Neuansatz gesucht werden, der wiederum im Rahmen der *Dortmunder Stadt- und Landesbibliothek* gefunden wurde. Das Institut war zunächst (bis 1952) Abteilung der Bibliothek. Um die Kriegsschäden zumindest teilweise auszugleichen, wurden Ankäufe auf dem Antiquariatsmarkt getätigt und es gelang Anfang der 50er Jahre, einen erheblichen Teil der Privatbibliothek von Prof. Dr. Karl d'Ester, München, zu erwerben. Die Bibliothek Karl d'Esters spiegelte dessen wissenschaftliche Interessen wider. Neben der deutschen Pressegeschichte, in der auch die westfälische Literatur ihren Platz hatte, standen satirische Zeitungen, illustrierte Zeitungen, auch aus England und Frankreich, wichtige Quellen zur Pressegeschichte Englands und Frankreichs, sodaß damit bereits die Perspektive heimatgeschichtlicher Presseforschung deutlich überschritten wurde. Den Ankauf hatte *Dr. Albert Wand* vorbereitet, der 1952 zum ersten Direktor der selbständigen Kultureinrichtung *Institut für Zeitungsforschung der Stadt Dortmund* ernannt worden ist. Es war Wand nicht mehr vergönnt, ein neues Arbeitskonzept für das Institut zu entwickeln und durchzusetzen, da er drei Jahre später verstarb. Sein Nachfolger, *Prof. Dr. Kurt Koszyk*, der von 1957 bis 1977 das Dortmunder Institut leitete, hat diese Konzeption entscheidend vorangebracht. Koszyk setzte auf drei Komponenten:

*a) Sammlung,*
*b) bibliothekarische/archivarische/dokumentarische Erschließung,*
*c) wissenschaftliche Forschung.*

Zu *a)*
Die regionale Beschränkung der Sammlung wurde aufgegeben. Ziel war es nun, neben einer möglichst umfassenden wissenschaftlichen Fachbibliothek, die die deutschsprachige Literatur möglichst komplett und die fremdsprachige (vor allem Englisch und Französisch) umfaßte und die wichtigen Quellen zur deutschen Pressegeschichte möglichst komplett zusammenzutragen. Auch hier war von vornherein der Vergleich mit der Pressegeschichte Englands und Frankreichs intendiert, um eine Verengung auf die nationalhistorische Perspektive zu verhindern. Da es unmöglich schien, alle für die pressehistorische Forschung wichtigen Quellen im Original zu beschaffen, wurde seit Ende der 50er Jahre der Mikrofilm zur Ergänzung von Lücken, aber auch zum Aufbau völlig neuer Sammlungsstücke eingeführt. In der Sammlung prägten sich besondere Schwerpunkte aus, die speziellen wissenschaftlichen Forschungsinteressen entsprachen. Dazu gehörte die Zeit des Übergangs zur periodischen Nachrichtenverbreitung Ende des 16. Anfang des 17. Jahrhunderts. Das Institut besitzt eine umfangreiche Sammlung von sogenannten Pressefrühdrucken, d.h. Nachrichtendrucken aus der vorperiodischen Zeit.

Die Presse der Märzrevolution 1848 ist mit etwa 500 Titeln, davon der überwiegende Teil im Rahmen eines Sammlungsprojekts zusammengebracht, auf Mikrofilm aufgenommen. Die Parteipresse des 19. Jahrhunderts spielt in der Sammlung ebenfalls eine tragende Rolle, desgleichen die überregional verbreiteten Qualitätszeitungen des 19. und 20. Jahrhunderts. Ein weiterer Schwerpunkt ist eine im wesentlichen ebenfalls auf Mikrofilm vorliegende Sammlung der deutschen Exilpresse 1933-1945, die wiederum in einem eigenen Forschungsprojekt ermittelt und erworben worden ist.

Die pressegeschichtliche Forschung hatte bereits darauf aufmerksam gemacht, daß die isolierte Betrachtung von Zeitungen allein für die Erfassung der öffentlichen Kommunikation nicht ausreicht. Es ist erforderlich, auch die Zeitschriften (vor allem Illustrierte und Unterhaltungsblätter), Flugblätter und Flugschriften und Plakate als weitere Printmedien einzubeziehen. Seit dem Ende des 19. Jahrhunderts ist auch der Film zu berücksichtigen, seit den 20er Jahren Hörfunk, seit den 50er Jahren das Fernsehen. In der Arbeit des Instituts für Zeitungsforschung wurde daraus die Konsequenz gezogen, auch die sogenannten kleineren Printmedien Flugblätter, Flugschriften, Plakate, vor allem aber die Zeitschriften intensiv zu sammeln. So kam eine an die 4.000 Stück umfassende Sammlung der Flugblätter zur Märzrevolution 1848 zustande, ferner eine umfangreiche Sammlung von illustrierten Zeitschriften von der Mitte des 19. Jahrhunderts bis zur Gegenwart und eine Sammlung von Rundfunkprogrammzeitschriften sowie Filmfachzeitschriften. Die audiovisuellen Medien konnten nicht direkt Sammlungsgegenstand der Zeitschriftenforschung werden, aber da ihre Entwicklung auf die Zeitung nach Erscheinungsbild und Bedeutung Einfluß nahm, wurde die Fachbibliothek bereits in den 50er Jahren auch auf Film, Hörfunk, Fernsehen ausgedehnt. Heute gehört die Literatur über sämtliche neuen Medien unbestritten auch zum Sammlungsgebiet des Instituts für Zeitungsforschung. Schließlich ist als jüngster Zweig der Sammlung mit dem Erwerb von Nachlässen begonnen worden. Schwerpunkte liegen auf Nachlässen von emigrierten Journalisten und Publizistikwissenschaftlern.

Zu *b)*
Die Benutzbarkeit einer Sammlung von der Größe und der Differenzierung wie sie im Institut für Zeitungsforschung vorliegt, ist nur dann für Forschungszwecke brauchbar, wenn sie in geeigneter Weise erschlossen wird. Deshalb ist seit Ende der 50er Jahre neben dem bibliothekarisch üblichen Alphabetischen Katalog gleichzeitig ein Sachkatalog aufgebaut worden, in dem sich die Bestände unter den für die Forschung besonders bedeutsamen Gesichtspunkten spiegeln. Der Katalog enthält mehr als 500.000 Karten.

Im Zusammenhang mit der Erschließung des gesammelten Materials ist auch die laufende dokumentarische Auswertung der eingehenden Periodika von Bedeutung. Die in- und ausländischen Fachzeitschriften für Pressewesen und Publizistik, die Tages- und Wochenpresse werden laufend unter den fachlichen Gesichtspunkten des Instituts ausgewertet. Dabei fallen pro Jahr etwa 5.000 bis 6.000 Artikel an, die für den Schlagwortkatalog aufbereitet werden.

Die Spezialsammlungen des Instituts sind zusätzlich in gesonderter Weise aufbereitet worden. Zur Flugblattsammlung Märzrevolution 1848 gibt es einen Sonderkatalog. Die Plakatsammlung, die mehr als 5.000 in- und ausländische politische Plakate umfaßt, wird gegenwärtig auf Farbmikrofiche aufgenommen und durch einen Begleitband erschlossen, der neben der Formalkatalogisierung auch ein Auffinden bestimmter Aussagen in einem Sachkatalog ermöglicht. Die übrigen Flugblätter und das publizistische Kleinschrifttum sind thematisch gegliedert in Mappen abgelegt, die jeweils durch Inhaltsverzeichnisse aufgeschlossen werden. Die Frühdrucksammlung ist für den Zeitraum 1517-1648 in einem gedruckten Bestandkatalog: Pressefrühdrucke aus der Zeit der Glaubenskämpfe erschlossen und für die meisten Nachlässe gibt es inzwischen Findbücher mit einer Hilfskartei, die Adressaten bei Briefwechsel nachweist.

Die Erschließung der Bestände ist auch durch regelmäßige, an Schwerpunkten der Sammlung orientierte Ausstellungen vorangetrieben worden, wobei die Kataloge als Leitfaden dienen können.

Zu *c)*
Die Erforschung von Geschichte und Funktion der Presse ist an den Hochschulen der Bundesrepublik in den 50er Jahren kaum weiter entwickelt worden. Ursache dafür war neben der Zerstörung der meisten Sammlungen und des Ausfalls beinahe zweier Generationen, die im Krieg gefallen oder durch ihr politisches Engagement nicht mehr für Lehr- und Forschungsaufgaben in Frage kamen, darin zu sehen, daß die neueröffneten Hochschulen das Fach Zeitungswissenschaft bis auf München beseitigt und von den übrigen Einrichtungen der Publizistik lediglich Münster und, nach Gründung der Freien Universität Berlin, 1948 auch wieder Berlin (West), aufgebaut wurden. Die Leistungsfähigkeit dieser Einrichtungen war begrenzt. Sie wurden seit den 60er Jahren durch die verstärkt an die Hochschulen strömenden Studenten geradezu überlaufen, sodaß sich daraus bis heute zwangsläufig eine Prioritätensetzung für die akademische Lehre ergibt. So fiel dem Institut für Zeitungsforschung in Dortmund ohne eigenes Zutun die Aufgabe zu, wichtige, auch aktuelle Probleme des Pressewesens monographisch in der vom Institut herausgegebenen Schriftenreihe zu behandeln und darüber hinaus Grundlagenliteratur zu erarbeiten, die für alle diejenigen Fächer, die mit der Zeitung als Quelle oder Gegenstand zu tun haben, als Nachschlagewerk zur Verfügung stehen sollte. Zur Illustration verweise ich auf einige Projekte aus den letzten drei Jahrzehnten: *Margot Lindemann und Kurt Koszyk* haben in vier Bänden die deutsche Pressegeschichte von den Anfängen bis zum Ende der Besatzungszeit 1949 in Handbuchform bearbeitet. Dabei handelt es sich um die erste Darstellung, die nach *Ludwig Salomons* Versuch einer pressegeschichtlichen Gesamtsicht (1900-1906) unternommen wurde. In der Schriftenreihe *Dortmunder Beiträge zur Zeitungsforschung* finden sich darüber hinaus zahlreiche Monographien, die die Pressegeschichte an einzelnen Punkten im Detail erweitern und gegebenenfalls auch korrigieren.

Die unübersichtliche Überlieferung der Mitschriften aus der Pressekonferenz im Propagandaministerium ab Sommer 1933 in mehreren, nicht ganz vollständigen, sich teilweise überschneidenden Sammlungen war der Anlaß, eine Edition und Dokumentation der NS-Presseanweisungen zu beginnen. Ziel der Unternehmung, die von *Gabriele Toepser-Ziegert* betrieben wird, ist es, möglichst komplett alle überlieferten Presseanweisungen, die in der genannten Konferenz ausgegeben und erläutert wurden, in chronologischer Folge darzustellen, wo notwendig zu erläutern und ihre Wirksamkeit in Bezug auf die Presse zu dokumentieren. Die Bände für 1933-1935 liegen vor, für 1936 sind drei Teilbände in Vorbereitung. Das Projekt soll zunächst bis zum Kriegsbeginn September 1939 geführt werden.

Weil die Erschließung der Tagespresse in Deutschland wegen der fehlenden Register schwierig ist, hat sich vielfach der Wunsch geltend gemacht, in einem Handbuch die

Presseausschnittarchive und deren thematische Schwerpunkte zu dokumentieren. Das Institut hat ein solches Handbuch in erster Auflage 1985 vorgelegt (in Zusammenarbeit mit der Fachgruppe der Presse-, Rundfunk- und Filmarchivare im Verein Deutscher Archivare). Eine zweite Auflage, wiederum aufgrund einer Fragebogenerhebung, ist in Vorbereitung.

Der bibliographische Nachweis von Zeitungen ist nach wie vor schlecht. Sie sind in Gesamtkatalogen kaum erfaßt. Die vorhandenen gedruckten bibliographischen Hilfsmittel bieten immer nur Auswahlen. Deshalb scheint der Versuch, über eine Regionalbibliographie weiter zu kommen, bedenkenswert. Im Institut wurde aufgrund einer Fragebogenerhebung ein Verzeichnis der Bestände Westfälischer Zeitungen (1975) publiziert. Das Ergebnis zeigt, daß Fragebogenerhebungen allein keine geeignete Grundlage darstellen können. Vielmehr ist es erforderlich, daß die Bearbeiter solcher Bibliographien die in Frage kommenden Bibliotheken und Archive einschließlich der Privat- und Verlagsarchive direkt aufsuchen und die erforderlichen Titelaufnahmen vor Ort machen. Auf diese Weise ist eine Quellenkunde zur Pressegeschichte Dortmunds und der ehemaligen Grafschaft Mark zustande gekommen, für das *Gert Hageweide* zusätzlich die Sekundärliteratur bis hin zu Jubiläumsnummern und Zeitungsaufsätzen und die überlieferten Archivalien verzeichnet hat. Ein ähnliches Verzeichnis für die bergische Presse ist in Druck, in Vorbereitung ein Verzeichnis, das das demnächst wieder hergestellte Land Sachsen-Anhalt in der DDR darstellt.

Die Ergebnisse der oben geschilderten laufenden Presseauswertung zum Gegenstandsbereich Presse und Publizistik wurden von 1959 bis 1981 in einer vierteljährlich gedruckten Bibliographie der unselbständig erschienenen Literatur über Presse, Rundfunk und Film veröffentlicht. Diese Bibliographie hatte den Nachteil, daß sie ohne Register publiziert wurde, da die Herstellung eines Registers zeitlich nicht im Institut geleistet werden konnte. Der weitere Nachteil war, daß die Drucklegung auf Kosten des Instituts erfolgte und nicht durch Verkauf gedeckt werden konnte. So haben wir Anfang der 80er Jahre nach neuen Möglichkeiten der Dokumentation gesucht. Herausgekommen ist eine Zusammenarbeit mit der Staats- und Universitätsbibliothek Bremen, Fachreferat Publizistik und Massenkommunikation, die die Daten aus der Jahresbibliographie Massenkommunikation, d.h. die Monographien für eine gemeinsame Datenbank seit 1982 einbrachte, ferner mit der Informationsstelle Politik und Massenkommunikation der Freien Universität Berlin, die die wissenschaftlichen Zeitschriften im engeren Sinne auswertete, während Dortmund die Tages- und Wochenpresse sowie einige weitere Fachzeitschriften der Berufsverbände und Korrespondenzen einbrachte. Die Datenbank wird an der Freien Universität Berlin geführt und soll 1991 auch online im Institut für Zeitungsforschung zur Recherche zur Verfügung stehen.

Aufgrund des intensiven Mikrofilmeinsatzes im Institut für Zeitungsforschung und des Aufbaus einer eigenen Fotostelle ab 1958 sind die Vorteile der Mikroverfilmung von Zeitungen rasch erkannt worden. Erfahrungen zeigten auch, daß Verfilmungsfortschritte nur in Zusammenarbeit mit anderen interessierten Einrichtungen zu erzielen waren, weil die Kosten nur durch Teilung aufgebracht werden konnten. So kam es 1965 zur Gründung des Mikrofilmarchivs der deutschsprachigen Presse, in dem sich große, an Zeitungsverfilmung interessierte Bibliotheken und Archive der Bundesrepublik Deutschland zusammengeschlossen haben. Aufgabe des gemeinnützigen Vereins, dessen Geschäftsstelle im Institut für Zeitungsforschung in Dortmund lag und liegt, ist die Verfilmung der deutschsprachigen Presse in Geschichte und Gegenwart voranzutreiben und die Verfilmungsfortschritte in einem Bestandsverzeichnis zu dokumentieren. Die 8. Auflage des Bestandsverzeichnisses (1989) liegt inzwischen vor. Mit dem Fortschritt der Zeitungsverfilmung ist auch der Wunsch nach einem *überregionalen Nachweis im Rahmen der Zeitschriftendatenbank* (Deutsches Bibliotheksinstitut Berlin-West und Staatsbibliothek Preußischer Kulturbesitz Berlin-West) deutlich geworden. Deshalb soll in den nächsten Jahren der Zeitungsbestand des Instituts für Zeitungsforschung und der Mikrofilmbestand des Mikrofilmarchivs der deutschsprachigen Presse in die ZDB eingearbeitet werden. Die dafür erforderlichen Auslegungen der Katalogisierungsregeln werden gegenwärtig verhandelt.

Zusammenfassend läßt sich sagen, daß das Institut für Zeitungsforschung in Dortmund für den Bereich der Bundesrepublik Deutschland und die deutsche Pressegeschichte insgesamt ein Zentrum bibliothekarischer, archivarischer und dokumentarischer Arbeit ist, das in seinen eigenen Magazinen die Quellen für viele Fragestellungen vorrätig hat und in den meisten anderen Fällen Nachweise besitzt, wo gesuchte Zeitungen, sei es im Papieroriginal oder auf Mikrofilm, greifbar sind. Deshalb ist das Institut nicht nur als nationales Zentrum zur Erforschung der Printmedien durch die Benutzer angenommen worden, sondern erfüllt zugleich für ausländische Interessenten diese Funktion. Davon zeugen die Zahlen der Benutzung. 1989 hatte der Studiensaal über 5.000 Benutzer. Es wurden weit über 36.000 Bände eingesehen, ferner mehr als 25.000 Mikrofilme. Im auswärtigen Leihverkehr wurden knapp 2.000 Bestellungen erledigt, über 4.000 schriftliche Auskünfte wurden erteilt. Benutzer fertigten im Lesesaal über 29.000 Kopien vom Mikrofilm, die Fotostelle des Instituts stellte fast 10.000 Kopien her, die zum überwiegenden Teil nach auswärts gingen. Von den Benutzern kommt die gute Hälfte aus Dortmund, ein Drittel aus dem übrigen Nordrhein-Westfalen und den anderen Ländern der Bundesrepublik, immerhin 2 % aus dem Ausland. Die Anzahl der Ausländer hat sich in den letzten 5 Jahren verdoppelt. Durch die Vereinigung von Bundesrepublik und Deutscher Demokratischer Republik wird sich mittelfristig gesehen die Benutzung des Instituts erweitern. Es können aber vor allem Studien, die das Gebiet der DDR betreffen, nun mit viel geringerem Zeitaufwand direkt dort betrieben werden. Auch wird es möglich sein, künftig Verfilmungslücken, die Zeitungen betreffen, die auf dem Gebiet der DDR in früheren Jahrzehnten und Jahrhunderten erschienen sind, zu schließen. Die Literatur aus und über die DDR-Publizistik ist im Institut für Zeitungsforschung ohnehin schon immer intensiv gesammelt worden.

Die Zusammenarbeit in Europa wird sich sicher intensivieren. Durch das Mikrofilmarchiv der deutschsprachigen Presse bestehen schon Arbeitsbeziehungen zur British Newspaper Library, London, und zur Bibliothèque Nationale resp. ACRPP in Paris. Es bestehen auch Bestrebungen, die Kamerafilme von Zeitungen, die im Bestandsverzeichnis des Mikrofilmarchivs nachgewiesen sind, in ein europäisches Master-Register einzubeziehen, wie es in einer Machbarkeitsstudie der Europäischen Gemeinschaft im vergangenen Jahr vorgeschlagen worden ist.

*Literatur*

Bohrmann, Hans: Gründung und Entwicklung des Instituts für Zeitungsforschung in der Weimarer Republik. In: Klottbücher, Alois (Hrsg.): Von Büchern und Bibliotheken in Dortmund. Beitr. z. Bibliotheksgeschichte einer Industriestadt. Zum 75-jährigen Bestehen d. Stadt- und Landesbibliothek Dortmund. Dortmund: Ruhfus 1982, S. 101-108.

Bohrmann, Hans: Das Institut für Zeitungsforschung der Stadt Dortmund und seine Bestände unter bes. Berücksichtigung Westfalens. In: Archivpflege in Westfalen und Lippe. Nr. 16. Dez. 1981, S. 9-16.

Bohrmann, Hans: Zur Mikroverfilmung von Zeitungen. Das Mikrofilmarchiv d. deutschsprachigen Presse u. das Institut für Zeitungsforschung d. Stadt Dortmund. In: Archivar. 37 (1984), Sp. 201-208.

Koszyk, Kurt: 50 Jahre Institut für Zeitungsforschung der Stadt Dortmund: 1926-1976. Dortmund: Inst. f. Zeitungsforschung 1976.

## ÖZDB AUF CD-ROM EINSATZ DER APPLIKATION ÖZDB-COMPACT NUN AUCH AUF DER FIXPLATTE VON PCS

**Von Ladislaus Lang**

Anläßlich des 20. Österreichischen Bibliothekartages in Linz, im Herbst 1988, konnte das Ergebnis eines Pilotprojektes der Planungsstelle für wissenschaftliches Bibliothekswesen der Österreichischen Nationalbibliothek und der ÖZDB, die *ÖZDB Compact - die ÖZDB auf CD-ROM* präsentiert werden.

Die CD-ROM stellt in der Form geschlossener Kataloge die Zeitschriftenbestände von vier österreichischen Großbibliotheken (UBG, UBS, UBL und UBWUW) zur Verfügung, die Abfrage erfolgt über einen PC. Die enthaltenen Kataloge sind Teilmengen der Online-Verbunddatenbank ÖZDB.

Die ÖZDB selbst ist der automationsunterstützte Zentralkatalog für den Nachweis der Bestände österreichischer wissenschaftlicher Bibliotheken an fortlaufenden Sammelwerken (d.s. Zeitschriften, Zeitungen, zeitschriftenartige Reihen und Schriftenreihen), sie ist somit eine komplementäre Datenbank zu den Literaturdatenbanken; in diesen erzielte Rechercheergebnisse (Literaturzitate) können mit Hilfe der ÖZDB für die direkte Literaturbenützung aus österreichischen Bibliotheksbeständen verifiziert werden.

Die CD-ROM-Technologie ist ein Nebenprodukt der Audio-CDs (der Name bedeutet Compact Disc Read Only Memory: d.h. man hat nur Zugriff auf das Speichermedium, kann es jedoch nicht beschreiben). Die Speicherkapazität liegt bei maximal 550 Mega-

Byte: Diese Datenmenge entspricht etwa 275.000 einseitig beschriebenen Schreibmaschinenseiten mit einem Papiergewicht von 1,1 Tonnen, oder 1500 Stück 360 kB-Disketten, oder 750 Mikrofiches (der letzte ÖZDB-Gesamtausdruck umfaßte 78 Mikrofiches).

Die Speicherstruktur besteht aus feinen Rillen und neutralen Flächen. Die gesamte Oberfläche der Disc ist verspiegelt, sodaß der LASER optimal reflektiert wird. Beim Übergang von Rille zur neutralen Fläche und umgekehrt erfolgt keine Reflexion, auf diese Weise erhält der Rechner die nötige digitale Information. Bei der CD-ROM ist die Winkelgeschwindigkeit vom Radius der abgetasteten Spur abhängig, wodurch eine extrem hohe Speicherdichte erreicht wird.

Seit etwa drei Jahren wächst die Anzahl der CD-ROM-Anwendungen, von denen es zu Beginn des Jahres weltweit bereits über 1500 verschiedene gab; und im Laufe des Jahres weiterer beträchtlicher Zuwachs erwartet wird. Somit kann der Durchbruch dieser Technologie des mittels LASER abrufbaren Massenspeichers auf CD als gesichert gelten.

Der Retrieval in CD-ROM-Datenbanken erweist sich immer mehr als funktionelle und effektive Methode der Datenrecherche. Statt nun in lokale CD-ROM-Inseln zu investieren, sollte der Aufbau netzwerkweiter CD-ROM-Recherchen angestrebt werden. Netzwerke dienen hier als Verbindung von Rechnern und Peripheriegeräten mit unterschiedlichen Aufgaben und Konfigurationen, dabei können im lokalen Netzwerk über (mehrere) CD-ROM-Server jeweils mehrere CD-ROM-Laufwerke auch für Mehrfachzugriff eingesetzt werden. Es gibt bereits jetzt eine weite Palette von technischen Lösungen die von CD-ROM-Laufwerkstapeln (stacks oder multi-player-systems) bis zu Jukeboxes (d.s. Speicher für eine große Anzahl von CDs, die bei Bedarf die benötigte CD in ein CD-ROM-Laufwerk laden) reichen.

Als Ergebnis des bereits erwähnten Pilotprojektes können nun zu Beständen einzelner Bibliotheken oder Bibliotheksgruppen online abfragbare Katalogauswertungen hergestellt werden. Die benötigten Angaben werden aus dem Datenbestand der ÖZDB extrahiert und als Auskunftssystem aufbereitet, entweder auf eine CD-ROM gepreßt, oder auf der Fixplatte eines PC gespeichert und über eine benutzerfreundliche Bedienungsoberfläche zugänglich gemacht.

Die ÖZDB-Compact ist der erste Zeitschriftenzentralkatalog im deutschsprachigen Raum in dieser Darstellungsform. Das Projekt wurde mit dem Verfahren des Software-Prototyping auf dem Apple Macintosh in rund sechs Wochen realisiert. Die Datenbank ist dabei auf die Anforderungen der Benutzer und der Katalogdaten abgestimmt und die Benutzerschnittstelle mit Menüs und Fenstertechnik so gestaltet, daß die CD ohne besondere Anleitung benutzt werden kann. Für die Gestaltung der Benutzeroberfläche wurde Macintosh Programmers Workshop (MPW) mit seiner Programmbibliothek verwendet.

Eine Vorführung dieser Lösung erfolgt an einem Apple Macintosh-II PC der Wirtschaftsuniversität Wien am Stand der EDV-GesmbH: Es wird der Einsatz des PC von einem Mitarbeiter der Planungsstelle für wissenschaftliches Bibliothekswesen der Österreichischen Nationalbibliothek gezeigt, an dem zugleich BIBOS, die ÖZDB, der lokale Zeitschriftenkatalog der UBWUW sowie die ÖZDB-Compact abgefragt werden können (wobei in BIBOS bzw. ÖZDB auch der Änderungsdienst möglich ist).

Nun zur Bedienung der ÖZDB-Compact:

Die Applikation auf der Festplatte wird durch Anklicken des Symbols *ÖZDB-Compact* gestartet.

Danach soll der Ordner mit den Katalogdaten geöffnet und das *Katalogsymbol* durch zweimaliges Anklicken aktiviert werden.

Man wählt aus dem Menü *Suche* den Befehl *Neue Suche...* und gibt die erforderlichen Suchkriterien in die Maske ein.

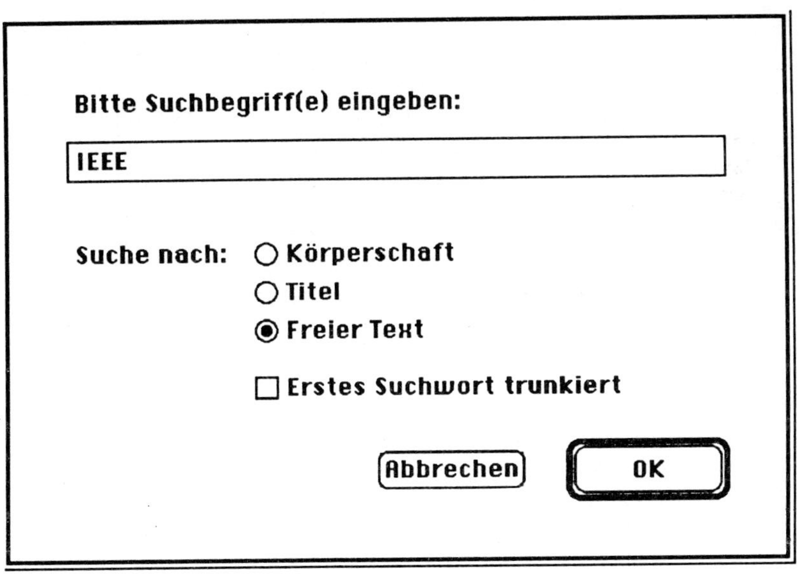

Die gefundenen Titel und Körperschaften werden in Form einer Liste von Kurzeinträgen in einem Auswahlfenster angezeigt:

**Suche Nr. 1 (Auswahl)**

Datenbank: GZL
Gesucht war nach: IEEE
Gefundene Aufnahmen: 26 (3 Körperschaften, 23 Titel)

Computer Society • IEEE transactions on computers New Y
IEEE
IEEE Computer Society
IEEE Symposium on Applications of Ferroelectrics
Institute of Electrical and Electronics Engineers • IEEE com
Institute of Electrical and Electronics Engineers • IEEE com
Institute of Electrical and Electronics Engineers • IEEE jou
Institute of Electrical and Electronics Engineers • IEEE mi
Institute of Electrical and Electronics Engineers • IEEE spe
Institute of Electrical and Electronics Engineers • IEEE tra
Institute of Electrical and Electronics Engineers • IEEE tra
Institute of Electrical and Electronics Engineers • IEEE tra
Institute of Electrical and Electronics Engineers • IEEE tra
Institute of Electrical and Electronics Engineers • IEEE tra
Institute of Electrical and Electronics Engineers • IEEE tra
Institute of Electrical and Electronics Engineers • IEEE tra
Institute of Electrical and Electronics Engineers • IEEE tra
Institute of Electrical and Electronics Engineers • IEEE tra
Institute of Electrical and Electronics Engineers • IEEE tra
Institute of Electrical and Electronics Engineers • IEEE tra
Institute of Electrical and Electronics Engineers • IEEE tra
Institute of Electrical and Electronics Engineers • IEEE tra
Institute of Electrical and Electronics Engineers • IEEE tra
Institute of Electrical and Electronics Engineers • Proceedi
Symposium on Applications of Ferroelectrics • IEEE Symp
Symposium on Applications of Ferroelectrics • Proceeding

Mit den Befehlen *Auswahl einschränken*, *Nur Körperschaften* und *Nur Titel* aus dem Menü *Suche* kann das Suchergebnis gegebenenfalls weiter eingeschränkt werden:

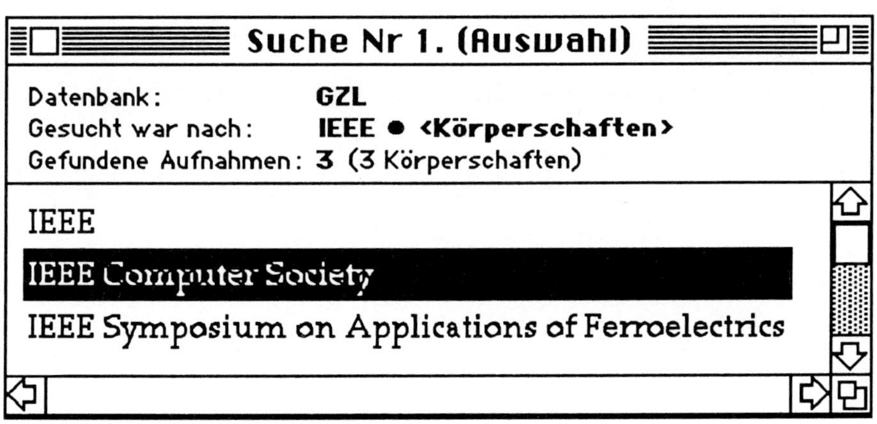

Der volle Katalogeintrag zu einem Kurzeintrag des Auswahlfensters wird angezeigt, indem der Kurzeintrag doppelgeklickt wird.

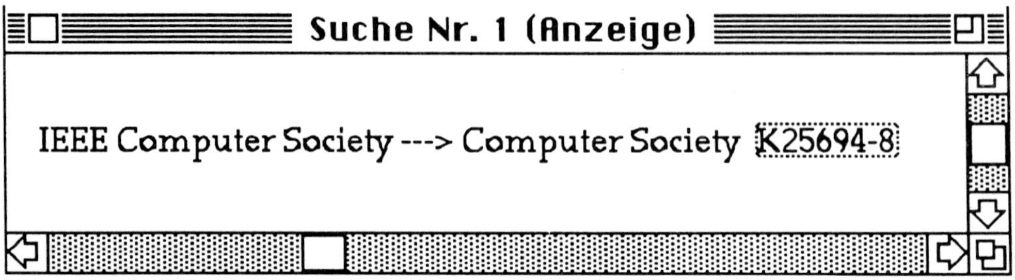


Im Anzeigefenster können punktiert eingerahmte Datenbanknummern vorkommen, das sind Verweise von Namensformen auf die Haupteintragung bei Körperschaften, bei Titeln auf Vorgänger, Nachfolger und dgl. zu denen im Katalog weitere Eintragungen mit Bibliotheksbeständen existieren (ist hingegen die angegebene Datenbanknummer nicht eingerahmt, so stellt die Information bibliographische Hinweise dar, zu denen im Katalog keine weiteren Eintragungen gehören). Wird eine derartig eingerahmte Datenbanknummer angeklickt, so wird der verwiesene Katalogeintrag angezeigt:

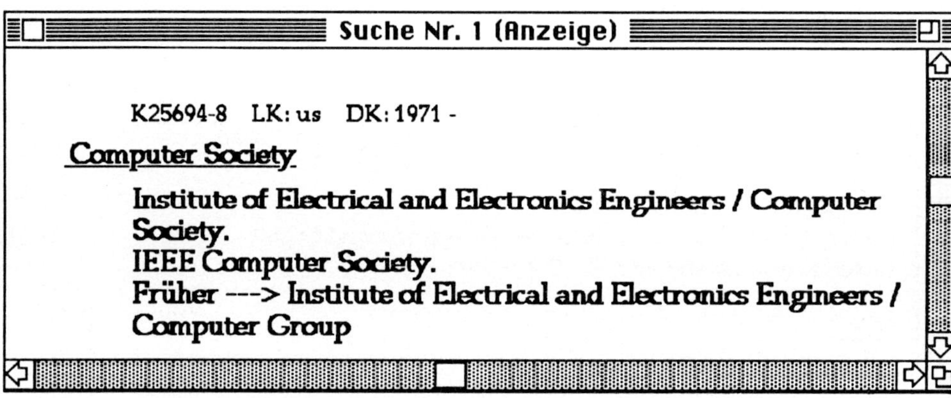


Wird etwa der Katalogeintrag einer Körperschaft angezeigt, so können mit dem Befehl *Titel zur Körperschaft* aus dem Menü *Suche* die zugehörigen Titel in einem *Auswahlfenster* angezeigt werden.

Der volle Katalogeintrag zu einem Kurzeintrag des Auswahlfensters wird angezeigt, indem der Kurzeintrag doppelgeklickt wird:

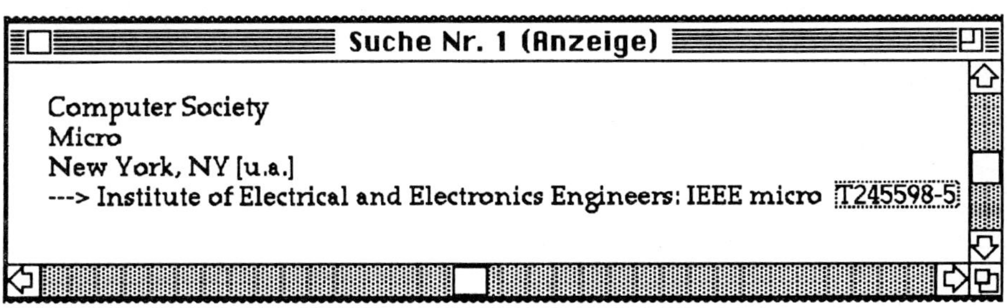

Wird die eingerahmte Datenbanknummer angeklickt, so wird der verwiesene Katalogeintrag angezeigt:

Mit den Befehlen *Weiterblättern* und *Zurückblättern* aus dem Menu *Suche* kann man wie in einem Zettelkatalog blättern.

Die Auswahl- und die Anzeigefenster sind normalerweise nur durchnumeriert: *Suche Nr... (Auswahl)* bzw. *Suche Nr... (Anzeige)*, können jedoch mit dem Befehl *Benennen...* aus dem Menü *Ablage* durch den Benutzer mit einem sprechenden Namen versehen werden.

Suchergebnisse können mit den Befehlen *Sichern...*, *Sichern unter...* und *Öffnen* aus dem Menü *Ablage* abgespeichert bzw. wieder geladen werden. Mit dem Befehl *Drucken...* aus dem Menü *Ablage* kann der Katalogeintrag im aktiven Fenster ausgedruckt werden; der Befehl *Sofort Drucken* überspringt zusätzlich den Print-Dialog.

Das Menü *Format* dient zur Veränderung des Erscheinungsbildes des Anzeigefensters. Für die einzelnen Aufbauelemente eines Katalogeintrages können Zeichensatz (Schrift), Schriftgröße und Stil frei gewählt werden.

Entscheidende Vorteile der CD-Lösung gegenüber den statischen Auswertungen (Papierkataloge, Mikrofiche) bestehen im mitgelieferten Abfragesystem, in der autarken Benützung (orts-, leitungs-, terminunabhängig, kostengünstig), in der Möglichkeit des periodischen, schnellen Updates durch Neuauflagen und in der Weiterverarbeitung gewonnener Daten in Textverarbeitungsprogrammen.

Für die ÖZDB wird diese Technologie in die Überlegungen mit einbezogen, wie die Massendaten am günstigsten im Rahmen des Bibliothekenverbundes angeboten werden können. In den nächsten Jahren wird sich das Problem der noch nicht allgemein vorhandenen Lesegeräte für CD-ROM sowie die noch immer nicht einheitliche Normung auf diesem Gebiet bemerkbar machen. Die geplante nächste Version von ÖZDB-Compact soll aber neben Apple Macintosh auch auf AT- und XT-kompatiblen Rechnern unter MS-DOS sowie auf IBM PS/2-Rechnern sowie auf UNIX-Systemen laufen und den gesamten Datenbankinhalt erschließen. Dazu finden Gespräche mit der ZDB-Berlin als Partner für eine gemeinsame CD und mit verschiedenen Herstellern statt. Denn es läßt sich bereits erkennen, daß die CD-Technologie eine wesentliche Ergänzung der Großapplikationen auf zentralen oder verteilten Rechnern darstellt, und diese in gewissen Bereichen sicher ablösen wird (Neubauer 1989).

# KOMMISSION FÜR SACHKATALOGISIERUNG

## KOMMISSION FÜR SACHKATALOGISIERUNG
## Tätigkeitsbericht für die Funktionsperiode 1988-1990
### Von Peter Kubalek

Die Arbeit der Kommission im oben angeführten Zeitraum wird am besten durch die veranstalteten Kommissionssitzungen und die dabei behandelten Tagesordnungspunkte dokumentiert:

*Sitzung am 30. November 1988 (Wien):*

1. Vereinheitlichung der Sachkatalogisierung im Hinblick auf die EDV, bzw. den Verbund - ja oder nein?
2. Verbale oder klassifikatorische Sacherschließung oder eine Verbindung von beiden?
3. Wünsche, Vorstellungen der Sacherschließung (Fachleute und Benutzer) an die EDV
4. Anforderungen an die EDV von Seiten der Sachkatalogisierung
5. Arbeitsweise (Funktion) der Kommission und weitere Tätigkeiten

*Sitzung am 26. Jänner 1989 (Wien)* - aufgrund des beim Round-Table-Gespräch der Kommissionsvorsitzenden gefaßten Beschlusses, themenzentrierte gemeinsame Sitzungen abzuhalten: mit der Kommission für EDV-Anwender:

1. Kurzreferate: Jobst, H.: EDV und Sacherschließung - Bericht aus der Praxis; Lang, W.: Thesen zur Sacherschließung im Verbund; Swoboda, L.: Suche im codierten Thesaurus; Rädler, K.: Funktionsabläufe des Thesaurus von DOBIS.
2. "Weg" der Wünsche der Sacherschließung zur EDV (= Nominierung einer Arbeitsgruppe aus den Mitgliedern beider Kommissionen zur Diskussion und Zusammenfassung der Wünsche der Sacherschließung).

*Sitzungen der Arbeitsgruppe Sacherschließung-EDV am 19. April 1989 (Schloß Hofen) und am 24. Mai 1989 (Salzburg):*

Erarbeitung der Resolution "Wünsche der Sacherschließung an die EDV". (Diese Resolution wurde vom Ausschuß der Vereinigung Österreichischer Bibliothekare in der dritten Sitzung am 26.6.1989 einstimmig angenommen und in der Folge dem BMWF und dem BMUKS übermittelt.)

*Sitzung am 4. September 1990 (Bregenz):*

1. Referat von W. Stephan (Frankfurt/M.): "Redaktionelle Anforderungen an Partner und Nutzer der Kooperativ geführten Schlagwortnormdatei (SWD)";
2. Bericht der Schlagwort-Zentralredaktion (des BMWF) über die Sacherschließung in BIBOS (Dr. Auer und Dr. Unteregger-Vaerst).

## PROTOKOLL DER KOMMISSIONSSITZUNG am 4. September 1990 in Bregenz

*Tagesordnung:*
1. Referat von Werner Stephan (Frankfurt/M.): "Redaktionelle Anforderungen an Partner und Nutzer der kooperativ geführten Schlagwortnormdatei (SWD)".
2. Bericht der Schlagwort-Zentralredaktion (des BMWF) über die Sacherschließung in BIBOS.
3. Allfälliges

Begrüßung der Mitglieder und Referenten durch den Vorsitzenden. Bericht über die Tätigkeit der Kommission in der ablaufenden Funktionsperiode: Mit der heutigen wurden insgesamt fünf Kommissionssitzungen abgehalten.

1. Referat von *W. Stephan* (Frankfurt/M.): Die kooperative SW-Datei wird als Dienstleistung von der DB in 2 Formen, als Magnetband- und als Microfiche-Ausgabe angeboten. Später soll sie auf CD-ROM gespeichert lieferbar sein. Stephan erläutert die Aufgabenteilung bzw. wechselseitige Mitarbeit an der kooperativen Datei zwischen den Partnern, der DB, dem Bayerischen Bibliotheksverbund, HBZ Nordrhein-Westfalen, SWB-Verbund, Hess. Bibliotheks-Informationssystem, Ruhrgas, weiters die Möglichkeiten der Partizipation der Dt. Bücherei, dem BIBOS-Programm in Österreich, St. Gallen u.a. an den Ergebnissen der Frankfurter Arbeit. Die Anforderungen an die Partner sind: 1. vom Regelwerk abhängige, 2. formatgebundene und 3. Gründe im Geschäftsgang. Stephan erläutert den näheren Ablauf der Korrekturarbeit an der SWD-Redaktion und den Modus der SW-Meldungen über Mailbox. Die echten Partner nehmen aktiv am Verfahren zu Änderungen oder Neuvergaben der SWW teil. Es müssen gewisse Grundsätze der kooperativen Mitarbeit gelten, so u.a. eine Online-Lieferung der Datensätze nach festgelegten Kategorien an die Verbundzentrale bzw. geeignete Rückmeldung an die Partner. Die Mitarbeit neuer Partner wäre nur auf dieser Basis möglich, würde aber zur Zeit vor allem aus Personalgründen durch die Zentrale in Frankfurt noch nicht zu bewältigen sein. Eine Reihe von Bibliotheken ist aber auch nur an der Benützung des normierten Vokabulars interessiert. Für die Zukunft plant die Frankfurter Zentrale eine Einbindung der LOC Systematik, eventuell auch mit einer Konkordanz der Dewey-Klassifikation und auf der Ebene der Oberbegriffe eine mehrsprachige SWD.

2. *G. Auer* berichtet über die tägliche Praxis in österreichischen Großbibliotheken bei der Sacherschließungsarbeit und über den Stand der SE im BIBOS-Verbund, schließlich noch über die Bildung und Tätigkeit der Zentralen Redaktion. Allgemein wird als unbefriedigend derzeit die Tatsache empfunden, daß es in BIBOS noch nicht möglich ist, in einer geeigneten Kategorie Verweisungen unterzubringen und es andererseits auch nicht möglich ist, Körperschafts- und Normdatei in geeigneter Weise einzuspielen und schließlich Unklarheit darüber herrscht, wie Neuansetzungen zu verwalten sind. Bisher wurden wenigstens mit dem Erlaß des BMWF vom 25.4.1990 die RSWK an österreichischen Bibliotheken als verbindlich vorgeschrieben und mit 13.6.1990 an der ÖNB eine Zentralredaktion für Nominal- und Sachkatalogisierungs-Fragen installiert. Auer

erläutert die Funktion der Kategorien: 700 (Bibliotheksspezifische Systematik), 715 (RSWK-Ketten, die mit der SWD konform sind), 720, 730 (sonstige SE), 750 (Abstracts), 751 (Status der SE), 752 (Kommentar), 990 (Angaben über Ketten für Listen), etc. Bei lexikalischen Werken beispielsweise wird nur in der hierarchisch übergeordneten Ebene der Gesamttitel beschlagwortet, jedoch Einzelstücke des Werks ohne geschlossenen Inhalt nicht.
Im Zuge der Diskussion wird einmal mehr der Wunsch nach geeigneten Schlagwortregeln für Spezialbibliotheken (z.B. an Musikhochschulen) geäußert. Die SWD soll jedoch auch diesem Wunsch nachkommen und das Vokabular ausgebaut werden; auch die RSWK sind prinzipiell auf Spezialbibliotheken anwendbar und könnten den Anforderungen genügen.

3. Das Referat von Frau *Unteregger-Vaerst* geht von der Situation der Lokalredaktionen österreichischer Bibliotheken aus, die bereits nach RSWK arbeiten, aber noch keine Möglichkeit haben, aktiv an der Terminologie-Arbeit für die SWD (Schlagwortnormdatei) mitzuwirken. Zu den Hauptaufgaben dieser Redaktionen zählen:

a) Die Kontrolle der von den Fachreferenten unter möglichst weitgehender Nutzung von Fremdleistung erstellten RSWK-Ketten.
b) Die Überprüfung der Neuansetzungen nach der Rangfolge der Nachschlagewerke, den Regeln der RSWK und analogen Fällen in der SWD.

Obwohl die Daten im WV (Wöchentliches Verzeichnis = grüne Hefte der Deutschen Bibliographie) durchwegs auf hohem Niveau sind, könnte eine Koordinierung zwischen den Fachbereichen innerhalb der Deutschen Bibliothek ihre Nutzbarkeit noch verbessern (Beispiele aus der täglichen Arbeitspraxis). Die Suche nach Analogiefällen in der SWD deckt immer wieder Widersprüche auf, die von den österreichischen Bibliotheken nicht eingebracht bzw. abgeklärt werden können (Beispiele). Das System der gegenseitigen Kontrolle, das von den derzeit kooperierenden 3 deutschen SWD-Redaktionen (Augsburg, München, Köln) einerseits und den Fachreferenten der Deutschen Bibliothek Frankfurt andererseits online betrieben wird, sieht eine Anlaufstelle für Bibliothekenverbünde in Warteposition nicht vor. Die Korrekturbedürftigkeit von Deskriptoren ergibt sich aber oft erst durch die interdisziplinäre Erprobung, auch durch Fachleute außerhalb des engsten deutschen SWD-Verbundes. Für diese Anwender (auch deutsche Bibliotheken zählen dazu) sollten Kontaktmöglichkeiten geschaffen werden. Da die SWD kein im voraus konstruierter und alle möglichen Fälle voraussehender Universalthesaurus sein soll und kann, sondern buchbezogen nach Anlaßfällen aufgebaut wird, ist nach Meinung der Referentin außerdem eine umfassende und laufende Strukturkontrolle durch ein Team von Fachleuten notwendig. Diese Forderung ist inzwischen durch die Einführung des Augsburger Expertentreffens erfüllt worden.
*W. Stephan* beantwortet die in diesem Referat angerissenen Fragen und erläutert das in seinem Referat schon Angedeutete: Eine Teilnahme an der SWD-Arbeit der DB ist für uns (österreichische Partner) in absehbarer Zeit aus personellen Gründen nicht vorstellbar. Ein Projekt, das Wege und Möglichkeiten für weitere Partner erarbeiten soll, wurde beantragt. Ganz allgemein steht es uns aber auch jetzt schon frei, offensichtliche Fehler oder Inkonsequenzen in der Terminologie der SWD nach Frankfurt zu melden.

4. Einstimmig wird eine Resolution an den Ausschuß der VÖB angenommen, in der die Unterhaltsträger des EDV-Verbundes gebeten werden, bei der Erstellung des Moduls Sacherschließung die von der Arbeitsgruppe Sacherschließung - EDV 1989 erarbeiteten "Wünsche der Sacherschließung an die EDV" zu berücksichtigen.

5. Der Vorsitzende der Kommission, Dr. Kubalek, schließt die Sitzung und bedankt sich im Namen aller Teilnehmer bei den Referenten für ihre Beiträge.

## Redaktionelle Anforderungen an Partner und Nutzer der kooperativ geführten Schlagwortnormdatei (SWD)

**Von Werner Stephan**

### *1. Schlagwortnormdatei und ihr Umfeld*

Die SWD ist eine kooperativ geführte Datei, die von den zentralen Diensten der Deutschen Bibliothek als Dienstleistung anderen Bibliotheken zur Nutzung angeboten wird, entweder als Magnetbanddienst oder halbjährlich als Mikrofiche. Darüberhinaus ist die SWD Hintergrunddatei für die übrigen Sacherschließungsdienstleistungen der Deutschen Bibliothek, was z.B. auch dazu führte, daß systematische Komponenten in die Datei Eingang fanden. Wie sich auf dem Kolloquium zur Schlagwortnormdatei im letzten Oktober zeigte, wird diese Entscheidung von den Nachnutzern durchaus begrüßt. Mit Aufnahme des Verweisungssystems der SWD auf die CD-ROM der Deutschen Bibliothek wird die Bedeutung der SWD als Hintergrunddatei hervorgehoben: die sachliche Recherche im OPAC-System der Deutschen Bibliothek wird deutlich verbessert. Folgt man der Untersuchung von Hildreth (1), so ist die DB die erste Bibliothek (Nationalbibliothek), die dies verwirklicht.

Auf die Bedeutung der DB-CD ROM und die Nutzung als OPAC, will ich hier nicht weiter eingehen. Uns allen ist aber klar, daß die Benutzbarkeit von OPAC's für die sachliche Suche in entscheidendem Maße von der Qualität der sachlichen Zugriffsmöglichkeit abhängt. Daraus entsteht für die Deutsche Bibliothek die Verpflichtung, die Daten entsprechend zu pflegen; und zwar im Hinblick auf die Zufriedenheit des bibliothekarischen Fachpersonals (Indexierer und Recherchierer) als auch im Hinblick auf die Zufriedenheit der Benutzer. Dies beinhaltet zwei Aspekte: Entwicklung und Speicherung relevanter Daten, in unserem Fall also Schlagwörter, Klassifikationselemente u. ä., genauso wie Oberflächengestaltung, Systemführung usw. Die Grundlage für die sachliche Recherche in diesem Sinn legen wir mit der SWD. Die SWD gewinnt immer mehr an Bedeutung im deutschsprachigen Raum.

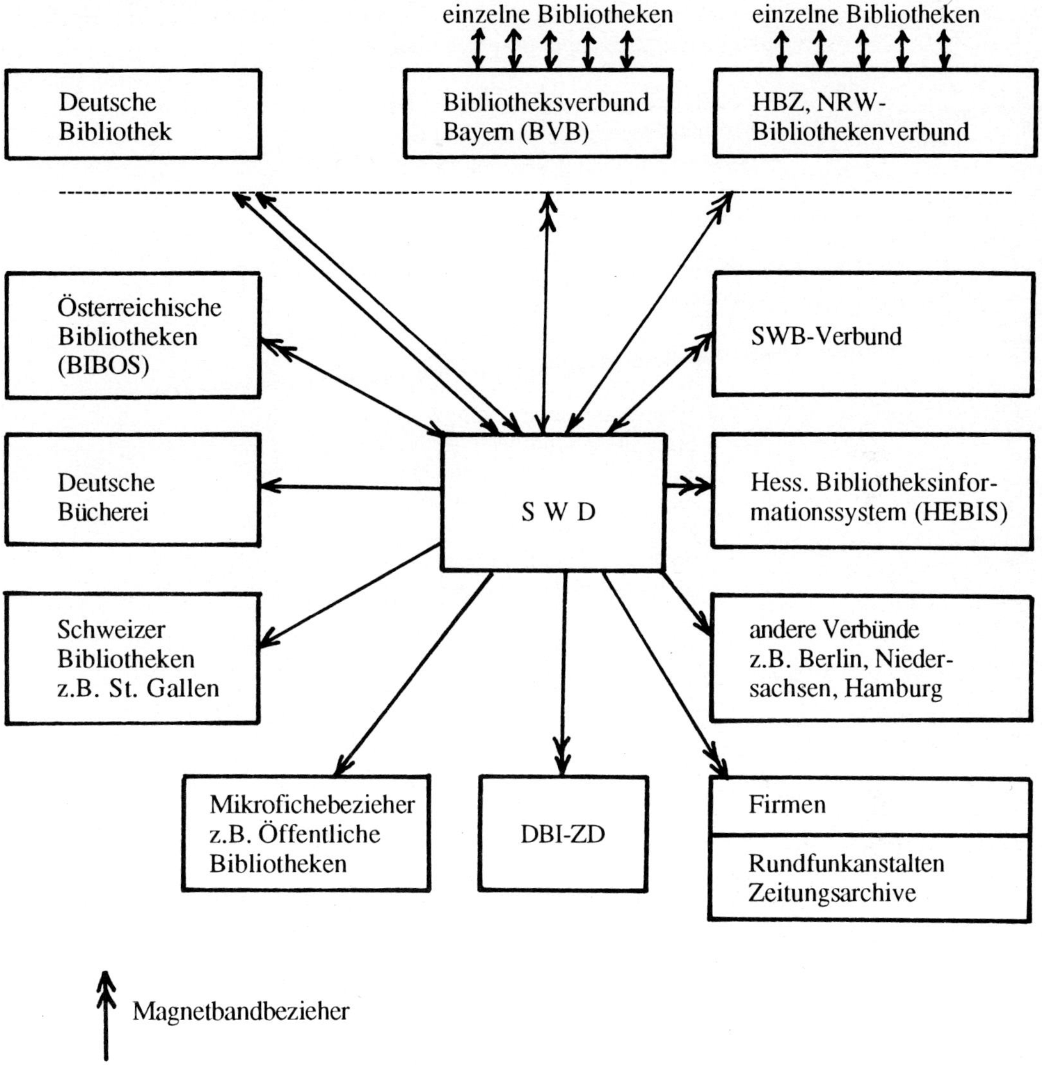
einzelne Bibliotheken
einzelne Bibliotheken
Deutsche Bibliothek
Bibliotheksverbund Bayern (BVB)
HBZ, NRW-Bibliothekenverbund
Österreichische Bibliotheken (BIBOS)
SWB-Verbund
Deutsche Bücherei
S W D
Hess. Bibliotheksinformationssystem (HEBIS)
Schweizer Bibliotheken z.B. St. Gallen
andere Verbünde z.B. Berlin, Niedersachsen, Hamburg
Mikrofichebezieher z.B. Öffentliche Bibliotheken
DBI-ZD
Firmen
Rundfunkanstalten Zeitungsarchive
Magnetbandbezieher

*2. Anforderungen*

Betrachten wir nun die Anforderungen, die der Umgang mit der SWD an den Einzelnen stellt: Drei Bereiche lassen sich m.E. dabei unterscheiden:

- Regelwerksabhängige Anforderungen
- Formatgebundene Abhängigkeiten
- Anforderungen aus Geschäftsgang-Gründen

*2.1 Regelwerkabhängige Anforderungen*

Die RSWK normieren in vielfältiger Form die Ansetzungsformen von Schlagwörtern. Auf die jeweiligen Ansetzungsbestimmungen von

| | |
|---|---|
| p | Personenname (§ 101 ff) |
| g | geographische Schlagwörter (§ 201 ff) |
| | ethnographische Schlagwörter (§ 212 ff) |
| | Sprachbezeichnungen (§ 701 ff) |
| s | Sachschlagwörter (§ 301 ff) |
| z | Zeitschlagwörter (§ 401 ff) |
| f | Formschlagwörter (§ 501 ff) |
| c | ortsgebundene Körperschaftsschlagwörter (§ 601 ff) |
| k | ortsungebundene Körperschaftsschlagwörter (§ 601 ff) |

einzugehen, ist in diesem Rahmen unsinnig. Die Einhaltung der Ansetzungsregeln wird vorausgesetzt. Wichtig ist es jedoch, auf das Nachschlagwerkprinzip der RSWK hinzuweisen. Die Einhaltung dieses Prinzips ist eine der wesentlichen Voraussetzungen für die Mitarbeit an der SWD.

*2.2. Formatgebundene Abhängigkeiten*

Seit Anwendung der Regeln für den Schlagwortkatalog (RSWK) mit dem Bibliographie-Jahrgang 1986 werden in den Titeldaten des Wöchentlichen Verzeichnisses, Reihe A, Schlagwortketten geliefert, sowohl in den gedruckten Diensten als auch bei den Austauschdaten auf Magnetbändern. Die verwendeten Schlagwortansetzungen sind mit Datensätzen der Schlagwortnormdatei verknüpft, die ebenfalls als Magnetbanddienst bezogen werden kann.

Die Schlagwortnormdatei wird in der Struktur des maschinellen Austauschformates der Bibliotheken (MAB) angeboten. Zu diesem Zwecke wurden die bisher festgelegten MAB-Formate für Titel- und Namensdateien ergänzt um ein Datenformat für Schlagwortansetzungen. In einer umfangreichen Dokumentation wird der Aufbau der MAB-Sätze, das Feldschema und der verwendete Zeichensatz beschrieben (s. Anhang). Dieser Aufbau ist festgelegt und danach wird z.B. auch die Mikrofiche-Ausgabe erstellt. Das heißt aber für Sie, Sie müssen sich an das vorgegebene Kategorienschema halten.

*Entsprechungen* zwischen Kategorie-Nr., Deskriptor in BVS-R und Bezeichnung im Mikrofiche

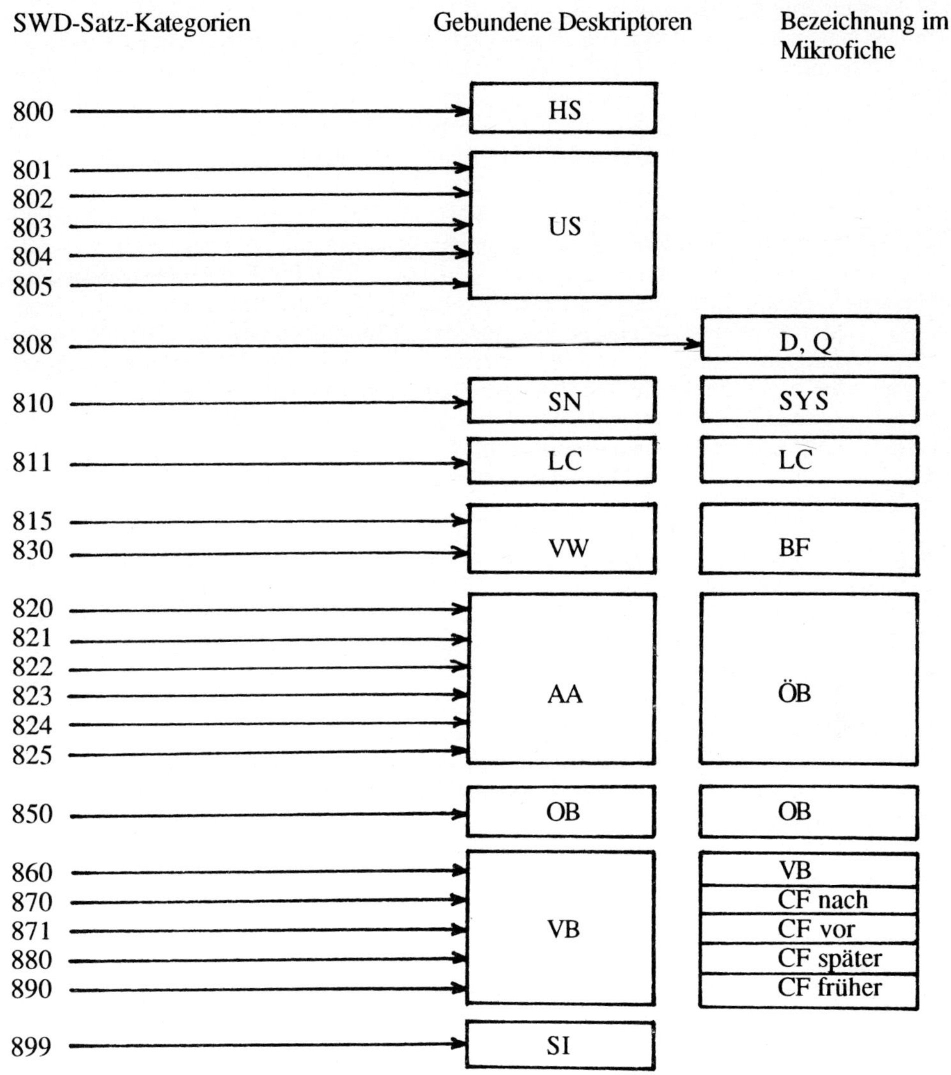

*2.3 Anforderungen aus Geschäftsgang-Gründen*

Die Deutsche Bibliothek benutzt die SWD als Hintergrunddatei für die Bibliographie. Wegen dieser schon oben angedeuteten Beziehung zwischen der SWD und der Titeldatei der Deutschen Bibliothek ist die Korrekturbefugnis für SWD-Sätze eingeschränkt worden. Das heißt, Datensätze, die von der DB schon für die Sacherschließung benutzt wurden, können von den Partnern nicht korrigiert werden, umgekehrt wird die Deutsche Bibliothek Datensätze der Partner auch nur nach Rücksprache ändern. Zur Kontrolle der Korrekturbefugnis existiert eine Hilfsdatei. Die datentechnische Übermittlung von Korrekturwünschen, Rückfragen u.a. zwischen den Projektpartnern und der DB wird über eine sogenannte Mailbox abgewickelt. Wesentliches Merkmal dieses Verfahrens ist die Kopplung von Nachrichten an den SWD-Satz, auf den sich die Nachricht bezieht.

Es wird erwartet, daß Sie aktiv an diesem Verfahren teilnehmen, und zwar sowohl bei alten Ansetzungen als auch möglichst schon bei Neuansetzungen. Hier ist ein wesentlicher Punkt, fast ist man versucht zu sagen: *der Ausgangspunkt* der Arbeit während des bisherigen Projekts. Eine gegenseitige Kontrolle, die sich auf alle Arten von Eingaben unter Beachtung des Kategorienschemas und der Erläuterungen bezieht. Gleichzeitig unterliegt die Neuansetzung wie auch die Wiederverwendung von SWD-SWW einer wöchentlichen Plausibilitäts- und Konsistenzprüfung. Das bedeutet z.B. auch für Sie, keine personen- und körperschaftsgebundenen Ansetzungsketten der SVW einführen, ohne daß das HSW gleichzeitig auch eingeführt wurde.

*3. Schluß*

Zum Schluß werden noch einmal die wichtigsten Grundsätze hervorgehoben, die für die Kooperative Dateiführung gelten soll:

- Die beteiligten Bibliotheken liefern vollständige Schlagwortsätze in der Datenstruktur des Erfassungsformates der SWD, d.h. einschließlich der Kategorien 810 und 811 (ohne deren Ausfüllen gäbe es kein Systematisches Register) und der Angabe der Quelle bzw. der Formulierung einer Definition und eines eventuellen Benutzungshinweises.
- Eine Verbundzentrale wird gleichberechtigter Partner im Sinne der Festlegungen der Verfahren für die Kooperative Dateiführung. Das heißt auch, daß diese Verbundzentrale (oder andere dafür bestimmte) redaktionelle Arbeiten übernimmt.
- Die Verbundzentrale liefert die Datensätze online über einen lokalen Anschluß, der, wie in Augsburg und München, als BVS-Teilnehmer eingerichtet wird. Das heißt aber nicht, daß sich nur für Sie aus der Aufnahme der Kooperation Konsequenzen ergeben. Zunächst haben natürlich die Festlegungen im datentechnischen Bereich Auswirkungen auf die EDV, jedoch ergeben sich auch für uns inhaltliche und arbeitsorganisatorische Konsequenzen, bedingt einfach durch die Menge der eintreffenden Schlagwörter. Eines der Ergebnisse des SWD-Kolloquiums in Frankfurt war, daß die Anwender vorrangig eine Aktualisierung der SWD wünschen, als nachrangig wurden dagegen Ergänzungen und Nachträge angesehen. Ich bitte Sie, dies bei Ihrer zukünftigen Arbeit zu berücksichtigen.

(1) Hildreth, Charles R.: Intelligent Interfaces and Retrieval Methods for Subject Searching..., Washington, DC: LoC, Cataloging Distribution Service 1989

Das Schaubild zeigt den SWD-Geschäftsgang in der Deutschen Bibliothek:

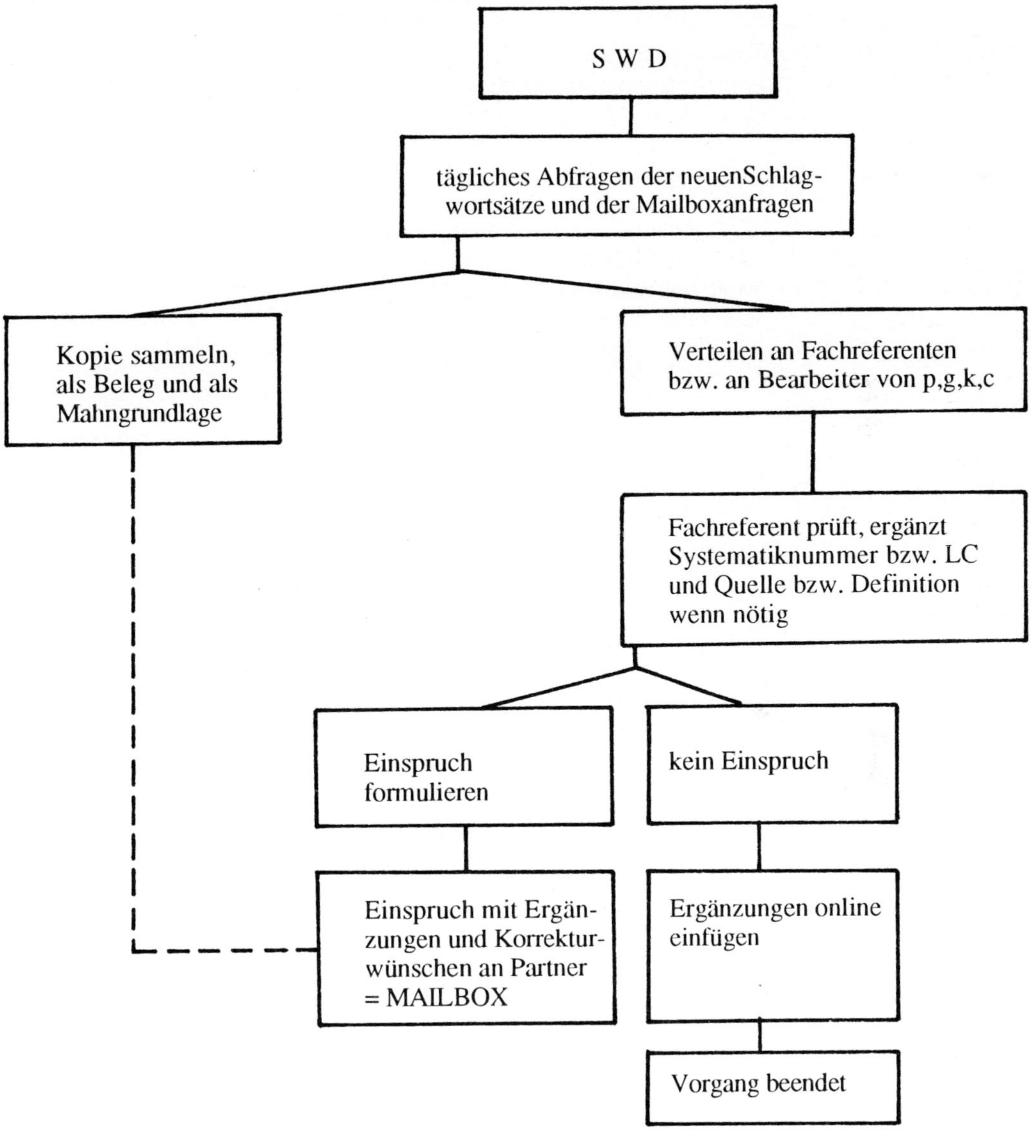

# Bericht über den Stand der Sacherschließung im BIBOS-Verbund

**Von Gerhard Auer**

Im folgenden soll eine kurze Übersicht über den derzeitigen Stand der Sacherschließung im BIBOS-Verbund der dem Bundesministerium für Wissenschaft und Forschung zugehörigen Bibliotheken (dem "Neuverbund") gegeben werden.

Als im Sommer 1988 die ersten Bibliotheken ihre Arbeit in diesem Verbund begannen, waren sie natürlich gezwungen, nicht nur eine formale Erschließung der in BIBOS aufgenommenen Dokumente vorzunehmen, sondern diese auch sachlich zu erschließen.
Die in BIBOS vorgefundenen Möglichkeiten der sachlichen Erschließung waren sehr unterschiedlich, nämlich teilweise völlig unbefriedigend (Beispiel: keinerlei Einbau von Verweisen im Schlagwortbereich möglich), teilweise aber auch durchaus zufriedenstellend (Beispiel: Möglichkeit der Übernahme von Elementen der Sacherschließung aus den Verbund- und Fremddaten).

Da BIBOS im Bereich der Formalerschließung ganz auf eine Kooperation, eine Arbeitsteilung zwischen den Verbundbibliotheken hin ausgerichtet ist, gab es schon bald starke Bestrebungen, auch die Sacherschließung in BIBOS auf eine gemeinsame Basis zu stellen. Zu diesem Zweck gab es eine Arbeitsgruppe des Ministeriums, eine Arbeitsgruppe der VÖB und viele Gespräche zwischen den Bibliothekaren der betroffenen Bibliotheken.

Als Ergebnis dieser verschiedenen Bemühungen konnte schließlich für den Bereich der verbalen Sacherschließung eine Einigung auf ein einheitliches Regelwerk erreicht werden: Mit Erlaß des Bundesministeriums für Wissenschaft und Forschung wurden den BIBOS-Bibliotheken im April 1990 die "Regeln für den Schlagwortkatalog RSWK" vorgeschrieben, den übrigen Bibiliotheken der Übergang auf dieses Regelwerk empfohlen. Keine Einigung konnte aus verschiedenen Gründen im Bereich der systematischen Erschließung erreicht werden, sodaß hier jede Bibliothek ihr eigenes System in BIBOS einbringen kann.

In Ergänzung zur Festlegung auf ein bestimmtes Regelwerk wurde vom Bundesministerium für Wissenschaft und Forschung mit Erlaß vom 13. Juli 1990 die zentrale Redaktion des Bibliothekenverbundes um eine Gruppe Sacherschließung ergänzt, welche sich folgendermaßen zusammensetzt: Gerhard Auer (UB Innsbruck), Otto Oberhauser (UB TU Wien), Paul Rauchbauer (UB Wien), Alfred Schmidt (ÖNB) und Annelore Unteregger-Vaerst (UB Salzburg).

Mit der Festlegung des Regelwerks für die verbale Sacherschließung und mit der Errichtung einer zentralen Redaktion hat das Bundesministerium die Grundlagen für eine sinnvolle Weiterarbeit im Bereich Sacherschließung geschaffen, eine Basis für die eigentliche Arbeit, die noch vor uns liegt.

Die Gruppe Sacherschließung der zentralen Redaktion konnte bereits ein einheitliches Schema für die Eingabe der Sacherschließungselemente festlegen, welches in den BIBOS-Bibliotheken nun auch schon Anwendung findet; eine offizielle Aussendung dazu wird in nächster Zeit erfolgen.

Kernpunkt der getroffenen Vereinbarungen ist die Eingabe von RSWK-Ketten (welche mit der Schlagwortnormdatei SWD konform sind) in die BIBOS-Kategorie 715, wobei auch einheitliche Trennzeichen Verwendung finden: blank-Strich-blank zwischen Kettengliedern (bzw. blank-Schrägstrich-blank bei Ansetzungsketten) und blank-Strich-blank-Strich-blank zwischen zwei Ketten.

Auch für die Verwendung der übrigen BIBOS-Kategorien wurden entsprechende Festlegungen getroffen: die Kategorie 700 wird für bibliotheksspezifische Notationen verwendet, 720 bzw. 730 für Sacherschließung außerhalb der RSWK, 750 für Abstracts, 752 für Kommentare zur Sacherschließung und 990 für Angaben zum Listenausdruck bzw. Katalogzetteldruck, während 710 und 712 leer bleiben.

Für die Beschlagwortung der Hierarchien in BIBOS wurde eine Regelung getroffen, welche vorsieht, daß untergeordnete Hierarchiestufen nur dann beschlagwortet werden, wenn ihre Beschlagwortung von der der übergeordneten Hierarchieebene abweicht.

Von den vielen Problemen, welche im Bereich Sacherschließung in BIBOS noch einer Lösung bedürfen, möchte ich nur zwei ganz fundamentale herausgreifen:
1) Die Schlagwortnormdatei SWD als unentbehrliches Hilfsmittel zu den RSWK muß voll in BIBOS integiert werden; gleichzeitig ist damit auch das Problem der Unterbringung von Verweisungen in BIBOS zu lösen. Da der Einbau von Normdateien in BIBOS noch ungelöst ist, wird derzeit von der Planungsstelle an der ÖNB an einer Zwischenlösung gearbeitet, welche die Verwaltung der Normdatei auf dem Verbundrechner, aber außerhalb von BIBOS vorsieht und welche auch als Instrument zur Verwaltung der Neuansetzungen im österreichischen Verbund dienen soll.
2) Für den Benutzer des OPAC muß eine Suche in einem Register der Schlagwort-Ketten möglich sein (wie dies etwa in der CD-Rom Ausgabe der Deutschen Bibliographie verwirklicht ist).

Abschließend möchte ich nochmals betonen, daß noch viel Arbeit auf dem Wege zu einer befriedigenden Sacherschließung in BIBOS vor uns liegt, daß aber ein Fundament für diese Arbeit geschaffen werden konnte.

# ÖSTERREICHISCHE ONLINE-BENUTZERGRUPPE IN DER KOMMISSION FÜR EDV-ANWENDER

# ÖSTERREICHISCHE ONLINE-BENUTZERGRUPPE
## Tätigkeitsbericht für die Funktionsperiode 1988-1990

**Von Heinz Hauffe**

7.9.1988:
*Sitzung der Österreichischen Online-Benutzergruppe im Rahmen des 20. Österreichischen Bibliothekartages in Linz*

25.10.1988:
Schreiben an STN mit der Bitte um Einbeziehung der Informationsvermittlungsstellen an österreichischen Universitätsbibliotheken in das "Akademische Programm" von STN

13.-17.3.1989:
EUROLUG Monitoring Week (Aussendung von Formblättern an alle Informationsvermittlungsstellen zur Erhebung von Daten zur Qualität und Verfügbarkeit von Datenübertragungsnetzen; Weiterleitung der ausgefüllten und retournierten Formblätter an EUROLUG)

9.5.1989:
*Workshop zum Thema "Datenbanken auf CD-ROM" in Schwechat* mit Demonstrationen, Übungen und Vorträgen von Florian Brody ("CD-ROM-Technologie"), Dieter Kuchling ("Installierung von CDs"), Liselotte Mayerl ("Grazer Erfahrungen zur Benutzung von CDs"), Manfred Straberger ("CD-ROM-Anwendung an der UB Salzburg"), Renate Niegl ("CDs an der UB Wien"), Heinz Hauffe ("CDs an der UB Innsbruck"), Josef Wallmannsberger (CD-ROM in den Philologien"), Robert Kaschnitz ("Toxdaten und Altstofflisten auf CD-ROM"), Wolfgang Vitovec ("Das Branchen-Verzeichnis auf CD-ROM"), Andreas Manak und Peter Kaser ("Rechtsinformation und juridische Datenbanken auf CD-ROM") und Wesley Taoka ("The INIS Database on CD-ROM").

7.6.1989:
Teilnahme des Vorsitzenden am EUROLUG-Treffen in Luxemburg mit Bericht über die Online-Situation in Österreich

19.7.1989:
Schreiben an die Stadt- und Universitätsbibliothek Frankfurt mit dem Wunsch, die Datenbank "Bibliographie Linguistischer Literatur" nach der Einstellung des Hostbetriebs der GEM bei einem anderen Host aufzulegen.

12.-15.9.1989:
*3. Österreichisches Online-Informationstreffen in Strobl am Wolfgangsee.* Generalthema: "Datenbankversionen im Vergleich". Vorträge von Heinz Hauffe ("Datenbankversionen im Vergleich - Bericht über Referate am 79. Deutschen Bibliothekartag in Bonn"), Alexander Nevyjel ("Online versus CD-ROM - ein Vergleich anhand der INIS-Datenbank"), Christine Krieger und Helga Schmid ("Suchen in AGRIS jetzt und in Zukunft"), Engelbert Zass ("Chemical Abstracts auf DataStar, Dialog, Maxwell Online und STN"), Karl Megner ("VLB und Bibliodata - ein Vergleich verschiedener Medien"), Hans

Hrusa ("Vor- und Nachteile von ESA/IRS im Vergleich mit anderen Hosts am Beispiel einiger technischer Datenbanken"), Nadine Berger ("Vergleich der Datenbanken IDAS und FORIS bei EDV-GesmbH, STN und DIMDI"), Günther Schwarzl ("STAIRS unter DDS"), Ladislaus Lang ("Die Österreichische Zeitschriftendatenbank - auf Mikrofiche, Online und auf CD-ROM"), Josef Wallmannsberger ("Wörterbücher und Thesauri: Buch - CD-ROM - Online"), Herwig Marchart ("Technische und rechtliche Information aus Patentdatenbanken"), Gerhard Kampner ("Die APA-Datenbank"), Robert Kaschnitz ("End-User-Searching in der Industrie"), Florian Brody ("Interaktive Speichertechnologien für Bibliotheken und Archive"), Margit Schmid ("Künftige Einsatzmöglichkeiten interaktiver Bilddatenbanken") und Elfriede Eberhardt ("Externe Datenbanken als Bestandteil künftigen Informationsmanagements - Anbieter-, Vermittler- und Nutzeraspekte aus marktwirtschaftlicher Sicht").

18.1.1990:
Online-Stammtisch in Wien

23.1.1990:
Schreiben an das BMWF mit Ersuchen um Abschluß eines Sammelvertrages mit der Austria Presse Agentur zwecks Zugriff auf die Datenbank APADOK

1.2.1990:
Vortrag des Vorsitzenden über "Online aus österreichischer Sicht" vor 1. Fachtagung der Fa. Markt-Trend-Analyse in Linz

5.-9.3.1990:
EUROLUG Monitoring Week (Aussendung von Formblättern an alle Informationsvermittlungsstellen zur Erhebung von Daten zur Qualität und Verfügbarkeit von Datenübertragungsnetzen; Weiterleitung der ausgefüllten und retournierten Formblätter an EUROLUG)

23.5.1990:
Gemeinsames Treffen zwischen Delegationen der China Association for Information Economics/China National New Technology Development & Investment Corporation und der Österreichischen Online-Benutzergruppe/ÖGDI in Wien (Programm: Besuch des Wirtschafts- und Sozialwissenschaftlichen Rechenzentrums, Empfang an der Österreichischen Nationalbibliothek mit Grußadresse des Bundesministers für Wissenschaft und Forschung, Gesprächssitzung an der Wirtschaftsuniversität, Heurigen-Abend)

5.6.1990:
Teilnahme des Vorsitzenden an EUROLUG-Treffen in Luxemburg (Themen: Bericht von W. Huber über Maßnahmen der EG im Online-Bereich; Richtlinien über "Downloading"; Koordinierung der landwirtschaftlichen Thesauri von FAO und CAB; Herstellung von Telefonnummern der Help Desks von Datenbankherstellern und -anbietern, die zum Ortstarif angewählt werden können; Monitoring Week; Neukonstituierung der EUROLUG und Definition ihres Verhältnisses zur EUSIDIC; Austausch der Newsletters der einzelnen Online-Benutzergruppen; "Bulletin-Board" für EUROLUG bei Datamail; Öffentlichkeitsarbeit der Online-Benutzergruppen m.H. eines Prospektes und regelmäßiger Kolumnen in "Newsidic" (jährliche "Country Reports" und gelegentliche

"Country Profiles"); Projekt Preisvergleich zwischen europäischen Datenübertragungsnetzen; "Product Award 1990"; Berichte der einzelnen Ländervertreter; Kontaktaufnahme mit potentiellen Onlinern in Osteuropa und Hilfestellung bei der Gründung dortiger Online-Benutzergruppen)

11.6.1990:
Online-Stammtisch in Wien

4.9.1990:
*Sitzung der Österreichischen Online-Benutzergruppe im Rahmen des 21. Österreichischen Bibliothekartages in Bregenz* mit Vorträgen von Kurt Bednar ("ACOM - Telekommunikationssoftware mit automatischer Befehlsübersetzung"), Alexander Wilhelmy ("Phonetische Ähnlichkeitssuche in Datenbanken"), Alexander Nevyjel ("Die Österreichische Dissertationsdatenbank"), Reinhold Gokl ("Online-Wirtschaftsdatenbanken zwischen Ost und West") und Bernward Jenschke ("Die Online-Industrie in den Neunziger Jahren").

*Im Berichtszeitraum kamen die Hefte 30 bis 37 der Online-Mitteilungen heraus. Weiters wurde diversen Firmen und Institutionen Hilfeleistung bei der Organisation ihrer Veranstaltungen geboten, speziell durch Aussendung der Einladungen oder durch Überlassung der Adressetiketten.*

## PHONETISCHE ÄHNLICHKEITSSUCHE IN DATENBANKEN

**Von Alexander Wilhelmy**

*Zusammenfassung:*

*In dialoggesteuerten Systemen zur Informationsrückgewinnung (Information Retrieval Systems, IRS) kann man - vergröbernd - das Wechselspiel zwischen Mensch und Computer als iterativen Prozess zur Erhöhung von Genauigkeit (Precision) auf der einen und Vollständigkeit (Recall) der Nachweise auf der anderen Seite verstehen.*
*Vorgestellt wird ein maschinell anwendbares Verfahren, das auf phonologische Untersuchungen des Sprachwissenschaftlers Nikolaj S. TRUBETZKOY (1890-1938) zurückgeht. In den Grundzügen kann es erheblich zur Verbesserung der Nachweisvollständigkeit beitragen. Dadurch, daß es die 'Ähnlichkeitsumgebungen' von Suchbegriffen in die Recherche mit einbezieht, zeigt es sich vor allem für Systeme mit koordinativer maschineller Indexierung als vorteilhaft.*
*Bei alphabetischen Begriffen erweist sich die Einführung eines solchen zunächst nur auf den Benutzer hin orientierten Verfahrens auch aus technischer Sicht als günstig, da damit die Anzahl der Zugriffe bei den Suchvorgängen auch für große Datenvolumina niedrig gehalten werden kann.*

*Die folgenden Ausführungen stellen im übrigen einen Praxisbericht dar. Sie erheben nicht den Anspruch wissenschaftlicher Endgültigkeit.*

*Vorbemerkung*

Es ist über 20 Jahre her, daß mich der damalige Geschäftsführer der Deutschen Presse-Agentur, Hamburg, aufforderte, mir Gedanken über eine on-line-Pressedatenbank für sein Unternehmen zu machen.
In diese Datenbank sollten alle dpa-Meldungen eingehen, - allein im deutschsprachigen dpa-Dienst circa 300 pro Tag oder über 100.000 im Jahr.
Zweck der Datenbank sollte sein:

- eine rasche und vollständige Einsicht in das von dpa bereits in der Vergangenheit gelieferte Material,
- zur Ergänzung aktueller Meldungen (Hintergrund),
- zur Kontrolle der verbreiteten Meldungen für die Fälle von Beschwerden, Dementis oder Schadenersatzansprüchen,
- zum Nachweis der Leistungsfähigkeit der Agentur durch statistische Auswertungen,
- später sollten aus der Datenbank Spezialdienste ausgesondert werden, insbesondere Sport, Kultur, Wirtschaft, Technik.

Zunächst war beim Aufbau der Datenbank an den deutschen Dienst gedacht, danach sollten auch fremdsprachige Dienste einbezogen werden, in erster Linie der spanische und der arabische Dienst der dpa, weil diese die meisten Abonnenten aufwiesen.(1)
Damals begann gerade die New York Times ihre Pressedatenbank aufzubauen mit einem grossen Aufwand an Spezialisten - über 30 Personen -, welche das Textmaterial zu indexieren hatten, das heißt: die einzelnen Meldungen dieser zweitgrößten Tageszeitung der USA mußten nachträglich mit Schlagwörtern (Deskriptoren, Zielbegriffen) versehen werden, nach denen man dann suchen konnte. Diese Deskriptoren waren in einem lexikonartigen Verzeichnis enthalten, das gedruckt vorlag und den Rechercheuren als Grundlage diente (New York Times Thesaurus).
Die Datenbank der dpa hingegen sollte mit möglichst geringem Einsatz von finanziellen Mitteln erstellt werden, und überdies den Redakteuren als handliches, unkompliziertes Arbeitsmittel zur Verfügung stehen.
Diesem Ziel kam der Umstand entgegen, daß die Meldungen der dpa bereits in maschinenlesbarer Form vorlagen (Telex), und daß sie inhaltlich nach bekannten journalistischen Kriterien aufgebaut waren (wer?, was?, wann?, wo?, wie?) und somit frei von Ellipsen waren.
Man konnte sich daher für eine maschinelle Indexierung entscheiden. Man verzichtete auf ein gedrucktes hierarchisches Wörterbuch, das heißt, auf eine Begriffsstruktur (Ober-, Unterbegriffe), wie sie z.B. in der Dezimalklassifikation vorliegt.

*Allgemeines*

Die Verwendung von Datenbanken in Informations-Recherche-Systemen dient dem Zweck, aus dem Datenmaterial Aussonderungen vorzunehmen, die Informationsbedürfnisse befriedigen. Gehen wir allgemein davon aus, daß die Datenbank Informationseinheiten umfaßt, etwa Dokumente, Nachrichten, Meldungen, wissenschaftliche Schriften, Strafsachen, oder deren Beschreibung, Titel, Inhaltsangabe, Aktenzeichen, Dezimalklassifikation und/oder sonstige Charakterisierung. Einheitlich wollen wir diese Arten von Materialien als 'Dokumente' oder 'Texte' bezeichnen.

Informations-Recherche-Systeme haben die Aufgabe, aus einer Menge von Texten diejenigen auszusondern und zum Angebot zu bringen, die dem als Informationsanfrage formulierten Informationsbedarf eines Benutzers entsprechen.

Um solche Selektionen möglich zu machen, muß zuvor eine Textdatenbank aufgebaut werden. Zu diesem Zweck werden allen in die Datenbank eingehenden Texten ("Dokumentationseinheiten") Stichwörter oder Deskriptoren zugeordnet. Aus den Stichwörtern bzw. Deskriptoren eines Textes setzt sich sein "Textprofil" zusammen.

Alle Stichwörter einer Datenbank zusammen bilden die Menge der "Zielbegriffe".

Eine Informationsanfrage besteht ihrerseits aus einer Kombination von "Suchbegriffen". Das sind Deskriptoren oder Stichwörter, von denen der Benutzer weiß oder hofft, daß sie in Zielbegriffen ihre Entsprechung haben. Denn die Aufgabe des Informationssystems ist es, Beziehungen zwischen den gespeicherten Zielbegriffen und den eingegebenen Suchbegriffen herzustellen und auf diese Weise die Informationsanfrage zu beantworten durch Nachweis der Texte, die der Anfrage entsprechen.

Im einfachsten Fall geben wir demnach beispielsweise ein

> (gesucht wird) GADAFI

und erhalten vom System die Antwort

> 25 Texte mit dem Zielbegriff GADAFI gefunden, (die so und so eingesehen werden können).

Erhalten wir aber mit unserer so formulierten Informationsanfrage wirklich alle vorhandenen Texte über den libyschen Oberst? Dessen Name könnte ja auch in der Form Gaddafi oder Kaddhafi oder - nach üblichen Transkriptionsregeln - als Qadhdhâfî in den Texten (als Zielbegriff) wiedergegeben sein.(2) Wie verhält es sich mit Tschebyschew, mit Hizballah, mit Parzival? Müssen die Texte überarbeitet werden, um einheitliche Schreibweisen aller Zielbegriffe einzuführen und den Texten zuzuordnen?

Die Zuordnung von Zielbegriffen zu einem Text, d.i. die Herstellung des Textprofils, bezeichnet man als "Indexierung".

Die Indexierung kann auf dreierlei Weise erfolgen:

a) Manuelle Indexierung: Das Textprofil wird bei diesem Indexierungsverfahren von Fachkräften (Lektoren, Bibliothekaren, Dokumentalisten) zusammengestellt und dem jeweiligen Text vor der Einspeicherung beigegeben.
b) Halbmaschinelle Indexierung: Sie beruht auf der manuellen Indexierung, wobei jedoch einige Routinearbeiten auf den Computer abgewälzt werden. Die Maschine kann etwa zu Zulässigkeitsprüfungen herangezogen werden, z.B. zur Kontrolle der im manuell erstellten Textprofil enthaltenen Deskriptoren darauf, ob sie in einem vorgegebenen Wörterbuch (Thesaurus) aufgeführt sind oder nicht.
c) Maschinelle Indexierung. Bei diesem Verfahren übernimmt die Maschine die volle Indexierungsarbeit und stellt selbsttätig das Textprofil zusammen.

Die maschinelle Indexierung verdient vor allem aus drei Gründen besonderes Interesse:

1) Sie kann zumindest bei großen Textaufkommen wirtschaftlicher als die manuelle Indexierung werden,
2) maschinelle Indexierung ist frei von den subjektiven Einflüssen, die bei manueller Indexierung unvermeidlich sind,
3) Mit der zunehmenden Verbreitung computergestützter drucktechnischer und Nachrichtenverteilungs-Verfahren werden auch die Fälle immer häufiger, in welchen Originaltexte in maschinenlesbarer Form vorliegen. Die maschinelle Indexierung solcher Texte ist hier gegenüber der manuellen im Vorteil, weil sie keine Umwege über Papier, Bildschirmanzeige o.ä. erfordert.

Die perfekte Methode der maschinellen Indexierung mag es noch nicht geben. Doch sind seit Jahren Verfahren der maschinellen Indexierung in Verwendung vor allem dort, wo es hinreicht, Textprofile aus den Begriffen zu bilden, die im Text selbst vorkommen. Die Maschine indexiert dabei meist koordinativ, d.h. alle Zielbegriffe werden zunächst als gleichrangig behandelt unter Vernachlässigung eventueller hierarchischer Beziehungen zwischen ihnen.

Trotz dieser positiven Aspekte wäre es voreilig, die Benutzung einer Textdatenbank mit maschineller Indexierung als problemlos zu erwarten. In der Regel muß die Maschine dem Rechercheur eine Anzahl Recherchehilfen bereitstellen, die es ihm erlauben, den Gang der Recherche zu kontrollieren und zu steuern.

Meine Ausführungen befassen sich im folgenden mit einem Beitrag zur Lösung von Problemen, die vorwiegend bei Textdatenbanken mit maschineller koordinativer Indexierung freier Texte auftritt, aber nicht auf derartige Systeme beschränkt ist.

*Problem der Vollständigkeit*

Den Erfolg der Recherche kann der Rechercheur jederzeit überprüfen anhand der vom System auf seine Informationsanfrage hin nachgewiesenen Fundstellen (Texte). Das Resultat ist dann befriedigend, wenn unter den ermittelten Texten der Anteil an relevanten Materialien ("Treffer") einen gewissen Prozentsatz überschreitet. Mit anderen Worten: das Ergebnis ist umso besser, je genauer die Informationsanfrage vom System beantwortet worden ist.

Wie erwähnt, ist diese Genauigkeit (Precision) vom Rechercheur jederzeit überprüfbar und damit auch beliebig verbesserungsfähig. Für ihn nicht ohne weiteres überprüfbar ist jedoch die komplementäre Frage, ob das nachgewiesene Material tatsächlich alles für seine Anfrage relevante in der Datenbank gespeicherte Material umfaßt: eine Recherche kann den Anschein des Erfolgs erwecken, weil sie nur wichtige, relevante Texte geliefert hat, in Wirklichkeit aber wenig erfolgreich verlaufen sein, da eine Fülle relevanter Texte nicht zum Angebot gelangt ist.

In einem solchen Falle spricht man von einem hohen Genauigkeitsgrad bei geringem Vollständigkeitsgrad (Recall) des Rechercheresultats, - ein Sachverhalt, wie bereits gesagt, der für den Rechercheur nur hinsichtlich des Faktors "Genauigkeit" erkennbar ist und somit zu einer falschen Beurteilung des Rechercheresultats verleiten kann. Diesem Sachverhalt entsprechend, kann der Rechercheur mit "Schüssen ins Blaue" versuchen, die Nachweisvollständigkeit zu erhöhen, falls sie sich überhaupt erhöhen läßt, was er aber nicht von vornherein weiß.

*Phonetik und Orthographie*

Die praktischen Probleme der unterschiedlichen Schreibweisen von Eigennamen legen es nahe, ein Verfahren einzuführen, das morphologische Redundanzen in Wörtern eliminiert, ein Vorgehen, das im Alltag bei der Bildung von Abkürzungen oder in der Stenographie seine Entsprechung hat.

Die Elimination von Redundanzen in Morphemen kann durch Übergang in eine phonetische Schreibweise erfolgen. Genauer gesagt, handelt es sich um eine "pseudophonetische" Wiedergabe, da der Maschine nur das geschriebene, nicht aber das gesprochene Wort vorliegt.

Dazu müssen in starkem Umfang linguistische Überlegungen herangezogen werden. Zunächst einmal ist festzustellen, daß weder etwa die erschlossene indoeuropäische Ursprache noch das internationale phonetische Alphabet hier dienlich sein können. Beide sind in ihrer Aussagekraft zu differenziert und würden Redundanzen eher unterstützen als auflösen.

Am ehesten können wir von unseren empirischen Beobachtungen ausgehen. So sehen wir beispielsweise, daß der Grad der Redundanz von Vokalen in konsonantenreichen

Sprachen (arab., klass. tibet., georg.) offenbar erheblich höher ist als in konsonantenarmen (finn., polynes.).

Für das Deutsche zeigt ein Vergleich zwischen AUE und KRLSRH, - den Vokalen bzw. Konsonanten des Wortes KARLSRUHE, - daß der Informationsgehalt der Konsonanten beträchtlich über dem der Vokale liegt, wenn auch der Unterschied nicht so eklatant ist wie etwa (bezüglich der kurzen Vokale) im Arabischen.

Auch innerhalb der Konsonanten ist eine Trennung zwischen "Vollkonsonanten" und Halbkonsonanten" zweckmässig. Als Halbkonsonanten sind dabei diejenigen Konsonanten zu verstehen, die in der indoeuropäischen Ursprache silbischen (vokalischen) Charakter annehmen konnten, d.s. M, N, R, L, dazu H und J.(3)
Die verbliebenen bezeichnen wir zum Unterschied als "Vollkonsonanten".

Innerhalb der Konsonanten gibt es Affinitäten, "Klassen", hinsichtlich gleicher Artikulationsstellen (B-P(-M), K-G-X etc.).

Man kann sich die Frage stellen, welche Laute den größten phonetischen Abstand ("phonetische Diskrepanz") haben, gewissermaßen auch bei nachlässiger Sprechweise noch wohlunterscheidbar bleiben. Dieser Frage ist Trubetzkoy (posth. 1939) nachgegangen und hat eine Liste dieser Laute aufgestellt, in der Folge auch als "Trubetzkoy-Alphabet" bezeichnet.

Die Liste umfaßt je fünf Vokale und Vollkonsonanten, sowie vier Halbkonsonanten:

U O A E I P T K S J W L M N

Diese Laute repräsentieren jeweils Klassen von Vollkonsonanten, Vokalen und Halbkonsonanten, bzw. -aggregaten.

*Ersetzt man die Zeichen eines Wortes durch die ihnen entsprechenden (Klassen-) Repräsentanten, so hat man phonetische Redundanzen beseitigt.*

Damit ist das hier angewandte Vorgehen im Prinzip beschrieben.

Für das Folgende ist es zewckmäßig, zwischen gesprochenen "Lauten" und maschinell verarbeiteten "Zeichen" zu unterscheiden.

Zum Vorgehen im einzelnen:
Zunächst wird das zu bearbeitende Wort zerlegt in silbenähnliche Gebilde, die wir 'ideale Silben' nennen wollen.

Diese idealen Silben sind nach folgendem Schema aufgebaut:
K / V / H

Dabei bezeichnet

K einen Vollkonsonanten oder ein Konsonantenaggregat, in welchem mindestens ein Vollkonsonant vorkommt,
V einen Vokal oder ein Vokalaggregat (Umlaut, Diphthong, Triphthong etc.),
H einen Halbkonsonanten bzw. ein Aggregat, das nur Halbkonsonanten aufweist.

Aus dem Wort bildet man sodann ein Wortschema oder 'Taxem' mit der Gestalt

K1 V1 H1 / K2 V2 H2 / K3 V3 H3 / K4

Die Zeichen K, V, H bezeichnen den Repräsentanten der Vollkonsonanten-, Vokal- bzw. Halbkonsonantenklasse, zu welcher der entsprechende Laut im Taxem zu zählen ist.

Der Rang der Informationswerte der einzelnen Positionen im Taxem ist unterschiedlich. Beispielsweise ist der Laut am Wortanfang 'wichtiger' als die Laute am Wortende. Meyer-Eppler führt an:

| | | | | | | | | | | |
|---|---|---|---|---|---|---|---|---|---|---|
| Taxem: | K1 | V1 | H1 / | K2 | V2 | H2 / | K3 | V3 | H3 / | K4 |
| Rang: | 1 | 6 | 4 | 2 | 7 | 5 | 3 | 10 | 9 | 8 |

oder - nach Rang geordnet -

K1 K2 K3 H1 H2 V1 V2 K4 H3 V3.(4)

Je höher (kleiner) der Rang einer Position ist, umso "wichtiger" ist die betreffende Stelle im Taxem und desto genauer sollte die phonetische Erfassung dieser Stelle sein. Dazu müssen wir für jede Position im Taxem ein eigenes Alphabet definieren, das umfangreicher sein kann, als das einer weniger wichtigen Position. Nach eingehenden empirischen Untersuchungen in technischer und philologischer Hinsicht gelangte man schließlich zu solchen Alphabeten.(5)

Damit ist man nun in die Lage versetzt, jedem Wort ein "Wortschema" zuzuordnen. Dieses ist die Zeichenfolge, welche sich aus dem Taxem ergibt, wenn man jeden Laut bzw. jedes Lautaggregat durch das Zeichen seines Klassenrepräsentanten im phonetischen Alphabet, das der betreffenden Position zugeordnet ist, ersetzt.

*Skizze der phonetischen Alphabete*

Das TRUBETZKOY-Alphabet in seiner ursprüglichen Form ist, wie gesagt, für unsere Zwecke nicht geeignet, da wir auch die Relevanz der Zeichenpositionen im Wortschema berücksichtigen müssen.

Als Repräsentanten für das Alphabet der Stelle K1 - das umfangreichste unserer phonetischen Konsonantenalphabete, - ziehen wir die Zeichen für die grundsätzlichen Artikulationsstellen, nämlich

F P K S T,

heran. Das Zeichen

Z

verwenden wir als Repräsentanten jener im Deutschen häufigen Konsonantenaggregate, in welchen der Laut S (auch als SCH) vorkommt.
Zusätzlich benützen wir die im Wortanlaut differenzierenden Zeichen

M L,

obwohl sie für die übrigen Positionen in die Reihe der Halbkonsonanten treten. Ferner benützen wir

H

als Stützkonsonanten (Vokalträger) für vokalisch anlautende Wörter.

Für Alphabete für die Positionen K2, K3 und K4 genügt es dagegen, die Zeichen

F P K S T Z

in der gerade eingeführten Bedeutung zu verwenden.
Halbkonsonanten (Positionen H1, H2 und H3) werden repräsentiert durch

L M

sowie als Zeichen für offene (d.h. auf Vokal, auf J oder auf das deutsche Dehnungs-H auslautende) Silben

J.

Vokale schließlich unterscheiden wir nach "hohen" und "tiefen" Vokalen, wie es von zahlreichen Sprachen her bekannt ist (z.B. mongol., ungar., finn., türk. etc.), repräsentiert durch

E O.

Lediglich an der Stelle V1 benutzen wir, der besseren Differenzierung wegen, zusätzlich

A.

Wegen der unterschiedlichen Länge der Wörter wird noch das Zeichen

X

für das Wortende verwendet.

Infolge der limitierten Anzahl von Zeichen der phonetischen Alphabete für die einzelnen Positionen des Schemawortes, und da in diesem nur maximal zehn Zeichen vorkommen sollen (eine empirische Grösse), ist die Anzahl der überhaupt möglichen verschiedenen Wortschemata begrenzt, sie entspricht dem Produkt der genannten Anzahlen.

*Besonderheiten der Schemabildung*

Auf einige Sonderfälle bei der Schemabildung muß an dieser Stelle hingewiesen werden.

1. Die phonetische Mehrdeutigkeit mancher Zeichen kann dazu führen, daß zu einem vorgegebenen Wort mehrere Wortschemata gebildet werden müssen. Unterschiedliche

Bedeutung tragen beispielsweise CH in Charakter - Chance oder J in Jugend - Journal.

2. Aggregate von Vollkonsonanten, Halbkonsonanten und Vokalen sind einem darin "dominierenden" Laut zuzuweisen. Dies kann nicht immer mit Eindeutigkeit geschehen, sodaß auch hier u.U. mehrfache Schemabildung zu einem und demselben Wort notwendig wird.
3. Deutsche Pluralbildung durch Umlautung eines tiefen Vokals führt zu Wörtern mit dominierendem hohen Vokal im Taxem, umgekehrt kann ein Vokalaggregat, das einem Umlaut entspricht, auf eine Pluralform hinweisen, deren Singular einen tiefen Vokal enthält. In diesen Fällen hat die Maschine die korrespondierende Singular- bzw. Pluralform zu bilden, bevor die Schemata für beide Numera erstellt werden.
4. Eine weitere Erschwerung stellt die Behandlung der Komposita im Deutschen dar. Diese kann durch Schemabildung für das Wort als Ganzheit, Zerlegung mit Hilfe von Silbentrennung (Hyphenisation), Elimination von Fugen-S und Schemabildung für die einzelnen Komponenten überwunden werden.

Auf diese und weitere Spezialfälle kann an dieser Stelle nicht näher eingegangen werden.

*Hash Code*

Aus technischen Gründen werden "ähnliche" Wortschemata in Gruppen zusammengefasst unter einer gleichen Kennzahl. Die Bildung solcher Kennzahlen ist eine in der Informatik alltägliche Praxis, die dort unter der Bezeichnung "Faltung" bekannt ist, und als Ergebnis einen "Hash Code", einen meist numerischen Wert, liefert.(6) Der Hash Code dient dem schnellen Lokalisieren einer Wortschemagruppe auf dem Datenträger und stellt somit eine Zugriffshilfe dar, die an sich für das hier behandelte Verfahren ohne theoretische Bedeutung ist.

*Verfahren*

Die "Phonetisierung" der Wörter eines Textes i.u.S. verläuft in folgenden Schritten.
Der Text wird Wort für Wort eingelesen.
Zu dem Wort wird ggf. eine abgeleitete Form (z. B. Plural, Singular, s.o.) erzeugt, gewissermaßen ein "Parallelwort".
Für jedes Wort (auch für eventuelle Parallelwörter) wird das Schema und der Hash Code gebildet.
Die Wörter werden zur "inversen" Datei zusammengefasst.
Die Schemata werden anschließend in einer (Schema-)Datei vereinigt.
Die Hash Codes gehen in eine Tabelle ein, in der Angaben zur Lokalisierung der Schemata enthalten sind.
Damit ist die Bearbeitung der Zielbegriffe abgeschlossen.

Die Bearbeitung der Suchbegriffe verläuft zunächst analog:
Wieder werden zum eingegebenen (Such-)Wort, wenn angezeigt, Parallelwörter erzeugt und deren Schemata und Hash Codes ermittelt.
Der Suchvorgang erfolgt alsdann in umgekehrter Reihenfolge wie die Einspeicherung der Zielinformationen:
Der Hash Code leitet zur Schemadatei, diese zur Datei der Zielbegriffe, und zwar dort zu allen i.u.S. phonetisch ähnlichen Wörtern.

*Technische Schlußbemerkungen*

Auf den heutigen Maschinen erfordert die Bearbeitung eines eingegebenen Zielbegriffes bis zur Lokalisierung der entsprechenden Zielbegriffe nur Sekundenbruchteile, so aufwendig das Verfahren auch vielleicht erscheinen mag.
Der Speicherbedarf für die inversen und Hilfsdateien ist nicht höher, als er (zusätzlich) für die Texte selbst benötigt wird.

*Literatur*


HERDAN, G., Quantitative Linguistics, London 1984.
KRAHE, H., Indogermanische Sprachwissenschaft, Heidelberg 1943.
MEYER-EPPLER, Grundlagen und Anwendungen der Informationstheorie, Berlin 1960.
TRUBETZKOY, N. S., Grundzüge der Phonologie, Göttingen 1958/1962 (Prag 1939).


*Anmerkungen*

(1) Für den arabischen Dienst wurde zwischenzeitlich ein Konzept für die "Ähnlichkeitssuche" erstellt, das allerdings nicht in der Hauptsache auf phonetische Relationen zurückgreift.
(2) Die Datenbank eines schweizerischen Presseverlags weist mehr als 25 verschiedene Schreibweisen dieses Namens auf.
(3) Die Halbkonsonanten nehmen eine Zwischenstellung zwischen Vokalen und Konsonanten ein, ihnen können im Indogermanischen Vokale entsprechen wie z.B. noch heute im slav. 'vlk' (Wolf), 'srdc-' (Herz), außerdem unterliegen sie der primären Metathese, d.h. Stützvokale werden vor- oder nachgesetzt: aus skr. pl- bzw. pr (voll) wird roman. plen-, russ. poln-, und der sekundären Metathese: Waldemar : Wladimir, formosa (hermosa): (rumän.) frumoasâ, Arbeit / rabota. Dagegen ist 'W' im slav., sem. ein Halbvokal, nicht aber im Deutschen, das aus idg. *qu- entstanden ist (lat. qui-s, dt. we-r).
(4) Die Rangordnung der Zeichen hilft, Metathesen zu ignorieren und gewisse Schreibfehler ("Zeichendreher") zu bereinigen.
(5) In technischer Hinsicht ist eine Gleichverteilung der Schemawörter (s.u.) anzustreben, philologische Berücksichtigung fordern die Ausdrucksgewohnheiten der Autoren (Journalisten).
(6) Faltung führt i.A. zu nichtnumerischen Zeichenfolgen, unter Hash Code wird seltener ein nichtnumerischer Wert verstanden. - Die "Ähnlichkeit" von Wortschemata wird streng genommen durch das eingesetzte Hash-Code-Verfahren definiert.

# ÖSTERREICHISCHE DISSERTATIONSDATENBANK

## Von Alexander Nevyjel

Im Rahmen des Konzepts für das Fachinformationswesen in Österreich hat das Österreichische Forschungszentrum Seibersdorf auf Initiative des Bundesministeriums für Wissenschaft und Forschung die Funktion eines österreichischen Literaturinformationszentrums zur Erfasssung und Weiterleitung österreichischer Literatur an internationale Datenbanken übernommen. Der Schwerpunkt dieser Aktivitäten liegt auf naturwissenschaftlich/technischem Gebiet sowie im Bereich der sogenannten nicht konventionellen Literatur aller Fachgebiete. Innerhalb der nicht-konventionellen (d.h. nicht im Buchhandel erhältlichen) Literatur nehmen die Dissertationen eine wesentliche Position ein. Österreichische Dissertationen stellen ein wichtiges Produkt österreichischer wissenschaftlicher Arbeit dar. Es ist daher von großer Bedeutung, daß diese österreichische Literaturgattung auch in internationalen und international zugänglichen Datenbanken möglichst vollständig vertreten ist.

Bis Anfang der 80er Jahre gab es eine Aktion des Verbandes der Wissenschaftlichen Gesellschaften Österreichs, die englischen Kurzreferate mit Titelaufnahmen von allen österreichischen Universitäten zu sammeln und zentral koordiniert an die University Microfilms International in Michigan (USA) zur Einspeicherung in die Dissertation Abstracts International, Section C, weiterzuleiten. Diese Aktivität wurde leider eingestellt. Einige Universitätsbibliotheken haben auf individueller Basis weiterhin die Kurzreferate ihrer Dissertationen gesammelt und an Dissertation Abstracts International weitergeleitet. Das Österreichische Forschungszentrum Seibersdorf (ÖFZS) hat im Rahmen seiner Zusammenarbeit mit verschiedenen Datenbanken testweise Kurzreferate österreichischer Dissertationen an COAL-Abstracts, MATH/MATHDI, NTIS, EDB und INSPEC weitergeleitet und dabei festgestellt, daß diese Datenbanken an österreichischen Dissertationen interessiert sind und die Daten nach einer Fachbereich-Selektion aufgenommen werden. Außerdem bearbeitet das ÖFZS routinemäßig österreichische Dissertationen aus dem nuklearen Bereich und leitet diese an INIS weiter.

Bis 1989 war eine vollständige Erfassung Österreichischer Dissertationen nur über die österreichische Bibliographie gegeben, die jedoch nur wenig inhaltliche Erschließung, insbesondere keine Kurzreferate bietet. Die Einspeicherung in internationale Datenbanken erfolgte bisher aufgrund einzelner, individueller Initiativen unkoordiniert und daher auch sicher unvollständig.

Zur Lösung dieses Problems wird ab 1990 im Auftrage des Bundesministeriums für Wissenschaft und Forschung vom ÖFZS mit dem Aufbau einer Österreichischen Dissertationsdatenbank begonnen. Zur Realisierung dieser Datenbank ist es notwendig, die Erstellung englischer Kurzreferate durch die Dissertanten in allen österreichischen Universitäten wieder verbindlich einzuführen. Diese Kurzreferate werden zentral vom ÖFZS gesammelt, das die inhaltliche Erschließung überprüft und ergänzt (d.h. eine Qualitätskontrolle von Schlagworten und Kurzreferat durchführt) und diese Daten in einer Form erfaßt, die den Ansprüchen der internationalen und international zugänglichen Literaturinformationssysteme gerecht wird. Die Nutzung des so entstehenden Datenbestandes kann auf drei Arten erfolgen:

1. Online Abfrage in einem freitexttauglichen Recherchesystem (wie es die IVS-Stellen benutzen)
2. Weitergabe der Daten auf Disketten für PC-Benutzer
3. Weiterleitung der nach Fachgebieten selektierten Daten an internationale Datenbanken (Dissertation Abstracts International, sowie möglichst viele andere Datenbanken, die an diesen Daten interessiert sind)

Damit kann eine weite internationale Verbreitung dieser wichtigen österreichischen Fachliteratur, sowie die bequeme und schnelle Nutzung dieser Informationsquelle durch österreichische Benutzer sichergestellt werden.

An Österreichs Universitäten wurden, soweit Kurzreferate von Dissertationen erfaßt wurden, dafür unterschiedliche Formulare verwendet. Diese sind teilweise verschiedene Versionen der Erfassungsformulare für die Dissertation Abstracts der University Microfilms International (UMI), teilweise handelt es sich um Eigenentwicklungen der Universitätsbibliotheken oder Außeninstitute. Für den Aufbau der Österreichischen Dissertationsdatenbank wird nun ein einheitliches Formular verwendet, das alle verschiedenen bisherigen Formulare ersetzt. Es wurde versucht, alle für die Aufnahme in die UMI-Dissertation Abstracts notwendigen Felder sowie alle bei den im Rahmen dieses Projektes durchgeführten Besuchen der österreichischen Universitäten erhaltenen Anregungen zu berücksichtigen. Von diesem Formular erfolgt direkt die Datenerfassung für die Österreichische Dissertationsdatenbank als auch durch Weitergabe von Kopien an UMI und andere Informationsdienste die Einspeicherung in internationale Datenbanken. Altdatenbestände aus ehemaligen Dissertationsverzeichnissen und Katalogisierungssystemen werden in die Dissertationsdatenbank aufgenommen, sofern sie in maschinlesbarer Form zur Verfügung gestellt werden können, auch wenn sie keine oder nur deutsche Abstracts beinhalten oder einige der im Erfassungsformular vorgesehenen Datenfelder nicht belegt sind.

An einigen österreichischen Universitäten wurden bereits bisher Kurzreferate von Dissertationen zentral gesammelt und verwertet. Die Organisation der Sammlung der Referate kann sich daher an den bereits bestehenden Organisationsschemata orientieren. Die Erfassungsformulare (inkl. Begleittext) werden vom ÖFZS in entsprechender Anzahl den Universitätsbibliotheken, Prüfungsreferaten, Studienabteilungen und Dekanaten zur Verfügung gestellt. Die Erfassungsformulare werden von den Prüfungsreferaten gemeinsam mit den anderen für die Einreichung einer Dissertation notwendigen Formularen an die Dissertanten ausgegeben. Bei Einreichung der Dissertation achtet das Prüfungsreferat bzw. Dekanat darauf, daß auch das Erfassungsformular ausgefüllt abgegeben wird und legt das Erfassungsformular (oder eine Kopie davon) dem Exemplar der Dissertation bei, das an die Universitätsbibliothek weitergeleitet wird. Die Universitätsbibliothek ergänzt den Stempel und die Signatur am Formular, überprüft gegebenenfalls bzw. ergänzt oder korrigiert die vom Dissertanten vergebenen Schlagwörter und Fachgruppen, sammelt die

Erfassungsformulare und leitet diese (bzw. Kopien) monatlich, quartalsweise oder nach jedem Promotionstermin an das ÖFZS weiter. Bei gesperrten Dissertationen leitet die Universitätsbibliothek das Formular erst nach Aufhebung der Sperre an das ÖFZS weiter.

Die Vollständigkeit dieser Erfassung wird durch begleitende Aktionen des Bundesministeriums für Wissenschaft und Forschung, der entsprechenden Gremien in den einzelnen Universitäten sowie der Rektorenkonferenz sicherzustellen sein. Eine Ö-Norm über die äußere Gestaltung von Dissertationen und Hochschulschriften ist in Ausarbeitung, in der die Erstellung der Kurzreferate als Teil der Dissertation vorgesehen ist. Langfristig ist es wünschenswert, die englischen und deutschen Kurzreferate für die Dissertationen auch im Hochschulstudiengesetz zu verankern.

Das ÖFZS fungiert als zentrale österreichische Sammelstelle für die Erfassungsformulare österreichischer Dissertationen. Ein Fachexperte des ÖFZS unterzieht die inhaltliche Erschließung, insbesondere das Abstract und die Schlagworte einer Qualitätskontrolle und bringt gegebenenfalls Kürzungen, Ergänzungen und Korrekturen an. Sachbearbeiter erfassen die Daten am ÖFZS-Rechenzentrum und es entsteht so die zentrale Österreichische Dissertationsdatenbank am ÖFZS-Rechenzentrum, die vom ÖFZS verwaltet und gewartet wird. Bis jetzt (Herbst 1990) sind bereits ca. 1000 Dissertationen der Jahre 1989-1990 sowie ca. 4000 Sätze der Altdatenerfassung gespeichert. Das Wachstum der Datenbank wird 1000 - 2000 Sätze pro Jahr betragen.

Die Dissertationsdatenbank steht zunächst am ÖFZS-Rechenzentrum für Online-Recherchen über die IVS-Stelle des ÖFZS oder über DATEX-P-Anschluß kostenpflichtig zur Verfügung. Um die Datenbank im universitären Bereich kostenlos nutzbar zu machen, werden die Daten quartalsweise auf Magnetband an das Rechenzentrum der Universität Wien geliefert und dort in die BASIS-Datenbank (ein freitexttaugliches Recherchesystem) geladen. Die Online-Nutzung kann über jedes mit dem Universitätsrechenzentrum verbundene Terminal (insbesondere BIBOS-Terminal) erfolgen und ist für alle Universitäten sowie vom BMWF zu bestimmende Organisationen kostenlos.

Weiters werden die Daten im ÖFZS auf PC überspielt und in CDS/ISIS geladen. Jene Institute oder Institutionen, die keinen direkten Terminalzugang zum Universitätsrechenzentrum haben, können die Neuzugänge der Datenbank quartalsweise auf Disketten beziehen. Ferner leitet das ÖFZS die Daten der Österreichischen Dissertationsdatenbank quartalsweise vollständig oder nach Fachgebieten selektiert an internationale und international verfügbare Datenbanken weiter. Derzeit bestehen bereits Kontakte mit UMI-Dissertations Abstracts, NTIS, FIZ-Karlsruhe, FIZ-Technik, METADEX, INIT, CAB und IFIS.

Durch den Aufbau und die laufende Weiterführung einer zentralen Österreichischen Dissertationsdatenbank kann eine weite, internationale Verbreitung dieser wichtigen österreichischen Fachliteratur, sowie die bequeme und schnelle Nutzung dieser Informationsquelle durch österreichische Benutzer sichergestellt werden.

# Deutsch-Österreichische Zusammenarbeit in einer sich rasch internationalisierenden Datenbankbranche

## Von Reinhold Gokl

### *I. Einführung*

Die deutsch-österreichische Zusammenarbeit in der Datenbankbranche läßt sich aus meiner Sicht nicht losgelöst von internationalen Entwicklungen und Herausforderungen diskutieren. War doch der Wettbewerb in dieser Branche schon immer international und haben gerade die spät gestarteten mitteleuropäischen Anbieter noch einiges aufzuholen! Zudem geht es in der deutsch-österreichischen Zusammenarbeit nicht nur, aber in wesentlichem Maße auch darum, internationale Wirtschaftsinformationen für das mitteleuropäische Management verfügbar zu machen und Wirtschaftsinformationen über den deutschsprachigen Raum international zu vermarkten.

Weshalb spreche ich teilweise auch im folgenden vom "mitteleuropäischen Management" und von "Wirtschaftsinformationen über den deutschsprachigen Raum"?

Selbstverständlich ist es eine überaus wichtige Aufgabe, das deutsche Management über Entwicklungen in der österreichischen Wirtschaft und das österreichische Management über deutsche Firmen, Branchen, Märkte, Produkte, Geschäftsgelegenheiten usw. auch auf elektronischen Wegen zu informieren. Aber soweit es um die Verfügbarkeit internationaler Wirtschaftsinformationen geht, stellt sich die Lage für das Management im deutschsprachigen Raum ähnlich dar. Und was die Anbieterseite angeht, so bin ich der festen Überzeugung, daß wir gegen die angelsächsischen Anbieter dann eine gute Chance haben, wenn wir unsere Kräfte über nationalstaatliche Grenzen hinweg bündeln.

### *II. Fünf Thesen zur Internationalisierung der Datenbankbranche*

Welche internationalen Entwicklungen und Herausforderungen für die Datenbankbranche gibt es in neuerer Zeit? Dazu formuliere ich meine Antworten in fünf Thesen:

*1. Angesichts der Internationalisierung und Globalisierung der Märkte stehen die elektronischen Informationsprodukte weltweit weiterhin vor hohen Wachstumsraten.*

Was bedeuten

- die Vollendung des Europäischen Binnenmarktes,
- die Öffnung der osteuropäischen Länder für marktwirtschaftliche Reformen und die Zusammenarbeit mit dem Westen,
- der wirtschaftliche Aufstieg der Pazifik-Region und
- das Zusammenwachsen der wirtschaftlichen Großregionen der Welt

für die Informationsversorgung der Wirtschaft weltweit und für die Chancen elektronischer Informationsprodukte?

- o Traditionelle Informationsnetze und konventionelle Medien erweisen sich angesichts neuer Technologien, neuer Anbieter und neuer Märkte zunehmend als ergänzungsbedürftig.
- o Angesichts des intensiver gewordenen Wettbewerbs kommt es mehr denn je darauf an, ganz schnell die genau richtige Information auf den Schreibtisch zu bekommen.
- o Wenn die internationalen Transaktionen zunehmen, wächst die durchschnittliche "physische" Distanz zwischen den Kooperationspartnern, wird also persönliche Kommunikation erschwert. Die sich damit öffnende "Kommunikationslücke" kann und muß elektronisch überwunden werden.
- o Immer häufiger werden wichtige Informationen nur noch auf elektronischem Wege angeboten bzw. sind diese in einer vernünftigen Zeit nur noch auf elektronischem Wege zu beschaffen.

2. *Im Vergleich zu den USA und Großbritannien kann die deutsche Datenbankbranche mit besonders hohen Wachstumsraten rechnen.*

- o Das mitteleuropäische Management ist einer der agilsten Anbieter auf den internationalen Märkten und wird das voraussichtlich bleiben. Das bedeutet, daß das Management als eine immer wichtiger werdende Ergänzung zu deutschsprachigen Wirtschaftsinformationen den direkten Zugriff auf internationale, meistens englischsprachige, Wirtschaftsdatenbanken sucht.

- o Je stärker die Position der mitteleuropäischen Wirtschaft auf den internationalen Märkten ist, desto mehr wird sich eine Nachfrage des Auslands nach deutschsprachigen Wirtschaftsinformationen entfalten. Dieser Trend ist bereits deutlich in den westeuropäischen Ländern erkennbar. Dort sieht man speziell den deutschen Markt in mancher Hinsicht als den dynamischsten, gleichzeitig aber auch als den anspruchsvollsten innerhalb der Europäischen Gemeinschaft an. Zugleich glaubt man, auf eine intensive Beobachtung von Wettbewerbern und etwaigen Kooperationspartnern aus Deutschland nicht verzichten zu können.

- o Für die deutschsprachige Datenbankbranche ergeben sich mit der wirtschaftlichen Öffnung der Länder Osteuropas besondere Chancen. Speziell das deutsche und österreichische Management verfügt in Osteuropa über einen geographischen, Erfahrungs- und psychologischen Vorsprung und das wird in anderen Ländern genauso gesehen. Indem die Datenbankbranche deutsche Informationsangebote um entsprechende Angebote aus dem gesamten deutschen Sprachraum, also Österreich und der Schweiz, ergänzt und darüber hinaus ähnliche Informationsangebote aus den osteuropäischen Ländern verfügbar macht, wird sie zusehends noch wesentlich mehr als bisher zum international gefragten Partner.

*3. Ein Blick zurück: Allerdings war die Skepsis der Branche in den vergangenen Jahren nicht immer unbegründet.*

In den vergangenen Jahren wurde in der Branche häufiger Skepsis verbreitet - nicht völlig zu Unrecht:

o Die Amerikaner hatten zunächst einen bedeutenden technologischen Vorsprung. Sie fuhren Umsätze ein, von denen die Europäer kaum zu träumen wagten.

o Trotz hoher staatlicher Subventionen und großer Förderprogramme griff das deutsche Management kaum auf die aufgehaldeten Datenmengen zu, weil
- es weniger an den angebotenen technisch-wissenschaftlichen Informationen denn an Wirtschafts- und Finanzinformationen interessiert war;
- das Recherchieren in Datenbanken bedeutende Vorkenntnisse verlangte, wenn nicht eine "Geheimwissenschaft" war.

*4. Inzwischen haben die Deutschen aufgeholt. Wie?*

o Die Rahmenbedingungen für die Datenbankbranche haben sich mit der Postreform und der Teilliberalisierung des Telekommunikationsmarktes und den damit gewonnenen Nutzungsmöglichkeiten für Value Added Network Services verbessert. Was die Deutsche Bundespost Telekom angeht, so erwarten wir auch von ISDN einiges.

o Unter anderem mit der Eröffnung einer vollelektronifizierten Deutschen Terminbörse ist der internationale Finanzplatz Frankfurt eine noch wichtigere Ergänzung zu London und den weiteren europäischen Börsenplätzen geworden. Alle großen Online-Anbieter an Finanzinformationen haben in Frankfurt eine Niederlassung. Ein großer Teil unserer Branche hat sich in Frankfurt konzentriert und erwartet gerade von diesem Raum weitere Impulse.

o Der technische Vorsprung der Amerikaner ist dahingeschmolzen und allenfalls noch in Teilbereichen vorhanden, nicht zuletzt, weil die Deutschen internationale Partnerschaften eingingen, zum Beispiel die Kooperation zwischen FIZ Karlsruhe und Chemical Abstracts Services und die gemeinsame Vermarktung ihrer naturwissenschaftlich-technischen Informationsangebote unter dem Firmenzeichen "STN International". Bei technischen Datenbanken erwarb FIZ Technik eine hohe, auch internationale Reputation.

o Das Recherchieren in Datenbanken ist um vieles einfacher geworden, und gerade in den letzten Monaten wurden immer wieder neue intelligente Lösungen vorgestellt.

o Die deutschen und zum Teil auch die weiteren europäischen Datenbankanbieter haben in ihren jeweiligen Ländern die Marktführerschaft vor den Amerikanern übernommen. Als Beispiel sei hier DIMDI für den Bereich der Medizindatenbanken genannt. Grund sind die überlegenen Marktkenntnisse vor Ort. Allerdings wird in einigen Bereichen immer noch das meiste Geld mit amerikanischen (oder britischen) Datenbanken verdient.

o Auf den USA- und internationalen Märkten ist es mittlerweile zu einer weitgehenden Konzentration der Datenbankbranche gekommen (Beispiele: Bildung von Maxwell Online, Übernahme von DIALOG durch Knight Ridder). Die Deutschen lebten bislang im "Windschatten" dieser Entwicklung. So gewannen sie Zeit, für die großen internationalen Anbieter, die schon bald auf den deutschen Markt zurückdrängen werden, zu interessanten Kooperationspartnern heranzuwachsen.

o Seitdem die Verlagsgruppe Handelsblatt 1985 mit ihrer Initiative GENIOS-Wirtschaftsdatenbanken in den Markt für elektronische Informationsprodukte einstieg, hat sich privates Engagement in Deutschland bei vielen Verlagen und weiteren ersten Adressen unter den deutschen Informationsproduzenten (zum Beispiel Wirtschafts- und Marktforschungsinstituten, Unternehmensberatern), zunehmend auch im öffentlichen Bereich (zum Beispiel bei der Bundesstelle für Außenhandelsinformation), entfaltet. Der Wettbewerb hat für frischen Wind in der gesamten Branche gesorgt und ihre weitere Entwicklung beschleunigt. Als Folge ist ein differenziertes Angebot an elektronischen Wirtschaftsinformationen speziell für das deutsche und deutschsprachige Management entstanden. So bietet GENIOS-Wirtschaftsdatenbanken unter anderem an:
- ein weitgehend komplettes Angebot an deutschen Firmeninformationen,
- ein weitgehend komplettes Angebot an Auslands- und Außenhandelsinformationen,
- Exklusivangebote über aktuelle Entwicklungen in allen Wirtschaftsbereichen,
- weitere interessante Management-, Branchen- und volkswirtschaftliche Informationen, die Zug um Zug weiter ergänzt werden.

o Im Bereich der Wirtschaftsinformationen bezieht sich die Überlegenheit der Deutschen vor den Amerikanern nicht nur auf die Marktkenntnisse, sondern teilweise auch auf die Datenbankinhalte und -qualitäten. So hat ein Datenbanktext der Heidelberger Online GmbH am Beispiel "DDR-Berichterstattung" 1990 ergeben, daß man mit internationalen Datenbanken wie PREDICASTS zwar gut bedient wird, wenn man einen kurzen Einblick gewinnen will. Wer aber über bestimmte Entwicklungen in der DDR bis herunter auf die Ebene einzelner Betriebe umfassend informiert werden will, der kann an den Volltextangeboten von GENIOS nicht vorbeigehen.

o Zu den Angebotsverbesserungen zählt ferner, daß auch die Deutschen mittlerweile in die Vielfachverwertung von Informationen eingestiegen sind. Nach mehreren Jahren Verzögerung zu den USA boomen die CD-ROM-Angebote, die bereits in Buch- und Online-Versionen verfügbar sind. Auch die Möglichkeiten von Diskettendiensten sind bei weitem nicht ausgereizt.

o In Zukunft wird nicht jeder Manager oder mittelständische Unternehmer selbst Datenbankrecherchen durchführen. Aber dafür ist in den letzten Jahren in der Bundesrepublik zunächst in den westdeutschen Bundesländern eine flächendeckende Infrastruktur an Informationsvermittlungsstellen entstanden, die Aufgaben der Informationsbeschaffung und -analyse unter Einbeziehung von Datenbankrecherchen als Auftragsarbeit übernehmen und die die mittelständische Wirtschaft sehr wohl erreichen. Dabei sind besonders die Unternehmensberater einschließlich Kammern und Verbände, aber auch GENIOS-Kooperationspartner wie die Sparkassen und Volksbanken zu nennen. Auf immer größeres Interesse bei der mittelständischen Wirtschaft stoßen auch die elektronischen Kooperationsbörsen wie die Datenbank der deutschen Großbanken unter Federführung der Deutschen Bank, BUSINESS.

5. *Angesichts der genannten Entwicklungen und des erreichten Standes sehe ich gute Aussichten, daß sich Deutschland und darüber hinaus Mitteleuropa binnen kurzem*
   - *zum zweiten europäischen Datenbankzentrum (nach Großbritannien) entwickelt;*
   - *dabei insbesondere die Rolle einer Drehscheibe im West-Ost-Informationstransfer übernimmt.*

Weitere europäische Länder bzw. Regionen werden folgen. In diesem Zusammenhang denke ich für die nahe Zukunft insbesondere an Frankreich.

Obgleich die vorliegenden Zahlen zur Nutzung elektronischer Informationsprodukte nicht vergleichbar, noch nachprüfbar sind, möchte ich an dieser Stelle doch eine Zahl nennen: Die Wachstumsraten bei deutschen elektronischen Wirtschaftsinformationen dürften auch weiterhin mehr bei 30 % als bei 20 % liegen.

Voraussetzung ist allerdings, daß die Anbieter die gebotenen Chancen auch richtig ergreifen.

In diesem Zusammenhang werden die nationalen Unterschiede zwischen den Anbietern (nicht zwischen den Märkten) an Bedeutung verlieren. Denn die amerikanischen und europäischen Anbieter werden, teilweise um für den Europäischen Binnenmarkt gerüstet zu sein, *strategische Allianzen* eingehen, um ihre eigenen teils nationalen Informationsangebote abrunden zu können und um im jeweiligen Ausland mit starken Vertriebspartnern, die über weitgehende Marktkenntnisse "vor Ort" verfügen, präsent zu sein. Das 1990 eingegangene Engagement von Dow Jones und der Verlagsgruppe Handelsblatt beim Medien-Konzern und Onliner-Anbieter L'Expansion weist bereits in diese Richtung. Im November 1990 haben Dow Jones und die Verlagsgruppe Handelsblatt eine gemeinsame Tochter, die Dow Jones-Handelsblatt GmbH (Frankfurt), gegründet. Erste Kooperationsgespräche mit Dow Jones im Datenbankbereich wurden ebenfalls bereits geführt.

Statt die Aufholjagd zu den Angelsachsen fortzusetzen, werden die Kontinental- und Mitteleuropäer also mehr und mehr an der Gestaltung neuer Trends mitwirken. Dazu werden unter anderem gehören: weltweite Verfügbarkeit wichtiger Informationsdienste über eine Verkoppelung internationaler Netzwerke und Gateways bei einer höheren Intelligenz von Zugangspunkten; Wandel der Datenbankanbieter von einem Rechenzentrum zum Dienstleister rund um die elektronische Information mit vorwiegend koordinativen und verlegerischen Aufgaben; Schlagen elektronischer Brücken zu vertikalen Telematikdiensten wie Frachtbörsen und Buchungssystemen.

*III. Internationalisierung von GENIOS-Wirtschaftsdatenbanken*

Wie nimmt GENIOS-Wirtschaftsdatenbanken an dem geschilderten Internationalisierungsprozeß teil? Auch in den folgenden Antworten möchte ich mich auf fünf Punkte beschränken.

*1. Der ergänzende Zugriff auf internationale Datenbanken ermöglicht*

Wenn sich das deutsche und deutschsprachige Management ergänzend zu den Informationen über den eigenen und die unmittelbar benachbarten Wirtschaftsräume den direkten Zugriff auf internationale Wirtschaftsdatenbanken wünscht, so will es gleichwohl nicht auf den Service aus einer Hand verzichten.

Fast von Beginn an ist GENIOS-Wirtschaftsdatenbanken sogenannte "Gateway-Kooperationen" eingegangen. (Anstatt immer wieder dieselben Datenbanken auf andere Rechner aufzulegen, bietet es sich aus Wirtschaftlichkeitserwägungen an, Kooperationsverbünde mit führenden Anbietern in anderen Ländern einzugehen und zwischen deren Informationsangeboten "elektronische Brücken" beziehungsweise Gateways zu schlagen.) Solche Gateways bestehen seit längerem zum Beispiel zu JURIS (Saarbrücken), dem deutschen juristischen Rechtsinformationssystem, und zu FT PROFILE Business Information, dem Datenbankanbieter der Financial Times-Gruppe.

Aber 1990 hat GENIOS die Zahl seiner Gateways mehr als verdreifacht, wobei an neuen Entwicklungen hier nur genannt sein sollen:

- o der Gateway zur Austria Presse Agentur;
- o der Gateway zu NIKKEI, dem führenden japanischen Anbieter an Wirtschaftsinformationen sowohl im Druck- als auch im elektronischen Bereich;
- o der Gateway zu GENIE, dem General Electric network for information exchange, der über mehrere Hunderttausend Nutzer in den Vereinigten Staaten verfügt und mit einer Vielzahl an Angeboten nicht nur den Wirtschaftsfachmann, sondern letztlich jeden PC-Besitzer anspricht;
- o der Gateway zu INVESTEXT von Thomson Financial Networks (Boston), der weltweit führenden Datenbank zur Beobachtung und Beurteilung international tätiger börsennotierter Unternehmen.

*2. GENIOS-Informationen sind weltweit und rund um die Uhr verfügbar geworden.*

Seit 1990 läuft GENIOS im Hostbetrieb von General Electric Information Services (Köln) und sind die GENIOS-Informationen in das internationale GE-Netz MARK III eingebunden. Damit wurden die GENIOS-Informationen in über 70 Ländern der Welt rund um die Uhr verfügbar. Weitere Vorteile der Einbindung der GENIOS-Informationsangebote in das MARK III-Netz sind:

- o Der Zugang zu den internationalen Partnern von GENIOS ("Gateways") ist um vieles einfacher geworden.

- o Jeder GENIOS-Kunde kann weltweit mittels der Elektronischen Post Briefe versenden und empfangen.
- o Jeder GENIOS-Kunde kann seine Rechercheergebnisse direkt vom PC aus via Telefax oder auch - dies eine wichtige Möglichkeit in Richtung der osteuropäischen Länder: - via Telex versenden.

*3. In Softwarefragen den Endnutzer erreichen und internationale Standards wahren.*

Auch in Softwarefragen war 1990 für GENIOS-Wirtschaftsdatenbanken ein wichtiges Jahr. So stieg GENIOS in Zusammenarbeit mit Paralog (Stockholm) und PSI (Berlin/ Aschaffenburg) auf eine neue Retrievalsoftware mit internationaler Reputation, nämlich TRIP, um. Damit ist Recherchieren auch für den Endnutzer ohne Vorkenntnisse leicht geworden, und zwar ohne daß bei den Ergebnissen Qualitätsverluste entstehen.

Ferner haben wir in Zusammenarbeit mit IuK Dietrich Rieth die Kommunikationssoftware Genios PC Plus sowie Genios Bank für die interne Datenbankpflege entwickelt. Wichtige Funktionen von Genios PC sind: automatisierter Zugang zu allen GENIOS-Funktionen; Unterstützung der Recherchen durch Funktionstasten (Offline-Handbuch); komfortable Vor- und Nachbereitung der Recherche; Unterstützung von GENIOS-Fax-Möglichkeiten zum Beispiel aus dem Textprogramm heraus. Genios PC Plus ist die Basis für die Weiterentwicklung von GENIOS-Funktionen, zum Beispiel VT Emulation, Gateways, Btx sowie interner Datenbankaufbau und interne Datenbankpflege.

*4. Informationsangebote aus dem eigenen Wirtschaftsraum komplettieren - auch um ein wertvollerer Partner auf internationaler Ebene zu werden.*

International erfolgreich werden auf Dauer vorwiegend jene Anbieter sein, die ihren "Heimvorteil" mit Informationsangeboten aus den angestammten Wirtschaftsräumen voll nutzen und auf diese Weise zu wertvollen Partnern für die Informationsanbieter in den weiteren europäischen Ländern und darüber hinaus werden.

Wir haben, dieser These folgend, auch 1990 unsere Informationsangebote im Bereich deutscher Datenbanken Zug um Zug erweitert, beispielsweise um ein Branchenpaket zur Chemischen Industrie.

1990 war aber auch deswegen ein besonderes Jahr, weil Ende 1989 die Berliner Mauer und der mitten durch Deutschland verlaufene Eiserne Vorhang fiel und auf einmal wieder Kontakte zu den Informationseinrichtungen in die damalige DDR, heute in die fünf neuen deutschen Bundesländer, möglich wurden. Kaum waren die ersten Kontakte geschlossen, da ging es Schlag auf Schlag:

- o Bis zur Frankfurter infobase im Mai schafften wir es gemeinsam mit unseren neuen Partnern in der "Damals-noch-DDR", ein kompaktes Informationspaket über wirtschaftliche Einrichtungen, Zusammenhänge und Entwicklungen in der DDR anzubieten.

- o Am 21. August eröffnete unser Partner GE Information Services den ersten DDR-Zugriffspunkt auf sein MARK III-Netz in Ostberlin und schloß damit die DDR an die internationale Datenbankwelt an. Mittlerweile sind weitere Zugriffspunkte in Dresden, Leipzig und Chemnitz entstanden. Der Kooperationsverbund GENIOS/GE bietet Firmen, die sich in Ostdeutschland engagieren möchten, nicht nur den Datenbankservice, sondern auch die Lösung ihrer Telekommunikationsprobleme an.
- o Ebenfalls am 21. August starteten wir unser "GENIOS-MID-Projekt". MID steht für "Management-Informationen in Datenbanken". Im Rahmen dieses Projektes versorgen wir ca. 20 Unternehmensberater, Forschungseinrichtungen, Information Broker in großen Industriefirmen und weiteren interessanten Einrichtungen in Ostdeutschland mit Workstations. Darüber hinaus geben wir unseren neuen Partnern qualifikatorische und Marketing-Unterstützung. Auf diese Weise entsteht in den neuen deutschen Bundesländern in Privatinitiative eine neue Infrastruktur für die Nutzung elektronischer Wirtschaftsinformationen.

Gemeinsam mit GE Information Services und unserem Ostberliner Partner haben wir erste Kooperationsmöglichkeiten in Richtung Osteuropa erschlossen. Eine erste Präsentation von GENIOS-Wirtschaftsdatenbanken in Moskau fand im Oktober 1990 statt.

*5. Wenn aus der Welt ein elektronisch kommunizierendes Dorf wird, dann wollen wir dazu einen Beitrag leisten.*

Bleiben wir bei allem Nutzen, der mit der Festlegung auf Visionen verbunden sein kann, möglichst konkret. Sosehr uns die Einbindung der GENIOS-Datenbanken in das MARK III-Netz schon vorangebracht hat, was sich im Rahmen weiterer Zusatzdienste vielleicht schon in wenigen Jahren realisieren läßt, kann man heute zum Teil erst erahnen.

Sicherlich wird GENIOS in Zusammenarbeit mit GE im Rahmen des GEnie-Services eine ganze Reihe von Computer-, Branchen- und weiteren Foren beziehungsweise fachspezifischen "elektronischen Konferenzmöglichkeiten" einführen. Möglichkeiten zur elektronischen Reservierung von Flug und Hotel gibt es schon jetzt, vielfältige Möglichkeiten des "Electronic Shopping" wird es bei GENIOS in wenigen Jahren geben.

## *IV. Die Zusammenarbeit zwischen GENIOS-Wirtschaftsdatenbanken und der Austria Presse Agentur*

Die Verlagsgruppe Handelsblatt (Düsseldorf) ist die führende deutsche Verlagsgruppe für Wirtschaftspublizistik und gibt unter anderem die führende deutsche Wirtschaftszeitung, das Handelsblatt, und das Magazin Wirtschaftswoche heraus. Mit GENIOS-Wirtschaftsdatenbanken engagierte sie sich 1985 im Bereich elektronischer Wirtschaftsinformationen.

Für die Verlagsgruppe Handelsblatt war Österreich und der österreichische Markt schon immer sehr wichtig. Das österreichische Management kommt, sofern es an deutschen und internationalen Märkten interessiert ist, kaum an den Informationen von Handelsblatt und Wirtschaftswoche vorbei. Die Verlagsgruppe hat die Options Verlags GmbH in Wien übernommen, die das österreichische Wirtschaftsmagazin OPTION herausgibt. Die Options Verlags GmbH übernahm 1990 ihrerseits Diners Club, das Magazin für Wirtschaft, Kultur und Lebensart. Ferner ist die Verlagsgruppe an dem in Wien herausgegebenen "Ostwirtschaftsreport" beteiligt, seit vielen Jahren der Horchposten für das deutsche und österreichische Management mit Interessen im Osthandel.

GENIOS-Wirtschaftsdatenbanken mußte sich in seiner Startphase auf den Aufbau eines Datenbankangebots zu deutschen Firmen, Branchen, Märkten usw. und auf den Aufbau und die Pflege einer deutschen "Stammkundschaft" konzentrieren. Es war aber von vornherein beabsichtigt, dieses Angebot wenig später um zusätzliche Informationen aus dem weiteren deutschen Sprachraum zu ergänzen.

Unser Interesse an Österreich nahm noch einmal stark zu, als sich die osteuropäischen Länder politisch und wirtschaftlich öffneten und Österreich mit seiner Metropole Wien aus einer Randlage wieder in das Zentrum Europas rückte.

Gemäß unserer Internationalisierungsphilosophie, die ich oben dargestellt habe, suchen wir auch für Österreich einen Hauptpartner, mit dem wir möglichst einen "wechselseitigen Generalvertretungsvertrag" abschließen wollten.

Wir haben uns schließlich aus mehreren guten Gründen für die Austria Presse Agentur als unserem Hauptpartner in Österreich entschieden:

o Wie die Verlagsgruppe Handelsblatt, so bringt auch die Austria Presse Agentur eine *inhaltliche Kompetenz* für die Beschaffung und Bereitstellung von Informationen mit. Ich bin überzeugt, daß es diese inhaltliche und nicht technische Kompetenz ist, die in der Datenbankbranche von Jahr zu Jahr wichtiger werden wird. Schließlich ist das Primat der inhaltlichen Kompetenz auch bei der Herausgabe von Büchern, Zeitungen und Zeitschriften unbestritten.
o Die Austria Presse Agentur hat sich schon früh um eine Vergrößerung ihrer traditionellen Kundschaft in Redaktionen und Verlagen bemüht und sich die österreichischen Industrieunternehmen, Banken, Unternehmensberater usw., kurz, *die österreichische Wirtschaft als Kunden erschlossen*. Die APA kennt also den Informationsbedarf der Klientel, die auch wir mit unseren Produkten ansprechen wollen, und sie verfügt über die notwendigen Vertriebswege, um Informationen an die österreichische Wirtschaft zu vermarkten.
o Wo wird ausführlicher, umfassender und kompetenter über Osteuropa, speziell über die CSFR, Ungarn und Jugoslawien, als bei der APA berichtet? Die APA war also für uns von vornherein ein starker potentieller *Partner für die Erschließung osteuropäischer Informationsmärkte*.
o Der Kooperation zwischen APA und GENIOS ist es auch nicht hinderlich, daß wir dieselbe Retrievalsoftware, also TRIP, verwenden. In der Tat entdeckte die APA TRIP früher als wir, und wir partizipierten erst an den Erfahrungen der APA mit TRIP, bevor auch wir uns für TRIP entschieden.

Wie sich schnell zeigte, sah die APA bestehende Kooperationsmöglichkeiten ähnlich wie wir. So kamen wir Ende 1990 wie folgt überein: Die APA übernimmt den Vertrieb von GENIOS-Wirtschaftsdatenbanken in Österreich und Südtirol. Dazu gehört die Einrichtung einer Hotline, die Durchführung von Schulungen sowie gemeinsame Präsentationen und Messebeteiligungen. GENIOS-Wirtschaftsdatenbanken wird ein "Informationspaket Österreich" mit den APA-Informationen im Zentrum des Angebots sowohl in Deutschland als auch international vermarkten. APA und GENIOS wollen gemeinsam ausgewählte Märkte in Osteuropa erschließen und werden gemeinsam auf Messen in Österreich, Deutschland und weiteren Ländern auftreten.

Neben dem wechselseitigen Gateway zwischen APA und GENIOS wird auch eine elektronische Brücke zu dem Rechenzentrum des österreichischen Wirtschaftsforschungsinstituts, WSR, mit seinen numerischen Datenbanken und ausgezeichneten Kontakten zu den Statistischen Ämtern und weiteren Einrichtungen in den osteuropäischen Ländern vorbereitet.

Nach einem ausgezeichneten Start sprechen alle Anzeichen dafür, daß wir unsere gemeinsamen Ziele mit unseren österreichischen Partnern erreichen werden.

KOMMISSION FÜR BIBLIOGRAPHIE

KOMMISSION FÜR LANDESBIBLIOTHEKEN

# KOMMISSION FÜR BIBLIOGRAPHIE
## Tätigkeitsbericht für die Funktionsperiode 1988-1990

### Von Anton L. Schuller

In der abgelaufenen Funktionsperiode haben außerhalb der Bibliothekartage keine Kommissionssitzungen stattgefunden, obwohl der Vorsitzende sich ein umfangreiches Programm für Arbeitssitzungen der nächsten Jahre zusammengestellt hatte. Es fehlte einfach an der Zeit und - was vielleicht noch wichtiger ist, - laufende Bibliographieprojekte sind ohnehin nur schwer zu beeinflussen, ohne einen Protestschrei aus den Reihen der Benutzer zu provozieren.
Wohl aber hat der Kommissionsvorsitzende an der gemeinsamen Sitzung der Kommission für Sachkatalogisierung und der Kommission der EDV-Anwender zum Thema "Anforderungen der Sacherschließung an die EDV" teilgenommen und die Wünsche, die in der Resolution Nr. 1 (Bibliographiebearbeitung im Verbund) der Kommission für Bibliographie vom 28. April 1988 formuliert wurden, entsprechend einzubringen. Bezeichnend für das langfristige Denken und die Geduld, die ein Bibliograph haben muß, ist die Tatsache, daß es auf diese Resolution aus dem Jahre 1988 bisher keine Reaktion der zuständigen Stellen erfolgte.

Von hoher Informationsqualität war die Sitzung der Kommission im Rahmen des Bibliothekartages 1990 in Bregenz. Am Mittwoch, dem 5.9.1990, fand diese Sitzung gemeinsam mit der Kommissionen für Landesbibliotheken statt. Sie stand unter dem Generalthema: "Regionalbibliographie und EDV". Die Referate der drei Gastreferenten gaben einen Einblick in die bibiographische Situation bei unseren Nachbarn in der Bundesrepublik Deutschland und in der Schweiz. Es waren dies: Dr. Ludger Syré von der Badischen Landesbibliothek in Karlsruhe, der als Vorsitzender der Arbeitsgruppe "Regionalbibliographien" der Bundesrepublik Deutschland referierte, Dr. Willi Treichler von der Schweizerischen Landesbibliothek in Bern, der uns einen Einblick in die schweizerischen Verhältnisse gab, und Herr Günther Rau aus der Universitätsbibliothek Konstanz, der uns das EDV-Projekt der "Bodensee-Bibliographie", in dem Bibliotheken aus allen drei Bodensee-Anrainerstaaten mitarbeiten, vorstellte.
Regierungsrat Hermann Sagl, der Bearbeiter der "Bibliographie der deutschsprachigen österreichischen Zeitungen" berichtete außer Programm über sein Projekt und ersuchte die anwesenden Mitglieder der Kommission, ihn durch eine Resolution zu unterstützen, da sonst das Projekt von ihm nicht fortgeführt werden könne. Die Kollegen fanden das Bibliographie-Projekt aus sachlichen Gründen sinnvoll und nützlich und nahmen den von Herrn Sagl vorgelegten Resolutionstext einstimmig an. Dem Geschäftsgang gemäß, hatte der Vorsitzende der Kommission die Resolution dem Vereinsausschuß zur weiteren Behandlung vorzulegen.

Aus Zeitmangel konnte der österreichische Part mit den Themen "Regionalbibliographie und Landesbibliotheken" (Direktor Dr. Eberhard Tiefenthaler) und "Regionalbibliographie und EDV in Österreich" (Dr. Anton L. Schuller) nur mehr in Kurzform geboten werden. Die Zuhörer mußten auf den Tagungsband verwiesen werden.

## PROTOKOLL DER GEMEINSAMEN KOMMISSIONSSITZUNG am 5. September 1990 in Bregenz

Teilnehmer: ca. 50 (inkl. Gäste) Leider waren wieder zu viele Parallelveranstaltungen!

Entschuldigt hatten sich: R Dr. Gottfried Loibl, HR Dr. Walter Neuhauser, MR Dr. Herbert Paulhart, Bibliotheksdirektor Johannes Wunschheim.

TOP 1: Der Tätigkeitsbericht der Kommissionsvorsitzenden fiel kurz aus, da beide Kommissionen zuletzt am Bibliothekartag 1988 in Linz tagten. Die Kommission für Bibliographie war auf der gemeinsamen Arbeitssitzung der Kommissionen für EDV-Anwender und Sacherschließung durch den Vorsitzenden vertreten. Ebenso in der Kommission für Normung.

TOP 2: Vorträge zum Generalthema "Regionalbibliographie und EDV".

1. *Dr. Ludger Syré* von der Badischen Landesbibliothek in Karlsruhe, Vorsitzender der Arbeitsgruppe "Regionalbibliographien" der Bundesrepublik Deutschland, skizzierte in seinem Referat "Neuere Tendenzen der Regionalbibliographie-Erstellung in der BRD und das baden-württembergische 'Modell'" die heutige Situation der Landesbibliographien in der Bundesrepublik. Beachtenswert ist, daß die baden-württembergische Bibliographie völlig getrennt vom Südwest-Verbund bearbeitet wird.
2. *Dr. Willi Treichler* von der Schweizerischen Landesbibliothek in Bern, gab uns in seinem Referat "Umrisse schweizerischer Regional- und Fachbibliographien" einen Einblick in die komplexen schweizerischen Verhältnisse.
3. Herr *Günther Rau*, Universitätsbibliothek Konstanz, stellte in einer gelungenen Online-Demonstration das EDV-Projekt der "Bodensee-Bibliographie" vor. Diese Bibliographie wird von Bibliotheken aus allen drei Bodensee-Anrainerstaaten unterstützt und redaktionell an der Universitätsbibliothek Konstanz betreut.
4. Außer Programm wurde Herrn *RRat Hermann Sagl,* dem Bearbeiter der "Bibliographie der deutschsprachigen österreichischen Zeitungen" das Wort erteilt. Er berichtete über sein Projekt und ersuchte die anwesenden Mitglieder der Kommission, ihn durch eine Resolution zu unterstützen, da sonst das Projekt von ihm nicht fortgeführt werden könne. Die Kollegen fanden das Bibliographie-Projekt aus sachlichen Gründen sinnvoll und nützlich und nahmen den von Herrn Sagl vorgelegten Resolutionstext einstimmig an (s. Anhang). Entsprechend der Geschäftsordnung hatte der Vorsitzende der Kommission die Resolution dem Vereinsausschuß zur weiteren Behandlung vorzulegen. In der nächsten Sitzung der Kommission wird darüber berichtet werden.
5. Aus Zeitmangel konnten die Referate "Regionalbibliographie und Landesbibliotheken" von *Direktor Dr. Eberhard Tiefenthaler* und "Regionalbibliographie und EDV in Österreich" von *Dr. Anton L. Schuller* nur mehr in Kurzform geboten werden.

Zu TOP "Anträge" und "Allfälliges" gab es keine Wortmeldungen.

*Anhang*

RESOLUTION

Die "Kommission für Bibliographie" hat in ihrer Sitzung am 5. September 1990 einen Bericht des Bearbeiters über die von ihr im Jahre 1972 initiierte BIBLIOGRAPHIE ÖSTERREICHISCHER DEUTSCHSPRACHIGER ZEITUNGEN zur Kenntnis genommen.
Die Kommission ersucht die zuständige Abteilung des Bundesministeriums für Wissenschaft und Forschung dringend, die Fertigstellung dieser Bibliographie zu veranlassen und darüber hinaus eine ausreichende Anzahl von Papier-Exemplaren herstellen zu lassen.

# NEUERE TENDENZEN DER REGIONALBIBLIOGRAPHIEERSTELLUNG IN DER BUNDESREPUBLIK DEUTSCHLAND UND DAS BADEN-WÜRTTEMBERGISCHE "MODELL"

**von Ludger Syré**

Ein Professor beklagte sich einmal gegenüber einem Bibliothekar darüber, daß er die zahlreichen Neuerscheinungen seines Faches kaum noch verarbeiten könne und fragte schließlich erstaunt: "Wieso kennen Sie alle diese Titel?" Woraufhin der Bibliothekar antwortete: "Weil ich sie nicht lese."

In der Tat ist es die Aufgabe des Bibliothekars, die Literatur zu erschließen und zu vermitteln. Bezüglich des landeskundlichen Schrifttums geschieht dies in den Regionalbibliographien, zu denen auch die Landesbibliographien zählen, auf die ich mich im Rahmen dieses Vortrags konzentrieren möchte.

## *Die Landesbibliographie in der Bundesrepublik Deutschland*

Als objektive Bibliographien verzeichnen die Landesbibliographien die Literatur über ein Bundesland, seine historischen und aktuellen Verwaltungseinheiten, seine Naturräume und über alle Personen, die zu dem Land in Beziehung standen oder stehen. Als Universalbibliographien berücksichtigen sie alle Fachgebiete und Lebensbereiche. Zudem erwartet man von ihnen, daß sie die Literatur zuverlässig (Autopsieprinzip), regelgerecht (RAK-WB), vollständig (ohne wertende Auswahl), übersichtlich (systematisch) und aktuell (ohne großen Berichtsverzug) erschließen.

Moderne Landesbibliographien, die diesen Forderungen gerecht werden (1), gibt es in der Bundesrepublik Deutschland in den meisten Bundesländern. Auch wenn sie gelegentlich noch im Auftrag historischer Kommissionen erscheinen, ist ihre Erstellung längst zur

Dienstaufgabe der Landesbibliotheken oder Universitätsbibliotheken mit regionalen Aufgaben geworden. Meist ist die Redaktion in den Bibliotheken angesiedelt, die über das Pflichtexemplarrecht verfügen. Es sind dies die folgenden (in alphabetischer Reihenfolge nach Bundesländern):

| | |
|---|---|
| Baden-Württemberg | Landesbibliotheken Stuttgart und Karlsruhe |
| Bayern | Generaldirektion der Bayerischen Staatlichen Bibliotheken |
| Berlin | Senatsbibliothek Berlin |
| Hessen | Stadt- und Universitätsbibliothek Frankfurt in Verbindung mit den hessischen Universitätsbibliotheken |
| Mittelrhein-Moselland | Landesbibliothek Koblenz, Stadtbibliothek Trier, Landeshauptarchiv Koblenz |
| Niedersachsen | Landesbibliothek Hannover |
| Nordrhein-Westfalen | Universitätsbibliothek Münster und Düsseldorf |
| Pfalz | Landesbibliothek Speyer |
| Saarland | Universitätsbibliothek Saarbrücken |
| Schleswig-Holstein | Landesbibliothek Kiel |

Keine laufenden Landesbibliographien existieren in den Stadt-Staaten Bremen und Hamburg. Die Literatur über Bremen wird in der Niedersächsischen Bibliographie weitgehend mitverzeichnet. In Hamburg plant die Staats- und Universitätsbibliothek die Herausgabe einer Landesbibliographie. In Rheinland-Pfalz erscheinen, wie Sie gesehen haben, gleich zwei Regionalbibliographien, für das Mittelrhein-Moselland und die Pfalz, zu der noch eine weitere für Rheinhessen, in Vorbereitung bei der Stadtbibliothek Mainz, treten könnte, wenn es nicht zu einer gemeinsamen Rheinland-Pfälzischen Bibliographie kommt, was sicherlich wünschenswert wäre.

Nicht unerwähnt lassen möchte ich, daß in der Deutschen Demokratischen Republik in den sechziger Jahren ebenfalls ein flächendeckendes Netz von Landesbibliographien geschaffen wurde, deren geographischer Berichtsraum sich an den ehemaligen - und voraussichtlich künftigen - Ländergrenzen orientiert. Sie werden von folgenden Bibliotheken bearbeitet (in alphabetischer Reihenfolge nach Ländern):

| | |
|---|---|
| Brandenburg | Wissenschaftliche Allgemeinbibliothek des Bezirks Potsdam |
| Mecklenburg | Wissenschaftliche Allgemeinbibliothek des Bezirks Schwerin |
| Sachsen | Landesbibliothek Dresden |
| Sachsen-Anhalt | Universitätsbibliothek Halle |
| Thüringen | Universitätsbibliothek Jena |

Auch in anderen Ländern (Österreich, Schweiz, Frankreich) findet man laufende Landesbibliographien und Regionalbibliographien, die sich von ersteren vor allem darin unterscheiden, daß sie sich auf kleinere Gebiete (Region, Kreis, Stadt) beziehen und deswegen mitunter eine noch größere Vollständigkeit erzielen können (z.B. durch die Aufnahme von Zeitungsartikeln). Es gibt aber auch Beispiele für grenzüberschreitende Regionalbibliographien (Bodensee-Bibliographie) (2).

Von einer Ausnahme abgesehen, sind alle Landesbibliographien in der Arbeitsgruppe Regionalbibliographie vertreten, die sich 1982 innerhalb der Arbeitsgemeinschaft der Regionalbibliotheken konstituierte und seitdem regelmäßig zweimal pro Jahr tagt. Angesichts der Tatsache, daß zwei Bibliographien die EDV bereits einsetzten, zwei weitere den EDV-Einsatz vorbereiteten, schien es sinnvoll zu prüfen, inwieweit sich die Auseinanderentwicklung der Bibliographien noch begrenzen lassen würde. Die Arbeitsgruppe stellte sich die Aufgabe, die Landesbibliographien so weit wie möglich im Umfang, im Aufbau, in der Gliederung und in der Registergestaltung aufeinander abzustimmen und damit sowohl die Benutzung als auch die Bearbeitung zu erleichtern. Sie hat deshalb in den vergangenen Jahren eine Mustersystematik, eine Musterschlagwortliste und Empfehlungen zur Bearbeitung von Regionalbibliographien erarbeitet - und dies mit einigem Erfolg: Die Mustersystematik liegt verschiedenen Landesbibliographien zugrunde; die Schlagwortliste, die sich an den Regeln für den Schlagwortkatalog (RSWK) und der Schlagwortnormdatei (SWD) orientiert, wird von den meisten Landesbibliographien benutzt (3). Das Bemühen um einheitliche EDV-Lösungen war demgegenüber von vornherein zum Scheitern verurteilt.

*Der Einsatz der EDV in den westdeutschen Landesbibliographien*

Hier zunächst ein Überblick über die Chronologie der Automatisierung in der Reihenfolge der Erscheinungsjahre des ersten, mit EDV-Hilfe produzierten Jahrgangs (in Klammern der jeweilige Berichtszeitraum):

| | | |
|---|---|---|
| 1974 | Niedersachsen | (1971) |
| 1979 | Hessen | (1977) |
| 1984 | Nordrhein-Westfalen | (1983) |
| 1987 | Schleswig-Holstein | (1980-83) |
| 1988 | Berlin | (1978-84) |
| 1990 | Baden-Württemberg | (1986) |

Die übrigen Bibliographien (Bayern, Mittelrhein-Moselland, Pfalz) planen den EDV-Einsatz bzw. bereiten ihn vor.

Zunächst verfügte keine Bibliothek über eigene Computer, mit denen die Landesbibliographie hätte erstellt werden können. Die Bibliographien mußten sich somit nach externen EDV-Partnern umsehen und fanden diese in größeren Rechenzentren: dem Regionalen Rechenzentrum Niedersachsen in Hannover, dem kommunalen Gebietsrechenzentrum Frankfurt, dem Hochschulbibliothekszentrum Köln, der Datenzentrale Schleswig-Holstein in Kiel, dem Rechenzentrum der Technischen Universität Berlin und dem Statistischen Landesamt in Stuttgart.

Hinsichtlich der Software dominieren Eigenentwicklungen. Lediglich das Programm der Hessischen Bibliographie (4), von der Zentralstelle für Maschinelle Dokumentation (ZMD), der Vorläuferin der Gesellschaft für Information und Dokumentation (GID) entwickelt und als Pilotprojekt vom Bundesministerium für Forschung und Technologie (BMFT) gefördert, fand Nachanwender: die Nordrhein-Westfälische Bibliographie, die deshalb der Hessischen in Aufbau und Anlage gleicht, und die Schleswig-Holsteinische Bibliographie, die das Programm mit Änderungen übernahm.

In den letzten Jahren hat sich ein Wandel vollzogen vom Großrechner zum Personal Computer. Die Landesbibliographien Niedersachsens, Berlins und Schleswig-Holsteins entschieden sich mittlerweile für autonome PC-Lösungen. Die Mittelrhein-Moselland und die Pfälzische Bibliographie arbeiten ebenfalls mit dem Personal Computer. Die Situation in Hessen ist derzeit ungeklärt, nachdem die Bibliographie ihren EDV-Partner, die Gesellschaft für Elektronische Medien (GEM) als Nachfolgeorganisation der GID, 1989 durch Konkurs verloren hat. Die Absicht Bayerns, die Bibliographie-Arbeit auf eine neue Grundlage zu stellen, ist bekannt; detaillierte Planungen liegen aber bislang nicht vor. So bleiben die Bibliographien Baden-Württembergs und Nordrhein-Westfalens diejenigen, die wohl auch in Zukunft die Hilfe von Großrechnern in Anspruch nehmen werden.

So vielfältig die Hardware-Auswahl ist, so bunt ist das Bild der eingesetzten Programme, bei denen es sich durchgängig um eigene Entwicklungen, zum Teil auf Standard-Software aufbauend, handelt (5). Mit Ausnahme der Pfälzischen Bibliographie, die mit einem Textverarbeitungsprogramm arbeitet, werden Datenbankprogramme angewandt. Es besteht also augenblicklich die für deutsche Bibliotheksverhältnisse gar nicht untypische, nichtsdestotrotz törichte Situation, daß gleichzeitig von mehreren Bibliographien Programme entwickelt werden, obwohl die Bedürfnisse aller Bibliographien zumindest ähnliche sind. Dabei stünde mit ABACUS ein leistungsfähiges, variables und, wie mir scheint, das in der Bundesrepublik derzeit ausgereifteste Bibliographie-Programm zur Verfügung.

ABACUS (Automatische Bibliographieerstellung von Allegro C bis zum umbrochenen Satz), entwickelt an der Schleswig-Holsteinischen Landesbibliothek Kiel und dort erstmals für Band 13 (1987-89) eingesetzt, basiert hinsichtlich der Erfassung auf Allegro und hinsichtlich der Verarbeitung auf den hessischen Bibliographie-Programmen und wurde in der Sprache C für Personal Computer mit dem Betriebssystem MS-DOS geschrieben (6). Das Programm leistet die Erfassung, Strukturprüfung, Verarbeitung und Druckaufbereitung der Daten, die Anlage von Hilfsdateien (z.B. für Personen, Körperschaften, Schlagworte) und liefert jederzeit ein druckfertiges Manuskript. Der umbrochene Satz kann per Laserdrucker sofort ausgedruckt werden; die Daten können auch, wie es in Kiel geschieht, an einen Verlag mit Lichtsatzanlage weitergegeben werden. ABACUS, mittlerweile mehrplatzfähig, eignet sich nicht nur für Regional-, sondern auch für andere Bibliographien. Und es besteht die Hoffnung, daß es von den noch nicht endgültig auf ein System festgelegten Landesbibliographien - ich denke hier durchaus auch an die der DDR - übernommen wird, zumal der Programmautor Sonderwünsche (gegen Kostenerstattung) erfüllt.

Weniger verbreitungsfähig - und damit komme ich zum zweiten Teil meines Referats - ist das baden-württembergische Verfahren, das ich deshalb auch nicht als Modell im Sinne eines nachzuahmenden Vorbilds verstanden wissen möchte. Es wird eine singuläre, auf Baden-Württemberg begrenzte Lösung bleiben (7).

Nachdem erste Versuche Anfang der siebziger Jahre, die Landesbibliographie Baden-Württembergs zu automatisieren, ergebnislos verlaufen waren, kam 10 Jahre später ein erneuter Anstoß von ganz unerwarteter Seite. 1983 beschloß der Landesausschuß für Information, das ist das aus Mitgliedern des Landtags und der Landesregierung zusammengesetzte Steuerungsgremium für das Landesinformationssystem Baden-Württemberg (LIS), das Statistische Landesamt in Stuttgart mit der Automatisierung der Bibliographie zu beauftragen. Diese durchaus politisch zu nennende Entscheidung implizierte die Konsequenz, kein fertiges System (etwa das Nachanwendern kostengünstig zur Verfügung stehende hessische Bibliographie-Programm) zu übernehmen, sondern die Landesbibliographie in das Landesinformationssystem zu integrieren, d.h. an die schon existierenden Nachweisdatenbanken anzugleichen.

Das Landesinformationssystem, das seine rechtliche Grundlage im Landesdatenschutzgesetz hat, geht auf das Jahr 1969 zurück, in dem mit dem Aufbau einer Regional- und Strukturdatenbank begonnen wurde, und umfaßt heute folgende Datenbanken (8):

Regional- und Strukturdatenbank
Schul-/Hochschuldatenbank
Außenhandelsdatenbank
Branchendatenbank
Parlamentsdokumentation
Rechtsdokumentation
Veröffentlichungsdokumentation
Landesbibliographie
Datenbank der Informationsdienste
Landeseinheitlicher Aktenplan

Das Datenschutzgesetz, das den Zugriff auf die gespeicherten Daten regelt, unterscheidet den direkten Zugang (online-Anschluß), den nur einige wenige staatliche Stellen haben (darunter die beiden Landesbibliotheken) und die Erteilung von schriftlichen und telefonischen Auskünften (Standardinformationen). Eine dritte, jedem Bürger offenstehende LIS-Nutzung stellt der Btx-Abruf dar, der theoretisch auch von den Landesbibliotheken angeboten werden könnte.

Das Statistische Landesamt, ausgestattet mit IBM-Rechnern, realisierte die Landesbibliographie auf Basis des Datenbanksystems ADABUS mit der Programmiersprache NATURAL (9). Es entschied sich für ein Mehrdateiensystem mit folgendem Aufbau: Um die zentrale Titeldatei gruppieren sich einige Hilfsdateien: die Körperschafts- und

Regionaldatei, die Schlagwortdatei, die Systematikdatei, die Personendatei und die Periodikakontrolldatei. Der Inhalt dieser Dateien wird bei der formalen Titelaufnahme ebenso gebraucht wie bei der Sacherschließung, geht teilweise aber auch über den Zweck der Landesbibliographie hinaus und tendiert in Richtung Regionaldokumentation. Dies ist etwa bei der Personendatei der Fall, die aufgrund des Datenschutzgesetzes nicht öffentlich zugänglich gemacht werden darf, die aber die Speicherung einer Reihe biographischer Einzelheiten gestattet, wie das Beispiel "Friedrich Schiller" nur ansatzweise erkennen läßt (u.a. besteht Raum für die Speicherung von Volltextlebensläufen).

| Landesinformationssystem | KATZE |
|---|---|
| *** Personenanzeige *** | |
| Benutzer: R14202 | Anzahl der gefundenen Personen:2 |
| ID-NR. | 00134432 |
| Name: | Schiller, Friedrich |
| RAK-Name: | Schiller, Friedrich |
| Kurzbiographie | Dichter, 1759-1805 |
| Nachweis: | Hd 2, 4, 6, 8, 10, 11; LB 1; |
| SchwL 4; | |
| | ADB 31; LB 2, 3, 4 |
| Geb.datum: | 10.11.1759 |
| Sterbedatum: | 09.05.1805 |
| Geburtsort KR-Dat.: | Marbach <am Neckar> |
| Sterbeort: | Weimar |
| Reg. Beziehung zu: | Stuttgart |
| | Mannheim |
| Prod.ind.: | jasjas |
| Status | 4 |
| Erf.Datum: | 23.07.1986 |
| PF12: Ende PF2: Druckausgabe | Weiter mit DAT FREIG S5 Senden |

Die Datenerfassung erfolgt in beiden Landesbibliotheken online am Bildschirm, menügesteuert und durch Eintragung in Bildschirmmasken. Das der Katalogisierung zugrunde liegende Regelwerk ist selbstverständlich RAK-WB. Das gilt auch für die Ansetzung der Körperschaften und Zeitschriftentitel. Die Schlagworte sollen demnächst, damit auch sie normgerecht angesetzt sind, mit der Schlagwortnormdatei abgeglichen werden. Zur sachlichen Erschließung wurde ein gemischtes Verfahren aus klassifikatorischer und verbaler Sacherschließung gewählt, um die Bedürfnisse der gedruckten Bibliographie und der Datenbankrecherche gleichermaßen abzudecken. Die neue Systematik ist eine dreistufige Dezimalklassifikation, zu der auf der vierten Ebene Hauptschlagwörter treten, die die verzeichnete Literatur inhaltlich näher spezifizieren. Darüberhinaus kann pro Titel eine beliebig hohe Zahl von Nebenschlagwörtern vergeben werden, die ebenfalls zugleich Registerbegriffe und Online-Suchbegriffe sind.

*Die zwei Versionen der baden-württembergischen Landesbibliographie*

Entschiedener als alle anderen Landesbibliographien hat die Baden-Württembergische von Anfang an das Ziel verfolgt, künftig in zwei Versionen dem Benutzer angeboten zu werden: als gedruckte Bibliographie und als Datenbank. Der erste mit Hilfe der EDV produzierte Bibliographieband für das Berichtsjahr 1986 ist 1990 erschienen (10). Er präsentiert sich, sieht man von der neuen Sachgliederung ab, in gewohnter Form. Die Literatur, exakt 7.000 Titel, findet der Benutzer im allgemeinen, geographischen und Personenteil, welche durch zwei Register, nämlich ein Sachregister und ein Verfasser-, Urheber- und Titelregister näher erschlossen werden. Eine Liste gibt Auskunft über die laufend ausgewerteten Zeitschriften.

Zweites Ergebnis der Automatisierung ist die Datenbank, in der der Benutzer bislang nur unter Vermittlung der Bibliographie-Mitarbeiter und nur in den Landesbibliotheken recherchieren kann. Diese im Unterschied zur - noch nicht abschließend programmierten - Btx-Recherche sogenannte Bibliotheksrecherche bietet sicherlich nicht die im IuD-Bereich üblichen Retrievalfunktionen, doch lassen sich alle Fragestellungen beantworten. Der Einstieg erfolgt über die Auswahl eines oder mehrerer Suchbegriffe, die formaler oder inhaltlicher Herkunft sein können. Im Laufe der Recherche kann die Suche mittels Boolscher Operatoren eingeschränkt oder ausgedehnt werden, je nachdem, ob die Zahl der Treffer zu groß oder zu klein ausgefallen ist. Als Beispiel für die Anzeige eines Titels, in bibliographisch korrekter Form, möge folgendes Zitat gelten:

```
LANDESINFORMATIONSSYSTEM                              KATZE
          ********** Bibliographische Darstellung **********

                    1394
                    Fritz, Karl F.: Schiffsromantik :
                    Erinnerungen an d. Dampfschiff "Zähringen"
                    In: Bodensee-Hefte. - 1986, 3. - S. 20 - 22
                    K: 07A 441
                    Oberschwaben
                    2. 5. 4 Wasserstraßen
                       Schiffahrt                                  v s
                    2. 5. 4 Wasserstraßen
                       Schiffahrt                                  h s
                       Oberschwaben
                    0. 9 Einzeltopographie
                       Bodensee                                    h g
                       Bodenseeschiffahrt                          n s
                       Zähringen <Schiff>                          n s
                       Dampfschiffahrt                             n s
PF2 Druckausgabe, weiter mit DAT FREIG
```

Neben der Titelaufnahme findet der Benutzer auch Sigel und Signatur der besitzenden Bibliothek sowie die Sacherschließungsmerkmale. Die Notation führt ihn an jene Stelle, an der er eventuell weitere Titel, auch zum Umfeld seines Themas (in diesem Fall "Bodenseeschiffahrt"), erwarten kann.

Erlauben Sie mir abschließend die kritische Frage: Hat sich der Aufwand - und dieser war in der Tat bei allen beteiligten Institutionen beträchtlich - gelohnt? Die immer wieder hervorgehobenen Vorteile des EDV-Einsatzes bei der Erstellung einer (Landes-)Bibliographie liegen auf der Hand. Alle Daten brauchen nur einmal erfaßt zu werden, Sortierarbeiten und das Führen verschiedener Karteien entfallen, durch die Möglichkeit der Online-Recherche lassen sich auch komplexere und differenziertere Fragestellungen beantworten, Kumulierungen des Titelmaterials oder auch nur der Register sind ebenso leicht herzustellen wie Teilverzeichnisse für einzelne Regionen, Orte, Personen und Themen, die Produktionszeit der gedruckten Bibliographie verkürzt sich erheblich. Register und Verweisungen werden automatisch generiert, Schreibfehler fallen im Zuge der Satzherstellung nicht mehr an. Dennoch, so ist zu fragen, gelten diese Vorteile wirklich so uneingeschränkt? Tatsächlich ist ein erheblicher Teil derjenigen Arbeiten, die bislang bei der Endredaktion anfielen, nun in die Phase der Erfassung vorverlagert worden, ohne daß damit die Endredaktion überflüssig geworden wäre. Von einer Rationalisierung der Bibliographie-Arbeit, zumal im Sinne einer Personaleinsparung, kann ganz und gar nicht die Rede sein. Die Vorteile der automatisierten Landesbibliographie liegen somit weniger im Bereich der Bearbeitung als mehr auf dem Sektor der Ergebnisdarbietung.

*Zusammenfassung*

Die Tendenz bei den westdeutschen Landesbibliographien geht eindeutig in Richtung PC-Einsatz. Mit ABACUS liegt ein komplettes, netzwerkfähiges Programm zur Produktion gedruckter (Landes-)Bibliographien vor. In Baden-Württemberg hingegen hieß das gleichberechtigte Ziel von Anfang an Aufbau einer online recherchierbaren Datenbank. Diese wurde allerdings, das möchte ich noch einmal hervorheben, außerhalb der bibliothekarischen Welt angesiedelt. Der Endverbraucher, von der staatlichen Einrichtung bis zum Privatmann, soll in ihr über Btx recherchieren können, doch bleibt zu fragen, inwieweit sich Btx überhaupt durchsetzen wird, ganz abgesehen von dem geringen Komfort dieses Mediums.

*Anmerkungen*

(1) Vgl. Haller, Bertram: Anforderungen an eine moderne Landesbibliographie heute. In: 77. Deutscher Bibliothekartag in Augsburg 1987. Hrsg. von Yorck A. Haase u. Gerhard Haass. Frankfurt 1988 (Zeitschrift für Bibliothekswesen und Bibliographie. Sonderheft 46), S. 85-94.

(2) Vgl. Oberschelp, Reinhard: Die Bibliographien zur deutschen Landesgeschichte und Landeskunde. 2., völlig neu bearb. Aufl. Frankfurt 1977. Eine aktuellere Übersicht fehlt.

(3) Die Arbeitsgruppe beabsichtigt, die Publizierung ihrer Arbeitsergebnisse 1990/91. Die Schlagwortliste wird im publishing-on-demand-Verfahren über die Badische Landesbibliothek Karlsruhe vertrieben. Über ihre Sitzungen berichtet die Arbeitsgruppe regelmäßig im Bibliotheksdienst.

(4) Vgl. Naumann, Ulrich: Der Einsatz der Datenverarbeitung zur Herstellung landeskundlicher Bibliographien - das Beispiel Hessische Bibliographie. In: Zeitschrift für Bibliothekswesen und Bibliographie 26 (1979) 1, S. 153-167. - Fischer, Ursula: EDV-Einsatz für Bibliographien. Das Beispiel Hessische Bibliographie. In: EDV in Bibliotheken. Einzelvorhaben und Verbund. Berlin 1983 (DBI-Materialien 23), S. 67-82.

(5) Ergebnisse einer Umfrage, die die Arbeitsgruppe unter ihren Mitgliedern durchführte und die veröffentlicht werden soll.

(6) Informationen zur ABACUS erteilt die Schleswig-Holsteinische Landesbibliothek Kiel, die auch ein Handbuch erstellt. Vgl. auch Lüders, Horst: Einsatz von Kleincomputern bei der Schleswig-Holsteinischen Bibliographie. In: Kleincomputer in der Bibliotheksarbeit (Auskunft, Bibliographie, Erwerbung). Berlin 1988 (DBI-Materialien 73), S. 45-51.

(7) Vgl. Syré, Ludger: Vom Zettelkasten zur Datenbank: Die Automatisierung der Landesbibliographie Baden-Württemberg. Unveröff. Manuskript 1990.

(8) Vgl. Walla, Wolfgang: 20 Jahre Landesinformationssystem Baden-Württemberg. In: Jahrbücher für Statistik und Landeskunde von Baden-Württemberg. In: Jahrbücher für Statistik und Landeskunde von Baden-Württemberg 33 (1988), S. 49-67

(9) Jurgovsky, Ernst: LIS Report: Automatisierung für die Landesbibliographie. In: Baden-Württemberg in Wort und Zahl 36 (1988) 5, S. 224-226.

(10) Landesbibliographie von Baden-Württemberg. Herausgegeben durch die Kommission für geschichtliche Landeskunde in Baden-Württemberg in Verbindung mit den Landesbibliotheken Karlsruhe und Stuttgart. Bearb. von Birgit Schneider und Ludger Syré. Bd. 7: Die Literatur des Jahres 1986. Stuttgart 1990.

# Fach- und Regionalbibliographie - Vielleicht utopische Bemerkungen aus Schweizer Sicht

**Von Willi Treichler**

Regionalbibliographie oder Fachbibliographie hat in den meisten Bibliotheken oder in anderen Organisationen nicht den allergrößten Stellenwert. Zu sehr haftet ihr noch immer das Bild des historiographierenden Schulmeisters oder gehobener Vereinskultur an, selten genug aber der Ruf einer soliden bibliothekarischen Disziplin. Sicher hat das Lokalkolorit manche skurrile Blüten bibliographischer Verzeichnisse hervorgebracht, oft aber, doch einer grösseren bibliothekarischen Öffentlichkeit viel zu wenig bekannt, sind beachtliche und vor allem kontinuierliche Leistungen zustandegekommen. Im Zeitalter tiefgreifender Umbrüche im Informationswesen stellt sich die Frage nach der Zukunft dieser Produkte. Meist wird auch mehr oder weniger laut darüber nachgedacht, ob neue Technologien oder gar gemeinsame Unternehmungen das Problem der Kostenschere zwischen steigendem Aufwand und Erträgen aus spärlichen Verkäufen zu lösen imstande sind. Oft sind die Trägerorganisationen es müde, weiterhin diese wohlererbten, aber doch kaum lukrativen Teile ihres Tätigkeitsprogrammes weiterzuführen, besonders wenn der langjährige Mitarbeiter ausscheidet. Grund genug also, nicht nur die vielerorts wacklig gewordene Situation zu bejammern und kritiklos mehr Sach- und Personalmittel anzubegehren, sondern nach tragfähigen Zukunftslösungen Ausschau zu halten. In diesem Sinne sei die regionalbibliographische Situation in der Schweiz kurz vorgestellt und ein vielleicht utopischer Lösungsansatz für die Zukunft entwickelt.

*Schweiz*

Regionalbibliographische Arbeit wird in der Schweiz auf zwei Ebenen geleistet:

- national werden durch verschiedene Unterhaltsträger das ganze Gebiet der Schweiz abdeckende Fachbibliographien herausgegeben. Diese sind als Jahreskumulationen der relevanten regionalen und lokalen Publikationen im einzelnen Fachgebiet zu verstehen. Besonders erwähnt werden muß die Tatsache, daß diese Veröffentlichungen jeweils die Literatur im weitesten Sinne abdecken. Sie seien in der Folge aufgezählt:

  o Bibliographie der Schweizer Geschichte
  o Bibliographia scientiae naturalis helvetica
  o Schweizerische Bibliographie für Statistik und Volkswirtschaft (inzwischen Erscheinen vorläufig eingestellt)
  o Schweizerische Bibliographie für Kunst und Denkmalpflege
  o Schweizerische Rechtsbibliographie
  o Schweizerische pädagogische Bibliographie
  o Bibliographie der schweizerischen Amtsdruckschriften (Erscheinen 1985 eingestellt)
  o Musica practica (jeweils Heft 16 des Schweizer Buch)

Andere fachlich definierte Bibliographien erscheinen als Beilage oder Anhang zu den betreffenden Fachzeitschriften oder zu Jahrbüchern. Der helvetischen Vielfalt entsprechen die Trägerschaften: vom Bund über gemischte Rechtspersonen bis zum Einzelträger kommt etwa alles vor.

- regional: meist nach Kantonen, vereinzelt auch überkantonal werden teils als selbständige Publikation, teils als Anhang zu Jahrbüchern etc. Bibliographien veröffentlicht. Beispiele: Berner Bibliographie, Bibliographie neuchâteloise.

- internationale Regionalbibliographien decken über die Landesgrenzen hinweg eine Gesamtregion ab, die mehr oder weniger eine kulturelle, wirtschaftliche oder (fast) politische Einheit bildet. Beispiel: Internationale Bodenseebibliographie.

*Zusammenarbeit, Überschneidungen, Normierung*

Eine Koordination besteht kaum, sodaß die Aufnahmekriterien, Titelaufnahmen und Aufbau der einzelnen Verzeichnisse völlig verschieden sind. Abgesehen von vereinzelten informellen Treffen besteht auch kaum eine Zusammenarbeit zwischen den einzelnen Bearbeitern. Eine enge Zusammenarbeit bahnt sich dort an, wo innerhalb eines bestehenden Bibliotheksverbunds einheitliche Normen und Standards aus EDV-technischen Gründen gegeben sind. Überschneidungen (regional oder fachlich) sind häufig, doch ist dies insofern weniger tragisch, als mit Ausnahme der Bibliotheken kaum jemand mehrere Bibliograpien gleichzeitig hält. Jedermann ist sicher dankbar über einen Ausblick in den Nachbargarten.

*Personal*

Die Bearbeiter der einzelnen Bibliographien rekrutieren sich aus den verschiedensten Berufskategorien; vom Fachwissenschafter bis pensionierten Gemeindeschreiber tummelt sich alles auf diesem dankbaren Feld lokaler und regionaler Profilierungsmöglichkeit. Daß damit vieles Zufälligkeiten, wenn nicht dem Dilettantismus preisgegeben ist, versteht sich von selbst, ja ist dem hier vielfach praktizierten Milizsystem immanent. Doch eben nur dank des Milizsystems können einzelne Veröffentlichungen überhaupt wirtschaftlich überleben. Trotz aller Unzulänglichkeiten darf hingegen gesagt werden, daß zum Teil ansprechende bibliographische Leistungen realisiert werden. Ob allerdings dabei der wirklich geleistete Aufwand in einem vernünftigen Verhältnis zum Produkt steht, ist oft nicht klar. Informations- und Weiterbildungsveranstaltungen unter kundiger Leitung (Bibliotheken, Archive) wären kein Luxus, sondern eine höchst notwendige Aufgabe, die in gewissem Sinne auch in Richtung auf die oben kritisierte mangelnde Koordination wirken könnte.

*Fachstelle "Regionalbibliographie"*

Trotz einiger Ansätze zum Zusammengehen scheint es unumgänglich, daß mit der Zeit eine Fachstelle für regional- und fachbibliographische Belange geschaffen wird. Sie hätte einerseits ein Inventar bestehender Aktivitäten zu errichten, die Zusammenarbeit zu entwickeln, methodisch Eckwerte zu setzen, Empfehlungen für die EDV-gestützte Aufbereitung des Titelmaterials auszuarbeiten und im weitesten Sinn als Beratungsstelle zu fungieren.

Diese zentrale Stelle muß an einer zentralen Institution angesiedelt werden, die sowohl für Kontinuität und Kompetenz bürgen kann. Um optimal auf bereits anderswo gespeicherte Daten zurückgreifen zu können und um eine gewisse Führungsfunktion zu garantieren, ist diese Stelle in der Schweiz wohl am besten in der (reorganisierten) Schweizerischen Landesbibliothek zu schaffen. Sie könnte aufgrund ihres besonderen Auftrags, alle die Schweiz im weitesten Sinn betreffende Literatur zu sammeln, neben ihrer nationalbibliographischen Tätigkeit, verstärkt die Funktion einer landeskundlichen Zentralstelle wahrnehmen.

*Zukunftsperspektiven*

Die eben beschriebene Situation legt folgende mittelfristig zu treffende Maßnahmen nahe:

- *Bessere Abgrenzung* der einzelnen Disziplinen oder bearbeiteten Regionen: Anpassung in Struktur (Einteilung) und Berichtszeit der einzelnen Bibliographien.
- *Festlegen gemeinsamer Formate*, ev. in Anlehnung an die erst im Entwurf vorliegende ISBD(CM). Festlegen der Anforderung der Forschung an ein solches Format, "Zitierregeln" in einzelnen Disziplinen, z.B. Mediävistik.
- *Entwicklung einheitlicher Software* aufgrund vorhandener Standard-Software. Textherstellung mittels Desktop-Verfahren zur Einsparung von Satzkosten
- Einrichtung einer *bibliographischen Fachstelle* in der Landesbibliothek (siehe oben). Diese hätte gewisse zentrale Aufgaben (z.B. Sekretariatsaufgaben, Logistik) zu organisieren.
- *Finanzierung:* Entsprechend dem aufgestellten Konzept sind klare Finanzierungsgrundlagen zu schaffen (Bund, Kantone, Gemeinden, wissenschaftliche Körperschaften).
- *Öffentlichkeitsarbeit*: Die Propagierung der regionalbibliographischen Aktivitäten/ Hilfsmittel ist zu intensivieren, wenn nicht überhaupt neu aufzubauen.

Langfristig ist die Schaffung einer "*landeskundlichen Datenbank*" anzustreben. Sie vermittelt parallel zur nationalbibliographischen Datenbank sämtliche landeskundlich relevanten Informationen. Entsprechende Codierungen erlauben Editionsprogramme nach Gebieten oder einzelnen Regionen. Als Idealfall wäre die Möglichkeit zu nennen, daß die Benützer sich im Rahmen einer entsprechend organisierten Benutzeroberfläche selber Interessenprofile zusammenstellen können.

*Ziel: Datenbank "Schweiz"*

Was die Initianten der "Bibliographie der schweizerischen Landeskunde" im letzten Jahrhundert angestrebt haben, nämlich ein zentrales Instrument für alle Wissensbereiche unter dem Stichwort "Schweiz" anzulegen, ist heute mit neuen technologischen Hilfsmitteln in greifbare Nähe gerückt. Der Skepsis gegen eine solche zentralistische Institution kann mit dem Hinweis auf eine weitgehend dezentrale Datenerfassung, unter der Aufsicht bewährter lokaler Kräfte, begegnet werden. Zentral wäre lediglich die Datenbank und die entsprechende Aufarbeitung der Daten; selbst die Abfrage könnte problemlos dezentral organisiert werden. Sollte weiterhin das Bedürfnis nach Papierausgaben bestehen, wäre ein Ausdruck in Literaturlistenform ohne weiteres denkbar.

Eine landeskundliche "Datenbank Schweiz", mit dezentral zu erfassenden und abzufragenden Informationen und zentraler Speicherung und Verwaltung der Daten, bietet für regionale und lokale Forschungen - und nicht nur für diese - ungeahnte Möglichkeiten. Die Leistungen einer solchen Institution könnten der bisher eher diskreditierten, jedoch im Zusammenhang mit neuen Problemstellungen äußerst aktuellen Regionalpolitik (Stichwörter: Umwelt, Alpentransit, Tourismus) wirkliche Grundlagen bieten und sie aus dem Bereich fragwürdigen Lokalpatriotismus oder soziologischer Abstrahierung herauslösen. Wenn es wirklich gelingt, die vor allem in der Schweiz nach wie vor virulenten Kräfte des Partikularismus mit Hilfe einer vielseitigen und benutzerfreundlichen landeskundlichen Datenbank in ihren zumindest schriftlichen Ausdrucksformen zu erfassen und sie als Gesamtheit sichtbar zu machen, dann erfüllt sie einen eminent soziokulturellen Auftrag. Außerdem liegt in einer solchen Leistung auch die Chance für den Einzelstaat innerhalb der europäischen Gemeinschaft (oder der Nichtmitglieder), einen markanten Beitrag zur gegenseitigen Kenntnis und zur Bewahrung regionaler Identitäten zu erbringen.

## Erstellung der Bodensee-Bibliographie mit Hilfe eines Personal-Computers

**Von Günther Rau**

Im Jahre 1868 wurde der »Verein für Geschichte des Bodensees und seiner Umgebung« gegründet, der seine Aufgabe bis heute in der Erforschung und Darstellung von Landesnatur und Geschichte des gesamten Bodenseegebietes sieht, unabhängig von staatlichen Grenzen. Dieser Verein, dessen Präsident seit einigen Jahren Herr Bibliotheksdirektor Dr. Tiefenthaler ist, der Gastgeber des diesjährigen Österreichischen Bibliothekartages, kann als gutes Beispiel für internationale Zusammenarbeit am Bodensee angesehen werden. Im Verein war der Wunsch nach einer kontinuierlichen Verzeichnung des zum Bodenseeraum erscheinenden Schrifttums schon lange vorhanden. Bereits 1889 stellte der spätere Präsident Graf Eberhard von Zeppelin den Antrag, eine Bibliographie zu erstellen. Leider fand sich niemand, der diese Aufgabe übernehmen wollte oder konnte. Im Lauf der Jahre sind für einige Teilgebiete Bibliographien entstanden (z. B. für den Hegau, Vorarlberg, Liechtenstein, St. Gallen, Appenzell, Thurgau, Schaffhausen), die teils sehr aktuell, teils mit einigem Berichtsverzug erscheinen.

Die 1965 gegründete Universitätsbibliothek Konstanz ist nicht nur die zentrale Literaturversorgungseinrichtung für die Universität, sondern sie war sich von Anfang an ihrer Verpflichtung für die gesamte Bodenseeregion bewußt. Nachdem die ersten Aufbaujahre vorüber waren, wurde auf Bitten des Bodenseegeschichtsvereines der Entschluß gefaßt, eine jährlich erscheinende Bodensee-Bibliographie zu erstellen, wobei der Verein die Sachkosten, die Bibliothek der Universität Konstanz die zentrale Redaktion übernehmen sollte. 1977 erschien dann die erste Ausgabe der Bibliographie mit Berichtsjahr 1976, die von Werner Allweiss, dem Konstanzer Fachreferenten für Geschichte, zusammengestellt wurde. Die Zahl der verzeichneten Titel stieg kontinuierlich von 760 (1976) bis auf über 1900 für die Ausgabe 1988, die zur Zeit ausgeliefert wird. Erfaßt werden Monographien, Aufsätze und umfangreiche Zeitungsartikel, die einen Bezug zu Regionen, Orten oder Personen im Bodenseeraum haben.

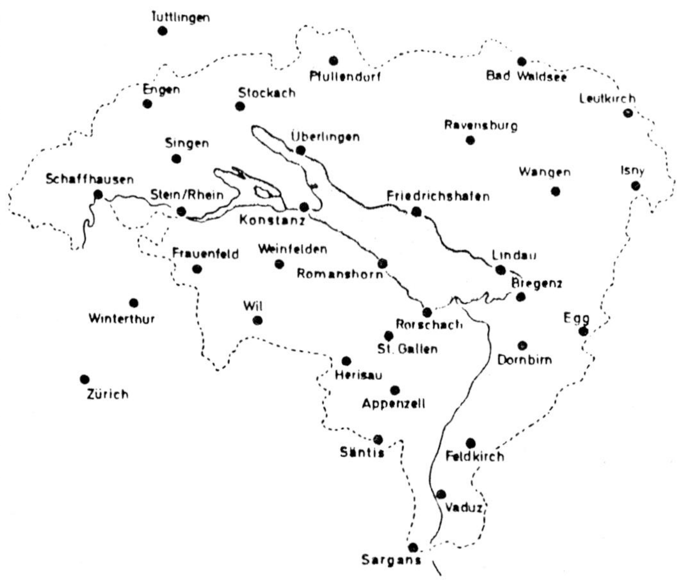


Der Bodenseeraum

Die für eine Verzeichnung in Frage kommenden Titel werden zu einem Drittel von der Universitätsbibliothek selbst ermittelt, zwei Drittel sind jährlichen Titelmeldungen von verschiedenen Institutionen in der Region zu verdanken. Zur Zeit arbeiten mit: Badische Landesbibliothek Karlsruhe, Hegau-Bibliothek Singen, Kreisarchiv des Bodenseekreises in Markdorf, Stadtarchiv/Bodensee-Bibliothek Friedrichshafen, Kreisarchiv Ravensburg, Stadtarchiv Ravensburg, Stadtarchiv Lindau, Vorarlberger Landesbibliothek Bregenz, Liechtensteinische Landesbibliothek Vaduz, Kantonsbibliothek St. Gallen, Kantonsbibliothek Appenzell Ausserrhoden in Trogen, Kantonsbibliothek Thurgau in Frauenfeld, Stadtbibliothek Schaffhausen.

Die Bibliographie ist in drei Teile gegliedert: Einem systematischen Teil für Literatur, die den ganzen Bodenseeraum bzw. Teilgebiete betrifft, folgt ein Personenteil und ein Ortsteil. Die Jahresausgaben besitzen ein Verfasserregister. Ein Mehrjahresregister für Sachbegriffe, Orts- und Personennamen ist in Vorbereitung.

Bis zur Ausgabe 1985 wurde die Bodensee-Bibliographie konventionell erstellt. Die selbst ermittelten bzw. von den beteiligten Institutionen in unterschiedlicher Form gemeldeten Titel wurden auf Karteikarten erfaßt, die Einträge dabei standardisiert und eine alphabetisch nach Verfasser/Titel geordnete Kartei angelegt. Nach Redaktionsschluß mußten die Karten nach dem sachlichen Gliederungsschema umsortiert werden. Dabei wurden Kopien für Mehrfacheinträge, Leitkarten für Sachüberschriften bzw. Orts- und Personennamen und provisorische Verweisungskarten eingemischt. Nächster Schritt war das manuelle Numerieren der Titelkarten und ersetzen der provisorischen Verweisungen durch Titelnummern. Nach dem Erstellen eines Verfasserregisters gingen die Karten zu einer Fotosatzfirma, wo die gesamten Daten nochmals erfaßt wurden. Auf die Erst- und Zweit-Korrektur folgten Druck, Einbandarbeiten und Versand der fertigen Bodensee-Bibliographie.

Dieses teure und zeitaufwendige Verfahren war der Grund, für die Erstellung der Bibliographie einen Personal-Computer einzusetzen. Als Software bot sich das von einer Münchner Firma angebotene, preisgünstige (ca. 450.- DM, 3150.- öS) und sehr variable Programm »BRAIN 3.0 Flexible Literaturverwaltung« an. Es ist einfach zu bedienen und erlaubt dem Anwender die Definition von bis zu 30 verschiedenen Datenfeldern, aus denen bis zu 10 Eingabemasken zusammengestellt werden können, z. B. für Monographien, Aufsätze oder Überschriften. Die einzelnen Felder können im Gegensatz zu den meisten anderen Datenbanksystemen mit variabel langem Inhalt belegt werden, sofern die Gesamtzeichenzahl des Eintrags 8100 Zeichen nicht überschreitet, was ca. vier Bildschirmseiten entspricht. Für die Ausgabe über Bildschirm, Drucker oder in ASCII-Dateien zur Weiterverarbeitung mit anderen Programmen lassen sich verschiedene Ausgabeformate definieren und den unterschiedlichen Anforderungen anpassen.

Für die Bodensee-Bibliographie wurden folgende Felder und Eingabemasken festgelegt:

```
BRAIN 3.06    Die Struktur der Kartei BD-89ERF                    Einfügen
BD-89ERF Bodensee-Bibliographie 1989
----------------------------------------------------------------------------

Sie haben folgende 26 Elemente definiert:

A=Autor(en)      T=Titel          t=Zusatz zu T   a=Auflage        O=Ort: Verlag
J=Jahr           S=Seiten         )=Reihe ( )     F=Fußnote        ]=Zusatz [ ]
Z=Zs/Bd-Titel    b=Zusatz zu Z    B=Band-Nr.      n=Heft-Nr.       H=Herausgeber
z=Zeitung        g=Ztg-Ausg.Nr    Q=Quelle        Y=Signatur       G=Gliederung
V=Verweisung     K=Kurzkomment    X=Stichworte    N=Titelnummer    P=Person/Ort
C=Sachgebiet

Und daraus folgende 5 Masken gebildet:

Monogr    = A T t H a O J S ) F ] Q Y G V K X N
Journal   = A T t H Z B J n S F ] Q Y G V K X N
Handb     = A T t H Z b a O J S F ] Q Y G V K X N
Zeitung   = A T t H Z B J g S F ] Q Y G V K X N
Uebschr   = P C G K J
```

Als Hauptindex und damit Sortierkriterium für die Erfassungsdatei wurden die Felder »Autor/Titel« definiert.

Neue Titel für die einzelnen Ausgaben der Bodensee-Bibliographie werden im Laufe des Jahres am PC erfaßt. Dies geschieht folgendermaßen: Nach Aufruf des Programms ist der Name der Erfassungsdatei anzugeben. Es erscheint das Hauptmenü, aus dem das Modul »Eingabe« auszuwählen ist. Muß noch geklärt werden, ob der aufzunehmde Titel nicht schon gespeichert ist, kann mit der Unter-Funktion »Blättern« und Eingabe des Verfassernamens im Feld »Autor» recherchiert werden.

Für eine Titeleingabe ist mit Unter-Funktion »Neue Einträge eingeben« aus einem Menü die erforderliche Maske auszuwählen. Es erscheint ein leeres Formular mit Angabe der Datenfelder, die nun ausgefüllt werden können. Für Felder, die länger als eine Zeile sind, fügt das Programm automatisch Folgezeilen ein.

```
BRAIN 3.06    Karteikarten-Editor                              1  Einfügen
BD-89ERF Bodensee-Bibliographie 1989
---------------------------------------------------------------------------

      Maske   Monogr:  Buch
  Autor(en)   Allgäuer, Thomas
      Titel   ^IDie ^Iparlamentarische Kontrolle über die Regierung im Für »»»
        ...   stentum Liechtenstein
Zusatz zu T
Herausgeber
    Auflage
Ort: Verlag   Vaduz: Verl. d. Liechtenstein. Akadem. Gesellschaft
       Jahr   1989
     Seiten   404
  Reihe ( )   Liechtenstein - Politische Schriften ; 13
    Fußnote   Zugl.: St. Gallen, Hochschule, Diss.
 Zusatz [ ]
     Quelle   89 RFL KN
   Signatur   7 gsx 627.10:b/a55
 Gliederung   04.2.1*5
 Verweisung
Kurzkomment
```

Das Feld »Gliederung« ist für die Kapitel-Nummer des sachlichen Gliederungsschemas der Bodensee-Bibliographie vorgesehen, wodurch sich die Titel nach Redaktionsschluß per Programm umsortieren lassen. Nummern für Verweisungen sind im Feld »Verweisung« unterzubringen.

Beim Speichern wird der Datensatz alphabetisch in die Datei einsortiert. Umlaute werden in aufgelöster Form sortiert. Artikel am Titelanfang lassen sich in besondere Zeichen einschließen und so von der Sortierung ausnehmen. Außerdem läuft eine Dublettenprüfung ab, die einen schon vorhandenen identischen oder ähnlichen Titel meldet. Neuzugänge versieht das Programm automatisch mit der Markierung »NEU«. Dies ermöglicht, so markierte Titel anschließend aus der Datei z. B. für das Korrektur-Lesen ausdrucken zu können.

Nützlich ist eine Kopierfunktion des letzten angezeigten Eintrages, da z. B. bei der Auswertung einer Zeitschrift oder eines Sammelwerkes nur die sich ändernden Daten (Verfasser/Titel, Seitenzahl) durch Überschreiben erfaßt werden müssen, nicht jedoch Zeitschriftentitel, Bandzählung oder Erscheinungsjahr.

Ein Eintrag in BRAIN kann für Selektionszwecke mit bis zu 40 Markierungen versehen werden, die jeweils fünf Zeichen lang sein können. Das Markieren geschieht mit der Funktion «Suchen und Markieren«. Auf Grund einer festzulegenden Suchbedingung liest das Programm sequentiell die Datensätze der Datei und setzt bei Übereinstimmung die gewünschte Markierung. Beispielsweise können alle Titel, bei denen im Feld »Gliederung« bzw. »Verweisung« das Wort »Reichenau« vorkommt mit der Markierung »reich« versehen werden. Beim Durchblättern der Datei, bei der Druckausgabe oder beim Anlegen einer Subkartei gibt man die Markierung »reich« an und erhält dadurch eine Literaturliste bzw. eine eigene Datei mit Reichenau-Literatur. Mit einer besonderen Funktion lassen sich gesetzte Markierungen global löschen oder verändern.

Wenn der Zeitpunkt für den Redaktionsschluß gekommen ist, werden die Einträge der BRAIN-Erfassungsdatei in eine leere Datei kopiert und dabei umsortiert, da für diese Datei an Stelle der alphabetischen Ordnung eine sachliche Sortierung gemäß dem Feld »Gliederung« festgelegt wurde. Bei gleicher Gliederung werden die Felder «Autor/Titel« herangezogen.

Mit der Funktion »Numerierung« lassen sich die einzelnen Titel per Programm mit einer aufsteigenden Titelnummer versehen.

Es folgt das Einmischen von Sachüberschriften, Orts- und Personennamen. Diese Einträge, für die es eine besondere Erfassungsmaske gibt, enthalten neben dem Text (Überschrift/Name) auch das Feld »Gliederung« für die systematische Sortierung. Für die Bodensee-Bibliographie wurde für Überschriften, Orts- und Personennamen eine eigene BRAIN-Datei angelegt, da viele dieser Sätze für jede Ausgabe der Bibliographie benötigt werden und eine jährliche Neuerfassung eine unnötige Arbeit wäre. In einem Feld des Überschriften-Satzes läßt sich eine Kennung einsetzen für den Jahrgang, in dem der betreffende Datensatz benötigt wird (z. B. »89« für die Ausgabe 1989). Die Funktion »Suchen und Markieren« ermöglicht die Selektion der Überschriften für den zu bearbeitenden Jahrgang, um sie in die sachlich sortierte Titeldatei einmischen zu können. Überschriften-Sätze sind ein Art Titeleinträge. Da ihnen aber die Felder »Autor/Titel« fehlen, werden sie bei Übereinstimmung im Feld »Gliederung« immer vor den dazugehörigen Titeleinträgen einsortiert.

Mit dem Modul »Ausgabe« kann man die ganze Datei oder nur markierte Einträge in beliebigem Format am Bildschirm oder Drucker als Literaturliste oder in eine Datei ausgeben lassen. Dazu sind das gewünschte Karteikarten- und das Layout-Format sowie das Ausgabegerät (Bildschirm, Drucker, Datei) auszuwählen. Das Karteikarten-Format legt fest, welche Felder in welcher Reihenfolge oder Form und mit welchen zusätzlichen Zeichen ausgegeben werden sollen. Mit dem Layout-Format läßt sich das Aussehen einer Seite (Rand, Zeilenlänge, Seitenüberschrift) steuern. Die Formate können mit dem Modul »Formate« neu erstellt bzw. verändert werden.

An einem kleinen Beispiel soll verdeutlicht werden, wie Formatanweisungen für einen Titeleintrag funktionieren.

Ein Eintrag für einen Zeitschriftenaufsatz (Maske J=Journal) soll u. a. folgende Felder enthalten:

| | | |
|---|---|---|
| Z | Bodensee-Hefte | (Zeitschriften-Titel) |
| B | 36 | (Bandzählung) |
| J | 1989 | (Erscheinungsjahr) |
| S | 45-49 | (Seitenzahlen) |

Die Druckausgabe sieht so aus: In: Bodensee-Hefte. 36 (1989). S. 45-49.

Dies wird durch folgende Anweisungen im Ausgabeformat erreicht:

<$=J"In: "Z". "<?=BB" ("J")"*J>". S. "S".">

Erläuterung: Wenn der zu verarbeitende Titel zum Typ »Zeitschriftenaufsatz« gehört ($=J), soll das Programm zuerst den Text »In: « und anschließend den Inhalt des Feldes Z, also den Zeitschriften-Titel ausgeben und mit Punkt/Blank abschließen. Enthält der Eintrag eine Bandzählung (?=B), soll diese gedruckt werden, danach das Erscheinungsjahr (J) in runden Klammern. Fehlt eine Bandzählung (ELSE-Teil nach dem *), wird auf die Klammerung der Jahreszahl verzichtet. Nach Punkt/Blank kommen nach der einleitenden Wendung »S. « die Seitenzahlen. Das Ganze wird mit einem Punkt abgeschlossen.

BRAIN erlaubt praktisch für jeden Zweck die Erstellung der erforderlichen Ausgabe-Formate.

Korrekturausdrucke lassen sich direkt mit BRAIN am PC-Drucker ausgeben. Für die Erstellung der endgültigen Druckvorlage durch Ausgabe der Bodensee-Bibliographie-Daten über einen Laser-Drucker wird jedoch das Textverarbeitungsprogramm WORD 5.0 eingesetzt, da es komfortabel Proportionalschrift, Kolumnentitel, Blocksatz mit automatischer Silbentrennung usw. unterstützt.

Mit einem speziellen Kartei-Kartenformat und einem besonderen Gerätetreiber werden die Daten der Bibliographie in eine ASCII-Datei ausgegeben. Nach Start von WORD 5.0 ruft man ein für die Bodensee-Bibliographie geschaffenes Makro auf, das automatisch folgende Arbeiten erledigt:

Einlesen der ASCII-Datei und Zuordnung eines Druckformates, das die äußere Gestalt einer Seite festlegt (Satzspiegel, Seitenränder, Paginierung usw.). Es folgt die Umwandlung von BRAIN-Steuerzeichen (z. B. für Fettdruck) in WORD-spezifische Zeichen. Die einzelnen Titel werden mit einem Absatzformat versehen, das Schriftart (Times-Roman 10), Blocksatz, Einrücken von Folgezeilen und Tabulatorpositionen steuert. Überschriften werden zentriert und teilweise kursiv gesetzt. Mit Aufruf der Funktionen »Automatische Silbentrennung« und «Seitenumbruch« wird das Makro beendet.

Anschließend müssen die automatischen Seitenumbrüche kontrolliert und evtl. verschoben werden, wenn z. B. eine Überschrift am Ende einer Seite statt am Anfang der nächsten zu liegen kam. Eine manuelle Eingabe erfordern die »lebenden« Kolumnentitel, da diese sich von Seite zu Seite ändern können.

Danach erfolgt der seitenweise Ausdruck der Daten auf einem bibliothekseigenen Laser-Drucker (HP LaserJet II P). Alle geschilderten Arbeiten vom Redaktionsschluß bis zum ersten Ausdruck lassen sich in ein bis zwei Tagen erledigen.

Werden beim abschließenden Korrekturlesen keine Fehler mehr gefunden, gehen die Ausdrucke zur Druckerei, wo die Seiten auf Film reproduziert und zu großen Druckbogen montiert werden. Mit dem Druck der 1500 Exemplare im Offset-Verfahren und den Einbandarbeiten findet die Herstellung der Bodensee-Bibliographie ihren Abschluß.

Nach den bisher gemachten Erfahrungen ist das Programm BRAIN 3.0 sehr gut für das rationelle Erstellen von Bibliographien mit einigen tausend Titeln pro Ausgabe geeignet.

Zum Schluß noch ein Blick voraus. Die Bibliothek der Universität Konstanz besitzt einen Online-Benutzer-Katalog (OPAC), der den gesamten Monographien-Bestand (1,4 Mio. Bände) nachweist. Die Datenbank ist nicht nur über Terminals in der Bibliothek und über das universitätsinterne Datennetz (LAN) erreichbar, sondern auch von außen über das Telefon - oder Datex-P-Netz, sowie über WIN, Belwue und Internet. Es ist daher naheliegend, die bereits maschinell erfaßten Bodensee-Titel in einen Bereich des OPAC zu übernehmen. Für die Titel der konventionell erstellten Ausgaben 1976 bis 1985 ist eine rückwirkende Erfassung vorgesehen. Neue Titel können durch regelmäßiges Nachladen schon einige Monate vor Erscheinen der gedruckten Bibliographie in die Datenbank übernommen werden. Auf diese Weise wird künftig eine Bodensee-Literatur-Datenbank mit einem Grundstock von etwa 20 000 Titeln für den universitätsinternen, nationalen und internationalen Online-Zugriff zur Verfügung stehen.

Beispiel-Seite aus der Bodensee-Bibliographie 1989:

**Einzelne Orte (12)**

*(im Alphabet der Ortsnamen)*

**Altheim** s. Frickingen-Altheim

**Altstätten,** St. Gallen

291. PFLÜGER, Max: 70 Jahre Altstätter Röllibutzen. Ursprung u. Geschichte d. Röllibutzen-Vereins. In: Unser Rh. 47. 1990 (1989). S. 199-205.

**Amriswil,** Thurgau

292. ALLEMANN, Rolf: 50 Jahre Kirche St. Stefan Amriswil. Ein bauhistor. Rückblick. Amriswil 1989. 22 S.

**Arbon,** Thurgau

293. ARBON. Orientierungsschrift für Einwohner u. Neuzuzüger. Hrsg.: Verkehrsverein Arbon am Bodensee. Arbon: Verkehrsverein 1989. 96 S.

**Au,** St. Gallen

294. FREI, Walter: Höhen und Tiefen eines Vereins. 140 Jahre Männerchor Au. In: Unser Rh. 47. 1990 (1989). S. 215-217.

295. SCHÖBI, Albert: Vor 50 Jahren fielen Bomben. Das Kreuz auf d. Hard in Au als Zeichen d. Dankbarkeit. In: Unser Rh. 47. 1990 (1989). S. 195-196.

**Aulendorf,** Baden-Württemberg

296. KRINS, Hubert: Zur denkmalpflegerischen Bedeutung des Schloßes Aulendorf, Stadt Aulendorf, Kreis Ravensburg. In: DenkmBW. 18 (1989). S. 77-84.

**Baienfurt,** Baden-Württemberg

297. BAIENFURT im Wandel der Zeit. 1. Aufl. Horb am Neckar: Geiger 1989. 228 S. (Schriftenreihe d. Gemeinde Baienfurt ; 19)

**Baindt,** Baden-Württemberg

298. KNAPP, Ulrich: Die Selige Beth von Reute in Baindt. Ein unbekanntes Werk von Joseph Anton Feuchtmayer. In: Jahrbuch d. Staatl. Kunstsammlungen in Baden-Württ. 26 (1989). S. 110-117.

**Balgach,** St. Gallen

299. SCHÖBI, Albert; CUSTER, Max: Neues Leben im alten Schloß. Ehrenmedaille d. Internat. Burgeninstitutes für Schloß Grünenstein Balgach. In: Unser Rh. 47. 1990 (1989). S. 225-227.

**Balzers,** Liechtenstein

300. ALBERTIN, Peter: Balzers, Baugeschichte des Hauses Nr. 52. In: JbL. 87. 1987 (1989). S. 77-120.

301. FETZ, Hermann; WOHLFARTH, Barbara; GRUBER, Maria; VONBANK, Sibylle; WÜRTINGER, Judith: Ausgrabungen in Balzers 1985/86. In: JbL. 87. 1987 (1989). S. 121-223.

# REGIONALBIBLIOGRAPHIE UND EDV IN ÖSTERREICH

**Von Anton L. Schuller**

Neben den Nationalbibliographien, deren Aufgabe es ist die selbständigen Veröffentlichungen innerhalb des Staatsgebietes zu registrieren, und den nationalen und internationalen Fachbibliographien kommt den Bibliographien die sachbezogene Literatur über eine Region nachweisen, große Bedeutung als Informationsquelle zu. Diese Regionalbibliographien - es können allgemeine oder auch fachspezifische, Orts-, Stadt- oder Landesbibliographien sein - bieten nicht nur einen Auszug aus der übergeordneten Nationalbibliographie, sondern ergänzen diese vor allem im Bereich der grauen Literatur. Darüber hinaus bieten sie durch die Erfassung und inhaltliche Erschließung der sachbezogenen Zeitschriftenliteratur Informationen, die nur sie bieten können.

Da der Begriff "Regionalbibliographie", wie vorhin angedeutet, ein sehr weiter und vielschichtiger ist, - die Publikation "Österreich in Bibliographie und Dokumentation" (Biblos-Schriften, Bd. 135, Wien 1986) (1) veranschaulicht dies, - wollen wir uns in dieser Studie auf jene Bibliographien beschränken, die landläufig auch als Landesbibliographien bezeichnet werden.

## *1. Historischer Rückblick*

Landesbibliographien haben in Österreich eine lange Tradition. Es ist das Verdienst von Karl F. Stock und seiner Partner Rudolf Heilinger und Marylène Stock im Vorwort zu den einzelnen Bänden der "Bibliographie österreichischer Bibliographien, Sammelbibliographien und Nachschlagewerke, Abteilung 1: Bibliographien der österreichischen Bundesländer" (Graz 1976 bis 1985), die Fakten zur Geschichte der Bundesländerbibliographien zusammengetragen zu haben.(2)

Es würde aber zu weit vom gestellten Thema wegführen, wenn nun auf Details aus der Geschichte der einzelnen Landesbibliographien eingegangen würde. Es sollen daher nur ein paar Eckdaten genannt werden, die veranschaulichen sollen, seit wann es bibliographische Aktivitäten für Landesbibliographien im weitesten Sinne bereits gegeben hat.
1826 erschien das erste bibliographische "Verzeichnis der über Tirol und Vorarlberg erschienenen Druckschriften". Die Entwicklung verlief aber wenig befriedigend, wie Walter Neuhauser berichtet.(3) Ähnlich ist die Situation in Vorarlberg, das bis 1918 mit Tirol eine Einheit bildete. Auch hier sei im Speziellen auf die zusammenfassenden Darstellungen von Josef Zehrer (4) und Eberhard Tiefenthaler (5) verwiesen.
1875 erschien Georg Schmids "Bibliographischer Beitrag zur Kunde Salzburgs" in den "Mitteilungen der Gesellschaft für Salzburger Landeskunde";(6)
1880 brachten die "Steiermärkischen Geschichtsblätter" erstmals die "Historisch-Bibliographischen Notizen für Steiermark";(7)
1884 erschien zum ersten Male in den "Blättern für Landeskunde von Niederösterreich" eine "Bibliographie zur Landeskunde von Niederösterreich"(8) und

1885 publizierte Hans Commenda im "Jahresbericht des Museums Francisco-Carolinum in Linz" die "Materialien zur landeskundlichen Bibliographie Oberösterreichs".(9)
1886, - darauf sei besonders hingewiesen, - erschien die erste selbständige Bibliographie: Es ist Anton Schlossars "Die Literatur der Steiermark in historischer, geographischer und ethnographischer Beziehung".

In Kärnten beginnen die bibliographischen Aktivitäten im engeren Sinne im Jahre 1912 mit Theodor Strastil von Strassenheims retrospektiver "Bibliographie der im Herzogtume Kärnten bis 1910 erschienenen Druckschriften".(10)

Das Burgenland - unser jüngstes Bundesland hat infolge seiner politischen Geschichte sehr spät eigene bibliographische Aktivitäten setzen können. Die Verantwortlichen haben aber nicht die bisher laufenden Landesbibliographien kopiert, sondern einen eigenen Weg eingeschlagen. Es war von Anfang an eine echte retrospektive Allgemeinbibliographie in 9 Hauptsachgruppen geplant und ist seit 1956 in Bearbeitung.(11)

In Wien sind die bibliographischen Gegebenheiten besonderer Art. Als Hauptstadt des Habsburger-Reiches und als potenter Verlagssitz ist unser heutiges Bundesland notgedrungen in allen Bibliographien und Bücherverzeichnissen, die sich dem österreichischen Raume widmen, vertreten.(12) Landeskundlich-bibliographisch war die Stadt bis in die vierziger Jahre unseres Jahrhunderts mit Niederösterreich verbunden. Erst die "Bibliotheca Viennensis" von Arthur Mayer aus den Jahren 1942 bis 1944 und die "Bibliographie zur Geschichte und Stadtkunde der Stadt Wien", von Gustav Gugitz, 1947 bis 1962, begründen eine selbständige bibliographische Tradition im heutigen Sinne.(13)

Freilich ist es problematisch, Jahreszahlen zu nennen, denn oft sind die Lücken größer als die durch Bibliographien abgedeckten Zeiträume. Es gibt kaum ein Land - außer Kärnten und Oberösterreich, das eine halbwegs kontinuierlich weitergeführte Landesbibliographie hätte.

Dies ist kein Wunder, wenn man bedenkt, daß das Gedeihen der Bibliographien fast immer vom uneigennützigen persönlichen Engagement einzelner Personen abhängig war.

Der Tiroler Bibliograph Karl Unterkircher hat daher unser Verständnis, wenn er am 13. Mai 1902 folgende Erklärung in den "Neuen Tiroler Stimmen" veröffentlichte: "Mehrfachen Anfragen gegenüber, warum ich die 'Tirolisch-vorarlbergische Bibliographie' nicht mehr fortzusetzen gedenke, sei hiemit zu wissen gemacht, daß ich der Meinung bin, durch das Einstellen derselben den Kreisen, welche sich dafür interessieren, gewissermaßen auf eklatante Weise darzulegen, wie notwendig es sei, einmal systematisch und mit vereinten Kräften dafür zu sorgen, daß eine solche Bibliographie, welche allen Anforderungen entsprechen kann und eine gewisse Vollständigkeit erweist, ins Leben gerufen werde. Dies kann aber nicht Sache des Einzelnen sein, sondern wird nur erzielt werden, wenn mehrere, dazu in erster Linie berufene Kräfte, sich zusammen einigen und die Sache in die Hand nehmen. ..."(14)

*2. Gegenwärtiger Stand*

Heute haben die Bundesländer Burgenland, Kärnten, Niederösterreich, Oberösterreich und Steiermark laufende Bibliographieprojekte, die in unregelmäßigen Abständen auch publiziert werden.

Die Landesbibliographien des Burgenlandes und der Steiermark werden an der jeweiligen Landesbibliothek bearbeitet werden. Auch in Niederösterreich werden die bibliographischen Aktivitäten von Landesinstitutionen, nämlich der Landesbibliothek und dem 1978 gegründeten "Institut für Landeskunde", an dem eine "Bibliographie und Dokumentation des wissenschaftlichen Schrifttums über Niederösterreich" bearbeitet wird, getragen.(15)

In Oberösterreich sind es der Musealverein und das Landesarchiv und in Kärnten ist es der "Geschichtsverein für Kärnten", die für die Herausgabe der dortigen Bibliographien sorgen.

*3. EDV-Anwendungen bei Regionalbibliographien*

Die Situation bei den EDV-Anwendungen in der Bibliographieproduktion ist ein Spiegelbild der gesamten österreichischen Bibliotheksszene, die in der ersten Entwicklungsphase von den Insellösungen geprägt war und es noch immer ist.(16) Impulse zur Vereinheitlichung und der damit verbundenen Austauschbarkeit der Daten, müßten vom derzeit entstehenden "Österreichischen Bibliotheksverbund-System" ausgehen; davon aber später.

Obwohl keine landeskundliche Bibliographie in unserem Sinne, ist als erste große und professionelle Anwendung der EDV zur Erstellung einer Bibliographie die am Grazer "Institut für Maschinelle Dokumentation" produzierte "Österreichische Historische Bibliographie" zu nennen.(17)

Zur gleichen Zeit wird auf privater Basis der Computer zur Erstellung von Registern und schließlich der gesamten Bibliographie verwendet; es ist dies

*3.1 Stock/Heilinger/Stock*

1976 erschien der erste Band (Burgenland) der "Bibliographie der Bibliographien ..." von Stock-Heilinger-Stock. Die Vorarbeiten für die neun Bundesländerbände reichen bis in das Jahr 1962 zurück. Für diesen ersten und vier weitere Bände wurden die Register mit einem Kleincomputer erstellt. Ab dem Band 6, Steiermark, erschienen 1980, erfolgte die gesamte Produktion mit Hilfe eines Kleincomputers und der Software BIBLIOGRAMM (18). Es ist bezeichnend, daß ein privates Unternehmen als erstes die EDV bei der Bibliographiebearbeitung einsetzen konnte.

*3.2 Steirische Bibliographie*

1979 wurde das Pilotprojekt der "Steirischen Bibliographie"(19) begonnen. Ein Vorteil war, daß die EDV-Fachleute des "Instituts für Maschinelle Dokumentation" am damaligen Rechenzentrum Graz durch das seit 1977 laufende EDV-Projekt der "Österreichischen Historischen Bibliographie" bereits einschlägige Erfahrung hatten. Es ging also in erster Linie darum, das Kategorienschema, die Systematik, die Druckbildsteuerung und den Registeraufbau so einzurichten, daß sie den Anforderungen einer Landesbibliographie entsprächen. Nach einigen kleineren, unselbständigen Publikationen konnte 1985 der erste Berichtsband der allgemeinen Bibliographie für den Zeitraum 1971 bis 1980 vorgelegt werden. 1989 folgte der Berichtsband 1981 bis 1985. Dazu liegen noch zwei Sonderbände zu den Themen "Erz und Eisen in der Steiermark" (1982) und "Hanns Koren" (1985) vor. Ziel ist es, die Bibliographiebearbeitung weitestgehend mit dem künftigen Bibliothekssystem der Steiermärkischen Landesbibliothek zu harmonisieren, um Parallelarbeiten zu vermeiden. 1989 ist die grundsätzliche Genehmigung des Automationskonzeptes der Steiermärkischen Landesbibliothek, in das auch die "Steirische Bibliographie" eingebunden ist, durch den Automationsbeirat der Steiermärkischen Landesregierung erfolgt. Obwohl die Bibliographie-Daten mit Stichtag 31.12.1984 mittels COM-Technik auf Mikrofiche recht brauchbar waren, besteht doch kein Zweifel, daß das Ziel eine online benützbare Bibliographie-Datenbank sein muß.

*3.3 Niederösterreichische Bibliographie*

Seit 1984 werden an der Niederösterreichischen Landesbibliothek die Arbeiten in der Druckschriftensammlung automationsunterstützt durchgeführt; u. a. werden Bestellung, Erwerbung und Katalogisierung auf einem PC durchgeführt.(20) Ein Nebenprodukt dieser Arbeiten ist das jährliche Zuwachsverzeichnis der Bibliothek mit einem speziellen alphabetischen Niederösterreich-Teil der "Unterennsia".(21)

Am "Institut für Niederösterreichische Landeskunde" ist eine Bibliographie der wissenschaftlichen Literatur über Niederösterreich in Vorbereitung.

*3.4 Online-Kataloge als Bibliographie-Ersatz*

1984 ging an der Vorarlberger Landesbibliothek das integrierte Online-Bibliotheks-System DOBIS/LIBIS in Betrieb. Diese Software deckt die Bereiche Erwerbung, Formalkatalogisierung, Sacherschließung mit Klassifikation und Beschlagwortung, Zeitschriftenverwaltung, Zeitschriftenaufsatzdokumentation, Etikettierung, Ausleihe, Mahnwesen und Formulardruck voll ab.(22) Vorarlberg hat auf Grund dieses EDV-Bibliotheksinformationssystems in der derzeitigen Aufbauphase keinen dringenden Bedarf nach einer gedruckten Bibliographie, da die Monographien ohnehin über die Aufstellungssystematik auffindbar sind.

Die Wiener Stadt- und Landesbibliothek hat derzeit eine Testinstallation des Bibliotheks-Informations-Systems (BIS) der Firma DABIS in Betrieb. Bei entsprechender Datenmenge werden sicherlich auch die Viennensia recherchierbar sein.

Die Burgenländische Landesbibliothek wird sich voraussichtlich dem BIBOS-Altverbund anschließen und mit dieser Software auch die Bibliographie erarbeiten.

*3.5 Resümee*

Von den offiziellen österreichischen Landesbibliographien wird bis dato somit lediglich eine einzige EDV-unterstützt bearbeitet und publiziert; es ist dies die der Steiermark. Die Kärntner Bibliographie arbeitet derzeit noch konventionell, es wird aber an eine Umstellung auf EDV-unterstützte Bearbeitung gedacht. Die Burgenländische Bibliographie wird voraussichtlich in allernächster Zeit im Rahmen des Bibliothekssystems EDV-unterstützt bearbeitet werden. Die "Bibliographie zur oberösterreichischen Geschichte" wird konventionell bearbeitet.(23)

## *4. Aussichten*

### *4.1 Bearbeitungsmethoden*

Wie es derzeit aussieht, wird der Bearbeitungsmodus der Regionalbibliographien sich in den nächsten Jahren - außer daß früher oder später alle EDV-unterstützt bearbeitet werden, - kaum ändern, da jede Bibliothek und jeder Bearbeiter selbstverständlich das an technischen Mitteln und Software einsetzen wird, was eben zur Verfügung steht.

Trotzdem soll man nicht von vornherein verzichten, über effektivere Bearbeitungsmethoden nachzudenken. Wie eine rationelle Bearbeitung organisiert werden könnte, habe ich in meinem Vortrag "Die organisatorischen Voraussetzungen einer aktuellen "Österreich-Bibliographie" am Österreichischen Bibliothekartag 1986 in Wien dargelegt.(24)

Im Zentrum der Überlegungen standen damals drei Hauptpunkte:
a) Alle an der Bibliographiearbeit interessierten Bibliotheken, insbesonders die Pflichtexemplarbibliotheken, sollten im EDV-Verbund der wissenschaftlichen Bibliotheken Österreichs vertreten sein und die Publikationen ihres Einzugsbereiches bearbeiten.
b) Die Austriaca sollten so codiert werden, daß sie auch nach Bundesländern, Sachgebieten und Erfassungsdatum recherchiert und durch "down-loading" weiterverarbeitet werden könnten.
c) Die unselbständige Literatur sollte im Bundesland ihres Erscheinens oder nach Absprache erfaßt und wie die Monographien nach Bundesländerbetreff, Sachgebieten und Erfassungsdatum codiert werden.

Diese Anforderungen wurden auch in einer Resolution (s. Anhang) der Kommission für Bibliographie dem Ministerium für Wissenschaft und Forschung zur Kenntnis gebracht, damit die erforderlichen Kategorien im Erfassungsschema des Bibliotheksverbundes zumindest für eine spätere Nutzung reserviert werden.(25)

Rationell ist Bibliographiebearbeitung meiner Meinung nach nur, wenn dafür die Datensätze, die bei der Katalogisierung in einer oder mehreren Bibliotheken anfallen, genutzt werden können. Auf konventioneller Basis wird dies selbstverständlich in verschiedenen

Projekten ohnehin praktiziert. Die "Steirische Bibliographie" z. B., die an der Steiermärkischen Landesbibliothek bearbeitet wird, wird dankenswerterweise auch von der Pflichtexemplarstelle der Universitätsbibliothek Graz und der Österreich-Dokumentation der Österreichischen Nationalbibliothek unterstützt. Doch diese Katalogisate müssen alle, falls sie nicht ohnehin bekannt waren, nochmals erfaßt werden. Diese Mehrfacharbeit sollte bei einer Bearbeitung im Verbund wegfallen.

### *4.2 Publikationsformen*

Mit dem Einzug der EDV in die Bibliographiebearbeitung werden auch die Publikationsformen vielfältiger. Je nach Benutzerkreis wird es selbstverständlich bei der altvertrauten Buchform bleiben müssen, weil die totale Vernetzung schon aus finanziellen Gründen illusorisch ist.

Wo es aber möglich ist, dem Benutzer Zutritt zu Online-Datenbanken zu verschaffen, ganz gleich ob im Einzelsystem oder im Verbund, ist es sicherlich sinnvoller die inhaltlich erschlossenen Daten für Recherchen freizugeben. Ob diese Daten nun in einem Datenpool oder auf mehrere verteilt sind, ist lediglich eine Organisationsfrage, die mit einer benutzerfreundlichen OPAC-Oberfläche leicht zu lösen ist.

### *Anhang: Resolution*

Die Teilnehmer der Sitzung der Kommission für Bibliographie am 28. April 1988 in Graz richten an den Präsidenten der Vereinigung Österreichischer Bibliothekare folgende Resolution mit dem Ersuchen, diese dem Ausschuß zur Beschlußfassung vorzulegen und das Ergebnis an das Ministerium für Wissenschaft und Forschung weiterzuleiten:

## RESOLUTION

Die Einführung eines automationsunterstützten Bibliotheksverbundsystems und einer zentralen Datenbank ist nicht nur für sämtliche bibliothekarischen Arbeiten von eminenter Bedeutung, sondern auch für eine Nutzung der Verbunddaten für Bibliographien und andere Auswertungen in Buchform, auf Mikrofiche, Diskette oder Compact Disc.

Es entspricht daher einer vorausschauenden Arbeitsstrategie, jetzt schon die rechtlichen, organisatorischen und datenmäßigen Grundlagen für künftige Nutzungsmöglichkeiten vorzubereiten und alle dafür nötigen Voraussetzungen zu schaffen. Das sind:

1. Klärung aller Rechtsfragen hinsichtlich der Nutzungsrechte von eingebrachten Eigendaten und genutzten Daten anderer Verbundteilnehmer im Rahmen von "down-loading" zum Zwecke der weiteren Bearbeitung durch eine Verbundbibliothek.

Ferner ist zu klären, ob, bzw. unter welchen Bedingungen verbundfremde Benutzer die Daten für derartige Bearbeitungen, z. B. Bibliographien, nutzen können.

2. Organisatorische Voraussetzungen zur bibliographischen Nutzung der Verbunddaten:

a) Folgende Kennungen sind vorzusehen:

- Austriacum: in Österreich erschienen
- Austriacum: in Österreich erschienen und Inhalt auf Österreich bezogen
- Austriacum: im Ausland erschienen, aber Inhalt auf Österreich bezogen
- Bundesländer-Kennungen: mehrere Zuteilungen müssen möglich sein, z. B., um "Innerösterreich" oder "Alpenländer", usw. den betroffenen Bundesländern zuordnen zu können.
- Fachgruppen-Kennungen: z. B. nach dem Muster der ÖB, der DB oder der bibliotheksstatistischen Fachgruppen (mehrere Zuteilungen müssen bei thematischen Überschneidungen möglich sein).
- bibliographieproduktionsspezifische Kennungen im bibliotheksspezifischen Segment (Bearbeitungsstatus).

Für all diese Kennungen sind nach Möglichkeit fixe Felder in den entsprechenden Segmenten bereitzustellen.

b) Vordringliche Inangriffnahme der Automatisierung der Herstellung der "Österreichischen Bibliographie" unter Einbindung der regionalen Pflichtexemplarbibliotheken zur arbeitsteiligen Datenerfassung.
c) Schaffung der Voraussetzungen für eine "Österreich-Bibliographie" (objektive Nationalbibliographie) nach dem Muster der "Hessischen Bibliographie".
d) Anpassung des Kategorienschemas an RAK-UW (= Unselbständige Werke).

Die Bereitstellung von Kategorien für die Erfassung von unselbständigen Werken ist eine berechtigte und unabdingbare Forderung für die Herstellung von Bibliographien, Dokumentationen und dergleichen.

Ferner muß Vorsorge getroffen werden, daß technische Einschränkungen hinsichtlich der Anzeige relevanter Titel (derzeit maximal 100) aufgehoben werden. Ziel der arbeitsteiligen Bearbeitung und Erstellung von Bibliographien im Verbund ist es, sowohl durch gemeinsame Projekte als auch durch einzelbibliographische Unternehmungen die Verbunddaten zu nutzen und, aufbauend auf den Daten der "Österreichischen Bibliographie" und den Datenbeiträgen aller Verbundteilnehmer, sowohl eine "Österreich-Bibliographie" als objektive Nationalbibliographie, als auch Regional- und Fachbibliographien, aber auch spezielle Interessenprofile mittels "down-loading" und entsprechender Weiterbearbeitung, erstellen zu können.

*Anmerkungen*

(1) Österreich in Bibliographie und Dokumentation. Unternehmen zur Erfassung und Erschließung der Literatur über Österreich. Wien: Vereinigung Österreichischer Bibliothekare 1986. 286 S. (Biblos-Schriften, 135); vgl. auch Reinhard Oberschelp: Die Bibliographien zur deutschen Landesgeschichte und Landeskunde. 2., völlig neu bearbeitete Aufl. Frankfurt am Main 1977, S. 11 ff.; Bartsch, Eberhard: Die Bibliographie. 2. Aufl. München: Saur 1989, S. 91 u. 118 ff.;

(2) Vgl. Stock, Karl F., Rudolf Heilinger und Marylène Stock: Bibliographie österreichischer Bibliographien, Sammelbibliographien und Nachschlagewerke, Abteilung 1: Bibliographien der österreichischen Bundesländer. Bd 1-9. Graz 1976 - 1985 (= zit.: Stock/Heilinger/Stock);

(3) Vgl. Neuhauser, Walter: Zur Geschichte der Tiroler Bibliographie. Einleitung. In: Stock/ Heilinger/Stock: Tirol. Graz 1981, S. VI-XVII.; Neuhauser, Walter: Zur Situation der bibliographischen Tätigkeit in Tirol auf dem Gebiet der Österreich-Bibliographie und -Dokumentation. In: Österreich in Bibliographie und Dokumentation. Wien 1986, S. 61-67;

(4) Zehrer, Josef: Bibliographie und Dokumentation in Vorarlberg. In: Biblos, 25 (1976), S. 284-295;

(5) Tiefenthaler, Eberhard: Vorarlberger Landeskunde und Bibliographie. In: Stock/Heilinger/Stock: Bd 8: Vorarlberg. Graz 1982, Einleitung, S. V-XIV; Ders.: Die Vorarlberger Landesbibliothek. In: Österreich in Bibliographie und Dokumentation. Wien 1986, S. 77-82;

(6) Vgl. Stock/Heilinger/Stock: Bd 5: Salzburg. 1979, Einleitung S. III-VI;

(7) Vgl. Stock/Heilinger/Stock: Bd 6: Steiermark. 1980, Einleitung S. III-IX; Schuller, Anton L.: Bibliographie und Dokumentation an der Steiermärkischen Landesbibliothek. In: Österreich in Bibliographie und Dokumentation. Wien 1986, S. 70-76;

(8) Vgl. Riepl, Hermann: Bibliographie und Dokumentation in Niederösterreich. In: Kulturberichte aus Niederösterreich. Wien 1973, Jänner, S. 3-4; Dasselbe auch in: Stock ... Bd 3: Niederösterreich. Graz 1977, Einleitung, S. V-VI; Riepl, Hermann: Die Niederösterreichische Bibliographie. In: Österreich in Bibliographie und Dokumentation. Wien 1986, S. 68-69;

(9) Vgl. Stock/Heilinger/Stock: Bd 4: Oberösterreich. Graz 1978, Einleitung S. III-V; Wunschheim, Johannes: Bibliographie zur Landeskunde von Oberösterreich. In: Österreich in Bibliographie und Dokumentation. Wien 1986, S. 83-90;

(10) Vgl. Stock/Heilinger/Stock: Bd 2: Kärnten. Graz 1977, Einleitung S. III-V;

(11) Vgl. Stock/Heilinger/Stock: Bd 1: Burgenland. Graz 1976, Einleitung, S. V-VI; Ernst, August: Allgemeine Bibliographie des Burgenlandes. In: Österreich in Bibliographie und Dokumentation. Wien 1986, S. 43-46;

(12) Vgl. Silvestri, Gerhard: Zur Geschichte der Nationalen Bibliographie in Österreich. In: Zentralblatt für Bibliothekswesen. Leipzig, 83, 1969, S. 136-145; Ders.: Zur Frühgeschichte der nationalen Bibliographien in Österreich. In: Biblos, Wien, 21, 1972, S. 274-277.

(13) Vgl. Stock/Heilinger/Stock: Bd 9: Wien, T. 1, Graz 1983;

(14) Mitteilungen des österr. Vereines für Bibliothekswesen, Wien, 6, 1902, S. 140;

(15) Vgl. Kusternig, Andreas: Die Bibliographie und Dokumentation des wissenschaftlichen Schrifttums über Niederösterreich. In: Österreich in Bibliographie und Dokumentation. Wien 1986, S. 54-60;

(16) Vgl. Stock, Karl F.: EDV-Anwendungen im österreichischen Bibliotheks- und Dokumentationswesen. Stand April 1989 (5. Ausg.) Graz 1989, 51 S.,

(17) Vgl. Hödl, Günther: Österreichische Historische Bibliographie. In: Österreich in Bibliographie und Dokumentation. Wien 1986, S. 96-105, u. weitere Literatur;

(18) Stock, Karl: Planung und Durchführung der Bibliographieherstellung mit einem Kleincomputer. Dokumentation für bibliographische und dokumentarische EDV-Projekte. Graz: Selbstverlag 1981. 141 S., 30 Abb. (Stock/Heilinger/Stock: Bibliographie österreichischer Bibliographien und Sammelbiographien und Nachschlagewerke. Abt. 4: Sonderbände: Bd 2.)

(19) Schuller, Anton L.: Computereinsatz bei der Erstellung von Regionalbibliographien am Beispiel der "Steirischen Bibliographie". In: Informations- und Dokumentationstechnologie. 4. Österr. Dokumentationstag. Graz 1983, Manuskripte Bl. 114-123; Schuller, Anton L.: 10 Jahre EDV-Projekt "Steirische Bibliographie". In: Fakten, Daten, Zitate. Das Informationsangebot für Wissenschaft und Forschung. Wien, 10, 1990, H. 1, S. 9-10. Mit Bibliographie.

(20) König, Gebhard u. Robert Garhofer: Der Personalcomputer in der Bibliotheksverwaltung. In: Der Personalcomputer in der Bibliotheksverwaltung. Der Einsatz eines IBM-PCs in der Niederösterreichischen Landesbibliothek. Seminar der Vereinigung Österreichischer Bibliothekare in Zusammenarbeit mit der Niederösterreichischen Landesbibliothek, Mittwoch, 8. Mai 1985. (Tagungsmappe). 31 Bl.

(21) Das allgmeine Zuwachsverzeichnis wurde mit 1988 eingestellt. Die "Niederösterreich-Bibliographie" wird weiterhin produziert und in der Zeitschrift "Unsere Heimat" veröffentlicht.

(22) Rauch, Guntram: Vorarlberger Landesbibliothek: Vom Zettelkatalog zur Online-Datenbank. In: Biblos, Wien, 35, 1986, S. 141-146; Rauch, Guntram u. Eberhard Tiefenthaler: Die Vorarlberger Landesbibliothek. Ihr neues Haus und ihre EDV-Aktivitäten. In: ABI-Technik. 7, 1987, Nr. 1, S. 1-13;

(23) Dagegen wird die "Historische Bibliographie der Stadt Linz" seit 1982 von Otto Ruhsam EDV-unterstützt bearbeitet. Anläßlich des Jubiläums "500 Jahre Landeshauptstadt Linz" erschien im Jahr 1990 erstmals eine Auswahl von 3.226 Titel der 9.000 Datensätze umfassenden Datenbank in ansprechender Buchform mit ausführlichen Registern.
Ruhsam, Otto: Historische Bibliographie der Stadt Linz. Linz: Archiv der Stadt Linz 1989. XII, 312 S.

(24) Schuller, Anton L.: Die organisatorischen Voraussetzungen einer aktuellen "Österreich-Bibliographie": Erfahrungen aus dem EDV-Projekt "Steirische Bibliographie" und Schlüsse aus anderen Beispielen. In: Der Österreichische Bibliothekartag 1986. Wien 1988, S.291-302;

(25) Die mit 28. April 1988 datierte Resolution ist bis heute (31.8.1990) unbeantwortet geblieben.

# KOMMISSION FÜR ERWERBUNGSFRAGEN

# KOMMISSION FÜR RECHTSFRAGEN

## KOMMISSION FÜR RECHTSFRAGEN
## Tätigkeitsbericht für die Funktionsperiode 1988-1990

### Von Ilse Dosoudil

Die Kommission für Rechtsfragen widmete sich in ihrer Sitzung am 12.1.1990 sehr eingehend den Problemen der Erwerbung und Benützung von CD-ROM-Produkten sowie der Benützung von Disketten. CD-ROM-Produkte werden nicht zum Verkauf angeboten, sondern sind nur durch Abschluß eines Mietvertrages erhältlich. Diese Verträge beinhalten zumeist ein beschränktes Nutzungsrecht, das Verbot der Weitergabe und die Pflicht der Rückstellung der CD-ROMs bei Vertragsende. Aktualisierte CD-ROMs werden geliefert mit der Verpflichtung, die vorhergehende CD-ROM auf Kosten der Bibliothek zurückzusenden. Die Kommission beschloß eine Resolution, die sie dem Ausschuß vorlegte mit der Bitte, die VÖB möge im Zusammenwirken mit der IFLA, den deutschen Bibliotheksverbänden und der European Association of Information Services (EUSIDIC) eine Änderung des Vertragsmodus anstreben, um drohende Informationslücken bei Vertragskündigung durch einen Vertragspartner zu vermeiden.

Der Benützung von Disketten in Form der Entlehnung außer Haus stehen urheberrechtliche Bestimmungen entgegen. MR Dr. Lakatha, BMWF, empfiehlt, Disketten nur unter Aufsicht des Bibliothekars zur Benützung zu überlassen und die Benützungsbeschränkungen strikt einzuhalten.

Am Bibliothekartag in Bregenz tagte die Kommission für Rechtsfragen gemeinsam mit der Kommission für Erwerbungsfragen (Vorsitz: Dr. R. Heilinger). Es wurde in diesem größeren Arbeitskreis neuerlich über die Rechtsprobleme der Erwerbung von CD-ROM-Produkten beraten. Ferner wurde über die Ablieferungspflicht von Bibliotheksstücken nach dem Mediengesetz und der Bibliotheksstückeverordnung und deren Durchsetzung diskutiert. Es wurde festgestellt, daß eine Novellierung des Mediengesetzes im Hinblick auf die Einbeziehung moderner Medien in das Mediengesetz sowie eine Entschärfung der Ablieferungspflicht für Kleinauflagen sehr wünschenswert wäre. Ein weiterer Tagesordnungspunkt behandelte Fragen der Lieferkonditionen der Buchhändler, der Ausschreibung von Zeitschriftentitelpaketen und Problemen der Einfuhrumsatzsteuer. Ein Überblick über die für das Bibliothekswesen relevanten Rechtsvorschriften der Jahre 1989/90 rundete die gemeinsame Sitzung der beiden Kommissionen ab.

KOMMISSION FÜR BUCH- UND
BIBLIOTHEKSGESCHICHTE

KOMMISSION FÜR LANDKARTEN- UND
VEDUTENBEARBEITUNG

## KOMMISSION FÜR BUCH- UND BIBLIOTHEKSGESCHICHTE
## Tätigkeitsbericht für die Funktionsperiode 1988-1990

### Von Walter Neuhauser

Leider steht am Beginn eine traurige Nachricht: Am 28. Juni verstarb einer der treuesten Mitarbeiter der Kommission, unser allseits verehrtes Mitglied Herr Professor Dr. Walter Pongratz. Alle, die ihn gekannt haben, wissen, wie sehr er mit unserer Kommission verbunden war, wie er es sich trotz seines schlechten Gesundheitszustandes nicht nehmen ließ, an den Sitzungen teilzunehmen, und wie er mit eisernem Willen seine Beschwerden meisterte. Vor allem aber verliert der Arbeitskreis für Bibliotheksgeschichte, an dessen Gründung am Salzburger Bibliothekartag 1982 er maßgeblich beteiligt war, und dem er seither seine volle Kraft widmete, seinen langjährigen Vorsitzenden. Da Herr Professor Pongratz uns allen wohl bekannt war, kann hier auf eine ausführliche Würdigung seines Lebens und seines Wirkens verzichtet werden; hiefür sei auf die Würdigung durch Dr. Hans Leitner in Biblos 1978 und auf den Nachruf in den letzten VÖB-Mitteilungen verwiesen. Hier sei nur in wenigen Worten seine Tätigkeit in der Kommission bzw. in dem von ihm bis zu seinem Tod geleiteten Arbeitskreis erwähnt. Uns allen ist er in Erinnerung als profunder Kenner und international anerkannter Fachmann auf dem Gebiet der Buch- und Bibliotheksgeschichte, als Haushistoricus der Wiener Universitätsbibliothek und als Ausbildner, der vielen Generationen von Bibliothekaren die Kenntnisse des alten Buches vermittelte. Ob als Lehrbeauftragter der Universität Wien für buchkundliche Fächer, ob als Vortragender für Bibliothekskunde am Institut für Österreichische Geschichtsforschung, ob als Vortragender der bibliothekarischen Ausbildungslehrgänge, ob als häufiger Referent in Wolfenbüttel, wohin es ihn immer in besonderer Weise hinzog, überall zeigte sich nicht nur seine Fachkenntnis, sondern auch seine Begeisterung für das alte Buch, die er weiterzugeben verstand. In besonderer Weise aber bleibt Herr Professor Pongratz in Erinnerung als vorbildlicher Kollege, nach außen still und bescheiden, doch jederzeit kontaktfreudig und gesprächsbereit, stets hilfsbereit und liebenswürdig, kurzum ein Bibliothekar, dessen Verlust wir alle schmerzlich beklagen. Schmerzlich ist auch, daß das zuletzt im Arbeitskreis behandelte Thema "Geschichte der Bibliotheksverwaltung" zwar weit gediehen ist, aber leider nicht abgeschlossen werden konnte. Herr Professor Pongratz hat in seinem letzten an mich gerichteten Brief vom 6.5. auf seinen schlechten Gesundheitszustand hingewiesen und die Befürchtung ausgesprochen, daß er seine Tätigkeit als Vorsitzender werde beenden müssen. Wir werden daher zwar nicht heute, jedoch in der nächsten Sitzung versuchen, dieses Thema abzuschließen, zugleich bitte ich, sich über die weitere Tätigkeit bzw. die künftige Führung des Arbeitskreises Gedanken zu machen.

Zur Tätigkeit der Kommission in den beiden letzten Jahren ist zu berichten: Seit dem Linzer Bibliothekartag fanden vier Sitzungen statt (25.1., 5.4., 12.6. und 19.9.1989), in denen ausschließlich die im November 1987 begonnene Ausarbeitung folgender Papiere zur Beschickung von Ausstellungen weitergeführt wurde: "Allgemeine Geschäftsbedingungen für den Verleih von Kulturgütern für Ausstellungszwecke durch wissenschaftliche Bibliotheken", "Ergänzenden Bedingungen" dazu, Muster eines Leihvertrages mit

Liste der Leihgaben, ferner ein "Begleitblatt" zur Liste der Leihgaben und als internes Arbeitsinstrument für den bibliothekarischen Bearbeiter ein von Frau Dr. Irblich ausgearbeitetes "Merkblatt zur Entlehnung von Bibliotheksgut für Ausstellungszwecke". Da unabhängig davon aus anderem Anlaß 1989 seitens des Ministeriums die gleiche Frage behandelt wurde, ergab sich hier eine Unterstützung, vor allem in den juristischen Belangen, für welche die Kommission vor allem Herrn MR Dr. Lakatha zu Dank verpflichtet ist. Mit seiner Hilfe erhielten die bisherigen Entwürfe die notwendige juristische Form, sodaß die Genehmigung der Papiere durch die Finanzprokuratur schnell erfolgen konnte. Die genannten Papiere wurden sodann von der Kommission in der Sitzung vom 19.9.1989 endgültig verabschiedet, im Dezember dem Präsidium der VÖB mit der Bitte um Behandlung im Ausschuß vorgelegt, von diesem in der Sitzung vom 12.1.1990 genehmigt und seitens der VÖB zur Verwendung empfohlen. Da es seit jeher das Ziel war, durch diese Papiere eine einheitliche Vorgangsweise zumindest der bundesstaatlichen Bibliotheken zu erreichen, wurden die offiziellen Papiere, nämlich Leihvertrag mit Liste der Leihgaben, Allgemeine und Ergänzende Geschäftsbedingungen, an das Ministerium weitergeleitet und von diesem mit Erlaß vom 4. Juni 1990 für den Ressortbereich für verbindlich erklärt. Diese Papiere wurden als Sonderbeilage zu Heft 1 der VÖB-Mitteilungen 1990 unter dem Titel "Verleih von Kulturgütern für Ausstellungszwecke durch wissenschaftliche Bibliotheken" veröffentlicht und können unabhängig von den "Mitteilungen" bei der Redaktion angefordert werden. Gleichzeitig wurden in H. 1 der VÖB-Mitteilungen die beiden anderen Papiere, nämlich das "Begleitblatt zur Liste der Leihgaben" (nur bei Bedarf fakultativ anzuwenden) und das genannte "Merkblatt" für den internen Gebrauch ebenfalls veröffentlicht. Damit ist ein wichtiger und umfangreicher Fragenkomplex nunmehr abgeschlossen worden und die Kommission kann sich in der nächsten Zeit wieder anderen Aufgaben zuwenden.

Die bisher letzte Sitzung der Kommission fand gemeinsam mit der Kommission für Landkarten- und Vedutenbearbeitung am 5.9.1990 im Rahmen des Bregenzer Bibliothekartages statt. Auf der Tagesordnung standen zwei größere Themen und ein Einzelbericht. Das erste Thema betraf das in enger Verbindung mit der Kommission derzeit laufende Projekt "Handbuch der historischen Buchbestände in Österreich". Das Hauptreferat über das Gesamtprojekt in Deutschland konnte wegen Erkrankung des Vortragenden (und Initiators des Unternehmens), Herrn Prof. Dr. B. Fabian, nicht persönlich gehalten werden, es wurde von Herrn HR Dr. H. Lang verlesen. Es berichteten sodann Frau Prof. Dr. F. Krause über das Teilprojekt DDR und Herr HR Dr. H. Lang bzw. Frau Mag. W. Buchinger über das Teilprojekt Österreich. Dazu kam ein ergänzender Bericht der UB Wien, verfaßt von Herrn Th. Koci, verlesen durch Frau Dr. K. Mittendorfer, sowie Ad-hoc-Berichte durch den Generaldirektor der Bayerischen Staatlichen Bibliotheken, Herrn Dr. E. Dünninger, und den Direktor der Bayerischen Staatsbibliothek, Herrn Dr. F. Kaltwasser für Bayern bzw. die Bayerische Staatsbibliothek. Im zweiten Themenkreis "EDV und altes Buch in österreichischen Bibliotheken" wurden zwei Referate gehalten: S. Sepp und E. Ramminger (UB Innsbruck) berichteten über das Projekt "UBIalt - Erschließung der Altbestände der UB Innsbruck bis 1800 mit BIBOS", Dir. Dr. F. Wawrik (Kartensammlung der ÖNB) demonstrierte die Erschließung von Veduten mittels EDV. Schließlich berichtete Dipl.-Ing. M. Mayer (UB Graz) über "Entwicklung einer klimageregelten Ausstellungsvitrine für empfindliche Objekte".

In der Berichtszeit fand eine Fortbildungsveranstaltung statt, welche von der Kommission gemeinsam mit der Kommission für Landkarten- und Vedutenbearbeitung (Leitung: Dir. Dr. F. Wawrik) vorbereitet und durchgeführt wurde, nämlich in der Zeit vom 29. Mai bis 3. Juni 1989 eine Exkursion nach Mainz (Gutenberg-Museum) und Wolfenbüttel (Herzog-August-Bibliothek), mit Ausflügen nach Braunschweig und Goslar (siehe die Berichte durch Mag. E. Zeilinger in Biblos 1989, H. 3, S. 208-211, und durch E. Ramminger in den VÖB-Mitteilungen 1989, H. 3, S. 20-22).

## KOMMISSION FÜR LANDKARTEN- UND VEDUTENBEARBEITUNG
## Tätigkeitsbericht für die Funktionsperiode 1988-1990

**Von Franz Wawrik**

Seit dem Österreichischen Bibliothekartag in Linz hielt die Kommission vier, meist ganztägige Sitzungen ab, von denen die ersten drei in der Kartensammlung der Österreichischen Nationalbibliothek stattfanden:

6.4.1989, 20.9.1989, 21./22.9.1989 (Treffen der Deutschen Kartenkuratoren, zu dem die Mitglieder der VÖB-Kommissionen ebenfalls eingeladen waren), 26.4.1990, 5.9.1990 (im Rahmen des 21. Österreichischen Bibliothekartages)

Bei den Sitzungen der vergangenen Funktionsperiode standen vor allem folgende Tagesordnungspunkte auf dem Programm:

*1. Katalogisierung von Landkarten*
Die Diskussionen über einen optimalen Katalog für kartographische Objekte bildeten den absoluten Schwerpunkt der Sitzungen während der letzten beiden Jahre. Die Mehrheit der Kommissionsmitglieder sprach sich dabei für die Übernahme von "RAK-Karten" für die formale Beschreibung aus. Die schwerwiegenden Probleme treten aber bei der Beschlagwortung auf, da das geographische Schlagwort für einen Kartenkatalog etwa von derselben Bedeutung wie der Autor für ein Bücherverzeichnis ist.

*2. Ausbildung und Fortbildung*
Ein Schwergewicht der Aktivitäten der Kommission für Landkarten- und Vedutenbearbeitung lag auf der Einführung einer Grundausbildung für die Verwaltung von kartographischen Objekten im weitesten Sinn des Wortes für Bibliothekare und einer Fortbildung für solche Bibliothekare, die vorwiegend mit solchen Objekten befaßt sind. Als erster Erfolg konnte dank des Entgegenkommens der für die Ausbildung zuständigen Abteilung 3/1 des BMWF die Aufnahme einer, wenn auch knapp bemessenen Lehrveranstaltung in den Grundkurs der Bibliothekarsausbildung erreicht werden. In den zur Verfügung stehenden vier Stunden können immerhin rudimentäre Voraussetzungen für den

Umgang mit Landkarten vermittelt werden. Im Vordergrund stehen dabei die für die bibliothekarische Verwaltung relevanten Unterschiede von Karten zu Büchern, z.B. beim Katalogisieren (wo der Sachkatalog weit größere Bedeutung als der Alphabetische Katalog besitzt), beim Aufbewahren und beim Restaurieren. Dabei wird weniger Wert auf theoretische Erkenntnisse, als auf wirklichkeitsnahe Demonstrationen und die Besprechung von Situationen gelegt, wie sie auch an kleinen Bibliotheken immer wieder auftreten. Als nächstes gilt es nun, die Fortbildung in Angriff zu nehmen. Sie soll in der Form von mehrtägigen Seminaren im Rahmen der VÖB erfolgen. Es ist dabei gedacht, neben Kartenbibliothekaren auch Hochschullehrer und Kartenproduzenten, eventuell auch Antiquare als Vortragende zu gewinnen.

Abgesehen von der Erörterung dieser Punkte dienen die Treffen der Kommission besonders dem intensiven Erfahrungsaustausch und dem besseren Kennenlernen der verschiedenen Sammlungen und ihrer spezifischen Eigenarten, was letzten Endes wieder dem Benutzer zugutekommt.

## PROTOKOLL DER GEMEINSAMEN KOMMISSIONSITZUNG am 5. September 1990 in Bregenz

Nach der Begrüßung der Teilnehmer begründete der Vorsitzende der Kommission die kurzfristigen Änderungen in der Abfolge der Tagesordnung, die aus Terminüberschneidungen und technischen Gründen nötig waren.

Für den zweiten Tagesordnungspunkt, die Berichte über das "Handbuch der historischen Buchbestände" in Deutschland und Österreich, mußte sich der erste Referent, Prof. Dr. Bernhard Fabian (Universität Münster/Westfalen) krankheitshalber entschuldigen. Das von ihm übersandte Manuskript seines Berichtes über den Stand des "Handbuchs" in der BRD wurde - in Auszügen - von HR Dr. Helmut W. Lang (ÖNB) verlesen. Kopien des Manuskripts wurden an die Teilnehmer der Sitzung verteilt. Anschließend berichtete Frau Prof. Dr. Friedhilde Krause (Deutsche Staatsbibliothek, Berlin) über Fortschritte und Probleme der Bearbeitung des "Handbuchs" in der DDR, wobei sie besonders auf die zur Zeit unklaren Verhältnisse, die sich aus der Vereinigung Deutschlands auf dem Sektor der Bibliotheken und sonstigen Institutionen mit Altbeständen ergeben dürften, hinwies. Frau Mag. Wilma Buchinger (Zentralredaktion des "Handbuchs" an der ÖNB) berichtete über die Vorarbeiten zum "Handbuch" in Österreich und bat alle Anwesenden um ihre Unterstützung bei der Nennung von in Frage kommenden Bibliotheken, die der Redaktion eventuell noch nicht bekannt sind, sowie um tatkräftige Mithilfe bei der Bearbeitung der einzelnen Bestände. Frau Dr. K. Mittendorfer (Zentralredaktion des "Handbuchs" an der ÖNB) verlas einen Bericht der Universitätsbibliothek Wien (übermittelt von Herrn Th. Koci) über den Stand der Arbeit am "Handbuch" in der Universitätsbibliothek Wien. In der anschließenden Diskussion berichteten auch Dr. Eberhard Dünninger (Generaldirektor der Bayerischen Staatlichen Bibliotheken) und Dr. Kaltwasser

(Direktor der Bayerischen Staatsbibliothek, München) über den Stand der Arbeiten am Handbuch in ihrem Bereich, wobei Dr. Kaltwasser bereits den Abschluß der Arbeiten für die BSB ankündigen konnte. Nach der Pause brachte zunächst HR Dr. Walter Neuhauser einen kurzen Bericht über die Tätigkeit der Kommission in den letzten beiden Jahren, vor allem über die in dieser Zeit ausgearbeiteten Papiere für die Beschickung von Ausstellungen, die mit Erlaß des Bundesministeriums für Wissenschaft und Forschung von 4. Juni 1990 für den Ressortbereich für verbindlich erklärt wurden. Gleichzeitig kündigte HR Neuhauser für den späteren Herbst eine Kommissionssitzung (in Wien) an, in der vor allem das "Handbuch" und die Erschließung der Altbestände an der Universitätsbibliothek Innsbruck mit BIBOS (UBIalt) auf der Tagesordnung stehen sollen. Des am 28. Juni verstorbenen Leiters des Arbeitskreises für Bibliotheksgeschichte und langjährigen Mitglieds der Kommission für Buch- und Bibliotheksgeschichte, Prof. Dr. Walter Pongratz, gedachte die Kommission anschließend. HR Neuhauser verlas einen Nachruf auf den Verstorbenen von Dr. Hans Leitner (Universitätsbibliothek Wien).

Der ursprüngliche Tagesordnungspunkt 3 ("Optische Speichermedien und altes Buch") mußte wegen Erkrankung der Vortragenden abgesetzt werden.

Beim Tagesordnungspunkt 4 ("EDV und altes Buch in österreichischen Bibliotheken") berichtete zuerst Sieglinde Sepp (Universitätsbibliothek Innsbruck) vom Arbeitsprojekt "UBIalt - Erschließung der Altbestände der Universitätsbibliothek Innsbruck bis 1800 mit BIBOS". Anschließend demonstrierte Direktor Dr. Franz Wawrik (ÖNB, Kartensammlung) die Erschließung von Veduten in seiner Sammlung mit Hilfe eines Apple-PC und eines Dateiprogramms. Den Abschluß der Sitzung bildete ein Bericht von Ing. Manfred Mayer (Universitätsbibliothek Graz) über eine von ihm entwickelte und hergestellte klimageregelte Ausstellungsvitrine für empfindliche Objekte, die so konstruiert ist, daß sie nicht nur Büchern, sondern auch anderen sensiblen Ausstellungsstücken Schutz vor zu hoher Temperatur und/oder Luftfeuchtigkeit bieten kann.

An der Sitzung nahmen 13 Kommissionsmitglieder und etwa 45 Gäste teil. Die einzelnen Referate und Berichte werden im Wortlaut im Tagungsbericht des 21. Bibliothekartages der VÖB in Bregenz veröffentlicht werden.

## NACHRUF AUF WALTER PONGRATZ

### Von Hans Leitner

Am 28.6.1990 ist Prof. Dr. Walter Pongratz im Alter von 78 Jahren nach kurzer Krankheit in Wien verstorben. Wie er mir selbst noch von seinem Krankenbett aus sagte, war er auf diesen letzten Weg gut vorbereitet: er ordnete das, was er als Mensch, Bibliothekar, Wissenschaftler und Heimatforscher war und zurückließ, bis zum letzten Augenblick. Bis kurz vor seinem Gang in das Krankenhaus war er fast täglich bei uns in der

UB. Für ihn war die Pensionierung nur eine kleine Zäsur, um hernach umso intensiver in seiner wissenschaftlichen Tätigkeit weiterzuforschen.

Pongratz wurde am 19.1.1912 in Wien geboren, maturierte daselbst 1930, studierte an der Wiener Universität die Fächer Romanistik, Germanistik, Geschichte und Bibliothekskunde, promovierte zum Dr. phil. am 7.7.1936; seine bibliothekarische Laufbahn begann er am 1.10.1937 an der UB Wien, wo er bis zu seiner Pensionierung am 31.12.1977 verblieb. Pongratz mußte im 2. Weltkrieg Wehrdienst leisten. Als Bibliothekar war er Referent für Romanistik, später auch für allgemeines Schrifttum (biographische und bibliographische Nachschlagewerke etc.) und für die Literatur auf dem Gebiet des Buch- und Bibliothekswesens. 1950 wurde er in die Prüfungskommission für den gehobenen Fachdienst berufen; vom 1954 bis 1977 war Pongratz Lektor für Buch- und Bibliothekswesen an der Universität Wien. Von 1950 bis 1977 war er schließlich Vortragender und Prüfer am Institut für Österreichische Geschichtsforschung.

Rückschauend möchte ich einige Schwerpunkte nennen, die für das Leben von Walter Pongratz bezeichnend waren. Prof. Pongratz war Bibliothekshistoriker. Er schrieb die "Geschichte der Universitätsbibliothek Wien" (1977); er hat sich mit der "alten Universitätsbibliothek Wien" beschäftigt, er ging Fragen der Bestandsgeschichte der UB Wien nach, er untersuchte die wissenschaftliche Tätigkeit der Bibliothekare der UB Wien. Pongratz war Zeuge der Geschehnisse während des 2. Weltkriegs - "Die Universitätsbibliothek Wien in der NS-Zeit", so hieß ein Vortrag, den er am 16.11.1988 in einer VÖB-Runde hielt - er wußte von den Aufbauarbeiten der UB in der Nachkriegszeit interessant zu erzählen. Sein historisches Interesse brachte ihn auch mit dem Arbeitskreis für Bibliotheksgeschichte in Wolfenbüttel (BRD) in Verbindung, in dessen Beirat er 1980 als Vertreter Österreichs berufen wurde. Seine bibliotheksgeschichtlichen Kenntnisse kamen ihm auch bei der Betreuung des Bibliotheksarchivs der UB Wien zugute. Diese Aufgabe erfüllte er bis in die letzten Tage seines Wirkens in der Bibliothek.

Prof. Pongratz war als Mitglied der Vereinigung Österreichischer Bibliothekare beispielgebend. Als Vortragender, als Funktionär - 1953 war er Rechnungsprüfer der VÖB, er war im Verbindungskomitee zum Normenausschuß, 1956 leitete er die Kommission für Ausbildungsfragen - überall war er bis zur Pensionierung mit dabei. 1982 übernahm er den Vorsitz des "Arbeitskreises für Bibliotheksgeschichte" im Rahmen der Kommission für Buch- und Bibliotheksgeschichte. In diesem Arbeitskreis wurden z.B. die "Empfehlungen für die Erfassung und Ordnung von archivalischem und verwandtem Sammelgut in Bibliotheken" (Endfassung vom 26. Nov. 1984) erarbeitet. 1989 wurden im Rahmen desselben Arbeitskreises Formularentwürfe zum Thema "Geschichte der Bibliotheksbenützung" vorgelegt. Die "Bestandsgeschichte der Bibliothek" und "die Geschichte der Bestandserschließung (Kataloggeschichte)" gehörten ebenfalls zu den Untersuchungsprojekten des Arbeitskreises.

Prof. Pongratz war Heimatforscher. Sein Bereich war das Waldviertel. Stift Zwettl war der Ort, wo es ihn bis in die letzten Wochen immer wieder hinzog. Dort fand er die nötige Ruhe und den "Einstieg" in seine zahlreichen orts- und landesgeschichtlichen Untersuchungen. Die "Bibliographie der Veröffentlichungen österreichischer Bibliothekare" von K.F.Stock, H. Hasibar und M. Stock, Wien 1987, nennt z.B. für den Zeitraum 1965 - 1986 bei 25 landeskundliche Veröffentlichungen. Die meisten von ihnen erschienen in der Kulturzeitschrift "Das Waldviertel" (Krems/Donau), dessen Schriftleiter Pongratz selbst seit 1960 war. Es ist zu erwarten, daß in dieser Zeitschrift eine vollständige Bibliographie der Werke von W. Pongratz erscheinen wird. Schließlich muß hier erwähnt werden, daß W. Pongratz seit 1960 auch Präsident des Waldviertler Heimatbundes war.

Dr. Pongratz wurden im Laufe seines Lebens viele Auszeichnungen und Ehrungen zuteil. Einige seien davon genannt. Am 23.9.1971 wurde ihm der Berufstitel "Professor" verliehen. Hohe Auszeichnungen bekam er vom Land Niederösterreich ("Großes Ehrenzeichen für die Verdienste um das Bundesland Niederösterreich", 1976) und von der Republik Österreich (Österreichisches Ehrenkreuz für Wissenschaft und Kunst erster Klasse, 1978). Die Vereinigung Österreichischer Bibliothekare verlieh ihm 1978 die Dr. Josef-Bick-Ehrenmedaille (Würdigungsmedaille) in Anerkennung seiner Verdienste um das österreichische Bibliothekswesen.

So schließt sich der große Bogen des fleißigen Bibliothekars Water Pongratz. Wir danken ihm für sein Vorbild. Ich danke ihm vor allem für seine Fairness und seine unerschütterliche Heiterkeit im bibliothekarischen Alltag.

## "HANDBUCH DER HISTORISCHEN BUCHBESTÄNDE"

### Von Bernhard Fabian

Die freundliche Einladung, aus Anlaß des österreichischen Bibliothekartags über das "Handbuch der historischen Buchbestände" zu sprechen, bietet mir eine willkommene Gelegenheit, Sie über den Stand und die Perspektiven des Projekts zu unterrichten. Das Projekt des Handbuchs ist, wie Ihnen sicher bekannt ist, im Zusammenhang mit einer Studie zu den Problemen und den möglichen Weiterentwicklungen des wissenschaftlichen Bibliothekswesens in der Bundesrepublik entstanden, die die Volkswagen-Stiftung 1983 in ihre Schriftenreihe aufgenommen hat.

Der Grundgedanke dieser Studie war, daß man das historische Buch als kulturelles Artefakt zu betrachten habe und ihm deswegen in Zukunft einen erhöhten Schutz angedeihen lassen sollte, ohne es jedoch der Benutzung zu entziehen. Bis vor nicht allzu langer Zeit wurde das gedruckte Buch, vielleicht mit Ausnahme der Inkunabeln, in der Regel als bloßer Informationsträger und damit als Gebrauchsgegenstand angesehen, der dem Leser auf seinen Wunsch am Ort der Benutzung zugänglich zu machen sei. Der Mechanismus dafür war der Leihverkehr, der - wenigstens in der Bundesrepublik - noch in den siebziger Jahren als zentrales Serviceprinzip des Bibliothekswesens propagiert wurde.

Inzwischen ist die Schutzwürdigleit und Schutzbedürftigkeit historischer Buchbestände zu einem selbstverständlichen bibliothekarischen Leitgedanken geworden. Fast überall hat man sich mit der Konsequenz befreundet, daß man im gesamten historischen Bereich Leser und Buch nicht mehr so zusammenbringen kann, wie es der Leihverkehr vorsieht, sondern auf umgekehrte Weise: der Leser muß sich zum Buch begeben. Für diesen Fall, der in Zukunft der Normalfall sein wird, braucht der Benutzer eine Orientierungshilfe, und das "Handbuch der historischen Buchbestände" ist in seiner Grundkonzeption zunächst als eine solche Orientierungshilfe gedacht. Es soll dem wissenschaftlichen Bibliotheksbenützer als Wegweiser zu den historischen Buchbeständen dienen und ihm ermöglichen, gesuchte Bestände zu lokalisieren.

Das Denkmodell für das Handbuch kam nicht aus dem Bereich von Buch und Bibliothek. Natürlich gibt es Bibliothekshandbücher, aber diese sind in aller Regel für die bibliotheksinterne Benutzung bestimmt und nicht für den Benutzer gedacht und gemacht. Ich bin denn auch in langen Jahren kaum einem Benutzer begegnet, der ein Bibliothekshandbuch zur Kenntnis genommen hat, so wertvoll die Informationen auch waren, die er ihm hätte entnehmen können. Über die Gründe kann man spekulieren, eine einfache Antwort scheint es nicht zu geben.

Das Denkmodell kam aus dem Bereich von Kunstdenkmal und Kunstsammlung. Der Führer zu Museen oder Kunststätten ist eine etablierte Literaturgattung, die es in verschiedenen Ausführungen für Laien, aber auch für den Kenner oder den Experten gibt. Der Zweck solcher Führer besteht darin, eine Übersicht über Kunstwerke oder Denkmäler an bestimmten Orten zu geben und damit ein spezielles Ensemble von Artefakten zu erschließen, das aus welchen Gründen auch immer, dort zusammengebracht worden ist. Meist läßt die Kunstsammlung selbst in ihrer Entstehung eine besondere Intention erkennen, die ihrerseits wieder als kulturelles Artefakt der Darstellung oder Vermittlung wert ist.

Das Handbuch stellt natürlich keine Parallele zum Kunstführer dar - schon deshalb nicht, weil das gedruckte Buch in der Regel nicht, wie das Kunstwerk, ein Unikat ist. Aber es gibt Analogien zwischen Kunstbeständen und Buchbeständen. In beiden Fällen kann man von Bestandskomplexen sprechen, die ein spezifisches Profil aufweisen. Und wie der Wissenschaftler ein Museum wegen seines Bestandes etwa an Niederländern oder Impressionisten aufsucht, so werden auch Bibliotheken vornehmlich wegen bestimmter Bestandskomplexe aufgesucht. Es gibt solche Bestandskomplexe, die - nicht nur als Sondersammlungen - den Charakter einer Bibliothek und ihren Wert für den Benützer ausmachen. Wir tun, scheint mir, gut daran, nicht nur das einzelne historische Werk als kulturelles Artefakt zu betrachten, sondern auch die Bibliothek selbst in ihrer spezifischen Ausprägung. Bibliotheken sind mehr als pragmatische Literatursammlungen, sie sind das Ergebnis kultureller Gestaltungsabsicht. Bibliotheken sind Institutionen, in denen sich die kulturelle Überlieferung auf spezifische Weise darstellt, und ihre verschiedenen Ausformungen - als Schulbibliothek, Stadtbibliothek, Klosterbibliothek, Adelsbibliothek - sollten von uns nicht nur unter dem Gesichtspunkt der Serviceleistung zur Kenntnis genommen werden.

Ich sage dies, um zu verdeutlichen, daß die Konzeption des Handbuches in den Überlegungen des Herausgebergremiums gewachsen ist und daß wir uns bemühen werden, mehr als ein Vademecum vorzulegen, in dem sich detaillierte Hinweise auf Bestände finden. Wir haben uns in einem frühen Stadium unserer Überlegungen entschlossen, nicht nur die Bestände in ihrer Eigenart, sondern auch in ihrer Entstehung darzustellen. So beginnt jeder Eintrag nicht mit der Beschreibung, sondern mit der Geschichte des jeweiligen Bestandes, und wir wollen jedem Teil des Handbuches eine regionale Bibliothekstopographie voranstellen, so daß die Bibliotheken als kulturelle Artefakte in dem ihnen angemessenen kulturhistorischen Kontext erscheinen.

Ein Nachschlagewerk, so bemerkte der Herausgeber der ursprünglichen "Cambridge Bibliography of English Literature" (1940), ist ein Instrument zur Beantwortung von Fragen. Das Handbuch soll davon keine Ausnahme machen, wiewohl es hier noch schwieriger als in anderen Fällen ist, die potentiellen Fragen zu antizipieren. Wir werden uns bemühen, möglichst viele Fragen bereitzuhalten, und wir hoffen überdies, mit dem Handbuch neue Fragen zu suggerieren.

Mit der Einbettung der Bestandsbeschreibung in eine Bestandsgeschichte wird voraussichtlich dem Bibliothekshistoriker ein neues Hilfsmittel an die Hand gegeben. Allein für die Bundesrepublik wir die Zahl der berücksichtigten Bibliotheken zwischen achthundert und eintausend liegen, und für jede findet sich eine Bestandsgeschichte - nicht immer in gleicher Ausführlichkeit, aber doch wohl in hinreichendem Detail. Das Handbuch wird damit nicht nur Aufschluß darüber geben, wie der Bestand der einzelnen Bibliothek sein augenblickliches Profil gewonnen hat. Es wird auch umfangreiches Material für die Bibliotheksgeschichte liefern, und es wird dem Bibliothekshistoriker die Möglichkeit bieten, Bibliotheken desselben oder eines ähnlichen Typs in ihrer Entwicklung miteinander zu vergleichen.

Die Bestandsbeschreibung, das eigentliche Kernstück des Handbuches, gliedert sich immer dreifach auf: in eine chronologische Übersicht, eine Übersicht nach Sprachen und eine systematische Übersicht. Die chronologische, nach Jahrhunderten eingeteilte Übersicht ist in der Regel kurz, gibt meist nur Auskunft in Zahlen und verdeutlicht vor allem das Verhältnis des historischen Bestandes zum Gesamtbestand einer Bibliothek. Schon hieran wird vieles deutlich - nicht nur der hohe Kriegsverlust, sondern auch das vielfach überraschend junge Alter der Bibliotheken.

Die sprachliche Übersicht teilt den Bestand in seine verschiedenen Komponenten auf. Sie bringt nicht nur den Anteil des Lateinischen am nationalsprachigen Schrifttum zur Kenntnis, sondern vor allem den Bestand an fremdsprachiger Literatur. Auch hier werden sich wahrscheinlich Überraschungen ergeben, und vielleicht wird man die Schlußfolgerung ziehen, daß sich im deutschen Sprachraum, der traditionell als ein multikultureller Raum gilt, weniger fremdsprachiges Schrifttum befindet, als fürs erste angenommen worden ist.

Die systematische Übersicht ist allemal der aufschlußreichste Teil der Bestandsbeschreibung, aber auch unbestritten der schwierigste für den, der einen Bestand beschreibt. Zum

Glück sind in den meisten Fällen historische Bestände systematisch aufgestellt, obwohl es durchaus auch Bestände von erheblicher Größenordnung gibt, die eine solche Ordnung nicht aufweisen. In der modernen Bibliothekspraxis gilt die systematische Aufstellung nicht nur als problematisch, weil es im Zeitalter der Interdisziplinarität und Multidisziplinarität keine verbindliche Aufteilung von Fächern mehr gibt und jede heute gültige Wissenschaftssystematik morgen überholt ist. Sie gilt auch als kaum mehr praktizierbar, weil sie einen Aufwand erfordert, der unter dem Zwang der Rationalisierung nur schwer, wenn überhaupt zu erbringen ist. Der "numerus currens" erscheint daher als Lösung für die Platz- und Katalogisierungsprobleme der modernen Bibliothek.

Indessen gibt es, wenn ich recht sehe, eine dezidierte Rückkehr zur Systematik, und sie wird durch eine andere Entwicklung des modernen Bibliothekswesens erzwungen: den unvermeidlichen Übergang zum Bibliotheksnetz unter den Prämissen des "resource sharing". Wenn eine Bibliothek nicht mehr alles haben kann, muß es einen Gradmesser für die Verständigung über ihre speziellen Bestände und über ihre spezielle Leistungsfähigkeit geben, denn nur dann ist "resource sharing" möglich und sinnvoll. Es muß, mit anderen Worten, ein objektives und vielseitig verwendbares Raster zur Meßbarkeit ihrer Bestände entworfen werden. Ein solches Raster kann nur in einer möglichst engmaschigen Systematik bestehen, wie sie etwa in der neuerdings vieldiskutierten amerikanischen "Conspectus" entworfen wird. "Conspectus" soll eine Bestandscharakteristik liefern und zugleich die Dichte eines Bestandes und seine Brauchbarkeit für Forschungszwecke verdeutlichen.

Für das Handbuch gibt es keine eigene Systematik, und wir haben von vornherein keinen Versuch unternommen, ein Schema zu entwerfen, das für die Beschreibung aller Bibliotheken verbindlich sein könnte. Auf den ersten Blick mag dies als ein Verzicht erscheinen, der voreilig war und vielleicht negative Auswirkungen auf das ganze Unternehmen haben kann. Es gab wichtige Gründe, die dagegen sprachen. Nicht nur hätte die Absicht, Hunderte von Bibliotheken unterschiedlichster Größe und Zwecksetzung, die zu den verschiedensten Zeitpunkten und unter ganz eigenen Bedingungen entstanden waren, auf einen Nenner zu bringen, vielfache Modifikationen des Schemas erfordert und damit die ursprüngliche Absicht zunichte gemacht. Vor allem wäre die Individualität der Bibliotheken eingeebnet worden, und sie hätte sie nicht mehr als kulturelle Artefakte in ihrer Eigenart dargeboten.

Das Prinzip des Handbuches ist daher, jede Bibliothek unter Zugrundelegung ihrer Systematik zu beschreiben und nur dort vorsichtig neu zu gruppieren, wo die Bestände nicht von vornherein systematisch aufgestellt sind. Damit verbleibt jeder Bestand in dem Kontext, der sich historisch für ihn herausgebildet hat, und einer Bibliothek des 17. Jahrhunderts wird nicht etwa eine Systematik des späten 20. Jahrhunderts übergestülpt. Wir sind uns bewußt, daß dies zu Divergenzen führen muß und daß manchmal gleichartige Bestände in verschiedenen systematischen Kontexten erscheinen. Wir versuchen, über ein differenziertes Register die auftretenden Probleme zu lösen, und es hat den Anschein, daß sich in der Tat viele Einzelprobleme auf diese Weise lösen lassen.

Zu jeder Bestandsgeschichte und Bestandsbeschreibung im Handbuch gehört eine Übersicht über die historischen und aktuellen Kataloge einer Bibliothek. Die Einträge werden vervollständigt durch bibliographische Angaben zu Darstellungen der Bibliotheksgeschichte und zu Veröffentlichungen zu den Beständen. Jeder Eintrag weist das gleiche Schema, wenn auch nicht den gleichen Grad der Differenzierung auf, und insgesamt haben wir uns bemüht, auch in der typographischen Gestaltung das Handbuch möglichst benutzerfreundlich zu machen. So weist das Handbuch etwa ein Minimum an Abkürzungen auf, damit die Einträge lesbar sind - auch für den nicht-deutschsprachigen Benutzer, den wir zusätzlich zum deutschen Benutzer vor Augen haben. Durch konsequente Ausnutzung der Techniken des "desk-top publishing" würde es möglich sein, das Handbuch nicht nur schnell zu veröffentlichen, sondern auch trotz seiner benutzerfreundlichen Gestaltung zu einem überraschend niedrigen Preis herauszubringen.

Wir betrachten die Handbuch-Einträge in erster Linie als Selbstauskünfte und Selbstdarstellungen der Bibliotheken. Obwohl sich die Zentralredaktion als Sachwalter des Benutzers versteht und auf möglichst kompakte und übersichtliche Texte dringt, bleibt doch ein breiter Spielraum, innerhalb dessen sich ein Bibliotheksprofil darbieten kann. Die Einträge sind, obwohl sie jeweils die gleiche Anordnung aufweisen, nicht gleichförmig und gleichartig. Das war nicht beabsichtigt und hätte sich auch, wie die Erfahrung eines jeden Handbuches zeigt, nicht erreichen lassen. Die Einträge weisen auch nicht für jede Bibliothek die gleiche Breite und Tiefe der Information auf. Vieles hängt von den Voraussetzungen ab. Ein guter systematischer Katalog bietet eine bessere Grundlage für die Beschreibung von Beständen als eine Aufstellung nach dem "numerus currens" in Kombination mit einem alphabetischen Katalog. In vielen Bibliotheken mit Kriegsschäden treten Schwierigkeiten auf, die am Anfang des Projekts schwer vorstellbar waren.

Bei mehr als dreihundert Einträgen, die inzwischen für die Bibliotheken der Bundesrepublik vorliegen, zeichnet sich ein breites Spektrum der Darstellungen ab. Manche Bibliotheken ließen sich nur in einer Weise beschreiben, die im Vergleich zu den detaillierten Bestandsübersichten als summarische erscheinen, so informativ sie für sich genommen auch sein mögen. Viele vermitteln ein überaus plastisches Bild von den Beständen einer Bibliothek, und eine Reihe von Einträgen werden den Benutzer sogar auf Bestandslücken hinweisen, auf Bestände, die man eigentlich im Umkreis der vorhandenen Bestände erwarten könnte und erwarten würde, die sich aber - aus zum Teil benennbaren Gründen - nicht in der Bibliothek befinden. Überraschenderweise stammen solche Bestandscharakteristiken nicht nur von Bibliothekaren, sondern auch von Wissenschaftlern, die an eine Bibliothek sozusagen von außen herangegangen sind.

Verfahren und Zielsetzung des Handbuches wurden von Anfang an als ungewöhnlich empfunden. Sie galten, wenn ich so sagen darf, als nicht bibliothekskonform. Es gab daher Kritik und Vorbehalte und - zunächst wenigstens - da und dort eine Weigerung, daran mitzuarbeiten. Vor allem wurde das Handbuch als Konkurrenz zu den häufig schon vorher geäußerten und immer wieder vorgebrachten Plänen für eine Neukatalogisierung von Altbeständen betrachtet. Mehrfach wurde ausgeführt, daß es weitaus sinnvoller sei, das für das Handbuch aufgewendete Geld in Katalogprojekte zu stecken. Es wäre dort besser angelegt und effizienter verwendet.

Solche Kritik beruhte auf einem Mißverständnis, und sie ist mehr und mehr verstummt. Die meisten der anfänglichen Skeptiker und auch der dezidierten Kritiker gehören heute zu den Befürwortern des Handbuches. Im Laufe der Zeit ist von selbst deutlich geworden, daß sich Katalog und Handbuch nicht ausschließen, sondern gegenseitig ergänzen. Der Katalog gestattet jederzeit einen punktuellen Zugriff auf das einzelne Buch und ist insofern durch nichts ersetzbar. Das Handbuch erschließt - unter verschiedenen Gesichtspunkten - Bestandskomplexe, ohne dabei auf den einzelnen Titel abzuzielen. Es bietet Aspekte eines Bestandes dar, die der Katalog nicht erschließt und auch niemals erschließen kann.

Wie wichtig ist indessen die Kenntnis von Bestandskomplexen im Vergleich zur Kenntnis einzelner Titel? Die Frage stellt sich in dieser Weise nicht. Der Katalog ist ein Instrument, auf das in keinem Falle verzichtet werden kann, und es besteht, scheint mir, überall Veranlassung, die Kataloge entweder zu verbessern oder nach einem modernen Standard neu anzulegen. Doch der Katalog wird in Zukunft mehr und mehr der Ergänzung bedürfen. Das Bedürfnis, Bestandskomplexe schnell zu identifizieren oder sich darüber zu informieren, steigt, und nimmt in dem Maße zu, wie sich unsere Bibliotheken modernisieren und neuen Formen der Benutzung öffnen.

Schon heute zeichnet sich ab, daß das Handbuch dem "Verzeichnis der deutschen Drucke des 16. Jahrhunderts" dienlich sein kann. Die großen Sammlungen von Drucken des 16. Jahrhunderts sind bekannt, und niemand braucht ein Handbuch, um herauszufinden, daß man zweckmäßiger Weise in München und Wolfenbüttel mit der Verzeichnung der Drucke beginnt. Auch die Bibliotheken, die dann in Betracht zu ziehen sind, dürfen noch allgemein bekannt sein. Aber danach? Welche Bibliotheken besitzen mehr als 5000 Drucke des 16. Jahrhunderts, welche zwischen 1000 und 5000 Drucken? Welche versprechen die ergiebigsten Ergänzungen zu dem bereits vorhandenen Titelmaterial?

Auf das "VD 16" wird das Verzeichnis der Drucke des 17. Jahrhunderts folgen müssen. Auch hier liegen die Ausgangspunkte fest. Doch wie steht es mit dem regionalen Kleinschrifttum, das in der Epoche von so großer Bedeutung ist? Weiß man, wo sich die umfangreichsten Sammlungen befinden, nicht nur von den großen Autoren der Epoche, sondern von den weniger erschlossenen Autoren, die nicht zum literarischen Kanon zählen? Auch hier wird das Handbuch helfen mit Nachweisen zu Bestandskomplexen nicht nur von Werken etablierter Autoren, sondern auch von Gelegenheitsdrucken und selbst von Ephemera. Wo beispielsweise die bedeutendste Sammlung von Kalendern des 17. Jahrhunderts ist, wird sich dem Handbuch entnehmen lassen.

Die Vernetzung der Bibliotheken mit den für die Forschung wichtigsten Beständen ist einer der Vorschläge des Wissenschaftsrates, der sicher verwirklicht wird. Seine Empfehlungen, die ja nicht immer ganz sachgerecht sind, basieren auf der Annahme, daß sich die für die Forschung wichtige Literatur in den Universitätsbibliotheken als den primären Forschungsbibliotheken befände. Das ist, was die literaturintensiven Geisteswissenschaften betrifft, keineswegs der Fall, so daß die Vernetzung in aller Wahrscheinlichkeit nicht den erwünschten Effekt haben wird. Abgesehen von den wirklich alten Bibliotheken sind die Universitätsbibliotheken von einer hohen Einförmigkeit des Bestandes. Die unentbehrliche Quellenliteratur findet sich anderswo, wie das Handbuch erweisen wird.

Die Forschung greift, wie in den Bibliotheken bekannt ist, mehr und mehr auf Bestandskomplexe zurück. Natürlich spielt die gezielte Nachfrage nach einem bestimmten Titel eine große Rolle - wie schon immer. Gleichwohl sucht man, gerade auf innovativen Forschungsgebieten, mehr und mehr mit einem bewußt in Kauf genommenen Unsicherheitsgrad, nach Literatur zu einem noch einzugrenzenden Gebiet oder zu einem noch näher zu umreißenden Thema. Das Handbuch wird natürlich den Philosophiehistoriker darauf aufmerksam machen, wo sich philosophische Dissertationen des 17. Jahrhunderts befinden; den Literaturhistoriker, wo Reste von Leihbüchereien des 19. Jahrhunderts aufbewahrt werden; den Mathematikhistoriker, wo er eine Sammlung von Euklid-Drucken einsehen kann; und den Erforscher der Volksfrömmigkeit, wo sich Hunderte von Gesangbüchern oder Zehntausende von Andachtssbildchen befinden. Aber es wird auch jene Explorationen von zunächst noch unbekanntem Territorium unterstützen, die am Anfang jeder wirklichen Forschung stehen.

Nach seiner ursprünglichen Konzeption sollte das Handbuch ein Handbuch für die historischen Buchbestände der Bundesrepublik und für West-Berlin sein. Sobald das Projekt im Ausland bekannt wurde, setzte - brieflich und mündlich - Kritik an dieser Konzeption ein. Es sei zwar zu begrüßen, daß ein solches Nachschlagewerk entstehe, doch müsse man sich bewußt sein, daß die historischen Bestände der Bundesrepublik nur ein Teil der historischen Bestände des deutschen Sprachraumes seien. Wenn das Handbuch wirklich nützlich sein sollte, müsse auch die DDR einbezogen werden oder es müsse für den Bereich der DDR ein ähnliches Nachschlagewerk zusammengestellt werden.

Es ist hier nicht der Ort, den langen Weg nachzuzeichnen, den Frau Prof. Krause und ich gegangen sind, um zu einer Kooperation zu kommen. Es hat Jahre gedauert, aber es erfüllt uns beide mit Freude, daß wir noch vor dem November 1989 erreicht hatten, daß parallel zu dem westdeutschen Handbuch ein Handbuch für die DDR entstehen sollte. Es hätte sich, allen Schwierigkeiten zum Trotz, auch realisiert. Als Folge der politischen Veränderungen wird es nun kein Handbuch für die Bundesrepublik und kein Handbuch für die DDR geben, sondern nur ein Handbuch für Deutschland. Daß wir von Anfang an das Handbuch auf den regionalen Charakter des deutschen Bibliothekswesens abgestellt hatten, erweist sich nun als Vorteil. Es braucht nur der Titel geändert zu werden. Die Regionalteile für Westdeutschland werden so zusammengestellt, wie es ursprünglich vorgesehen war. Berlin wird seinen eigenen Band erhalten, und die Regionalteile für Ostdeutschland werden den sich eben wieder herausbildenden Ländern entsprechen. Jeder Regionalteil wird sein eigenes Register haben, und die separaten Register werden zu einem Gesamtregister kumuliert.

Entgegen aller ursprünglichen Erwartung hat sich der Gedanke des Handbuches ausgebreitet, fast von selbst. Wir freuen uns, daß mit Unterstützung durch die Volkswagen-Stiftung auch ein Handbuch der historischen Buchbestände in Österreich entstehen wird, und ich möchte an dieser Stelle allen danken, die bei der Entstehung des Projektes mitgeholfen haben, und allen, die die Mühe der Realisierung bereits auf sich genommen haben oder noch auf sich nehmen werden. Die Ausdehnung des Projekts auf die DDR erschien vielen bereits als Überdehnung, und ähnliche Äußerungen gab es auch, als bekannt wurde, daß sich Österreich zur Zusammenarbeit bereiterklärt habe. Große Projekte reduzieren sich in ihren Dimensionen, wenn man sie beharrlich verfolgt. Das hat sich bei uns gezeigt, und die Erfahrungen, die man in Österreich macht, werden ähnlich sein. Auch in der Schweiz hat sich Interesse gezeigt, und es bestehen erste Pläne für ein Handbuch der historischen Buchbestände der Schweiz.

Wir haben vor einiger Zeit einen letzten Schritt getan. Das deutschsprachige Schrifttum oder, besser gesagt: das im deutschen Sprachraum entstandene Schrifttum hat sich über ganz Europa ausgebreitet. Solches Schrifttum befindet sich spätestens seit dem 17. Jahrhundert auch in Bibliotheken des nicht-deutschsprachigen Bereichs. Als Folge des Zweiten Weltkrieges beherbergen Bibliotheken im nicht-deutschsprachigen Bereich sogar beträchtliche Teile von historischem Schrifttum deutscher Provenienz. Die Forschung kennt keine Grenzen, und die entsprechenden Bibliotheken werden, indem Europa auf neue Weise zusammenwächst, an Bedeutung gewinnen. Aber es fehlt an Informationen über die nur teilweise bekannten Bestände.

Die Volkswagen-Stiftung hat sich daher entschlossen, ein Handbuch deutscher historischer Buchbestände in ausgewählten Bibliotheken des nicht-deutschsprachigen Bereichs zusammenstellen zu lassen. Das Projekt ist eingeleitet und die Arbeiten haben in einigen Ländern bereits begonnen. Die ersten Ergebnisse, die uns seit einigen Wochen vorliegen, geben zu großen Hoffnungen Anlaß. Es ist vorgesehen, dieses Handbuch als eigenes Nachschlagewerk vorzulegen, aber soweit wie möglich auf die anderen Handbücher abzustimmen.

Um die Brauchbarkeit zu erhöhen und die Benutzbarkeit zu erleichtern, haben wir die Absicht, die Texte der Handbücher nicht nur in gedruckter Form vorzulegen. Sie werden zunächst natürlich als mehrbändiges Werk erscheinen und ein Generalregister, das alle erschließt, ist in der Planung. Durch eine besondere Verweistechnik ist es uns möglich, die Register im Zuge der Endredaktion für jeden Eintrag noch vor der Drucklegung herzustellen, sodaß wir hoffen, den ersten Regionalteil für Westdeutschland schon Ende 1991 vorlegen zu können. Darüberhinaus ist eine Volltextspeicherung auf CD-ROM beabsichtigt und damit werden sich Recherche-Möglichkeiten ergeben, die weit über eine Erschließung durch ein Register hinausgehen.

## Handbuch der historischen Buchbestände Zwischenbericht - August 1990

### Von Friedhilde Krause

Ich bin sehr dankbar, anläßlich des 21. Österreichischen Bibliothekartages über unsere Arbeit am "Handbuch der historischen Buchbestände" sprechen zu dürfen. Herr Prof. Dr. Fabian hat bereits darauf hingewiesen, daß es ein langer Weg gewesen ist, den er und ich gegangen sind, um zu einer Kooperation zu kommen. In seinem hier vorliegenden Vortrag heißt es: "Es hat Jahre gedauert, aber es erfüllt uns beide mit Freude, daß wir noch vor dem November 1989 erreicht hatten, daß parallel zu dem westdeutschen Handbuch ein Handbuch für die DDR entstehen sollte." Ich möchte nur ganz kurz diese Vorgeschichte streifen.

Am Anfang des Unternehmens stand das Wort: Mitte 1986 fiel mir das Buch von Bernhard Fabian "Buch, Bibliothek und geisteswissenschaftliche Forschung - Zu Problemen der Literaturversorgung und der Literaturproduktion in der Bundesrepublik Deutschland" (Göttingen 1983) in die Hände, und ich war als Philologin und Bibliothekshistorikerin begeistert. Zum ersten Mal wurden hier die Nöte in der Literaturversorgung der Geisteswissenschaftler prononciert angesprochen und erneut, wie schon von Paul Raabe und anderen, die Bibliotheken nicht nur unter dem Gesichtspunkt von Dienstleistungsbetrieben zur Literaturversorgung zur Kenntnis genommen, sondern als Orte gelehrten Lebens und wissenschaftlicher Forschung.

Fabians Studie vermittelte mir neue Einsichten und Erkenntnisse, nicht zuletzt auch über die Geschichte der von mir geleiteten Staatsbibliothek. Ich fand bei ihm die in der DDR bis zur Gegenwart praktizierte Fetischisierung der Information/Dokumentation und des Leihverkehrs bestätigt. Noch heute bedaure ich, daß es nie eine Diskussion über dieses nützliche Buch in Kreisen der Fachkollegen in der DDR gegeben hat. Ich blieb jedenfalls im Bann von Bernhard Fabians überzeugendem Eintreten für die Belange der Geisteswissenschaften und seine praktischen Vorschläge. Als im Frühjahr 1987 eine Gruppe von verantwortlichen Vertretern der Volkswagen-Stiftung unter Leitung von Herrn Generalsekretär Rolf Möller die DDR bereiste und zuerst die Deutsche Staatsbibliothek besuchte, ging ich in meiner Begrüßungsrede auf die Studie von Bernhard Fabian ein und zeigte mein großes Interesse an den von Fabian geäußerten Vorschlägen zum Nachweis und zur Erschließung historischer Bestände in Bibliotheken. Bald darauf besuchte mich Bernhard Fabian in der Deutschen Staatsbibliothek und schlug mir vor, ein "Handbuch der historischen Buchbestände der DDR" herauszugeben.

Und nun begann der dornenreiche Weg bis zu unserer Kooperation 1989. Ich erreichte zunächst bei dem damaligen vorgesetzten Minister für Hoch- und Fachschulwesen, daß ich anläßlich meiner Verabschiedung aus dem Amt des Generaldirektors der Deutschen Staatsbibliothek im Januar 1989 mit der Aufgabe, ein solches Handbuch zu erstellen, beauftragt wurde. Vorher hatte ich durch persönliches Befragen großer Gelehrter unseres Landes, wie u.a. des Wirtschaftshistorikers Prof. Dr. Jürgen Kuczynski und des Romanisten Prof. Dr. Werner Bahner, Präsident der Sächsischen Akademie der Wissenschaften, sowie durch Beratung mit Bibliotheksdirektoren führender wissenschaftlicher Bibliotheken im Oktober 1988 in Berlin die allgemeine Zustimmung zu diesem Projekt seitens der Wissenschaft eingeholt. Auch den Nachweis der Bereitschaft eines Verlages, dieses Werk bei uns zu verlegen, hatte ich erbracht.

Seit Frühjahr 1989 war ich mit zahlreichen Ausarbeitungen (Konzeption für das Handbuch, Pflichtenheft für das Projekt "Handbuch", Vorstellung für die personelle Abdeckung des Projekts), Beratungen im Ministerium und der Verteidigung des Pflichtenheftes im Juni in der Deutschen Staatsbibliothek beschäftigt, um das Projekt schließlich als zentrales Forschungsvorhaben der gesellschaftswissenschaftlichen Forschung bei der Deutschen Staatsbibliothek durch das Ministerium für Hoch- und Fachschulwesen zu bekommen.

Im September 1989 bekam ich die offizielle Zustimmung, mich an die Volkswagen-Stiftung mit einem Förderungsantrag zur Unterstützung des Handbuch-Projektes wenden zu dürfen. Diesem Antrag wurde zugestimmt, und seit Frühjahr 1990 wird das "Handbuch" durch die Volkswagen-Stiftung großzügig gefördert. Bei Beratungen, die ich im Oktober 1988 in Berlin, im Herbst 1989 in Leipzig und im Februar 1990 in Berlin mit Bibliotheksdirektoren bzw. Fachreferenten durchgeführt habe, stieß ich auf Kriterien, die sich sowohl auf das Handbuch-Unternehmen im ganzen wie auf einzelne Teile bezogen. Hauptargumente waren:

1. Ein Spezialist kenne die Standorte seiner Literaturkomplexe in den Bibliotheken. Der Wissenschaftler suche in der Regel einzelne Autoren bzw. Werke, nicht aber Bestandsgruppen. Der Aufwand eines solchen Handbuches sei viel zu hoch für den zu erwartenden Nutzen.
2. Gute Zentralkataloge oder ein deutscher Zentralkatalog wären sehr viel wünschenswerter. Die retrospektive Konversion der Kataloge stehe jetzt auf der Tagesordnung, nicht ein solches Vorhaben wie das "Handbuch der historischen Buchbestände".

Es wurde sogar an einer zentralen wissenschaftlichen Bibliothek in Berlin von den Fachreferenten der Beschluß gefaßt, aus Gründen der in Angriff genommenen retrospektiven Konversion ihres Kataloges nicht am Handbuch mitzuarbeiten.

Leider mußte in mehreren Fällen festgestellt werden, daß trotz der amtlich viele Jahrzehnte hindurch vorgenommenen starken Betonung der Bedeutung der Pflege des kulturellen Erbes in der DDR, die Bibliothekare selbst kaum ein tieferes Verständnis für das eigene literarische Erbe, nämlich auch für das alte, historische Buchgut, in ihren Bibliotheken entwickelt haben. Die Überbetonung der Bedeutung der wissenschaftlichen Information, die einseitige Ausrichtung auf den Gesichtspunkt der aktuellen Serviceleistungen der wissenschaftlichen Bibliotheken und die fehlende Allgemeinbildung vieler Bibliothekare mögen zu diesem traurigen Resultat geführt haben. Zum Glück wurde diese Haltung nur sehr vereinzelt angetroffen.

Nach dieser Vorgeschichte komme ich zu den Schwierigkeiten unserer jetzigen Situation.

Wir stehen kurz vor der Vereinigung mit der BRD. Es werden Länder gebildet, die Unterhaltsträger von Bibliotheken, Archiven und Museen werden, die über historische Buchbestände verfügen. Es gibt große strukturelle Veränderungen, die alle Verwaltungsbereiche, bis hinein in die kirchlichen Bereiche betreffen. Einzelne Bibliotheken und Museen werden möglicherweise aufgelöst oder zusammengelegt, erhalten bestenfalls einen anderen Unterhaltsträger, vielleicht auch einen anderen Namen. Es herrscht überall, natürlich auch an den Bibliotheken, eine große soziale Unsicherheit. Ich möchte das nur kurz an einigen Beispielen illustrieren.

Die Akademie der Wissenschaften der DDR macht gegenwärtig einen gewaltigen Schrumpfungsprozeß durch. Ihre Institute sollen in der Mehrzahl aufgelöst werden. Sie wird, wie in der Vergangenheit, wieder nur als eine Gelehrte Gesellschaft fungieren. Die Hauptbibliothek der Akademie wird ihre Aufgaben wieder auf das Sammeln von Akademieschriften und Schriften der Akademiemitglieder reduzieren. Was wird aber aus den Beständen der Bibliotheken an den zahlreichen Akademie-Instituten? Hier können sich durchaus auch historische Buchbestände befinden. Was wird aus der Zentralbibliothek der Gewerkschaften in Berlin? Was wird aus der Pädagogischen Zentralbibliothek der Pädagogischen Akademie der Wissenschaften, die über die historischen Buchbestände der Comenius-Bibliothek verfügt, wenn diese Akademie ihre Existenz aufgibt? Wird die Ratsbibliothek bei der Berliner Stadtbibliothek eventuell mit der Senatsbibliothek in Westberlin vereinigt? Was wird aus den Bibliotheken bei Museen, wenn die Museen unter Umständen nicht weitergeführt werden können?

Zur Zeit gibt es im Haushalt des Ministeriums für Bildung und Wissenschaft keine Finanzen für das Handbuch-Projekt. - Wir haben inzwischen den dritten Minister, den ich für unser Projekt gewinnen müßte. - An allen Institutionen haben sich mit der Währungsunion am 1. Juli 1990 die Budgets um 50 % halbiert. Das bedeutet Kürzung der Stellenpläne, Streichung von Honorarmitteln und Reisegeldern. Das ganze Jahr 1990 war und ist also äußerst ungünstig, um die Arbeit am Handbuch-Projekt sichtbar voranzutreiben.

Wie ist nun der gegenwärtige Stand der Arbeit am Handbuch?

Wir haben bei der Deutschen Staatsbibliothek in Berlin die Zentralredaktion des Handbuchs mit einer Sachbearbeiterin, Kolln. Kirchner, und mir eingerichtet in einem eigenen Zimmer und ausgerüstet mit Geräten der Volkswagen-Stiftung. An den Trägerbibliotheken für die Regionalen Zentralkataloge, die die ausländische Zeitschriften- und Monographien-Literatur der jeweiligen Region erfassen und an die Zentralkataloge ausländischer Literatur der Deutschen Staatsbibliothek melden, haben wir Regionale Redaktionen des Handbuches angebunden. Das bedeutet, daß 6 Regionale Redaktionen gebildet wurden und zwar

- für die Bezirke Rostock, Schwerin, Neubrandenburg, das zukünftige Land Mecklenburg/Vorpommern:
  die Universitätsbibliothek Rostock;

- für die Bezirke Halle und Magdeburg, das zukünftige Land Sachsen-Anhalt:
  die Universitäts- und Landesbibliothek Halle;
- für die Bezirke Dresden, Chemnitz und Cottbus, das zukünftige Land Sachsen:
  die Sächsische Landesbibliothek Dresden;
- für den Bezirk Leipzig (Teil des zukünftigen Landes Sachsen):
  die Universitätsbibliothek Leipzig;
- für die Bezirke Gera, Erfurt, Suhl, das zukünftige Land Thüringen:
  die Universitätsbibliothek Jena;
- für Ostberlin, die Bezirke Potsdam und Frankfurt/Oder, die zukünftigen Länder Berlin und Brandenburg:
  die Deutsche Staatsbibliothek.

Für alle 6 Regionalen Redaktionen wurden je ein wissenschaftlicher Mitarbeiter gewonnen; diese konnten infolge der angespannten finanziellen Situation in der DDR aber bisher lediglich in Rostock, Berlin, Halle und Leipzig tätig werden. In Dresden und Jena hoffen wir, Anfang 1991 die Regionalen Redaktionen personell absichern zu können.

Daneben haben wir mit Zustimmung der Evangelischen Kirchenleitung eine Redaktionsgruppe der kirchlichen Bibliotheken unter Leitung der Herren Dr. v. Rabenau und Dr. Laminski gebildet, die bestrebt ist, die Einträge über den historischen Buchbestand sowohl im Bereich der evangelischen als auch der katholischen Kirche für das Handbuch einzubringen.

Dank der großzügigen Unterstützung durch die Volkswagen-Stiftung konnte bei jeder Regionalen Redaktion ein Personal-Computer stationiert werden, insgesamt also 6.

Nach Bildung dieser organisatorischen Struktur wurde ein Überblick über die Anzahl der zu erfassenden Bibliotheken von der Zentralredaktion ausgearbeitet und durch die Regionalen Redaktionen präzisiert. Wir rechnen mit etwa 300 Bibliotheken, die für das Handbuch beschrieben werden müssen.

Die ursprüngliche Vereinbarung mit dem Verlag Bibliographisches Institut Leipzig sah ein Schreibmaschinenmanuskript von 4000 Seiten vor, das zwei Bänden und einem Registerband zugrunde gelegt werden sollte. Inzwischen hat dieser Verlag sein Profil verändert und wird keine Literatur zum Bibliothekswesen mehr herausbringen. Wir wollen uns aber vorläufig diese von uns selbst berechnete Umfangsgröße als Richtschnur für unsere Arbeit nehmen.

Die Zentralredaktion bei der Deutschen Staatsbibliothek hat nach dem Vorbild von Münster einige Materialien zur Anfertigung der Eintragungen ausgearbeitet und diese nicht nur den Regionalen Redaktionen, sondern auch einigen großen Bibliotheken mit bedeutendem Altbestand zugeschickt, wie der UB Greifswald (gegründet 1604), der Landesbibliothek Schwerin (gegründet 1779), der Stadt- und Bezirksbibliothek Magdeburg (gegründet 1525), der Bibliothek der Technischen Universität Chemnitz (gegründet 1836), der Zentralbibliothek der Deutschen Klassik in Weimar, der Forschungsbibliothek Gotha (gegründet 1647), der Bibliothek der Salzmannschule in Schnepfenthal (gegründet

1784), der Wissenschaftlichen Allgemeinbibliothek in Erfurt (gegründet 1392), der Bibliothek der Bergakademie Freiberg (gegründet 1765), der Bibliothek der Oberlausitzischen Gesellschaft der Wissenschaften in Görlitz (gegründet 1779) sowie einigen Staatsarchiven.

Trotz der oben geschilderten Schwierigkeiten der Bibliotheken auf dem finanziellen Sektor und häufig auch in Fragen ihres späteren Unterhaltsträgers, arbeitet doch auch auf unserem Territorium die Zeit für uns. Die UB Jena hat z.B. unter anderem auch das Handbuch als Argument benutzt, um die Funktion einer Landesbibliothek für Thüringen übertragen zu bekommen.

Die Arbeit der Deutschen Staatsbibliothek wird wesentlich durch die bereits vorliegende Beschreibung der historischen Buchbestände der Staatsbibliothek Preußischer Kulturbesitz erleichtert und hoffentlich auch beschleunigt.

Die Universitätsbibliothek Leipzig begeht 1993 ihr 450jähriges Jubiläum und die Universitätsbibliothek Rostock 1994 ihr 425jähriges. Beide wollen Kolloquien über ihren historischen Buchbestand mit den Fachreferenten vorbereiten und dabei natürlich die Texte ihrer Eintragungen für das Handbuch nutzen.

Ich bin sehr froh und dankbar, eine allgemeine Bereitschaft der Bibliotheken zu haben, am Handbuch mitzuarbeiten. Ich hoffe, daß die Volkswagen-Stiftung dieses Unternehmen weiterhin fördert und ihm vielleicht noch eine verstärkte Aufmerksamkeit zuwenden kann.

## "HANDBUCH DER HISTORISCHEN BUCHBESTÄNDE IN ÖSTERREICH" ZWISCHENBERICHT - AUGUST 1990

**Von Wilma Buchinger**

Das von Univ.Prof. Dr. Bernhard Fabian geleitete und von der Stiftung Volkswagenwerk geförderte Projekt "Handbuch der historischen Buchbestände" wurde in einer außerordentlichen Sitzung am 1.12.1989 den Mitgliedern der VÖB-Kommission für Buch- und Bibliotheksgeschichte vorgestellt. Die Leitung des auf Österreich ausgedehnten Projektes obliegt Herrn Generaldirektor-Stellvertreter HR Dr. Helmut W. Lang. Die geplante Laufzeit beträgt - beginnend mit Jänner 1990 - drei Jahre. Das Handbuch soll alle österreichischen Bibliotheken mit bedeutenden historischen Buchbeständen erfassen; darüberhinaus sollen Kontakte nach Südtirol und in die ost- und südosteuropäischen Länder hergestellt werden, um auch die hier in Frage kommenden Bibliotheken zu eruieren. Die "historischen Buchbestände" sind definiert als die von Beginn des Buchdrucks bis zum Jahr 1900 erschienenen Druckwerke.

Als erster Schritt wurde eine zentrale Redaktion an der Österreichischen Nationalbibliothek eingerichtet (Mag. Wilma Buchinger, Dr. Victoria Lunzer, seit April 1990 Dr. Konstanze Mittendorfer), deren Aufgabe es zunächst war, eine Liste der in Frage kommenden Bibliotheken zu erstellen, basierend auf folgenden Nachschlagewerken:

- Minerva-Handbuch der Bibliotheken in Österreich. Wien 1931
- Handbuch österreichischer Bibliotheken. I. Bibliotheksverzeichnis. Wien 1961
- Die Bibliotheken Österreichs in Vergangenheit und Gegenwart. Wiesbaden 1980.
- Bibliotheken und Dokumentationsstellen in Österreich. Informationsführer. Hg. vom BM f. Wissenschaft u. Forschung. Wien 1983
- Bibliotheken, Informations- und Dokumentationseinrichtungen in Österreich. INFO-DOC. Hg. vom BM f. Wissenschaft u. Forschung. Wien 1989

Anhand dieser Nachschlagewerke, die einander zum Teil ergänzen, konnte der Kern der in das Handbuch aufzunehmenden Bibliotheken ermittelt werden; durch mündliche Hinweise wurden weitere kleinere Bibliotheken mit bedeutenden historischen Beständen ausgeforscht.

Am 11. Jänner 1990 fand an der Österreichischen Nationalbibliothek eine Projektsitzung der VÖB-Kommission für Buch- und Bibliotheksgeschichte statt. Den Gegenstand der Sitzung bildeten sowohl organisatorische Fragen als auch die Diskussion der erstellten Bibliotheksliste, die dadurch wertvolle Anregungen/Korrekturen erfuhr. Herr HR Dr. Lang initiierte die Einrichtung von Redaktionen an den Universitätsbibliotheken der Bundesländer (Redaktion West: Tirol, Vorarlberg; Redaktion Mitte: Salzburg, Oberösterreich; Redaktion Süd: Steiermark, Kärnten; Redaktion Ost: Wien, Niederösterreich, Burgenland); diese haben v.a. beratende Funktion und sind bei der Herstellung von Kontakten behilflich.

Ende Februar 1990 konnte das Projekt den in Frage kommenden österreichischen Bibliotheken schriftlich vorgestellt werden, sodann folgten telefonische und persönliche Kontaktaufnahmen durch die Zentralredaktion und durch einzelne Bibliothekare in den Bundesländern.

Inzwischen sind die Arbeiten zum "Handbuch der historischen Buchbestände in Österreich" voll im Gange. Zur Zeit (Stand August 1990) scheint es, daß etwa 280 Bibliotheken in das Handbuch aufgenommen werden, eine endgültige Zahl läßt sich gegenwärtig natürlich noch nicht nennen.

Dem Plan zur Erstellung des Handbuchs stand man im allgemeinen recht positiv gegenüber, auch wenn man sich des in vielen Fällen enormen Arbeitsaufwandes bewußt war. Die Idee eines Handbuches wurde vor allem von kleineren Spezialbibliotheken und von Bibliotheken mit quantitativ geringen, aber lokalgeschichtlich interessanten Beständen begrüßt, weil man sich dort als Nebeneffekt eine Vergrößerung des Bekanntheitsgrades erhofft.

In Österreich, das zahlreiche Bibliotheken mit einer bedeutsamen Geschichte hat, sind viele Bibliotheken gut erforscht, v.a. bei kirchlichen Bibliotheken zeigt sich aber hier ein Mangel, sodaß es in einigen Fällen schwierig sein dürfte, genaue Angaben zur Bestandsgeschichte zu geben. (So ist etwa die Bibliotheksgeschichte des Augustiner-Chorherrenstiftes Vorau in der Steiermark noch kaum erforscht.)

Erschwerend wirken die an den meisten Bibliotheken mangelnden Personalkapazitäten und der Umstand, daß nicht wenige Büchersammlungen, vor allem im Bereich der Ordensbibliotheken, lückenhaft bzw. noch gar nicht erschlossen sind und Kataloge oft erst erstellt werden müssen. Im Zuge unserer Arbeiten zum Handbuch werden auch andere Probleme sichtbar, mit denen gerade kleinere Privatbibliotheken (Klosterbibliotheken) kaum fertig werden: Fehlen eines Bibliothekars, mangelnder Stellraum, mangelndes Bibliotheksmobiliar, Feuchtigkeit oder, wie im speziellen Fall des Kapuzinerklosters Gmunden, die Sorge wegen eines neu zu errichtenden Parkplatzes vor der Bibliotheksfront. Speziell bei Ordensbibliotheken, aber auch bei einigen öffentlichen Bibliotheken - hier sichtlich aufgrund der angespannten Personalsituation - war immer wieder die Angst spürbar, die Aufnahme in das Handbuch könnte zu einem untragbaren Besucheransturm führen. Als weitere Schwierigkeit kommt hinzu, daß an vielen Bibliotheken (öffentlichen wie Klosterbibliotheken) gerade die EDV-Erschließung durchgeführt wird, wodurch natürlich alle Mitarbeiter ausgelastet sind.

Trotz mancher Widrigkeiten hat sich in der Zwischenzeit für mehr als die Hälfte der Bibliotheken (155 von insgesamt 280) die Bearbeitung weitgehend geklärt. Die Mitarbeiter sind in überwiegendem Maße die Bibliothekare der jeweiligen Büchersammlungen. An dieser Stelle sei hervorgehoben, daß auch ehrenamtlich tätige Bibliothekare das Projekt durch Handbucheinträge unterstützen.

Die Zentralredaktion ist selbst mit der Beschreibung von Bibliotheken beschäftigt, für die keine Mitarbeiter gefunden werden konnten. Manche Handbucheinträge werden auch in Arbeitsteilung gemeinsam von einem Bibliothekar vor Ort und einem Mitarbeiter der Zentralredaktion in Wien durchgeführt.

Die ersten fertigen Bibliotheksdarstellungen liegen bereits in der Zentralredaktion in Wien vor (insgesamt 26, davon 8 von der Zentralredaktion erstellt).

*Zur österreichischen Bibliothekslandschaft*

Die österreichische Bibliothekslandschaft ist gekennzeichnet durch die Überzahl von geistlichen Bibliotheken; die ersten Klosterbüchereien entstanden im frühen Mittelalter (um 700). Österreichweit sind ca. 96 Ordensbibliotheken in das Handbuch aufzunehmen, das sind etwas mehr als ein Drittel aller Bibliotheken. Dazu kommen weitere 22 Kirchenbibliotheken und Bibliotheken geistlicher Institutionen.

Bedingt durch die historische Entwicklung in Österreich sind nur wenige Bibliotheken mit evangelischer (reformierter) Trägerschaft vorhanden (einige Pfarrbibliotheken in

Ostösterreich, die noch im einzelnen zu prüfen sind; die Bestände der evangelischen Superintendentur Linz, die in Verwahrung des oberösterreichischen Landesarchivs sind). Wohl entstanden zur Zeit der Reformation in den Adelssitzen der Protestanten und an protestantischen Schulen Bibliotheken, sie wurden jedoch im Zuge der Gegenreformation vernichtet. Reste solcher Bibliotheken fanden manchmal den Weg in ein Kloster (Beispiel Franziskanerkloster Güssing).

Der Abwehr des Protestantismus widmeten sich in Österreich mit vollem Eifer die Jesuiten, in deren Händen in überwiegendem Maße das Schul- und Universitätswesen lag. Die von den Jesuiten angelegten Bibliotheken bilden den Grundstein von einigen heutigen Universtäts- und Landesbibliotheken (Studienbibliotheken).

Im 14. Jh sind die Anfänge der Habsburgischen Fürstenbibliothek anzusetzen; sie formierte sich im Zeitalter des Humanismus zur Kaiserlichen Hofbibliothek und stellt heute als Österreichische Nationalbibliothek das Zentralinstitut des wissenschaftlichen Bibliothekswesens Österreichs dar.

Vom 14. bis zum 18. Jh entstanden die Universitätsbibliotheken: Wien (1365), Graz (1577), Salzburg (1623), Innsbruck (um 1700). Die Anfänge der heutigen Universitätsbibliothek für Bildungswissenschaften in Klagenfurt liegen ebenfalls im 18. Jh, sie ging aus der 1775 gegründeten Studienbibliothek hervor. Die Bibliothek des k.k. Thierspitals in Wien, die jetzige Universitätsbibliothek der Veterinärmedizinischen Universität in Wien, geht auf das Jahr 1777 zurück. Die übrigen der insgesamt 11 Universitätsbibliotheken Österreichs (mit nennenswerten historischen Buchbeständen) sind Gründungen des 19. Jhs. Neben den Universitätsbibliotheken finden sich ca. 6 Hochschul- und Akademiebibliotheken mit für das Handbuch relevanten Beständen; zu den älteren Gründungen zählen hier die Katholisch-Theologische Hochschule in Linz (Anfänge im 17. Jh), die Theresianische Akademie und die Akademie der bildenden Künste in Wien (beide 18. Jh).

Zwei historische Persönlichkeiten beeinflußten die österreichische Bibliothekslandschaft in entscheidendem Maße, nämlich Kaiserin Maria Theresia und ihr Sohn Josef II. Die Aufhebung des Jesuitenordens 1773 und die Klosteraufhebungen zwischen 1782 und 1786 führten zu einem "Bücherfluß" an bestehende oder neugegründete Bibliotheken (Studien- und Lycealbibliotheken). Zugleich mit diesen Maßnahmen ging das Bildungsmonopol von den Jesuiten an den Staat über.

Im 19. Jh entstanden eine Vielzahl von Bibliotheken, z.T. als Folge der politischen und gesellschaftlichen Veränderungen, die das Jahr 1848 nach sich zog (Ministerien, Ämter, Behörden, Vereine), z. T. als Folge der sich entwickelnden neuen wissenschaftlichen Disziplinen. Für das Handbuch relevant sind etwa 12 Amts- und Ministerialbibliotheken, 21 Museumsbibliotheken, 15 Archivbibliotheken (hier sind auch einige ältere Gründungen zu nennen, wie einige Landesarchive, die z.T. auf ständische Sammlungen zurückgehen; das Österreichische Staatsarchiv entstand im 18. Jh im Zuge der Theresianischen Verwaltungsreformen) sowie eine Reihe von Bibliotheken von wissenschaftlichen Gesellschaften, Forschungsinstituten, Vereinen und Kammern.

Im folgenden wird nun versucht, die Situation in den einzelnen Bundesländern zu beleuchten.

## WIEN

Die größte Bibliotheksdichte ist naturgemäß im Ballungszentrum Wien gegeben, hier sind etwa *104 Bibliotheken* für die Aufnahme in das Handbuch vorgesehen.

Dankenswerterweise hat Frau Stv.Bibl.Dir. der Universitätsbibliothek Wien Dr. Ilse Dosoudil die Betreuung nicht nur der Universitätsbibliothek Wien, sondern auch aller Institute übernommen; Herr Mag. Herwig Würtz, Direktor der Wiener Stadt- und Landesbibliothek, betreut die Bearbeitung der Bibliotheken der Gemeinde Wien.

Die weitaus größten historischen Buchbestände besitzt in Österreich die ehem. Kaiserliche Hofbibliothek, die ÖSTERREICHISCHE NATIONALBIBLIOTHEK, selbst. Bedeutende Bestände finden sich aber auch an der UNIVERSITÄTSBIBLIOTHEK WIEN und an einigen der Fachbibliotheken und Institute (etwa am INSTITUT FÜR GESCHICHTE DER MEDIZIN); insgesamt sind vorläufig 20 Fach- und Institutsbibliotheken für einen Handbucheintrag vorgesehen. Interessante Bestände finden sich weiters an der WIENER STADT- u. LANDESBIBLIOTHEK, an der NIEDERÖSTERREICHISCHEN LANDESBIBLIOTHEK sowie an den Bibliotheken einzelner Museen. Zu den größten gehören hier die Bibliotheken des KUNSTHISTORISCHEN und des NATURHISTORISCHEN MUSEUMS, letztere mit einem Bestand von etwa 400.000 Bdn. Insgesamt haben etwa 10 Museumsbibliotheken in Wien für das Handbuch relevante Bestände.

Erfaßt werden auch einige Archivbibliotheken, wobei allen voran die BIBLIOTHEKEN DES ÖSTERREICHISCHEN STAATSARCHIVES zu nennen sind, mit den Sammlungen des Allgemeinen Verwaltungsarchives, des Finanz- und Hofkammerarchives, des Haus-, Hof- und Staatsarchives und v.a. des Kriegsarchives (Altbestand von ca. 170.000 Bdn).

Aufzunehmen sind ferner die PARLAMENTSBIBLIOTHEK, die ADMINISTRATIVE BIBLIOTHEK DES BUNDESKANZLERAMTES sowie die BIBLIOTHEKEN einiger MINISTERIEN (BM f. Finanzen, BM f. Land- und Forstwirtschaft, BM f. Unterricht und Kunst - hier befindet sich die umfangreichste Schulbuch- und Schulprogrammsammlung Österreichs).

Aufzunehmen sind weiters Bundeslehranstalten, Forschungsinstitute, Gelehrte Gesellschaften, Stiftungen, Vereine und Kammern. Hervorzuheben sind hier etwa die BIBLIOTHECA THERESIANA, d.i. die Bibliothek der "Stiftung Theresianische Akademie" (ehemaliges Adelsseminar der Jesuiten, jetzt Gymnasium), mit über 40.000 Werken bis 1800. Aber auch verhältnismäßig junge Bibliotheken weisen wertvolle historische Bestände auf, beispielsweise die BIBLIOTHEK DES VEREINS FÜR GESCHICHTE DER

ARBEITERBEWEGUNG, deren Sammelschwerpunkt die Geschichte der österreichischen und internationalen Arbeiterbewegung vor 1945 darstellt.

Wahre Schätze bergen einige Bibliotheken von Religionsgemeinschaften, religiösen Institutionen und Schulen (insgesamt 27), wie die BIBLIOTHEK DER GRIECHISCH-ORIENTALISCHEN KIRCHENGEMEINDE ZUR HEILIGEN DREIFALTIGKEIT, die wertvolle Unikate aus dem 16.- 19. Jh ihr Eigen nennen kann. Von herausragender Bedeutung ist die ERZBISCHÖFLICHE BIBLIOTHEK mit Werken aus dem Besitz des gelehrten Bischofs Fabri (gest. 1541) und des Kardinals Khlesl (gest. 1630). Zu nennen wäre hier auch die BIBLIOTHEK DER KONGREGATION DER MECHITARISTEN, die umfangreiche Bestände zur Armenistik und in armenischer Sprache aufweist. Historisch wertvolle Bestände besitzen ferner die BIBLIOTHEKEN DES DOMINIKANERORDENS (Gründung des 13. Jhs) UND DES SCHOTTENSTIFTES, des ältesten Klosters Wiens (12. Jh). Auch die BIBLIOTHEK DER ISRAELITISCHEN KULTUSGEMEINDE WIEN, in deren Besitz noch Bestände der ehem. Israelitisch-Theologischen Lehranstalt sind, soll in das Handbuch aufgenommen werden. Derzeit wird an ihrer Katalogisierung gearbeitet.

An Adelsbibliotheken ist in Wien die auf das 16. Jh zurückgehende FÜRSTLICH-LIECHTENSTEIN'SCHE FIDEIKOMMISSBIBLIOTHEK (Fideikommiß 1722 definitiv errichtet) zu nennen.

## NIEDERÖSTERREICH

Das flächenmäßig größte österreichische Bundesland weist etwa *42 für die Aufnahme in das Handbuch geeignete Bibliotheken* auf.

An erster Stelle sind hier die 11 STIFTSBIBLIOTHEKEN zu nennen: ALTENBURG, GERAS, GÖTTWEIG, HEILIGENKREUZ, HERZOGENBURG, KLOSTERNEUBURG, LILIENFELD, MELK, SEITENSTETTEN, NEUKLOSTER in Wiener Neustadt und ZWETTL. Hervorzuheben sind im besonderen die Babenbergergründungen: KLOSTERNEUBURG (seit 1133 Augustiner-Chorherrenstift, die reichhaltige Bibliothek beläuft sich auf etwa 170.000 Bde), HEILIGENKREUZ (das älteste Zisterzienserstift Niederösterreichs) und das Zisterzienserstift LILIENFELD. Von nicht geringerer Bedeutung für die niederösterreichische Bibliothekslandschaft ist die Stiftsbibliothek MELK mit über 70.000 Druckschriften und 800 Inkunabeln.

Für das Handbuch von Bedeutung sind ferner geistliche Bibliotheken, unter ihnen die PROVINZBIBLIOTHEK DER ÖSTERREICHISCHEN FRANZISKANERPROVINZ ZUM HL. BERNHARD VON SIENA IN MARIA ENZERSDORF, die BIBLIOTHEK DES BARNABITENKOLLEGS MISTELBACH, welche im Zuge der 20-Jahr-Feier des Bundesoberstufenrealgymnasiums Mistelbach 1983 aufgearbeitet und neu geordnet wurde, die BIBLIOTHEK DES MISSIONSHAUSES ST. GABRIEL IN MÖDLING mit etwa 60.000 in unserem Sinne "historischen" Werken, die BIBLIOTHEK DES DOMINIKANERORDENS IN RETZ mit z.T. sehr alten Beständen, die BIBLIOTHEK

DES KAPUZINERKLOSTERS SCHEIBBS mit bedeutender barocker Predigtliteratur sowie die BIBLIOTHEK DES KAPUZINERKLOSTERS WIENER NEUSTADT, wo u.a. eine ca. 10.000 Bde starke Barockbibliothek mit Prediger- und Kontroversliteratur vorhanden ist.

Für die Aufnahme in das Handbuch vorgesehen sind daneben 9 kleinere Bibliotheken mit lokalgeschichtlich bedeutenden Beständen, wie die STÄDTISCHE SAMMLUNGEN/ARCHIV UND ROLLETTMUSEUM IN BADEN, STADTARCHIV bzw. MUSEAL-BIBLIOTHEK WAIDHOFEN/Ybbs und die WISSENSCHAFTLICHE HANDBIBLIOTHEK DES STADTARCHIVS WIENER NEUSTADT.

In Niederösterreich bieten sich weiters 7 Adels- und Schloßbibliotheken für einen Handbucheintrag an. Die Verhandlungen mit den Besitzern über eine Aufnahme in das Handbuch sind noch im Gange.

## BURGENLAND

Im Burgenland sind *5 Bibliotheken* für die Aufnahme in das Handbuch vorgesehen, eventuell kommen noch 2 Pfarrbibliotheken hinzu.

Die BURGENLÄNDISCHE LANDESBIBLIOTHEK IN EISENSTADT hat neben ihrer Funktion als Behördenbibliothek der Burgenländischen Landesregierung vorrangig die Aufgaben einer Landes- und Studienbibliothek zu erfüllen. Noch nicht eindeutig geklärt ist die Aufnahme des Burgenländischen Landesarchivs. Der historische Buchbestand ist hier möglicherweise doch zu klein.

Das DIÖZESANARCHIV/DIÖZESANBIBLIOTHEK IN EISENSTADT ist u.a. aufgrund einiger Sondersammlungen sehr interessant (Dompropst Mersich, Büchersammlungen einiger Pfarrer). Auch die kleine ORDENSBIBLIOTHEK DES FRANZISKANERKLOSTERS IN EISENSTADT ist für einen Eintrag vorgesehen. Die BIBLIOTHEK DES FRANZISKANERKLOSTERS IN GÜSSING ist u.a. deswegen von Interesse, da sie protestantische Literatur aus dem Besitz der ursprünglich protestantischen Familie Batthyany besitzt, die Graf Adam Batthyany 1630, als er zum Katholizismus konvertierte, dem Kloster überließ.

Die Aufnahme einiger kleiner burgenländischer Bibliotheken in evangelischem Besitz muß noch geprüft werden.

## SALZBURG

Im Bundesland Salzburg sind insgesamt *19 Bibliotheken* für Handbucheinträge vorgesehen.

Die einzige große Universalbibliothek ist hier die UNIVERSITÄTSBIBLIOTHEK IN DER STADT SALZBURG, deren Kontinuität in der Napoleonischen Zeit unterbrochen wurde (von 1826 bis zur Wiedererrichtung der Salzburger Universität führte sie den Namen Salzburger Studienbibliothek).

Für das Handbuch relevant sind weiters die Bestände der HOCHSCHULBIBLIOTHEK DER HOCHSCHULE FÜR MUSIK UND DARSTELLENDE KUNST "Mozarteum", der größten Kunsthochschule Österreichs, sowie die BESTÄNDE DER INTERNATIONALEN STIFTUNG "MOZARTEUM".

An Museumsbibliotheken ist jene des MUSEUMS CAROLINO AUGUSTEUM zu nennen.

Interessante Bestände finden sich auch im SALZBURGER LANDESARCHIV, das u.a. den Großteil der alten Bibliothek des Kapuzinerklosters Salzburg in Verwahrung hat; an deren Erschließung wird derzeit gearbeitet.

An geistlichen Bibliotheken ist in Stadt und Land Salzburg eine größere Anzahl für das Projekt von Interesse, finden sich doch hier Bibliotheken, die zu den ältesten der Welt zählen (Gründungen um 700), wie die STIFTSBIBLIOTHEK ST. PETER und die BIBLIOTHEK DES BENEDIKTINEN-FRAUENSTIFTES NONNBERG, beide in Stadt Salzburg. Bedeutend sind u.a. auch die BÜCHERSAMMLUNGEN DER TIROLER FRANZISKANERPROVINZ IN DER STADT SALZBURG, des KOLLEGIATSTIFTES MATTSEE und der BENEDIKTINERABTEI MICHAELBEUERN.

## OBERÖSTERREICH

In Oberösterreich sind *23 Bibliotheken* für einen Handbucheintrag vorgeschlagen.

Hervorzuheben sind die BUNDESSTAATLICHE STUDIENBIBLIOTHEK IN LINZ, die BÜCHERSAMMLUNGEN DES ARCHIVS DER STADT LINZ, des OBERÖSTERREICHISCHEN LANDESARCHIVS sowie jene des OBERÖSTERREICHISCHEN LANDESMUSEUMS, ebenfalls in Linz.

Bedeutend ist ferner der historische Buchbestand der KATHOLISCH-THEOLOGISCHEN HOCHSCHULE IN LINZ mit etwa 40.000 Bdn.

Oberösterreich hat darüber hinaus 7 STIFTE mit reichen Bibliotheken: Die Benediktinerstifte KREMSMÜNSTER und LAMBACH, die Augustiner-Chorherrenstifte REICHERSBERG/INN und ST. FLORIAN, die Zisterzienserstifte SCHLIERBACH und WILHERING (u. ehem. Zisterzienserstift ENGELSZELL, jetzt Trappisten) und das Prämonstratenser-Chorherrenstift SCHLÄGL.

Unter den kleineren Ordensbibliotheken finden sich die BIBLIOTHEK DER ELISABETHINEN IN LINZ mit anatomischen und botanischen Schriften vorwiegend des 18. Jhs, die BIBLIOTHEK DES KOLLEGIUMS DER GESELLSCHAFT JESU und jene des KARMELITENKONVENTS IN LINZ sowie die BIBLIOTHEK DES KAPUZINERKLOSTERS GMUNDEN.

## STEIERMARK

Vorläufig sind in der Steiermark *26 Bibliotheken* für Handbucheinträge vorgesehen.

Neben den großen öffentlichen Allgemeinbibliotheken, der UNIVERSITÄTSBIBLIOTHEK GRAZ und der STEIERMÄRKISCHEN LANDESBIBLIOTHEK IN GRAZ, sind im Bundesland Steiermark vor allem die Stiftsbibliotheken von überragender Bedeutung.

Es sind dies die STIFTSBIBLIOTHEKEN der Benediktinerstifte ADMONT (sie darf sich mit etwa 145.000 Bdn zu den größten und schönsten Klosterbibliotheken der Welt zählen), ST. LAMBRECHT und SECKAU sowie des Augustinerchorherrenstiftes VORAU.

Daneben bereichern weitere Ordensbibliotheken die steirische Bibliothekslandschaft: die BIBLIOTHEK DER DOMINIKANER und die PROVINZIALBIBLIOTHEK DER FRANZISKANER IN GRAZ sowie die BIBLIOTHEK DER KAPUZINER IN LEIBNITZ, um nur einige zu nennen. Insgesamt bieten sich etwa 14 geistliche Bibliotheken für einen Handbucheintrag an.

Auch die Bibliotheken geistlicher Institutionen und Schulen sind zu berücksichtigen, etwa die BIBLIOTHEK DES BISCHÖFLICHEN ORDINARIATS GRAZ-SECKAU und die BIBLIOTHEK DES BISCHÖFLICHEN PRIESTERSEMINARS IN GRAZ.

## KÄRNTEN

Kärnten hat etwa *15 Bibliotheken* mit für das Handbuch relevanten Beständen.

Neben der UNIVERSITÄTSBIBLIOTHEK DER UNIVERSITÄT FÜR BILDUNGSWISSENSCHAFTEN IN KLAGENFURT und der BIBLIOTHEK DES LANDESMUSEUMS FÜR KÄRNTEN IN KLAGENFURT sind es großteils Bibliotheken geistlicher Institutionen und Ordensbibliotheken.

Hervorzuheben sind die BESTÄNDE DES DIÖZESANARCHIVS IN KLAGENFURT (das auch die Bestände diverser Stadtpfarren verwaltet), die BISCHÖFLICHE BIBLIOTHEK DER DIÖZESE GURK, die BIBLIOTHEK DES GURKER DOMKAPITELS und die BIBLIOTHEK DES BISCHÖFLICHEN PRIESTERSEMINARS DER DIÖZESE GURK.

Bei den Ordensbibliotheken ist allen voran die STIFTSBIBLIOTHEK DES STIFTES ST. PAUL IM LAVANTTAL zu nennen, daneben die BIBLIOTHEK DES KAPUZINERKLOSTERS IN KLAGENFURT, die BIBLIOTHEK DES DOMINIKANERKON-

VENTES IN FRIESACH und die BIBLIOTHEK DES SERVITENKLOSTERS IN MARIA LUGGAU.

TIROL

Tirol hat ca.*36 Bibliotheken* mit historischen Buchbeständen.

Herr HR Dr. Walter Neuhauser, Leiter der Handschriftenabteilung der Universität Innsbruck, hat sich dankenswerterweise bereit erklärt, Koordinierungsaufgaben und die Herstellung von Kontakten für die Bundesländer Tirol und Vorarlberg zu übernehmen.

Für Handbucheinträge sind neben der UNIVERSITÄTSBIBLIOTHEK INNSBRUCK (einschließlich einer noch nicht genau feststehenden Anzahl von Instituten: Institut für Kirchenrecht, Institut für Römisches Recht, Institut für Deutsche und Österreichische Rechtsgeschichte etc.), der BIBLIOTHEK DES TIROLER LANDESMUSEUMS "FERDINANDEUM", einigen Archiven und Gymnasialbibliotheken (Innsbruck und Hall) eine beachtliche Anzahl von geistlichen Bibliotheken vorgesehen.

Von den insgesamt 17 Pfarr- und Ordensbibliotheken seien nur einige angeführt: Die BIBLIOTHEK DES JESUITENKOLLEGS IN INNSBRUCK (sie ist die größte Bibliothek der Gesellschaft Jesu in Österreich), die BIBLIOTHEK DES SERVITENKLOSTERS IN INNSBRUCK und die KLEINE BÜCHERSAMMLUNG DES PFARRERS SIGISMUND RIS (1479-1596) IN FLAURLING. Für die Aufnahme in das Handbuch vorgesehen sind auch die BIBLIOTHEK DER FRANZISKANER IN TELFS und die BIBLIOTHEK DER SERVITEN IN VOLDERS. Beide Bibliotheken sind noch nicht katalogisiert.

Schließlich ist noch auf 3 STIFTSBIBLIOTHEKEN zu verweisen: die Bibliothek des Prämonstratenser-Chorherrenstiftes WILTEN (hier handelt es sich um das älteste Kloster Nordtirols), die Bibliothek des Benediktinerstiftes ST. GEORGENBERG/FIECHT (zweitältestes Kloster nach Wilten) und die Bibliothek des Zisterzienserstiftes STAMS.

Ferner werden noch Verhandlungen über die Aufnahme von 3 Bibliotheken im Besitz von Privatpersonen geführt.

VORARLBERG

*10 Bibliotheken* sind in Vorarlberg für die Aufnahme in das Handbuch vorgesehen:

- Die VORARLBERGER LANDESBIBLIOTHEK IN BREGENZ, die auch die historischen Bestände des Vorarlberger Landesarchives führt,
- die STADTBIBLIOTHEK FELDKIRCH,
- die BIBLIOTHEK DES VORARLBERGER LANDESMUSEUMS IN BREGENZ sowie

- Bibliotheken geistlicher Institutionen und Orden (u.a. BIBLIOTHEK UND ARCHIV DER DIÖZESE FELDKIRCH, die BIBLIOTHEKEN DER KAPUZINERKLÖSTER FELDKIRCH, BLUDENZ, BREGENZ, die BIBLIOTHEK DER ZISTERZIENSER-ABTEI WETTINGEN-MEHRERAU).

## Das Katalogisieren von Veduten mittels der EDV

**Von Franz Wawrik**

Die Kartensammlung der Österreichischen Nationalbibliothek besitzt neben Landkarten, Globen und einschlägigen Fachbüchern auch Veduten, das sind alte geographisch-topographische Ansichten, also Städte- und Landschaftsbilder. Sie stammen aus der Zeit zwischen dem 16. Jahrhundert und der Gegenwart und umfassen die verschiedenartigsten Herstellungstechniken, wie Aquarelle, Zeichnungen, Holzschnitte, Kupferstiche, Lithographien etc. Rund 270.000 dieser Veduten wurden bereits aufbereitet, so daß sie benutzbar sind. Darüberhinaus existieren bedeutende Bestände, die bisher aus Personal- und Platzmangel noch nicht erschlossen werden konnten. Darunter befinden sich vor allem tausende zum Teil sehr alte Photographien und mehrere hunderttausende Ansichtskarten, die heute bereits einen beträchtlichen Wert darstellen. Da Ansichten von Benutzern immer häufiger verlangt werden, erweist es sich als wünschenswert, auch die bisher außer acht gelassenen Objekte in absehbarer Zeit zu bearbeiten, wobei sich die EDV als Arbeitsinstrument anbietet.

Die Kartensammlung hat daher in Zusammenarbeit mit der Planungsstelle in jüngster Zeit ein Kategorienschema erarbeitet, eine Datenbank erstellt und in Testversuchen erprobt. Seit Anfang dieses Jahres werden neuerworbene Ansichten routinemäßig mit Hilfe der EDV erfaßt, und zwar zur vollsten Zufriedenheit von Bearbeitern und Benutzern. An Hardware steht der in der Kartensammlung installierte Apple Macintosh Plus mit einer externen, sehr raschen Harddisk "Prodisk 40" und dem Drucker "ImageWriter LQ" zur Verfügung. Als Software für die Erstellung der Datenbank wurde "Reflex Plus" verwendet.

Die Datenbank setzt sich aus drei Files zusammen (Ansichten, Autoren, Firmen), die durch Links miteinander verknüpft sind. Dadurch wird gewährleistet, daß neben den Hauptaufnahmen der Veduten auch Karteien der Verfasser (Zeichner, Maler) und Mitverfasser (z. B. Stecher) wie auch der Herausgeber (Institutionen), Verleger und Drucker samt ihren Arbeiten erstellt werden können.

Dabei ist zu bedenken, daß jeder leistungsfähige geographisch-topographische Katalog sinnvollerweise Toponyme (Orts- und Regionalbezeichnungen) als Hauptordnungswörter aufweisen muß. Das Problem der Beschlagwortung war insofern leicht zu lösen, als das Schlagwort bei Veduten üblicherweise ohnehin nur aus einem Begriff besteht. Die Dokumentation von Einzeltafeln (oder –abbildungen) in Ansichtenwerken, etwa in Alben, bereitet keinerlei Schwierigkeiten; es kann für beides die gleiche Eingabemaske benutzt werden.

Ein besonderer Vorteil des angewandten Verfahrens liegt auch darin, daß neben der Online-Abfrage auch Katalogzettel im internationalen Format mit dem gewohnten Erscheinungsbild ausgedruckt werden können. Dies wird durch den leistungsstarken Drucker gewährleistet, der im Stande ist, auch dünnen Karton anstandslos und qualitativ hochwertig zu beschreiben. Für den Ausdruck der Katalogkarten wird stärkeres Endlos-Papier verwendet.

Die mittels Reflex hergestellte Datenbank besteht aus Fixfeldern, deren erforderliche Größe man bei der Erstellung natürlich bedenken muß. Sind sie für den aufzunehmenden Text zu klein, so ist ein Teil nicht mehr lesbar, obwohl er natürlich gespeichert wird. Sogenannte "keywords", für die der Computer eigene Register anlegt, sind für die eindeutige Identifizierbarkeit der Eintragungen notwendig und können auch sehr rasch abgefragt werden. Prinzipiell sind allerdings alle Kategorien – auch in Kombinationen – abfragbar. Dies geht dann allerdings langsamer. Kompliziert ist die Abfrage der "links", jener Kategorien also, die eine Verbindung zu anderen "files" ermöglichen. Sie können nur mit Hilfe komplizierter Suchbehelfe angesprochen werden. "Links" sind erforderlich zur Anknüpfung von Nebendateien, in unserem Fall z. B. einer Kartei der Autoren oder der Verleger.

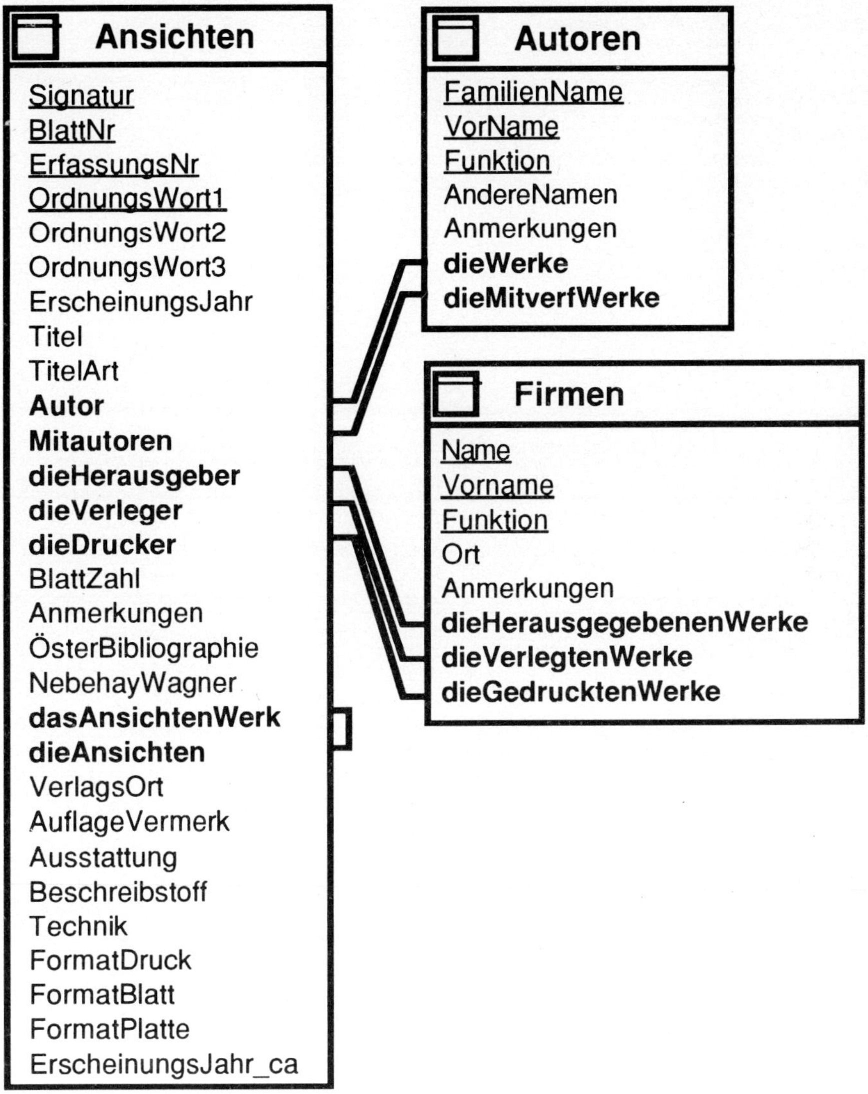


Verknüpfung der Files

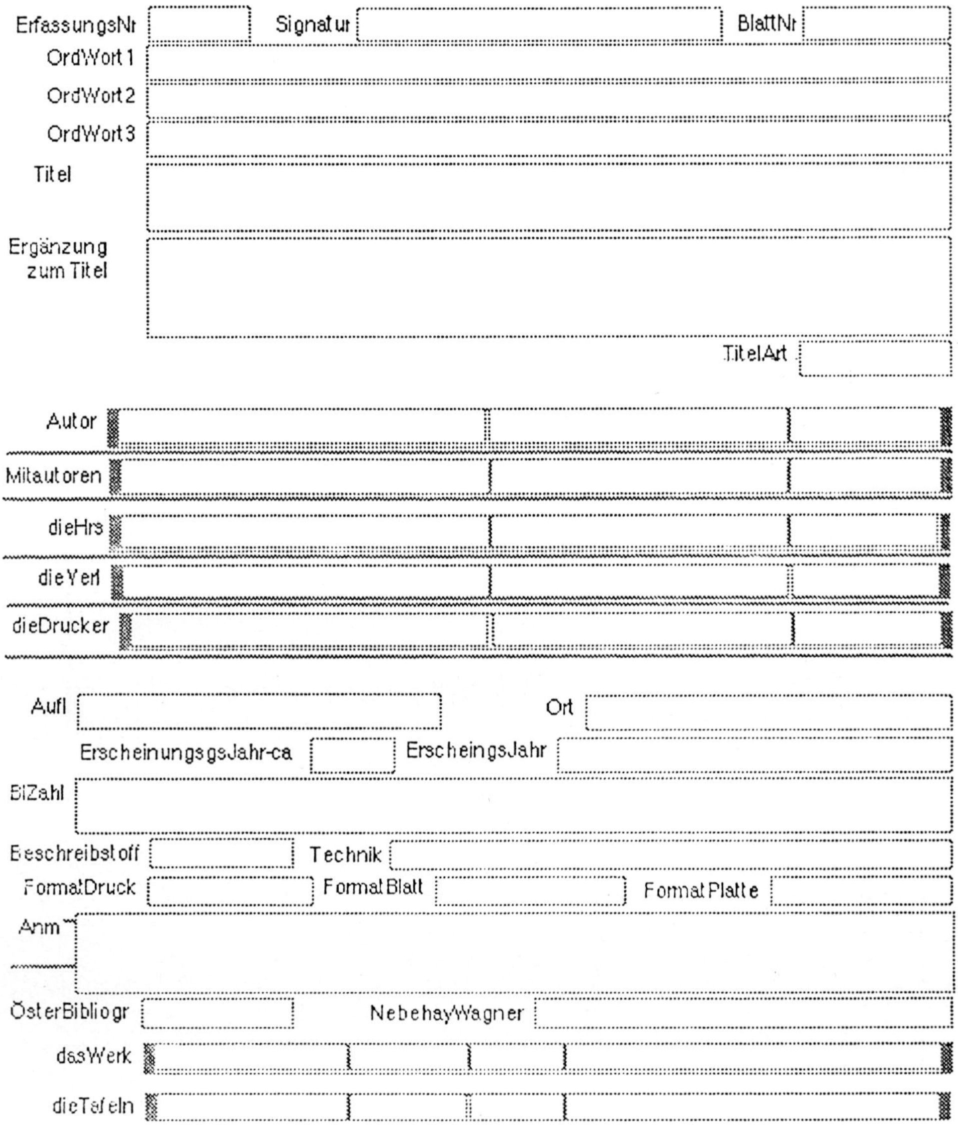
ErfassungsNr Signatur BlattNr
OrdWort 1
OrdWort 2
OrdWort 3
Titel
Ergänzung zum Titel
TitelArt
Autor
Mitautoren
dieHrs
dieVerl
dieDrucker
Aufl Ort
ErscheinungsgsJahr-ca ErscheingsJahr
BlZahl
Beschreibstoff Technik
FormatDruck FormatBlatt FormatPlatte
Anm
ÖsterBibliogr NebehayWagner
dasWerk
dieTafeln

Eingabemaske für das Ansichten-File

## Böhmen, West- : Burgen

II 43.325

Belohlávkova, Jana: Západoceské hrady a zámky. Kommentare auf Rücks. d. Taf

Praha: Západoceske Nakladatelství , 1988. Drucker: Alte Bücherei; Vytiskla Polygrafia.

Farbendruck, 22 x 16 cm.

Nebst: Einführung.

Taf.:

1 Andelskrá Hora (Engelhaus bei Karlsbad).
2 Andelska Hora (Engelhaus bey Karlsbad).
3 Becov nad Teplou – hrad (Petschau).
4 Becov nad Teplou – hrad.
5 Dolní Lukavice.
6 Cheb (Eger).
7 Cheb (Eger).
8 Kacerov (Das Schloß Katzerhof, auf der Hersch. Plass, in Pilsner Kreises (!).
9 Klenová (Klenau).
10 Libá (Liebenstein).
11 Liblín (Prospect des Schloss Liblin in Pilsner Kreis.
12 Libstein (Das Schloss Liebstein in Böhmen vom Aufgang anzusehen).
13 Loket (Ellbogen).
14 Loket.
15 Loket.
16 Oselce (Woseletz).
17 Ostroh (Seeberg).
18 Ostrov nad Ohrí (Schlackenwerth).
19 Plasy (Die ehemalige Cistercienser Abtey Plass in Böhmen
20 Rábí (Raby).
21 Rábí (Raby).
22 Rabstein (Rabenstein).
23 Struzná (Gishübel).
24 Topografické panneau cernínskych zámku.

Ausdruck einer Serieneintragung

**Liblin** II 43.325.11

Prusik, M.: Liblín (Prospect des Schloss Liblin in Pilsner Kreis. [Orig.: M. Prusik, kol. 1800? – Aquarell, 41,2 x 25,8 cm]

Praha, 1800 ? (1988).

Farbendruck, 22 x 16 cm.

Orig.: Pilsen, Westböhmisches Museum.

**In:** Belohlávkova, Jana: Západoceské hrady a zámky. 1988.

Ausdruck eines Stücktitels

**Berger, V.**

Als Mitverfasser siehe unter:

Eger (1807 (1988)) II 43.325,6
Ellbogen (1801 (1988)) II 43.325,13
Engelhaus bei Karlsbad (1802 (1988)) II 43.325,1
Rabenstein (1800 (1988)) II 43.325,22
Woseletz (1806 (1988)) II 43.325,16

Autoren-Verweisung

ErfassungsNr 13 Signatur II 43.325 BlattNr

OrdWort1 **Böhmen, West- : Burgen**

OrdWort2 **Böhmen, West- : Schlösser**

OrdWort3

Titel Západoceské hrady a zámky.

Ergänzung zum Titel Kommentare auf Rücks. d. Taf

TitelArt

Autor Belohlávkova Jana

Mitautoren Slonek Vladimir

dieHrs

dieVerl Západoceske Nakladatelství

dieDrucker Alte Bücherei Böhmische
Vytiskla Polygrafia

Aufl Ort Praha

ErscheinungsgsJahr-ca ErscheingsJahr 1988

BlZahl 8 S., 24 Taf.

Beschreibstoff Technik Farbendruck

FormatDruck 22 x 16 FormatBlatt 30 x 21 FormatPlatte

Anm Nebst: Einführung

ÖsterBibliogr NebehayWagner

dasWerk

dieTafeln

| | | |
|---|---|---|
| II 43.325 | 14 | Engelhaus bei Karlsbad |
| II 43.325 | 15 | Engelhaus bei Karlsbad |
| II 43.325 | 16 | Petschau |
| II 43.325 | 17 | Petschau |
| II 43.325 | 18 | Dolní Lukavice |
| II 43.325 | 19 | Eger |
| II 43.325 | 20 | Eger |
| II 43.325 | 21 | Katzerhof/Hersch |
| II 43.325 | 22 | Klenau |
| II 43.325 | 23 | Liebenstein |
| II 43.325 | 24 | Liblin |
| II 43.325 | 25 | Liebstein |

# UBIALT - ERSCHLIEßUNG DER ALTBESTÄNDE DER UNIVERSITÄTSBIBLIOTHEK INNSBRUCK BIS 1800 MIT BIBOS

**Von Eva Ramminger und Sieglinde Sepp**

Anfang 1990 wurde an der Österreichischen Nationalbibliothek das Projekt "Handbuch der historischen Buchbestände in Österreich" ins Leben gerufen. Dieses Projekt soll in enger Anlehnung an das in Deutschland seit 1986 laufende Unternehmen "Handbuch der historischen Buchbestände in der Bundesrepublik Deutschland und in Berlin (West)" die historischen Buchbestände an österreichischen Bibliotheken dokumentieren.

Die Universitätsbibliothek Innsbruck ist eine von etwa 40 Bibliotheken in Nord- und Südtirol, die an diesem Projekt mitarbeiten. HR Dr. Walter Neuhauser leitet eine der vier regionalen Redaktionen und zwar die Redaktion für Westösterreich, umfassend Tirol und Vorarlberg und die Südtirol-Kontakte.

Wenn die Anforderungen des Handbuches erfüllt werden sollen, so sind an der Universitätsbibliothek Innsbruck noch wesentliche Erschließungsarbeiten an ihren Altbeständen notwendig. Dazu gehören vor allem folgende Komplexe: Aufschlüsselung nach Jahrhunderten, nach Sprachen und vor allem nach Sachgruppen.

Die Aufschlüsselung nach Jahrhunderten stellt das geringste Problem dar, da zumindest die Bestände bis einschließlich 1700 nach Jahrhunderten getrennt aufgestellt sind und auch entsprechende Signaturenlisten existieren.

Nicht möglich ist derzeit jedoch eine Aufschlüsselung nach Sprachen. Dazu müßten die gesamten Bestände oder zumindest die entsprechenden Kataloge durchgearbeitet werden.

Bei der Erschließung nach Sachgruppen kann derzeit nur der sog. "Alte systematische Katalog" herangezogen werden. Dieser Katalog hat zwar den Vorteil einer recht detaillierten und differenzierten Systematik, ist jedoch äußerst unvollständig, besonders was die Bestände bis ca. 1750 betrifft. Von der Aufstellung unserer Altbestände her ist ein sachlicher Zugang nicht möglich; es wurden zwar vor der Umstellung auf Numerus-currens-Signaturen und entsprechender Aufstellung die Bestände nach groben Sachgruppen aufgestellt, bei der Umstellung wurde diese Ordnung jedoch weitgehend zerstört, nur Reste sind davon noch sichtbar (so sind z.B. viele kirchenrechtliche Werke auch heute noch in mehreren Blöcken zusammengestellt; die Tirolensien sind in eigenen Signaturengruppen aufgestellt, auch viele alte Dissertationen stehen beisammen).

Es ist auch mit dem derzeitigen Stand der Erschließung nicht möglich, einzelne Buch- und Literaturgattungen herauszufiltern, wie etwa Dissertationen, Liturgika, Illustrierte Werke, Lehrbücher, Schulprogramme etc.

Am einfachsten ist die Situation bei den Inkunabeln. Hier existiert ein Inventar nach Hain-Nummern und eine Aufschlüsselung nach Druckorten und Druckern. Allerdings läßt auch hier die Erschließung nach Sprachen und Sachgruppen zu wünschen übrig.

Als wir uns Gedanken darüber machten, wie wir die noch fehlenden Informationen für die Arbeit am "Handbuch" erhalten könnten, ergaben sich mehrere Möglichkeiten der Vorgangsweise:

Am einfachsten erschien uns zunächst, die vorhandenen Signaturenrepertorien nach Werken bis 1900 durchzuarbeiten und in Form von Strichlisten die einzelnen Kategorien (Jahrhundert, Sprache, Sachgruppe) zu erfassen. Diese Arbeit wäre sicher in einer absehbaren Zeit zu erfüllen gewesen, hätte aber den Nachteil, daß außer einer statistischen Erfassung keine weiterführenden Informationen geblieben wären.

Eine weitere Möglichkeit wäre die Durchsicht der alten Titelkopien gewesen, die im Durchschnitt mehr Informationen geboten hätten als die Signaturenrepertorien. Der Endeffekt wäre jedoch derselbe gewesen; zudem erfassen die Titelkopien unsere Altbestände nicht vollständig.

Eine weitere Möglichkeit bot sich darin, den vorhandenen alphabetischen Katalog auf Bestände bis 1800 bzw. 1900 durchzuarbeiten, die in Frage kommenden Zettel zu kopieren und nach verschiedenen Aspekten zu ordnen. Bei dieser Art der Erfassung erhofften wir uns außer der Statistik für das Handbuch auch ein internes Arbeitsinstrument für die Bearbeitung von Anfragen und für die Benützung unserer Altbestände. Wir können nämlich bislang viele immer wiederkehrende ähnliche Anfragen nicht oder nur sehr unzuänglich beantworten, so z.B. Fragen nach bestimmten Themenkreisen, nach Druckern, nach Buchgattungen usw.

Unsere Altbestände bis 1930 sind in unserem alphabetischen Katalog in Form von Kurztitelaufnahmen nach PI um 1960 eingearbeitet worden. Diese Aufnahmen enthalten im Normalfall folgende Informationen: Signatur, Autor, Sachtitel, Erscheinungsort und -jahr. Titel wurden häufig stark gekürzt. Drucker bzw. Verleger sind nur selten angegeben. Völlig fehlen Kollationsvermerke.

Diese zuletzt angeführte Art der Erschließung unserer Altbestände für das Handbuch erschien uns zwar von Anfang an als arbeitsaufwendiger als die anderen, bietet uns jedoch so viele Vorteile für die interne Arbeit, daß wir diesen Aufwand gerne in Kauf nehmen wollen. Ebenfalls von Anfang an jedoch waren wir wenig begeistert von der Aussicht, immer wieder dieselben Grundinformationen (Katalogzettel) anders zu ordnen und evtl. in Listenform zu speichern. Wir sahen daher in der seit August 1988 bei uns eingeführten Katalogisierung mit BIBOS eine zweckmäßige Art, dieses Problem in den Griff zu bekommen. Selbstverständlich ist uns bewußt, daß dieses Programm für die Erfassung von alten Büchern momentan noch nicht ohne Kompromisse und Schwierigkeiten zu verwenden ist. Ebenso sind wir uns dessen bewußt, daß eine völlig RAK-gerechte Titelaufnahme mit Autopsie aus zeitlichen Gründen nicht möglich ist. Eine grundsätzliche Einschränkung haben wir ebenfalls aus Zeitgründen treffen müssen: wir werden nur unsere

Bestände bis 1800 genau erfassen, für das 19. Jahrhundert werden wir auf die erste genannte Möglichkeit, Durchsicht der Nummernrepertorien und Strichlisten, zurückgreifen.

Wir haben uns also zu folgendem Vorgehen entschlossen:

1. Durchsicht des alphabetischen Zettelkataloges nach Beständen bis 1800
2. Herausziehen aller Hauptaufnahmen, Namens-, Titel- und sonstiger Verweise
3. Kopieren der Zettel
4. Ordnung nach dem Zettel der Hauptaufnahme, d.h. alle Verweise werden an den Hauptaufnahmezettel angehängt
5. Bibliographieren der Hauptaufnahmen in folgenden Nachschlagewerken: GK, BSB-AK, VD 16, GW und Hain. Andere Nachschlagewerke sollen nur in Ausnahmefällen herangezogen werden. Auch eine Autopsie ist nur in Ausnahmefällen vorgesehen.
6. Eingabe der bibliographierten Titel in das System BIBOS in Form von möglichst RAK-gerechten Titelaufnahmen.

Ausgefüllt werden zumindest folgende feste Felder und Kategorien:

a) Nationalität (möglichst nach historischen Kriterien)
b) Jahr
c) Sprache
d) Auflage
e) Signatur mit Untersignatur
f) Kat. 100 ff: Verfassernamen werden nach RAK-PMA bzw. analog dazu bzw. nach dem Vorbild des BSB-AK angesetzt. Namensverweise werden nur von folgenden Ansetzungsvarianten gemacht: Ansetzung auf dem Katalogzettel der Universitätsbibliothek Innsbruck, Ansetzung in VD 16, GK und GW. Selbstverständlich werden Herausgeber, Mitarbeiter, Kommentatoren u.ä. in den entsprechenden Kategorien verzeichnet, wenn sie auf unserem Katalogzettel aufscheinen bzw. bibliographiert wurden.
g) Kategorie 300 ff.: Bei der Ansetzung des Sachtitels (331) wird eine normierte Orthographie verwendet, die Grammatik der Vorlage wird nach Möglichkeit beibehalten. Einheitssachtitel (304) werden angegeben, ebenso Parallelsachtitel (341).
h) Kategorie 410 und 412: Der Druckort wird in der vorliegenden und (in eckiger Klammer) in der modernen deutschen Form angegeben. Drucker bzw. Verleger werden nur dann angegeben, wenn sie auf dem Katalogzettel stehen, bzw. in den verwendeten Bibliographien nachzuweisen sind. Die Kategorie 433 (Kollationsvermerk) bleibt derzeit unausgefüllt.

7. Besonders wichtig erscheint uns eine sachliche Erschließung unserer Altbestände. Aus diesem Grund füllen wir folgende Kategorien der Sacherschließung in BIBOS aus:

a) Sachgruppe: nach der "Sachgruppenübersicht der Deutschen Bibliographie"
b) Kategorie 700 wird versehen mit dem Sigel "UBIalt" zur Kennzeichnung der Besonderheit dieser Aufnahmen, derzeit auch im OPAC zur Kennzeichnung der Nichtentlehnbarkeit.
b) Kategorie 715 wird nicht benützt, da wir nicht mit Autopsie beschlagworten und oft keine RSWK-gerechten Schlagwörter bzw. Schlagwortketten bilden können.

c) Als Ersatz dient uns die Kategorie 720, in die wir folgende Sacherschließungsinformationen eingeben: Formalschlagwörter (nach einem hauseigenen möglichst RSWK-analogen Thesaurus), weite Schlagwörter (z.B. Kirchenrecht, Chirurgie usw.) zur Untergliederung der Sachgruppen; Personen- und Ortsnamen; manchmal auch Schlagwortketten.
d) In vielen Fällen wird nur die Sachgruppe ausgefüllt und kein Schlagwort vergeben, z.B. bei Dissertationen, Sammlungen und wenig aussagekräftigen Titeln.

Mit dem Stand Ende August 1990 sind die Vorarbeiten des Zettelziehens und -kopierens bis zur Buchstabengruppe He (entspricht etwa einem guten Drittel des Gesamtbestandes) gediehen, die Überprüfung bis "Eyb". In BIBOS sind derzeit erst etwa 100 Titelaufnahmen eingegeben; nach dem Bibliothekartag soll die Eingabe in BIBOS konzentriert weitergehen.

## ENTWICKLUNG EINER KLIMAGEREGELTEN AUSSTELLUNGSVITRINE FÜR EMPFINDLICHE OBJEKTE

### Von Manfred Mayer

Der schädigende Einfluß von Klimaschwankungen auf Objekte aus Holz, Papier, Pergament, etc. ist seit langem bekannt und erwiesen. Hierbei sind besonders die kurzzeitigen Änderungen der Temperatur und Feuchtigkeit von starker Auswirkung. Bei Büchern kommt es zu inneren Spannungen im Bereich der Gelenke und der Heftung, Pergament reagiert auf diese Schwankungen mit Formatänderungen. Zu hohe Luftfeuchtigkeit führt zu Korrosionserscheinungen bei Metallschließen und -beschlägen und begünstigt die Entstehung von Schimmelpilzen und Mikroorganismen.

In der Universitätsbibiliothek Graz werden Handschriften, Frühdrucke und seltene Druckschriften in einem vollklimatisierten Bücherbunker bei konstanter Temperatur von 17°C und relativer Feuchte von 50 bis 55% gelagert. Davon und von den Ausstellungsbedingungen ausgehend, die nun neuerdings durch einen neuen Mustervertrag von Seiten des BMfWF festgeschrieben wurden, war es mir ein Anliegen, diese Werte für unsere Bücher auch während einer Ausstellung aufrecht zu erhalten, wobei die Verwendung von Vitrinen schon allein aus Sicherheitsgründen selbstverständlich ist. Herkömmliche Vitrinen schützen zwar die Objekte gegen Staub, Berührung und Diebstahl, wirken aber trotz eingebrachter Feuchtestabilisatoren, wie z.B. Kieselgel, den Klimaschwankungen von außen nur unzureichend entgegen, wie langfristige Vergleichsmessungen ergaben. Gegen relativ hohe Temperaturen, wie sie im ungünstigen Fall bei Ausstellungen in der warmen Jahreszeit auftreten, hilft nur die Verwendung einer stabil gekühlten Vitrine, wobei aufgrund physikalischer Zusammenhänge auch die Feuchte stabil bleibt, soferne die Vitrine einigermaßen dicht ist.

Da gekühlt werden muß, kommt dafür nur eine sogenannte "aktive" Vitrine in Betracht, das heißt, man muß Energie von außen - z. B. aus dem Stromnetz - zuführen. Sie funktioniert also nur dann befriedigend, wenn Strom ununterbrochen zur Verfügung steht. Verbunden mit jedem technischen Innenleben ist aber auch eine gewisse Störanfälligkeit nie ganz auszuschließen.

Um aber trotz der angeführten Nachteile die systembedingten Eigenheiten einer Kühlvitrine kennenzulernen, sich deren Beschaffung aber als schwierig und zu teuer erwies, entschloß ich mich, eine Eigenentwicklung durchzuführen. Als Endziel sollte aus handelsüblichen, zuverlässigen Komponenten eine preiswerte Lösung gefunden werden, wobei die Erkenntnisse, die man während der Entwicklung gewinnt, auch den Bau andersformatiger Vitrinen für den bibliotheksinternen Bedarf ermöglichen sollen.

Ich möchte aber ausdrücklich betonen, daß durch diese Konstruktion, möge sie auch noch so gut funktionieren, keineswegs einer verstärkten Ausleihe wertvoller Bücher Tür und Tor geöffnet werden soll. Für die Erhaltung von empfindlichen Objekten ist es immer besser, diese vom Ausstellungsverkehr möglichst auszuschließen.

*Mit der Entwicklung waren folgende Randbedingungen verknüpft:*

Die Vitrine sollte:

- transportabel sein und eine waagrechte Präsentationsfläche von ca. 60 x 100 cm haben, sodaß 3 bis 4 Bücher kleineren Formates in aufgeschlagenem Zustand Platz finden,
- einen konstant gekühlten Innenraum von +18°C und eine rel. Feuchte zwischen 50% und 60% aufweisen, mit möglichst geringen Schwankungen beider Werte,
- einen aufklappbaren, versperrbaren Deckel aus Sicherheitsglas in Pultform haben,
- größtenteils aus einfach erhältlichen, zuverlässigen Komponenten bestehen,
- ein Anzeigefeld besitzen, welches über die innen herrschenden Verhältnisse Auskunft gibt,
- eine zweistufige elektronische Sicherung mit Alarmausgang im Störungsfalle besitzen,
- erschütterungsfrei und leise arbeiten,
- außen vom jeweiligen Ausstellungsarchitekten beliebig verkleidbar sein.

Realisiert wurden diese Vorgaben durch Verwendung einer handelsüblichen Kühltruhe eines namhaften Herstellers, wobei der Originaldeckel durch einen versperrbaren Pultdeckel ersetzt wurde. Dieser Pultdeckel besteht aus einem Trägerskelett aus poliertem Holz, in dessen Nuten auf der Oberseite und in den Seitenteilen bruchsicheres Glas eingeschoben ist.

Die Objekte liegen auf einer mit Filz bespannten Holzplatte, wobei an den Rändern jeweils ein Zwischenraum von 2 cm für die Umluftführung notwendig ist. Ein extrem leise laufender Walzenventilator zwingt die Luft an den kalten Innenwänden der Truhe und an vorkonditionierten Kieselgelplatten vorbei, wo sie auf den gewünschten Wert klimatisiert wird. Die Luft tritt dann in den eigentlichen Ausstellungsraum ein, streicht langsam an den Objekten vorbei und gelangt dann wieder zum Ventilator, wo das Spiel von vorne beginnt.

Den meisten Aufwand erforderte die Entwicklung des elektronischen Regelsystems:
Ein Temperatur- und Feuchtefühler gibt seine elektronischen Ausgangswerte an einen Regler weiter, der diese mit den vorprogrammierten Werten vergleicht und danach das Kühlaggregat steuert. Auf der Vorderseite der Vitrine befinden sich Zeigerinstrumente und diverse Lämpchen, welche über die gerade herrschenden Innenklimawerte Auskunft geben. Zusätzlich ist ein akustischer Alarmgeber eingebaut, der das Aufsichtspersonal auf eine eventuelle Fehlfunktion des Gerätes aufmerksam macht. Bei Stromausfall bleibt die Feuchte aufgrund des Kieselgels nahezu konstant, die Temperatur steigt um 1°C pro Stunde, bis die Raumtemperatur erreicht ist.

Es muß an dieser Stelle betont werden, daß trotz der Einfachheit des Gesamtsystems ein Restaurator oder eine geschulte Person für die richtige Anordnung der Objekte und die laufende Beobachtung der Ausstellungsvitrine unbedingt notwendig ist. Technische Geräte dieser Art müssen zumindest in der Anfangsphase einer Ausstellung betreut werden, um Fehlfunktionen auszuschließen.

Erwähnenswert ist auch der geringe Leistungsbedarf von ca. 60 Watt/Stunde (entspricht einer Glühlampe) und die damit verbundene sehr geringe Wärmeabgabe an den Ausstellungsraum. Der Vitrinenkorpus wird praktisch nicht warm und kann daher vom Ausstellungsarchitekten beliebig adaptiert werden.

Abschließend soll festgehalten werden, daß hier mit verhältnismäßig geringem finanziellem Aufwand ein Konzept gefunden wurde, empfindliche Exponate für die Dauer eines Ausstellungsbetriebes aus heutiger Sicht klimatisch einigermaßen gut zu schützen. Nach diesem Konzept könnten von einschlägigen Firmen weitere Vitrinen beliebigen Formates gebaut werden, wobei ich mir vorstellen kann, daß die Nachfrage das Angebot bestimmt.

# KOMMISSION FÜR BIBLIOTHEKSBENÜTZUNG UND ÖFFENTLICHKEITSARBEIT

## Kommission für Bibliotheksbenützung und Öffentlichkeitsarbeit
## Tätigkeitsbericht für die Funktionsperiode 1988-1990

**Von Martin Wieser**

*5. Sitzung am 14.11.1988*
Themen:
1. Fragebogenaktion - Fortsetzung der vorhergegangenen Sitzung (Duchkowitsch)
2. Drei Monate BIBOS an der UB-Innsbruck unter besonderer Berücksichtigung von Benutzerschulung und Öffentlichkeitsarbeit (Wieser)

*6. Sitzung am 19.1.1990*
(gemeinsam mit der Kommission für EDV-Anwender)
Themen:
1. BIBOS und Benützer (Wieser, Würzl, Leitner, Neuböck, Hois)
2. Marktforschungsstudie an der UB-Innsbruck (Grass, Vonier)
3. GRIBS (Hirschegger)
4. Erfahrungen mit CD-ROM Datenbanken im Benützungsbereich (Wieser, Leitner, Humpeler)
5. Medienkampagne an der Vorarlberger Landesbibliothek (Humpeler)

*7. Sitzung am 5.9.1990*
Themen:
1. Elektronische Medien in der Bibliothek (Brody)
2. Fünf Jahre Forschungsabteilung an der ÖNB (Duchkowitsch)

## Protokoll der Kommissionssitzung am 5. September 1990 in Bregenz

*Wieser* begrüßt die Anwesenden. Das Protokoll der letzten Sitzung wird genehmigt. In Abänderung der Tagesordnung wird aus technischen Gründen das Referat *Brody* vorgezogen. (Der bei dem Beitrag verwendete Apple-Computer wird auch bei einer anderen Kommissionssitzung benötigt.) *Wieser* stellt *Brody* als Mitarbeiter der Planungsstelle an der ÖNB vor und weist auf dessen Beschäftigung mit elektronischen Medien hin.

Referat *Brody*: "Elektronische Medien in der Bibliothek". Aus der anschließenden Diskussion wird deutlich, daß die Anwesenden von *Brodys* Demonstration sehr beeindruckt sind.

Anschließend leitet *Wieser* auf den zweiten Beitrag über und betont, daß Öffentlichkeitsarbeit hierzulande eher ein Stiefkind des Bibliothekswesens ist; sehr oft würden zwar in

diese Richtung Lippenbekenntnisse abgegeben, denen jedoch selten Taten folgen würden. Eine rühmliche Ausnahme in dieser Situation stelle die ÖNB dar, die seit einiger Zeit eine eigene Abteilung - die Forschungsabteilung - für diesen Bereich habe.
Referat *Duchkowitsch*: "5 Jahre Forschungsabteilung an der ÖNB"

Die nächste Sitzung wird voraussichtlich wieder gemeinsam mit der Kommission für EDV-Anwender abgehalten werden und im Jänner 1991 in Wien stattfinden.

## DIE FORSCHUNGSABTEILUNG DER ÖSTERREICHISCHEN NATIONALBIBLIOTHEK

**Von Wolfgang Duchkowitsch**

### *1. Gründung – gesetzlicher Hintergrund und Personalstand*

Die Forschungsabteilung ist mit ihrer Gründung vom 1. April 1984 die jüngste Abteilung im großen Haus der Österreichischen Nationalbibliothek (ÖNB). Ihre Etablierung geht auf das Forschungsorganisationsgesetz (FOG) vom 1. Juli 1981 zurück, das der ÖNB unter ihren zahlreichen Aufgaben an letzter Stelle "die Durchführung einschlägiger Forschungen und Untersuchungen" (§ 28, Abs. 3, Z. 13) zuweist. Erläuternd findet sich dazu in den "Stenographischen Protokollen des Österreichischen Parlaments": "Als einschlägige Forschungen gelten Forschungen aus dem gesamten Gebiet des Buch–, Bibliotheks-, Dokumentations- und Informationswesens sowie sonstiger kultureller Bereiche, insoweit diese Gebiete in den Aufgabenbereich der Österreichischen Nationalbibliothek fallen, in Betracht kommen."

Vor diesem breitestmöglich abgesteckten Horizont begann die neue Abteilung ihre Arbeit, um folgende allgemeine bzw. übergreifende sowie spezifische Aufgaben zu erfüllen:

- Durchführung von Forschungen und Untersuchungen im Bereich des Bibliotheks-, Dokumentations- und Informationswesens;
- Koordination der von den einzelnen Sammlungen der ÖNB durchzuführenden Forschungsaufgaben über Auftrag des Generaldirektors;
- Organisation des Ausstellungs-, Veranstaltungs- und Publikationswesens der ÖNB,
- Planung und Organisation der Öffentlichkeitsarbeit der ÖNB.

Ebenfalls mit 1. April erhielt die Abteilung ihre offizielle Benennung: Forschungsabteilung der Österreichischen Nationalbibliothek (einschließlich Öffentlichkeitsarbeit). Das konstruktionsmäßig ausgezeichnet durchdachte Vehikel, verstanden hier als Mittel zum Zweck, hatte in den ersten zwei Jahren seiner Fahrt wohl einen Lenker, aber eben nur diesen. Nach Zuweisung eines Jugendpostens gewährte es danach für kurze Zeit Mitfahrgelegenheit für Kolleginnen im Akademikertraining. Sie haben mit großem Engagement sehenswerte Sonderausstellungen im Foyer zum Hauptlesesaal und die dazugehörigen Dokumentationen gestaltet. Die Mühe ihrer Einschulung hatte sich mehr als gelohnt. An den organischen Aufbau einer internen Struktur war jedoch nicht zu denken, zumal eine weitere in Aussicht gestellte Überbrückungshilfe durch MitarbeiterInnen aus dem Akademikertraining unerwartet ausblieb.

Aufgrund dieses personellen "Notprogramms" verblieb es zunächst bei einem "Flickwerk". Die in den "Stenographischen Protokollen des Parlaments" angedeutete Dimension potentieller Forschungs– und Untersuchungsfelder konnte während der ersten Bestandsjahre der Abteilung lediglich ansatzweise betreten werden. An dieser unbefriedigenden Situation hat sich trotz einer gewährten Personalaufstockung um eine A– und eine d–Kraft (halbtags) nicht viel geändert, zumal es nunmehr galt, zusätzliche administrative Aufgaben zu erledigen. Somit blieb eine solide Konzentration auf die Durchführung von Forschungen und Untersuchungen im Sinne des FOG in die Ferne gerückt.

Gegenwärtig hält die Forschungsabteilung nach wie vor bei folgendem Personalstand: Leiter (Akademiker) und Stellvertreterin (Akademikerin), eine d–Kraft (halbtags) und ein Jugendposten.

## *2. Aufgaben und Leistungen*

Seit dem Bestehen der Abteilung haben sich mehrere interne wie externe Aufgaben zu einer alltäglichen Routineangelegenheit entwickelt, über die kein besonderes Zeugnis abgelegt werden kann. Diese erschöpfen sich graduell unterschiedlich in administrativen Angelegenheiten, zu denen nicht zuletzt die Beantwortung telephonischer Anfragen zählt, etwa zum Stellenwert der ÖNB als Archivbibliothek, zur Ablieferung der "Pflicht", zu Urheberfragen, zu Fragen des Datenschutzes, zu Benützungsmodalitäten der Bibliothek, zu den Öffnungszeiten der Druckschriftensammlung sowie der Sondersammlungen und des Prunksaales, zu Eintrittspreisen für den Prunksaal, zu Führungen, zu Veranstaltungen des Hauses etc.

### *2.1. Öffentlichkeitsarbeit der ÖNB*

Nicht nur gemessen an ihrem Zeitaufwand nahmen diverse PR–Aktivitäten einen hohen Stellenwert im gesamten Aufgabenspektrum der Abteilung ein. In ihrem Rahmen wurden kontinuierlich folgende – unsystematisch wiedergegebene – Agenda wahrgenommen:

- Redaktion, Satz, Lay–out und Distribution der Hauszeitschrift "Palatina–Nachrichten" mit einer – üblicherweise – vierteljährlichen Erscheinungsweise;
- Redaktion des Jahresberichtes der ÖNB gemeinsam mit dem Referat für Betriebsorganisation;
- Redaktion der Arbeits– und Forschungsberichte an das BMWF;
- Schnellinformationsdienst zur Bekanntmachung diverser offizieller Veranstaltungen des Hauses, wie z.B. Gesprächsrunden, Tagungen, Symposien, Dichterlesungen, Buchpräsentationen, Ausstellungen u.a.m.;

- Organisation des "Tags der offenen Tür" am Nationalfeiertag, Vervielfältigung und Distribution der Informationsmaterialien;
- Teilnahme an Sitzungen des Arbeitskreises "Publizistische Aktivitäten der Museen" (PAM) beim BMWF sowie an Sitzungen der Österreichischen UNESCO–Kommission zu Fragen der Medien– und Kommunikationskultur;
- ständige Betreuung und Erweiterung einer eigens aufgebauten Adreßdatenbank, um zielorientierte Einladungen zu den diversen offiziellen Veranstaltungen der ÖNB zu ermöglichen;
- übliche Medienarbeit: Presseaussendungen, persönliche Kontaktnahme mit Medienarbeitern, Vorbereitung von Pressekonferenzen, Hilfestellung bei Projekten des ORF und ausländischer Fernsehunternehmen, wie z. B. bei der Serie "Fenstergucker" oder eines Porträts von Sir Karl Popper, etc.; Verfassen von Leserbriefen; Mitarbeit bei in– und ausländischen Verzeichnissen aller Art, Handbüchern und Lexika;
- Verwaltung und Verwertung eines Pressearchivs (Dokumentation der Medienpräsenz der ÖNB).

### *2.2. Ausstellungen*

Der Abteilung obliegt seit ihrer Gründung die Organisation, Betreuung und Dokumentation der allmonatlich wechselnden Sonderausstellungen im Foyer zum Hauptlesesaal. Sie ist auch selbst zu deren Gestaltung verpflichtet.

Im Verlaufe der letzten Jahre hat die Abteilung insgesamt zwölf Ausstellungen eingerichtet, über die großteils im Österreichischen Fernsehen (ZIB 1 und Kultur) berichtet wurde. Stellvertretend für sie seien hier drei Ausstellungen mit zeithistorischem Bezug genannt: "Befreiung Österreichs 1945 – Alltag nach dem Nationalsozialismus", "Der Staatsvertrag 1955" und "100 Jahre Erste–Mai–Feiern". Nicht nur in bibliothekarischer Hinsicht gefielen besonders die Ausstellung "250 Jahre Benützerordnung der Nationalbibliothek" sowie eine Ausstellung "Jakobiner in Österreich".

Neben diesen Aktivitäten hatte sich die Abteilung für die Organisation von Fremdausstellungen zu kümmern. Den bisherigen Höhepunkt bildete 1988 die Ausstellung "Verbrannte Literatur", die im Gedenken an das Jahr 1938 von der Akademie der bildenden Künste/Berlin im Oratorium und Refektorium eingerichtet worden ist. Anläßlich ihrer Eröffnung setzte Bundeskanzler Dr. Franz Vranitzky deutliche Akzente zur Gesamtbereinigung der österreichischen Geschichte zwischen den Jahren 1933/34 – 1945.

### *2.3. Veranstaltungen*

Mit Antritt der gegenwärtig amtierenden Generaldirektorin hat sich das institutionelle Selbstbild der ÖNB stark verändert. Das Schlagwort der 70er Jahre, Bibliotheken sind Kommunikationszentren, wurde endlich mit Leben erfüllt. Im Rahmen dieses Prozesses, der zu einer breiten Öffnung der ÖNB führte, konnte die Forschungsabteilung durch Betreuung oder Organisation von Veranstaltungen mitwirken.

Die guten Kontakte etwa zum Literarischen Quartier "Alte Schmiede" legen davon ein beredtes Zeugnis ab. So konnten gemeinsam mit der "Alten Schmiede" zutiefst bewegende und berührende literarisch–wissenschaftliche Abende im Prunksaal gestaltet werden: Es lasen bisher aus ihren Werken Ilse Aichinger, Albert Drach, Ernst Jandl, Friederike Mayröcker und zuletzt Gerhard Rühm, jeweils eingeleitet durch prominente in– und ausländische Wissenschaftler.

Ferner sorgte die Abteilung für das Gelingen von Symposien und Fortbildungsveranstaltungen, wie beispielweise einer Tagung zur Problematik von AV–Medien oder der alljährlich abgehaltenen "Bibliotheksdialoge", wie auch der Vorlesungsreihe "Österreichs Museen stellen sich vor", beides Veranstaltungen des BMWF. Organisatorisch betreut wurde ebenso das Symposium "Verdrängung der Psychoanalyse", das sich mit Konsequenzen der Vertreibung Sigmund Freuds für die Wissenschaft auseinandergesetzt hat. Zum Teil kontroversiell aufgenommen wurde das Symposium "Tod in Wien", das gemeinsam mit dem Kulturamt der Gemeinde Wien unter Teilnahme von Wissenschaftler der Universität Wien abgehalten und moderiert wurde. Ziel dieses Symposiums war es, den gesellschaftlichen Bedingungen nachzugehen, die den Freitod vieler Schriftsteller veranlaßt haben. Geringfügige Besorgnis über die gerechte Wahrnehmung bibliothekarischer Aufgaben löste der Abschluß des Symposiums aus: die Auseinandersetzung mit dem Tod in einem Gasthaus gegenüber dem Wiener Zentralfriedhof, begleitet von "liederlichem" Wiener Liedgut.

### *2.4. Forschungen und Untersuchungen*

Dem gemeinsamen Interesse der Kommission für Benützerforschung und Öffentlichkeitsarbeit der VÖB zufolge wurde eine Erhebung des Servicepotentials aller österreichischen Universitätsbibliotheken und der Bibliotheken der Pädagogischen Akademien durchgeführt. An dieser Fragebogenerhebung haben sich alle angeschriebenen Bibliotheken beteiligt. Über die Ergebnisse dieser Untersuchung wurde anläßlich der Pre–Conference zum letzten Bibliothekartag berichtet.

Ein anderes Vorhaben wurde vor rund drei Jahren gemäß dem Wunsch der Fachabteilung im BMWF eingerichtet, die Ziele der seit 1980 neu organisierten Ausbildungslehrgänge für das Bibliotheks-, Dokumentations- und Informationswesens zu evaluieren. Als Erhebungsinstrument wurde dazu unter Einbeziehung der Kapazität des Kollegen Dr. Otto Oberhauser ein Fragebogen entwickelt, der an alle Absolventinnen und Absolventen der Ausbildungslehrgänge verschickt wurde.

Der Rücklauf übertraf selbst die kühnsten Erwartungen. Weit über 80% der angeschriebenen Personen füllten den Fragebogen aus. Nach Eingabe aller Daten durch Mag. Gabriele Mauthe, einer Mitarbeiterin der Ausbildungsabteilung, in das Verarbeitungssystem des Rechnungszentrums der Universität Wien konnten im zweiten Schritt die erkenntnisorientiert gewichteten Korrelationen in Tabellen ausgeworfen werden. Der dritte Schritt sah eine umfassende Analyse und Interpretation der Umfrageergebnisse in Form eines 60 bis 80 Seiten umfassenden Endberichtes vor. Zu einer Verwirklichung kam es jedoch nicht. Das gesamte Unternehmen scheiterte an der dafür veranschlagten Zeit von rund drei Arbeitswochen.

Das dritte Projekt, das ebenfalls unter Leitung des Berichterstatters stand, ging auf eine Initiative des Generaldirektors der Österreichischen Nationalbank, Dkfm. Heinz Kienzl, aus dem Jahre 1988 zurück. Es stellte sich zur Aufgabe, Leistungen und Wirken österreichischer Autoren und Autorinnen jüdischer Herkunft seit 1848 bibliographisch zu erfassen. Dieses Unterfangen, das ausschließlich aus Mitteln des Jubiläumsfonds der Österreichischen Nationalbank gespeist und mit Hilfe externer Kräfte betrieben wurde, erbrachte innerhalb zweier Jahre ein Grunddatenmaterial zu rund 7.300 Personen, bestehend aus personalen Angaben und einer Kurzbiographie, einem Werkverzeichnis sowie aus der wichtigsten Sekundärliteratur. (Über diese Arbeit konnte in den "Mitteilungen der Vereinigung österreichischer Bibliothekare und Bibliothekarinnen, 1989, H. 4 sowie 1990, H. 1, berichtet werden.)

Die erhobenen Grund– bzw. Rohdaten werden nunmehr im Rahmen eines fünfjährigen Forschungsauftrags des BMWF – großteils mit Hilfe der bewährten Mitarbeiterinnen und eines Mitarbeiters des Grundprojekts – verdichtet und komplettiert. Ziel ist die Errichtung einer Datenbank, für die DI Helmut Ortner, Planungstelle für wissenschaftliches Bibliothekswesen an der Österreichischen Nationalbibliothek, entsprechende Vorarbeiten geleistet und noch weiter seine wertvolle Unterstützung zugesichert hat. Über die Datenbank hinaus, die per se eine ständige sorgsame Pflege und Erweiterung nach Abschluß des Forschungsauftrages bedarf, ist ein zehnbändiges Lexikon geplant, für dessen Herausgabe u.a. der Verlag Saur bereits sein Interesse angemeldet hat.

### *3. Fazit und Epilog*

Zum Zeitpunkt des Referates in Bregenz war der Vertrag zwischen dem BMWF und der ÖNB über das Projekt "Datenbank österreichischer Autoren und Autorinnen jüdischer Herkunft – 18. bis 20. Jahrhundert" noch nicht unterschrieben. Aus diesem Grund konnte damals nur von einer möglichen Perspektive gesprochen werden. Inzwischen ist nicht nur das Projekt mit 1. Oktober 1990 voll angelaufen, sondern auch seine Bedeutung im aktuellen Wissenschaftsdialog integriert. Anläßlich des Gedenkens an die Gründung des Vereins "Aktion gegen den Antisemitismus" vor hundert Jahren fand am 14. Mai 1991 im Rathaus der Gemeinde Wien die hochrangig von Wissenschaftlern getragene Veranstaltung "Strategien gegen den Antisemitismus" statt. Bei dieser Gelegenheit konnte sich das Projektteam nicht nur durch eine Beteiligung an der begleitenden Ausstellung präsentieren, sondern auch mit Hilfe eines Faltblattes vorstellen.

An dieser Stelle sei der Fachabteilung im BMWF – in erster Linie Frau Dr. Elisabeth Brandstötter – für ihr großes Interesse an diesem Projekt und die übernommene Trägerschaft zutiefst gedankt. Gerade angesichts der eifrigen Mittäterschaft vieler Österreicher und Österreicherinnen an der geistigen und physischen Vernichtungsmaschinerie des "Dritten Reichs" stimmt die Aussicht froh, der Auslöschung des österreichisch–jüdischen Geistes– und Kulturlebens und ihrer jahrzehntelang nach 1945 geübten Verdrängung umfassend auf biobibliographischer Ebene entgegentreten und eine solide Grundlage für vielfältigste Forschungen aller Disziplinen bieten zu können. Die Inanspruchnahme erhobener Daten durch die Abteilung der ÖNB "Wissenschaftliche Information" anläßlich diverser Anfragen sowie mehrfach erbrachte Hilfestellungen für Recherchen in- und ausländische Wissenschaftler belegen schon im ersten Projektjahr die Akzeptanz und Wichtigkeit dieses Projekts.

Als vorläufiges Fazit sechsjähriger Arbeit der Forschungsabteilung muß ungeachtet dieses faszinierenden Projekts bedauert werden, daß genuine Forschungen oder Untersuchungen im umfassendenen Sinne des FOG noch immer nicht jenen Stellenwert im bibliothekarischen Bewußtsein genießen, den sie vor allem unter verschiedenen gesellschaftspolitischen Aspekten maximal verdienen. Es bleibt die Hoffnung Prinzip, daß die benützerorientierten Untersuchungen und Studien aus der Zeit der späten 70er und frühen 80er Jahre – benannt seien die empirischen Arbeiten von Dr. Otto Oberhauser und Mag. Helmut Bergmann – noch kein abgeschlossenes Kapitel bibliothekarischer Forschung in Österreich markieren. Angesichts des großen Engagements, mit dem damals erstmals aktiv auf die Teilöffentlichkeit der Benützerschaft zugegangen worden ist, darf aus persönlicher Sicht erwartet werden, daß die vor kurzem am Institut für Publizistik- und Kommunikationswissenschaft der Universität Wien approbierte Dissertation von Ruth Jennewein zur Öffentlichkeitsarbeit wissenschaftlicher wie öffentlicher Bibliotheken Österreichs ein weithin sichtbares Signal für weitere Forschungen setzt. Mehr ist dieser Arbeit nicht zu wünschen.

# KOMMISSION FÜR RESTAURIERUNG

## SCHUTZ- UND SICHERUNGSVERFILMUNG VON BIBLIOTHEKSGUT

**Von Yorck A. Haase**

Der Bibliothekar, der wertvolle, seltene oder aufgrund ihrer materiellen Beschaffenheit gefährdete Buchbestände in seiner Obhut hat, steht immer wieder in einem Interessenkonflikt: Er hat die Bücher dem wissenschaftlich Interessierten verfügbar zu machen und gleichzeitig für ihre Erhaltung zu sorgen.

Einen Ausweg aus dieser Situation bietet die Überführung in Sekundärformen. Hier eröffnen die technischen Entwicklungen der letzten Jahre auf dem Gebiet der elektronischen Medien einige ganz neue Möglichkeiten, etwa durch Einsatz der CD-ROM-Technik oder der optischen Bildplatten (Optical digital data discs). Die Techniken sind jedoch für diese Zwecke noch zu wenig erprobt, vor allem sind die Angaben über die Haltbarkeit noch nicht gesichert; ebenso kann noch nicht von einer Kontinuität auf seiten der Hersteller ausgegangen werden. Bei weiterem technischen Fortschritt auf diesem Gebiet können zum Zweck der Bestandssicherung mit großer Wahrscheinlichkeit auch andere Wege beschritten werden. Nach dem derzeitigen Stand der Technik und der finanziellen Möglichkeiten kommen - von Faksimiles und Papierkopien abgesehen - als Sekundärformen nur Mikrokopien auf Film in Frage. Während bei periodisch erscheinenden Werken (insbesondere Zeitungen) vorzugsweise der Rollfilm verwendet wird, setzt sich bei der Verfilmung von monographischen Werken immer mehr der Mikroplanfilm (Mikrofiche) durch.

Bisher sind die Bibliotheken - zumindest in der Bundesrepublik Deutschland - im Bereich der Verfilmung recht unkoordiniert vorgegangen. Der hohe Aufwand und die Forderung nach größtmöglichem Schutz der Objekte (wiederholtes Verfilmen einzelner Werke fördert nicht gerade deren physische Erhaltung) macht einheitliches Vorgehen und Kooperation der Bibliotheken erforderlich.

Die Benutzungskommission des DBI bemüht sich seit einiger Zeit, Richtlinien zu erarbeiten. Daneben laufen gegenwärtig zwei Projekte, die von der Deutschen Forschungsgemeinschaft (DFG) bzw. von der VW-Stiftung finanziert werden, in denen dieser Fragenkomplex in der Praxis erprobt werden soll. Auf diese beiden Projekte möchte ich kurz eingehen, um die damit verbundenen Probleme aufzuzeigen.

### *Erwerbung, Erschließung und Nachweis von Mikroformen in wissenschaftlichen Bibliotheken*

Dieses Projekt, das 1986 von der DFG bewilligt wurde, wird seit 1987 an der Bayerischen Staatsbibliothek durchgeführt; es soll in diesem Jahr zum Abschluß kommen (Projektleiter: Ulrich Montag).

Hinsichtlich der *Erwerbung* von Mikrofilmen ist zunächst zwischen Erstveröffentlichungen (Dissertationen, Forschungsberichte u.ä.) und Wiederveröffentlichung von bereits gedruckten Publikationen zu unterscheiden. Bei letzteren verursachen vor allem die Sammlungen Probleme. Vor der Kaufentscheidung ist besonders auf die Qualität des Filmmaterials und der Aufnahme zu achten, ebenso ist die Vollständigkeit zu prüfen. Kommerziell angebotene Mikroform-Sammlungen sind in der Regel außerordentlich teuer. Neben dem Kaufpreis sind aber auch die Kosten für die Erschließung zu bedenken. Daher ist eine gute Abstimmung bei der Beschaffung wichtig. Eine erste Hilfe hierzu bietet das im Rahmen des Projekts an der Bayerischen Staatsbibliothek erstellte und vom DBI veröffentlichte Verzeichnis von U. Hohoff: Mikroform-Sammlungen an wissenschaftlichen Bibliotheken der Bundesrepublik Deutschland einschließlich Berlin (West).

Bei der *Erschließung* der Sammlungen ist von einem hohen Katalogisierungsaufwand auszugehen. Er sollte unbedingt durch die Nutzung von Fremdleistungen verringert werden. Nach amerikanischem Vorbild beabsichtigt das DBI, die Aktivitäten in Deutschland zu koordinieren. Probleme verursachen die Regelwerke. Die einzelnen Titel der Sammlungen (Wiederveröffentlichungen) sind nach RAK-WB aufzunehmen. (RAK-AV gilt für Erstveröffentlichungen.) Die Verzeichnung der besonderen Erscheinungsform in den Fußnoten verhindert aber die Recherchierbarkeit. Es ist daher erforderlich, daß die RAK-WB bzw. das MARC-Format um die Eintragungsmöglichkeiten für die spezifischen Merkmale erweitert werden.

Im Bereich der Erschließung und besonders in der Frage der Nachweisinstrumentarien gibt es Überschneidungen mit dem anderen Projekt, dem von der VW-Stiftung mit einem Volumen von 2 Mio DM finanzierten Programm zur

*Erprobung von Mikrofiches an wissenschaftlichen Bibliotheken.*

Dieses Programm hat ein doppeltes Ziel: Schonung der historischen Buchbestände und (trotzdem) Verbesserung des Leihverkehrs. Gegenüber dem traditionellen Mikrorollfilm hat der Mikroplanfilm (Mikrofiche) eine Reihe von Vorteilen. Zu nennen sind: bessere Hantierbarkeit, platzsparende Aufbewahrung, unkomplizierter Versand im Leihverkehr, einfacheres Zusammenfassen zu bibliographischen Einheiten, leichteres und billigeres Duplizieren.

Zur Vereinheitlichung der technischen Ausführung (Verkleinerungsfaktor, Rasterfeld, lesbare Kopfzeile, Kennzeichnungsaufnahme usw.) hat die Benutzungskommission des DBI unter Einbeziehung der grundlegenden DIN-Vorschriften "Empfehlungen zur Microfiche-Reproduktion von Bibliotheksbeständen" erarbeitet; sie sind in einer verbesserten Fassung 1988 im "Bibliotheksdienst" (S. 511-518) veröffentlicht worden.

Weitere technische Probleme, die sich aus der Praxis ergeben, sollen im VW-Projekt angegangen werden. Zusätzlich ist der Bedarf an Personal und an erforderlicher Geräteausstattung festzustellen. Gefördert werden für einen Zeitraum von drei Jahren sieben Bibliotheken. Mit dem Routinebetrieb wurde 1988, teilweise auch erst 1989 begonnen.

Eine Arbeitsgruppe trifft sich zu regelmäßigen Koordinierungsgesprächen. Ihr gehören auch Vertreter einiger Bibliotheken an, die nicht von der VW-Stiftung gefördert werden sondern aus eigenen Mitteln planmäßig ältere Buchbestände verfilmen. Die Arbeitsgruppe hält auch Kontakt zu weiteren interessierten Bibliotheken, zu den entsprechenden DBI-Kommissionen und zu Arbeitsgruppen mit ähnlichen Aufgabenstellungen (etwa den Beirat für das Münchener DFG-Projekt).

Die Probleme der Zusammenarbeit, die bisher nur teilweise gelöst wurden, lassen sich in drei Aufgabenbereiche gliedern.

### *1. Koordinierende Auswahl der zu verfilmenden Materialien*

Über die Bibliotheksbestände, die vordringlich verfilmt werden müssen, besteht prinzipiell Einigkeit. Es sind diejenigen, die häufig genutzt werden, sich in einem schlechten Erhaltungszustand befinden, zu seltenen und wertvollen Beständen zählen und zum jeweiligen Sammelschwerpunkt der Bibliothek gehören.

Während im Münchener Projekt davon ausgegangen wird, daß die Objekte im Bedarfsfall verfilmt werden, soll das VW-Programm darüberhinaus die systematische Verfilmung geschlossener Bibliotheksbestände erproben, die weitgehend singulären Charakter haben. (Beispiel: die belletristische Literatur der Rothschild'schen Sammlung der Stadt- und Universitätsbibliothek Frankfurt.)

Eine systematische Verfilmung ist jedoch an den Teilnehmerbibliotheken bisher kaum zustande gekommen. Die Arbeiten werden noch überwiegend durch die lokalen Bedürfnisse und durch die Fernleihbestellungen bestimmt. Um so wichtiger ist die Erfassung der bisher ausgeführten Arbeiten.

### *2. Nachweis der bereits verfilmten Titel*

Die Schwierigkeiten der Recherchierbarkeit wurden bereits erwähnt. Die recherchierbare Kennzeichnung der Mikroformen ist jedoch erforderlich, um zusammenfassende Register und ähnliches herzustellen.

Der rationelle Einsatz von Mikrofilmen ist nur dann erreichbar, wenn festzustellen ist, welche Bibliothek einen Film eines bestimmten Werkes besitzt. Zentrale Nachweise sind daher dringend erforderlich. Hierzu werden drei mögliche Realisierungswege diskutiert:

- Nachweis in vernetzten Katalogverbünden,
- Nachweis im Datenpool des Verbundkatalogs (VK) beim DBI
- Nachweis als getrenntes Verzeichnis (nach dem Muster der ZDB)

Für den internationalen Nachweis wäre als weiterer Schritt die Aufnahme in das EROMM (European Register of Master Microfiches) vorzunehmen sowie die Zusammenarbeit mit der Research Library Group der USA, die schon seit Jahren eine umfängliche Verfilmungspolitik betreibt.

*3. Weitergabe verfilmter Titel an Benutzer und an Bibliotheken*

Um die Objekte durch wiederholtes Verfilmen nicht zu überbeanspruchen, sollten sie grundsätzlich nur einmal fotografiert werden, und zwar immer das vollständige Werk, auch wenn vom Besteller nur ein Teil gewünscht wird. Der Aufnahmefilm (Masterfilm) ist nicht für Benutzungszwecke bestimmt; er ist gesondert zu archivieren und nur zur Herstellung von Kopien zu verwenden. Und nur diese werden an andere Bibliotheken oder an Benutzer weitergegeben. (Die alltägliche Praxis sieht zur Zeit jedoch noch anders aus. Mehr als 50 % der Bibliotheken stellten den Aufnahmefilm für die Benutzung zur Verfügung.)

Neben der üblichen Verleihung im Fernleihverkehr muß auch eine (kostenpflichtige) Abgabe einer Filmkopie möglich sein. Hierzu muß die derzeitige Praxis der sehr unterschiedlichen Gebühren- und Erstattungsregelungen vereinheitlicht werden. Die Benutzungskommission des DBI empfiehlt eine Pauschale von maximal DM 5,--, die an die gebende Bibliothek zu entrichten ist. Der nehmenden Bibliothek bleibt es freigestellt, ob sie selbst den Mikrofilm behält oder ihn dem Benutzer überläßt.

Bei den geschilderten Maßnahmen handelt es sich um *Schutzverfilmung.*

Nicht von der Praxis des Alltags bestimmt sondern auf den Ausnahmezustand bezogen ist ein anderer Anlaß zur Verfilmung von Bibliotheksbeständen, auf den ich jetzt noch eingehen möchte. Auch hierbei dient der Film als Ersatzmedium. Ziel der Maßnahme ist, Bilder und Texte aus unersetzlichen Handschriften und Drucken über einen möglichen Katastrophenfall hinweg wenigstens in einer Sekundärform zu erhalten.

Hier geht es also um *Sicherungsverfilmung.*

In der "Haager Konvention zum Schutz von Kulturgut in bewaffneten Konflikten" von 1954 haben sich mehr als 70 Staaten, darunter auch die Bundesrepublik Deutschland, zur "Sicherung und Respektierung von beweglichem und unbeweglichem Gut, das für das kulturelle Erbe aller Völker von großer Bedeutung ist", verpflichtet. Zu diesem kulturellen Erbe eines Volkes zählen ausdrücklich "die Schöpfungen und Werke der Dichter, Denker, Künstler, Tonkünstler und Wissenschaftler, die von Bibliotheken gesammelt werden, und die schriftlichen Überlieferungen, die in Archiven und Bibliotheken verwahrt werden". Zu sichern sind vor allem Objekte, die nur einmal vorhanden bzw. nachweisbar sind, deren Verlust somit unwiederbringlich wäre. Für den Fall, daß diese Unikate durch kriegerische Auseinandersetzungen oder andere Katastrophen vernichtet werden, sollen an gesichertem Ort fotografische Kopien aufbewahrt werden, die für die Wissenschaft die Kenntnis von Form und Inhalt der zugrunde gegangenen Originale retten.

Während in der Bundesrepublik Deutschland - wie im übrigen in den meisten Unterzeichnerstaaten der Haager Konvention - zur Sicherungsverfilmung von Bibliotheksbeständen noch nichts unternommen wurde, wird dort seit 1971 in einem groß angelegten Programm mit hohem Aufwand das entsprechende Archivgut verfilmt. Hierzu wurden bei den Archivverwaltungen der einzelnen Bundesländer zentrale Verfilmungsstellen eingerichtet, in denen kontinuierlich die nach festgelegten Richtlinien ausgewählten Dokumente zum Zweck der Sicherung fotografiert werden. Die Auswahlkriterien sind in den vom Bonner Bundesamt für Zivilschutz veröffentlichten "Grundsätzen zur Durchführung der Sicherheitsverfilmung von Archivalien" festgelegt; ferner sind dort die für die Ausführung erforderlichen technischen Anweisungen im Detail festgehalten: von der Organisation der Verfilmungsstellen über die Art und Kennzeichnung der Aufnahmen und die Gliederung des Films bis hin zu Kontrollmaßnahmen. Für die Sicherungsverfilmung der Archivalien in der ersten Dringlichkeitsstufe waren 10 Jahre angesetzt worden; nach einer Laufzeit von fast 20 Jahren ist die Maßnahme jedoch längst noch nicht abgeschlossen.

Anfang 1989 hat das Bundesinnenministerium in Bonn eine aus Bibliothekaren und Archivaren bestehende Arbeitsgruppe einberufen, die den Auftrag erhielt, unter Federführung des Bundesamtes für Zivilschutz auf der Grundlage der bei der Archivverfilmung gemachten Erfahrungen entsprechende Grundsätze für die Sicherungsverfilmung von wertvollem Bibliotheksgut zu erarbeiten.

Die Arbeitsgruppe kam zu dem Ergebnis, daß es nicht sinnvoll sei, für die Verfilmung von Bibliotheksbeständen ein neues, selbständiges Programm auszubauen. Vielmehr solle das bestehende Archivprogramm erweitert, das heißt, auf die Sicherungsverfilmung von wertvollem Bibliotheksgut ausgedehnt werden. Dazu mußten die Grundsätze zur Sicherungsverfilmung von Archivalien entsprechend ergänzt werden. Der hierzu erarbeitete Entwurf liegt z.Z. beim Bundesinnenminister zur Beratung.

Zur Erprobung der technischen Erfordernisse wurden bei den Archivverfilmungsstellen in Berlin, Bremen und Stuttgart Testläufe durchgeführt. Aufgrund der weitgehend positiven Ergebnisse schlägt die Arbeitsgruppe vor, die zentralen Verfilmungsstellen der Archivverwaltungen für die Verfilmung der Bibliotheksbestände mitzunutzen. Allerdings müssen diese Stellen personell verstärkt und gerätemäßig aufgerüstet werden.

Die Verfilmung von Bibliotheksgut bereitet insgesamt größere Schwierigkeiten als das Fotografieren von Archivalien. Zum einen ist bei vielen Objekten, etwa bei illuminierten Handschriften, Aufnahme mit Farbfilm erforderlich. Die Dauerbeständigkeit von Farbfilmen ist jedoch noch nicht restlos ausgetestet. Zum anderen verursacht die Kodexform Probleme. Während Archivalien in der Mehrzahl plan liegend fotografiert werden können, lassen sich Handschriften und ältere Drucke mit zum Teil wertvollen Einbänden oft nur bis zu einem gewissen Grad öffnen. Der Einsatz von schnell arbeitenden und leistungsfähigen Prismenkameras ist somit unerläßlich. Der hohen Kosten wegen wurde empfohlen, ab 1991 schrittweise jährlich eine der Verfilmungsstellen mit einer Prismenkamera auszustatten (Preis einer hierfür geeigneten Kamera, deren technische Entwicklung jedoch noch nicht ganz abgeschlossen ist: ca. DM 170.000,-- = ca. 1,2 Mio Schilling). Zur Verfilmung von Großformaten (z.B. Landkarten) bietet sich neuerdings statt Rollfilm der Makrofiche an. Auch hierfür sind entsprechende Aufnahmeanlagen zu installieren.

Zu den Auswahlkriterien: Die für die Sicherungsverfilmung von Bibliotheksgut in Frage kommenden Objekte können generell in vier Gruppen eingeteilt werden:

1. Handschriften-Codices (einschließlich Fragmente).
2. Andere handschriftliche Dokumente (Papyri, Einzelminiaturen, Urkunden, handgezeichnete Karten, Notenhandschriften, Autographen, handschriftliche Aufzeichnungen aus Nachlässen, ältere Bibliothekskataloge).
3. Besondere buchkundliche Objekte (hochwertige Einbände, wertvolle Buchkästen, Siegel).
4. Druckschriften (Bücher - insbesondere Inkunabeln und Frühdrucke - sowie Periodica, Musicalia, Einblattdrucke, Landkarten, Drucke mit wichtigen handschriftlichen Eintragungen).

Die in der ersten bis dritten Gruppe genannten Objekte sind, auch wenn sie bekannte Texte enthalten, von ihrer Natur her einmalig. Bei einer Sicherungsverfilmung wäre daher grundsätzlich der gesamte Bestand zu erfassen. Ausnahmen könnten solche Handschriften sein, von denen gute Faksimile-Ausgaben vorliegen, oder auch solche mit bekannten liturgischen Texten, die in unzählig vielen Abschriften überliefert sind - es sei denn, sie zeichnen sich durch Buchmalereien, wertvolle Einbände, Besonderheiten des Textes u.ä. aus.

Erheblich schwieriger ist die Auswahl der zu verfilmenden unikalen Druckschriften, von denen es ja zumindest zum Zeitpunkt der Veröffentlichung fast ausnahmslos mehr als ein Exemplar gab. Eine absolute Einmaligkeit ist nie mit Sicherheit nachweisbar. Darüber hinaus erweist es sich als notwendig, den Begriff "Unikat" nicht zu eng zu fassen sondern auch äußerst seltene Werke (Rarissima) einzubeziehen. Dies gilt insbesondere bei Inkunabeln und anderen Frühdrucken, bei denen auch typographische Varianten, von Hand ausgeführte Ergänzungen, ausgewechselte Holzschnitt-Illustrationen, auffällige Kolorierungen und andere individuelle Merkmale zu berücksichtigen sind. Entsprechendes gilt für alte Karten und Einblattdrucke (illustrierte Flugschriften) - es sei denn, sie sind in Kompendien erfaßt und faksimiliert. Bei der Auswahl der Druckwerke mit handschriftlichen Anmerkungen ist von der inhaltlichen Bedeutung bzw. von der Bedeutung des Verfassers dieser Eintragungen auszugehen.

Analog zu den Auswahlkriterien für Archivalien sind auch in den Grundsätzen für die Sicherungsverfilmung von Bibliotheksgut drei Dringlichkeitsstufen vorgesehen. Für die Dringlichkeitsstufe 1 (also die Objekte, die mit Vorrang zu verfilmen sind) wurden - in Anpassung an die Kriterien für das zu verfilmende Archivgut - folgende Richtsätze festgelegt:

100 % der Handschriftenkataloge und Nachlaßinventare sowie alle illuminierten Handschriften, handgezeichnete Karten und Pläne,
30 % der handschriftlichen Dokumente und Codices (also Objekte der oben genannten Gruppen eins bis drei, soweit sie nicht vollständig zu verfilmen sind),
15 % der seltenen Drucke (Gruppe vier).

Die Auswahl ist durch die Bibliotheksverwaltungen der einzelnen Bundesländer vorzunehmen, die auch zu gegebener Zeit für die Dringlichkeitsstufen zwei und drei entsprechende Richtsätze erarbeiten sollen. Voraussetzung für die Verfilmung ist, daß die Objekte bereits in Katalogen nachgewiesen sind.

Da, wie gesagt, die Anwendung des Begriffs "Unikat" auf Druckschriften problematisch ist, kam die Arbeitsgruppe überein, ihn durch "seltener Druck" zu ersetzen. Allerdings ist "Seltenheit" ein sehr dehnbarer Begriff. Zur Definition von Seltenheitsgraden wurden daher zwei Stufen festgelegt, die für die Dringlichkeit der Verfilmung maßgeblich sind:

1. kein Nachweis in den regionalen deutschen Zentralkatalogen und darüber hinaus auch nicht in den gedruckten Katalogen der Bibliothèque Nationale, der British Library und der Library of Congress;
2. kein Nachweis in den regionalen deutschen Zentralkatalogen.

Die im Rahmen der Sicherungsverfilmung erstellten Aufnahmefilme sind ausschließlich zur Aufbewahrung an besonders gesichertem Ort bestimmt, wo durch Klimatisierung und andere Maßnahmen eine dauerhafte Lagerung gewährleistet ist. Für Benutzungszwecke stehen sie grundsätzlich nicht zur Verfügung. Es wird jedoch ausdrücklich gestattet, daß vom Sicherungsfilm einmal ein Zwischenfilm hergestellt werden darf, der dann zum Zweck der Benutzung, der Veröffentlichung oder der zusätzlichen Sicherung verwendet werden kann. Die Kosten dafür hat die besitzende Bibliothek bzw. deren Unterhaltsträger (in der Regel die Bundesländer) zu tragen. Die Archive machen zum Schutz ihrer Originaldokumente von diesem Angebot reichlich Gebrauch.

Auch den Bibliotheken eröffnet sich eine zusätzliche Möglichkeit, kostbare und einzigartige Schätze vor Abnutzungen zu schützen. Schon aus Kostengründen ist es sinnvoll, diese "Nebenprodukte" der Sicherungsverfilmung in die Maßnahmen zur Schutzverfilmung planmäßig mit einzubeziehen. Wegen des außerordentlich hohen Qualitätsanspruchs, der an die Sicherungsfilme gestellt wird, würden die Zwischenfilme immer noch den Anforderungen genügen, die für Masterfilme gelten. Die Sicherungsmaßnahme hätte damit einen doppelten Effekt. Sie gibt die Gewähr, daß handschriftliche und gedruckte Dokumente über einen möglichen Katastrophenfall hinaus wenigstens in einer Sekundärform erhalten bleiben, und sie trägt dazu bei, daß künftigen Generationen auch die Originale in gut erhaltenem Zustand zur Verfügung stehen.

# KOMMISSION FÜR AMTS- UND BEHÖRDENBIBLIOTHEKEN

## KOMMISSION FÜR AMTS- UND BEHÖRDENBIBLIOTHEKEN
## Tätigkeitsbericht für die Funktionsperiode 1988-1990

**Von Gottfried Loibl**

In diesem Zeitraum fanden vergleichsweise wenige Sitzungen der Kommission für Amts- und Behördenbibliotheken statt. Die Mitglieder wurden vom Vorsitzenden der Kommission im Dezember 1989 schriftlich aufgefordert, Probleme mitzuteilen, die von erhöhtem Interesse für die Amts- und Behördenbibliotheken seien bzw. einer Erörterung oder Lösung bedürfen. Da keine einzige Rückmeldung einlangte, war keine Notwendigkeit für die Einberufung einer Sitzung gegeben. Turnusmäßig wurde während des Bibliothekartages 1990 in Bregenz eine Sitzung abgehalten, bei der folgende Themen berührt wurden:

Das Verhalten von Amtsbibliotheken bei Ressorttrennung.
BIBOS 1 im Bundesministerium für Unterricht, Kunst und Sport.
Der Mangel an Entscheidungsbefugnis von Bibliothekaren beim Einsatz von EDV in den einzelnen Ressorts.

Mit Unterstützung des Präsidiums der VÖB konnte im Rahmen der Kommission für Amts- und Behördenbibliotheken ein Einführungskurs in RAK abgehalten werden. Dieser konzentrierte Kurs wurde von Hrn. Exner (ÖNB) abgehalten und konnte als voller Erfolg gezählt werden. Tempo und Fortschreiten konnte auf die Teilnehmer abgestimmt werden, sodaß auch für Anfänger in dieser kurzen Zeit (5 Halbtage) ein guter Überblick über diese Beschreibvorschrift gewonnen werden konnte. Eine intensivere Grundausbildung in diese Richtung durch eine öffentliche Einrichtung, ev. Verwaltungsakademie, wäre wünschenswert, da eine andere Möglichkeit der Weiterbildung für Bibliothekare, die nicht dem Ressortbereich des BMWF angehören, nicht gegeben ist.

# ARBEITSGRUPPE FRAUEN

## WORKSHOP "FRAUEN IM BIBLIOTHEKSDIENST"

### Von Christa Wille

Die Arbeitsgruppe bot erstmals für Bibliothekarinnen die Gelegenheit, mit Kolleginnen aus ganz Österreich und dem Ausland zu einem umfassenden Erfahrungsaustausch über diesen speziellen Themenkreis zusammenzukommen. Die große TeilnehmerInnenzahl (27 bei beiden Workshops) zeigte, daß ein großes Bedürfnis besteht, Kontakte speziell in unserem Berufsfeld herzustellen. Die Erwartungen und Hoffnungen der Wiener Initiatorinnen wurden durch dieses Interesse mehr als erfüllt.

Bereits die Vorstellungsrunde in der Arbeitsgruppe machte klar, wie vielfältig die Interessen und auch Ansprüche an eine frauenspezifische Arbeitsgruppe innerhalb der VÖB sind. Im Focus stand vor allem die Absicht, das Berufsbild Bibliothekarin zu durchleuchten, Klischees abzubauen und frauenbewegtes Engagement auch bei der täglichen Arbeit einbringen zu können. Die Chancen, die ein sich gerade jetzt veränderndes Berufsbild bietet, sollten durch aktive und kritische Mitarbeit wahrgenommen werden.

*Folgende Programmpunkte wurden diskutiert:*

- Informationen über Vorgespräche und Treffen in Wien/Ergebnisse dieser Vorgespräche
- Vorschläge und Meinungen von Kolleginnen aus den Bundesländern
- Situation in Deutschland und der Schweiz
- Strategien und Pläne für zukünftiges, optimales Zusammenarbeiten
- Vermehrte Ausstellungstätigkeit zum Themenkreis Frau
- Frauenforschung und Erwerbungspolitik
- Historische Rückblicke
- Statistiken im Vergleich - Unterstützung für Bewerbung in höhere Positionen
- Heft 1 (1991) der VÖB-Mitteilungen: Frauen in der Bibliothek

*Konkrete Ergebnisse:*

- Große Zustimmung fand der Vorschlag, im Heft 1 (1991) einen Schwerpunkt "Frauen in der Bibliothek" zu gestalten und damit in vielfältiger Weise unser Berufsbild zu durchleuchten und darzustellen. Damit könnte auch gleichzeitig ein konkretes Produkt unseres Arbeitserfolges nach außen hin präsentiert werden. Die Redaktion wird eine Wiener Gruppe von Frauen übernehmen. Viele Beiträge wurden bereits zugesagt. Erscheinungstermin voraussichtlich März 1991.
- Vermehrte Ausstellungstätigkeit mit frauenspezifischen Themenkreisen

*Fernziele:*

Bildung von Arbeitsgruppen in den Bundesländern - Vernetzung; Organisatorische Verankerung in der VÖB - Antragstellung in Ausschußsitzung; Kommuniqué in der nächsten Hauptversammlung.

Das Novum eines Frauen-Info-Standes in der Ausstellungshalle im Festspielhaus Bregenz rundete den Schwerpunkt "Frauen im Bibliotheksdienst" beim Bibliothekartag ab. Das Angebot von statistischem Material, Fachartikeln und frauenspezifischer Literatur aus der Wiener Buchhandlung "Frauenzimmer" zum Schmökern und Kaufen wurde mit Begeisterung und Interesse aufgenommen.

Was als informelles Frauen-Fact-Finding-Meeting im April 1990 in Wien begann, wurde in Bregenz durch konkrete Ergebnisse auf breiter BibliothekarInnen-Basis bestätigt und wird seinen Weg machen.

# PRÄSENTATION

# ALTDATENUMSETZUNG IN MASCHINENLESBARE KATALOGISATE - EIN PROJEKT DER FIRMA MIKROFORM MIT SCANNER UND KATEGORISIERUNG

**Von Karl F. Stock, Helmut W. Lang und Eduard Ratzer**

Im Zuge der Einführung von Online-Katalogen - sogenannten OPACs - ist jeder neue Datensatz, der das Leserangebot an neuen Katalogisaten erweitert, sehr willkommen. Bibliotheksverbundsysteme beschleunigen den Zuwachs an Datenvolumen durch eine kooperative Katalogisierung mit Hilfe gegenseitiger Nutzung der erfaßten Daten. Dieser Zuwachs erstreckt sich aber meist auf rezente Neuerwerbungen aus der laufenden und neuesten Buchproduktion. Durch Heranziehung der maschinenlesbaren Fremddaten von Bibliotheken, die schon seit längerer Zeit Katalogisierungssysteme einsetzen, wie etwa einige deutsche Bibliotheken seit ungefähr 25 Jahren und das Verbundsystem OCLC, können auch Daten früherer Publikationsjahre rascher und kostengünstiger gewonnen werden, als wenn sie nunmehr automationsunterstützt rekatalogisiert würden. Da die Österreichische Nationalbibliothek und einige Universitätsbibliotheken ihre Bestandsgeschichte mehrere Jahrhunderte belegen und zurückverfolgen können, die meisten Neugründungen mit Bibliotheksautomation aber wenige Bestände und Katalogisate der Zeit 1501 bis 1800 aufweisen können, besteht sicher großes Interesse und wissenschaftlich-literarische Nachfrage nach maschinenlesbaren Katalogisaten dieser Epochen. Auch in anderen Bereichen der Informationsverarbeitung ist man bestrebt, entweder die Texte gleich maschinlesbar entstehen zu lassen oder aber rückwirkend jedes Papier, das Information von bleibendem Wert enthält und für spätere Ver- und Bearbeitungen interessant sein könnte, auch maschinlesbar zu speichern.

Da eben diese Epochen kaum durch maschinenlesbare Daten vertreten sind, wird den Benutzern am Bildschirm-OPAC durch schnelle Anzeige oft ein falsches Bild über die verfügbare Literatur geboten. Die nunmehr erst zu Ende der 80er Jahre einsetzende automationsunterstützte Katalogisierung in den wissenschaftlichen Bibliotheken Österreichs darf nicht darüber hinwegsehen lassen, daß noch mehr als 95 Prozent aller Titeldaten nur in Papierform vorliegen. Damit diese immensen Datenmengen auf Papier in die verarbeitbare Form der elektronischen Speicherung überführt werden können, geht es zunächst vor allem um die optische Zeichenerkennung oder Schrifterkennung, in der EDV-Terminologie OCR, nämlich Optical Character Recognition. Das Einlesen durch optisches Abtasten und Speichern - das sogenannte Scannen von Papiervorlagen - erspart händische Eingabearbeit, Aktivitäten von der Texterfassung bis zur elektronischen Archivierung. Bei rund 58 Minuten Erfassungs- und Bearbeitungszeit für einen Datensatz - von Wolfgang Müller für Altkatalogisate des 17. Jahrhunderts geschätzt [L-12 Müller] - liegt hier ein enormes Einsparungspotential an Zeit und Kosten vor.

Um diese Daten also relativ rasch und kostengünstiger in einem Verbundkatalog verfügbar zu machen, bietet sich eine Methode an, die durch Scanning und automationsunterstützte Kategorienzuordnung dieses Anliegen verwirklichen hilft. Diese Idee wurde mehrmals an große Hersteller von Hard- und Software herangetragen. Über höfliches Interesse hinaus wurde aber nichts gezeigt. Selbst der Hinweis, daß wahrscheinlich mehr als eine Milliarde Katalogzettel in aller Welt der Konversion harren und damit auch eine nicht zu verachtende ökonomische Dimension eröffnet wird, konnte nicht motivieren. Und trotzdem: Welche marktbeherrschende Position hätte ein multinationaler EDV-Konzern, der als erster Katalogkonversionen und - was technisch noch einfacher wäre - Bibliographiekonversionen anböte! Entwicklungsarbeit würde sich im wahrsten Sinne des Wortes auszahlen.

Doch treu dem Grundsatz "small is beautiful" ging man einen typisch österreichischen Weg: Zwei Bibliothekare, die in Gesprächen mit dem Geschäftsführer der Firma Mikroform den Trend von Mikroformen zur Maschinenlesbarkeit auf magneto-optischen Massenspeichern diskutiert haben, nämlich Helmut W. LANG und Karl F. STOCK mit Herrn Walter F. GAUL, haben dieser Firma auch Wege zur Umsetzung alter Katalogdaten in maschinenlesbare Katalogisate aufgezeigt. Angesichts dessen, daß diese Firma für andere, aber durchaus ähnliche Anwendungen bereits eine neue Scanning-Dienstleistung anbietet, war es für diese Firma nur logisch, auch für die neue Bibliotheksanwendung Interesse zu zeigen und einen in Österreich hergestellten Prototyp wahrscheinlich erstmalig vorzustellen.

Die Möglichkeit, Schriftstücke und Dokumente verschiedenster Art, von der Handschrift über gedruckte Texte bis zu Plänen und Zeichnungen, mit Hilfe von Scanning-Verfahren so aufzubereiten, daß sie als elektronisch gespeicherte Informationen leichter archivierbar und schneller und vielfältiger suchbar gemacht werden können, werden heute schon weltweit in beachtlichem Ausmaße wahrgenommen. So ist es doch naheliegend, die in den von Generationen geleisteten Katalogisierungsarbeiten enthaltenen Schätze ebenso zu behandeln.

Um die Umsetzung konventionell aufgezeichneter Titeldaten, zunächst einmal nur in gedruckter oder in maschingeschriebener Form, in die maschinenlesbare Form unter Ausnutzung technischer Geräte zu beschleunigen, bieten sich OCR-Lesegeräte und Scanner [L-6 Stock, S. 82] an. Beide Gerätetypen sind in der Lage, Schriften zu erkennen und in den maschinellen Zeichencode zu übersetzen, nämlich ASCII oder EBCDIC. Scanner und OCR-Lesegeräte sind optische Lesegeräte, die durch punktweises Abtasten der Vorlage Abbildungen und Schriften in eine maschinenlesbare, digitalisierte Form übertragen. Eine intellektuelle Zuordnung der so umgewandelten Texte zu einzelnen Datenfeldern, die Erkennung und Feststellung, was ist ein Titel und was ist ein Autor u. ä., ist damit noch keineswegs vollzogen. Dazu bedarf es in relativ unstrukturierten Zeichenketten bibliothekarischer Mitwirkung.

Ein anderer Weg ist meist notwendig, wenn es sich um den laufenden Zuwachs handelt, der überwiegend aus Neuerwerbungen besteht, für die weder konventionelle noch maschinenlesbare Katalogisate existieren. Die Zahl der Neuerwerbungen der Library of Congress [L-4 Runki] zwingt diese z. B., eine Katalogisierung auf minimalem Niveau, ein sogenanntes "Minimal Level Cataloging" anzuwenden, das manchen Katalogisierungsexperten die Nase rümpfen läßt, aber trotzdem von den Benutzern der Bibliotheken weit mehr geschätzt wird, als perfekte und für Leser oft kaum verständliche Katalogisate, die aber wegen ihrer Akribie nur tröpfchenweise in den Katalogen auftauchen. Neben diesem Verfahren der Minimalkatalogisierung kann aber auch für Neuerwerbungen, die die CIP-Aufnahme auf der Rückseite des Titelblattes eingedruckt haben, das nachfolgend beschriebene Scanning-Verfahren zur Anwendung kommen.

Wenn man bedenkt, daß z. B. beim OCLC-Katalogisierungsverbund [L-6 Stock, S. 2] im Jahre 1989 die retrospektive Katalogisierung von rund 3,3 Millionen Katalogisaten von 170 Mitarbeitern erledigt werden mußte, wobei pro Mitarbeiter/in rund 19000 Datensätze bearbeitet wurden, dann kann leicht verstanden werden, wie wenig Bibliotheken sich diesen Aufwand leisten können, wobei dieses Arbeitsvolumen in überwiegender Weise die Übernahme und Anpassung vorhandener Titeleinträge für die eigene Bibliothek betrifft und nicht komplette Neuaufnahmen. Stellt man z. B. die rund 2,5 Millionen Katalogisate, die die Grazer Bibliotheken in einen gemeinsamen OPAC einbringen könnten, dem Wunsch, diese Daten in zwei Jahren maschinenlesbar verfügbar zu haben, gegenüber, dann müßten auf der Berechnungsgrundlage von 19000 Datensätzen pro bibliothekarischer Arbeitskraft ein Team von rund 66 Personen engagiert werden, vorausgesetzt, sie können wie bei OCLC in 80-90 Prozent der Fälle auf bereits vorhandene Titeldatensätze zurückgreifen. Eine gänzliche Neuerfassung auf der Berechnungsgrundlage von 2000 Datensätzen pro Mitarbeiter/in würde 125 Arbeitskräfte zehn Jahre lang beschäftigen. Wer andere Richtwerte hat, möge sich dies anhand der vorgegebenen Berechnung selbst ausrechnen. Solche Zahlenspielereien sind trotz des deutlich vorhandenen Benutzerbedarfs illusorisch, da nicht einmal für die vordringlichsten Bedürfnisse Personal bewilligt wird.

Den Entscheidungsträgern des OCLC-Verbundsystems genügt es aber nicht, nur die Übernahme vorhandener Katalogisate aus dem Verbundkatalog zu nutzen, vielmehr werden zusätzlich auch die Möglichkeiten der Übernahme und Umsetzung aus konventionell erstellten Daten mit Hilfe von Schrifterkennungs-Systemen erarbeitet. Das dazu initiierte Projekt [L-7 Weibel] nennt sich ADAPT - Automated Document Architecture Processing and Tagging - sinngemäß übersetzt: Automatische Dokumentenverarbeitung und Feldgliederung. Der dazugehörige Arbeitsvorgang läuft in drei Phasen ab, nämlich:

1. Scanning bzw. Übertragung einer Seite in digitalisierter Form in eine Bildpunktdatei,
2. Optische Zeichenerkennung und Übertragung in eine ASCII-Datei,
3. Intellektuelle Nachbearbeitung durch Korrekturen und Feldzuordnungen.

Unabhängig von dieser skizzierten Reihenfolge kam man auch bei der Firma Mikroform auf diese drei Arbeitsschritte. Zu allen drei genannten Arbeitsschritten kann die Firma Mikroform ihre Dienstleistungen anbieten. Zur optischen Zeichenerkennung bestehen dazu zwei Möglichkeiten:

- Die Bibliothekskarten werden durch Mikroform mit dem Scanner eingelesen, mit OCR-Programmen in ASCII-Dateien übersetzt und auf Disketten geliefert.
- Wenn eine Bibliothek diese Arbeiten selbst durchführen möchte, kann die Firma Mikroform die für das Scannen und Übersetzen mit OCR notwendigen Geräte und Programme liefern und installieren. Dazu wird auch die Bedienungseinschulung angeboten.

Für die intellektuelle Nachbearbeitung kann ebenfalls die Dienstleistung der Firma Mikroform in Anspruch genommen werden. Das Lieferprodukt ist ebenfalls eine ASCII-Datei, in der die Daten der einzelnen Katalogisate nach MAB-Kategorien aufgegliedert vorhanden sind. Eine weitere Übernahme dieser Daten in einen auf dem MAB1-Format basierenden Online-Katalog wie bei BIBOS oder DABIS ist mit einer einfachen Transformation ebenso möglich wie in ein PC-Programm zur Datenbankverwaltung, wie etwa allegro-C, BIBLIOGRAMM oder LIDOS.

Der Kauf und die Einschulung in das Programmpaket, mit welchem die Feldzuordnungen zu MAB-Kategorien durchgeführt werden können, sind ein weiteres Angebot der Firma Mikroform.

Wie sehr die Erschließung von Bibliotheksmaterialien auch der Deutschen Forschungsgemeinschaft am Herzen liegt, zeigt ein Bericht von Jürgen Bunzel [L-1 Bunzel], in dem auf die diesbezüglichen Förderschwerpunkte der DFG aufmerksam gemacht wird. Diese Schwerpunkte betreffen Programme zur Katalogisierung von abendländischen Handschriften und Nachlässen, die Erschließung von Spezialbeständen, historisch wertvollen Karten und Archivmaterialien, die Verzeichnisse von Inkunabeln und frühen Drucken und die retrospektive Konversion historischer Altbestände. Die Förderung und Bearbeitung dieser Anliegen kann ohne Zögern auch für die österreichische Bibliotheksszene gelten.

"Das bereits angelaufene DFG-Programm zur Altbestandskonversion gibt hierzu einen wesentlichen neuen Impuls. In ganz erheblichem Umfang werden durch dieses Programm neue maschinenlesbare Katalogdaten entstehen und damit die Grundlagenressourcen für benutzerorientierte bibliographische Informationsdienste, den schnellen Nachweis und die schnelle Lieferung von Literaturbeständen erweitert" [L-1 Bunzel, S. 291.]. Wenn auch in diesem Bericht von Bunzel der Terminus Scanning fehlt, so ist trotzdem unter Konversion von Altkatalogisaten in die maschinenlesbare Form neben der vollständigen Neuerfassung und neben der Übernahme und Adaptierung von Fremddaten auch die Umsetzung mit Hilfe von Schrifterkennung zu verstehen.

Einer der wichtigsten Vorteile der Umsetzung gedruckter und maschingeschriebener Texte in die maschinenlesbare Form mit Hilfe von Scannern besteht in einem entsprechenden Zeitgewinn, vorausgesetzt, daß die Fehlerrate des Scanning-Vorganges gering ist. Mit einem OCR-Programmsystem, das für die Umsetzung der abgetasteten Daten von der Quasi-Rasterform in die Zeichencode-Form eingesetzt wird, können auf einem entsprechend schnellen Personal Computer - etwa ab dem Prozessor Intel 80386 aufwärts - rund 2000 Zeichen pro Minute erkannt und umgesetzt werden, d.h. also etwa eine Seite pro Minute. Eine absolut fehlerfreie Umsetzung ist beim derzeitigen Stand der Technik und der entsprechenden Erkennungs-Software noch nicht gegeben, da hier abhängig von der Umsetzungsvorlage, insbesondere der Qualität des Druckes oder des verwendeten Schreibmaschinenfarbbandes, der verwendeten Schrifttypen und Schriftgrade, der Ligaturen und Sonderzeichen zahlreiche Erkennungsprobleme auftreten, die vom Erkennungsprogramm meist in der Form von Fragezeichen oder Sternchen als nichtumsetzbare Textzonen ausgegeben werden. Pro Seite bleiben etwa zehn bis hundert Zeichen unerkannt, die dann der bibliothekarische Sachbearbeiter identifizieren muß. Dies entspricht einer Lesegenauigkeit zwischen 97 und 99 Prozent. Andererseits gibt es bereits eine solch raffinierte Erkennungs-Software, die es möglich macht, das Erkennungssystem auf die Bewältigung solcher Erkennungsprobleme zu trainieren, sodaß auch Ligaturen und Sonderzeichen vom System "erlernt" werden können. Wir kommen aber trotzdem nicht ohne menschliche Mitwirkung aus. Nur der Mensch kann einen vom Scanning-System nicht umsetzbaren oder fehlerhaft umgesetzten Text richtig zuordnen und durch den Sinn des Kontextes korrekt bearbeiten. Daher sind solche Systeme auch grundsätzlich so aufgebaut, daß ein Umsetzungsdialog stattfinden muß. Für diese Vorgänge sind also auch immer Arbeitskräfte mit einem entsprechenden Allgemeinwissen notwendig, und gerade bei Katalogisaten aus allen Wissensgebieten und Sprachen kann hier nicht mit unausgebildeten Aushilfskräften das Auslangen gefunden werden. Dies ist und wird weiterhin Illusion der Einsparungsexperten bleiben. Richtig geplant und unter Einsatz der ausgereiftesten Scanning-Systeme in Bezug auf Hard- und Software bleibt dennoch ein Zeitgewinn als Positivum einer Kosten-/Nutzenrechnung. Durch das automatische Erkennen, Umwandeln und Interpretieren von konventionell erstellten Katalogdaten wird auch die bibliothekarische Produktivität und damit auch das Dienstleistungsangebot der Online-Kataloge sowie die Verfügbarkeit der älteren Literatur erhöht.

In mehreren Arbeitssitzungen wurden anhand von Beispielen schrittweise Programme erarbeitet, die es dem bibliothekarischen Sachbearbeiter möglich machen, Titeldaten aus Bibliographien, Literaturverzeichnissen und von einigermaßen gleichförmig maschingeschriebenen Katalogzetteln in eine ASCII-Datei umzusetzen und nachfolgend von einem Bibliothekar in regelwerkskonforme Kategorien zuordnen zu lassen. Die ursprüngliche Idee, die Zuordnung von einem Programmsystem selbständig und ohne Zutun eines Bibliothekars vornehmen zu lassen, konnte nicht verwirklicht werden, da in den Katalogisaten der PI-Zeit und davor keine eindeutige Interpunktion zwischen bibliographischen Elementen existiert und daher auch nicht in einem zuverlässigen Algorithmus festgelegt werden kann. Erst die Einführung der ISBD hat die Umsetzbarkeit der Titeldaten in maschinenlesbare Katalogisate verbessert, wenn auch nicht für 100 Prozent.

Ende November 1990 findet in München ein Kongreß über die Retrospektive Katalogkonversion unter vorrangiger Beteiligung der Bayerischen Staatsbibliothek und der British Library statt. Wieweit dabei auch Methoden des Scanning und der intellektuellen bibliothekarischen Aufbereitung zur Sprache kommen werden, würde mich sehr interessieren. Da ich aber zur gleichen Zeit in Konstanz für einen bibliothekarischen Vortrag engagiert wurde, muß ich die entsprechenden Berichte abwarten. Daß zu diesem Thema schon einige Berichte und Absichtserklärungen existieren, habe ich z.B. mit dem Hinweis auf den Bericht von Jürgen Bunzel [L-1 Bunzel] aufgezeigt. Ein anderer sehr kompetenter Bericht zur retrospektiven Katalogisierung liegt als Empfehlung des Wissenschaftsrates der Bundesrepublik Deutschland vor [L-9 Empfehlungen, S. 435], in welchem ein Satz ohne das Scanning-Verfahren zu nennen, deutlich auch in diese Richtung weist: "Dabei müssen technische Weiterentwicklungen von Verfahren zur retrospektiven Katalogkonversion konsequent genutzt werden, falls sie zur Verringerung des Zeitaufwands pro konvertiertem Katalogeintrag, besserer Ausnutzung von Fremdleistungen oder qualitativen Verbesserungen der Katalogisate (...) führen können."

Ebenso enthalten diese Empfehlungen eine deutliche Aufforderung an Dienstleistungsbetriebe, hier aktiv zu werden [L-9 Empfehlungen, S. 435]: "Die Katalogkonversion könnte gegebenenfalls auch an einschlägige Servicefirmen vergeben werden." Dies ist auch eines der Motive für die hier vorgebrachten Überlegungen und Anregungen.

Der Weg von der Idee zum fertigen Produkt, das sich dann unter Echtbedingungen praktisch bewähren muß, ist durchaus interessant, aber weit, teuer und risikoreich. Auf Grund gediegener Vorarbeiten auf dem hier skizzierten Arbeitsfeld und nicht unerheblicher Investitionen ist die Firma Mikroform nunmehr in der Lage, Bibliotheken, die Interesse an der baldigen Umsetzung ihrer Katalogdaten haben, bei diesem Vorhaben zu unterstützen bzw. eine entsprechende Dienstleistung anzubieten.

(C) MIKROFORM VIENNA, AUSTRIA
Siebenbrunnengasse 21
A-1050 Wien - Tel. (0222) 54-79-79

*Anmerkungen*

L- 1 Bunzel, Jürgen: Neue Datenverarbeitungs- und Kommunikationstechniken für Bibliotheken in den Förderprogrammen der DFG. - In: ZfBB. 36. 1989, Nr. 4, S. 283-308.
L- 2 Gratza, Alfred: Scanner und PC. - In: Siemens-Magazin COM. - 1990, Nr. 2, S. 35-36.
L- 3 Radzieowski, W.: Lesen und Erkennen: Texterfassung mit Scanner und OCR-Software. - In: mc. - 1990, August, S. 44-45.
L- 4 Runki, Steffen: Das "Minimal Level Cataloging" in der Library of Congress. - In: ZfBB. - 37. 1990, Nr. 2, S. 188-192.
L- 5 Scanning data to save time. - In: OCLC Newsletter. - 1989, May/ June, S. 15.
L- 6 Stock, Karl F.: Personal Computer in Bibliotheksverbundsystemen. - 2. Aufl. - Graz: Stock & Stock, 1990. - S. 81-82.
L- 7 Weibel, Stuart L.: Project ADAPT studies electronic conversion of documents. - In: OCLC Newsletter. - 1989, March/April, S. 10-11.
L- 8 Wollschläger, Peter: Lesekunst oder Leseschwäche: OCR-Programme im Test: Catchword, La Palette, Omnipage, Recognita Plus. - In: mc. - 1990, August, S. 46-52.
L- 9 Empfehlungen des Wissenschaftsrates zur retrospektiven Katalogisierung an wissenschaftlichen Bibliotheken: Konvertierung vorhandener Katalogaufnahmen in maschinlesbare Daten. - In: ZfBB - 35.1988, Nr.5, S. 423-437
L-10 Gronert, Elke: Scanner: noch nicht das Gelbe vom Ei. - in: Online. - 1990, Nr. 9, S. 40-43; Nr. 10, S. 44-46 / Mit Scanner-Marktübersicht Grafiksoftware", "Marktübersicht Scanner-Software zur Texterkennung" und "Konfiguration eines Archivsystems".
L-11 Klotz, Oswald M.: Die Augen des Rechners: Scanner. - In: Trend-Profil EXTRA. - 1990, 1, S. 150-154. / mit Marktübersiicht.
L-12 Müller, Wolfgang: Ein Weg zu einem VD17. - In: ZfBB. - 37.1990, Nr. 3, S. 201-221.

# V. AUSSCHUßSITZUNG

## PROTOKOLL DER 6. AUSSCHUßSITZUNG FÜR DIE FUNKTIONSPERIODE 1988 - 1990

Ort: Bregenz, Festspielhaus, Stadtsaal 1
Zeit: 6. September 1990, 8.15 – 9.23 Uhr
Vorsitz: GD Dr. Magda Strebl
Schriftführer: Dr. Franz Wawrik
Anwesend: 44 stimmberechtigte Mitglieder

1. GD Strebl begrüßt die erschienenen Mitglieder des Ausschusses und stellt seine Beschlußfähigkeit fest. Die Ausschußmitglieder genehmigen einstimmig die Tagesordnung

2. HR Kluger berichtigt das Protokoll der 5. Ausschußsitzung, vom 18. Juni 1990 (S. 6, Zeile 2), insofern, als er bekanntgibt, daß die Kommission für Ausbildung und Fortbildung hinsichtlich der Verwendungsgruppe D und nicht – wie irrtümlich berichtet – für die Verwendungsgruppe C beschlossen hat, in die Prüfung anstelle einer schriftlichen Arbeit einen praktischen Teil aufzunehmen. Danach erfolgt die Genehmigung des Protokolls einstimmig.

3. Die Sekretärin Mag. Jobst berichtet über den Schriftverkehr seit der letzten Ausschußsitzung. Im Posteinlaufsbuch ist die Zahl 620 erreicht. Naturgemäß befaßte sich ein Großteil der Korrespondenz mit dem gegenwärtigen Bibliothekartag. Außerdem wurde der Vertrag mit dem Verein Ungarischer Bibliothekare in Stockholm unterzeichnet und für zwei Jahre verlängert (6 Tage und Nächtigungen für ungarische Kollegen in einem Jahr).

5. Die Zustimmung der anwesenden Ausschußmitglieder zu folgenden Neuaufnahmen erfolgt einstimmig: Michael Danninger (UB der Wirtschaftsuniversität Wien), Martin Ellinger, Gerhard Krejcy (beide UB Wien), Brigitta Tobin (Berufsförderungsinstitut für Oberösterreich, Linz).

6. 21. Österreichischer Bibliothekartag in Bregenz: GD Strebl lobt die reibungslose Abwicklung der Veranstaltung und bedankt sich dafür speziell bei HR Tiefenthaler, mit dem Ersuchen, diesen Dank auch an seine Mitarbeiter weiterzugeben, die alles mit so viel Umsicht vorbereitet haben.

7. Vorbereitung der Hauptversammlung: siehe Bericht über die Funktionsperiode.
HR Sika schlägt vor, für die Wahl des Präsidiums dasselbe Team wie bisher zu nominieren; HR Baumgartner will einen Tausch zwischen 1. und 2. Vizepräsidenten. Beide Anträge werden ohne Gegenstimme angenommen. Dieser einzige Wahlvorschlag sieht daher folgendermaßen aus: GD Strebl (Präsidentin), HR Tiefenthaler (1. Vizepräsident), HR Baumgartner (2. Vizepräsident).
GD Strebl gibt die Namen der vorgesehenen Ausschußmitglieder bekannt. Die bisherige Liste soll mit geringen Änderungen beibehalten werden. Auf eigenen Wunsch scheidet

Pater Blumenschein (Kremsmünster) aus, statt ihm soll künftig Pater Georg Pfeil (Kremsmünster) die Klosterbibliothekare vertreten; Dr. Helmut Gamsjäger legt sein Mandat ebenfalls zurück, nachdem er nun im Bereich der öffentlichen Bibliotheken arbeitet; Mag. Julius Varga hat bekanntgegeben, den Ausschuß zu verlassen. Als neue Ausschuß-Mitglieder schlägt das Präsidium vor: Dr. Herwig Jobst (Präsident der ÖGDI) und Dr. Margarete Strassnig-Bachner, da sie die Auslandsbeziehungen der VÖB betreut. Beide Nominierungen werden einstimmig bestätigt.
HR Lang erkundigt sich nach dem weiteren Schicksal der Kommission für Restaurierung, die mit dem Abgang von Doz. Banik von der ÖNB ihren Vorsitzenden verlor. Ihre Aktivitäten sollen bis auf weiteres stillgelegt werden. MR Fischer stellt die Frage nach der Mitgliedschaft der Volksbüchereien bei der VÖB. Laut HR Baumgartner ist Dr. Pascher Mitglied des Ausschusses, wird aber meistens von Herrn Buchmüller vertreten.

8. Im Juni 1991 soll das Fortbildungsseminar der VÖB, gemeinsam mit dem Dokumentationstag der ÖGDI, stattfinden, die die Hauptlast der Vorbereitungsarbeiten tragen wird. Seitens der VÖB hat sich zur Mithilfe ein kleines Team zur Verfügung gestellt: HR Baumgartner, Dr. Hauffe, HR Reinitzer und Dr. Schmeikal. Details dieser Veranstaltung sollen in der nächsten Ausschußsitzung besprochen werden.

9. HR Seedoch überbringt die endgültige Einladung der Burgenländischen Landesregierung an die VÖB, den 22. Österreichischen Bibliothekartag im September 1992 in Eisenstadt abzuhalten. Bis dahin soll sich die Stadt in neuer Form darbieten: "Eisenstadt im neuen Gesicht". HR Baumgartner regt darüber hinaus an, die Tagung zur gleichen Zeit wie den ungarischen Bibliothekartag abzuhalten, der im September 1992 in Sopron stattfinden soll. Dazu wären Gespräche mit dem im kommenden Herbst zu wählenden neuen Präsidium der ungarischen Bibliothekarsvereinigung zu führen. GD Strebl hebt die guten Beziehungen zu den ungarischen Nachbarn hervor, weist aber auch auf die Sprachbarrieren hin, die bei gemeinsamen Fachdiskussionen doch hinderlich sein könnten. Simultandolmetscher wären sehr teuer, könnten aber vielleicht von den Ungarn kostengünstig zur Verfügung gestellt werden. Eisenstadt ist – so HR Seedoch – allerdings nur in der Lage, eine begrenzte Anzahl Personen beherbergen zu können, doch könnte zumindest eine gemeinschaftliche Veranstaltung ins Auge gefaßt werden. GD Strebl verweist die Diskussion in die nächste Ausschußsitzung.

10. Allfällige Anträge
Dr. Schuller (Kommission für Bibliographie) legt dem Ausschuß folgende Resolution zur weiteren Behandlung vor: Die Kommission für Bibliographie hat in ihrer Sitzung am 5. September 1990 einen Bericht des Bearbeiters über die von ihr im Jahre 1972 initiierte "Bibliographie österreichischer deutschsprachiger Zeitungen" zur Kenntnis genommen. Die Kommission ersucht die zuständige Abteilung des Bundesministeriums für Wissenschaft und Forschung dringend, die Fertigstellung dieser Bibliographie zu veranlassen und darüber hinaus eine ausreichende Anzahl von Papierexemplaren herstellen zu lassen.
MR Fischer wirft ein, die Fertigstellung des Projektes sei immer wieder verzögert worden, so daß sich nun das Bundesministerium (um einer etwaigen Kritik des Rechnungshofes vorzubeugen) gezwungen sah, die Ablieferung des bisher erarbeiteten Materials,

auch wenn es unvollständig ist, zu fordern. RegR Sagl, der Bearbeiter der Bibliographie, meint dazu, der Umfang der Arbeiten war von vornherein nicht abzuschätzen, doch seien immerhin 90% des Projekts fertiggestellt. HR Baumgartner stellt den Antrag, der Ausschuß solle beschließen, daß er die Resolution zur Kenntnis genommen habe und aus fachlichen Gründen die Fertigstellung der Bibliographie unterstütze. HR Kluger rät dagegen, den Antrag zwar zur Kenntnis zu nehmen, ihn aber nicht an das Bundesministerium weiterzuleiten, um etwaige bilaterale Verhandlungen nicht zu präjudizieren. Der Ausschuß stimmt dieser Meinung zu.
Dr. Kubalek (Kommission für Sachkatalogisierung): Der Ausschuß hat am 26. 6. 1989 einstimmig eine Resolution, "Wünsche der Sachkatalogisierung an die EDV", angenommen; sie wurde den Unterhaltsträgern BMWF und BMUKS zugeleitet, die sie aber – so weit bekannt wurde – noch nicht an die Arbeitsgruppe der EDV-Gesellschaft, die das Modul "Sacherschließung" bearbeitet, weiterreichten. Der Ausschuß möge daher die Unterhaltsträger bitten, die seinerzeitige Resolution weiterzuleiten. MR Fischer meint dazu, das Papier der Kommission wurde vorerst an die zuständige ministerielle Expertengruppe übergeben. Hier müssen die Vorschläge erst auf ihre Realisierbarkeit und ihren finanziellen Aufwand geprüft werden, bevor das Ministerium die VÖB-Resolution in Form eines Auftrages an eine Firma weitergeben kann. GD Strebl gibt den Schluß der Debatte bekannt.

11. HR Sika, der dem VÖB-Ausschuß 28 Jahre lang angehörte, sucht um die Entlassung aus diesem Gremium an, da er sich nicht in der Lage sieht, für die VÖB weiterhin mit voller Kraft tätig zu sein. Er habe für seinen "4. Lebensabschnitt" eine Reihe neuer Aufgaben übernommen; die Herausgabe von Schriftenreihen, die Betreuung kleinerer Bibliotheken und Museen sowie die Beratung großer Unternehmen. Das Rüstzeug dafür hätte er sich als leitender Mitarbeiter österreichischer Bibliotheken erarbeiten können. Sika dankt für die Unterstützung, die er von seinen Kollegen in den vergangenen Jahren erfuhr und wünscht der VÖB für die kommenden Jahre eine gedeihliche Entwicklung. Die Anwesenden danken dem scheidenden Kommissionsmitglied für seine langjährige Arbeit und seine Abschiedsworte mit Applaus. GD Strebl rühmt Sika für seine enorme Einsatzbereitschaft, speziell für seine Hilfsbereitschaft, und hofft, daß er auch in Zukunft der VÖB mit Rat und Tat zur Seite stehen werde.

Zum Abschluß der Kommissionssitzung dankt GD Strebl allen Ausschußmitgliedern für die Teilnahme an dem Treffen und für die Arbeit der letzten zwei Jahre.

# VI. SCHLUßSITZUNG UND HAUPTVERSAMMLUNG

## PROTOKOLL DER 48. HAUPTVERSAMMLUNG DER VÖB

| | |
|---|---|
| Zeit: | Freitag, 7. September 1990, 14.30 - 16.05 Uhr |
| Ort: | Festspielhaus Bregenz, Großer Saal |
| Vorsitz: | GD Dr. Magda Strebl |
| Teilnehmer: | 120 stimmberechtigte Mitglieder der Vereinigung |

*1.Begrüßung und Feststellung der Beschlußfähigkeit*

GD Strebl begrüßt die erschienenen Mitglieder und stellt die Beschlußfähigkeit der außerordentlichen Hauptversammlung fest. Gegen das Protokoll der 47. Hauptversammlung, vom 12. Jänner 1990, gibt keine Einwände.

*2.Tätigkeitsbericht für die Funktionsperiode 1988–90*

Es fanden 6 Ausschuß-Sitzungen und eine größere Zahl von Kommissionssitzungen statt; außerdem wurden in Wien 7 VÖB-Runden zu verschiedenen Themenkreisen abgehalten. Neu eingeführt wurde ein Round-Table der Kommissionsvorsitzenden, der bisher dreimal tagte. Sinn dieser Veranstaltung soll die Koordinierung der Arbeiten der einzelnen Kommissionen sein und die Verhinderung von parallelen Forschungstätigkeiten der verschiedenen Gruppen. In der Folge kam es zu einigen gemeinsamen Sitzungen von zwei Kommissionen. Ergebnisse der Kommissionsarbeiten sollen nicht in der Hauptversammlung vorgetragen, sondern im Tagungsband publiziert werden. HR Stock fordert ein möglichst baldiges Erscheinen des Bandes, was GD Strebl voll unterstützt. Sie weist daraufhin, daß Mag. Jobst zweifellos dafür Sorge tragen wird. Auch für die neu geschaffene Form der VÖB-Mitteilungen, die überall größtes Lob hervorgerufen hätte, sei ihr Verdienst und das ihrer Mitarbeiterinnen Mag. Mauthe und Mag. Weinberger (Applaus).
GD Strebl gibt weiters einen kurzen Überblick über den Mitgliederstand:
Im letzten Tätigkeitsbericht belief sich die Zahl der Mitglieder auf 1020, davon 953 ordentliche, 42 außerordentliche, 13 unterstützende. Neuanmeldungen in der Funktionsperiode 1988-90: insgesamt 61, davon ordentliche 54, außerordentliche 5, unterstützende Mitglieder 2. Der neue Gesamtstand lautet: 1008 Mitglieder. Folgende Abgänge waren zwischen 1988 und 1990 zu verzeichnen: Verstorbene 6, Austritte 21. Nach Revision der Mitgliederkartei wurden gemäß § 7 der Satzungen 47 Mitglieder ausgeschieden. Die Mitglieder sind nun EDV-mäßig erfaßt. Der Ausschuß umfaßt 68 Personen.
In den letzten beiden Jahren starben: HR Ernst Benischke, FI Gertrude Krisper, HR Walter Pongratz, HR Hofinger, FI Edmund Schmatral und Brigitte Horwath.

*3. Kassenbericht und Entlastung des Präsidiums*

Die Kassierin Frau Lang bedankt sich bei den Mitgliedern für ihre Zahlungen, womit sie wesentlich zur finanziellen Absicherung des Bibliothekartages beitrugen. Sie verliest den Kassenbericht, der von der Hauptversammlung zur Kenntnis genommen wird. Ausständig sind die zugesagte Unterstützung des BMWF für den gegenwärtigen Bibliothekartag sowie die die Subvention für das laufende Jahr. GD Strebl ersucht um die Entlastung der Kassierin. Mag. Jobst gibt bekannt, daß sich beide Kassenprüfer, nämlich Frau Prof.

Josefine Nast und Abs. theol. Istvan Nemeth, für ihre Abwesenheit entschuldigen lassen und schriftlich mitteilen, bei der Überprüfung die Kassenführung in bester Ordnung gefunden zu haben. Die Hauptversammlung erteilt daraufhin der Kassierin einstimmig die Entlastung. GD Strebl spricht Frau Lang die Anerkennung der VÖB für ihre aufwendige Arbeit aus. HR Stock bringt den formalen Antrag ein, das gesamte Präsidium zu entlasten und ihm für seine Tätigkeit während der letzten beiden Jahren den Dank auszusprechen. Dies geschieht durch Applaus.

*4. Beschlußfassung über eingegangene Anträge*

HR Baumgartner beantragt, die nächste Ausschußsitzung erst am 21. November durchzuführen, da man dann am selben Tag eine große Fortbildungsveranstaltung der VÖB abhalten könnte, was insbesondere den Kollegen aus den Bundesländern zugute käme. Dem Antrag wird einstimmig stattgegeben. Auf Anfrage gibt GD Strebl das Thema der Fortbildungsveranstaltung bekannt: Der Leiter der Deutschen Bibliothek, Frankfurt, Lehmann, wird über die deutsch-deutschen Beziehungen auf dem Gebiet des Bibliothekswesens, und speziell über die gemeinsame Zukunft seiner Bibliothek und der Deutschen Bücherei, Leipzig, referieren.

*5. Allfälliges*

RegR Razumovsky gibt einen kurzen Zwischenbericht über die Rumänien-Hilfe der VÖB. Ziel war es, nicht die Bibliotheken, sondern die Bibliothekare jener Institutionen zu unterstützen, mit denen die Österreichische Nationalbibliothek seit längerem in Tauschverkehr steht. Drei Bibliotheken ersuchten für ihre Angestellten um Unterstützung: die Staatsbibliothek und die Akademiebibliothek in Bukarest sowie die Bibliothek des Brukenthal-Museums in Sibiu (Hermannstadt). Insgesamt wurden die Namen von 61 Familien genannt. Gespendet wurden öS 31.895,-- in bar, außerdem Kinderkleider, Waschmittel, Medikamente, Lebensmittel etc. Der Empfang der meisten Lieferungen wurden mit großem Dank bestätigt. Die Arbeit des Versendens wurde an der ÖNB durchgeführt: und zwar von Peter Kienreich, Elisabeth Kolb, Agnes Lang, Johann Pfannhauser, Andrea Ringhofer und Ingrid Schmutzenhofer. Ihnen sei herzlicher Dank ausgesprochen. GD Strebl schließt sich diesen Dankesworten an. Für den vorerst übriggebliebenen Betrag von öS 600,-- sollen zu Weihnachten Süßigkeiten für Kinder geschickt werden. Weitere Spenden werden gerne entgegengenommen.

*6. Wahl des Präsidiums für die Funktionsperiode 1990-1992*

Dem mit Zustimmung des Plenums gebildeten Wahlausschuß gehören HR Wawrosch, mit den Helfern Mag. Kubalek, Dr. Helmut Neumann, Frau Maria Hein sowie (kraft ihre Amtes die amtierende Kassierin) Frau Agnes Lang, an. Der einzige eingegangene Wahlvorschlag lautet: GD Strebl (Präsidentin), HR Tiefenthaler (1. Vizepräsident), HR Baumgartner (2. Vizepräsident). Das Abstimmungsergebnis lautet 107 "Ja"-Stimmen , 9 "Nein"-Stimmen; 4 Stimmzettel waren ungültig. Das Präsidium ist daher gewählt, nachdem nur eine einfache Mehrheit erforderlich war. Das Präsidium nimmt die Wahl an.

*7. Wahl des Ausschusses für die Funktionsperiode 1990-1992*

In einem zweiten Wahlgang wird der Ausschuß der VÖB gewählt. Folgende Liste erhält die Zustimmung der Hauptversammlung (bei 4 Stimmenthaltungen und 3 Gegenstimmen)

Adler, Dr. Alois (Stmk. Landesbibl.)
Baumgartner, Dr. Ferdinand (UB Wien)
Bergmann, Mag. Helmuth (UB Wien)
Biebl, Prof. Dr. Maria (Wien)
Dosoudil, Dr. Ilse (UB Wien)
Drschka, Otto (ÖNB)
Fichtinger, Edwin (UB Wien)
Fischer, Dr. Edith (BMWF, Abt. III/1)
Forstner, Univ. Prof. Dr. Karl (UB Salzburg)
Frodl, Dr. Hermann (ÖNB)
Gehart, Dr. Alois (Bibl. Öst. Statist. Zentralamt)
Glanzer, Dr. Siegfried (UB Wien)
Graff, Dr. Theo (Stmk. Landesbibl.)
Hainz-Sator, Dr. Werner (UB Boku Wien)
Hauffe, Dr. Heinz (UB Innsbruck)
Heilinger, Dr. Rudolf (ÖNB)
Hein, Maria (Adm.Bibl.BKA)
Irblich, Dr. Eva (ÖNB)
Jobst, Dr. Herwig (ÖGDI)
Jobst-Rieder, Mag. Marianne (ÖNB)
Kerber, Dr. Wolfgang (ZB f. Physik Wien)
Kluger, Emmerich (UB Salzburg)
Kroller, Dr. Franz (UB Graz)
Kubalek, Mag. Dr. Peter (Bdstl. Päd. Bibl. b. LSR f. NÖ)
Lang, Agnes (ÖNB)
Lang, Dr. Helmut W. (ÖNB)
Lang, Ladislaus (ÖNB)
Leitner, Dr. Hans (UB Wien)
Loibl, Dr. Gottfried (Amtsbibl. d. BMAA)
Lube, Dr. Manfred (UB Leoben)
Mayerhöfer, Prof.Dr. Josef (ÖIBF)
Mazal, Univ. Prof. Dr. Otto (ÖNB)
Neuhauser, Dr. Walter (UB Innsbruck)
Olensky, Dr. Günter (UB d. Vet. Med. Univ. Wien)
Pascher, Dr. Franz (BVÖ)
Patzer, Mag. Dr. Franz (Wien)
Pfeil, P. Mag. Georg (Klosterbibliothek Kremsmünster)
Pisarik, Magda (BVÖ)
Razumovsky, Reg.Rat Maria (Wien)
Rehberger, Dr. Robert (UB Linz)
Reinitzer, Dr. Sigrid (UB Graz)

Riepl, Dr. Hermann (NÖLB)
Sagl, Reg.Rat Hermann (ÖNB)
Schaffer, Dr. Brigitte (PAST)
Schuller, Dr. Anton (Stmk. Landesbibl.)
Seedoch, Dr. Johann (Bgld. Landesbibl.)
Simmler, Hon.Prof.Mag. Dr. Otto (Adm. Bibl.BKA)
Stock, Dr. Karl F. (UBTU Graz)
Stöhr, Dr. Theodor (Parl. Bibl.)
Stranzinger, Dr. Oswald (UB Innsbruck)
Straßnig, OR Friedrich (ÖNB)
Straßnig-Bachner, Dr. Margarete (ÖNB)
Strebl, Dr. Magda (ÖNB)
Strigl, Elfriede (Pädak-Bund Innsbruck)
Tiefenthaler, Dr. Eberhard (Vlbg. Landesbibl.)
Ustrnul, Dr. Geralt (ÖNB)
Vass, Dr. Josef (Sowi Studbibl. AK Wien)
Wagner, Dr. Robert (Akad. d. Bild. Künste)
Wawrik, Dr. Franz (ÖNB)
Wawrosch, Dr. Josef (UBTU Wien)
Wehrmann, Mag. Gertraud (UBWU Wien)
Weyringer, Dr. Andreas (UB Wien)
Wieser, Dr. Martin (UB Innsbruck)
Wieser, Dr. Walter (ÖNB)
Würtz, Mag. Herwig (Wr. Stadt- u. Landesbibl.)
Zotter-Straka, Helga (UB Graz)
Zwanziger, Dr. Ronald (UB Wien)

Zu Kassenrevisoren werden Prof. Dr. Josefine Nast und Istvan Németh gewählt.

Die Präsidentin, GD Strebl, dankt für das ausgesprochene Vertrauen und erwähnt lobend das Team, das sie in den vergangenen zwei Jahren tatkräftig unterstützte. Vor allem aber spricht sie HR Tiefenthaler höchste Anerkennung für die hervorragende Organisation des Bibliothekartages aus; sie bittet ihn, diesen Dank auch an seine Mitarbeiter weiterzugeben. Ihre Ausführungen werden vom Plenum mit "standing ovations" unterstrichen. Als kleine Gegenleistung lädt GD Strebl HR Tiefenthaler und seine am Zustandekommen des Bibliothekartages beteiligten Kolleginnen und Kollegen für einige Tage nach Wien ein.

HR Seedoch lädt namens der Burgenländischen Landesregierung die VÖB ein den 22. Österreichischen Bibliothekartag im September 1992 in Eisenstadt abzuhalten. Dieses Angebot wird von den versammelten Teilnehmern mit Applaus angenommen.

GD Strebl beendet die 48. Hauptversammlung. Anschließend findet die feierliche Überreichung der an verdiente VÖB-Mitglieder verliehenen Bick-Medaillen statt.

## TÄTIGKEITSBERICHT 1988-1990

### A. Mitgliederstand

Im Berichtszeitraum hat die VÖB das Hinscheiden folgender Mitglieder zu beklagen:
HR Dr. Ernst Benischke
HR Dr. Josef Hofinger
Brigitta Horvath
FI Gertrude Krisper
Prof. Dr. Walter Pongratz
Mitgliederstand im letzten Tätigkeitsbericht: 1020
ordentliche Mitglieder: 953
außerordentliche Mitglieder: 42
unterstützende Mitglieder: 13
Neuanmeldungen (1988-1990) insgesamt: 61
ordentliche Mitglieder: 54
außerordentliche Mitglieder: 5
unterstützende Mitglieder: 2
insgesamt: 1008

Abgänge 1988-1990
Verstorbene: 5
Austritte: 21
Nach Revision der Mitgliedskartei und nach der Verarbeitung der Kartei der UB Wien mit EDV wurden gemäß § 7 der Satzungen ausgeschieden: 47
insgesamt: 73

Mitgliederstand am 7.9. 1990: 1013

### B. 47. Hauptversammlung am 12. Jänner 1990

Beschlossen wurde die Verleihung von Dr.-Josef-Bick-Ehrenmedaillen an:
Hofrat Dr. Ferdinand Baumgartner (Große Würdigungsmedaille)
Oberrevident Johann Brandauer (Förderungsmedaille)
Professor Dr. Friedrich H. Lang (Würdigungsmedaille)
Amtsrat Ladislaus Lang (Würdigungsmedaille)
Regierungsrätin Verena Muuhs, Amtsdirektorin i.R. (Würdigungsmedaille)
Mag. Max Notsch (Förderungsmedaille)
Hofrat Mag. Dr. Franz Patzer (Würdigungsmedaille)
Dr. Max Pauer (Würdigungsmedaille)
Hofrat Dr. Robert Rehberger (Würdigungsmedaille)
Hofrat Dr. Eduard Ronge (Würdigungsmedaille)
Amtssekretärin Sieglinde Sepp (Förderungsmedaille)

## C. Ausschuß

Der Vereinsausschuß trat während der Funktionsperiode 1989-90 zu 6 Sitzungen zusammen. Dem Ausschuß gehören 68 Mitglieder an. Dabei wurden folgende wichtige Tagesordnungspunkte behandelt:

- Verleih von Kulturgütern für Ausstellungszwecke durch wissenschaftliche Bibliotheken (Leihvertrag, Allgemeine Geschäftsbedingungen, ergänzende Geschäftsbedingungen, Empfehlungen an das BMWF)
- Mitarbeit der VÖB an der Zeitschrift "Fakten, Daten Zitate" (Das Informationsangebot für Wissenschaft & Wirtschaft)
- Durchführung von Fortbildungsveranstaltungen
- Organisationsplanung und Vorbereitung des 21. Österreichischen Bibliothekartages
- Tätigkeit der Kommissionen
- Berichte über die vom Sekretariat lfd. durchgeführten Erledigungen
- Mitgliederwerbung
- Abstimmung über Neuaufnahme von Mitgliedern
- Vereinbarung über die direkte Zusammenarbeit zwischen VÖB und der Vereinigung Slowakischer Bibliothekare
- Spendenaktion für Kolleginnen und Kollegen aus Bibliotheken in Rumänien (Hermannstadt und Bukarest)
- Anforderungen der Sacherschließung an die EDV: Resolution an das BMWF

## D. Kommissionen

Am 5. Dezember 1988 fand erstmals ein Round-Table-Gespräch aller Kommissionsvorsitzenden statt. Es wurden eine Aufgabenkoordinierung für die Funktionsperiode 1988-1990 vorgenommen und vermehrt gemeinsame Sitzungen von Kommissionen bei fallweise übereinstimmenden Arbeitsschwerpunkten angeregt. Diese gemeinsame Arbeit der Kommissionen ist daher charakteristisch für die abgelaufene Funktionsperiode und bewährte sich auch bei der Gestaltung des Programms des 21. Österreichischen Bibliothekartages in Bregenz, wo am 5.9.1990 die Ergebnisse der Kommissionssitzungen wieder in einem Round-Table-Gespräch diskutiert wurden.

- *Amts- und Behördenbibliotheken*
Vorsitz: OR Dr. Gottfried Loibl, Amtsbibl. BMAA
Sitzungen: 1
Tagesordnungspunkte: Bibliotheksverbund, Verhalten der Bibliotheken bei Ressortteilung
Fortbildungsveranstaltung: Grundkurs RAK-WB

- *Ausbildung und Fortbildung*
Vorsitz: HR Emmerich Kluger, UB Salzburg
Sitzungen: 5
Tagesordnungspunkte: Grundausbildung für die Angehörigen der Verwendungsgruppe D: Tätigkeiten der D-Bediensteten, Ausbildungsgegenstände, Ausbildungsmodus und -dauer,

Prüfungsgegenstände: Form und Ablauf, Ausbildungsstellen und Sitz(e) der Prüfungskommission(en)

*- Bibliographie*
Vorsitz: OR Dr. Anton L. Schuller, Stmk. Landesbibl. Graz
Sitzungen: 1 (gemeinsam mit der Kommission für Landesbibliotheken)
Tagesordnungspunkte: Regionalbibliographie und EDV
Mitarbeit des Vorsitzenden in der Kommission für EDV-Anwender und der Kommission für Sachkatalogisierung

*- Bibliotheksbenützung und Öffentlichkeitsarbeit*
Vorsitz: R Dr. Martin Wieser, UB Innsbruck
Sitzungen: 3
Tagesordnungspunkte: BIBOS an der UB Innsbruck, BIBOS und Benützer, Marktforschungsstudie an der UB Innsbruck, GRIBS, Erfahrungen mit CD-ROM Datenbanken im Benützungsbereich, Medienkampagne an der Vorarlberger Landesbibliothek, Elektronische Medien in der Bibliothek, 5 Jahre Forschungsabteilung an der ÖNB

*- Buch- und Bibliotheksgeschichte (mit AK für Bibliotheksgeschichte)*
Vorsitz: HR Dr. Walter Neuhauser, UB Innsbruck
Sitzungen: 5
Tagesordnungspunkte: Ausarbeitung von Grundlagen für die Beschickung von Ausstellungen, Handbuch der historischen Buchbestände in Österreich; Vorträge: EDV und altes Buch in österreichischen Bibliotheken: UBIalt - Erschließung der Altbestände der UB Innsbruck bis 1800 mit BIBOS, Erschließung von Veduten mittels EDV, Entwicklung einer klimageregelten Ausstellungsvitrine für empfindliche Objekte
Fortbildungsveranstaltung (gemeinsam mit der Kommission für Landkarten- und Vedutenbearbeitung): Exkursion nach Mainz (Gutenberg-Museum) und Wolfenbüttel (Herzog-August-Bibliothek)
*AK für Bibliotheksgeschichte*
Vorsitz: Prof. Dr. Walter Pongratz
Sitzungen: 4
Tagesordnungspunkte: Geschichte der Bibliotheksverwaltung

*- EDV-Anwender (mit Online-Benutzergruppe)*
Vorsitz: Dr. Brigitte Schaffer, Studienbibliothek f. Lehreraus- u. Lehrerfortbildung d. PA u. d. BPA d. Bundes in d. Stmk., Graz
Sitzungen: 4
Tagesordnungspunkte: BIBOS, Sacherschließung RSWK
*Online-Benutzergruppe*
Vorsitz: OR Dr. Heinz Hauffe, UB Innsbruck
Sitzungen: 2
Tagesordnungspunkte: Information zu Neuerungen am Online-Sektor; Vorträge: ACOM-Telekommunikationssoftware mit automatischer Befehlsübersetzung; Phonetische Ähnlichkeitssuche in Datenbanken; Die österreichische Dissertationsdatenbank; Online-

Wirtschaftsdatenbanken zwischen Ost und West; Die Online-Industrie in den Neunziger Jahren;
EUROLUG Monitoring Week; Workshop "Datenbanken auf CD-ROM"; Fortbildungsveranstaltung: 3. Österreichisches Online-Informationstreffen; Online-Stammtisch; Treffen zwischen der Delegation der China Association for Information Economics/ China National New Technology Developement & Investement Corp. und der Österr. Online-Benutzergruppe/ÖGDI; EUROLUG-Treffen in Luxemburg

- *Erwerbungsfragen*
Vorsitz: OR Dr. Rudolf Heilinger, ÖNB
Sitzungen: 1 (gemeinsam mit der Kommission für Rechtsfragen)
Tagesordnungspunkte: Erwerbung Neuer Medien

- *Landesbibliotheken*
Vorsitz: Dir. Dr. Eberhard Tiefenthaler, Vlbg. Landesbibliothek
Sitzungen: 1 (gemeinsam mit der Kommission für Bibliographie)
Tagesordnungspunkte: Regionalbibliographie und EDV

- *Landkarten- und Vedutenbearbeitung*
Vorsitz: Dir. OR Dr. Franz Wawrik, ÖNB
Sitzungen: 4 (davon eine gemeinsam mit der Kommission für Buch- und Bibliotheksgeschichte)
Tagesordnungspunkte: Sacherschließung alter Karten und Veduten, Katalogisierung von Karten mittels EDV; Ausbildung und Fortbildung.
Fortbildungsveranstaltung (gemeinsam mit der Kommission für Buch- und Bibliotheksgeschichte): Exkursion nach Mainz (Gutenberg-Museum) und Wolfenbüttel (Herzog-August-Bibliothek)

- *Leihverkehr und Zentralkataloge*
Vorsitz: AR Ladislaus Lang, ÖNB
Sitzungen: 1
Tagesordnungspunkte: Informationstätigkeit über die Dienstleistungen von in- und ausländischen Zentralkatalogen, Vortrag: Dienstleistungen, Funktionen und EDV-Einsatz bei den Zentralkatalogen der Széchényi Nationalbibliothek in Budapest

- *Nominalkatalogisierung*
Vorsitz: OR Friedrich Straßnig, ÖNB
Sitzungen: 3
Tagesordnungspunkte: RAK-WB, ÖNORM 2653 und RAK-AV und RAK-Musik; für BIBOS-Anwender Verbesserungen bei der Umsetzung komplexerer bibliographischer Sachverhalte und bei der Online-Darstellung von Formeln; 100 Beispiele umfassende Beispielsammlung für RAK-Aus- und Fortbildung; 3 RAK-Seminare an der Verwaltungsakademie.

- *Normung*
Vorsitz: R Mag. Helmuth Bergmann, UB Wien

Sitzungen: 1 (gemeinsam mit der Kommission für Periodika und Serienpublikationen)
Tagesordnungspunkte: Neue Normen (Mikroverfilmung von Zeitungen, Zitierregeln und Hochschulschriften)

- *Periodika und Serienpublikationen*
Vorsitz: R Mag. Helmuth Bergmann, UB Wien
Sitzungen: 1 (gemeinsam mit der Kommission für Normung)
Tagesordnungspunkte: Periodika-Bearbeitung mit den in Betrieb befindlichen EDV-Systemen

- *Rechtsfragen*
Vorsitz: OR Dr. Ilse Dosoudil, UB Wien
Sitzungen: 2 (davon eine gemeinsam mit der Kommission für Erwerbungsfragen)
Tagesordnungspunkte: Rechtsprobleme bei der Erwerbung und Benützung von Neuen Medien, Lieferkonditionen, Ablieferungspflicht von Bibliotheksstücken, Benützung von Disketten, Urheberrechtsfragen

- *Sachkatalogisierung*
Vorsitz: OR Mag. Dr. Peter Kubalek, Bundesstaatl. Päd. Bibl. b. LSR f. NÖ
Sitzungen: 3 (davon eine gemeinsam mit der Kommission für EDV-Anwender, zusätzlich eine Sitzung der "Arbeitsgruppe Sacherschließung-EDV" zur Erstellung einer Resolution)
Tagesordnungspunkte: Anforderungen der Sacherschließung an die EDV, Schlagwortnormdatei, Schlagwortzentralredaktion im BIBOS-Verbund

- *Studienbibliotheken für Lehreraus- und Lehrerfortbildung an Pädagogischen und Berufspädagogischen Akademien*
Vorsitz: AR Elfriede Strigl, Studienbibl. f. Lehreraus- u. Lehrerfortbildung d. PA u. d. BPA d. Bundes in Tirol
Sitzungen: 1 (in Bregenz)
Tagesordnungspunkte: Ausweitung des Sammelgebietes auf AV-Medien und EDV-Software, Erschwerniszulage für die Bildschirmarbeit, Budgetfragen, Personalangelegenheiten.

- *Konservierung und Restaurierung*
Vorsitz: dzt. unbesetzt
Sitzungen: 1
Tagesordnungspunkte: Konstituierung der Kommission, Arbeitsprogramm: Grundlegende Richtlinien für konservatorische Standards an österreichischen Bibliotheken

## E. Diskussionsrunden

Die Diskussionsrunde Wien unter dem Vorsitz von OR Dr. Hans Leitner veranstaltete 7 Sitzungen:
- Prof. Dr. Engelbert Plassmann (Rektor der Fachhochschule für Bibliotheks- und Dokumentationswesen in Köln): Bibliothekarische Ausbildung in der BRD (16.11.1988)

- HR Dr. Karl F. Stock (UBTU Graz): Katalogisierung und OPAC mit Compact Disk im lokalen Netz und Verbund (6.4.1989)
- Dr. Konrad Kratzsch (Stellv. Dir. d. Zentralbibliothek d. dt. Klassik, Weimar): Die Zentralbibliothek der deutschen Klassik und ihre Schätze (mit Dias) (14.6.1989)
- OR Dr. Lorenz Mikoletzky (Direktor d. Österr. Staatsarchives): Führung durch das österreichische Staatsarchiv (15.11.1989)
- Dr. Bettina Schmeikal (UBWU Wien): Graue Literatur (17.1.1990)
- GD Dr. Magda Strebl (ÖNB): Die Zukunft der großen Bibliotheken (7.3.1990)
- Besuch des ORF-Fernseharchivs (26.4.1990)
- Dr. Norbert Stroscher (Zentralinstitut für Bibliothekswesen Berlin): Zur Reform des Bibliothekswesens in der DDR (22.5.1990)

## F. Vorträge und Fortbildungsveranstaltungen

- Seminar der VÖB in Zusammenarbeit mit der Vorarlberger Landesbibliothek und dem Vorarlberger Landesbildungszentrum Schloß Hofen in Lochau bei Bregenz. "Automatisierte Sacherschließung - Status und Trends" (17. - 20. April 1989)
- 3. Österreichisches Online-Informationstreffen. Bundesinstitut für Erwachsenenbildung des BMUKS in Strobl (12. - 15. September 1990)

## G. Delegationen

Delegierte der VÖB nahmen an folgenden Fachveranstaltungen anderer Verbände teil:

- Generalversammlungen der IFLA
- LIBER-Tagungen
- Deutsche Bibliothekartage
- Jahresversammlungen der Vereinigung Schweizerischer Bibliothekare
- Kongresse der Associazione Italiana Biblioteche
- Tagung des Vereins Ungarischer Bibliothekare
- Slowenische Bibliothekartage
- Kroatische Bibliothekartage
- Arbeitstagungen des Verbandes Österreichischer Volksbüchereien
- Generalversammlungen des Verbandes Wissenschaftlicher Gesellschaften

## H. Kontakte zu anderen Vereinigungen und Verbänden

- Die VÖB ist National Association Member der IFLA
- Mitglieder der VÖB arbeiten bei LIBER mit
- Vertreter der VÖB sind beim Österreichischen Normungsinstitut in den fachlich einschlägigen Fachnormenausschüssen tätig

## I. Schriftverkehr

Der Schriftverkehr der Vereinigung wurde vom Sekretariat am Geschäftssitz durchgeführt. Es wurde mit Ämtern und Behörden, Verbänden, Firmen und Privatpersonen im In- und Ausland korrespondiert. Bei Erledigung von 700 Geschäftsfällen sowie für die

Vorbereitung von Fortbildungsseminaren, Ausschuß- und Kommissisionssitzungen sowie des Bibliothekartages wurden mehr als 1000 Briefe geschrieben.

## K. Publikationen

Folgende Publikationen wurden durch die VÖB herausgegeben bzw. mitherausgegeben:
*Periodika:*
- Biblos. Österreichische Zeitschrift für Buch- und Bibliothekswesen, Dokumentation, Bibliographie und Bibliophilie. Chefredakteur: Dr. Walter G. Wieser. 8 Hefte
- Fakten, Daten, Zitate. Das Informationsangebot für Wissenschaft & Wirtschaft. Redaktion: Dr. Bettina Schmeikal. 8 Hefte
- Mitteilungen der Vereinigung Österreichischer Bibliothekare. Redaktion: Mag. Marianne Jobst-Rieder. Beigebunden: Online-Mitteilungen der Kommission für EDV-Anwender und die RAK-Information der Arbeitsgruppe der RAK-Anwender in Österreich. 7 Hefte

*Einzelpublikationen:*
- Vom Bild bis zum Raum. Bühnenmodelle 1781 - 1987. Ausstellungskatalog des Österreichischen Theatermuseums. Herausgegeben von Oskar Pausch. Wien 1988. 43 S. - (Biblos-Schriften, 147)
- Hirschegger, Manfred: Geschichte der Universitätsbibliothek Graz 1918 - 1945. - Wien: Österreichisches Institut für Bibliotheksforschung, Dokumentations- und Informationswesen 1989. 71 S. - (Biblos-Schriften, 148)
- Oberhauser, Otto: Die Universitätsbibliothek der Technischen Universität Wien aus der Sicht ihrer Benutzer. Ergebnisse einer empirischen Untersuchung. - Wien: Österreichisches Institut für Bibliotheksforschung, Dokumentations- und Informationswesen 1989. X, 333 S. - (Biblos-Schriften, 149)
- Der Österreichische Bibliothekartag 1988. Linz, September 1988. Vorträge und Kommissionssitzungen. Pre-Conference-Seminar. In Vorbereitung
- Oberhauser, Otto C.: Multimedia Information Storage and Retrieval Using Optical Disc Technology. Potential for Library and Information Services. - Wien: Österreichisches Institut für Bibliotheksforschung, Dokumentations- und Informationswesen 1990. 181 S. - (Biblos-Schriften, 151)
- Jobst-Rieder, Marianne: Franz Werfel 1890 - 1945. Ausstellung der Österreichischen Nationalbibliothek. Wien: Österr. Nationalbibliothek 1990. 117 S. - (Biblos-Schriften, 152)

## L. Ehrungen

Dr. Josef-Bick-Ehrenmedaillen ergingen gemäß Beschluß der 47. ao. Hauptversammlung vom 12.1.1990, an Vereinsmitglieder. Die Verleihung fand im Rahmen der Hauptversammlung beim Bibliothekartag in Bregenz statt. (Siehe auch oben Punkt B). Die Laudationes werden (in alphabetischer Reihenfolge) im Anschluß wiedergegeben.

## KASSENGEBARUNG IN DER FUNKTIONSPERIODE 1988-1990

Der vom Kassier vorgetragene, von den Kassenrevisoren überprüfte und von der Hauptversammlung genehmigte Bericht über die Kassengebarung der Vereinigung Österreichischer Bibliothekare in der Funktionsperiode 1988 - 1990 weist folgende Beträge aus:

| | | | |
|---|---|---|---|
| 1986-88 | Einnahmen | ÖS | 2,813.923,30 |
| | Ausgaben | ÖS | 2,862.769,60 |
| | | ÖS | - 48.846,30 |

| | | | |
|---|---|---|---|
| **1988-1990** | **Einnahmen** | **ab** | **18.11.88-22.8.90** |
| Mitgliedsbeiträge | | ÖS | 325.440,00 |
| Zinsen | | ÖS | 37.326,45 |
| Durchlaufer (BKK, Biblos, RH) | | ÖS | 1,118.952,36 |
| Inserate | | ÖS | 41.250,00 |
| Biblosschriften | | ÖS | 87.386,00 |
| Subventionen bis 1989 | | ÖS | 155.000,00 |
| Bibliothekartag | | ÖS | 121.105,33 |
| | | ÖS | **1,886.460,14** |

| | | | |
|---|---|---|---|
| **1988-1990** | **Ausgaben** | **ab** | **18.11.88-22.8.90** |
| Bankspesen | | ÖS | 3.881,85 |
| Kommissionssitzungen, Bildungsveranstaltungen | | ÖS | 259.375,29 |
| Verwaltungsaufwand | | ÖS | 82.503,50 |
| Durchlaufer (BKK, RH, Biblos) | | ÖS | 938.556,40 |
| Mitglieder der VÖB | | ÖS | 31.231,38 |
| | | ÖS | **1,315.548,42** |
| Einnahmen | | ÖS | 1,886.460,14 |
| Ausgaben | | ÖS | 1,315.548,42 |
| Kassastand (7.9.1990) | | ÖS | **570.911,72** |

# VII. TEXTE DER LAUDATIONES FÜR DIE TRÄGER DER DR.-JOSEF-BICK-EHRENMEDAILLE

*In Anerkennung*
*seiner großen Verdienste*
*um das österreichische Bibliothekswesen*
*verleiht die*

*VEREINIGUNG ÖSTERREICHISCHER BIBLIOTHEKARE*

*die*
*DR.-JOSEF-BICK-EHRENMEDAILLE*
*(Große Würdigungsmedaille)*

*an Herrn*
*HOFRAT DR. FERDINAND BAUMGARTNER*

*Hofrat Dr. Baumgartner wurde am 1. 5. 1931 in Wien geboren, wo er Schule und Universität besuchte. Nach dem Studium der katholischen Theologie (abs. theol. 1954) wurde er am 6. 4. 1960 zum Doktor der Philosophie promoviert und erhielt die Lehrbefugnis für Höhere Schulen, die er von 1959 bis 1966 ausübte. Anschließend trat er in die Universitätsbibliothek Wien ein und legte 1968 die Prüfung für den Höheren Bibliotheksdienst ab. HR Baumgartner war ab 1.11. 1972 in der Abteilung III/1 des Bundesministeriums für Wissenschaft und Forschung für die Belange des gesamten österreichischen Bibliothekswesens tätig. Seit 1.1.1981 ist er Direktor der Universitätsbibliothek Wien, deren großzügige Erweiterung und Modernisierung sein Verdienst sind.*

*Seine reichen Kenntnisse und Erfahrungen stellte er auch der Vereinigung Österreichischer Bibliothekare zur Verfügung: als Mitglied seit 1967, als Mitglied des Ausschusses seit 1970, als Schriftführer, als Sekretär und von 1982-1988 als Präsident. In dieser Zeit organisierte er drei österreichische Bibliothekartage und bemühte sich verstärkt um enge Kontakte zu ausländischen Bibliothekarvereinigungen, wie etwa zu den ungarischen Kollegen. Es wurde ihm dafür als erstem Ausländer die Ehrenmedaille der Vereinigung Ungarischer Bibliothekare verliehen. Weiters ist er Mitglied zahlreicher weiterer ausländischer Bibliothekarvereinigungen.*

*Hofrat Dr. Baumgartner war stets bestrebt, die Anliegen der Mitglieder der Vereinigung Österreichischer Bibliothekare in der Öffentlichkeit wirkungsvoll zu vertreten und im Ausland durch seine intensive Kontaktpflege mit Berufskollegen ein gutes Arbeitsklima für die Erörterungen und Lösungen bibliothekarischer Fachfragen zu bereiten.*

*Bregenz, am 7. 9. 1990*

*GD Dr. Magda Strebl*
*Präsidentin*

*Dir. Dr. Eberhard Tiefenthaler*
*2. Stellvertreter*

*Oberrätin Mag. Marianne Jobst-Rieder*
*Sekretärin*

*In Anerkennung*
*seiner großen Verdienste*
*um das österreichische Bibliothekswesen*
*verleiht die*

*VEREINIGUNG ÖSTERREICHISCHER BIBLIOTHEKARE*

*die*
*DR.-JOSEF-BICK-EHRENMEDAILLE*
*(Förderungsmedaille)*

*an Herrn*
*OBERREVIDENT JOHANN BRANDAUER*

*Herr Johann Brandauer wurde am 25. 11. 1953 in Kirchbichl in Tirol geboren. Nach Absolvierung der Höheren Technischen Bundeslehr- und Versuchsanstalt Innsbruck, Abt. Elektrotechnik war er an dieser Schule als Assistent tätig. Nach einem Aufenthalt in Deutschland trat er am 1. März 1978 in die Universitätsbibliothek Innsbruck ein. Im November 1980 legte er die Bibliotheksprüfung mit Auszeichnung in fünf Gegenständen ab und wurde 1987 pragmatisiert. Er war in der Abteilung für Titelaufnahme tätig und übernahm 1983 diese Abteilung. Außerdem ist er Mitglied der Kommission für Nominalkatalogisierung der Vereinigung Österreichischer Bibliothekare.*

*Seit 1988 ist Herr Brandauer wesentlich an der Einführung des EDV-Systems BIBOS an der Universitätsbibliothek Innsbruck beteiligt. Er ist Mitglied der Zentralen Redaktion für den österreichischen Bibliothekenverbund und Referent im Bereich Nominalkatalogisierung an der UB Innsbruck und an der Verwaltungsakademie des Bundes in Wien. Außerdem leistete er wertvolle Hilfestellung an der UB Salzburg bei der Implementierung von BIBOS.*

*Herr Brandauer hat sich daher vor allem um die Einführung des automationsunterstützten Bibliothekssystems BIBOS hervorragende Verdienste erworben und darüberhinaus seine reichen Erfahrungen dem gesamten österreichischen Bibliothekswesen nutzbar gemacht.*

*Bregenz, am 7. 9. 1990*

*GD Dr. Magda Strebl*
*Präsidentin*

*Dir. Dr. Eberhard Tiefenthaler*
*2. Stellvertreter*

*Oberrätin Mag. Marianne Jobst-Rieder*
*Sekretärin*

*In Anerkennung*
*seiner großen Verdienste*
*um das österreichische Bibliothekswesen*
*verleiht die*

*VEREINIGUNG ÖSTERREICHISCHER BIBLIOTHEKARE*

*die*
*DR.-JOSEF-BICK-EHRENMEDAILLE*
*(Würdigungsmedaille)*

*an Herrn*
*PROFESSOR DR. FRIEDRICH H. LANG*

*Herr Professor Dr. Friedrich Lang wurde am 13. 5. 1927 in Wien geboren. Er absolvierte Schule und Universitätsstudium in Wien. Er belegte die Fächer romanische Philologie, Anglistik und allgemeine Sprachwissenschaft. 1965 absolvierte er an der Österreichischen Nationalbibliothek die Bibliothekarsausbildung. Er war Wegbereiter des am weitesten verbreiteten und wahrscheinlich ersten, wohldurchdachten Datenformats der Bibliotheksautomation, des MARC-Formats. Er konzipierte um 1966/67 das für die Atombehörde eingesetzte GIPSY-Format (General Input System), das im ersten von der Library of Congress publizierten MARC-Manual als eine der Grundlagen für ihre Entwurfsarbeiten zitiert wird.*

*Zu diesem historischen und für die Bibliotheksautomation bedeutsamen Faktum kommt noch hinzu, daß Professor Lang viele Jahre in der Vereinigung Österreichischer Bibliothekare aktiv tätig war und viele Beiträge und Anregungen in Kommissionen und Ausschüssen lieferte, so vor allem noch zu der Zeit, als Generaldirektor Stummvoll und Hofrat Mayerhöfer aktiv mit Fragen der Bibliotheksautomation befaßt waren. Professor Lang hat mit seinem umfangreichen Wissen auf mehreren Fachgebieten (EDV, Linguistik, Klassifikation und Information Retrieval) außerdem auch wesentlich zur Ausbildung des bibliothekarischen Nachwuchses beigetragen.*

*Für seine Verdienste um den Fortschritt des Bibliothekswesens in Österreich und die Aus- und Fortbildung der Bibliothekare hat die Vereinigung Österreichischer Bibliothekare beschlossen, Herrn Prof. Dr. Friedrich H. Lang durch die Würdigungsmedaille zu ehren.*

*Bregenz, am 7. 9. 1990*

*GD Dr. Magda Strebl*
*Präsidentin*

*Dir. Dr. Eberhard Tiefenthaler*
*2. Stellvertreter*

*Oberrätin Mag. Marianne Jobst-Rieder*
*Sekretärin*

*In Anerkennung*
*seiner großen Verdienste*
*um das österreichische Bibliothekswesen*
*verleiht die*

*VEREINIGUNG ÖSTERREICHISCHER BIBLIOTHEKARE*

*die*
*DR.-JOSEF-BICK-EHRENMEDAILLE*
*(Würdigungsmedaille)*

*an Herrn*
*AMTSRAT LADISLAUS LANG*

*Herr Amtsrat Ladislaus Lang, geboren am 18. 8. 1941 in Budapest, besuchte das Stiftsgymnasium der Benediktiner zu Kremsmünster und studierte danach an der Universität Wien Mathematik, Physik und Dolmetsch Ungarisch-Deutsch. Seit November 1966 ist er in der Österreichischen Nationalbibliothek tätig. Im Jahre 1969 legte er die Bibliotheksprüfung in allen Fächern mit Auszeichnung ab. Von 1973 - 1984 war AR Lang in der Planungsstelle für wissenschaftliches Bibliothekswesen tätig, wo er das Projekt "Aufbau einer Österreichischen Zeitschriftendatenbank" leitete. Herr Lang hat sich dadurch seit vielen Jahren mit essentiellen Datenverarbeitungsproblemen des österreichischen Bibliothekswesens beschäftigt. Aufgrund seiner hervorragenden Leistungen wurde er ab 1. 6. 1984 mit der Leitung des ADV-unterstützten Verbundkatalogs ÖZDB betraut. Seit 1989 ist Ladislaus Lang stellvertretender Leiter in der Zentralen Redaktion des österreichischen Bibliothekenverbundes. In all diesen Funktionen leistet Herr Amtsrat Ladislaus Lang einen bedeutenden Beitrag für das gesamte österreichische Bibliothekswesen.*

*Seit 1972 ist Ladislaus Lang Mitglied der Vereinigung Österreichischer Bibliothekare, seit 1985 Vorsitzender der Kommission für Leihverkehr und Zentralkataloge. 1988 hat er eine Datenbank für die Verwaltung der Daten der VÖB-Mitglieder aufgebaut und war maßgeblich an den Vorbereitungen für den 21. Österreichischen Bibliothekartag beteiligt. Zusätzlich hat er 1988 die Bearbeitung der österreichischen Bibliotheksstatistik mitübernommen.*

*Aufgrund dieser Verdienste hat es die Vereinigung Österreichischer Bibliothekare für richtig empfunden, Herrn Amtsrat Ladislaus Lang durch die Würdigungsmedaille zu ehren.*

*Bregenz, am 7. 9. 1990*

*GD Dr. Magda Strebl*
*Präsidentin*

*Dir. Dr. Eberhard Tiefenthaler*
*2. Stellvertreter*

*Oberrätin Mag. Marianne Jobst-Rieder*
*Sekretärin*

*In Anerkennung*
*ihrer großen Verdienste*
*um das österreichische Bibliothekswesen*
*verleiht die*

*VEREINIGUNG ÖSTERREICHISCHER BIBLIOTHEKARE*

*die*
*DR.-JOSEF-BICK-EHRENMEDAILLE*
*(Würdigungsmedaille)*

*an Frau*
*REGIERUNGSRAT VERENA MUUHS, AMTSDIREKTOR i.R.*

*Frau Verena Muuhs wurde am 5.8.1925 in Wien geboren, absolvierte eine kaufmännische Lehre und legte im Frühjahr 1946 die Externistenreifeprüfung für das Realgymnasium Form C ab. Anschließend war sie Werkstudentin an der Universität Wien (Germanistik, Psychologie, Altphilologie). 1952 begann sie die Arbeit am Österreichischen Statistischen Zentralamt, wo sie 1961 - 1966 Gruppenleiterin war. 1966 wechselte sie an das Bundesministerium für Unterricht und Kunst, wo sie unter anderem auch den Aufbau und die Verwaltung der Handbibliothek der wissenschaftlichen Abteilung besorgte. Im Frühjahr 1970 übernahm sie an der neu gegründeten Pädagogischen Akademie des Bundes in Wien die Bibliothek und legte 1972 die Bibliotheksprüfung mit Auszeichnung ab. 1975 wurde sie Vorsitzende der neu gegründeten VÖB-Kommission für Studienbibliotheken an Pädagogischen Akademien. Diese ehrenamtliche Tätigkeit hatte sie bis 1984 inne. Durch diese Kommissionsarbeit und als langjähriges Mitglied des VÖB-Ausschusses hat sich Frau Regierungsrat Verena Muuhs besondere Verdienste um die Vereinigung Österreichischer Bibliothekare erworben.*

*Bregenz, am 7. 9. 1990*

*GD Dr. Magda Strebl*
*Präsidentin*

*Dir. Dr. Eberhard Tiefenthaler*
*2. Stellvertreter*

*Oberrätin Mag. Marianne Jobst-Rieder*
*Sekretärin*

*In Anerkennung*
*seiner großen Verdienste*
*um das österreichische Bibliothekswesen*
*verleiht die*

*VEREINIGUNG ÖSTERREICHISCHER BIBLIOTHEKARE*

*die*
*DR.-JOSEF-BICK-EHRENMEDAILLE*
*(Förderungsmedaille)*

*an Herrn*
*MAG. MAX NOTSCH*

*Herr Mag. Max Notsch wurde am 10. August 1953 in Kärnten geboren, studierte an der Pädagogischen Akademie des Bundes in Kärnten Deutsch, Geographie und Wirtschaftskunde und beendete das Studium als Magister der Philosophie. Seit 1. September 1980 ist er als Bibliothekar in der Arbeiterkammer Kärnten angestellt. Ab 1980 beteiligte er sich an der Umstellung verschiedener AK-Büchereien von einer Theken- und Magazinbücherei zu einer Freihandaufstellung. Mit 1. 1. 1986 wurde er Büchereileiter der Büchereien der Kammer für Arbeiter und Angestellte in Kärnten. Seit 1984 wurde BIBOS in der Arbeiterkammer Kärnten eingeführt. Herr Mag. Notsch war maßgeblich am Aufbau dieses Verbundsystems (Altverbund) beteiligt und hat damit zur Praxis und Entwicklung des Bibliothekssystems BIBOS einen wichtigen Beitrag geleistet.*

*Die Vereinigung Österreichischer Bibliothekare erkennt ihm für seine Aufbauarbeit am österreichischen Bibliothekssystem die Förderungsmedaille zu.*

*Bregenz, am 7. 9. 1990*

*GD Dr. Magda Strebl*
*Präsidentin*

*Dir. Dr. Eberhard Tiefenthaler*
*2. Stellvertreter*

*Oberrätin Mag. Marianne Jobst-Rieder*
*Sekretärin*

*In Anerkennung*
*seiner großen Verdienste*
*um das österreichische Bibliothekswesen*
*verleiht die*

*VEREINIGUNG ÖSTERREICHISCHER BIBLIOTHEKARE*

*die*
*DR.-JOSEF-BICK-EHRENMEDAILLE*
*(Würdigungsmedaille)*

*an Herrn*
*HOFRAT MAG. DR. FRANZ PATZER*

*Hofrat Mag. Dr. Franz Patzer wurde am 18. August 1924 in Wien geboren. Nach dem Besuch des Bundesrealgymnasiums und seiner Einberufung zur Wehrmacht begann er 1945 an der Universität Wien das Studium der Geschichte und Geographie, das er 1949 mit der Promotion zum Dr. phil. abschloß.*

*Nach verschiedenen Tätigkeiten in der Wiener Stadtverwaltung wurde er 1974 zum Direktor der Wiener Stadt- und Landesbibliothek bestellt, die er bis zu seiner Pensionierung 1988 leitete. In dieser Funktion widmete sich Hofrat Mag. Dr. Patzer vor allem einer verstärkten Öffentlichkeitsarbeit sowie der Verbesserung der Dienstleistungseinrichtungen der Bibliothek und erwarb sich in diesen Fachbereichen großes Ansehen. Auf Grund seines Wissens und seiner Erfahrung wurde er unter anderem zum Mitglied des Beirates für Bibliothekswesen bestellt.*

*Ab 1974 war Hofrat Patzer Vizepräsident und Vorstandsmitglied der Vereinigung Österreichischer Bibliothekare und war maßgeblich an der Organisation des Österreichischen Bibliothekartages in Wien 1986 beteiligt. Damit hat er sich in dieser Zeit große Verdienste um diese Berufsvereinigung und ihre Mitglieder erworben.*

*Bregenz, am 7. 9. 1990*

*GD Dr. Magda Strebl*
*Präsidentin*

*Dir. Dr. Eberhard Tiefenthaler*
*2. Stellvertreter*

*Oberrätin Mag. Marianne Jobst-Rieder*
*Sekretärin*

*In Anerkennung*
*ihrer großen Verdienste*
*um das österreichische Bibliothekswesen*
*verleiht die*

*VEREINIGUNG ÖSTERREICHISCHER BIBLIOTHEKARE*

*die*
*DR.-JOSEF-BICK-EHRENMEDAILLE*
*(Würdigungsmedaille)*

*an Herrn*
*DR. MAX PAUER*

*Dr. Max Pauer, geboren am 10. 1. 1924 in München, legte 1942 die Reifeprüfung ab, danach folgten Arbeitsdienst, Wehrmacht und Kriegsgefangenschaft. Ab März 1946 studierte er Klassische Philologie und Germanistik und promovierte 1952 zum Doktor der Philosophie. Seine bibliothekarische Karriere begann 1955 mit der Leitung der Bibliotheksschule an der Bayerischen Staatsbibliothek. 1959 wurde er zum Direktor der Universitätsbibliothek Würzburg berufen und übernahm am 16. 4. 1964 die Leitung der neugegründeten Universitätsbibliothek Regensburg. Unter seiner Leitung wurde die Universitätsbibliothek Regensburg zum Musterbeispiel einer vorbildlich funktionierenden Bibliothek, deren Strukturen und Leistungen dankbar von den nachfolgenden Neugründungen in Bayern übernommen wurden. Pauers Erfahrungen und Sachkompetenz wurden auch in seinen Tätigkeiten als Vorsitzender des Vereins Deutscher Bibliothekare (1971 bis 1973) sowie als Mitglied des Bibliotheksausschusses der Deutschen Forschungsgemeinschaft (1976 bis 1982) wirksam.*

*Während seiner Tätigkeit als Vorsitzender des Vereins Deutscher Bibliothekare hat er die enge Verbindung, die zwischen diesem Verein und der Vereinigung der Österreichischen Bibliothekare besteht, sehr gefördert. Seine reichen Erfahrungen bei der Einführung der automationsunterstützen Bibliotheksverwaltung stellte er immer wieder auch den österreichischen Kollegen zur Verfügung.*

*Aufgrund dieser zahlreichen Verdienste hat es die Vereinigung Österreichischer Bibliothekare für richtig empfunden, Herrn Dr. Max Pauer mit der Würdigungsmedaille zu ehren.*

*Bregenz, am 7. 9. 1990*

*GD Dr. Magda Strebl*
*Präsidentin*

*Dir. Dr. Eberhard Tiefenthaler*
*2. Stellvertreter*

*Oberrätin Mag. Marianne Jobst-Rieder*
*Sekretärin*

*In Anerkennung*
*seiner großen Verdienste*
*um das österreichische Bibliothekswesen*
*verleiht die*

*VEREINIGUNG ÖSTERREICHISCHER BIBLIOTHEKARE*

*die*
*DR.-JOSEF-BICK-EHRENMEDAILLE*
*(Würdigungsmedaille)*

*an Herrn*
*HOFRAT DR. ROBERT REHBERGER*

*Herr Hofrat Dr. Robert Rehberger hat sich durch seine statistischen Tätigkeiten für die Vereinigung Österreichischer Bibliothekare besondere Verdienste erworben. Viele Jahre hindurch erarbeitete er die "Statistik der österreichischen Buchproduktion" auf Grund der Angaben in der Österreichischen Bibliographie, aber auch die "Statistik der österreichischen Bibliotheken" wurde von ihm redigiert. Die Vereinigung Österreichischer Bibliothekare verdankt ihm unentbehrliche Nachschlagewerke im Rahmen des "Handbuches österreichischer Bibliotheken", nämlich den Band 2: Statistik und Personalverzeichnis, Stand 1971, und eine überarbeitete Ausgabe des Statistikteiles aus dem Jahre 1984. Hofrat Dr. Rehberger war Mitarbeiter für das "Österreichische Jahrbuch für Soziologie", in welchem er für die "Österreichische soziologische Bibliographie der Jahre 1960-1974" verantwortlich zeichnete. Auch seine Arbeiten für die Geschichte der Studentenschaft sollen gebührend erwähnt werden. Als hervorragende Leistung verdient jedoch insbesondere der Neubau der Universitätsbibliothek Linz genannt zu werden, welche 1984 eröffnet wurde und für deren Planung und Einrichtung Hofrat Dr. Rehberger durch seine reiche bibliothekarische Erfahrung maßgeblichen Anteil genommen hat. Durch seine Initiative ist die UB Linz von Anfang an der Anwendung der EDV in der Bibliotheksverwaltung sehr positiv gegenübergestanden und hat damit einen bedeutenden Beitrag zur Modernisierung des österreichischen Bibliothekswesens geleistet.*

*Aufgrund dieser zahlreichen Verdienste um das österreichische Bibliothekswesen hat es die Vereinigung Österreichischer Bibliothekare für richtig empfunden, Herrn Hofrat Dr. Robert Rehberger durch die Würdigungsmedaille zu ehren.*

*Bregenz, am 7. 9. 1990*

*GD Dr. Magda Strebl*
*Präsidentin*

*Dir. Dr. Eberhard Tiefenthaler*
*2. Stellvertreter*

*Oberrätin Mag. Marianne Jobst-Rieder*
*Sekretärin*

*In Anerkennung*
*seiner großen Verdienste*
*um das österreichische Bibliothekswesen*
*verleiht die*

*VEREINIGUNG ÖSTERREICHISCHER BIBLIOTHEKARE*

*die*
*DR.-JOSEF-BICK-EHRENMEDAILLE*
*(Würdigungsmedaille)*

*an Herrn*
*HOFRAT DR. EDUARD RONGE*

*Herr Hofrat Dr. Ronge, der Ende Juni 1989 als Direktor der Niederösterreichischen Landesbibliothek aus dem aktiven Dienst schied, hat sich um das Ansehen dieses Instituts und seiner Mitarbeiter große Verdienste erworben.*

*In der Zeit seiner Leitung der Niederösterreichischen Landesbibliothek fallen eine Reihe von Ereignissen, die in der nunmehr 176-jährigen Geschichte dieses Instituts ihren bleibenden Platz haben werden: Die wissenschaftliche Bearbeitung der Sondersammlungen (Topographische Sammlung, Landkartensammlung, Porträtsammlung, Flugschriftensammlung, Exlibrissammlung etc.); viele, zum Teil spektakuläre Ankäufe durch die Bibliothek (z.B. das älteste in Niederösterreich gedruckte Buch und wichtige Zeichnungen, Aquarelle und Druckgraphiken für die Topographische Sammlung; der Ausbau der Restaurierungswerkstätte zu einer der führenden Werkstätten für Papierrestaurierung in Österreich; ein modernes Bibliotheksstatut sowie die Unabhängigkeit der Niederösterreichischen Landesbibliothek von der Leitung der Kulturabteilung des Amtes der Niederösterreichischen Landesregierung und die Verselbständigung der Bibliothek als eigene Abteilung der Niederösterreichischen Landesverwaltung; die Automation der Niederösterreichischen Landesbibliothek durch EDV-Einsatz seit 1984 und der Aufbau bibliothekseigener Datenbanken; die Übernahme des Burgenarchivs durch die Niederösterreichische Landesbibliothek und die Errichtung einer Burgenkundlichen Sammlung; ein verlängerter Öffnungstag der Bibliothek pro Woche als spezielles Serviceangebot; verschiedene bibliothekseigene Ausstellungen und viele Beteiligungen der Niederösterreichischen Landesbibliothek an Ausstellungen in ganz Österreich; die Steigerung des Buchbestandes von 100.000 Bänden im Jahr 1976 auf rund 140.000 im Jahr 1988 und die Steigerung der Benützerzahlen von rund 8.000 im Jahr 1976 auf etwa 12.000 im Jahr 1988.*

*Aufgrund dieser zahlreichen Verdienste um das österreichische Bibliothekswesen hat es die Vereinigung Österreichischer Bibliothekare für richtig empfunden, Herrn Hofrat Dr. Ronge durch die Würdigungsmedaille zu ehren.*

*Bregenz, am 7. 9. 1990*

*GD Dr. Magda Strebl*
*Präsidentin*

*Dir. Dr. Eberhard Tiefenthaler*
*2. Stellvertreter*

*Oberrätin Mag. Marianne Jobst-Rieder*
*Sekretärin*

*In Anerkennung*
*ihrer großen Verdienste*
*um das österreichische Bibliothekswesen*
*verleiht die*

*VEREINIGUNG ÖSTERREICHISCHER BIBLIOTHEKARE*

*die*
*DR.-JOSEF-BICK-EHRENMEDAILLE*
*(Förderungsmedaille)*

*an Frau*
*AMTSSEKRETÄRIN SIEGLINDE SEPP*

*Frau Amtssekretärin Sieglinde Sepp wurde am 22. 7. 1948 in Innsbruck geboren, wo sie 1967 am Bundesrealgymnasium für Mädchen in Innsbruck die Matura mit Auszeichnung ablegte. Im Wintersemester 1967/68 begann sie das Studium der Germanistik und Geschichte an der Universität Innsbruck. Am 28. Juni 1971 trat sie in die Universitätsbibliothek Innsbruck ein und wurde nach Ablegung der Bibliotheksprüfung mit Auszeichnung in allen Fächern 1977 pragmatisiert. Seit Jänner 1977 ist sie in der Handschriftenabteilung der Universitätsbibliothek Innsbruck tätig. Dort hat sie, ohne je dafür eine Vergütung zu beanspruchen bzw. zu erhalten, laufend Überstunden gemacht und aus eigenem Interesse auch daheim gearbeitet. Frau Sepp hat sich weitgehend gerade durch Selbststudium das Wissen angeeignet, das sie heute befähigt, auf allen Gebieten des alten Buches kompetent zu sein und dieses Wissen im Rahmen der von ihr betreuten Benützung in der Abteilung weiter zu vermitteln. Dadurch, sowie auf Grund ihres Studiums der Geschichte und Germanistik hat Frau Sepp die besten Voraussetzungen für ihre Tätigkeit, die weit über das Maß der Verwendungsgruppe B hinausgeht. Neu und ebenfalls auf ihre persönliche Initiative zurückzuführen ist dabei der Einsatz eines Personal-Computers für Arbeiten der Erschließung und der Verwaltung des historischen Buchgutes.*

*Frau Sepp zeichnet sich nicht nur als Mitarbeiterin der Handschriftenabteilung der Universitätsbibliothek Innsbruck, sondern auch in ihrer Tätigkeit in der Vereinigung Österreichischer Bibliothekare - sie ist seit 1982 Schriftführerin der Kommission für Buch- und Bibliotheksgeschichte - durch überdurchschnittlichen Eifer und ebensolche Fähigkeiten aus.*

*Die Vereinigung Österreichischer Bibliothekare überreicht Frau Amtssekretär Sieglinde Sepp in Anbetracht dieser Leistungen die Förderungsmedaille.*

*Bregenz, am 7. 9. 1990*

*GD Dr. Magda Strebl*
*Präsidentin*

*Dir. Dr. Eberhard Tiefenthaler*
*2. Stellvertreter*

*Oberrätin Mag. Marianne Jobst-Rieder*
*Sekretärin*

# INHALTSVERZEICHNIS

# Inhaltsverzeichnis

## II. VORTRÄGE



## III. ROUND-TABLES UND DISKUSSIONEN

## IV. BERICHTE ÜBER KOMMISSIONSSITZUNGEN

### KOMMISSION FÜR EDV-ANWENDER



### KOMMISSION FÜR LEIHVERKEHR UND ZENTRALKATALOGE



### KOMMISSION FÜR AUS- UND FORTBILDUNG

## KOMMISSION FÜR BUCH- UND BIBLIOTHEKSGESCHICHTE / KOMMISSION FÜR LANDKARTEN- UND VEDUTENBEARBEITUNG



## KOMMISSION FÜR BIBLIOTHEKSBENÜTZUNG UND ÖFFENTLICHKEITSARBEIT